ナポレオン戦争［上］

THE CAMPAIGNS OF NAPOLEON

The Mind and Method of History's Greatest Soldier

DAVID G. CHANDLER

デイヴィッド・ジェフリ・チャンドラー［著］
君塚直隆／糸多郁子／竹村厚士／竹本知行［共訳］

国書刊行会

ナポレオン戦争　◎上巻目次

【下巻】

付録

主要人名索引

※本文の（　）は原著者による註、［　］は訳者による註を示す。

ナポレオン戦争　上

日本語版　まえがき

ナポレオンは、歴史上でも最も興味深い人物であろう。彼は一七六九年八月一五日に生まれ、一八二一年五月五日にこの世を去った。彼は驚くべきコルシカ人だった。確かに、彼を賞賛する者と批判する者とはいまだに半々ぐらいずついるのだが、ヨーロッパの大半はもとより、ロシア、南北アメリカ、エジプト、そして中東でも彼は人々を魅了した。

ナポレオン自身、「偉大なる軍人」とは誰かという明確な考えをもっていた。彼のリストにあがっている人物たちとは、古代ペルシャのキュロス大王（紀元前五五九〜紀元前五二九）、マケドニアのアレキサンダー大王（紀元前三五六〜紀元前三二三）、ローマのユリウス・カエサル（紀元前一〇〇〜紀元前四四）、カルタゴのハンニバル（紀元前二四七〜紀元前一八三）、スウェーデンのグスタフ・アドルフ（一五九四〜一六三二）、フランスのテュレンヌ子爵（一六一一〜一六七五）、サヴォイ・カリニャンのオイゲン公（一六六三〜一七三九）、そしてプロイセンのフリードリヒ大王（一七一二〜一七八六）という八人である。「偉大なる軍人たちの金言を読み、夢想してみたまえ。……これこそが戦争を科学的に探求していく唯一の正攻法なのだ。そして、これら偉大なる司令官たちの原則を噛みしめることで、天賦の才は啓発され、ますます磨きがかけられていくだろう。彼らの言葉は理原則と相容れないような言葉など、何の意味もないことに気づくのだ」（David G. Chandler, ed., *The Military Maxims of Napoleon*, London, 1987 and republished in 2002, p.82）。

ナポレオンは、このリストにチンギス・ハーン（一一六七頃〜一二二七）を付け加えることもできただろう。この偉大なるハーンは北半球で最も大きな版図を征服した人物に違いない。しかし、その彼でさえも、ナポレオンが示したような計り知れないほどの才能までは備えていなかったのだ。ナポレオンは、法や教育、財政にいたるまであらゆる実用的な政策にその才能を遺憾なく発揮した。軍事的な偉業はもちろんのことであるが。

私の見解によれば、ナポレオンは、火薬が戦闘に使われ始めて以来、今日に至るまで、歴史上最も偉大なる司令官だった。私の半世紀におよぶ研究歴からしても、彼は西暦一二〇〇年から二〇〇〇年のあいだに登場したどの陸海軍の司令官と比較してみても、はるかに傑出した才能を秘めていたと考えられる。

誰にでも、そのひとなりの「偉大な」司令官リストがあるだろう。ナポレオンは海軍の提督たちにはほとんど興味を示さなかった。日本もイギリスもともに島国なので、我々は自然と海戦に興味を抱いてしまう。あなた方の国日本は一二七四年と一二八一年にフビライ・ハーンから侵攻を受けたときに「神風」によって助けられている。それから三〇〇年ほど後、一五八八年に私たちの国イングランドもスペインの無敵艦隊から攻撃を受けたときに、やはり「暴風《グレイト・ゲール》」によって助けられた。私たちにはある種の共通の見識が備わっている。このため、私自身が作成する偉大なる司令官のリストには、海軍の提督たちの名前も連なっていることは至極当然といえよう。とはいえ、私はリストにさらに名前を付け加えるべく、「古今を問わず」様々な司令官たちのことを研究し続けている。ナポレオンがリストに掲げた上記の八人の司令官たちは、すべて一八〇〇年以前の人物たちである。どこの国にもそれぞれの陸海軍に英雄が存在するものだ。しかし、世界的にその名がとどろくような英雄は稀である。確かに、日本にも一二世紀から一六世紀にかけて、源義経や楠木正成、武田信玄や上杉謙信といった名将たちがいたことは事実である。とはいえ、実際に、戦った敵国においてさえも、偉大なる戦士として認められるような人物など少ない。ところが、ナポレオンこそはそのような数少ない真の英雄のひとりなのである。

日本の読者の方々の多くは、偉大なる司令官のリストに、織田信長を筆頭に、日露戦争の大山巌と黒木為楨、マレー戦線の山下奉文、あるいは海軍では東郷平八郎や山本五十六といった名前を付け加えられるものと想像する。私自身も、イギリス人の立場からすると、ピューリタン革命のときのクロムウェル（一五九九～一六五八）、スペイン王位継承戦争のときのマルバラ（一六五〇～一七二二）、ナポレオンの宿敵ウェリントン（一七六九～一八五二）、第一次世界大戦のヘイグ（一八六一～一九二八）、第二次世界大戦のモントゴメリー（一八八七～一九七六）やスリム（一八九一～一九七〇）を付け加えるだろう。

さらに、三人の海軍軍人たち、探検家としても名高いクック船長（一七二八～一七七九）、西インド諸島でたびたびフランス艦隊を打ち破ったロドニ提督（一七一九～一七九二）、そしてかのネルソン提督（一七五八～一八〇五）をあげるだろう。こうなってくるときりがない。第二次世界大戦ともなれば、アメリカならマーシャル、マッカーサー、パットンの名前を、ドイツならルントシュテット、マンシュタイン、ロンメルが、ソ連ではジューコフ、ロコソフスキー、そして中国ならば蔣介石や毛沢東といった名前が出てくるだろう。そして近年ともなると、フォークランド戦争のときのイギリス海兵隊中将サー・ジェレミ・ムーア、そして湾岸戦争におけるノーマン・シュヴァルツコフ将軍をあげることができよう（二〇〇一年のアフガン戦争はまだ評価するには早すぎる）。ただし、それも状況次第だ。議論は果てしなく続いていく。なんとも魅惑的だが、きりのない趣味である。このなかでも、ネルソンと山本五十六は特別な位置を占めているが、ナポレオン・ボナパルトはどんな時代においても歴史の中央を占めてしまう。

ナポレオン・ボナパルトこそが、軍人の世界におけるチャンピオンである。このフランス皇帝は世界に君臨した。もちろん彼は東アジアを訪れることはなかった。夢に見たことは事実であるが。インドも中国も彼のパワーの限界を超えていたし、当時の日本は海外に対して「葵のカーテン」をひっそりと閉めてしまっていた。たとえオランダの「商館」が日本で取引を行っていたことをナポレオンが知っていたとしても。オランダは一七九五年から一八一三年までフランスおよびナポレオン帝国の一部だったのだから。ここ四〇年ほどのあいだ私はこのユニークな男に対してつねに公正な判断を下そうと努めてきた。一七六九年に生まれ、一八二一年に亡くなったこの男を、私は愛し、憎み、賞賛してきた。オランダの高名なピーター・ゲイル教授が、『ナポレオン――その功と罪（*Napoleon: For and Against*）』（一九四九年）のなかでいみじくも述べているとおり、ナポレオンの評価についてはまさに「終わりなき論証」がいまも続いているのである。彼を正当に評価するには、冷静な判断と公明正大な議論が必要となってくる。日本の読者の方々は最も冷静な判断力をもってこのヨーロッパを席巻した男について慎重に研究を重ねることができるかもしれない。私自身もかつてはそう信じて研究を進めてきた。できるだけ公正な判断を下そうと。

しかし、世間はそうは言わなかった。ある者は、私の研究が「コルシカの人食い鬼」に対して厳格すぎるきらいがあり、「敵意」さえ抱いているのではないかとして非難した。ところが反対に、私の研究はこの「運命の男」を崇拝しすぎているのではないかとして批判する連中も同じくらい大勢いるのである。それゆえ、私は歴史という学問が備えている、狡猾にして危険ぎりぎりと言われるくらいの曖昧な性格に沿って、理性をもってこの見解を正していかなければならない。いずれにしろ、判決を下すのはあなた自身なのだ。ナポレオンという男を誉め讃えるのか、それとも非難するのか。彼は善人なのか、それとも悪人なのか。とにかく、あなた自身がこの挑戦を楽しんでくれることを望んでいる。

親愛なる読者のみなさん。判決を下す前に私がお手伝いしよう。本書『ナポレオン戦争』は英語にして五〇万語以上（一〇〇〇頁を超える）におよんでいる。ところが、一九八七年には、「ナポレオンという人物」について「二七五語以下で簡潔に記す」という制約のもとに、全米ナポレオン協会が主催するコンクールに大胆不敵にも応募してしまった。これはもちろんとてつもない課題だが、私個人にとってわくわくするような挑戦となった。なにせ五〇万語も使ってナポレオンの大著を記したこの私が、それに匹敵するだけのエッセンスをこんなわずかな字数で書かなければならないのだから。ところが幸いにも、私はこれで栄えある銀賞（二等賞）を獲得してしまった。それは以下の文章である。

　若い頃の彼は魅力のかけらもなかった。背は低いし、足どりはぎこちないし、話し方は滑稽だし。ブリエンヌの幼年学校で付いたあだ名は「鼻にくっついた藁屑《ラ・バイユ・オーネ》」。それから一〇年経ってもパリっ子たちが付けたあだ名は「長靴を履いた猫」。やがて妻になる予定のジョゼフィーヌでさえ「このボナパルトっていう若者は、なんておかしなひとなんでしょう」と言う始末。

　しかし、多くの人々が述べているとおり、ひとたびその引き込まれるようなグレーの瞳に見つめられてしまうや、みな彼の虜となってしまったのだ。「神も悪魔をも恐れぬこの私が、ひとたび陛下の御前にでると、震え上がっていたのだからな」。人々に恐れられた百戦錬磨のヴァンダム将軍の言葉である。「一分ほどしてから彼が将軍の制帽をかぶるや」とマッセナ元帥も回想している。「二フィートも大きくなったように見えたものだ」。一八一五年には、セント・ヘレナへと向かうノーザンバランド号のイギリス船員たちでさえも、この恰幅が良くてチビの皇帝の不思議な魅力に屈してしまったほどである。まさに力強い個性を備えた人物がここにいる。

　戦争で恐れられ、議会で認められたナポレオンは、究極のご都合主義者でもあった。仕事中毒ともいうべき彼の知的なパワーはとどまるところを知らなかった。最後の最後に誇大妄想が現実感覚を曇らせてしまうまでは。確かに何百万人もが命を落とした。しかし一方で、傑出した偉業も見られたのは事実である。不滅の法典、教育制度、それに通商システムなど。タレイランもこう言っている。「彼はすべてを知り、すべてを行った。彼にできないことなどなかった」。しかし、他方でマレは気づいていた。「ナポレオンの良識たるや天才の域に達していたにもかかわらず、彼には引き時というものがまったくわかっていなかった」。

　ナポレオンは、欠陥も多くあったが、妻たちにとっては忠実なる夫であり、ウジェーヌにとっては愛情豊かな義父であり、幼い我が子にとっては溺愛してくれる父親だった。ところが参謀たちにはほとんど気をとめなかった。論争すれば無情で狡猾だし、戦闘では情に薄かった。しかしつねに平和を訴えてはいた。ただし、それは「パクス・ナポレオニカ」でなければならなかったが。彼は善人だったのか？　それとも悪人だったのか？　あるいはその両方なのか？　おそらく、イングランドの王政復古［一六六〇年］後にときの最高実力者クラレンドン卿がクロムウェルを評して述べた言葉が当を得ている。「偉大なる悪党」という評が。しかし、彼は歴史にその名を永遠に刻み込んだのだ。

ナポレオンは、偉大な軍人であると同時に、新生ヨーロッパの設計者でもあった。彼の野望は最終的にワーテルローで挫折し、彼自身がかつて「ちっぽけな島」と呼んだセント・ヘレナへと遠く流されてしまう。しかし彼にはヨーロッパをひとつにまとめようという高貴なる夢があった。確かに基盤となるのはフランスであろうが、ヨーロッパ全体を統合しようと計画していたのだ。彼自身の言葉を聞いてみよう。「現在ヨーロッパには、三〇〇〇万人のフランス人、一五〇〇万人のスペイン人、一五〇〇万人のイタリア人、そして三〇〇〇万人のドイツ人がいる。余はこれだけの人民をひとつにまとめあげたいのだ（イギリス人が含まれていない点に注意されたい）」。「余はヨーロッパにひとつの司法制度、法典、裁判所をつくりたい。これこそヨーロッパをひとつにまとめる手段だ」。

一八二一年五月五日のセント・ヘレナ島におけるナポレオンの死には何か悲劇的な皮肉が込められているような気がする。ナポレオンは長年ガンで亡くなったと信じられてきた。しかしいまや我々は「ボナパルト将軍（イギリスの官憲は意図的にこう呼び続けていた）」がガンで死んだのではないということを知っている。ナポレオンは殺されたのだ。いまや彼が最も信頼をおいていたフランス人の幕僚がこの極秘の謀殺に関わったことが確実になっている。イギリス政府はこの陰謀には加担していない。すべての証拠から歴史の証人が指し示している人物とは、ブルボン家の密偵だったド・モントロン伯爵である。一八一五年の初頭にナポレオンが突然エルバ島から戻って来たとき、ブルボン家は正直言って動転してしまった。同じ年の六月にワーテルローで彼が打ち負かされようが、岩だらけのセント・ヘレナで幽閉されていようが、国王ルイ一八世と邪悪な弟アルトワ伯爵（後に最後のブルボン家の国王となるシャルル一〇世）とは、ナポレオンの一味がパリで再びクーデタを起こすのではないかとずっと恐れ続けていたのだ。一八二一年五月にそのナポレオンが亡くなった後でさえ、ブルボン王朝はもとより、一八三〇年の七月革命で登場したオルレアン家のルイ・フィリップでさえ、ナポレオンの「忘れ形見」であるライヒシュタット公爵（一八一四年以来、母の実家であるハプスブルク家によってウィーンで事実上虜囚にされていた）、またの名を「ローマ王」（取り巻きたちからは「ナポレオン二世」を名乗るよう促されていた）がフランスで新たに革命を引き起こすのではないかと戦々恐々としていた。しかし、若者は一八三二年一月一六日に肺結核によって突然この世を去ってしまう。まだ二一歳という若さだった。ナポレオン二世にしても、ブルボン＝オルレアン側によって暗殺されたのではないかと推測することもできる。ただし推測の域を脱してはいないが。とはいえ、本書はあくまでも軍事史の専門書であり、ヨーロッパの王侯貴族にまつわる「トップ・シークレット」の歴史を語るつもりはない。これもまた確かに面白い話なのだが。

さて、ナポレオンの死が秘めている第二の皮肉とは、ナポレオンの壮大な夢がいま現在ヨーロッパで実現されようとしていることだろう。それはワーテルローの戦いで最終的な勝利を収めたウェリントンの国家によっても実現不可能だった偉業である。あの運命の日にずぶぬれだったモン＝サン＝ジャンの戦場からほんの一二マイルほどしか離れていないところに、その司令塔が建っている。ベルギーの首都ブリュッセルにたたずむヨーロッパ連合の本部だ。ナポレオンはついに夢を果たしたのだ。彼の夢である新生ヨーロッパ統合の実現（しかも今度こそイギリスまで含めての）は近いかも知れない。ナポレオンは最後には勝利を収めたのだ。

だからといって、一部の熱狂的な崇拝者たちが主張しているのとは裏腹に、ナポレオンがあらゆる非難から自由の身になったわけではない。一七九八年にヤッファやカイロの砦で大虐殺を命じたのは他ならぬボナパルト将軍である。ピシュグリュ将軍がパリの牢獄で暗殺されたという可能性もかなり高い。一八〇四年に、アンギャン公爵がヴァンセンヌの城でほんの型どおりの裁判の直後に無惨にも処刑されてしまったのは、明らかにナポレオンの指示があったからである。まだこれは許せるほうだ。しかし、一八〇七年から一四年にかけて、スペインとポルトガルでは数多くの残虐行為が、パリにいるナポレオンからの極秘の命令によって計画的に実行されている。しかもそれを示す多くの史料が、甥っ子のナポレオン三世の時代（一八六〇年代）には公表を許されなかった。一八二一年四月二四日にセント・ヘレナで彼が残した遺言状の追加条項第四項には次のような一文さえある。「同様に、余は下士官であるカンティョンに一〇万フランを残すものである。彼はウェリントン公爵の暗殺を計画してくれた。余を岩だらけのセント・ヘレナに流し、死に至らしめようとした悪漢を殺そうとしてくれたのであるから……」。さて、当のウェリントンのほうは、ワーテルローの戦いの前に、半分ユーモアも交えながら次のように語っている。「ボニー［ナポレオン］はジェントルマンではない！」。これは本当なのか？　それとも誤解なのか？　もちろん、ナポレオンはすぐにカッとなりやすいコルシカ人ではあったのだが。さらに我々は、かの偉大なるベートーヴェンが、一八〇四年に交響曲第三番をナポレオンに献呈するのを取りやめてしまった事実も忘れるべきではないだろう。この作曲家は、ナポレオンが皇帝に即位して、フランス共和国を瓦解させてしまったことに腹を立てたのだ。

私は、ナポレオンが善意というものから完全に離れた存在だと言うつもりは決してない。確かに、ナポレオンは輝ける軍人であり、卓越した才能をありとあらゆる分野に示した天才だった。彼にはまさに天才という言葉がふさわしい。それ以上でも、それ以下でもなく。とはいえ、彼が新しく作り上げた法を自分の都合のいいように悪用したことは許すべきではない。残念ながら、彼は後半期に明らかにそのような過ちを犯しているのだ。それゆえ、私にとって彼は「偉大なる悪党」のままなのである。しかし、彼が残した目も眩むばかりの業績と真の偉業とは、彼が犯してしまった罪や過ちをもはるかに凌駕してしまうのだ。私は単にバランスのとれた見解を示してきただけである。さあ、今度はあなたが裁く番だ。あなた自身で決めなければならないのだ。

二〇〇二年三月一四日

イギリス　イェートリ　ハインドフォドの自宅にて

デイヴィッド・チャンドラー

初版　謝辞

以下の出版社に対して、文献の引用を許可してくださったことに関して、謝辞を呈したい。
コランクール『回想録』からの引用については、Cassell and Co., Ltd., London.
スペンサ・ウィルキンソンの *The French Army before Napoleon* および *The Rise of General Bonaparte* からの引用についてと、R・W・フィップス大佐の *The Armies of the First French Republic*（5vols.）からの引用については、The Clarendon Press, Oxford.
コランクール『回想録』のアメリカ版である *With Napoleon in Russia* からの引用については、William Morrow and Co. Inc., New York.
A・ベックの *An Introduction to the History of Tactics* および *Napoleon and Waterloo* からの引用については、Routledge and Kegan Paul, Ltd., London.

肖像画、絵画、地図などの掲載をお許しいただいた、以下の博物館・美術館・図書館にも謝辞を呈したい。
La Bibliorhèque Nationale, Paris ; the Trustees, the British Museum, London ; Musée de 1'Armee, Paris ; the National Maritime Museum, Greenwich ; Museu Militar, Lisbon; Museo del Prado, Madrid; the National Portrait Gallery, London ; the Library, the Royal Military Academy, Sandhurst ; Les Musmées de la Ville de Strasbourg; Musée de Versailles ; the Victoria and Albert Museum, London.

さらに、以下の出版社には、写真やその他の件でご支援を賜った。
J. R. Freeman and Co., London ; Marshalls, Ltd., Camberley ; R. Viollet, Documentation Générale Photographique, Paris.

初版　まえがき

ワーテルローの戦いから一五〇周年を経過し、軍人としてのナポレオン研究についても、そろそろ集大成をまとめる時機にさしかかっているのではないだろうか。近年になって、この稀有の天才とも言うべき軍人＝政治家が残した数々の偉業を様々な側面から検討した優れた研究が数多く現れるようにはなっている。しかし、彼の軍事的偉業に注目している、ヨルク・フォン・ヴァルテンブルク伯爵の有名な二巻本の著作（Yorck von Wartenburg, *Napoleon as a General*, 2vols., London, 1902）が世に出てから、既に六三年以上も経過しているのだ。これ以後、ナポレオンが関わったほとんどすべての戦役ごとに、優れたいくつもの軍事史研究が進められるようになり、戦争の達人でもあるかの皇帝について様々な視点から丹念に分析がなされてきた。たとえば、カモン将軍やコラン将軍、ヴァシェ大佐、F・L・ペトレ、スペンサー・ウィルキンソン教授、そしてフィップス大佐の研究など。

より近年では、H・ラシュク、C・J・ハロルド、さらにはC・マンスロンといった研究者たちが（数は少ないものの）いるし、アメリカ合衆国のウェスト・ポイント陸軍士官学校のエスポジト少将ならびにエルティング大佐によって作成された戦略地図などは傑出した業績といえよう。これだけの人物たちの名前を挙げれば、威容を誇るナポレオンの研究リストもほぼ語り尽くされたとも言えるが、ナポレオンによって生み出された最大の偉業について言及しようと試みる研究はまだまだ後を絶たない。しかし、ナポレオンによる戦役のすべてを、最新の研究成果をふまえながら、一冊の本としてまとめてみるのも一興であろう。ラシュクの研究（Commandant H.Lachouque, *Napoléon Vingt ans de campagnes*, Paris, 1963）を除けば、近年の研究動向は、ある特定の戦役や特定の軍事問題について専門的に調べていくという傾向に細分化されてしまっている。イギリスやアメリカの読者たちの関心を喚起するためにも、もっと広く全体をとらえたような研究書が望まれるのではないだろうか。たとえそれが、より細かくて権威ある軍事史研究にとっての「露払い」にしかならないとしても。

とはいえ、それだけの大作ともなれば、まさに一生涯をかけての研究が必要となるだろうし、これまでの一五〇年以上にわたって、綺羅星のごとくの研究家たちによって既に書かれてきた数々の業績に付け入る余地などないのではないか。ところが、一九世紀末から二〇世紀初頭にかけて、新しい史料が数多く発見されたことによって、ナポレオン研究にも新たなる光が射し込むこととなったのだ。たとえば、ヴィチェンツァ公爵ことコランクール将軍の『回想録』は、一九三〇年代になってからようやくと使えるようになったが、一八一二年の運命のロシア遠征について新たなる側面を映し出してくれているとともに、没落期のナポレオンの性格まで教えてくれている。この本でも、「新しく発見された」史料をできる限り使用していくとともに、最新の研究成果もまじえて、検討が加えられている。その他の部分については、このひとりの偉大なる軍人が名声をつかみやがて没落していくという華麗なる生涯を若干かたちを変えて物語っていくと同時に、ヨルク・フォン・ヴァルテンブルクの研究に最新の研究成果を採り入れて再検討を試みていきたい。

この本が、ナポレオンとその時代を映し出す包括的な作品となるであろうなどと言うつもりは毛頭ない。この輝ける時代に関する多くの事柄は省略してしまうであろうし、軍事史の側面においてさえも、いくつかの点は省いてしまうつもりだ。あらかじめお断りしておきたいのだが、この本はあくまでも「ナポレオン個人」によって指揮された戦役だけに限定して検討を進めていく。したがって、長期間の泥沼状態に陥ったかのイベリア半島での戦争については（広い戦略的な問題を除いては）、いっさい言及しない。同様に、数々の大海戦についてもほとんど触れることはない。

とはいいながらも、司令官としてのナポレオンの資質を正当に評価していくうえでも、戦争以外のある特定の分野については触れないわけにはいかない。彼が受けた軍事教育だとか、ナポレオンや同時代人たちが採用した様々な戦法などについても言及しなければなるまい。また、政治家として、ナポレオンが成し遂げた偉業の数々についても若干触れておく必要があろう。その偉業は、軍人として彼が打ち壊してきたものとはちょうど正反対に、フランスを築き上げたものであり、十数年にもわたって続いたヨーロッパ大戦争のなかでフランス国民が見せた驚くべき回復力の原点ともなったのだ。さらに、一七九九年一一月に起こった決定的な事件とも言うべきブリュメールのクーデタの背後に潜む、陰謀や計略についても簡単に述べておこう。これこそは、ナポレオンの性質を知るうえで、少なからぬ光明を与えてくれる事件である。彼こそは、予想のつかない事態を自分に都合のいいように活かして利用してしまう天才だった。この資質は、政治だけでなく軍事の面でも実証されていくこととなる。

この本を書くにあたり多くの方々のお世話になった。サンドハースト王立陸軍士官学校軍事史担当講師であるP・ヤング（退役）准将（殊勲章・戦功十字章受章者、文学修士、イギリス好古学協会会員）からは、貴重な史料をお貸しいただいただけでなく、数々の有益なご助言も賜った。もうひとりの同僚、A・ブレット＝ジェイムズ氏は、一八一二年に関する文献を集めてくださり、私蔵の貴重な回想録や日記を数多く貸してくださった。故人となられたJ・F・C・ファラー（退役）中将（バース勲章勲三等《コマンダー》・大英帝国勲章勲三等《コマンダー》・殊勲章受章者）からは、一八〇六・一八一三・一八一五年の戦役について貴重なご意見をうかがうことができた。イギリス砲兵隊のD・W・V・P・オフラハティ中佐（殊勲章受章者）はワーテルローの戦いに関する鋭いご指摘を与えてくださった。H・エッサム（退役）陸軍中将（大英帝国勲章勲三等《コマンダー》・殊勲章受章者、儀典長）からは当時のロシアの地図をお借りした。

さらに、索引の作成にあたっては、辛抱強い妻からの貴重な助力があったことも記しておきたい（特にここ四年間にわたってこの本の執筆に一心不乱に夢中になっていた夫を寛容に支えてくれたことに感謝したい）。また、いとこであるP・ディーンズ嬢とP・C・マクグリンチ嬢にも謝辞を呈したい。彼女たちの禁欲的な協力のおかげで、時として読むのが難解な一次史料も読み進めることができた。最後に、これだけの大著を刊行してくれた出版社に感謝したい。この本を執筆するにあたり、様々な段階で、編集者たちからの励ましや助言や協力に何度も助けられたのであるから。

サンドハースト王立陸軍士官学校（カンベリ）にて　一九六五年六月

デイヴィッド・G・チャンドラー

凡　例

地図および戦略図で用いられた軍事記号について

二、三の戦略図を除き、全巻を通じてフランス軍は黒、敵陣営はグレーで示されている。複数の戦闘に連なる動きは、白・グレーの記号を用いた表記にもかなりの異同があるが、そのような場合には各図独自に説明を付してある。

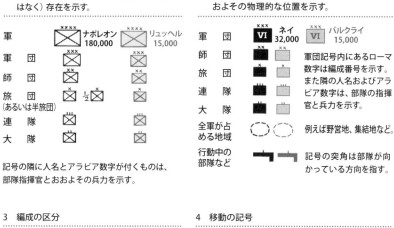

1　以下の記号は軍事ユニットの（物理的な位置ではなく）存在を示す。

軍　ナポレオン 180,000　リュッツヘル 15,000
軍　団
師　団
旅　団（あるいは半旅団）　½
連　隊
大　隊

記号の隣に人名とアラビア数字が付くものは、部隊指揮官とおおよその兵力を示す。

2　以下の記号は、その場所におけるユニットのおおよその物理的な位置を示す。

軍　団　VI ネイ 32,000　VI バルクライ 15,000
師　団
旅　団
連　隊
大　隊

軍団記号内にあるローマ数字は編成番号を示す。また隣の人名およびアラビア数字は、部隊の指揮官と兵力を示す。

全軍が占める地域　例えば野営地、集結地など。

行動中の部隊など　記号の突角は部隊が向かっている方向を指す。

3　編成の区分

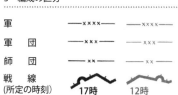

軍　××××
軍　団　×××
師　団　××
戦　線（所定の時刻）　17時　12時

4　移動の記号

攻　撃
前　進
退　却
戦術的撤退

一連の攻撃における様々な段階を示す場合、これらの基本記号には多少の異同がある（関連する手引きを見よ）。移動の主体が複数の地図にまたがるときには、各地図は基本記号から再開される。

5　その他の区分

歩　兵
騎　兵
砲　兵
輸 送 段 列
橋
野営
歩兵方陣
騎兵の前哨
司 令 部　G.Q.G.　A.H.Q.
浮　橋
（分遣隊の）固定陣地　or
（恒久的な）要塞
塹壕・対豪など
野戦堡塁
海軍艦隊
小船舶（隊）
交戦地点

階級対照表

仏	英	日
Maréchal*	Field Mmarshal	元帥
Général d'armée [(1)]	Genera	上級大将(大将)
Général de corps d'armée [(2)]	Lieutenant General	大将(中将)
Général de division	Major General	中将(少将)
Général de brigade	Brigadier General	少将(准将)[(3)]
Colonel	Colonel	大佐
Lieutenant Colonel [(4)]	Lieutenant Colonel	中佐
Commandant, Chef de bataillon	Major	少佐
Capitaine	Captain	大尉
Lieutenant [(5)]	Lieutenant	中尉
Sous-Lieutenant, Ensigne, Cornett	Second lieutenant, Ensign(Inf.), Cornet(Cav.)	少尉
Aspirant	Candidate Officer, or Cadet	少尉見習い
Adjudant-chef, Adjudant-Sous-Officier	Regimental Sergeant-Major, Worrant Officer, 1st Class	准尉
Adjudant	Company Sergeant-Major, Warrant Officer 2nd Class	特務曹長
Sergent-chef	Staff Sergeant, 1st Sergeant	曹長
Sergent, Maréchal-des-logis	Sergeant, Corporal of Horse	軍曹
Caporal, Brigadier(Cav./Art.)	Corporal	伍長
Soldat première classe	Senior soldier	一等兵
Soldat	Private	二等兵

STAFF　RANKS

仏	英	日
Major général,Général-en-Chef[(6)]	Chief of Staff	総参謀長（中将に相当）
Adjudant général（Adjudant commandant après 1800）	Staff Officer（1st Class), a colonel or lieutenant-colonel often serving as a corps or divisional chief of staff	参謀副官（少将と大佐の間に相当）
Adjudant Major	Staff Officer（usually grade of Major）	副官（大尉に相当）[(7)]
Officier d'état-major	Staff Officer	参謀将校（同）
Chef de Brigade[(8)]	Brigade-Major	旅団長（大佐に相当）

（原注）
＊「元帥」位は特定の階級というよりも尊称に近い。この時期のフランス軍において、常設の最高位は中将（Géneral de division）である。上位階級への任命は実務の能力に基づいてのみ行われる。*Nouveau Dictionnaire Militaire*, Paris, 1892. を参照。

（訳注）
（1）（2） これら階級は当時のフランス軍には存在しない。あくまで英日と比較する際の、便宜上の用語である。
（3） フランス軍の Général de brigade はふつう少将と訳す。したがって、明確な准将位を置くイギリス軍とでは、将官位の訳語において若干の異同が生じる。
（4） この階級は 1793 年 2 月 21 日に廃止され、以後 1815 年 8 月 3 日まで復活しない。よってこの間の佐官位は、正式には大佐と少佐のみである。
（5） 砲兵等の部隊では、第二（en second）さらに第三（en troisième）中尉なる階級が存在し、これらは実質的には少尉と同格である。因みにナポレオンの最初の階級は前者だが、本書では名称に準じて中尉と訳してある。
（6） Général en Chef は中将のなかから臨時に任命される一方面軍の総司令官であって、原文の表のように参謀将校を指すものではない。
（7） イギリス軍では少佐と同格と書かれているが、フランスの Adjudant Major は大隊の運営・管理などを任されるポストで、階級としては大尉に相当する。
（8） 上の（6）と同様に Chef de Brigade も参謀将校ではなく、半旅団（もしくは連隊）の指揮官を指す。この階級は 1793 年 2 月 21 日に Colonel から改称されたもので、1803 年 9 月 24 日に以前の名称に再び戻された。

序文　ナポレオン

――人物・軍人としての資質と欠点――

「歴史というものはまさに終わりなき論証である(1)」とゲイル教授はそのナポレオン研究のなかで述べている。ナポレオン・ボナパルトほど、刺激的かつ論争を呼ぶような人物は歴史上存在しないのではなかろうか。なにしろ彼について言及した何千という書物がすべて異なった印象を伝えているのだから。確かに、いくつかは単なる解釈の相違程度のものに過ぎないかもしれないが、同じ解釈に立つ研究などひとつとして存在しないのが現実である。その結果、ナポレオンが今日まで謎のような存在（それがまたじれったくて、つかみにくい存在なのだ）としてとどまり続けているのは否定できないのだが、だからこそ探求していくのに大いなる価値を見いだすことのできる人物でもあるわけだ。彼の関心事があまりにも多く、才能があまりにも多岐に及んでおり、さらに欠点があまりにも大きいため、ナポレオンという人物は人類の資質と欠陥のほとんどすべてを巨大なスケールで体現したような存在であるとも言えよう。それがまた、彼の魅力の少なからぬ部分を占めているわけなのだが。

　ワーテルローの戦い以来、数多くの歴史家、回想録の作者、さらには単なるゴシップまで、ナポレオンをつねに注目してきた。広く言ってしまえば、彼らの見解は主にふたつのカテゴリーに分けることができよう。ナポレオンを崇拝する者たちと、けなす者たちである。ナポレオンの個性が客観的にあるいはほとんど個人の感情を交えずに語られることはごくごく稀である。彼はそのようなたぐいの人間ではないのだ。ナポレオンに対する評価は、世代から世代へ、ちょうど振り子のように揺れ動いている。同世代の人々からの評価はあまり定まっていない。それは、セント・ヘレナ島のロングウッド［ナポレオンが幽閉された場所］から発せられたプロパガンダによってというよりは、むしろかつてクラレンドン伯爵（一六〇九～七四。イングランドの政治家。チャールズ二世の側近として王政復古とともに政界の実力者となる）がオリヴァー・クロムウェル（一五九九～一六五八。イングランドの軍人・政治家。ピューリタン革命で王政を打倒し、護国卿として最高実力者となる）を評して述べた次の言葉に要約されているような意見が大勢を占めていたために、評価が難しかったのではないかと思われる。すなわち「偉大なる悪党」という見解が。「人食い鬼《オーガ》」というイメージはヴィクトリア時代に入ってからもなかなかに消え去ることはなかった。たとえば、イギリスの母親たちは言うことを聞かない子供たちを懲らしめるときに「ボニーがやってきて、おまえをさらって行ってしまうよ」と脅かしたものである。しかし、そのような風潮は長くは続かなかった。一九世紀半ばまでには、ナポレオンに対する評価はまったく逆の方向に揺れ動いて、「運命の男」の伝説、カール大帝の生まれ変わり、人の裏をかく天才、セント・ヘレナの悲劇的な最期といったイメージが優勢になっていった。それは、帝政期に兵隊や侍従として彼に仕えた者たちが書いた日記や回想録が矢継ぎ早に出版されたことでさらに強まった。彼らの記憶が、過去の出来事を穏やかに表現していようが、逆に拡張していようが、いずれにしろナポレオンの祭壇の前で焚かれる生け贄の炎にさらに多くの油を注いだことは間違いない。なかには批判を交えてナポレオンに対する行きすぎた礼賛を抑える者もいたが、大部分は彼を賛美し、特にフランスでは偉大なるナポレオンの甥っ子［ナポレオン三世］の治世において、このような崇拝熱は不合理と言われてしまうぎりぎりのところにまで拡がってしまった。

一八七〇年以降は、崇拝熱はまったく違った方向へと向いていった。フランス人たちは普仏戦争での敗北を第一帝政の偉大なる日々を振り返ることによってごまかそうと試みたのだ。また他方で、多くの国の軍人たちがナポレオンの栄光の秘密を探ろうとして、この偉大なる戦闘技術の天才が残した戦法や戦役の細かい検証に乗り出していった。軍人たちがようやくと我に返ったのは、一九一四年に機関銃や有刺鉄線に遭遇したときのことである。ところが、第一次世界大戦の最初の数ヶ月には、フランス陸軍は攻撃に乗り出すときには（つねに攻撃のときだが）白い手袋をはめて三色旗を翻すという、ナポレオン時代の戦場で見られた活力を故意に再現しようと試みた一方で、ドイツ陸軍の有名なシュリーフェン・プランは、普仏戦争のときの実験にも負うところがあったが、それと同時にナポレオン皇帝が一八〇五年から六年にかけて見せた数々の戦役が秘めていた戦略もかなり参考にしていたのだ。一世紀前の戦法を再現してみようという試みは敵味方の双方に見られたわけだ。しかし、その結末は、ぞっとするような死傷者の数、必然的な攻撃力の喪失、さらには塹壕戦の終局的な行き詰まり状態を四年にわたって続けるはめとなってしまった。軍事史を誤用する危険性をこれほどまでに明確に示してしまった事例はほとんどあるまい。ナポレオンの時代以来、兵器の性能（とりわけ大砲と小銃の分野に関して）は長足の進歩を遂げてしまっており、古い戦法など通用しなくなっていたのである。このような教訓は、アメリカ南北戦争の後半の戦闘からもはっきりと認められるし、もう少し局地的な経験としては一八七〇年の普仏戦争や一九〇〇年のボーア戦争、さらには一九〇四年の日露戦争からも明らかである。けれども、このような警告に気づいた者がほとんどいなかったことが悲劇であった。その結果、ヨーロッパのひと世代全体と少なからぬアメリカの若者たちが、ソンムやイープル、ヴェルダン、シュマン・デ・ダム、そしてサン・ミッシェルでの消耗戦で自らの命を代償にして消えていったのだ。このような悲劇は、泥や有刺鉄線や機関銃に対しては、勇気だけでは対抗することなどとてもできないという現実を示したのである。

一九一八年以降に見られた戦争の脅威に対する嫌悪感というものがナポレオンに関する評価の振り子を再び「血に飢えた男」という概念や、「コルシカの人食い鬼」のイメージへと戻してしまったとしてもなんら不思議ではない。彼はアルマゲドンの第一の扇動者と見なされるようになってしまった。このような傾向は、ほとんど今日まで続いていると同時に、一九三九年からは新しい曲解までこれに加わることとなった。もうひとりの「伍長」アドルフ・ヒトラーとのアナロジーによって。一九四〇年代後半からは、もう少しバランスの取れた見解が登場してきたにもかかわらず、多くの研究者たちがいまだにナポレオンを低く見がちなのである。彼らにとってナポレオンは才能ある凶漢ぐらいが関の山なのだ。とはいいながらも、近年になってかなりの量の「体裁の良い」本が登場したことにより、かつてのナポレオン崇拝の一部が再生されつつある。

このように、ナポレオンの評価はまるまる一周して、これからも何世代にもわたって高い評価を受けたり、ときには嫌悪されながら、様々に評されていくことだろう。ナポレオンという名前はそれほど新鮮味を失わないものなのである。彼が、神にとってか、あるいは悪魔にとってかは定かでないが、この地球上において、最も複雑で傑出した人物のひとりであったことは間違いない。

軍人としてのナポレオンの資質と欠点について話を転じる前に、彼が生きた時代と彼自身の性格についても、ひとつふたつ疑問に答えておく必要があるだろう。なにしろ、軍人としてのナポレオンの性格を決定づけているのが人間としてのナポレオンの根本的な特質なのだから。まず第一に、ナポレオンの流星のような業績は、彼自身の資質というものにどれぐらい負っていたのであろうか。あるいは、彼が生きた時代の状況にどれぐらい負っていたのであろうか。彼の天賦の才が巨大で圧倒的なものであったことは否定できまい。ナポレオンはどんな時代に生きていようが最先端を突き進んだことだろう。しかし、やはり彼は時代の申し子とも言うべき存在だったのだ。ナポレオンは半分は神のような存在であるという、彼自身が作り上げたプロパガンダを自分で信じるようになってしまったにもかかわらず、ナポレオンはその最期のときまで自らの驚くべき業績はまったくの幸運のおかげであることをきちんと認識していた。彼はラス・カーズに述べている。フランス革命こそが、自分の才能を開かせてくれたと同時に、その才能をさらに理想的に発展させていく状況を醸し出してくれたのだと。ヨーロッパに君臨していたすべての古くさい君主国（イギリスだけ除いて）が衰亡期にあった一七八九年に、彼がまだ弱冠二〇歳であったことは幸運だったといえよう。彼がまたコルシカの小貴族の家に生まれたことも幸運だった。というのは、この事実は幼年期の彼にとっては昇進を助けてくれたし、旧体制《アンシャン・レジーム》が崩壊した後になってからも権力奪取の妨げにはならなかったのだから。さらに彼は、自分がコルシカの出身であるということが最初のイタリア戦役のときにかなり役立ってくれたと述べている。このときに、イタリアとフランスの間でバランスをとってくれそうな、まだ素性のわからない二六歳の新人が総司令官に選ばれたのであるから。ジョゼフィーヌとの結婚にしても、神からの贈り物だった。この結婚によって、ナポレオンは中道を行く王党派と結びつくこととなったが、彼らこそが後にナポレオンが帝位に即く際に支援してくれることになる。彼はまた、一族の大きさにしても、幸運に恵まれたと語っている。ボナパルト一族は、結婚や彼ら自身が王位に即くことによって、ナポレオンの影響力を増幅させていったのだ。しかし、王侯としての資質に恵まれた者も確かにいたが、兄弟姉妹たちはやがて彼にとっての両刃の剣になってしまう。さらにナポレオンにとって幸運だったのは、彼の軍事的な敵対者たちがほとんど六〇歳以上の老境に入ってしまっていたことだった。またナポレオンは戦場でも幸運に恵まれていた。もっとも、彼自身はそのような曖昧な資質については断固として否定的な見解を示したことだろうが。彼は、自身の計算から最も有利な場所を陣取ることのできる天才だったといえよう。けれども、全体的に考えれば、やはり彼は異常なまでの幸運に恵まれていたと言っても過言ではあるまい。少なくとも一八〇六年の末までは。歴史家のハドソンが指摘しているように、「彼の才能は彼自身が生み出したものだ。しかし、状況というものが、それにより大きな効力をもたせたのだ⑵」。

次に、極めて難しい問題を検討してみよう。ナポレオンという男は、結局のところ善人だったのか、それとも悪人だったのか？　この疑問に答えるのは極めて難しい。なぜなら、人間にとって絶対的な「善」だとか「悪」といったものを定義することなど、現実的に不可能だからだ。根本的に、ナポレオンの場合も、他のどのような人間とも同じように、多くの資質ももっていたし、欠点もたくさんあった。しかし、彼の才能と機会とが合わさってできた特殊な状況が、一般の基準となる限界をはるかに超えてしまう視野を与えてくれるのだ。ナポレオンは、彼が登場するまでの間に歴史に登場した権力者のなかでも、最も巨大な権力を振るった人物であろう。その巨大な権力が最終的に彼を瓦解させていったのだ。最初から彼の現実主義は運命論へと導かれていく傾向にあった。「現実に起こっている出来事は既に書き記されていることなのだ。我々の時間は初めから決められているのであり、既に運命づけられている時間を一分たりとも引き延ばすことなどできないのである(3)」。このような運命論的な傾向は次第に、自分は一般の人間どもとは異なる存在なのだというナポレオン自身の信念と結びつくようになっていった。そして、このような信念は、一七九六年のロディの会戦の晩についに結晶化していった(あるいはナポレオン自身がそう主張した)。最終的に、自らの「運命」を信じるというこの姿勢が、彼自身の判断を左右することとなり、もう少し後のほうで詳細を検討していくように、衰退期のナポレオンに見られた不合理なまでの頑迷さにつながってしまったわけである。彼は公式な宗教［カトリック］を管理すべきであると考えていたが、古くさいしきたりどおりの宗教などよりも、彼個人としては、理神論あるいは不可知論と呼んでもいいような、信念のほうを重視していたのだった。

彼は愛情深い夫であり、ご自慢の父親であって、臣下たちの幸福に心も止めないような人物では決してなかった(ただし彼は誰であろうと無情にこき使っていたが)。彼が妻以外の女性たちと不貞を働いたり、戦場で家臣たちが何人死のうと平気であったことは否定しない。しかし、この双方の特色を鑑みれば、彼にはイタリア人の熱い血が流れていたと同時に、それとは対照的な冷たい打算もできる男だったと考えられよう。彼は冷酷にもなることができた一方で太っ腹なところもあった。優しいときもあれば残忍なときもあった。気難しいかと思うと、魅力的なときもあった。いずれにしろ、彼はつねにダイナミックであり、出会ったすべての人間に忘れ得ぬ印象を与えていたことは事実である。

ナポレオンが一九世紀半ばまで生きていたとしたら、どのような支配者あるいは軍人になっていただろうかと想像するのは楽しいことである。たぶんド・ゴール将軍とマッカーサー元帥を併せたような存在だったのではなかろうか。核兵器の時代に突入したら、彼はおそらく不安におののきながら慎重にこう言っただろう。「たとえ雷を兵器に使えたとしても大砲を選ぶ、というのが戦争の極意である(4)」。これはあくまでも推測であり、本筋から外れた話だが。

第三に、彼個人が一連の破壊的な戦争にどれぐらいの責任を負っていたかという問題を検討しなければなるまい。なにしろ、ナポレオンという名前を聞いての第一印象は、ほとんどの人がナポレオン戦争を思い浮かべるのだから。彼が戦争に生きた男であったことは否定のしようがない。現役軍人として活躍した二三年ほどの期間に、ナポレオンは六〇回以上の戦闘を戦い抜いているのだ。彼が平和主義者だったなどとはとても言えまい！　一八〇四年三月から一八一五年四月までの間に、二〇〇万人ものフランス兵たちが一連の戦争を経験している計算になる。この同じ期間に、様々な階級の者たちに対して三二回にわたって徴兵が命じられ、さらに一〇〇万人以上の兵隊たちが同盟国や衛星国から調達されていたものと思われる。この一一年の間に戦死した者の数については、研究者の間でかなりの見解の相違が見られる。何人かの権威たちは一七五万人（おそらく同盟国の戦死者も含めて）に達していたと指摘しているし、別の者たちは戦死もしくは負傷を負った者は四五万人程度であったとしている。唯一確信をもって提示できるのは、戦死した将校の数が一万五〇〇〇人であったという数字ぐらいであろう。

これほどまでに膨大な数におよぶ死傷者が見られたとはいえ、誤解は禁物である。たとえ戦死者が最大の一五〇〇万人であったと仮定しても、それは一一年間の総計なのであり、しかもすべての戦線を含めた数字である。単純計算で、年間一三万六〇〇〇人ということになる。フランスが第一次世界大戦（一九一四〜一八年）のときに西部戦線だけで失った兵士の数は一三六万人（年平均で三四万人という計算になる）にもおよんでいるのだ。しかも、この数字にはイギリス・ベルギー・アメリカ兵の戦死者は含まれていない。これと比較してしまうとナポレオン戦争の数字など小さく見えてしまう。とはいっても、これでナポレオン戦争を正当化しようとしているわけではない。ふたつの時代の間では、人口がそもそも違うために、むしろナポレオン戦争のほうが人口に占める戦死者の比率では大きくなってしまうだろう。それにフランスによって犠牲にされた外国人や敵国の損害についても否定のしようがない。とはいいながらも、将軍としてのナポレオンの責任を評価しようとする際には、戦死者の問題は特定の視座を考慮に入れるときには便利である。

責任の重さを考えるうえで、ナポレオンは戦争の主唱者であったのは事実であるが、これとて極めて複雑な問題なのである。ポルトガル（一八〇七年）、スペイン（一八〇八年）、ロシア（一八一二年）の事例を除けば、彼はいつも攻撃を受けてきたのだ。しかし、これらの攻撃の多くが皇帝自身による軍事行動もしくはプロパガンダが原因となってしかけられていたのは否定できない。自身を弁護する意味で、ナポレオンはいつもこう主張した。彼が生きていた時代が好戦的な時代であり、彼がフランスの支配権をつかむか否かは長い悲惨な闘争を通じてのみ可能だったのだと。ナポレオンはフランス革命の申し子であったと同時に、その擁護者であり、喧伝者であり、清算人でもあったのだ。そして、第一共和国が既に他のヨーロッパ諸国から離れようとしていたときに、ナポレオンはまだ無名の砲兵中尉兼義勇兵中佐［原文の大佐は誤り］でしかなかった。一七八九年の政治的反抗に続いて生じた社会・経済的な大変動は、フランスのみならずヨーロッパ大陸全体で旧体制《アンシャン・レジーム》が終焉を迎えたことを暗示していた（ただし、ワーテルローの結果、最終的な瓦解はドイツには一八四八年まで、ロシアには一九一七年まで見られなかった)。「自由・平等・博愛」という概念、ルソーやディドロの数々の金言は古めかしい秩序の完全な崩壊を示し、巨大なエネルギーを自由に解き放ち、フランス人民の熱意を改宗させていった。そうなれば、戦争は不可避であった。この点からも、ナポレオンはその後何年にもわたってヨーロッパ全土を血に染めた大虐殺の責任者、「血に飢えた男」として好戦的な世代の犠牲者にされてしまったと公正に解釈することもできよう。ナポレオン自身は、このような状況をアミアンの和約のときに気づいている。「古くさい君主国と若々しい共和国との間にはつねに敵意が存在する。現在の状況下では、講和条約などほんの短期間の休戦以外なにも意味しない。このとき私は信じるに至ったのだ。私の運命は、ほとんど永遠に戦い続けることなのだと(5)」。このような現実主義的な(さらには極めて皮肉なとも言えよう)視点が、戦争とは避けえない悪なのであり、喜んで戦闘に乗り出さないまでも、そんな考えは結果的には良心の呵責とともに埋没していくことになるだろうとナポレオンに悟らせるに至ったと考えることもできよう。しかし、一七九一年以降になると、フランスは拡張主義的なイデオロギー戦争へと乗り出していく傾向を強め、かつて自分がそう望んでいたとしても、攻撃的なエネルギーの波に抵抗できるだけの力が彼に備わっていたかどうかは疑わしい。このように、ある程度まで、ナポレオンの運命論的な見解は評価しうるのだ。

もちろん、大戦争の可能性を受け入れたことで、このずる賢いコルシカ人(マキャベリ以来最も無節操な政治家とも言えよう)は自らの野心的な夢を追い求めようと「平和な」攻撃を進められるだけのあらん限りのプロパガンダを利用するのを防ぐことなどできなかった。彼は自分には平和を求める意図があるのだと延々と熱弁をふるった。フン族のアッティラやチンギス・ハーン以来、ほとんどすべての大きな戦禍というのは、平和を求める行動家たちが自らの理想を築き上げようと努力していくなかで、あらゆる平和的な懐柔策が失敗に終わってしまい、不幸にも武力に頼って解決に乗り出したときに生じたというのだ。おそらく、これは純粋に彼自身の主張なのだろう。あくまでも彼自身の目から見たという意味で。けれども、オリンポスから従属国家へと平和をもたらさなければならないと、彼はつねに希求してきた。彼に流れるコルシカの血には妥協を好むような性質は一切なかった。彼の堂々としたご都合主義は何か特に重要な機会にのみ見られていたのだ。結果として、ヨーロッパが平和を望むならば、それは皇帝ナポレオンによって先導・監督された「パクス・ロマーナ」に至らなければならなかったのだ。このような自信に満ちた傲慢な主張は、他の列強とのさらなる関係の悪化をもたらした。栄光の最後のときに、ナポレオンはそのダイナミックな天賦の才と引き替えに、教養も品格も失ってしまったコルシカの成り上がり者と見なされていた。たとえば、イギリスなどは、彼が亡くなってかなり経った後までも、公式文書ではナポレオン皇帝とは呼ばず「ボナパルト将軍」という言葉を用いていた。このように、確かに戦争それ自体は古くさい君主国同士の間に見られた鼻持ちならない懐疑によって否応なしに引き起こされた部分が多いが、新しい共和国（後には執政政府・帝国）の軽率な自信過剰、英仏の間で元々見られていた植民地獲得競争や通商上のライヴァル関係とが相まって、両国の関係をさらに悪化させていったのであり、ナポレオンは最大の機転を効かせた外交ゲームを演じなかったという罪で、後に有罪判決を言い渡されてしまったわけである。

このように、政治家にとっての「金科玉条」ともいうべき機転が欠如していたために、あれだけ頻繁に戦争が引き起こされてしまったのであり、それがまた、ナポレオンの没落にとっての重要な要素となってしまったのだ。彼は旧敵を同盟者へと鞍替えさせることができなかったが、彼自身の魅力と人を惹きつける才は、国王や皇帝たちと差しで話し合う際には充分に発揮された。同盟者たちはみな哀れな従僕にされてしまい、ナポレオンに敗れた敵たちは衛星国へとおとしめられて憤慨した。ヒト・カネ・モノの動きという点に関して言えば、ナポレオンから寵愛を受ければかなりの報酬が得られた。彼は同盟国の支配者たちの多くを蔑んでおり、そのことを隠そうとはしなかった。彼にとってみれば、新しい同盟条約のすべてが「不実の白い島（*perfidious Albion*）」との「血の抗争」を続けていくうえで、もっと多くの兵隊や物資を得ていくための手段に過ぎなかった。かの皇帝の意思に一度として屈服しなかった唯一の敵対者イギリスとの抗争のことである。

その点からも、ナポレオンは決して「平和の白い鳩」になることはできなかった。鷲がもつような非常に鋭いクチバシとツメとを、偽りの優しい白い羽の下に隠しておくことなどできなかったのだ。ヨーロッパが平和をつかむとしたら、それはあくまでもフランスの、さらにはナポレオンのもとでの平和でなければならなかった。しかも、皇帝にとっての平和という果実は、他の列強にとってみれば、農奴のような身分に落とされる苦々しい味に満ちていた。さらに、フランスが民族主義《ナショナリズム》という「願いをかなえてくれる精霊」を瓶からいったん出してしまうや、その後のことはもはや収拾がつかなくなってしまったのだ。フランス軍が誇る民族主義的な熱意は、まるで福音のようにドイツ・イタリア諸国へと徐々に広まっていった。このような動きに対する反動勢力のおかげで民族統一という皆既日食は半世紀ほど先送りにされてしまったが、民族主義の精神それ自体はナポレオンに対して最も勇猛に敵対した国のひとつで最終的には燃え上がっていったのだった。軍事的な勝利も上からの平和も、もはや民衆を静かにさせておく効果などもっていなかった。プロイセンや他の諸国で見られた愛国者たちの地下活動は、フランスからのくびきを断ち切り、「ヨーロッパのガキ大将」を衰えさせるのにひと役買っていった。これがまさに生じたのが一八一二年以降のことである。このような現象は、フランス帝国は脆弱な地盤の上に成り立っているに過ぎないという事実を露呈してしまった。

皇帝を擁護する側からすれば、ナポレオンには確かに民族主義の考えを広めていった責任があり、民族主義こそが新たな闘争を切り開いていったのであるが、彼が決して軽率に戦争へと乗り出していったわけではないことは特記しておくべきだろう。彼はつねに人道的な戦争というのを心がけていた。すなわち、短く、鋭く、決定的な戦役のことであり、苦痛を長引かせるような長期戦、言ってみれば「消耗至上主義」のような戦役は決して行わなかった。しかし、一八〇六年一二月以降に見られたように、このような目標が見失われてしまった後には、ナポレオンは動物的な残忍さや無情さに頼るようになっていったのである。これまたコルシカの気質の一部なのかもしれない。忍耐力にも偉大さにも限界が見られていった。

さてここで、ナポレオンの軍人あるいは司令官としての特質について検討してみよう。これまでの研究でも既に適切な見解が指摘されているが、やはり詳細を述べておく必要のある特別の性質がまだ見られるのである。その性質は、ふたつの時期に分けて検討するのがよいだろう。すなわち最盛期におけるナポレオンの軍事的な資質と衰退期における資質という具合に。栄光をつかんだ時期と徐々に衰退を見せ始める時期とを明確に区分するのは難しいことだが、少なくとも軍事的な側面で考えれば、一八〇六年一二月というのがナポレオンにとってのひとつのピークであったと説明できよう。多くの歴史家や伝記作家は、むしろティルジット和約（一八〇七年）やさらにはエアフルト会談（一八〇八年）を彼の絶頂期ととらえている。確かにこのふたつは政治的・国制的なレベルではナポレオンにとっての最盛期と見なすことができるが、軍事的な衰退はイエナとアウエルシュタットにおける二重の勝利の直後から既に始まっていたと考えられるのだ。

このような見解を裏付ける証拠として、次の点を挙げておこう。プロイセンに対する明確な勝利（イエナ＝アウエルシュタットの勝利とそれに続くさらなる進撃の結果、プロイセン軍の七〇パーセント以上が戦死もしくは捕虜にされた）が見られたにもかかわらず、ナポレオンはプロイセン政府との和平交渉（もちろんナポレオンにとって希望の条件での）に失敗しているのである。既に指摘してきたように、ナポレオンは早めのノックアウトを目指しており、経済的にも素早く壊滅を与えて、敵に反撃の意思を失わせてしまうのをモットーとしていた。このような戦法は、イエナ＝アウエルシュタットの勝利の後には完全に失敗に終わっていく。優柔不断なフリードリヒ・ヴィルヘルム三世の態度を、強烈な王妃が押さえ込んで、プロイセンがあくまでも挑戦的な態度に出てきたため、ナポレオンは決定的な勝利をつかむことができなかった。そのことが、ナポレオンの計画に対して最も重要なふたつの結果をもたらしてしまう。

まず第一に、一八〇六年から七年にかけて、ナポレオン自身が望んでおらず不透明な部分も多かった、ポーランドならびに東プロイセンへの遠征に乗り出さざるを得なかったことである。この遠征はさらにロシア皇帝《ツァーリ》アレクサンドル一世との新たなる紛争へとつながってしまった。ロシアとの紛争はナポレオンが避けたがっていた厄介な問題であり、彼は「電撃戦」で素早く猛攻撃をしかけ、プロイセンの戦闘能力をまったく失わせてしまい、ロシアが戦闘に加わってくるのを防ごうと計画した。しかし現実には、このような計画はうまくいかなかったのだ。ロシアとの紛争が勃発するやいなや一八〇七年二月に「グランド・アルメ」（*Grande Armée*）はアイラウにおいてロシア軍との厳しい戦いを強いられたのである。この激戦の真の結末については帝国のプロパガンダによってかなり改ざんされてしまったが、真実はロシア内部に、さらにはドイツやイタリアでフランスに抵抗を示している愛国者グループの間にもすぐに広まってしまった。確かにアイラウの戦いは単に引き分けに終わったと言ってもよかったが、この時代の人々に与えた重要性を過小評価してしまってはいけない。すなわち、アルコレ、リヴォリ、マレンゴ、アウステルリッツ、そしてイエナでの疑う余地のないほどの完全なる勝利者が、今回は軍事的な大打撃を被ってしまったという事実である。アイラウの戦いの一報は、ナポレオンの敵対者たちにとって強壮剤の役割を果たし、彼の名声は初めて深刻な打撃を受けてしまったのだ。そのような打撃は、この後、フリートラントで勝利を収めようが、ティルジットでこけおどしの和約を結ぼうが、完全に消え去ることはなかった。「人食い鬼」伝説が誤りであることが露呈されてしまった。

第二に、アイラウでの一撃の数ヶ月前に、ナポレオンは帝国にとって究極的な打撃を与えてしまうことになる決定的な大失策に既に乗り出してしまっていたのである。イエナ＝アウエルシュタットでの勝利の美酒に酔いしれようとしていたところを邪魔してきたのが、ナポレオンから「小売り店主どもの国」とののしられることになったイギリスである。イギリスはこの前年のトラファルガー海戦以来、ドーヴァア海峡を直接攻撃してやろうという皇帝の野心などものともしない態度に出ていた。一八〇三年以降（それ以上前からとは言わないが）、ナポレオンはとにかくイギリスを屈服させてやろうという野望にとりつかれていたのだ。ナポレオンのヨーロッパ帝国にとっての最大の邪魔物が、イギリスの富と陰謀、そして海軍という組み合わせであった。アウステルリッツの勝利を伝える広報のなかにおいてさえも、ナポレオンはロシア皇帝のお気に入りの副官のことを「イギリスにこびへつらう威勢のいい太鼓もち」と軽蔑を込めてののしっているほどである。それから一年後、皇帝はイギリス人たちを脅してやろうという計画に再び乗り出すことに決めた。それが一八〇六年一一月［原文の一二月は誤り］に出されたベルリン勅令である。ドーヴァア海峡を越えての直接的な軍事侵攻がしばらくは不可能だということで、ナポレオンはイギリスの生命線ともいうべき通商に一撃を加えてやろうと思い立ったのだ。経済封鎖という考え方はなにも新しい政策ではなかったが、帝国のみならずヨーロッパ全土から、敵国商品をここまで厳格に閉め出すというのは初めての試みであった。

しかし、この大陸封鎖（全面的な経済戦争の宣戦布告として知られるようになる）は、提唱者自身の頭に手痛いしっぺ返しとして跳ね返ってきてしまった。この政策は三つの悲惨な結末をもたらしてしまったのだ。ひとつは、大陸封鎖はイギリスをひざまずかせることにも、その経済的な立場を永久に損なうことにさえ、完全に失敗してしまった。このような政策をヨーロッパ大陸にあまねく押しつけていくことなどそもそも不可能だったし、ヨーロッパ大陸で拒絶された商品はすべて大西洋を渡って南北アメリカ大陸へと運ぶことができたのである。ふたつめは、数々の枢密院令によって発せられたイギリス側の対抗措置のほうがよっぽど経済的な効果をもたらしたのだ。フランスのほうが天然資源に恵まれていたし、衛星国や同盟国から財源を搾り取ることができたにもかかわらず、フランス経済は既に一八一二年頃までには危機的状況を迎えるに至った。さらに、イギリスとの交易がなくなってしまったことがもたらした不都合や混乱のせいで、大陸のすべての国々から皇帝に不満がぶつけられてしまった。ナポレオンはますます居丈高になって頑迷に封鎖を続けさせていったが、かえって従属諸国の怒りや反感を募らせるだけで、帝国の基盤を弱める結果となっていった。大陸封鎖の欺瞞はヨーロッパ全土に知られるところとなり、オランダ、イタリア、さらには（それほど量は多くなかったが）ドイツ諸国とイギリスとの密貿易がどんどん増えていった。このような不法貿易にあからさまに荷担したのが、皇帝が最も信頼した何人かの臣下たちであった。たとえば、オランダ国王ルイ（ナポレオンから退位を迫られる一八一〇年まで在位）、イタリアのマッセナ、そしてハンブルク総督のブーリエンヌなど。そして三つめにして最大の打撃は、ナポレオンが大陸封鎖をヨーロッパにあまねく広めて実施しなければならないという妄想にとりつかれるようになってしまったことだ。このような妄想が、政治的・軍事的に見て最大の失策となったふたつの政策に結びついていった。一八〇七年から八年にかけてのポルトガル・スペインへの侵攻と、一八一二年のロシア戦役である。以上すべての問題が、一八〇六年一一月に踏み出された一歩を原因としているのだ。その意味で、一八〇六年一一月というのは、ナポレオン戦争にとっての「天下分けめ」のときであったと言えよう。

この「序文」という短いスペースだけで、ナポレオンの偉大なる司令官としての資質を説明することなど、もちろん不可能である。ここでは戦術の天才としての最も明確な部分だけにでも触れられればと考えている。彼の才能に関する詳細については、以下の諸章を熟読してもらえればおわかりいただけるだろう。

まず第一に、ナポレオンにはいくつかの個人的な特性が備わっていた。それは純粋に軍事的な資質だけというわけではなく、指導者《リーダー》として畏敬の念を抱かせるような様々な資質という意味であるが。そのような資質の多くが彼自身の人間としての魅力によっていた。ナポレオンには、彼と出会ったすべての人間たちを催眠にかけてしまうようなパワーが宿っていた。このようなパワーは、その鋼鉄のような意思、抗しがたいほどの魅力、そして彼と出会った人々の感情すべてを卑屈にさせてしまうような力とが組み合わさっていた。肉体的に見ればナポレオンなど魅力のかけらもなかった。チビで、粗野で、下品で、あらゆる事柄について遠慮なくズケズケとものを言う粗暴な人間だった。ところが、男性だろうと女性だろうと、彼はどんな相手でも自らの言いなりにさせることができたのだ。その大きなグレーの瞳（多くの人々が一様に伝えているが、すべてを見通し、すべてを知り尽くした無表情な瞳）には誰も抵抗できなかった。かの百戦錬磨のヴァンダム将軍でさえ、皇帝の御前に赴くとどうすることもできないぐらいに緊張してしまった。「神も悪魔も恐れぬこの私が、皇帝に近づくとまるで子供のように震え上がってしまったものだ(6)」。ひとを催眠術にかけてしまうような魔力は、なにか大事な戦闘の際にはすべての階級の軍人たちに対して及ぼされていた。彼自身もこの才能には充分に気づいており、なにか計画があるときには故意に用いたものである。彼は落としがいのある人物だと見定めると、長い時間をかけてでも自らの虜《とりこ》にしてしまおうと計画を練った。しかし実際には、ほとんどその必要はなかった。グレーの瞳から発せられる洞察力の深いまなざしはすべての人間を瞬時に魅了してしまったからである。このパワーだけは、一生涯、彼を見捨てなかった。セント・ヘレナへ向かう船のなかでも、イギリスの軍人たちは将校だろうと船員だろうと完全に彼に魅了されてしまった。ただひとり、この「前」皇帝の魅力に対して鈍感だったのが、セント・ヘレナ総督のサー・ハドソン・ロウであった。彼は凡庸な軍人で、想像力に欠けた間抜けな態度のせいで、この非凡なる虜囚だけでなく、自分の国の部下たちまでいらいらさせていたのだ。ナポレオンの個人的な魅力が彼にとって最大の強みとなっていたことは否定できない。

第二に、ナポレオンが示した知性が信じられないほどに広くかつ深いものであったことも挙げておかねばなるまい。近年の傑出した伝記作家オクターヴ・オーブリの言葉を借りれば、「その知性の広さと明晰さ、決定の素早さ、確固たる決断力、鋭い現実感覚といったものが偉大なる精神へと成長を遂げる想像力として結集し、あらゆる時代でも最も偉大なる個性、さらにはあらゆる人間より優れた存在を育んでいったのだ(7)」。そこには偏狭な職業軍人の姿など見えない。彼の関心は無数に拡がっていたのである。ナポレオンは、どのような分野であろうと、新しい感覚に遭遇してもほとんど当惑することなどなかった。しかも、ひとつの問題をあらゆる視点からとらえる才能にも恵まれていたために、「木を見て森を見ず」という弊害に陥ることもなかった。彼は目の前に出された問題をすべて深く広く研究し尽くした。彼はどのような問題であろうと核心に深く迫ることができたと同時に、すべての周辺分野まで考慮に入れていた。彼は細かいことまで驚くほどよく知っていた。最盛期には、自身の軍隊について知らないことがないほどだった。万一、集中力をくじかれたとしても、鋭敏な判断力を曇らせることなしに、すぐ次の手段に切り替えることもできた。ナポレオンは自らの精神的な才を評して次のように述べたことがある。「いくつもの主題、いくつもの事柄が、私の頭のなかではひとつの戸棚のようにして綺麗に収まっている。ある考えを中断したいと思うと、私はすぐにその引き出しを閉じてしまい、別の引き出しを開けるのだ。寝たくはないのかって？すべての引き出しを閉めてしまえば眠れるわけだ(8)」。

同じように驚くべきことは彼の記憶力であろう。時折怪しいことのあるブーリエンヌの証言によれば、ナポレオンは特定の名前や日付や言葉などよりも、事実や土地勘や統計値を覚えるほうが得意だったようである。とはいえ、この証言が正しいとしても、それは程度の問題だった。彼の記憶力が優れていたことを示すふたつの事例を挙げてみよう。一八〇五年九月、ナポレオンと参謀たちがドーヴァ海峡沿岸部からライン川へと長い行軍を率いていた際に、後にグランド・アルメと呼ばれることになる皇帝麾下の軍隊を引き連れていたときのことである。指揮官のひとりが命令書を置き忘れてしまい、どの部隊がどこにいるのかわからなくなってしまった。参謀たちは地図をじっくりと研究したり、数え切れないほどのノートをめくったり、命令書を複写したりで忙しかったので、そこに居合わせたナポレオンが何のメモも助けも要らず、本部隊の現在地、今後三日三晩のそれぞれの宿営地について、各部隊の兵員や指揮官の名前まで交えて、慌て者の指揮官に事細かに情報を与えたとされている。そのとき、少なくとも七つの主力部隊（二〇万）が行軍中だったにもかかわらずである。そしてもうひとつが、一八一三年に行政部がロシア遠征で失った損害を補おうと必死になっていたときのことである。ナポレオンはおもむろに陸軍大臣に手紙を書き、確かブーローニュの海岸に大砲が二門あったと記憶しているがと伝令を送った。皇帝がブーローニュを訪れたのはこれより八年以上前のことであったと考えられる。統計資料に関する彼の記憶は、まさに天才的だった。国務大臣だとか主要官僚たちなどは、皇帝が貿易の細かい数字をあまりにもよく知っているので度肝を抜かされていた。たとえば、過去五年間の小麦の輸出入量まで精確に。

同様に、ナポレオンは個々の軍人たちの顔と経歴についてもよく覚えていた。確かに、皇帝が、はるか昔の戦役で「ともに戦った」ことを覚えてくれているなどというのは、大げさに語られる傾向にあるのは事実であろう。しかし昔話すべてを語る必要などないのだ。証言者のひとりコワネは、一八一五年にサン・テティエンヌの広場で、第一四歩兵連隊のなかに混じっていたのを皇帝に発見され、次の瞬間には王宮付き主計将校および司令部付き兵站主任に任命されていた経緯を語っている。これなどは皇帝神話が結晶化したもののひとつであるが、兵士たちの士気を維持するのに役立っていたことは間違いなく、彼らに「丸刈り小僧［ナポレオンのあだ名］」のためなら命がけで頑張ろうという気持ちを起こさせたのである。これもまたナポレオンが使った魔法のひとつであった。

ナポレオンは、絶え間なく努力を続けられるという驚くべき才能も持ち合わせていた。「仕事こそ余の一部なのだ」と断言したこともある。「余は仕事のために生まれ育ったのだ。視力にも足の速さにも限界があるのは知っている。しかし、仕事に駆けるパワーには限界がない(9)」。また別のときにはこうも語っている。私は机の上で働き、オペラを観ながら働き、そしてベッドの上でさえ働くのだ。一日に一八時間から二〇時間ぐらい働くことさえ稀ではなかった。彼は広く貪欲に何でも読みあさった。彼は秘書官や事務官たちを、それこそ死ぬほどこき使った。このような絶え間ない努力を行える優れた能力こそが、彼の成功の重要な秘訣となっていたのである。

しかし、このような過剰労働、次々と繰り広げられる戦役のための絶え間ない移動からくる負担は、確実にナポレオンを疲れさせていった。彼自身の肉体にしてもかつてのようにタフではなくなっていた。彼の従者が伝えているように、ナポレオンにはとにかく睡眠が必要だった。彼には、静かなときにはいつでも「うたた寝」ができるという癖がついていた。ヴァグラムの戦いのときには、大音響にもかかわらず、熊の敷物のうえで大の字になって短い睡眠をとっていたほどである。しかし、彼はまたしばしば病気にかかっていた。特に、痔と膀胱炎には悩まされた。健康という問題は、決して侮ってはいけない問題であった。というのは、彼が犯した二度の大失敗はいずれも体調が最悪のときに生じていたのだから。ボロディノとワーテルローという大失敗のときに。戦役時ともなると、食事の時間は不規則になってしまった。そのことが消化不良にもつながった。ただし、彼は決して不眠症にだけは悩まされたことがなかった。

必要とあらば、ナポレオンはまったく休みなしに何日か働くことができた。しかし、その代償はあとで支払わなければならなかったが。あるときなどは三日三晩休みなしで働き続けた。このような無理が利くのは、神経の高揚という賜物のおかげだった。ところが、その代償ともいうべき結果であるが、「勇気ある男」は同時に「神経質な男」でもあったことがよく知られている。穏やかでほとんど表情がない顔の奥底には、大いなる情熱が隠されていたのだ。それは時折あらわになった。まずは涙を流しながらの激怒。次いでヒステリー性のてんかんの発作という具合に。これによって皇帝近辺の者たちはしばしば恐怖におののいた。つねに持ち歩いている乗馬用の鞭で使用人や将校たちを打ちつけることもあった。あるときなど、召使いを呼ぶために静かに呼び鈴を鳴らしたかと思うと、いきなり大臣の脇腹にけりを入れて、参上した召使いが床の上でもだえ苦しむ哀れな大臣を連れ去るという場面もあった。またあるときは、働き者のベルティエ元帥の喉を絞めたかと思うと、彼の頭を石の壁にがんがん打ちつけることさえあった。皇帝側近の仕事に就く者などまったくついていなかったのだ！　しかし、皇帝も通常は感情を厳格に保っており、側近たちを自らの手足として用いていた。

ナポレオンの軍事的な才能たるや、まさに堂々たるものだった。彼がどのように戦役を計画し、作戦を指揮したのかについての詳細は後の章で述べていく(10)。ここでは、彼の才能の背後に見られた資質についてだけ分析しておきたい。彼の傑出した資質のひとつがプロの軍人としてのすごさであった。彼は火薬の作り方だろうが、大砲の鋳造方法だろうが、大砲の撃ち方だろうが、あるいは荷車や［砲架の］前車《リンバー》の作り方だろうが、すべて心得ていると豪語した。軍事に関わることについてなら、どんなに些細なことでも徹底して探求する完璧ぶりだった。もちろん、盲点も見られた。彼は海戦の複雑な事情を完全に修得《マスター》するために決して努力しなかった。この結果、最後の最後になっても、彼は海上での戦いにおいては潮と風とが大きく左右することを理解できなかったのだ。同様に、陸戦においても、彼は戦術のあまりに細かい部分については関心がなかった。セント・ヘレナで、ナポレオンは縦深が二列になった隊形こそ理想的だと主張するが、初期の戦役でこれを強要したことはなかった。ソモシエラ（一八〇八年）で、彼は自身の憤怒と、なにが必要なのかという認識の欠如とによって、勇敢なるポーランド兵の一団を見殺しにしてしまった。確かに、彼は重要地点に適当な人材を配置するという戦術的な決定には優れていたが、歩兵部隊の混合隊形《オーダー・ミックス》を明確に優先させること以外に、些細な戦術についてはほとんど関心を示さなかったのである。ただし、大戦術における才能を見くびってはなるまい。大戦術《グランド・タクティクス》に関しては、彼は天才中の天才だったのだ（少なくとも大半の機会においては）。

一八〇四年にローリストン将軍に与えた助言が、ナポレオンの戦略のあり方を如実に伝えている。彼は優秀な将軍になるためには、以下の三つの条件が必要であると述べている。すなわち、兵力の集中、行動、そして名誉ある戦死への固い決意である。「これらは、私の作戦を成功裡に導く、戦争術の三大原則である。死など何でもない。しかし、敗れて生きながらえるのは、生き地獄のようなものだ(11)」。まさにこの原則こそが、彼自身の運命を決定づけていたと言えよう。けれども、ヴァシェ大佐が指摘しているように、さらに四つめの原則を付け加えることができるだろう。「戦略と隠蔽、予想もつかないような素早い作戦によって、敵を驚かせてやることだ(12)」。

その偉大なる精神力を用いて、ナポレオンはきたるべき作戦に備えてつねに想いをめぐらせていた。たとえそれが一ヶ月後の作戦であろうと。これほどまでに思考を集中できるという離れ業は尋常ではない。彼はあるとき、自分が苦悩して作戦を編み出していくのを、母親が子供を生み出すときの苦痛にたとえて説明したことがある。彼は、考えられうるあらゆる問題をつねに思いめぐらし、予想されうるすべての可能性を頭に入れて、想像できる限りのすべての困難を考慮に入れていた。彼は、自分の計算が不充分であったことがわかったときにだけ、その場で即興の決断を下すタイプだった。

ナポレオンはこうも述べている。「軍事指導者は知性も充分に備えていなければならない。基盤は頂上と同じくらい高くなければなるまい(13)」。既に検討してきたように、彼は双方の資質にかなり長けていた。彼はまたこうも確信していた。「将軍にとっての重要な才能は、兵士たちの心情を察知して、彼らから絶大な信頼をつかむことである(14)」。この点においても、彼は達人であった。ナポレオンはフランス兵たちの強さも弱さもすべて心得ていた。彼らが「せっかちなまでの勇気」を持ち合わせていることから、失敗の後にがっくりとしょげ返ってしまう傾向にあることまで。彼は人間を管理していく心理的な要点のほとんどを修得《マスター》していたのだ。

ナポレオンの視点からとらえて、戦役を成功させるためのもうひとつの必要条件が、至高の権威を一点に集中化することであった。「戦争では、複数の人間など何の意味もない。ひとりの人間こそがすべてなのだ」、あるいは「ふたりの優秀な将軍よりも、ひとりのバカな将軍のほうがましだ」とも述べている。彼が実現した集権化の度合いたるや、すさまじかった。ほとんどすべての決定がナポレオンのみから発せられた。人々は、彼が戦場を駆けめぐりながらも、同時に帝国をきちっと統治している様を見て度肝を抜かされた。軍隊がひとりで統轄できる程度の数に抑えられていれば、このような特殊な命令系統もよく機能できた。フランス軍は、極めて慎重に調整された様式で行軍を続けた。全体がひとりの至高の英知によって指揮されているかの如く。しかし、後年になると、この厳格なまでの集権化が落とし穴となり、妄想となっていったのだ。

最後に、ナポレオンの天才ぶりについて語らねばなるまい。これほどまでのパワーと天賦の才を使いこなせるだけの資質というものはまったく言いようがなかろう。「努力を続けられるだけの無限の能力」も彼の「守護神」としての側面のひとつであることは間違いない。しかしそれだけではなかろう。他の様々な資質も結びついて天才へと結実したのだ。その豊かな想像力（計画を特定の状況に適合させるために必要）、直観的なセンス（敵の意図を予見するために必要）、不屈の精神力（どのような困難に遭おうとも自らの意志を貫くために必要）、そしてカモン将軍の言葉を使えば「確固たる決断力」（些細な事態や紛糾によって自らの目的を変更させられたり鈍らされたりすることを断固として許さないために必要）。ナポレオン自身も「天才」という言葉を定義づけたことがある。「天才とは、時として完璧にはなりきれない本能のようなものに過ぎない。多くの場合において、正確に判断が下せるのは自らの観察（研究も含む）と経験を通じてのみなのである(15)」。

そしてこれらすべての要素の背後にあるものが、飽くことのない野心である。野心こそが神のようなひらめきを与えてくれるのだ。「野心こそは人間を奮い立たせる主要な原動力である」とナポレオン自身も述べている。「人間は上昇しようと望む限り、その才能を費やしていく。しかし、絶頂に到達するや、次に望むのは休息だけなのだ[16]」。ナポレオンに関する限り、野心は飽くことなく生まれ続けていった。その点に、彼の偉業と並んで崩壊の温床が見られたのである。これ以外に関しては、ナポレオンの特異な才能とは、天賦の才とプロとしての能力、ひらめきと勤勉という組み合わせによっていた。

　それでは、なぜ、彼は没落してしまったのか?なぜ、彼は歴史上「ナポレオン大帝」ではなく単に「ナポレオン」と呼ばれるのか?　これまた難問にぶつかってしまうのだ。しかし、一八〇七年以降においては、この人間発電所ともいうべき人物にも、なにか無くしてしまったもの、なにかうまくいかないことが目立つようになってきた。とりわけ、彼自身の性格に関して。狡猾なタレイランこそが、状況の微妙な変化に気づいた最初のひとりであり、ナポレオンと一緒に没落するのはまっぴらということでさっさと離れてしまった。彼が外務大臣を辞任したのは、帝国の絶頂期ともいうべきティルジット条約が結ばれた直後のことなのである。

　ナポレオンを衰亡へと導いた数多くの弱点というのが、まさに彼自身を絶頂へと押し上げていった資質から生み出されたものであった。これまで記してきたような、すべての資質が乱用されるようになってしまったのだ。文字通り、天才と狂気とは紙一重というわけである[17]。時が経つにつれて、大切な決定を下さなければならないときに、妄想が彼の判断力を曇らせてしまったのだ。彼は次第に、客観的に分析してみての事実ではなく、彼自身が信じたいことだけを信じようとするようになっていった。彼はどんどんと賭け金をつり上げながら、ギャンブルにはまり込んでいったのだ。幸運の女神が最後には彼に愛想を尽かしてしまったことまで否定しながら。彼には実現できることとできないことの区別がつかなくなっていた。奇跡がいつも彼を助けに来てくれると信じきっていたのだ。ある大臣がこうした悲惨な現状を次のように語っている。「ナポレオンの常識たるや天才の域に達していたにもかかわらず、彼にはどこでゲームをやめるべきかがわかっていなかったのが不思議でならない[18]」。このような欠点が、一八一二年の惨劇、さらにはワーテルローでの最終的な没落の起源となっていた。

　一歩一歩、ナポレオンの才能は萎縮し始めており、恐るべきゆがみまで生み出していった。規律正しさ、効率性、そして権力の集権化を追い求める彼の情熱は、わがままなうぬぼれと、人々を圧迫する暴君政治へと堕落してしまった。バイヨンヌでのスペイン王家に対する無礼な扱い、国中を恐怖に陥れた刑罰の数々、帝国内部における官憲の横暴の拡大、さらには急激に拡張を続ける帝国の版図さえも、ナポレオンの誇大妄想が進展してしまった予兆であった。古代の寓話にイメージを重ねてみれば、カエルが自分を膨らませて、牛になろうとした姿に似ていた。古き良き理想がひとつひとつ無視され軽んじられていった。皇帝の野望は、カール大帝が築き上げた帝国の再生、さらにはボナパルト家自身の私的な立身出世へと次第に限定されていった。イギリスとの闘争にしても、コルシカの旧家同士に見られる血の報復のような不合理な色合いを濃く帯びていった。ヨーロッパの国々は、ナポレオンに対してこびへつらうか、それとも敵対するかのいずれかにされてしまった。どっちつかずの中立的な立場などというのは認められなかった。そしてつねに、ボナパルト家の人々が王位を授けられると同時に、ナポレオン皇帝自身も新たなる権威を勝ち得ていったのだ。

アクトン卿の有名な格言「権力は腐敗する。絶対的な権力は絶対に腐敗する」という言葉は、ナポレオンの場合には少々大げさかもしれないが、それでもある種の真実を伝えている。皇帝が飽くことなく権力を追求した結果は二重の状況となってあらわれた。一方では、人員・軍需物資・金銀を絶え間なく要求されていた（少なくともフランスの外において）支配を受けている人々の激しい怒り。他方では、しばしば忘れ去られがちであるが、ナポレオン自身が元々の喧伝者として広めた民族主義的な感情が、支配を受けている土地で全般的に高揚していったことである。そしてこのふたつがともに、きたるべき困難の予兆となってしまった。

帝国の崩壊へと向かって、ナポレオンはますます不合理になり、妄想の虜となっていった。一八一四年の初頭においてさえも、既に手持ちの札をすべてテーブルの上に並べてしまったにもかかわらず、ナポレオンは敗北を認めようとはしなかった。その結果、コランクールによる諫言（一八一三年に続いて）にも聞く耳をもたず、フランス帝国（正確にはいわゆるフランス帝国）を事実上そのままのかたちで残せるはずの妥協交渉のチャンスもすべて拒絶してしまったのだ。彼はより巨大な「ナポレオン」帝国を再び築くことができると信じきっていた。しかし、そのような帝国など、一八一三年の悲劇的な諸事件の間にとっくに忘却のかなたに消えてしまっていたのである。ナポレオンにとってみれば、のるかそるかがすべてであり、たとえオッズで一〇対一の不利な立場にあろうともめげずに頑張るしかなかったのだ。この人物の大変な勇気と決断力にはまったく頭が下がるものの、その頑迷な態度の基盤となっていた不合理には拍手を送ることなどできまい。かつてはこの時代で最も現実的な感覚に優れていた男だったのに。

妄想とともに訪れたのが、彼の頑迷さからくる不信感であった。このような傾向は元帥職を創設した当初から見られていた。意識的にか無意識のうちにか、ナポレオンにはライヴァルの発想など受け入れることはできなかった。このため、モローやアレクサンドル皇帝（彼とは長年にわたって）と決して相容れることができなかったわけである。おそらく、ドゼー・ド・ヴェグーなどは戦死できたからよかったようなものだ。結果として、有能な部下たちから襲われる危険を排除する目的で、ナポレオンは指揮権を個別に発動できる術を元帥たちから奪い取ってしまった。皇帝は決して参謀養成学校を設けることはなかった。最終的に、ナポレオンは、文政でも軍事でも、すべての権限を一手に掌握してしまった。ところが、一八〇五年から六年にかけての平穏な時代には、二〇万人ぐらいの中規模な軍隊であれば充分に掌握できたかもしれないが、彼の軍隊は日増しにどんどんと膨らみ、第二戦線まで〔さ〕らなる複雑な状況をもたらすに至っていた。すなわち、ロシアとの戦線である。五〇〇〇マイルもかなたの地方に拡がった六〇万にも及ぶ軍隊を、たったひとりでコントロールすることなどできるであろうか？　ラジオさえ発明されていないこの時代に。しかし、これこそがナポレオンが試みようとしていた一大事業であり、かの有名な結末を迎えていったのだ。

どのような障害に突き当たろうが乗り越えていけるという、自らの力をあまりにも過信したことに端を発するナポレオンの判断力の甘さは、一八〇九年以降に顕著となった彼自身の肉体の衰えによってさらに追い打ちを駆けられる格好となった。この衰えはしばしば拡張されて伝えられてきたが、一八一二年にロシア戦役から撤退した中頃までには、かつての鋭気が幾分かは失われていたことは疑う余地もない。このとき、彼は新しい人生の契約書を受け取ったかのように思われた。一八一三年の戦役の際にも、最盛期に比べれば杜撰な部分も見られたが、彼の指揮権はまさに最後の最後まで発揮されていた。さらに、一八一四年に戦場に登場するや、戦争の分野における数多くの強者たちから最も温かい賞賛が浴びせられたのだ。とはいえ、彼自身の格言である「ひとにはそれぞれ戦いの旬の時機というものが決まっている」という現実は、ナポレオンにとっても間違いのないものとなっていた。

以上のような困難に囲まれながら、ナポレオンは元帥たちを罵倒し始めた。実際には、元帥たちはもう戦いに飽き飽きしていたのだ。たとえば、ネイなどは一八一二年の撤退という悪夢から立ち直ることができなかった。予期せぬ非常事態に遭遇して、元帥たちがほとんどなにも対処できなかったことは事実である。しかし、それは誰の責任だったのだろうか？元帥たちなどではなく、他ならぬナポレオン自身が戦争の技法に関するより高度な知識を参謀たちに授けるのを故意に忌避していたのではないか。彼はあまりにも長きにわたって、古代ローマの皇帝たちが試したゲームを楽しみすぎていたのである。「分割して統治せよ」というゲームを。このようなマキャベリズムに彩られた政策は自身の頭の上に手厳しく跳ね返ってきた。「ヤツらは自分たちが絶対に必要な存在などと信じていやがる」と皇帝はよく不満をこぼした。「ヤツらにはわかっていないのだ。ヤツらの後がまに据えられるだけの司令官を余が一〇〇人も抱えているということをな(19)」。それでも、彼は自らの指揮系統を変えようなどとは一切しなかった。もちろん、元帥たちの何人かは優れた軍人だった。マッセナやダヴーなどその最たる者だった。しかし、皇帝の個人的な命令に依存・追従することに完全に連動しているような指揮系統など明らかに欠陥だらけのものであった。

さらにふたつの要素がナポレオンの衰退に拍車をかけた。ひとつは、フランス自体の疲労困憊である。人間も物資も急速に底を尽き、国土は死体の山で覆い尽くされ、ナポレオン支配下の大地はみるみると縮みあがっていった。いずれにしろ、外国人との混合部隊にますます依存していく状況（一八〇七年以降に既に見られた）では、言葉の問題や、調達される弾丸の口径や部隊の特質が国ごとで違うことからも話にならなかった。それにもかかわらず、一八一四年にマリー・ルイーズの兵士達と東部フランスの人々によって示された偉業はどのような基準から見ても明確であった。しかし、連合軍に対するフランス人たちの反発は、彼らの指導者に対する忠誠心と同時に絶望によっても引き起こされたものだったのだ。第二の要素は、ナポレオンの敵対者たちが優れた軍事的業績を矢継ぎ早に示していったことである。年老いた白髪の将軍たちは最初の十年で姿を消し、よりダイナミックな指揮官たちに取って代わられていた。自分たちの軍隊が最盛期のグランド・アルメによって容赦なく粉砕されていく姿を見て、プロイセン、オーストリア、ロシアの各政府はフランスの様式をまねて新しい軍隊を編成するようになっていた。同様に、元々はフランスによってもたらされた民族主義的な愛国心の炎も、かつての恩人ともいうべきナポレオンに敵対するかたちで縦横に炸裂する火花と化していた。フランスの同盟国や衛星国は次々と脱落していった。バイエルン、ザクセン、オランダ、ヴェストファーレン王国、ドイツ連邦、ナポリ、そしてベルギーまで。みな連合国側に次々と与していった。こうして一八一四年に最後の時が訪れた。一八一五年に見られた百日天下と呼ばれる最後のかすかな光が消えた後で、この偉大なる人物は世界史の表舞台から永遠にその姿を消していったのだ。

一九四〇年代から、ナポレオンとヒトラーを比較する傾向がある方面で流行したことがある。ヒトラーほどナポレオンの品位を貶めた人物はいないであろうし、ナポレオンとの比較ほどヒトラーを喜ばせたものはなかったであろう。比較それ自体が不愉快極まりない。全般的に、ナポレオンは高貴なる夢によってひらめきを得ていた（少なくとも最初の時期は）この点で、はなっから不成功に終わっていたヒトラーご自慢の「新秩序」などとはまったく違っていたのだ。ナポレオンは自らの天賦の才を数多く長く証明できるだけのものをちゃんと残している。法典や国民としてのアイデンティティなど、いまだに残っているほどだ。アドルフ・ヒトラーはなにも残さなかったどころか、破壊し尽くした。ただし、ある特定の面に関しては、このふたりの人物は確かによく似ていた。ふたりとも冒険家や独裁者が登場しやすい混乱期において巧みに機会をうかがいながら権力の頂点に登りつめたという点である。また、ふたりとも自分の熱烈な支持者に対しては魔法のように個性をアピールすることができた。ふたりはともに古くさい秩序を倒し、新しい社会秩序を形成するために新しい法を作り上げた。教会の権威に挑戦し、官憲の力に訴え、残虐行為によって目的を達成した。そして、ふたりはともに征服した大陸を、永遠なるナポレオン帝国にも三千年帝国にも組み替えることに失敗してしまった。しかし、似ているのはここまでだ。ヒトラーに関して客観的な評価を下すのはまだ早いとはいえ、彼がナポレオンと同じタイプの役者ではなかったことは疑う余地もないことである。幸運な直感力に優れていたとはいえ、ヒトラーは軍人ではなかった。ヒトラーが最後の最後まで人々に忘れ去られないでいる業績というのは大量虐殺という非道に満ちたものだった。一方、ナポレオンのほうは、戦術の天才、近代ヨーロッパの創設者として名を残している。それゆえ、近代史における最も破壊的なこのふたりの「伍長」の間にはほとんど共通点などないのだ。オクターヴ・オーブリの言葉を借りれば次のようなことになる。「それこそ［ナポレオンの］傑出したところであり、また別な言い方をすれば、彼の弁明でもある。成し遂げた偉業が長く続き多くの恩恵をもたらしてくれる限り、その正当性は評価されるであろう(20)」。

（1） Pieter Geyl, *Napoleon* (London, 1946), p. 16.
（2） W. H. Hudson, *The Man Napoleon* (London, 1915), p. 210.
（3） *Ibid.*, p. 228.
（4） Commandant J. Colin, *The Transformations of War* (London, 1912), p. 215 より引用。
（5） F. Markham, *Napoleon* (London, 1963), p. 95.
（6） Hudson, *op. cit.*, p. 213.
（7） O. Aubry, *Napoléon* (Paris, 1964), p. 374.
（8） F. M. Kircheisen, *Memoirs of Napoleon I*, trans. by F.

Collins (London, 1929), pp. 254-55.

(9) E. Las Cases, *Memoirs of the Emperor Napoleon*, Vol. VI (London, 1836), p. 359.

(10) 第三部を参照。

(11) *Correspondence de Napoléon Premier*, Vol. X (Paris, 1870), p. 69.

(12) A. Vaché, *Napoleon at Work* (London, 1914), p. 17.

(13) *Luncien Bonaparte et ses mémoires*, ed. by T. Jung, Vol. II (Paris, 1836), p. 162.

(14) J. A. Chaptal, *Mes souvenirs de Napoléon* (Paris, 1893), p. 296.

(15) Kircheisen, *op. cit.*, p. 242.

(16) *Ibid.*

(17) 近年の精神科医たちは、ナポレオンが進行性の精神病質者であったと述べている。確かに彼はノイローゼやヒステリー性の発作の兆候を示しており、アレキサンダー大王やカエサルもかかっていたような、ヒステリー性のてんかんにもなっていたと考えられる（「征服者シンドローム」とも呼ばれている）。

(18) Markham, *op. cit.*, p. 42.

(19) Chaptal, *op. cit.*, p. 248.

(20) Aubry, *op. cit.*, p. 376.

第1部　軍人としての修行時代

ナポレオンの軍事教育と思春期の経験　一七九六年以前

序　初登場

砲兵大尉ナポレオーネ・ディ・ブオナパルテ（一七九六年までイタリア流に署名されるのがつねであった）の名前が初めて同時代の衆目にとまったのは、彼がほぼ二四歳に達したときのことである。彼はまず、その傑出した軍事的手腕からではなく、政治的宣伝者としての能力から世間の称賛を浴びることとなった。一七九三年九月のトゥーロン攻囲において彼は砲兵隊の指揮を任されるが、これは二ヶ月前に『ボケールの夕食』と題されるパンフレットを書き上げたことでロベスピエール弟からの推薦を受けていなければ、明らかにありえなかった話である。

この作品は、ある宿屋に滞在する旅行者同士の対話形式を取っている。ふたりのマルセイユ商人が同宿の客たち（ひとりは兵士、ひとりはモンプリエの製造業者、そしてもうひとりはニームの市民）に、パリの革命政府に対する自分たちの都市反乱が正当であることを納得させようとする。議論は白熱するが、最後には兵士が勝者となる。彼の主張によれば、マルセイユ市民はいかなる不平不満があるにせよ、外敵に対する必死の戦いが進められている最中に、自国を市民抗争に巻き込むのは正当でない。そしてジャコバン政府の命令を拒否することは、結果として裏切りとなるばかりか、反革命にも等しい行為になるのだという。言い換えれば、『夕食』は南仏の反乱地帯にいる住人に向けられた政治的小冊子であり、彼らの極端な行動が依拠している論法を打破することを意図していた(1)。

このパンフレットが書かれたのは、まったく偶然の成り行きによっていた。南仏での親ブルボン派の反乱［国民公会でジロンド派議員が一斉に逮捕された（一七九三年六月二日）結果、南仏をはじめとする各地方では連邦主義者たちが騒乱を起こした］に続く慌しい数日の間に、ブオナパルテ大尉は急遽集められたカルトー将軍麾下の部隊に編入された。そして彼は非効率なかたちで進められる治安作戦の合間をぬって、紙筆を手に取って退屈な時間をつぶそうとしたのである。結果として出来上がったのは、特に驚くような文学作品ではなかったが、偶然にも時代の雰囲気によく合致し、ブオナパルテと同郷の有力なコルシカ人、サリセッティの目にとまった。不信を募らせる中央政府は戦場における兵士の精励ぶりを監督するために、最重要の任務を帯びる「派遣議員（つまり政治委員）」を任命したが、カルトー軍に同行するそのひとりが彼であった。既に数年来の友人であるとはいえ、サリセッティの個人的影響力は比較的小さかった。しかし、このとき彼の連れていた同僚が、オーギュスタン・ロベスピエール（当時のパリ公安委員会における最高実力者、つまり事実上フランスの支配者である「独裁者」の実弟）その人に他ならない。サリセッティは直ちに『ボケールの夕食』をオーギュスタンに閲読させ、次いで著者自身を紹介した。ナポレオンがヨーロッパ史の舞台に登場するために、重要な役割を演ずることになる決定的人間関係のひとつが、まさにここで作り上げられたのである。『夕食』のジャコバン的な口調やメッセージは、「力は正義なり」を標榜する急進的な政府の時流哲学によく合致した。そしてロベスピエール弟は、党派的プロパガンダとして有用なこの作品に感銘を受けただけでなく、すぐに若くて熱烈なコルシカ軍人が発するその引き寄せられるような人間性に魅了されてしまった。これ以降、彼は、軍隊での名目的な上官が立てた計画や方針と衝突したとき（頻繁に起っていた）でさえ、大概はブオナパルテ大尉の進言を喜色満面に承諾し、パリに発送することとなった。かくして、ブオナパルテの名は政府のお偉方にも初めて知られるようになり、彼はもはや無名の亡命者に過ぎぬ下級の砲兵将校ではなくなっていた。

ロベスピエール派とのつながりは、わずか一年程度しか続かない運命にあった。一七九四年八月に、ブオナパルテ少将は寸前でかつての後援者たちと没落を共有しそうになる。しかし、この決定的な一二ヶ月の間で、彼は有望な軍人としての評判をどうにか築き上げ、偉業へと通じていく階段に第一歩を踏み出したのである。彼がロベスピエール弟に与えた好意的な印象は、一七九四年四月付のある手紙に示されている。そのなかでオーギュスタンは、兄に向かってトゥーロンの英雄をこう描いている。「傑出した才能の持主(2)」と。

第1章　準備

市民にして大尉のディ・ブオナパルテは、『ボケールの夕食』を記したとき、既に将校としてほぼ九年の歳月を過ごしていた。この相当な期間において若いコルシカ人には色々な出来事があり、青年時代の経験の多くは後の人生に重大な反響を及ぼすことになった。とりわけ、戦争術および軍事全般に関する彼の概念は、大半がこの期間において形づくられたのである。これからの未来におけるナポレオンの偉業や末路の真相を見抜こうとするならば、若年期に受けた影響を究明することが重要になってくる。

ナポレオンは、カルロおよびマリア・レティチア・ブオナパルテの第二子（無事成育したなかで）として、一七六九年八月一五日にコルシカ島のアジャクシオで生まれた。何世代もさかのぼると、家はイタリアの血統を引いている(3)。だが一七六〇年代までには、ブオナパルテ家はコルシカの生活において世襲貴族の地位を占め、地域社会の重要で影響力のある（さほど富裕ではなくても）柱石と見なされるようになった。先祖の多くは、混沌に満ちた島の歴史にひと役買っている。彼の父は詩を嗜む趣向のある、どちらかと言えば落ち着きのない浪費的な法律家であったが、日頃から金に窮しながらも、つねに社会的上昇を求め、さらに反逆者にして愛国者であるパオリとも親睦があった。彼の母は鉄石の性格をした生粋の美人で、旺盛な向上心を示し、いかなる境遇にも平静かつ超然たる態度で臨める女性であった。その生涯がまさに終わろうとしていた瞬間まで、この皇太后《マダム・メール》は威風堂々とした高貴な外見を装い、優れた我が子を鉄鞭でたしなめたのである。家族の者はいかに自分の地位が高くなろうと、この女家長に対する尊敬の念を忘れることが許されなかった。戴冠の直後に、ナポレオンはその手を母親に接吻させるために差し伸べたのだが、このときの有様についてある逸話（典拠は疑わしいが）が残されている。一説によれば、なんと老婦人は鬼のような形相で皇帝の頰を平手打ちしたという。また別の一説（より疑わしいが）は、母親が皇帝の手に嚙み付いたとも述べている。真相がどうであれレティチアは尊重されるべき権力者であり、人生最後の瞬間までそうあり続けた。彼女が八六歳でその生涯を閉じたのは、一八三六年のことであった。

コルシカでの幼年時代は、未来のフランス皇帝としては、さほど孤独でなかったはずである。家には結局、幼くして死亡した五人を除き、八人の子供がいた。生き残った男子五人のうち、四人はやがて王冠を戴くことになる。長男のジョゼフ（彼はどちらかというと凡庸な人物であったが、一七八五年に父親が死んでから家長の責務をまっとうし、またつねに弟から相当な尊敬を受けていた）は初代ナポリ国王になり（一八〇六年）、二年後にはスペイン国王の座に即いた。第五子のルイはオランダ国王に立てられ（一八〇六年）、末子のジェロームは一八〇七年にヴェストファーレン王国の冠を授与された。そして最後にナポレオン自身だが、彼はフランス皇帝に加えイタリア国王まで兼ねた。リュシアンはナポレオンの次に生まれた子供であったが、彼だけが唯一王位に即かなかった（ただし機会や招聘がなかったからではない）。三人の女子のうちのひとり、カロリーヌは、ジョアシャン・ミュラ（やがてジョゼフの後を継ぎナポリ王になる）と結婚したときに、王妃もしくは王の配偶者として、将来王冠を手に入れる見込みを得たことになる。他のふたり、エリザ（その毒舌からナポレオンに嫌われた）とポリーヌ（彼に可愛がられた）は、ともに公爵の将軍を夫とすることになる。

たとえこうした栄華や社会的権勢が、ずっと先の一八世紀最後の四半期に生まれてくるものだとしても、アジャクシオのブオナパルテ一家は、かなり重要な訪問者たちから既に注目されていた。そのなかで最も意味をもった人物は、フランスの総督でコルシカの軍事司令官、そして長きにわたる家族の友人ド・マルブフであろう。下品なゴシップは彼をナポレオンの父親だと揶揄するが、この説を支える根拠などまったく存在しない。それでもド・マルブフは、ナポレオンがフランスのブリエンヌ幼年学校に席を得るために尽力し、彼の人生の初期において間違いなく重要な役割を演じたのである。入学資格を得るためには四代にわたる貴族の家柄が求められたが、ブオナパルテ家がこれを保持するのを証明するには時間がかかった。しかし結果として、若きナポレオンは自分の席が用意されているという通知を受けた。興味深いのは、ブリエンヌでの教育はほとんどの学生にとって無料であり、国家がその勘定を肩代わりしていたということである。こうしてナポレオンは、一種の福祉国家（貴族階級のためだけに設計されていたとはいえ）の保護を通じて、真の学校教育を初めて受けたのである。しかし、コルシカの地理的な条件は、教育に関する限りとりわけ好ましいものではなかった。ナポレオンはポケット版聖書の歴史を学び、また「フェシュ叔父さん」（後にかなり世俗的な枢機卿となる）はこの若者にアルファベットの手ほどきをした。しかし、ブリエンヌ・アカデミーの入学希望者にとって、この程度では充分な学校教育とは言えなかった。それゆえ九歳になると、ナポレオンはフランス語を徹底的に鍛練すべく、兄ジョセフとともに四ヶ月の間オータンのコレージュに送られた。ここでもまた、彼の入学はド・マルブフの好意に負っている。マルブフは、当時のオータン司教の伯父［この典拠は『セント・ヘレナ覚書』で、そこでは「リヨン大司教で、ド・マルブフ氏の甥」の一文が見られる。なお甥ではなく、コルシカ司令官の「弟説」も存在する］だったのである。

一七七九年四月二三日、ナポレオンは九歳でブリエンヌの王立学校に入学し、そこに五年半の間滞在した。学校は軍の系統であり、厳格なミニム修道会［一四三五年にパオラの聖フランシスコが創設した托鉢修道会を指す］の司祭によって運営されていた。だが、名門出身である若い貴族の大部分が（ナポレオンのように）まさに国王からの任官辞令を希望していたにもかかわらず、士官候補生の専門学校というわけではなかった。ここで彼が学んだのは、フランス語、ラテン語、数学、歴史そして地理である。彼にとってブリエンヌでの日々が、特に幸せであったとは言い切れない。洗練され、礼儀作法に長けたフランス小貴族《プチ・ノブレス》の若者たちに囲まれ、間抜けで粗野なディ・ブオナパルテは社交的に浮いた存在であった。自分の低い家柄、どもりのあるフランス語、そして風変わりなコルシカ訛りのことで、彼は同級生としばしば喧嘩や口論をした。教師ですら、彼を嘲笑しがちであった。もし、近所に住んでいた面倒見のよいロメニ夫人の一家［夫はトゥールーズ大司教のロメニ・ド・ブリエンヌ。一七八七年に開会した名士会において、彼は罷免されたカロンヌの後任となり、同会を指導した］や、校庭内にある小菜園の庭いじりが心の慰めにならなかったならば、「鼻にくっついた藁屑《ラ・バイユ・オーネ》（仲間たちは彼の名前と風変わりなアクセントを嘲笑してこうあだ名を付けた）」は本当に不幸になっていたであろう。

この孤立した環境は、ナポレオンがもつことになるふたつの特質、書物への溺愛とコルシカに対する熱烈で愛国的なプライドを育み、そして三つめ（リーダーシップ）を啓発させた。教わった科目のなかで彼が最も好んだのは数学と歴史で、彼は時間を限りなく費やし、入手できる関連書物をすべて読破した。学友の幾人かによる嘲笑に反発して、彼は自分の殻に閉じ込もり、コルシカ独立の英雄であるパオリに心酔した。彼は絶えず、パオリと共有の生まれ故郷が外国の支配から自由になる日を夢見ていた。こうした固定観念は一七九三年まで彼の脳裡を離れず、思春期の人格形成において一長一短の役割を演ずることになるのである。最後に、何人かの職員から受けた苛酷な仕打ちによって、逆にコルシカ少年は同級生の間でちょっとした人気を博し、やがて非公式のリーダーとして受け入れられるようになった。彼は、古代の戦争に基づいた模擬試合にいつも思案をめぐらせていたが、ある厳冬の日、雪を使って精巧に連なる砦を設計・構築し、一部の生徒から非常に高い名声を得た。すなわち彼と彼の一隊は、この砦から前方へと進撃して、雪合戦で上級生のチームを決定的な敗北（完全なる無血勝利とはいかなかったが）に追い込んだのである。ナポレオンのなかで実践での才能が初めて露呈するのは、こうした学校時代を通してであった。

　ブリエンヌでの在学期間が終わりに近づくにつれ、ナポレオンは学友のなかで次第に頭角をあらわし始めた。ブーリエンヌはそこでできた数少ない友人の一人であるが、この将来の首席秘書官によるあまり信用できない『回想録』は次のように描写している。「数学教師のパトロー神父はボナパルトをよく可愛がっていたが、教え子として彼を自慢するには相応の理由があった。他の教師たちは、彼が自分の授業で目立たなかったため、あまり気に留めなかった[4]」。にもかかわらず、王国監察官のド・ケラリオ氏は一七八三年に概ね好意的な報告書を記しており、それによって当時のナポレオンの簡潔な印象をうかがい知ることができる。「ド・ボナパルト氏（ナポレオン）、一七六九年八月一五日生まれ。身長五フィート三インチ。体質は極めて健康、従順な顔つきで、温厚、実直、思慮に富む。品行方正、数学の応用はつねに抜群である。彼は歴史と地理によく精通している。嗜み事（絵画、ダンス、音楽など）はみな不得手である。この少年は優秀な海軍士官になるだろう。パリの学校に入学を許可するにふさわしい[5]」。海軍職への推挙は立ち消えになったが、ナポレオンがどれほど優秀な船乗りになれたかと想像をめぐらしてみると、歯がゆい感じもする。

　ブリエンヌでの最終試験に合格すると、彼は希望兵種として砲兵を選んだ。それは賢い選択であった。砲兵の任務は彼の数学的な才能に適しただけでなく、財産や家柄とは関係なく才能で出世できた部署のひとつ（工兵を除けば）だったからである。いまや、多くは彼がパリの士官学校において候補生の資格を得られるか否かにかかっていた。だが一ヶ月も経たないうちに彼は出願に好意的な回答を受け取り、一七八四年一〇月三〇日にフランスの首都に到着した。このとき彼は一五歳を少し超えたばかりであった。

　士官学校は当時、若い任官希望者に対する適切な準備に関して、特に際立った注意を払っていたわけではない。ナポレオンは引き続き、数学、地理、歴史を学び、さらにドイツ語、ダンス、剣術、そして築城術を完全に修得《マスター》した。もっとも、乗馬訓練の機会には恵まれなかったらしいが。また彼にはデ・マジという友人ができ、最初のうちはかなり快適なときを過ごしたようである。しかし、一七八五年の春に彼の父親が死ぬと、本人を失った辛さに加え、既に手一杯であった家計にも大きな負担がもたらされた。ジョゼフとリュシアンはともにフランスでの学業を断念し、母親の手助けをして弟や妹たちを養うために、コルシカに戻った。ナポレオンはパリに留まったが、完全な貧乏状態に置かれた。彼はよく本を読んだものの、あまり食事はとらず、痩せ飢えた顔つき（彼が有名になった直後に描かれた、何十枚もの肖像画からこちらを見つめているあの顔つきである）を徐々に帯びてくるのであった。学校当局はおそらく故意に彼の課程を短縮し、極貧生活を国王からの給与週四ドル四五セント（年間一二二〇リーブル）によって救済しようとした。つまりこれは新任の少尉として彼に階級を与えることを意味する。とにかく一七八五年八月にブオナパルテは試験を受けさせられ、四二番目（友人デ・マジの五六番目よりは上位だが、あまり目立たない席次）で合格した。続いてふたりの若者は、ともに当時ヴァランスに駐屯していたラ・フェール砲兵連隊に出頭するように命ぜられた。これに従い一〇月三一日にパリを発ち一一月五日に部隊に着任した。興味深いのは、彼らが旅歩きを終えるに際して、愉快ではあったが高くついた放蕩三昧の日々をリヨンで過ごしたことである。新任の将校とは世界中どこでも、世代とは関係なく同じものなのだ。

革命の数年前においてフランス軍では衰退の土煙のなかで逸材が育くまれたり、重要な新しい理念が形成されようとしてしたがその実力は最盛期を過ぎていた。軍人という職業は、どう考えても最も見込みのある有益な職業だとはみなされなかった。確かに兵卒に関してはそうである。各連隊は、補充人員を確保するのに苦労した。ラ・フェール連隊もこの例外ではなく、偉大な歴史家スローンによれば、ナポレオン本人の部隊は人数が少なかったため、次のような謳い文句で宣伝を掲げ、志願兵にアピールしたという。「週三回のダンス、二回の球戯、残りの時間はスキットル［ボーリングの一種（今日の一〇本ピンではなく、当時は九本ピンである）］、捕虜の基礎教練。快適な環境、誰もが高収入で好待遇(6)」。

今日に至っても、募兵のポスターには同種の諛辞《ゆじ》が見られる。だが少なくとも、一七八五年以降一八〇〇年の間に、現実は記された言葉に多少近いものになった。個人的な財産や有力な友人をもたない青年将校にとって、前途は多難であった。給与のうち七二〇リーブルは食事と居住のためにさし引かれ、それ以外には月に七ターレル弱しか残らなかった。加えてブオナパルテの場合、母親や家族に若干の経済的援助を行っていた。充分な満足を得られるだけの昇進の見込みなどなかった。彼に期待できるのは、一五年勤務して中尉になり、さらに多年を費やして大尉に昇進（これは期間満了時に、幸運にも賛成多数で昇進できると仮定したうえでの話である）し、五〇歳代初めに勲章をもらって軍を離れ、半分に減額された俸給で貧しい余生を過ごすことだけであった。

にもかかわらず、ブオナパルテは熱心に、新たな職務を会得する作業に没頭した。この当時、フランス砲兵における賢い手順として、新米の下級将校には三ヶ月の仮期間をおいて基礎訓練を経験させるというものがあった。ある期間には底辺から職業を理解させるために、砲兵卒として勤務させる。また別の期間には現役の下士官として過ごさせる。こうした経験は極めて有意義であった。彼は兵士たちと話したり、兵士たちが重要だと考えている物事を感知する方法を学んだ。執政および帝政期における平穏な時期を通じて、そしてまさにその生涯が終焉を迎えるまで、ナポレオンは決して「庶民感覚《コモン・タッチ》」を忘れることがなかった。彼はそうしようと感じるとき、つねに自分を兵士たちの崇拝対象にすることができた。こうした人心掌握の秘訣は、つかの間の休息と厳しい訓練を繰り返したヴァランスにおける最初の数ヶ月の間に、ある程度修得されたものである。だが準備期間はついに終わり、一七八六年一月一〇日に彼は将校への任命辞令を受け取ることとなった。

ヴァランスでは合計九ヶ月が費やされた。それは概して、金はなかったが楽しい時間であった。ディ・ブオナパルテ中尉が、孤独で引っ込み思案の性格だと考えるのは間違っている。ダンスの稽古を受け、たいそう熱心に舞踏会や大夜会に参加したという類だが、駐屯する町の社交場によく顔を出していたという証拠がある。もし彼が同僚の将校たちを軽蔑していたとすれば、それはこの連中がみな諸々の遊興にいつも気を散らしているからであった。しかしながら、いまなおその精神的な故郷であるコルシカに対する郷愁の念から、時には彼が急に憂鬱になる兆候も見られた。平時における駐屯地の生活は、生真面目な青年将校には興ざめするものだった。だが一七八六年八月に、不人気な酒税が原因で発生したリヨンの地方暴動を鎮める支援のため、彼は同僚とともに派遣された。そのとき彼の連隊は、（配置替えする部隊の通常順路として）ヴァランスを発ってドゥエーに進むよう命ぜられた。したがって一七八六年一〇月から一七八七年二月にかけて、ディ・ブオナパルテが仕事上のまたは個人的な勉学を続けるのは、夕刻を過ぎてからになってしまった。

そしてついに、規則で定められた初めての休暇がめぐってきた。一七八七年二月一日に彼はコルシカに向かって発ち、マルセイユを足早に通り過ぎた後、八年ぶりに再びアジャクシオの地を踏んだ。休暇の大半は家の諸事を片付けるために費やされた。しかし弁護士や公証人の間を往来する間でも、彼は読書を続け、構想中であった『コルシカ史』のために材料を集め始めた。四月になって、休暇の終わりが目前に迫ると、彼は陸軍大臣のセギュール元帥に手紙を書き、自分の休暇延長を願い出た。その理由は「同封した医師と外科医の証明書によると、健康回復のために今度の五月一六日から五ヶ月半が必要(7)」というものであった。それだけでなく、この特別休暇中にも給与の全額支給（！）が保証されるように希望した。結局のところ、おおらかな軍行政当局は彼の要求を認めてしまった。我らが英雄が連隊での平時勤務という退屈な繰り返しから逃れる口実として、「嘘を偽って」健康の不調を持ち出したか否かは定かでない。だが確かに、一一月までには家の用件でパリに旅行できるほど、彼の健康は充分に回復したのである。そこで彼は大胆にも、再度の休暇延長を申し出た。そしてまったく信じられないことに、同情によってさらに六ヶ月の延長が認められたのである。なるほど、家の問題は切迫していた。しかし、このような長期不在が許されることは、旧体制《アンシャン・レジーム》時代の軍隊が晩年においていかに弛緩していたかを示している。コルシカの太陽を浴びながら、我らが休暇中の中尉殿は、『コルシカ史』を執筆し始めたのである。

一七八八年六月初旬、軍務への復帰をこれ以上引き伸ばす口実がついになくなった。こうしてディ・ブオナパルテは連隊に戻るためにオーソンヌへと旅立った。それから続いた時期は、彼の軍歴のなかで最も実りのあるものとなつた。当時オーソンヌはフランスにおける最良の砲兵養成所で、老練な指揮官のデュ・テイユ男爵は、恋路の多いという風評があったものの、同時代までの偉大な砲兵家のひとりであった。この年老いた軍人から父親のような指導を受け、ディ・ブオナパルテの勉学には新たな意味と深味が与えられた。未完の小説に加え、彼の直筆による三六篇の草稿ノートがこの時期から残存している。そのうち三つは砲兵の事柄に関係し、残りは歴史や哲学を主題にしたものである。デュ・テイユのみならず、数学教師ロンバールもまた彼に慈悲深く接してくれた。こうした厚情の狭間で、両名は多感なコルシカ青年に大きな影響を与えた。まもなく、ディ・ブオナパルテは特別な任務に抜擢され、八月に上官が提案した実験を試みる演習用の中隊指揮を命ぜられた。これは上官たちが他の作業（普通の野砲から臼砲の砲弾を発射するときの軌道算出）に忙殺されるためである。この千載一遇の仕事には報奨があり、ナポレオンは大砲に関する当代有数の頭脳に接することができた。ロンバールを補佐したのは経験豊富な将校から構成される委員会であり、そこには准将ひとり数人の大尉、そして三人の中尉が含まれていた。一七八九年三月、青年将校は実戦上の問題を考慮することにあまりに熱中してしまい、その事についての特別な覚書を男爵宛に書き送った。末端の下級将校にそのような努力を奨励したことは、この老紳士の援助の姿勢を示している。

またナポレオンはこの期間に、部隊を伴わない戦術演習に初めて参加した。デュ・テイユは恒例として将校たちを片田舎に連れ出し、任意に選んだ村落や丘を攻撃／守備するチームに分け、彼らに自身の処し方を自由に工夫させようとした。そして事後には演習について討論や比較が行われるのである。戦術的状況に対処するこうした実践と理論の経験は、ディ・ブオナパルテにとって大いに役に立ち、彼が貪り読んだギベールとデュ・テイユ弟の著作〔『一般戦術論』と『新しい砲の効用』を指す〕や、豊富な蔵書を備えた図書館の棚から引っ張り出した軍事知識に関するさらに多くの原典を補足してくれた。この数ヶ月間に、彼が戦略と戦術の概念に関わる最初の輪郭を考案したのはほぼ確実で、将来の大きな戦役や戦闘（これらの諸概念についての分析は第三部を参照）での基礎を形作ることになった。

同様にこの時期には、全体としてはフランスへの、個別的にはフランスに奉仕する生活への順応が急速に進んだ。ディ・ブオナパルテはいまなお第一に熱烈なコルシカ至上主義者であったが、ブリエンヌで覚えた、フランスのあらゆるものに対する苦りきった心情は徐々に失われていった。彼は強い関心をもって、パリやヴェルサイユで進行する劇的な政治的事件を観察した。そこでは革命の胎動が、一七八九年五月の全国三部会の開幕とともに既に始まっていた。

オーソンヌでの生活には暗い側面もあった。家の事情は相変わらず悪く、結果としてディ・ブオナパルテのささやかな俸給は、その用立てに回されなければならなかった。強いられた極貧生活のもとで彼はひどく健康を害してしまうが、長期の病（一七八八年最後の一ヶ月を病床で過ごすことになった）から結局は立ち直った。一七八九年の初旬に彼は母親に手紙を書き、自分が手仕事をするほど貧乏であると伝えている。「私が働く以外、他に方法はありません。八日間に一度しか着替えをせず、病気以来ほとんど寝ていません。それは信じられないことです。（ローソクを節約するため）一〇時には床につき、朝は四時に起きます。食事は一日一回だけ、三時にとります。このことは私の健康にとって良いものです(8)」。

しかしながら、若者の病気回復期にとって、それは理想的な食養生ではなかった。そのため一七八九年八月八日、彼は六ヶ月の休暇を願い出た。これは規則に記された権利の行使であったが、彼は休暇が予定通りの一〇月ではなく、すぐに始まることを望んだのだ。これを正当化する口実として、冬の海を渡る難しさが挙げられた。しかし本当のところ、彼は愛すべきコルシカでちょうどその頃発生した、革命の動乱と行動を共にしようと決心していたのである。いつものように、ブオナパルテの要求は好意的な配慮を受け、当人は九月一六日にオーソンヌを発ち、コルシカへ向かった。

生誕の地に一度戻ると、ディ・ブオナパルテはすぐにその地方での革命の渦中に置かれた。四週間のうちに彼は革命のリーダーとして受け入れられ、直ちにフランス国民議会に援助要請を送った。その一週間後に彼はバスチアにおり、武器調達のために、現地の兵器廠に向けての襲撃を画策していた。このとき国民議会は、コルシカが新生フランスの一部であることを正式に宣言し、古参の愛国者パオリ（ナポレオンにとっての英雄）に地方新政府の首長になることを求めた。我らがコルシカ人は有頂天になったが、彼が望んでいた筋書きは突然崩されてしまった。その頃、亡命先から帰還したパオリがこの熱狂的な若者を努めて無視するようになっていたからである。

年が明けた一七九一年、ナポレオンはわずか六ヶ月の休暇のあとに、何かやるせない気持ちでオーソンヌでの連隊任務（グルノーブル連隊の配属）に復帰した。しかし今度の勤務期間は、以前のものに比べても長続きしない運命にあった。一七九一年八月四日、信頼のおける軍隊を失った国民議会は、各県（八三の新行政区域が旧来の州に代わって置かれた）毎に義勇兵大隊の召集を認可した。「平等」という革命の原理に従って、この部隊の全将校は兵士によって選挙された。唯一の例外は参謀将校で、地方の軍管区を指揮する将官によって任命されることになった。議会はさらに、現役将校は正規軍での先任順や階級を剥奪されることなしに、連盟兵［国民衛兵（*Garde nationale*）もしくは国民義勇兵（*Volontaires nationaux*）の別称。連盟祭のためにパリに集結した部隊をこのように呼ぶ場合がある］大隊に地位を得られると布告した。これは昇進のまたとない機会であった。新たに任命されたブオナパルテ中尉（この頃、彼は名前から貴族的な接頭辞である「ディ」を取り除いたが、これは明らかに政府の平等主義的な意向に倣ったためである）は、時を移さずコルシカへの転属願を送った。この願いが却下されたとき、彼はひどいショックを受けた（おそらく軍当局は、彼が正規の任務を充分に果たしていないと考えたのだろう。事実、将校辞令を受けてからの六年のうち、三二ヶ月もの期間が諸々の休暇に費やされていた）。しかしながら、たった一度の挫折でくじけてしまうなど、ナポレオンの流儀ではなかった。すぐさま彼は、かつての指揮官デュ・テイユ（当時グルノーブルの砲兵総監）のもとを訪れることにした。そしてポミエにある総監官邸で快適な数日を過ごした後、要求していた三ヶ月の有給休暇を認められて、彼は意気揚々と帰郷したのである。

コルシカに三度目の帰還を果たす（九月六日）と、彼はすぐにアジャクシオ義勇兵大隊で参謀将校の地位を得ようとした。しかし、このとき国民議会は、政治的無節操のつねとして、次のような布告を出した。すなわち、義勇兵大隊に勤務する将校は、正規軍での地位を剥奪される。ただし、各部隊の指揮官と副官の地位（ともに中佐位を帯びる）に関しては、本人の意志によらず推挙されたのであれば、キャリアを傷つけることなしに正規軍将校の兼任を認める、というのである。このことはナポレオンに果断を促した。彼は正規軍の砲兵中尉とコルシカの義勇兵将校に同時に留任することを決意し、アジャクシオ義勇兵の副官になるために必要な選挙に乗り出した。選挙キャンペーンは、彼の家族に驚きと衝撃を与えるほど、狡猾もしくは不謹慎極まるかたちで行われたが、それは期待通りの成果をもたらした。一七九二年四月一日、彼は義勇兵の中佐に選出された。まだ二二歳に過ぎぬ一介の中尉にとって、これは並々ならぬ昇進である！

彼はすぐに、コルシカ国民衛兵に対してひと揃いの永続命令《スタンディング・オーダー》を作成するのに没頭した(9)。これは彼の手による最初の行政文書だが、明快さと徹底ぶりにおいて見事なものになっている。しかし、これまで我らがコルシカ人に概ね有利に働いてきた革命の情勢という予測不能な振り子は、突然彼に逆らうように動き出したのである。アジャクシオでは騒乱が相次ぎ、ブオナパルテはその鎮圧に関与した。おそらく彼は少々熱心にやり過ぎたようだ。というのも、彼の行動はパオリの不興を買ったからである。つまり作戦の最中で、この向こう見ずな中佐は我を通すために至高の愛国者の名前を勝手、かつ無許可に使ってしまったのである。不幸は続いてやって来る。彼はコルシカの舞台で不人気になっただけでなく、同様にフランスでもすぐに冷遇されるようになってしまった。ヴァランスでは将校の強制点呼が急遽命ぜられ、四月一日に不在であった者（ブオナパルテも含む）は直ちに連隊名簿から削除された。これはナポレオンにとって一大事であった。彼は即刻、決定に異議を申し立てるため一路パリへと向かった。

彼は危機的な時期にフランスの首都に戻った。パリでは学友のブーリエンヌに再会し、ふたりでパリの群衆が行動する後を追った。ルイ一六世の善意に対する信頼が消えてなくなると、革命は一挙に収拾がつかなくなってしまった。国王によるブリソー派内閣の罷免は、六月二〇日におけるテュイルリ宮へのデモ行進を引き起こすが、ブオナパルテはこれを目撃したひとりである。ブーリエンヌによれば、国王の衛兵がほとんど抵抗を見せなかったことに対して、ブオナパルテは激怒かつ憤慨したという。彼は声を荒くして叫んだ。「なんと馬鹿げているのだ。どうしてこんな暴徒どもが中に入るのを許してしまったのか。なぜ彼らの四～五百人を大砲で一掃しないのか。そうすれば残りはすぐに退散してしまうだろうに(10)」。ヴァンデミエールの面影、そして「葡萄弾《グレープ・ショット》の一吹」が思い起こされる！

また彼は二ヶ月も経たないうちに、テュイルリを襲った最大規模の嵐と、続いて起こった群衆によるスイス衛兵の虐殺を目の当たりにしている。そしてこの悲劇は民衆の暴力と、統率を欠いた正規軍に対する侮蔑を増加させた。続く数週間では、彼は不快感をあらわにしながら、「九月虐殺」を目撃した。それは、オーストリアおよびプロイセン軍が確実に接近してくることで、群衆と議会が動揺したときに生じた事件である。こうした混乱にもかかわらず、彼は結局、正規軍砲兵大尉と義勇兵中佐の地位を認められて、パリを後にした（九月一七日）。不安定な時代に自分自身の利害に積極的であったことが、明らかに報われたわけである。

一〇月一五日、彼はトゥーロン経由で再度コルシカに着いた。出発時に比べ、状況はより一層悪化していた。パオリはあらゆる側面でフランスとの関係を急速に倦むようになり、フランス議会との冷戦状態が既に常態化していた。かつては排他的なコルシカ至上主義の最も熱烈な代表者であったとはいえ、ナポレオンがこうした展開に賛同しなかったことは明白である。いまやフランスへの順応は、間違いなくほぼ完全なものになっていた。当然のことながら、パオリは帰還したこの義勇兵中佐［原文の「大佐」は誤り］を冷淡に迎え、また彼がアジャクシオ義勇兵のクェンツァ大佐の下で、事実上の副指揮官として任務に就こうとするのを妨害し始めた。これには欲求不満が大いに溜まった。しかし続く数ヶ月間に、さらに厄介な事態が生じることになる。

第2章　トゥーロン

ナポレオンの人生の初期において、理論的な準備の時期(既に見てきたように、勉学、連隊での若干の任務、かなり革命的な行動、そして休暇とさらなる昇進とをめぐる絶え間ない策略等を含む)はこの段階で終わりを告げ、真の実戦経験の時期が到来する。

ブオナパルテが実戦任務を初めて経験したのは、一七九三年初旬のことである。これは彼自身の責任ではなかったが、まったくの大失敗に終わってしまった。いまやサルディニアはフランスに対して敵対宣言を発し、フランス政府はパオリに、この島南端にあるカリアリの町に対してコルシカから海上輸送《シーボーン》攻撃を始めるように命じた。パオリはこの指図が気に入らず、あらゆる手段を使って、計画された作戦の妨害を実行させた。しかしながら、遠征に同行すべく、マルセイユから無規律な部隊の一団が到着すると、すぐに彼は考えを改めた。これらの兵士たちが地元であまりに騒動を起こすので、連中が一刻も早くサルディニアに向かえば、コルシカには好都合になると誰もが考えたからである。一七九三年の初旬に遠征隊はカリアリに向けて出航した。そこで遠征隊は壮絶にして至極当然とも言うべき撃退を喰らうのだが、これは述べる必要のない物語である。

一方、この主力攻撃を援護するために、第二の遠征隊(構成は正規軍兵士一五〇名、クェンツァ大隊の義勇兵四五〇名、そして大砲四門で、一六隻の小船舶によって運ばれ、さらに一隻のコルベット艦が護衛についた)が、サルディニア島の反対側の先にある、ラ・マッダレナ島に対する陽動攻撃に派遣された。この遠征隊はコロンナ・チェザーリ(パオリの甥)の完全な指揮下にあり、遠征隊の一員としてブオナパルテが従軍していた。出航は順風満帆とはいかず、船に帰港を強制しなければならないほどの暴風のなかを突き進むこととなった。だが結局、二月二二日に遠征隊は目的地を視界にとらえ、ラ・マッダレナ島と隣のサント・ステファノ島との間にある海峡の西端に錨を降ろした。二月二三日、大混乱の末に、部隊はサント・ステファノ島に大挙して上陸し、夕暮れまでには小砦の奪取に成功した。その間、ブオナパルテ中佐は砲兵将校としての本業に戻り、ラ・マッダレナ島を射程内に収める、カノン砲二門と臼砲一門からなる小砲台を設置する作業に取りかかった。

二四日には、多量ではないにせよ、精確な砲撃が町に対して続けられた。そしてコロンナ・チェザーリは、翌日に総攻撃を行うと布告した。しかし、これは結局実現されなかった。サルディニアに対する計画全体には、喜歌劇のような雰囲気が充満していたのだが、こうしたなかでコルベット艦のフランス人乗組員たちが一夜にして反乱（あるいはコロンナ・チェザーリが、後になってそう証言しただけかもしれない）を起こし、抵抗する遠征隊指令官とその幕僚を連れて、アジャクシオに向かって出航することを主張したのである。しかし錨を上げる前に、水夫たちは親切にもコロンナ・チェザーリに向かって、あらゆる作戦の放棄と部隊の再乗船を命じる伝令を、陸上のクェンツァ大佐に送ることを許可していた。

クェンツァは二五日を丸一日費やし、あわただしく人員を再乗船させた。しかし、ブオナパルテ中佐と大砲三門を擁する彼の孤立した砲台には、誰も事態の推移を伝えようとしなかった。したがって、彼が味方の撤退行動を初めて知ったのは夕方遅くになってからで、その時までに遠征隊の大部分は跡形なく船に乗り込み、コルシカに戻ろうとしていたのだ。このことはブオナパルテを途方に暮れさせ、また少なからず危険な目に遭わせた。だが彼らしい勇気と決断力をもって、砲兵中佐は不平をこぼしながら作業する砲手たちに命じ、島を横切って乗船の場所へと強引に大砲を運搬させた。大砲を守ろうとするこの果敢な試みは、しかしながらまったく無駄に終わってしまった。というのも、彼らが浜に着いた頃には大砲を積む船が不足しており、一方で活気を取り戻したラ・マッダレナ島のサルディニア守備隊のほうは、生き残れる見込みがはっきりしたからである。それゆえブオナパルテは、苦労して持ち運んだ大砲を破壊放棄しなければならなかった。

二月二六日の夜半、ブオナパルテが再度コルシカの地を踏んだとき、その怒りが収まらなかったことは驚くにあたらない。彼は自分の心情を包み隠さなかった。コロンナ・チェザーリの状況説明はでっち上げで、遠征隊指令官はパオリからの内密指令によって故意に攻撃を台なしにする行動をしていたと喧伝したのだ。彼は時を移さず、この歯に衣着せぬ見解をパリの国民公会に伝えた。それはパオリ派にとって好ましからざる行為であった。ブオナパルテと彼のかつての英雄との絆は明らかに脆弱なものになりつつあった。しかし少なくとも、彼はこの失敗に終わった作戦から、敵岸に部隊を上陸させる実戦面の難しさと、部隊間で命令をいかに共有させるかという課題を学んだ。こうした教訓は終生、彼の記憶に刻み込まれることとなった。そして、彼がラ・マッダレナ島における苦々しい記憶によって、一八〇五年七月にイギリス侵攻を中止する決定を下したのだという考えも、充分ありえる話である。

パオリとフランス政府との関係は、このすぐ直後に破局を迎えた。二月五日に公会は、コルシカの状況を調査するため、三名の特別委員を派遣した。パオリは高齢と体調不良を口実に、いまや自分がまったくの他所者とみなす、これら政府代表との面会を狡猾にも避け、その代わりに取り巻きを従えて山間の砦に引き籠った。コルシカ人のサリセッティを含む委員たちは、パオリとじかに接触することを二ヶ月にわたって試みたが、これは徒労に終わった。彼らはその後サン・フィオレンツォの町に到着し、そこで新たな交渉を開始しようとした。この期間を通じて、ブオナパルテは公会委員と完全に行動を共にしており、やがてコルシカ港の軍事的調査を行う任務を託された。この状態はブオナパルテ家のもうひとりが事件に関与するまで続いた。すなわち、比較的安全なトゥーロンからではあったが、リュシアンが共和派クラブにおける大胆な演説のなかで、パオリを反革命派として公然と非難したのである（彼はそれが妥当だと判断した）。この軽率な声明はすぐにふたつの影響をもたらした。まず第一に、パオリは自身の立場が最終的にフランスと敵対関係にあることを表明しなければならず、当然ながら彼はコルシカ独立の側に傾いた。第二に、この声明によってブオナパルテ一家は、島に住み続けることができなくなった。深刻な反乱がわずか数日の内に発生し、フランスの役人たちは公衆の目前で襲われた。ブオナパルテ大尉もまた、愛国者たちを払いのけて危地を脱する場面を、五月の間に何度となく経験させられた。ここで明らかになったのは、彼と彼の一家がパオリ派にとって「好ましからざる人物《ペルソナーエ・ノン・グラターエ》」になっていたということである。そしてアジャクシオからカルヴィ（ナポレオンは母・弟・妹たちを連れて、そこから一七九三年六月一〇日に出航する）までの危険な旅を終えて、やがて彼は自分の家族や身の回りの品々とともにトゥーロンに上陸した。しばらくして、彼らはマルセイユ近郊のラヴァレット村に全員で移り住んだ。

これはナポレオンの人生にとって大きな転機であった。彼はようやく生誕地（直後パオリによってイギリスに手渡される）とのあらゆる絆を断ち切ったのだ。青年時代初期からの彼の思索において、この土地がいかに重要な位置を占めてきたことか。また若者としての彼の活力のうち、いかに多くがこの土地と共有されてきたことか。これ以降、彼のあらゆる野望と夢は、フランスとその軍隊に集中していくことになる。コルシカの年代を調べることは、彼の才能にとって何か気晴らしのようなものであったけれども、いまやその活力が不毛な方向に浪費される可能性は皆無となった。彼はもう一度だけ、自分の生誕地に戻ることになる。それは自らが好んだ結果ではない。一七九九年一〇月エジプトから帰還する際に、嵐のためコルシカに一週間ほど足止めを食ったのである。

自分の家族が新居に落ち着くのを見届けると、ブオナパルテは部隊（当時、旧名を嫌う公会の指図に従い、第四砲兵連隊と改称していた）に戻った。同時に、彼はコルシカ港に関する報告を公会に送った。この文書はふたつの理由で重要であった。まず第一に、それは西地中海を掌握するために、島に大規模な海軍基地を建設することがフランス政府の利益になると強調した。地理的にはトゥーロンに最も近い港である、サン・フィオレンツォがその候補地とされた。この提案は採り上げられなかったものの、少なくともブオナパルテが海上戦略に関する相当の原理を会得していたことを証明している。というのも、一～二年後にネルソンがまさに同じ結論を下しているからである。第二に、彼はこの報告に付けられた別紙のなかで、海上から攻撃を受ける場合のアジャクシオの防衛構想を案出した。アジャクシオの港水域はふたつの停泊地を含み（地図の挿入図を参照）、外側には湾口の幅が約二二〇〇ヤードに及ぶ、水深の深い入り江がある。両側は岬の体をなしており、西のそれにはアジャクシオの町と城塞が収まり、東のそれにはモンテ・アスプレトがそびえている。またより小規模で水深の浅いカンポ・デローロ港はこれらの内側にある。敵海軍の侵入から港水域を守るために、ブオナパルテはアスプレト丘陵のふもとにふたつの砲台を建造することを薦めた。一門ずつ各々の停泊地が見下ろせる方向に据え、陸地に向けての攻撃を防ぐため背後の丘に大きな土塁を築かせる。このように設置された大砲は、対岸にあるアジャクシオ城塞の砲列とともに、十字砲火で侵入者を払いのけることができるのである。アジャクシオとトゥーロンの地図を比較してみると、ふたつの港とその港水域の配置に顕著な地形の類似が認められる。かかる事実は、五ヶ月後、トゥーロンを前にして展開されるドラマのなかで少なからず重要な伏線となってこよう。故郷の町の防備にとって必要なものを緻密に研究したことで、ナポレオンはトゥーロン防衛の手掛かりを無意識のうちに発見した。アスプレト丘陵とレギエット岬とは、まったく同じように、その各々の停泊地を射程内に収める場所にある。つまり、守備側あるいは攻撃側いずれの手中に置かれるにせよ、これらの地点によって湾の制海権が確保されるのである。

この年のやや後半になって、イタリア方面軍のための弾薬輸送部隊を結集させるべく、ブオナパルテ大尉はアヴィニョンへ派遣された。この旅は南仏での反乱と時期が重なっていた。これはフランス共和国に突き付けられた最大の挑戦であり、イタリア方面軍は特別の弾薬輸送をしばらくの間待たなければならなかった。

反乱の原因は革命初期の時代にさかのぼる。忠実なカトリックである南部の地域住民は、聖職者民事基本法［一七九〇年一二月二六日に裁可。聖職者に対して宣誓を要求する（事実上の国家公務員化）］に賛成しなかった。また、遠方にありながら干渉的なパリ政府の勝手な都合で、侵略から「祖国」を守るため、三〇万人の軍勢が徴兵によって突然召集されることにも我慢ならなかった。だが究極の原因は、一七九三年五月三一日と六月二日における弾圧的な立法措置であった。新たに独裁権を握ったジャコバン政府によるこれらの乱暴な法令は、すぐさまマルセイユに反逆の烽火を上げさせることになった。アヴィニョンがこれに続き、また周知の事実としてトゥーロン市民も同様の行動を企図していた。リヨン在中の派遣議員デュボワ・クランセは驚愕して、約三〇〇〇の軍勢をヴァランスに至急集結させるように命じ、元画家で憲兵出身［原語は policeman ; gendarmerie の英訳か？ だが彼は革命後の騎馬憲兵ではなく、革命前の近衛騎兵である］のカルトーなる大佐に指揮権を与えた。七月六日までにマルセイユの反革命派はアヴィニョンを占領し、ブオナパルテ大尉は時を移さずカルトーをせきたてて任務の付与を懇願した。彼の申し出は受諾され、ブオナパルテはアヴィニョンでの無秩序な作戦行動に参加した。共和国の軍隊は、イタリア方面軍の不在が祟り、作戦は平凡な成功しか収められなかった（『ボケールの夕食』のなかで作者はいささか苦労しながら、この大失敗に近いものを軍事的偉業と表現しているのだが）。

部隊を再度結集させるためにしばし休止した後、カルトーはマルセイユに移動した。八月二五日、町は滞りなく彼の軍隊と喧伝《プロパガンダ》の下に降った。いまや作戦は事実上完了したかに思われたので、ブオナパルテ大尉はアヴィニョンに赴き、放っておいた輸送隊指揮官の任務をまっとうするための許可を求めた。ほんの短期間の離隊にしかならなかったが、彼は直ちにカルトー軍の兵力から除外された。

その頃、つまり八月二七日から二八日にかけての夜、トゥーロンは反旗を翻し、イギリス＝スペイン連合艦隊を港内に迎えた。これは共和制フランスにとって甚だ深刻な事態であった。というのも、トゥーロンはこの国の最も重要な海軍兵器廠であっただけでなく、フランスが地中海で制海権を握るための要所でもあり、反逆行為によってこれを失うことは、共和国の評判を国の内外で傷つける痛手となったからである。もしトゥーロンが奪還されなければ、反乱という伝染病（既にヴァンデ地方に赤々と燃え上がっていた）が次にどこに波及するかわからない。言い換えるならば、トゥーロンは試金石とみなされた。まさに革命の存亡がかかっていたのである。

フランス政府はすぐさま全力を注いで対抗措置をとった。カルトーの兵力は一万二〇〇〇に増員され、さらにラポワプ将軍麾下の五〇〇〇がイタリア方面軍から遣わされた。当初、

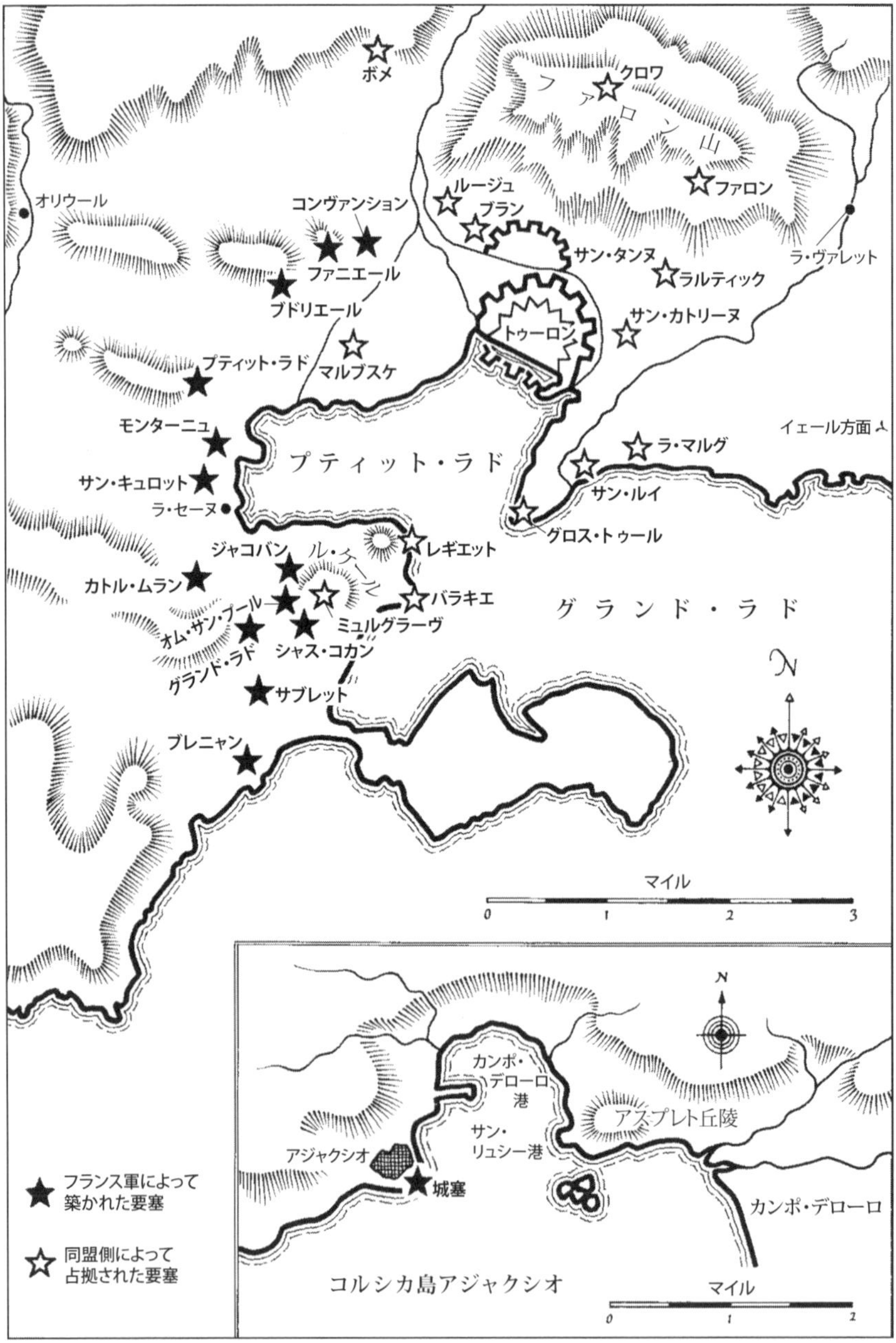
ボメ
クロワ
ファロン山
ルージュ
ファロン
オリウール
コンヴァンション
ブラン
サン・タンヌ
ファニエール
ラルティック
ラ・ヴァレット
ブドリエール
トゥーロン
サン・カトリーヌ
マルブスケ
プティット・ラド
モンターニュ
イエール方面
プティット・ラド
ラ・マルグ
サン・キュロット
サン・ルイ
ラ・セーヌ
グロス・トゥール
ジャコバン
ル・ケール
レギエット
カトル・ムラン
バラキエ
グランド・ラド
オム・サン・プール
ミュルグラーヴ
シャス・コカン
グランド・ラド
サブレット
ブレニャン
N
マイル
0 1 2 3
フランス軍によって築かれた要塞
同盟側によって占拠された要塞
N
カンポ・デローロ港
アスプレト丘陵
サン・リュシー港
アジャクシオ
城塞
カンポ・デローロ
コルシカ島アジャクシオ
マイル
0 1 2

トゥーロン周辺略図

トゥーロンの防衛に配備されていた同盟軍部隊（主にイギリスとスペイン）は四〇〇〇に過ぎなかったが、新たな輸送船団が港に増援をもたらすと、この数は急に八〇〇〇、最終的には一万五〇〇〇にまで増加した。九月最初の週末までに、ラポワプは陸地沿いにトゥーロンに至る東の入り口に到着し、イエールとソリーを相次いで占領した。一方カルトー（「人民の代表」のサリセッティ、ガスパラン、そしてバラスが同行していた）は、方位上で正反対の地点から着々と接近しつつ、来襲するトゥーロン守備隊の前哨を次々と撃退した。七日、オリウールの村でこうした小競り合いのひとつが起り、カルトー軍に所属する砲兵指揮官のドマルタン大尉が重傷を負った。

ドマルタンの任務遂行が不可能になったので、カルトーは経験豊富な正規軍の砲兵将校を伴わないまま、重要な攻囲戦を指揮しなければならないことが予想された。軍の所持する大砲はたいした数ではなかった（二四ポンド砲二門、六ポンド砲二門、臼砲が二〜三門、そして小型の野砲が数門で、かつ不充分な弾薬と装備品しか持たなかった∴総勢で砲兵五個中隊）が、先行き不安な展開となってしまった。それでも続く数日の間に、この危機に際しておそらく一万五〇〇〇人に達していた革命軍（あるいは「各軍」と言うべきかもしれない。というのも、カルトーとラポワプの分遣隊は完全に独立した行動をとっていたからである）は、トゥーロンとそのひと繋ぎの要塞群を孤立させる作業に取りかかった。

九月一六日、突如運命が味方した。ブオナパルテ大尉はマルセイユからニースに至る街道に沿って、ゆっくりと進む弾薬輸送部隊を護衛していたが、途中で部隊を離れ、ボーセに来ていたコルシカの友人サリセッティを表敬訪問した。カルトー軍の司令部がこの町に置かれていることは、既に確認済みであった。数時間後には、彼はカルトー軍で砲兵隊の指揮を任されていた。サリセッティは明らかに、コルシカにおける同朋のまじめな勤務態度と、『ボケールの夕食』の多大な影響を記憶しており、この仕事にうってつけの人物を見つけたと確信した。そして派遣議員に付与された強大な権限（総司令官のそれをも凌駕する）を使い、彼はドマルタンの欠員をその場で埋めるべく、ブオナパルテを指名したのであった。

この任命は確かに我らが英雄にとって好ましいものであったが、彼は従順な部下にはならなかった。まさに当初から、彼は取るべき手段を熟知していた。ケール丘陵の眼下に広がり、レギエットが先端になる岬をフランス軍が占拠すれば、連合艦隊は小停泊地《プティット・ラド》とトゥーロンの埠頭に避難せざるを得ない。勝利への道は、陸側と同様に海側からもトゥーロンを孤立させることだ、というわけである。これを悟ったのはおそらく彼が最初であった。カルトーやラポワプは別の方法を考えており、自分たちの真ん中に若い「物知り顔」が据えられることに、すぐに心底から嫌気がさすようになった。しかし、ふたりは彼の忠告を完全に無視することもできなかった。まずひとつには、彼が自分たちよりも明らかに攻囲戦に通暁していた（これを認めることは堪え難かったが）からである。またもうひとつには、ブオナパルテは全権を有する派遣議員からほぼ全面的な支持を得ており、こうした恐るべき文政の専門家が文字通り、最上位の司令官に対してさえ生殺与奪の権限をもつという事実を、将軍たちはみな忘れることができなかったからである。

ブオナパルテの側としては、名ばかりの上官に対してほとんど尊敬の念を抱かなかった。革命期によくあったことだが、カルトーは中間にある少将と中将の階級をほんの三ヶ月ほど経験しただけで、大佐から総司令官の地位に昇進させられた。彼には、高位の責任や複雑な任務を果たすことなど明らかにできなかった。彼の無能ぶりはすぐに露呈された。おそらく連合艦隊に砲火を浴びせようとして、彼はオリウールの山狭付近に砲台を設置することを主張していた。しかし、砲撃を開始した直後に、目標が大砲の射程外に置かれていることがわかったのだ。そのうえ、彼は砲手たちに向かい、適当な装備がないときには炊事用品を弾代わりに使うようにと命じた。さらに何より最悪なのは、トゥーロンの離反から二週間が経過するなかで、彼が攻囲用の資材を集める処置を怠っていた（事実上そう言ってよい）ことである。これはまったく誉められたものではなかった。

新米の将校はいつもの活力をもって、事態を救おうと試みた。サリセッティの強大な影響力、さらにポール・バラスの権限（将来、最も重要となっていくもうひとつの関係）に後押しされて、ブオナパルテは小停泊地《プティット・ラド》の西岸を見渡せる丘の中腹に、ふたつの砲台（「モンターニュ砲台」と「サン・キュロット砲台」）を建設する指揮をとった。九月二〇日、ブオナパルテは短時間の砲撃によって、提督フッド卿の艦隊をトゥーロン付近に移動させるように強いた。別の言い方をすれば、仕組んだ罠にまんまとはめたわけである。二日後、ブオナパルテはカルトーの説得に熱弁を振るい、ル・ケールの攻撃を催促した。ところが総司令官はひと握りの人員と大砲しか供与せず、攻撃はみじめな失敗に終わった。さらに悪いことに、同盟軍はレギエット岬の戦略的重要性に突如として気づいてしまい、岬をより強固に占領するため、かなりの兵力を一挙に差し向けてきたのだ。イギリス軍工兵はモグラのように働き、ミュルグラーヴ要塞（フランス人からは「小ジブラルタル」と渾名された）として知られる巨大で堂々たる土塁を速やかに建造した。この要塞は岬を見渡せる高台にあり、二〇門の重砲と四門の臼砲で武装されていた。一度これが完成してしまうと、血気盛んなブオナパルテですら、自分の基本計画が容易かつ迅速に遂行できないという、苦々しい現実を認識しなければならなくなった。

一方、ブオナパルテは懸命になって、必要な装備と大砲を集めるために可能な限り手を尽くした。彼は至る所で徴発を行った。大砲はマルセイユ、アヴィニョン、そしてイタリア方面軍から持ち去られた。馬と糧食は、巧みに脅しをかけ、いやがる農民たちから奪取した。「南仏のサン・キュロットはひとつしか望まない。それは共和国の領土から専制政治を一掃することだ」と、彼はヴァランスの行政官に書き送った。彼らが最近までの反逆行為を気にしていることは明らかだった。書簡はさらに続く。「これを迅速に達成するために、我々は砲兵の軍需品集積場に馬が入用である。……ドローム県、つまり共和国精神の証しをかくの如く示してきた同県は、諸君に莫大な資源を蓄えさせているに違いない。……四個旅団を構成するに充分な馬、そしてさらに二個旅団に求められる数の雄牛。合計で動物三〇〇頭の徴発を請う(11)」。

しかし、当初からブオナパルテには管理上の困難や混乱が付きまとっていた。一〇インチの臼砲は一二インチの弾薬とともに届けられた。マルセイユは八インチの臼砲を六門製造したが、弾丸は一発も作らなかった。ブオナパルテはこのような問題を、絶えず臨機応変に解決していった。たとえば、一一月四日に砲兵隊のガッサンディ中佐がグルノーブル近郊にいると聞き、サン・テティエンヌまで寄り道をして、予備のマスケット銃約一万丁を集めてくるよう求めた(12)。超人的な努力によって、彼は結局、二四ポンド砲と長射程の臼砲がバランスよく含まれるほぼ一〇〇門の大砲を集めることができた。人員の確保はもうひとつの問題であったが、ブオナパルテは途方にくれたりはしなかった。彼の要求で、派遣議員たちは否応なく、近隣に住んでいた砲兵の退役将校を再登録した。そして歩兵は砲兵士官の厳しい監視下で、火砲の使用に関する集中訓練を受けさせられた。

無能な上官たちの無為無策と優柔不断によって引き起こされた遅滞は、つねにブオナパルテを苛立たせていた。結局(一〇月二五日)、彼は現在のやり方では攻囲は成功しないと観念してしまい、彼自身の更迭を伴う危険すらあったが、緊急支援の訴えを公安委員会に送った。「私がまず申し上げる措置は、砲兵隊を指揮するために以下のような砲兵将校を、あなた方は派遣すべきだということです。すなわち、単にその階級で選ぶにしても、尊敬の念を起こさせ、つねに協議すべき幕僚と大勢の無知な者を処遇し、彼らの偏見を克服するために規則を定め、さらに理論と実践の双方から、部隊のすべての熟練将校にとって共通の理念であることが分かるような手段を、大勢の者にとらせることのできる人物です(13)」。同じ文書にはまた、レギエットを奪取し、岬の先端に砲台を設置することでトゥーロンを窮地に追い込むことができるというナポレオンの計画が、最初に記されたものとして知られる内容が含まれている。自分が大隊長もしくは少佐に昇進（一〇月一八日）したという報によっても、彼の怒りはほとんど収まらなかった。結局、公安委員会はかなり遅れて、年老いたシュバリエ・デュ・テイユ（オーソンヌ時代のナポレオンの旧師の弟）を派遣してきた。不幸にして、デュ・テイユはあまりに高齢しかも病身であったので、ブオナパルテの策を口頭で擁護する以上のことはできなかった。だが、これは少なくとも相当な効果はもたらしてくれた。

トゥーロン攻囲を行う際に主として悩みの種となったのは、計画が多すぎるということであった。誰もが自分こそ最善策を知る唯一の人間だと考えており、真の意味で上部からの指示は皆無であった。ブオナパルテは自分が正しいことを確信していた。同様にラポワプもトゥーロンは東側から攻撃すべきだという考えを曲げず、その信念を行動によって証明しようとした。一〇月一日、彼は自らの権限でファロン山に対して時期尚早の、かつ犠牲を強いる攻撃をしかけ、結果として甚大な損害を被って撃退された。カルトーは決断を拒んでいたが、幸運にも一〇月二三日、イタリア方面軍の指揮を執るために転属となった。

「木偶の王様」がより力量のある指揮官に取って代わられるだろうという楽観的希望は、しかしながら、ドッペという名の将軍（医者が本業であった）が軍を引き継ぎにやって来たとき、もろくも打ち砕かれてしまった。彼は前任者にもまして、暗愚な軍人であった。幸いにしてドッペの在職期間は三週間を超えず（その真相は、ブオナパルテ少佐と彼の共謀者サリセッティとバラスによって画策された、内密行動が少なからず要因となっている）、彼は一一月一六日に有能で聡明なヴェテラン、デュゴミエ将軍に交代させられた。しかし、デュゴミエの司令官就任は手放しで喜べなかった。というのも、攻囲の遂行方法に関する公安委員会独自の意向が、ほぼ同時に届けられたからである。ダルコンという名の、実戦経験のない理論家によって提案されたこの計画では、（ラポワプにとって喜ばしいことに）ファロン山の占領を求め、次に通常の攻囲ライン（塹壕、対壕［原語はsap(s)。攻囲側の塹壕、別名パラレル］、坑道、その他）を広げ、この作業のために実在もしていない一五万人の兵士からなる軍隊を用いることが奨励されていた。これは滑稽であった。だが、パリの官僚連中に自分たちが誤っていることを納得させるには、機転を必要としたのである。

それにもかかわらず、会議が紛糾し優柔不断となっていたこの時期を通じて、ブオナパルテは静かにひとりで準備を続けていた。一〇月一五日から一一月三〇日までの間に、彼は全部で一一の砲台を新たに据え付けた。そのうち八つは重砲計三八門を擁し、ミュルグラーヴ要塞を十字砲火によって無力化するために設置された。あとふたつ（大砲九門を置く）は小停泊地《プティット・ラド》の北岸にあるマルブスケ要塞の対面に位置し、さらに最後のひとつは長射程の臼砲六門による砲撃で、トゥーロンそれ自体の市街と軍事施設に圧力を加えるようになっていた(14)。

　ブオナパルテの確信するところでは、これら科学的に配置された砲台群は、彼が攻囲の「第一期」と命名する段階での目標（レギエットを占領し、イギリス艦隊を小停泊地《プティット・ラド》から排除、ファロン山に対する陽動攻撃を援護する）を容易に達成できるはずであった。「第二期」においては、もし必要とあらば、マルブスケ要塞を登攀で占領する前に、さらに多くの大砲がこれに対して圧力を加えることになっていた。以上が達成されれば、残るはトゥーロンの兵器廠に対して砲撃を集中させ、街と同じ名前の稜堡とこれに隣接する稜堡ル・マレの間に突破口を開くだけであった。

　フランス軍の砲台のいくつかは、砲手や守備隊の立場からすると苦痛を強いられる場所に置かれていた。特にミュルグラーヴ要塞の真下に位置するひとつは評判が悪かった。やがてブオナパルテは名案を思いつき、大きな高札を入り口の外に掲げた。これが「恐れを知らぬ男たちの砲台《オム・サン・プール》」として伝説を生むことになる。この瞬間から砲火にさらされる場所を志願する者が後を絶たなくなった。

　こうして、数週間さらに一ヶ月が経過したものの、トゥーロンはなお三色旗を拒んでいた。一一月二五日、ようやくデュゴミエ将軍は作戦会議（ブオナパルテはそこで書記官の任務についていた）を開き、ブオナパルテが胸中に秘めていた構想を実行することが決まった。すなわちそれは、岬の守備陣に向けて多量の砲弾を浴びせ、次にファロン山に対する陽動攻撃で援護しつつ、夜明けとともにミュルグラーヴ要塞に奇襲をかけ、最後に猛烈な砲撃でイギリス艦隊を一掃する砲台をレギエット岬に築く、という構想であった。

　しかしながら数日後、同盟軍の守備隊はマルブスケ要塞から大挙して出撃し、装備する二四ポンド砲七門を損傷させることで、前線の最左翼にある「国民公会の砲台」を事実上破壊した。デュゴミエとブオナパルテ本人は反撃を指揮したが、引き続いて起こった激しい戦闘は、ナポレオンが後にセント・ヘレナで述懐するとおりである。すなわち、彼はイギリスのオハラ将軍が勝利を収め、現地でのフランス軍の集積場や貯蔵庫に押し寄せて来ないようにと、オリウールに入る道を一掃する数門の大砲を配備させていた。その後、「余は失われた砲台のあった丘のひとつを越えた。……砲台のあった丘へと連なる、オリーヴの木々に覆われた塹壕に沿って、四〇〇人の大隊が群がっていた。この塹壕は弾薬や他の備品を運ぶために掘られていた。余はこの道を通って、見つかることなく砲台の足下までたどり着いた。そこから、砲台を占拠していたイギリス人やナポリ人に向かって、砲弾の発射場所を悟らせないようにするため、左右から大砲を乱れ撃った。ナポリ人はイギリス人が自分たちに砲撃をしかけていると信じ込み、当ずっぽうに弾を撃ち返してきた。そのときは大佐だと思っていたが、赤いコートを着たひとりの将校が胸壁によじ登り、何が起こっているかを見物しようとした。フランス軍大隊の下士官が彼を狙撃して、その片腕を砕いてしまった。我々が大佐だと思っていた将校は、後になってオハラ将軍（イギリス部隊の指揮官兼トゥーロン軍管区の総督）その人だと判明するのだが、砲台からフランス側の足下に転げ落ちた[15]」。続いて、ブオナパルテ自身（彼はそう主張している）がこの貴重な捕虜をとらえ、剣を持主に返しながら、将軍が厚遇を受けられることを保証した。この話の真偽についてはともかく、デュゴミエがパリに送った報告書のなかで、ブオナパルテは書面で賛辞を受けている。「人員を再結集させて前進の指揮をとるうえで、最も顕著な働きをなし、かつ最も私の助力になってくれたのは、砲兵少佐の市民ボナ・パルト（Bonna Parte）、参謀副官の市民アルナおよびセルヴォニです[16]」。こうして、イギリス軍の出撃は、死者四〇〇名と捕虜二〇〇名を出して撃退された。

司令官の将軍を失っても、トゥーロン守備隊の士気はまったく衰えなかった。さらに二週間の準備期間（アンドレ・マッセナ麾下の新たな旅団が一二月一四日に到着するのも含む）と度重なる砲撃のあと、ついにデュゴミエは一二月一七日ミュルグラーヴ要塞の攻撃を許可した。その朝早く、猛烈な砲撃に援護されて、ミュイロン将軍麾下六〇〇〇の部隊がミュルグラーヴ要塞に襲いかかり、（一〇〇〇人の死傷者と引き換えに）勝利を収めた。一方、トゥーロンの北側では、マッセナ少将がラルティック要塞を占領した。ブオナパルテもまた、数時間のうちにレギエット岬にある小要塞群と、隣接するバラキエの砦を制圧した。この途中で彼の乗馬が斃され、また太股に銃剣による傷を負った。そして一八日の午後遅く、一〇門の砲台で港内を一掃する用意が整った。

これは攻囲における決定的な展開、すなわち均衡が破られる「真の瞬間」であった。ブオナパルテが砲火を開いた途端に、フッド卿は小停泊地《プティット・ラド》からの撤退を命じた。同じ日の夕刻、イギリス軍部隊は兵器廠を爆破した。これは、攻囲がほぼ終了したという明確な証拠であった。海軍駐屯部隊の大尉でサー・ウィリアム・シドニ・スミスなる人物が、ドック内のフランス船舶と貯蔵庫を破壊しようと企てたが、スペイン人の補佐たちの何人かが命令に従わなかったために、一〇隻の船を燃やすだけにとどまった。数時間後、イギリスおよび同盟国の部隊は、満杯となった彼らの輸送船に可能な限り多くの市民を積み込んで、トゥーロンから出航した。結局、一二月一九日午前九時、革命軍はトゥーロンを占領したのである。

ナポレオンの『回想録』によれば、リヨンで起こった類の不名誉な虐殺はなかったとされる。二〜三〇〇の共謀者が一網打尽に捕らえられ、特別法廷で裁かれ、そして銃殺された。しかし、サー・ウィリアム・シドニ・スミスによれば、フランス政府の復讐はさらに苛烈であったという。彼は記している。「王党派と釈放された罪人はトゥーロンの大広場に護送され、みな一ヶ所に集められた。当時砲兵隊を指揮していたブオナパルテは、人々に向かって発砲し、彼らを草木のようになぎ倒した。砲火を逃れた者たちは、迫り来る運命を避けたいという一心から、地面にひれ伏した。このとき未来のフランス皇帝は、大砲が鳴り止んだ後に生じた最初の恐ろしい静寂の間を利用して大声で叫んだ。『フランス共和国の復讐は果たされた。立ち上がって家に戻られよ』。哀れな人々がこの命令に従おうとするかしないかのうちに、砲兵隊による二度目の残忍な発砲が、彼らをあの世へと送ってしまった(17)」。仮にこの状況説明が真実であるとすれば、サー・シドニの回想が完全に公平とは言えない（彼は後になってナポレオンの名声に対して何か私怨を晴らそうとしている）にせよ、ブオナパルテの性格に見られる野獣のような傾向は、早い時期から顕著に現われていたことになる。いずれにしろ、トゥーロンでのこうした出来事は、彼の生涯における最も不名誉な挿話のひとつ、ヤッファの虐殺の伏線になるに違いない。ともかく、反乱のあらゆる記憶を抹消したいと考える国民公会は、都市をポルトー・モンターニュと改名するように命じ、報復の証として公共の記念碑や建造物をみな破壊させた。

有名なトゥーロン攻囲はこのようにして終わった。建前上では相次いで着任した総司令官の砲兵顧問に過ぎなかったが、一般にブオナパルテ少佐が成功の立役者だとみなされていた。一二月二二日、派遣議員たちはその活躍を認めて彼を暫定的に少将の地位に昇進させ、次いで一七九四年二月一六日、この人事は公安委員会によって承認された。

それは正当な報酬であった。アジャクシオで得られた知識と、数回にわたりトゥーロンを船旅で往来する間に培われた観察を見事に用いることで、ブオナパルテ少将は軍事上の問題を正確に理解しながら、成功の秘訣を思い浮かべていたのだから。そのうえ、上官の側では実際に失望させられたり、意図的な冷笑を買うことが多々あったが、彼は勝利するまで自分の見解を頑固に押し通した。個人的には、すべての砲台の配置と建設を監督し、愛すべき大砲を守るために敵との接近戦に幾度となく参加した。もちろん、砲兵隊は任務における真の武器であった。彼はパリの委員会に書き送っている。「砲兵こそが重要な位置を占めます。歩兵にできるのはこれを援護するくらいのことだけです(18)」。

ついにナポレオン・ブオナパルテはヨーロッパ史の表舞台に登場した。『ボケールの夕食』が彼を最初の機会に近づけたとすれば、まさにトゥーロン攻囲の指揮は最初の軍事的名声をもたらしたのであった。しかし、彼の栄光に満ちた経歴が一七九三年一二月一九日以降には完全に保証された、と思い込むのは誤りであろう。二三歳は少将に推されるにはあまりに若い年齢であった。しかし当時のフランス軍では、このような抜擢は将来の成功を何ら約束するものではなかった。実際に一七八九年以降、一連のフランス政府およびその代表者たちが解雇した将官は六八〇名（平均で年間一七〇名）を下らない。少なくともこれらの半数は、銃弾かギロチンによって処刑された。要するに、軍隊での上位階級への昇進は、優秀であることはもちろん、どこか運や偶然性にも左右された。軍隊には差し出がましいわりには軍事に関して無知な派遣議員が随行しており、彼らにはあまりにも容易に将軍の死刑宣告書にその場でサインしてしまう（仮に「運のない」一日の戦闘で将軍が小ぜり合いに負ける程度の辛酸を味わったような場合でさえ）傾向があった。次章で見るように、少なくともブオナパルテ少将は数ヶ月後に、危うくこのような運命に陥りかけることとなった。そして事実、パリの体制が絶え間なく移りゆくなかで、彼は新しい階級を最低でも三回は失っている。フランス第一共和制の不安定な毎日では、軍人の経歴は退屈とも飽き飽きとも程遠かったのである。

第3章　砲兵少将

ナポレオンの軍人としての経験は、初期の段階ではほとんど数学的な精度をもって積み重ねられた。ヴァランスの見習い少尉として、彼は大砲の照準の合せ方や槊杖［砲身内を掃除する棒状の道具］の扱い方を会得した。彼は続く数年で、主として書物から引き出されたものであったが、膨大な知識を蓄積した。さらに、コルシカやフランスでのあまり重要でない治安作戦のなかから、人心掌握やリーダーシップに関する若干の経験が追加された。まず彼は様々な状況下において、正規軍および義勇兵双方で兵士なるものの特徴をつかみ、そして用兵術については日和見的な政治の影響が及ぶことに不信感を募らせたのである。その後、不首尾に終わったラ・マッダレナの遠征では、実戦における砲兵隊の配置と運用を学んだ。同様に、複数の兵種を用いなければならない作戦に付随する困難な点と、部隊レベルでリーダーシップを欠くことが生み出す不利益を認識するに至った。次にトゥーロンでは、彼の地平はさらに広げられた。主要な作戦を自らの手で事実上動かし、カルトーやドッペがとった最悪の行動に個人的に接しているうちに、好機を逃さないことが有能な軍人の証しであるという認識を、改めて実感させられた。そしてトゥーロンで名をあげてから一七九六年に独立した指揮権を付与されるまでの二年間に、彼はいまや戦争の檜舞台で作戦を実行する軍全体の戦略を、まさに取り仕切れるようになっていくのである。

ブオナパルテは、こうした多面にわたる経験のすべてを一一年という短期間のうちに済ませてしまい、二六歳のときに最初の強大な指揮権を任されるに至った。実際、彼は時代的には幸運であった。「能ある者に開かれた」経歴が、一七九〇年代には体現されていたからである。出世のスピードに関して言えば、ナポレオン・ブオナパルテの経歴に比肩しうるのは、アレキサンダー大王のそれを除いて他にはまだ存在しないくらいだ。

一七九三年一二月から一七九六年三月にかけての二八ヶ月間では、戦略立案者としてのナポレオン、あるいはマキャベリ（程度は落ちるか）に匹敵する政治的楽観主義者が姿をあらわした。この時期はふたつの観点から考察することができる。第一には、一七九六〜九七年における大勝利の理論的準備の期間として、また第二には、自身の立場を着々と強化していく期間としてである。

リヴィエラ地方の沿岸要塞監察官を一時的に務めた後、ブオナパルテ少将はニースに移動し、イタリア方面軍で砲兵指揮官の地位を得た。これは普通なら作戦指揮の機会を与えられる地位ではなかったが、特殊な状況が蔓延するなかではブオナパルテが後に実行していくとおりのものとなった。新たな総司令官デュメルビオン将軍は、経歴に傷のない立派な軍人であったが、熱血的な人物ではなく、かつ高齢であった。彼もまた、同僚の多くが作戦で不手際を起こしたり、時流に合わない政治思想を有していたために粛清または処刑されるのを目の当たりにしてきた。その結果、何か威勢のよい行動を企てようという気力は失われていた。彼は作戦に関する案、あるいは作戦に基づいて行動する案をつねに派遣議員に求めることで、革命期の将軍がみな直面していた難局に対して安全策を図っていた。こうした発想のおかげで、少なくとも彼の首は胴体につながっていたわけである。

このときまったく偶然にも、サリセッティとオーギュスタン・ロベスピエールの両名が、政府がイタリア方面軍に送った代表を務めていた。若いとはいえ精力的な砲兵指揮官に対して、彼らが喜んで耳を貸したことは何ら不思議ではない。しかもこの指揮官は、つい最近実戦においてその能力を示しただけでなく、良きジャコバンであり、かつ職業軍人的な将校のなかでは出色の存在であった。それゆえ、デュメルビオンは代表たちに支配されていたが、その代表たちはブオナパルテ少将に支配されていたのである。状況は彼にとって明らかに好転し始めていた。

一七九四年の春、イタリア方面軍は取り立てて見通しの明るい状態に置かれていたわけではなかった。ピエモンテとの戦争は二年間にわたって膠着状態に陥り、フランス軍はアルプスと地中海の間に窮屈なかたちで足止めを食っていた。北にはピエモンテ軍が堅い防御陣を敷いており、南にはイギリス海軍のフリゲート艦隊が送られていた。緊急の課題は、ピエモンテ軍を撃破し、同時に生命線であるジェノヴァとの穀物交易に対する封鎖（オネリアを拠点とするイギリス海軍分艦隊とピエモンテの私掠船団によって行われていた）を解くことであった。山がちで荒涼としたアルプス山麓の丘陵地帯を眼前にすると、ブオナパルテですら、サオルジョ近郊にあるピエモンテ軍の塹壕を直接攻撃するという考えには至らなかった。その代わりに彼は、ギベールとブールセの著作から妙案を引き出し、以下のように結論づけた。オネリアを占領し、そこから海上でジェノヴァとの関係を再開させるためには、目的を遂行するための最善のコースは海岸の道沿いを主軸に攻勢をかけることである。この行動に合わせて、タナルド山からオルメアの町、そしてタナロ川本流に向かうローヤ川とネルヴィア川峡谷の間にある山岳地帯に攻撃をしかける。そのための支援として、サオルジョの要塞にはさらに陽動攻撃を行う。こうした行動は三つの事態を可能にしてくれる。第一に、既に述べた沿岸交易の状況が緩和される。第二に、側面の方向を戦略的に変えてしまうことで、ピエモンテ軍に持ち場の放棄と撤退を強いる。そして第三に、イタリア方面軍は作戦終了時に、山麓にあるふたつの主要な峠を支配するという地の利を得て、ピエモンテの沃野にさらに前進する準備を行うことができる。この計画はすぐに採用となった。そしてデュメルビオンは異議を唱えず、四万三〇〇〇の兵力を有する野戦軍から二万人を選抜して強力な一部隊を作り、またこれを三つの攻撃隊とひとつの予備軍に分けた。

　当初、大雪による遅れはあったが、結果的に攻撃は計画通りに進行した。四月一六日、奥地の攻撃のために二個旅団の指揮を任されたマッセナ将軍（トゥーロンの功績により中将に昇進していた）は、激しい抵抗に遭遇しないまま、タナルド山を通り過ぎてオルメアの町に進軍した。ピエモンテ軍がサオルジョ周辺になお居残っていることを知ると、彼はそこから西方へ転回した。このため退路を断たれたピエモンテ軍は、残りの軍とともにニースの主要道路を突進してきたデュメルビオンに降伏せざるを得なくなった。一方沿岸部でも、同様に攻撃は首尾よく進行していた。オネリアだけでなく、その先のアルベンガとロアノもまた、相次いでフランス軍の掌中に落ちた。そして五月初旬までに、イタリア方面軍はマリティーム・アルプスの国境沿いに確固たる足場を固め、要所であるアルジャンテーラ峠とタンドおよびサン・ベルナール峠を支配下に置いた。ブオナパルテはもう一度、的確な判断に基づいて、戦略上の緊急課題を解決する有効な作戦計画を練り上げた。軍事作戦の主要部分には、ブールセの『山地戦の原理』から借用されていたものが多かった。彼はおそらく何年か前に、デュ・テイユ男爵の庇護のもと、オーソンヌまたはポミエでその写しを調べたのであろう。とはいえ、それは希望を抱かせる出発点であった。将来における軍事作戦の主要部分（陽動攻撃をしかけ、軍団を小集団《プティ・パケ》という見かけ上は分散しているが、実は相互支援が可能な距離内に注意深く配置されたものに分割し、中央に置かれた予備軍を活用すること）がすぐさま脳裡に浮かんだからである。

　派遣議員たちを通じて、ブオナパルテ少将は滞りなくふたつめの作戦計画を上奏した。この計画に描かれていたのは、モンドヴィ平野に突き進み、イタリア方面軍が苦しむ危機的な補給品不足を解消すべく、最初の成功を利用して四万五〇〇〇のピエモンテ軍を突破するというものであった。この計画はむしろ、ある面でより野心的であった。つまり、それはイタリア方面軍と隣のアルプス方面軍に、緊密に歩調を合わせる行動を要求し、また直接目標となるのは、アルジャンテーラ峠からさほど遠くない、「バリケード」として知られる難所であった。フランスのふたつの軍団が各々の作戦ラインに沿って、コニィ要塞近くの全軍の集合地点まで移動し、さらに別の一軍が遠方のタンド峠近郊から平野になだれ込み、敵軍の撃破を成し遂げるのである。この計画は当然のごとく派遣議員たちに採用され、最終的な承認を受けるべく、五月二一日にパリに送られた。多少の問答のあと、カルノーと公安委員会は計画に同意し、六月五日に第一段階が実行に移された。

またしても最初は万事順調で、「バリケード」は比較的容易に占領された。しかしながら、陸軍大臣カルノーは、イタリア方面軍がさらに進軍することを許可しなかった。というのも、彼はライン戦線における大攻勢が迫りつつある時期に、イタリアでの大規模な攻撃を望んではいなかったからである。彼はまた、イタリア方面軍があまりに遠方へ移動した場合、南仏で再び騒動が起きるのではないかと危惧した。こうした拒否権の発動を止めようとして、オーギュスタン・ロベスピエール本人が計画をパリに持ち込み、決定の再検討を求めた。彼が携えていた一篇の覚書（ロベスピエール弟によって記されたものだが、ほぼ確実にブオナパルテが草稿を書いている）は、この人物（ナポレオン）が戦略に関わる全体の問題を充分に把握していることを示している。覚書の筆者は、スペインのような重要でない戦線に、公安委員会が乏しい資源を無駄に注ぎ込まないようにと切望しながら、最大の敵、すなわちオーストリアに対しては一致団結した準備が必要だと強調する。

もし、ピエモンテの国境に位置する軍団が攻撃態勢をとれば、オーストリア王家はイタリアの所領を守らざるを得なくなる。戦争の原則は攻囲戦のそれと同じである。火力は一点に集中されなければならない。突破口が開かれるとすぐに均衡は破られ、他には何も残らない――その場所は占領される。叩くべきは、まさにドイツ［オーストリア］である。これがなされれば、スペインやイタリアは自然に倒壊してしまうであろう。攻撃は分散ではなく、集中されなければならない(19)。

別の言い方をすれば、ピエモンテに対する陽動攻撃によって、オーストリアはライン戦線において軍勢の弱体化を強いられ、フランスが主要な戦線で決定的な成功を収めるための有利な状況が出現するのである。この文書は実質的に、一七九六年の（イタリア）戦役において、最初に計画された作戦の原形である。そこには、軍略に長けた二四歳の才能が示されている。

最終決定を待つ間に、ブオナパルテは政府代表のリコール［ロベスピエール弟と共同行動を取っていた派遣委員の一人］によって、現地状況を調査する極秘任務のためにジェノヴァに派遣された。このスパイ活動こそが、近い将来に彼の身を危険な目に遭わせることになった。

そして一七九四年七月二七日、テルミドールのクーデタが発生した。フランスの首都での混沌とした一日に続いて、自らが手にかけた何千人もの犠牲者の後を追うようにして、ロベスピエールはギロチン送りとされた。彼の支持者もまた、頭部を失わない場合でも、その地位を失った。ジャコバン「恐怖政治」の唐突な終焉に続いて魔女狩りが行われ、倒された独裁者と関係をもつ者はみな追放、あるいは粛清された。ロベスピエール弟の友人で、かつジャコバン精神に満ちた『ボケールの夕食』の著者でもあるブオナパルテ少将は、不可避的に嫌疑者のリストに加えられた。八月六日、彼は逮捕され、監獄に収容された。これは他ならぬサリセッティの仕業であった。明らかに彼は自分の保身を図り、いかなる人間の頭が転がっていようとも、猟犬とともに狩りをしようと決めていたのである。正式な罪状は裏切りの嫌疑であった（ブオナパルテがジェノヴァを隠密に訪れたことが、反逆行為であると誤解されたわけである）。

アンティブ城での拘束を強いられる間、ナポレオンが退屈な時間を活用して、ピエモンテ戦役（一七四五年）に関するマイユボワ元帥［ルイ一五世治下の軍人、イタリア方面軍総司令官を務めた］の報告を研究したことは注目に値する。彼の生命に真の危険が迫っていたことを考慮に入れれば、これはかなりの「冷静さ《サン・フロワ》」を示している。彼は若者らしく自分が易々と死なないと思い込んでいたか、あるいは（もっとありそうな話だが）死の床まで勉学を続けるタイプの人間であるか、そのいずれかであろう。アンティブの砦に彼が投獄されていた期間は、二週間ほどであった。このとき提出された証拠によって、ジェノヴァ訪問が正当な行為で、かつ適切に認可されていたことが立証されたのである。もっとも本当のところを言えば、彼の不在中にイタリア方面軍は完全な停止状態に置かれており、もし局地的な作戦で再び何か共同行動が求められた場合、司令部はブオナパルテ少将が有している、秘められてはいるが事態を決する手腕を即座に必要とした。それゆえ、ブオナパルテの釈放に手を貸したのは市民サリセッティに他ならず、彼は感心してしまうほどの融通性をもって、猟犬たちと狩りをするのと同じように、今度は明らかに野兎と一緒に走り回ろうと決めたのである。

この不快な出来事は平穏無事に終わり、すぐにブオナパルテはカルノーの承認を得るべく、なお三度目の作戦計画を提出した。こうした危急性が必要とされたのは、次のような情報が入ったからである。サヴォナを占領し、それによってジェノヴァを再度フランスから孤立させることを狙った反攻のため、オーストリア軍がボルミダ峡谷に集結していたのだ。ウォーリス将軍に指揮された同盟軍の主力はカディボーナ峠に押し寄せつつあり、一方でイギリス艦隊は第二の遠征軍を陸揚げし、海岸側からサヴォナを奪おうとしていた。重要な点は、オーストリア＝ピエモンテ軍による共同作戦（一七九二年以前には思いもよらない考えであった）が、いまや相当に確かなものになったということである。これは、イタリア方面軍のつい最近の勝利が、遠方のポー川流域におけるオーストリアの支配権を確実に脅かした結果でもあった。

このような反攻に対処するにあたって、ブオナパルテの計画は何をすべきかを根底から完全に理解していた。つまり、比較的安全にその年の冬を越そうとするならば、フランス軍はサヴォナを救出、確保しなければならないのである。しかし、現行の作戦に対するカルノーの拒否権はなお発動中であった。この障害にもかかわらず、代表たちは状況があまりに深刻なので、自分たちの権限でイタリア方面軍の進軍を認めることを決定し、その一方でパリには非常事態を説明する急使を派遣した。ブオナパルテはかねてから、サヴォナへのオーストリア軍の進行を阻む策を練り上げていた。イタリア方面軍が、ボルミダ川西側の支流の各岸に素早く突き進むことによって、オーストリア軍をピエモンテの同盟軍から孤立させ、同時にサヴォナに向かって進む敵梯団の右翼（それどころか後部もまた）を脅かす場所に布陣することができるというのである。

九月一九日、フランス部隊は前進を開始した。行軍は予想されたより、はるかに首尾よく進んだ。オーストリア軍は驚き、アクイに通じる退却路を横切って、急いでデゴの村へと後退した。そして二一日、フランスの軍勢は最初のデゴの戦いに辛勝した。ところがオーストリア軍は（四二門の大砲を失ったことで）意気消沈してしまい、攻勢をかけ続けるという考えを完全に放棄して、夜通しでアクイに向かって退却を始めてしまった。

差し迫った危機が回避された結果、デュメルビオン将軍は、イタリアを舞台にした攻撃作戦を禁じるカルノー直々の総指令書にいまこそ従うときだと判断した。いずれにしても、彼の軍隊は長年にわたり戦闘を続けてきたので、大いに休息を必要としていた。また彼の騎兵隊は、遠くローヌ川流域まで糧秣を探しに行ったままであった。ブオナパルテは失望したが、フランスの軍勢は二四日に撤退を開始した。しかし、その途上で若い少将は、デゴ地域からサヴォナに通じるカディボーナ峠の山道が、砲兵および輸送部隊に利用可能であることを記憶しておいた（この詳細な地勢観察は、一七九六年四月に極めて重要な意味をもつのである）。かくしてフランス軍は、オルメア付近からサン・ベルナール峠を通り、海岸沿いのヴァドに至る方向へと退却した。フランス軍がサヴォナ近郊に至ったため、敵はこの町を海軍基地として使うことが不可能になった。さらにジェノヴァがフランスの手に届く範囲内に置かれたので、この小共和国が好意的態度と協力関係を取り続けることが保証された。至極当然ではあるが、デュメルビオン将軍はその年の全般的な成功によって、ブオナパルテに揺るぎない信頼を寄せることとなった。「我々の成功を確実なものにしてきた巧妙な組み合わせは、まさに砲兵少将の能力に負うものであります(20)」。

第4章　ポール・バラスの「剣」

さて、幸運の女神はまたしても気まぐれを起こし、ナポレオン・ブオナパルテの軍歴は再び一時的な後退を余儀なくされる。問題が発生したのは、彼がトゥーロンに送り返され、翌年（一七九五年）三月のコルシカ攻撃のために準備されていた、一万名からなる遠征軍の所属になったときである。結果として、この軍が出航することはなかった。というのも、ハサム提督率いるイギリス海軍の艦隊が、三月一一日から一四日までの一連の交戦でフランスの護衛艦隊を壊滅させてしまい、遠征が取りやめになったからである。これは極めて腹立たしい事態であったが、その後がさらにまずかった。陸軍大臣は軍のリストに載る砲兵少将の人数が多すぎると判断し、一七九五年五月、最年少にして最も経験の乏しい者を、第二線の歩兵旅団長に転属させることにした。この部隊は西部方面軍に属し、治安の悪さで有名なヴァンデ地方での反乱鎮圧作戦に従事していた。

ブオナパルテにとって、これは最も望ましくない事態であった。ひとつには、彼には騒々しい内乱に再び参加する気などなかった。またもうひとつには、名声と栄光が得られる戦争の舞台とは程遠い、治安業務に骨を埋めたいとも思っていなかった。彼は自分が不当な生贄にされたと判断し、これに抗議するためパリに向かって直ちに出発した。しかし、その途中で一通の文書が手元に届き、いまや彼の名前が定員外の任官待ちのリストに移されていることが明らかとなった。これはまさに大問題であった。パリにおいて嵐のような面会を繰り返した結果、西部方面軍所属の歩兵少将に再度任命されはしたが、嫌な任務が回ってきたときの常套手段として、彼は病気による休暇を申請し、そのままパリに留まった。この後、軍のリストを少しばかり調べると、相当数の政治家（陸軍大臣本人をも含む）が、その資格で従軍する意志をまったくもっていなかったにもかかわらず、砲兵少将の階級（および俸給）を保有していることがわかったのだ。腹を立てたブオナパルテ少将は、辞表を叩き付けた。

これで彼の軍歴は終わっていたかもしれない。しかし彼にとって天佑というべきか、イタリアでの出来事が最悪の状況を好転させた。ブオナパルテが辞表を提出した八日後、六月二九日にオーストリア軍は新たな攻撃を開始し、イタリア方面軍の新司令官（ヴァルミーで有名なケレルマン将軍）をロアノまで後退させることに成功した。言い換えるならば、前年における見事な戦果は一挙に水泡に帰してしまい、フランスの軍勢（三万人程度の兵力に減らされていた）は作戦開始時の境界線を保っているだけとなった。さらにケレルマンは暗澹としながら、すぐに増援が送られなければ、ニースすら保持できなくなるだろうと予測した。フランス政府は大慌てになり、イタリア戦線で何らかの経験をもつ当該議員を全員召集して会議を開いた。どうするべきか。『セント・ヘレナの覚書』のなかで公表されたナポレオン自身の説明によれば、彼らはみな異口同音に「ブオナパルテを呼べ」と言ったという。いずれにせよ、機嫌を損ねていた我らの市民ブオナパルテは、陸軍省「測地局」での半ば公式的な地位とともに、突如として砲兵少将に再度任命されたのである。

しかしながら、予測できないほど気まぐれなフランス軍の行政にひどく幻滅していたので、彼は勤務先をトルコ軍に変えてしまうことを長い間思案中であった。実際、彼はこの目的のために正式な願書を出し、口頭での承認を受けるまでに至っていた。だが、このとき彼の将来の軍歴にとって幸運（ヨーロッパの平和にとってはむしろ不幸）なことに、行政上の無秩序が再び手を貸してくれたのだ。つまり陸軍省の無能な職員たちは、その処理能力を超えて、矛盾する命令や許可を次から次へと発行して事を片付けていたのである。こうした混乱は九月中旬まで明るみに出なかった――後述するように、そこでブオナパルテの軍歴は再び一時の後退を強いられる。にもかかわらず、この時点で彼がはじめてオリエント世界に目を向けたという事実は興味深い。間違いなくこれは半ば自暴自棄の行動ではあったが、他方でアレキサンダー大王やペルシャのキュロス王の戦争に関する研究から、彼はかなり以前からこの地域に興味を抱いていたことがわかっている。実際、後の章で見るように、将来の年月におけるブオナパルテの政策や夢想のなかで、東方への誘惑は少なからず重要な役割を果たし続けるのである。

「測地局」とは、一七九二年の厳しい時期（革命フランスが滅亡の危機に脅かされはじめた）に、カルノーによって設置された機関である。これは高度な知識をもつ職業的な将校集団（カルノー本人のように、その多くは技術系であった）から構成される暫定的な幕僚組織で、共同で戦争準備を行う際に、一種の参謀的役割を果たすことを期待されていた。ブオナパルテがこのとき配属になったのは、イタリア地域の作戦を扱う部局であった。彼の想像力に富むペン先からは、絶えず報告、概要、提案、そして命令が流々と綴られた。

ブオナパルテは一七九五年七月に記している。「（ジェノヴァとの）沿岸交易を復興させ、南仏やトゥーロンや軍隊の食糧を確保するためには、ヴァドの地点を取り戻すことが不可欠である(21)」と。いかなる犠牲を払っても（たとえピレネーまたはライン方面軍の戦力を削ぐことになっても）増援軍が準備されなければならなかった。また、オーストリア軍とピエモンテ軍との間にくさびを打ち込むためには、アルプス方面軍によって、重要なチェヴァの地点を犠牲など厭わずに再占領しなければならなかった。最終的に公安委員会は、この若い助言者がかくも強固に言明した見解を採用し、ケレルマンの後任として新たに任命されたシェレール将軍に対して、ブオナパルテの作戦が克明に記された命令書を発送した。

まもなくライン方面軍から六〇〇〇、そしてピレネー方面軍から一万の兵員がニースに向かって出発し、遅々としてはいたが、フランス軍の増強は進められた。イタリア方面軍にとって幸運だったのは、オーストリア軍のド・ヴィンス司令官とコッリ将軍（ピエモンテ軍を指揮していた）との確執によって、同盟軍が一時的に動きを止めていたことである。というのも、シェレールが新司令官として着任したのは九月下旬であり、三万のオーストリア軍と一万二〇〇〇のピエモンテ軍に対して、戦闘準備の整っているフランスの部隊は一〇月初旬でさえ三万三〇〇〇に過ぎず、しかもあらゆる種類の装備品が供給不足に陥っていたからである。

遅滞はさらに続いた。前進のための準備が揃ったのは一一月一六日であったが、その後の大吹雪は二三日までの延期を余儀なくさせた。この遅れはフランス軍にとって少なからず有利に働くこととなった。そのときまでに同盟軍の陣営内における不和は頂点に達し、ド・ヴィンスが自分の指揮権を放棄し、再度ウォーリス将軍に手渡すほどであった。こうした配置転換を伴う前線での混乱はシェレールに味方し、彼の軍勢は敵の機先を制することができたのである。（パリからの命令に基づき）彼は自軍を三つの半独立師団、すなわち（オルメアから作戦を開始する）セリュリエ麾下、（同じくツッカレロから）マッセナ麾下、そして（ボルゲットに布陣する）オジュロー麾下の三師団に分け、一一月二三日に全軍の進撃を命じた。この時期外れの攻撃はオーストリアの将軍たちを驚愕させ、交戦当初から彼らは平静さを失った。マッセナは首尾よくオーストリア軍の中央を突破し、オーストリアおよびピエモンテ両軍を分離させ、さらに同盟軍の両翼に総崩れの退却を強いた。二五日までにロアノの戦いは満足の行く結果となり、チェヴァはフランスの手中に置かれると思われた。事実、ピエモンテの将軍たちは既に国王ヴィットリオ・アマデオに向かって、早急な和平締結まで進言していたほどである。ところが、シェレールは徐々に焦燥感を募らせ始めていた。彼の連絡線は間延びしているだけでなく、途中に難所を抱えていたのだ。また兵員は数が不足し、食糧の支給も乏しい状態であった。さらに約束されていた増援軍は、すべてが到着したわけではなかった。このため、ロアノの戦いの事後処理はうまく行われず、二九日までにオーストリアは自軍を無事に救出し、アクイ周辺に強固な陣を敷き始めていた。

北イタリアを舞台にした八月から一一月にかけての計画や作戦に関しては、中断せずにひと続きの物語のなかで概観していくほうが都合が良いが、ここでは決定的に重要な事件が起こっていたパリに目を移すことが不可欠となる。変転極まりないフランスの革命政治によって、新たに公安委員会の人事異動が行われたとき、ブオナパルテ少将はまたしても失墜の憂き目に遭わされた。これまでの彼の庇護者［ドゥールセ・ポンテクーランを指す。彼は軍事委員会から、オーブリー（ナポレオンを毛嫌いしていた）一派により追放された］は突如として権力の座から消え、九月一五日、新たな政治指導者たちが早速ブオナパルテ少将を解雇した。関連記録は次のようなくだりで始まっている。「自由と平等の名において、公安委員会は決定を告げる。単一にして不可分なフランス共和国、共和暦三年フリュクティドール二九日……」。

「……公安委員会は、正式に任命されたポストへの赴任を拒否した（五月にヴァンデ方面軍の地位を拒絶したことに言及している）理由で、ブオナパルテ少将が現役将官リストより抹消されることを決定する。九人の委員がこの決定の実施に責任を負う。署名：ル・トゥルネ、メルラン、T・ベルリエ、ボワシー、そしてカンバセレス（議長）(22)」。ブオナパルテが引き続き「測地局」に雇われていたことを考えると、これは明らかにおかしな決定であった。だが政治家のやり方とはこのように不可解なものである。それゆえ、またしてもナポレオンは、事実上単なる一市民になってしまった。

しかしながら、この状態は長続きしなかった。パリ（この民衆暴動に後押しされた陰謀の渦巻く中心地）は再び、突如として完全な反乱状態に陥ったのだ。契機となったのは「共和暦三年の憲法」公布である。この憲法では権力が五人［原文は七人となっているが、これは明らかに誤りであろう］からなる総裁の手中に委ねられ、さらに定員の三分の二が自動的に新立法議会に移されるという決定により、評判の悪い国民公会の延命が図られた。パリのコミューンとセクションは二万の国民衛兵に先導され、武器を取ってテュイルリ宮への行進を準備した。そこでは公会の討議がやむことなく続いていた。驚愕した新政府は、ポール・バラスに暴動から議会を守る任務を与え、五〇〇〇人の正規軍を使用する許可を出した。バラスは軍人であるという自負心などまったくもたず、ブオナパルテ元少将を呼び出した。もはや元少将が躊躇することはなかった。

サブロンにある砲兵集積所にミュラ大尉を急行させる一方

で、ブオナパルテは大砲を集め、テュイルリ宮に通ずる複数の道路に配備させた。暴徒の群れがその集合場所であるサン・ロシュ教会から前方へ押し寄せてきたとき、砲撃命令が下された。葡萄弾《グレープ・ショット》の一斉射撃が至近距離から群衆に撃ち込まれ、少なくとも二〇〇人が死亡し、おそらくその二倍以上が負傷した。この情け容赦のない行為に肝をつぶした群衆は、どうしてよいかわからなくなって、背を向けて退散した。一〇月五日の夕方までに、あらゆる場所で秩序が回復された。危機は去り、パリ群衆の力（長きにわたって革命政治を予測不可能に束縛してきた）はこれを最後に粉砕されたのである。

トゥーロンがナポレオン・ブオナパルテの軍事的名声を準備したとすれば、ヴァンデミエール一三日における精力的な（血気にはやるものではあったが）政府に対する支援は、彼の政治的名声を確立させたのである。バラスとその協力者である同僚の総裁は、自分たちの「剣」または救世主に対して、充分に報わずにはいられなかった。一〇月一〇日、ブオナパルテは国内軍の副司令官に推挙され、六日後には中将に昇進した。この辞令は一〇月二六日に撤回され、彼は総司令官に任命される。それは当時のフランス軍において、おそらく最も影響力のあるポストであった。なぜなら、国内軍は明らかに最大の兵力を有し、同じくフランス全土の法と秩序を維持するための中心的な業務を託されていたからである。

ナポレオン・ブオナパルテは、いまや完全に革命の中心舞台へとたどり着いた。彼はいつもと同じ熱意をもって、新たな指揮権に関する一連の規則を考案したが、これは行政的にも明快な傑作と言うべきもので、かつ彼が事の詳細に通暁していることを示すこととなった。しかし彼はなお満足せず、引き続きイタリアの舞台（マッセナによるロアノの成功をシェレールが活用できなかったことは極めて不愉快で、また失望させる結果であった）にも注意を向けていた。ブオナパルテ将軍は新しい主人に向かい、リグリア海沿岸の問題処理に関する報告を重ねて提出し続けた。彼は率直な意見を述べ、シェレールとその副官たちに容赦ない批判を浴びせた。彼の手による一二月一一日付（『書簡集』の中では覚書は一二月一二日付になっているが、これは誤りであろう）の「イタリア方面軍に与えられるべき命令についての覚書」は、次のように始まっている。「彼らはチェヴァの防備体制を固めなかったことで、基本的な過ちを犯してしまった。この間、オーストリアの敗軍はアクイに向かって潰走していたからである。……チェヴァを占領し、我が軍をこの強固な場所の周辺に集結させることだけが、トリノの宮廷に和平を結ばせるばかりか、国庫に負担を強いる莫大な出費をイタリア方面軍が多額の賠償金によって帳消しにするという考えを可能にする(23)」。自らの方法を押しつける手段として、総裁政府の懐具合に訴えるこの狡猾さを見よ！　一七九六年一月一九日の第二の覚書は、さらに核心を突いたものであった。「もしイタリア方面軍が一月を無駄に費やしてしまったように、二月も何もしないで過ごすならば、イタリア戦役は完全に潰えてしまうであろう。イタリアでの大成功は冬の間においてのみ得られる、ということを理解しなければならない。イタリア方面軍が可能な限り早い段階に行動を起こせば、チェヴァに進軍し、同地の塹壕で固められた陣営を（アクイにおいて）オーストリア軍がピエモンテ軍と合流する前に急襲することができる(24)」。

荒涼としたアルプスの丘陵地帯に囲まれて、飢えた兵員と一緒に寒さに震えていたシェレール将軍と幕僚たちは、快適な陸軍大臣室から怒涛のように発せられる命令や勧告に、ますます嫌気が差すようになっていた。文書はみな陸軍大臣の署名がなされていたものの、受け取る側には誰のペンによって計画が進めてられているのか一目瞭然だった。二月三日、シェレールの本営に属する派遣議員のひとりリッテルは、総裁の一員ルトゥルヌールに向かい、激しい文体で苦情を送り付けた。「以前から閣下に申し上げてきましたように、政府は相も変らず計画屋連中に囲まれています。野心に取りつかれ、分不相応のポストを欲しがるこれらの個人名を挙げるつもりはありません。閣下は適宜、彼ら全員を判断されているでしょう。それではなぜ、彼らの馬鹿げた、そして途方もない計画に閣下は反対なさらないのでしょうか。その忍耐と勝利によって称賛されるべきイタリア方面軍に、閣下は破滅に向かう苦しみを与えようとなさるのか。なぜなら、誰か狂った人物が（正確な地図など存在しない）一国の地図上で、月を嚙るかのような空論をあなたに示そうとしているからです(25)」。アルプスの丘陵地帯沿いでの生活および軍事作戦の難しさは、まさに彼らにとって、平凡な人間を月の山々に比肩させるようなものに見えた。しかし、ブオナパルテ将軍は一度嚙つくと、こうした考え方に阻まれることはなかった。

パリとニースの間ではこの直後に激論が交わされる状態となった。シェレールは引き続き、膨大な量に及ぶ最新の指示に自分が従うことを容認したが、その代わりにさほど野心的でない独自の提案を行い、多勢の増援軍を嘆願した。もし、その目処が立たないようなら、彼は即座に自分の指揮権を解いてほしいと言った。こうした心情は、彼の希望を伝えた二月四日と一一日、そして三月二日付の総裁政府宛の手紙に繰り返されている。一方ではシェレールからの頻繁な苦情に、他方ではブオナパルテによる度重なる進言に倦んでいた総裁政府は、前者に辞任が受諾されたことを告げるに至った。同じ日（三月二日）ブオナパルテ将軍は、自分がその空席を埋めるという旨を正式に通知されることとなった。偉業を成し遂げるための機会が、ついに現実のものとなったのである。

我々は、ボナパルト将軍（この時点から用いられたフランス流に倣って、今後は彼の名を表記しなければならない）が、来たるべき任務を少なくとも二四時間前には知っていたと推測することができる。というのも、彼は陸軍省付属の図書館に対して、イタリアで役立つ書物のすべてを貸し出すようにと申請していたからである。

準備と立案のために忙しい一週間が過ぎた。一七九六年におけるフランスの戦争準備は全体像として、前年におけるそれと驚くほど酷似しており、周到に計画を立てたのはまたしてもラザール・カルノーであった。最優先の課題はフランスの国境を確保し、敵地の奥深くで戦争を進めることであった。それは攻撃の戦略であり、もはや防衛の戦略ではなかった。イギリス、神聖ローマ、オーストリア、サルディニア、教皇領、そしてナポリ。これらの軍勢に向かい合うだけでなく、「勝利の組織者」は複雑極まる問題にも直面していた。

フランスにとって幸運なことに、これら諸国の戦争様式は、各国の政治家が進めていた政策と同様に多岐にわたっていた。それは、フランスの敵対国の軍隊に見られた基本的な特徴を一顧する際に、好都合な出発点となってくれる。というのも、これ以後の二〇年間の軍事史を何らかのかたちで論評するとき、これら諸国の長所や短所を多少なりとも知ることが望ましいからである。

かつてのアメリカ植民地における敗北という苦い記憶が人々の心になお鮮明に残っていたため、当時のイギリス軍の実力や評判は絶頂期から程遠いものであった。規模を見てみると、まず国内の軍勢はわずか一万五〇〇〇を数えるのみで、おそらくその二倍以上には達する兵力が世界中に分散していた。軍の規律は麻痺または荒廃状態にあった。ヨーク公フレデリック（国王ジョージ三世の次男にして陸軍総司令官）は、良心的な努力によってあまりにもひどいこの害悪を部分的にでも改善しようとした。だが、それにもかかわらず、一七九〇年代初頭におけるイギリス当局の見通しは、「罵り、吊し、そして鞭打ち」に約言されている。

一七九三年から一八〇一年にかけて、イギリス軍の足跡は敗北と挫折の悲しい物語によって埋め尽くされていたが、これは現実的な計画や指示がほとんど完全に欠如していたという事情によっている。政府は募兵をめぐる悪弊や将校職の売買を概ね黙認し、政界の有力者の多くは最低の理論家の部類に含まれていた。イギリス軍の戦争準備にとって、結果は大災害に近いものとなった。さらにそのうえ、イギリスが有していたわずかな資源は、一貫して無駄に使い尽くされてしまっていた。これは大戦略に関してチャタム卿（大ピット）がかつて打ち立てた、いまや時代遅れとなってしまった概念、つまり敵の植民地を占領し、無防備になったと判断される海岸沿いの地点を連続的に急襲することを追い求めて、憔悴してしまうほど出費のかかる、目的地を絞らない遠征を行ったためである。

それゆえ戦争の道具としては、イギリス軍は悲愴な様相を呈していた。最終的には参謀の養成学校になるハイ・ウィカム（一七九九年創設）から、少数のいわゆる「専門家」がやがて現われ始めてくるものの、効率的な参謀組織はまだ存在しなかった。大隊から旅団、ないしは師団に至る構成も恒久的ではなかった。イギリス政府《ホワイト・ホール》が海上に対して並々ならぬ関心を抱いていたにもかかわらず、陸海共同作戦のための訓練を導入しようとする動きは一八〇一年まで皆無であった。イギリスの戦術体系は、潜在的には良いものを多く取り入れていたが、あまりに硬直的で重々しい縦隊形を基本とするため、革命軍の流れるような機動力と柔軟な戦術に真っ向から対抗することができなかった。軍隊において「老重鎮《オールド・ピボット》」として知られる将軍サー・デヴィッド・ダンダスは、伝統的な三列の戦闘隊形に代わり二列のそれを採用することを主張して、戦術運用に新たな方法を導入した。しかし彼の軍事思想はなお、プロイセンの発想を真似たものに過ぎなかったのだ。

硬直的な横隊戦術、鞭打ちへの恐怖に頼る厳格な規律、繰り返される訓練、そして個人の率先性を暗黙裡に挫いてしまう行為。これらは、ジョン・ブルの島で見られた赤いコートを着た軍隊の最も明確な特徴であった。大衆はこの名ばかりの守護者を元罪人、または浮浪者であるとして信頼しなかった。兵士は引き続き社会の最下層から補充され、将校のかなりの部分は、土地を相続する可能性のない地主貴族階級の「次三男」出身であった。昇進は能力の証明よりも、寵愛や権力の獲得に左右された。とはいえ屑山のなかにも金塊は埋まっていたのだ。イギリスの兵士は危機に瀕したときには、断固たる気質と不動の態度で有名であった。しかし、それよりもはるかに重要なのは、まさに将来において覇権を握る契機となった改革運動が、啓蒙的な将校の一団によって喚起されたことである。なかでも筆頭に挙げられるのは、サー・ジョン・ムーアとクロフォード将軍である。ふたりが主張したのは、一般兵士に対してより人道的に接すること、連隊付将校の基準をより高めること、結果を達成するために罰則だけでなく報酬をも併用すること、そして特に、各々のレベルで自立・率先性を養う必要があること等々であった。ショーンクリフおよびその他の野営地では、ムーアによる激励のもと、一七九〇年代末までにより創造的な戦術体系が発展しつつあった。これは散開または離脱命令に則って行われる柔軟で迅速な機動を基本とし、フランスの散兵《ボルティジュール》および狙撃兵《ティライユール》による散兵戦術に匹敵、もしくはこれを凌駕するように企図されていた。さらに数々の有能な軍人たちもまた、その職業で頂点に登りつめようとしていた。そこにはアバクロンビ、スチュアート両将軍が含まれ、一方で遠くインドにおいてはサー・アーサー・ウェルズリなる人物が、長期間にわたってフランスの軍事的野心を抑え込むことになる、豊富な経験を着実に身につけつつあった。これらすべての改善が進んだ背後には、「偉大なるヨーク老公」の存在があげられる。彼は戦場における指揮官としての限界を、行政官としての技量と先見の明で十二分に埋め合わせた。一例を示すと、彼の支援と激励により、ル・マーチャント大佐は将校の養成機関を創設することができたのだ。この機関はやがてサンドハースト王立兵学校＊となり、歩兵および騎兵部門におけるイギリス将校団の職業的知識を改善させるひとつの土台となった。屑山にもかなりの量の金塊が埋まっていたわけである。

とはいえ、ドーヴァ海峡によって大陸の敵国から保護されていた点で、イギリス王国はおそらく幸運であった。まさに一九世紀の最初の一〇年間に突入するまで、イギリスの防衛は陸軍よりも海軍に多くを依存していた。海軍局は一七九三年に戦列艦一一三隻を管轄下に置き、これらは累計で約九万ポンドに達する舷側砲の火力を備えていた。他方でフランス艦隊の側は、戦列艦が七六隻を数えるのみで、舷側砲の合計は七万五〇〇〇ポンドであった。イギリス王国は、この優位をこれ以後の領土拡大の時期においても失わなかった。もっとも、本質的にその海上業務が広範囲に分散しているために、より中心付近に位置しているフランス分艦隊を包囲することが困難であり、さらに加えて、フランスが征服または交渉によって他の大国から艦船を獲得することを阻む必要から、イギリス政府は（戦争の長い伝説が明らかにしたように）合法性が疑問視されるような遠征を何度も企てなければならなかったのではあるが。

イギリス海軍は間違いなく、フランスまたはナポレオンの最終的な敗北の主要原因となった。とはいえ、海軍の勤務状態は一七九七年に発生したノアーとスピットヘッドでの水兵反乱［前者はテムズ河口、後者はポーツマス軍港沖の停泊地］が有益な教訓を示してくれたにもかかわらず、相変わらずひど

＊最初の兵学校はハイ・ウイカムに開設（一七九九年）されたが、一八〇二年に「年少部門」としてグレート・マーローに移された。サンドハーストへの最終的な移転は一八一二年である。砲兵および工兵の見習い士官は、ウリッジに位置する旧王立兵学校（一七四一年の設立で、「小売店（ショップ）」として知られていた）で訓練を受けた。二つの施設は一九四七年に統合され、現サンドハースト王立陸軍士官学校となった。

いものであった。幸いにしてイギリス王国には模範的な提督が多く存在した。ハウ卿、セント・ヴィンセント卿、そしてもちろんホレイショウ・ネルソン等々。これら才能に恵まれた船乗りたちは、彼らの部下（悪評高い一味の群れから不承不承に召集された連中であるが）を奮い立たせ、戦闘においては勇気溢れる行動を、封鎖作戦においては忍耐の行動を取らせるようにした。結果として、イギリス海軍は（一八〇五年までに）ライヴァルを海から追い払い、生き残った者を大陸の港に押し込み、通商がもたらすイギリスの繁栄を守り、（フランスとその同盟国から主要港を奪うことで）敵対するヨーロッパの海岸を封鎖し、そして大小を問わず多くの海外遠征において、イギリス軍の輸送、補給、さらに必要とあらば撤退作戦を支援したのである。

　イギリス国王ジョージ三世の軍隊から話題を移して、大陸における共和制フランス最大の敵、ハプスブルク帝国の軍隊に目を向けてみよう。一七九〇年代を通じて皇帝は三五万もの軍勢を手中に収めており、そこには誰もがヨーロッパ随一と認める見事な騎兵軍団五万八〇〇〇が含まれていた。しかしながら、軍隊の構えが堂々としているのは、実体よりも外見においてであった。ハプスブルクの軍隊構成は当然のことながら多国籍から成り、オーストリア人とハンガリー人はもちろん、セルビア人やクロアチア人をも内包していた。そこから生じる言語の問題は、完全に克服されることがなかった。というのも、こうした困難に対処し得ると自慢できるほどの効率的な参謀組織を、オーストリア軍はもっていなかったからである。ウィーンの軍閣僚たちは、兵員数の申告や、際限のない報告をしきりに要求してきたようで、このため現場の司令官は書類事務につねに忙殺されることになった。

　他のヨーロッパ君主国の軍隊と同じく、オーストリア軍の戦術は旧来の横隊様式に基礎を置いていた。第一次対仏大同盟のごく初期における戦いでは、フランス軍の大部分を構成していた訓練の足りない一群を相手に、このような戦法はそれなりに有効であることが証明された。しかし、九六年までに共和国軍の改善は顕著となり、古い戦術体系の欠点が露呈されるようになった。この前年のロアノの戦いで、マッセナ将軍が示した結果には異論の余地がなかろう。オーストリア軍は小隊、中隊、あるいは大隊による一斉攻撃を信奉しており、白コートをまとった三〜四層の横隊を天然の遮蔽物か散兵《スカーミッシャー》部隊の援護で守るという試みはほとんどなされなかった。またオーストリアの将軍は、よく訓練され馬術に長けた騎兵たちを最大限有効に活用することができず、加えてハプスブルクの砲兵部隊は大抵無雑作に配備されていた。俊敏なフランス狙撃兵《シャープシューター》の集団と効果的な働きをする砲列（前者の間に位置し、主戦闘が始まらないうちにオーストリアの隊形を粉砕してしまう）に対して、こうした方法では対処不能であることがすぐに明白となった。だが、オーストリアの将軍と彼らの雇い主は、一八〇五年の大変動を迎えるまでは、自分たちの体系を進歩させることができなかったのである。

進軍中のフランス軍は略奪、強姦、そして放火などに加えて、ある著しい特徴、つまりその動きの速さで有名であった。オーストリアまたは神聖ローマ帝国の軍勢ははるかに扱いが難しく、こうした側面でまったく及ばなかった。その理由のひとつは、兵站支援に関する考え方が大幅に異なっていたという点にある。フランス軍は、まさに「戦争が戦争を滋養する」の格言どおり、必要とあればいかなる僻地においても自給自足を行った。それゆえ、彼らは足手まといになる低速の補給部隊や、備蓄のある兵器廠や補給地の存在を前提にした戦略を、少なくとも用いずに済んだ。他方でオーストリア軍は、九日分の食糧を満載した車両とともに進軍するのがつねだった。順当に率いられたフランス軍が、彼らより速度の劣る相手を戦略と戦術の両面で圧倒することができたのは、何ら不思議ではない。

同様にオーストリアの戦争準備のあり方は、全体的に古風にして非効率的であった。威厳に満ちた帝国宮内法院（老臣たちの集まりで、戦略に関係する万事に対して皇帝の下で最高の権限をもつ）は絶えず戦場の将軍に干渉してきた。またこの時期のハプスブルク家は、将軍のなかに飛び抜けた軍事的逸材を有していなかった。メラス、ボーリュー、アルヴィンチ、あるいはクレイといった程度の老将では、年は若いが腕の立つ革命フランスの指揮官と対戦したとき、総じて力量の不足が目立った。唯一年少のカール大公のみが真に力のあるところを見せたが、その彼でさえ危機に面したとき、癲癇《てんかん》から失神に陥るという難儀な癖を起こしてしまった。

一七九六年においてフランスに敵対していたのは、わずかひと握りの勢力だけである。いまなお残存していたブルボン王家の軍勢は、まともな軍隊の兵士というよりは、むしろ喜歌劇の域に属していたように思われる。スペインはもちろん一七九五年までに対仏大同盟を脱退していたが、ここではその軍隊は堂々としてはいたものの、統率が充分になされず、装備が極めて貧弱であったことに言及しておけばよい。同じような描写（さほど自慢できるものではないが）は両シチリア王国（ナポリとシチリア）の兵士についてもあてはまる。その君主、つまり肩書き上での総司令官ですら、戦場における自軍の勇気に何ら幻想を抱かなかった。制服の変更によって、自軍に多少なりとも戦士の美徳を吹き込もうという提案が出されたとき、彼は冷ややかに答えた。「赤を着せようが、青や緑を着せようが、彼らはみな同時に逃げてしまうだろう」と。ローマ教皇領の軍勢も同じく頼みの綱とはならず、フランスにとってほとんど大した相手ではなかった。サヴォワ王国（ピエモンテとサルディニア）の軍勢は、ウィーンから派遣された軍事顧問によってオーストリア式の訓練を充分に受けていたが、総司令官のコッリ将軍（彼自身オーストリア人であった）やコリガン公爵は、あらゆる意味においてまさに一八世紀的な軍人であった＊。

こうした様々な敵に対して、フランス政府は一七九六年の春に実戦用として五つの主力野戦軍を有していた（国内軍は敢えてこのリストから外してある。その役割は主に反乱の鎮圧、法秩序の維持、そして出入国の監視であった）。ジュールダン将軍はライン川下流地域に展開するサンブル・ムーズ方面軍（当初は七万の兵力）を指揮し、モロー将軍麾下のライン・モーゼル方面軍はアルザスにおいてそれを上回る兵数を誇り、そしてイタリア方面軍は約六万三〇〇〇の戦闘員（要塞勤務と後方支援の兵数をも含む）から構成されていた。これら最前線の軍団に加えて、作戦任務を遂行できる予備の小軍団がふたつあった。ケレルマン麾下のアルプス方面軍は当時二万の兵力を抱え、プロヴァンス地方とヴァール川流域にはさらに少数の軍勢が配備されていた。全体では約二四万に達するフランス軍兵士が、東部国境沿いで臨戦態勢にあった。

これらの軍勢をカルノーはいかに用いようとしたのか。戦略的にはふたつの舞台――ドイツ（主戦線）とイタリア（二次戦線）――があった。カルノーは既に一七九六年一月六日付の布告のなかで、かかる優先順位を確認している。すなわち、ジュールダン将軍はマインツの要塞を包囲し、その占領後フランケン地方へと軍を進める。モロー将軍はマンハイムの要塞を制圧し、スワビア地方内に突入する。一方イタリア方面軍の司令官は、オーストリアの手中にあるポー川流域を主要目標として、イタリアへの侵攻を開始する。期待されたのは、御しやすいピエモンテ軍がフランス陣営に降伏し、イタリア方面軍がロンバルディア平原の占領に続いて、アディジェ川まで進軍できるようになることであった。そして万事がうまくいけば、フランス軍はこの川の峡谷を北上し、アルプスを越え（トレント経由でチロルに入る）、そこでモロー麾下の軍団と合流した後で一致協力してオーストリア軍に最後の一撃を加えられるわけである。

広義の意味で、計画は以上のような輪郭をもっていた。軍団相互の間に要求される支援と意志疎通の度合の高さには尻

＊後にフランスと対峙した敵軍の軍事力については、以下を参照。ロシア軍（第9部、第45章他）、プロセイン軍（第8部、第40章他）、トルコ軍（第4部、第20章他）。スペイン軍の詳細は、第11部、第59章に示してある。

込みさせられる（当時は、早馬がニュースを伝える最速の手段であった）ものの、それは全体として妥当な計画であった。さらにカルノーの計画全般における「積極性」は、単に「攻撃行動」のみを考えたうえで志向されたものではなかった。共和国の財政はこの時期までに非常に不安定な状態に陥っていたため、経済的には「戦争が戦争を滋養」し、少なくともフランス軍が糧秣を得るために故郷の地を離れることが不可欠であった。つまり、征服もしくは「解放」された地域から故意に大量の略奪を行えば、財務省の金庫はそこから得られた現金や戦利品を有効に活用できるわけである。このような実利主義をあらわにした動機に加え、計画の背後には理想主義的な要素もまた存在した。革命的な友愛の原理を追求するなかで、カルノーと同僚の総裁たちは、「隷属状態かつ反動体制下にある」ヨーロッパに向けて彼らの福音を広めるという、強い衝動に駆られていた。しかも、対外征服の興奮に乗せられて、フランス国内における生活の窮状から人々の注意や不平不満が逸らされれば、ますます好都合となろう。

本人からの強い希望によって、ボナパルト将軍の指示はかなりの修正を加えられた。最初の草案では、彼はミラノ方面に主力を向け、進撃を支援するのはアクイに対する補助攻撃とチェヴァに向けた牽制行為のみであった。つまり、ピエモンテの統治者に攻撃を加えることは、極力回避されなければならなかったのである。こうした政治上の制限はボナパルトには受け入れ難いもので、彼は自由裁量だけを望んでいた。彼はあくまで、成功の道が早期にピエモンテを征服することにあるという考え方に固執した。三月六日までに彼は総裁政府（彼の最期を見たかったに違いない）を脅し、命令を以下のように変更させた。

我々に求められる使命とは、力の限りを尽くして敵をポー川の対岸に追い払い、ミラノ方面に向けて最大の努力を傾けることである。

準備段階として、フランス軍がチェヴァを奪取しておかなければ、この肝心の作戦は遂行不可能であると思われる。総裁政府は総司令官を自由な立場に置き、同地点で敵を攻撃することで作戦を始められるようにする。そして敵に対して完璧な勝利を得るか、もしくは敵がトリノまで退却するか――いずれの場合にせよ、総裁政府は敵の追撃、再度の襲撃、さらに必要な状況とあらば首都の攻撃さえ認可する。

チェヴァを占領し、イタリア方面軍の左翼をクネオ付近に展開（この地の守備隊を威嚇して封じ込めるためである）させた後で、総司令官はピエモンテの資源を活用することによって、軍に必要なものをできるだけ早く供給しておく。

次に、主としてオーストリア軍と対峙するため、その軍勢をミラノ方面へと向ける。敵をポー川の向こう側に追い払い、川を渡る手段を手に入れ、アスティおよびヴァレンツァの要塞を獲得する(26)。

言い換えるならば、ボナパルト将軍はさらに勝ち進もうとした。要するに、彼は白紙委任状《カルト・ブランシュ》を与えられたわけである。

この一〇ヶ月もの間、軍事に没頭したとはいえ、ナポレオン・ボナパルトは興味をそそられる社交生活を完全に絶っていたわけではない。そしていまや、野戦軍を初めて指揮するための出発直前になって、彼は人生の岐路となるもうひとつのステップを踏んだのだ。三月九日、魅力的で自由奔放な故ボーアルネ将軍の未亡人、すなわち美しきクレオール人ジョゼフィーヌと結婚したのである。

(1) 全文は、S. de Clair, *Napoleon's Memoirs* (London, 1947), Appendix B を参照されたい。
(2) General H. Camon, *Génie et métier chez Napoléon* (Paris, 1929), p. 77.
(3) 世評によれば一族はフィレンツェの近郊に起源を有する。
(4) M. de Bourienne, *Memoirs of Napoleon Bonaparte* (London, 1836), Vol. I, p. 5.
(5) W. M. Sloane, *Life of Napoleon Bonaparte* (London and New York, 1896), Vol. I, p. 29.
(6) *Ibid.*, p. 35.
(7) F. Masson and G. Biagli, *Napoléon inconnu* (Paris, 1895), Vol. I, p. 170.
(8) Kircheisen, *op. cit.*, p. 26.
(9) Masson and Biagli, *op. cit.*, Vol. I, p. 353.
(10) Bourienne, *op. cit.*, Vol. I, p. 13.
(11) *Correspondence*, Vol. I, No. 2, p. 12.
(12) *Ibid.*, No. 3, pp. 12-13.
(13) *Ibid.*, No. 1, p. 11.
(14) *Ibid.*, No.4, pp. 15-16.
(15) *Ibid.*, Vol. XXIX, p. 14.
(16) S. Wilkinson, *The Rise of General Bonaparte* (Oxford, 1930), p. 24.
(17) Lord Russell of Liverpool, *Knight of the Sword* (London, 1964), p. 40.
(18) *Correspondence*, Vol. I, No. 1, p. 11.
(19) Wilkinson, *op. cit.*, Appendix V, p. 168.
(20) *Ibid.*, p. 60.
(21) *Correspondence*, Vol. I, No. 75, p. 95.

（22） Bourienne, *op. cit.*, Vol. I, p. 26.
（23） *Correspondence*, Vol. I, No. 75, p. 95.
（24） *Ibid.*, No. 83, p. 103.
（25） Wilkinson,*op. cit.*, p. 76.
（26） *Ibid.*, pp. 77-78.

第2部　名声を求めて　北イタリア戦役　一七九六年四月〜一七九七年四月

第5章　総司令官

「兵士たちよ！　諸君は裸同然で飢えている。政府は諸君に負うところ大であるのに、何ひとつ与えることができない。これら岩山の只中で諸君が示す忍耐と勇気は称賛すべきものである。だがそれは、諸君に何ら栄光をもたらさず、諸君のうえには何ら輝きが及ばない。私は諸君を世界一の沃野に連れてゆこう。豊かな諸州、広大な諸都市が諸君の思いのままになるだろう。諸君はそこで名誉と、栄光と、そして富を得るだろう。イタリア方面軍の兵士たちよ！　それでも諸君は勇気と堅忍の精神を見せることがないのだろうか？(1)」。

一七九六年三月二七日ニースにある総司令部で、若き将軍ボナパルトは着任早々、ぼろぼろの軍服をまとい不平不満が続出するイタリア方面軍の一部と閲兵を済ませた。この場で発せられた布告の信憑性については疑念を抱く歴史家も多く、ナポレオンが後年セント・ヘレナにおいて、回想録を脚色するために言葉を捏造したのではないかとも言われる。こうした意見の是非についてはともかく、布告には、ナポレオンが最初に指揮した野戦軍の戦役前の状態がよく描かれており、当時の革命軍兵士に訴えた激励の有様を明確にうかがい知ることができる。飢えた案山子《かかし》たちの雑多な集団（彼らは訓練された兵士というよりむしろ山賊に近い格好をしていた）にとって、豊富な食糧への期待と一獲千金のチャンスは、「人権」やフランス共和国の伝道活動を連呼したあらゆる喧伝《プロパガンダ》などよりも、はるかに大きな意味をもっていたのである。

軍の士気は最高潮には程遠かった。ニースからサヴォナに通じる海岸道に沿って、各部隊は小さな分遣隊のように間延びしていた。また海からはネルソン艦隊、丘からは「バルベ団」［南仏に出没した山賊一味。ワルド派の司祭（barbe）、イタリア北部方言の伯父（barba）、そして髯（barbe）等を掛け合わしている］ないし地元のゲリラ、さらに山の奥地からは数のうえで圧倒的に勝るオーストリアおよびピエモンテの軍勢が迫り、フランス軍の連絡線は危険にさらされていた。貧弱な配給に関していえば、軍隊は不正を働く民間の契約業者の気まぐれに左右されていた。こうした連中は、騙された兵士の犠牲のうえに私財を蓄えていたのだ。兵卒も将校も連日部隊を離れて食糧を探し回ったが、荒涼としたピエモンテの丘陵地帯は、糧秣を徴発する彼らの一団にほとんど何ももたらさなかった。給与に関していえば、彼らは事実上破産していたフランス政府の不安定な財源に頼らざるを得ず、既に数ヶ月にわたって未払いのままの状態が続いていた。あらゆる種類の装備品が充分に供給されなかった。すべての大隊で軍靴が不足しており、マスケット銃や銃剣すら持たない兵士も多く、軍の輸送能力は全体でもラバ二〇〇頭に過ぎなかった。騎兵部隊では既に一年以上、馬の糧秣配給が半減していた。さらに作戦に使用可能な山砲も二四門しかなかった。こうした状況下で軍隊は急速に崩壊し始めていった。その固有の兵力は、召集当初の一七九二年には一〇万六〇〇〇人を数えたが、高齢で無能なシェレールからボナパルトが指揮権を引き継いだ四年後の時点では、脱走、病気、そして戦闘中の負傷等によって総勢六万三〇〇〇にまで減少していた。もっともこれは名目上の数字であって、すぐにも戦闘が可能なのは兵士三万七六〇〇人と野砲六〇門だけであった。つまり事実上、補充は皆無だったわけである。

軍の一部には反乱をたくらむ不穏な空気が流れ、また王党派の手先が兵士のなかで暗躍していることも周知の事実であった。王太子一味による極秘の会合が、多くの半旅団*内で催されていた。一月には、ある部隊が傲慢にもラアルプ将軍を非難した。というのも、旧国王ルイ一六世が処刑された日を偲んで、部隊では三色旗に喪章が付けられていたのだが、将軍がこれを取り外すよう部隊長に命じたからである。最近の話では、三月一八日オルメアに駐屯するセリュリエ師団が命令を拒み、また三月二五日（ボナパルトが到着するわずか二日前）には第二〇九半旅団の第三大隊がニースで反乱を起こした。飢えと命令無視によって、軍隊は急速に無規律な群衆と化しており、新司令官が感じとったのは、攻撃の成功のみがこの窮状を救い得るという事実であった。彼は、参謀長のベルティエを通じて上級の師団長三人を司令部に呼びつけ、来たるべき戦役に向けて自分の命令を伝えようとした。

結局のところ、三月二七日の将軍の初会合に出頭したのは、

＊カルノーの命により、一七九三年から連隊は半旅団と改称された。その意図は、正規軍における旧王朝的、または地域的な結合関係を解体することであった。混乱に満ちた戦争初期には、義勇兵または連盟兵の半旅団は正規軍部隊とは別個に従軍していた。これはあまりに不都合であったため、ヴァルミー直前の一七九二年に、ケレルマン将軍は自軍の正規軍一個大隊と、連盟兵二個大隊を旅団に編成する決定を下した。こうした実用的な手段は、一七九三年のアマルガム施行後、やがてフランス全軍に採用された。

取り合わせの悪い三人組であった。五三歳のセリュリエは最年長で、背が高く、頬に傷のある陰気な男であった。彼は革命前に旧王国軍で三四年間を過ごし、その経験と価値観の双方において、旧体制《アンシャン・レジーム》の軍人そのものであった。仕事に忠実で規律に厳しい性格は、この市民的な軍隊のなかではどこか場違いではあったが、彼は軍隊での出世にもさほど執着せず、この旧貴族《シ・ドゥヴァン》の周囲には貴族階級のノスタルジーがなお漂っていた。

これとはまったく対照的に、オジュロー将軍はパリの貧民窟出身で、その三八年におよぶ人生は多彩な冒険に満ち溢れていた。貧しい石工の息子であった彼は、王国軍の騎兵隊に兵士として入隊したが、自分を侮辱した将校を殺めてしまい、急遽スイスに逃亡した。そこから転じてロシア軍に身を置き、曹長の肩書きを得てトルコと戦った。数年後、有名なフリードリヒ大王の親衛隊に名を連ねるが、勤務条件が不満で再び脱走、しばらくの間ドレスデンに留まって、剣術師範として生計を立てていた。ギリシャ、イタリア、そしてポルトガルをまたにかけた一連の冒険譚（軍隊や色恋沙汰の）は、結局一七九二年のフランス帰国をもって幕を閉じ、その後一年と経たないうちに、彼は中将にまで昇進を遂げた。同時代人はオジュローを評して、道化者、荒くれ者、さらにはお人好しなどと言うが、彼はまた有能な戦術家、筋金入りの軍人、そして兵士に人気のある将軍でもあった。彼は社交的には洗練されておらず、死ぬまでパリの下町言葉を喋り続けた。もっともその風貌は、そびえるような長身と大きなかぎ鼻によって衆目を引いていた。彼はいつも不平屋であった。とはいえ、戦利品に対するのと同じくらい、敵の弱点に対しても鋭い嗅覚を備えていたのである。

三人目の軍人、つまりアンドレ・マッセナはこのとき三八歳を超えたところで、既に総司令官とは面識があった。両者はともにトゥーロンおよび一七九四年の戦役に参加していたからである。ニース生まれの彼は、船室の給仕係として人生を歩み始めるが、結局軍隊に入り、そこで特務軍曹まで急速な昇進を遂げた後、一七八九年に名誉除隊する。かなり怪しげな資料によると、続く三年の間、彼は密輸人としての生活を営んでおり、サヴォワの丘陵地帯からイタリアに禁制品を運び、この地方を手に取るように知り尽くしていたという――これが本当なら、そうした経験は後年彼の役に立ったわけである。一七九二年、彼は革命軍で軍歴を再開し、一七九五年までにイタリア方面軍で上級の師団長になり、またロアノの戦いの勝利者としても有名であった。浅黒で、細身で、寡黙。加えて金と女に目のない男マッセナは、やがてナポレオンの指揮官たちのなかで最も有能なひとりとなるが、このとき既に豊富な実戦経験を備えていた軍人であった。

三人の練達した軍人は当初、自分たちが二七歳を超えたばかりの青二才に指揮されると聞いて、驚き呆れるといった反応を示した。実際、ボナパルトは「政治的に」成り上がった軍人のように思われていたのだ。というのも、彼が高位に推されたのは名うてのバラス（総裁のひとり）の力によるものであり、しかも彼が少し前に妻にめとったのはバラスの元愛人、ジョゼフィーヌ・ボーアルネだったからである。妻の肖像画をしきりに自慢する総司令官の子供じみた振舞いは、滑稽さゆえに年長者たちの冷笑を買った。ある同時代人は、彼の低い身長と痩せた体格を「将軍というよりも数学者のように見える[2]」と記録している。ヨルク・フォン・ヴァルテンブルク伯爵による描写は、さらに徹底したものであった。「痩躯のため、彼の容姿は特に見栄えがするほどではなかった。歩き方にはリズムがなく、服装にも無頓着。外見は全体として好感を与えたり、他を圧倒するものでもなかった。しかし、見た目の貧相な体格とは裏腹に、彼は頑強さと気骨を備えていた。顔の血色は悪いが、広い額の下には、じっと据えられた、大きく、そして青灰色した天才の両目が光り輝いていた。この瞳に凝視されたり、あるいは肉薄で蒼ざめた口から威厳に満ちた言葉が発せられると、皆が頭を垂れてしまうのである[3]」と。三人の師団長は、総司令官の軍事的才能については判断を留保したが、その熱意や決断力に思わず感銘を受けざるを得なかった。マッセナは記している。「このあとすぐに、総司令官は帽子をかぶり、二フィートほど大きくなったかのように感じられた。彼は我々に対して師団の場所や各部隊の士気と兵力数について尋ねた。そして我々がとるべき進路を指示し、明日には自ら視察を行い、明後日には敵を攻撃するつもりであると告げた」。

新司令官は自身の傍らに、少人数の参謀将校を伴っていた。幸いにしてボナパルトは、参謀長の地位にアレクサンドル・ベルティエ（このとき四二歳の工兵将校で参謀業務に並外れた素質をもつ）という人材を得ていた。彼は前年、アルプス方面軍でケレルマン将軍の参謀長を務めており、山間部での遠征の問題点を熟知していた。往々にして無愛想かつ粗忽なマナー、好意などまったく抱かせない外見（頭が巨大でその小柄な胴体とまるで釣り合ってなかった）、執拗に爪を噛み続ける下品な癖、そして野暮な身振り。にもかかわらず、ベルティエの細目に関する収集能力と、一日二〇時間働ける才能は驚異的であった。ボナパルトはその初期段階での成功を、陰の助言者《エミナンス・グリーズ》、すなわちこのベルティエの行政的な手腕に負っている。だが、若い将軍に対する参謀長の働きを「授乳しない乳母《ドライ・ナース》」のようにとらえる者は、すぐに幻滅させられることになろう。

参謀長に加えて、ボナパルトの側近には壮々たる面々の青年将校が含まれていた。彼らはみな、やがて高位に到達し、軍事的名声を得ることになる。活気溢れるガスコーニュ騎兵のジョアシャン・ミュラは、すばらしい度胸によって昇進を重ね、このとき大佐兼副官として勤務していた。彼の突進力と個人的勇気は、想像力と知性の欠如を埋め合わせた。次に二四歳のジュノー少佐は、トゥーロンでは軍曹として従軍しており、ボナパルトに同行してパリに赴き、続く苦境の時期をともに過ごした。最後に、将軍の弟ルイ・ボナパルトと二二歳になったばかりの若いマルモンだが、ふたりは数年来の親友で、また砲兵隊の同僚でもあった。このような才気溢れる華やかな軍人たちが、時と場所を同じくして勤務することは滅多にないであろう。これらの参謀将校はみな後に栄達するが、将来名声を獲得することになるさらに多くの指揮官たちも、イタリア方面軍の半旅団から頭角を現わしてくるのである。

軍の再編成と再準備のために、最低限の時間が必要だと実感したボナパルトは、戦端を開くのは四月一五日になると布告し、日限に間に合うように努力を惜しまないことを求めた。しかし、弁舌だけでは充分でなかった。彼は同時に、総裁政府から委託されたわずかな財源を割いて小額の給与支払いを命じ、また主計長のショーヴェに対しては、軍請負業者を調査し、ジェノヴァの大商人に多額の借入要請を行うように指示した。拿捕した私掠船の一隻などは、軍資金を潤すために五〇〇〇ポンドで売却された。

先の章で述べたように、一七九六年の作戦に関して総裁政府が掲げた全体のプランは、前年のそれと多くの点で類似しており、圧倒的な発言力をもつのはやはりカルノーであった。主力はドイツ戦線に注ぎ込まれていたが、他方で二次的なイタリア戦線においては、ボナパルト将軍自らがパリの測地局に務めていた期間に練り上げた理論を試みようとしていた。彼の見込みは以下のとおりである。すなわち、ピエモンテおよびロンバルディアに対するイタリア方面軍の攻撃によって、北方の主戦線からオーストリアの注意をそらす。そして北イタリアの「平和回復」に成功した後、ボナパルト将軍は無抵抗のなかをアルプス越えに軍を進め、チロルでモロー将軍と合流しつつ、最終目標であるウィーンに進撃する。ふたつの小予備軍（アルプス西側の斜面に位置するケレルマン麾下の一軍と、さらに後方ヴァール川流域に位置する一軍）は、プロヴァンス地方へと伸びるボナパルトの連絡線を防備することで、最小限こうした作戦の部分的な支援を行う。

作戦のプランは机上では感銘を与えるものの、現実に立ち返ってみるといくつかの難点が含まれていた。第一に、攻撃をしかけるふたつのフランス軍団は、実際には相互支援が可能な距離にはおらず、アルプスという巨大な障壁によって分断され、しかもそこにある主要な峠はみなオーストリア軍に固く押さえられていた。第二に、もし一方の側での攻勢が失敗すると、敵軍はこれらの主要な峠を通り、もう一方の戦線で重圧を受けている彼らの味方を支援できるようになる。そして最後に、作戦はフランスの将軍たちが進んで協調行動をとることを前提にしていたが、この場合、ドイツ戦線のふたりの将軍はイタリア方面にいる同僚に対して疑心暗鬼となり、また充分な共同作戦を行う余力もなく、さらにボナパルト側としては、自分の戦線のみが成否の鍵を握ると考える傾向にあったのだ。この相互補完的な攻撃を統率する最高司令官の任命を総裁政府が拒否していたため、以上の問題点は時が経過していくとともに顕著になるばかりであった。イタリア方面軍の作戦に悪影響が及んでしまうのは必定で、続出する難問を克服するには、若き将軍ボナパルトの英知と努力を結集させなければならなかった。

第一次イタリア戦役の舞台となるのは、地形の変化が激しい場所であった。マリティーム・アルプスの丘陵地帯と最初のアッペンニーノ（アペニノ・リグレ）山脈によって、西部での主要な戦いは六つの峠と峡谷（これらはジェノヴァとニース間にある山々の壁を貫いている）をめぐって繰り広げられた。最西端にはタンド峠が横たわり、その北の出口はピエモンテの中心部に通じ、クネオ要塞に守られていた。そこから東方二五マイル先にはタナロ峡谷が広がり、同じくピエモンテに通じるが、川の上流にはチェヴァの町があった。海岸沿いの町サヴォナと、主要道の交差するカルカーロの間にはカデイボーナ峠があり、チェヴァを通ってピエモンテへ、あるいはボルミダ川の二本の支流を下ってロンバルディアに抜けることができた。サセッロの町を通ると、より険阻なジョーヴォ峠が続き、さらに東に進むと、海岸沿いのヴォルトリから北方スチューラ峡谷まで連なるチュルチーニヨ峠に至った。最後に、ジェノヴァとロンバルディア平原を結ぶかたちで、歴史に名高いボチェッタ峠が伸びていた。これら峡谷の南端は、細くて起伏の激しい沿岸地帯によって結ばれていたが、そこにはマルセイユやトゥーロンからジェノヴァにまで続く街道があり、イタリア方面軍にとっての側面の連絡線として不可欠の役割を果たした。この地域の荒涼とした有様は、誇張されることが多い（実際一八世紀的な基準から見ると、峡谷や丘陵地帯はかなり肥沃であった）ものの、地元の資源は住民とそこに居すわる占領軍の需要をともに満たしていくには不充分だった。もっとも、軍隊に後方の集積所や物資の補給部隊を包括・効率的に用いるシステムが備わっていれば話は別である。しかし、イタリア方面軍には当然そのようなものはなく、総司令官は敵が支配しているもっと肥沃な土地に進むか、自分の兵士が餓死するのを見守るかという、究極の二者択一を

カリンシア
インスブルックへ
35マイル
ブリッセン
レオーベン方面
クラーゲンフルト
ドラウ川
タルヴィス
ボーツェン
フリーウル
チロル
タリアメント川
スピリンベルゴ
ヴァルヴァソーヌ
サン・ヴィート
サチレ
ウディネ
イソンゾ川
ライバッハ
ベルノ
ラヴィス
トレント
プリモラノ
ロヴェレト
ポルトグルアーロ
トリエステ
バッサノ
ピアーヴ川
フォンタノーヴ
アルポン川
ヴィチェンツァ
ヴェネチア
カルディエロ
ヴィラ・ノヴァ
サン・ボニファチオ
アルコレ
ロンコ
アルバレド
アンギャリ
レニャーノ
ブレンタ川
アディジェ川
イストリア
ヴェネチア湾
ポー川
フェラーラ
N
ボローニャ
ラヴェンナ
マイル
0 10 20 30 40 50 60 70
チェゼナ
トスカナ

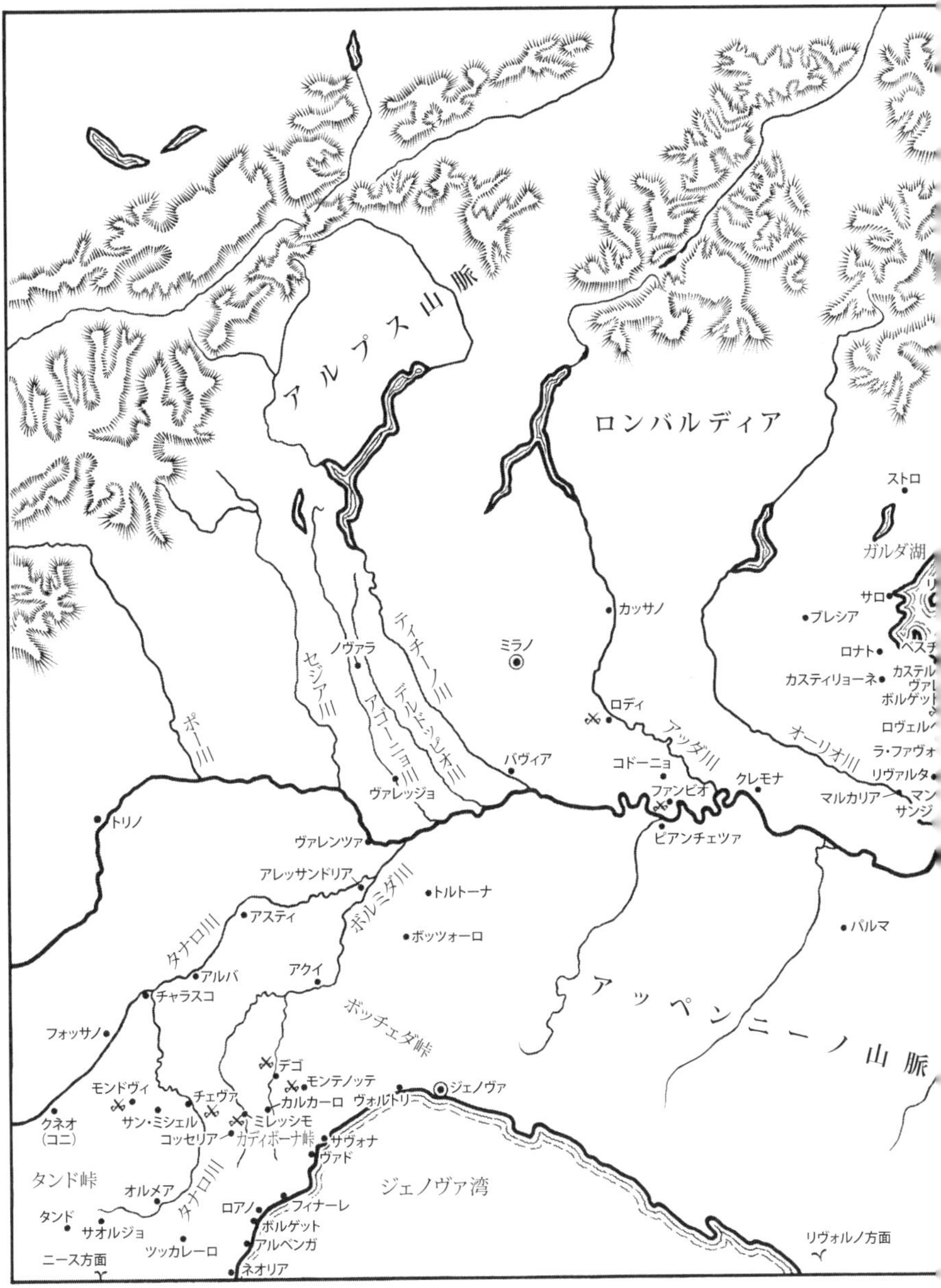

イタリア戦役（1796年〜1797年）

余儀なくされていたのである。

とはいえ、この山岳地帯をいったん克服してしまえば、ロンバルディアの豊かな平原がまったく対照的な光景を映し出してくれる。天然の特徴としては、大河であるポー川とアルプスから流れ出る支流（セジア、ティチーノ、アッダ、オーリオ、そしてミンチオ川）が平原全体を覆い、上方にはこれとは別にアドリア海に注ぐアディジェ、およびブレンタ川がある。これらの水路は北はアルプス、そして南はポー川によって側面を守られているため、西側から攻撃する者にとっては厄介な水の障壁が連続することになった。同じくポー川にはアッペンニーノ（アペニノ・リグレ）山脈から流れ出る一連の小川もあるが、こちらは防御側の立場で見るとさほど好都合な場所には位置していない。というのも、リグリア海沿岸からの侵入者は、途中にある山々の頂をうまく通り抜けさえすれば、数カ所からロンバルディア平原に難なく接近できるからである。主要な河川が交わる地点は、当然ながら軍事的に最も重要となった。つまり、アレッサンドリアはボルミダ川の河川系を押さえ、ヴァレンツァの町はポー川上流における最良の渡し場であった。さらに川の東方にはピアチェンツァやクレモナといった諸都市があり、そこを越えると、マントヴァ（オーストリアの北イタリア支配における行政および軍事的拠点で、かつ有名な「四方砦《クウアドリラテラル》」の最南端に位置する要塞となる）がミンチオ川のほとりに浮かんでいた。ミンチオ川はマントヴァとペスチエラの要塞、アディジェ川はヴェローナとレニャーノの要塞によって防備されるが、マントヴァ以外の三つはヴェネチア共和国の所有物であった。両川に囲まれた同地域の戦略的重要性は、その地理的な土地柄の賜物である。なぜなら、イタリアとオーストリア南部を結ぶアルプスの主要峠への入り口（特にキエゼ、アディジェ、そしてブレンタ峡谷）は、みなこの地域に集まっているからである。要するに、北イタリアの平野部を軍事的に掌握する鍵は「四方砦《クウアドリラテラル》」に囲まれた領域を支配下に置くことにあった。

一八世紀の最後の頃、イタリア半島には一二の公国が乱立していた。オーストリア領のロンバルディアを別にすれば、次の三国が重要度において群を抜いていた。すなわち、サルディニア王国（ピエモンテとサヴォワを含む）、イタリア中央部を支配下に置く教皇領、そしてナポリおよびシチリア王国である。残りのうち、トスカナ大公国と「静謐この上なき」ヴェネチア共和国が一定の領土を所有し、ジェノヴァ、パルマ、そしてモデナといった弱小の公国は、隣接する強国に対して衛星国の地位に甘んずるか、建前上の中立を維持しようとするかのいずれかであった。イタリアが統一されるのはまだずっと先の話で、「キルトのつぎはぎ細工」のごとき諸国家のなかで、反動的な統治者たちが唯一共感を抱いていた心情とは、フランス政府が発する革命的な教義に対する恐れであった。ところが、ピエモンテとジェノヴァの住民は、彼らの統治者のようにはこの危険思想を嫌っておらず、ボナパルトに向けられた総裁政府の命令は、それらの国々に潜在的な共感が存在しうることをうかがわせるものとなっている。つまり、政府は彼らを注意深く扱うように指示するが、これはヴィットリオ・アマデオ国王の国を揺さぶって、彼らの自由意志でオーストリアとの同盟を破棄させるという崇高な願望を抱いていたからであった。他方ミラノの住民のなかにさえ、オーストリアの支配に対する不満から、まさにイタリア・ナショナリズムの萌芽が育まれようとしていた。これら勇気づけられるような動向によって、フランス政府の野望や軍隊の作戦行動が実質的に一層進展してくれることが期待された。

オーストリアに指揮された諸軍団の共同作戦は、ボナパルト将軍に軍事的問題を突き付けていた。敵軍の総司令官は新たに着任した七二歳のボーリュー将軍で、彼はそれなりに有能な軍人であったが、主導性にまったく欠けるという致命的な欠陥があり、ただ帝国宮内法院の命ずるままに行動するだけだった。ボーリューの指揮下には三つの軍団が編成された。まず第一に、約一万九五〇〇の兵士は彼が直接率い、半分はアレッサンドリアもしくはその他の要塞勤務に回された。野戦用に向けられた残りの半分はピットーニ、ビュカソヴィッチ両将軍の配下となったが、四月初旬にはまだ冬営の最中であった。二番目の軍団はアルジャントー将軍率いる一万一五〇〇の兵力で、アクイの町を拠点としながら、オーストリア軍がつねにそうしたように、前方にかなり突出した（カルカーロからジェノヴァ上方の高地までの丘陵に沿った）警戒網を張っていた。そしてコッリ将軍の軍団が三番手を構成した。これは約二万を数えるピエモンテの軍勢であり、プロヴェラ将軍率いるオーストリアの分遣隊によって増強されていた、彼らは西のクネオから東のチェヴァまたはコッセリアに至る長くて薄い戦線を敷き、フランス軍がピエモンテになだれ込む可能性がある西側の峠を主に監視し続けていた。その他に、コリガン公爵の指揮する二万のピエモンテ軍がトリノの西に駐屯しており、ケレルマン麾下のアルプス方面軍の動向を警戒していた。以上のうち、実質的には戦闘に参加しない最後のふたつを差し引くと、三万七〇〇〇強のイタリア方面軍は、総勢五万二〇〇〇のオーストリア・ピエモンテ連合軍と対峙していたわけである。

しかしながら、敵軍の数的優位は当てにならなかった。というのも、実質兵力の大半が分散して置かれていたのに加え、互いの猜疑心から連合軍は弱体化していたからである。ふたつの政府またはその軍隊間に、友情関係など存在しなかった。ピエモンテ軍を補佐していたコッリ将軍は紛れもなくオーストリア人であったが、ウィーンの宮廷はボーリューに対し、さほど遠くない将来に味方が離反するだろうと警告していた。相互不信の空気が濃くなったために、両軍はそれぞれ別個にマントヴァ、トリノに結ばれる独自の連絡線を設定しなければならなかった。こうした配置では、ふたつの野戦軍を運用していく負担があらゆる領域において増えていったに相違ない。だが、政治的緊張が高まるなかで唯一強調されたのは、名目上ではボーリューによって指揮されるものの、両翼の軍団は独立して行動するということであった。もうひとつ弱点になったのは地形的特質である。連合軍は後方との連絡を充分に確保できず、祖互支援がまったく困難な状態に置かれていたのだ。そして広範囲に及ぶ作戦は戦略予備軍の温存を実質的に不可能にしたのである。

第6章　ピエモンテの敗北

　詳細のすべてが定かでなかったにせよ、敵軍全体の配置のおかげで与えられた好機をボナパルトは敏感に察知していた。彼はすぐに敵軍の攻撃行動に対して機先を制するため、先に挙げたような弱点を利用する決意を固めた。計画が実行される間に、軍の司令部はニースからアルベンガ、さらに四月九日にはサヴォナへと移された。総裁政府がヴィットリオ・アマデオ国王を丁重に扱うように警告していたにもかかわらず、ピエモンテを戦争から離脱させるため、ボナパルトは遠慮なく速攻をしかけることに決めた。トリノの宮廷が既に戦争に飽き飽きしており、犠牲を最小限に食止めようとしていることは周知の事実であり、また彼がオーストリアの領土で戦争を行うのであれば、フランスとの連絡線を確保しておくことが決定的に重要となるからである。ピエモンテを破る第一段階では、目標とする敵の孤立化が求められた。地図を調べたところ、ピエモンテ軍とオーストリア軍とを結び付ける急所はカルカーロの町であると判明した。ボナパルトの計画では、この中央地点がいったんフランス軍の手に落ちたならば、デゴ付近に構えていた自陣（アルジャントー麾下のオーストリア軍を阻むためである）を放棄し、孤立したコッリ将軍に対して全兵力を差し向けられることになっていた。

　この計画は一七九四年の出来事を分析した結果に基づいており、大いに推奨される余地があった。電光石火の早業が最大の課題とされた。イタリア方面軍の戦闘能力をこれ以上低下させないために、トリノ周辺の肥沃な地域に素早く進むことが特に重要で、また分散して準備が整っていない敵を捕捉し、ボーリューに何が進行しているかを悟らせないことも同様に不可欠であった。成功の見込みが最も期待できるのは、カディボーナ峠を越えて行軍するルートだった。ここはカルカーロに通じる近道で、砲兵隊の通行にも適し、さらに敵に防御を固める時間を与えない可能性が高かった。他の地点から攻撃を開始する場合には、相当な不利を覚悟しなければならなかった。タナロ峡谷を下る進軍路はひどい未整地に阻まれ、一方でタンド峠越えの急襲はより現実的であっても、目標地域からあまりに離れ過ぎていた。そしていずれにおいても、ボーリューには攻撃にさらされた場所に援軍を送る時間的余裕が与えられることになるのである。そこで次のような決定が下された。マッセナ師団はサヴォナ近郊の野営地を出発して、カディボーナ峠を越える。一方でオジュローの軍勢は、フィナーレからサン・ジャコモ経由で前進する。両軍はカルカーロを共同で攻撃するために合流するのである。この方法でボナパルトは、一両日中に二万四〇〇〇が主要地点に集まることを期待した。それは、現在判明している敵軍の位置（同時に結集できるのは、アルジャントーがデゴに一万一〇〇〇程度、コッリがチェヴァとカルカーロの間に最大でも一万二〇〇〇に過ぎなかった）を綿密に分析したうえでの試算だった。地域周辺における数のうえでの優位は、フランス軍にほんの少しは傾いているものの、イタリア方面軍の別動隊によって行われる一連の陽動作戦に多くを依存していた。すなわち、オルメア付近に予備軍として構えるセリュリエは、タナロ峡谷からチェヴァ方面にかけて牽制攻撃をしかけ、コッリの注意をそらすことが求められた。一方、マッカールおよびガルニエ両将軍の軍勢六八〇〇は、クエノからタンド峠を通り抜ける威嚇行動を実施した。側面となる地中海に目を向けると、ラアルプ師団の一部はサセッロに向かって進み、主力軍を最右翼（ヴォルトリ周辺では、あたかもジェノヴァへの侵攻を予期させるかのごとく、セルヴォニ少将が軍を動かし続けていた）と合流させることになった。こうした一連の軍事作戦は、四月一五日をもって開始される予定であった。

だが実際のところ、様々な事情によって、ボナパルトは予定より四日ほど早く作戦を始めなければならなかった。あらゆる予想に反して、オーストリアの軍勢が突如ヴォルトリに対する攻撃を開始したからである。セルヴォニの旅団は、ジェノヴァ政府に多額の借入を承認させるための命令を手渡された直後から、セリュリエ将軍の指示によって先行を始めていた。ところがこうした進軍の報はボーリューを刺激し、行動に移らせた。戦争の進め方に関して、帝国宮内法院はオーストリア軍の総司令官に漠然とした指示しか与えていなかったが、総じて言えば、彼の使命はフランス軍をプロヴァンスに追い返すというものであった。セルヴォニの旅団が攻撃された時点で、戦争の火蓋が完全に切られるものと思われた。フランス軍をヴォルトリで包囲かつ粉砕するために、ふたつの梯団がボチェッタ峠とチュルチーニョ峡谷を南下するように命じられ、一方でアルジャントー将軍は、ラアルプとマッセナを分断すべく、丘陵地帯からサヴォナを急襲することになった。ボーリューの軍勢は、セルヴォニの旅団を撃破した後、ジェノヴァの防備に一定数の騎兵だけを残してアレッサンドリアに舞い戻り、そこでボルミダ峡谷へと進路を変え、コッリとアルジャントーの支援を受けながら、さらに「とどめの一撃」を目指して前進する予定であった。以上の指示に従って、四月一〇日、大規模なオーストリアの軍勢は突如としてヴォルトリの地点まで南下し、ボナパルトを大いに慌てさせた。しかしながら、圧倒的に数で勝る敵軍に出会ったセルヴォニは手際よく撤退を済ませ、側面に構えるランポン大佐はアルジャントー軍の一部を接近させなかった。このためフランス軍総司令官は、部下に対して最初の指示を踏襲するように命じ、運用上の準備がまだ万全でなかったにもかかわらず、攻撃態勢をとらせた。フランスにとって幸運なことに、ふたつの事態が有利に働いてくれた。第一にボーリューによるヴォルトリ攻撃によって、オーストリア軍総司令官の所在が明らかになった。ボナパルト側としては、敵の主力が海岸からピエモンテ軍の救援に到着する前に、コッリを片付ける時間があることを確認できたのである。第二に、アルジャントーは一日遅れて命令を受け取ったため、最初の軍の集結が完了する一一日までに、サヴォナに進撃することが不可能になった。これらのオーストリア部隊は目標にたどり着く途上で、ラアルプの部隊によって激しい妨害を加えられた。かくして、オーストリア軍の攻撃は混乱とともに始まり、フランス軍はなお主導権を握れる立場にあったわけである。

さしあたりボーリューを完全に度外視して、ボナパルトは最初の勝利を得るためにアルジャントーに向かって突進した。当初の計画によれば、フランス軍はこの勝利によって拘束を解かれ、ピエモンテ軍と存分に戦えるはずであった。四月一二日の早朝、フランスの軍勢九〇〇〇はモンテノッテにおいて、アルジャントー麾下のオーストリア軍六〇〇〇を攻撃した。ラアルプ将軍はその地点で前面から攻撃をしかけ、一方でマッセナ将軍はメナール旅団の先頭に立ち、オーストリア軍の右翼に回り込んだ。やがてアルジャントーは危険を察知して、自軍に撤退を命じた。しかし遅すぎた。マッセナの部隊はオーストリア軍の横隊に突進し、これを潰走させた。翌日の明け方までに、アルジャントーが直接指揮する手勢は七〇〇名を数えるのみで、彼は自分の兵が失われたことを悟りながら、退却するしか方法がなかった。その間オーストリア軍から奪取したマスケット銃は、オジュロー師団の数千名を武装させるために用いられた。彼らは、銃も持たずに進軍することを強いられていたのである。

ボナパルトが総司令官として最初の戦いに勝利したことは、革命軍が目下のところ採用している様々な戦術構想に都合の良い転機をもたらした。一七九六年までに、これらはほぼ既成概念、または実質的手段となっていたが、以上を完全に理解するためには、第一次対仏大同盟の下での混沌とした戦争初期の状態を振り返っておく必要がある。そこでは、旧体制《アンシャン・レジーム》から受け継がれた正規軍が硬直化していたので、雑多な義勇兵と連盟兵《フェデレ》からなる軍隊は、ヨーロッパ君主国の軍事力に直接対峙しなければならなかった。初期の合戦における混乱のなかから、戦場での戦闘方法に関する体系がゆっくりと醸成され、それは最終的にヨーロッパで最も偉大な軍人の覇業を支える基盤となっていった。

公式的には一七九一年のフランス軍は、同年に出された有名な教練書に並べられる規則、訓練、そして規律に従うように想定されていた。この作業は革命に先立つ一〇年間に成し遂げられ、横隊形と縦隊形の組合せ（個々の任務における要求や、戦闘が行われる地形の性質、さらには敵軍勢の特徴などに応じて）を採用することが掲げられた。標準と称されたのは三層の横隊から繰り広げられる一斉射撃であったが、最後の接近時には攻撃用の縦隊形を用いることも同時に奨励された。だが実際には、こうした隊形転換の組み合わせは、不慣れな共和国軍の能力を超えるということが判明した。教練書の額面通りに編成された初期の義勇兵は、彼らの訓練や経験に基づく能力を完全に上回る戦術に、戸惑いを感じざるを得なかった。縦隊形の部隊を射撃に備えて横隊形に転換させる動作は、必然的に複雑極まりないものとなった――横隊形はその後、砲火の下で前進または後退を命ぜられるのだが、このときに求められる行動もまた然りである。その結果予想される（実際によく起こったことだが）のは、轟く砲撃と耳元をかすめる銃弾の射程内から逃れようとして、大勢が後方に退いてしまい、完全な混沌が生じるという事態であった。初期の革命軍には、敵前の八〇ヤード内において時間刻みで隊形を転換させる規律もなければ、訓練もなかった。有名な「はずみ《エラン》」、すなわち新生の軍隊に内在する勇気（同時代の宣伝家によって過度に誇張されることが多いが）でさえ、両刃の剣であった。それは一方で、多数の死傷者を出しつつも目的をほとんど達成できないという、無鉄砲な攻撃につながった。他方では、突然の敗北によって激しい反作用が同様に起きる可能性もあった。要するに、部隊の勇猛さと突進は、転じて恐れと逃亡に急変するかもしれないのである。

一七九二年の一連の手痛い敗北の後に、フランス軍の専門家たちは徐々に自軍を構成する素材の限界に気づきはじめ、「群衆戦術」と呼ばれるものの採用が奨励された。いまや不変の慣例となったのは、次のような方法である。すなわち、最も信頼の置ける兵士を散兵《スカーミッシャー》の群（その攪乱行為の真価は、既にアメリカ独立戦争を通じて、ラ・ファイエットやフランスの義勇兵たちによって明らかにされていた）として前方へ送り込み、彼らに援護された信頼度の落ちる諸大隊の一団を集合させ、一斉に戦うか逃げるかの決断をさせる。そして砲兵と散兵《スカーミッシャー》があらかじめ敵の前線を攪乱しておいた後に、万事が順調に進んでいれば、フランスの縦隊は長剣または銃剣を振り回しながら、怒涛の突進を重ねて前方へと殺到する。多くの場合、これで仰天した敵はなす術なく潰走するはずであった。同時代の著名な軍人であるフォワ将軍は、革命期における典型的な合戦模様について、次のような叙述を残している。いささかロマンチックな描き方ではあるが、ここで全文を引用するに値しよう。

戦闘は大群の狙撃兵《シャープシューター》によって始められた。馬上の者もいれば、徒歩の者もいた。これらの者が前方へ送られてきたのは、任務を与えるのではなく、大まかな任務を実行するためであった。彼らは突き進み、敵の行動を防害し、機動性によって敵の数的優位から逃れ、散開行動によって敵大砲の直撃から逃れた。彼らは絶えず交替することで、射撃を緩ませなかった。そして相当数の増援隊を受け入れると、全体的な攻撃力はさらに高まった。

一軍において、常時その両翼を敵から安全な場所に置くことは不可能である。いずれにせよ、すべての場所が攻撃側に有利となる自然、もしくは人工的な隠れ場を提供した。狙撃兵《シャープシューター》たちは、こうした地点に兵力を集中させた。かかる時、かかる部隊の間で、はずみ《エラン》と勇気が欠けることはめったになかった。敵軍の守りに裂け目が見つかれば、それは主力が照準をあわせる狙い所になった。騎馬砲兵は速足で駆け寄り、至近距離からキャニスター弾《散弾》を撃ち放った。その間に攻撃側は指示された方向へ移動しており、歩兵部隊は（敵の火砲にほとんどさらされることなく）縦隊形で進み、騎兵部隊は連隊もしくは大隊に分かれ、求められた場所ならどこであろうと、その真価を発揮する準備を整えていた。そして敵の銃弾や砲弾の雨あられが弱まったとき、将校、一兵卒、あるいは（よくあったことだが）人民の代表は、「勝利の讃歌」を歌い始めた。将軍は遠くからでも見えるようにと、大きなトリコロールの花形章が付いた帽子を剣先に掲げ、そこが勇敢な各部隊の結集地点であることを示した。兵士たちは前方に走り出し、最前列の者は敵と銃剣を交差させ、軍太鼓は突撃のリズムを奏でた。空には不断に連呼された、数えきれないほどの戦いの叫びが鳴り響いた。「前へ！　前へ！　共和国万歳！」

大群の散兵《スカーミッシャー》をこのような縦隊を組んだ大隊による突撃と組み合わせる方法は、確かに初期の革命軍の気性や特質とうまく合致した。それは兵士の側にさほどの厳密さを要求せず、市民兵のやる気と熱情を最大限に活用し、さらに多くの場合、よく訓練されてはいるが暴力の蔓延によって意気沮喪している相手を凌駕した。一八世紀ヨーロッパの軍隊（フリードリヒ大王による複雑な戦法と公式に浸っていた）は、この「新たな」戦闘様式を備えた荒削りな戦術に対して、しばし度肝を抜かれたり、絶望の淵に追い込まれたのである。

だが時が経過すると、雑多なフランス軍は経験を重ね、より緻密な戦術（念入りに調整した割合で、歩兵による射撃と衝撃力を組み合わせる）に回帰することが可能となった。たとえば、敵の一体性を揺さぶるに充分なほどの死傷者を散兵《スカーミッシャー》と砲撃によっていつも与えられるとは限らない。そうした場合には、さらに大規模なマスケット銃による攻撃が求められるわけである。この問題を解決する最善策はおそらく、「混合隊形《オーダー・ミックス》」（この構成に関する叙述は第6部、第32章を参照）、つまり縦隊形と横隊形の戦術的な配合を採用することであった。一七九四年の有名なアマルガムは、この進行を極めて容易なものにした。各半旅団における正規軍大隊は、横隊のまま正確無比に移動・射撃することが可能であり、付随する義勇兵の二個大隊は、両翼に縦隊として手際よく用いられるからである。

まず最初に、すべての戦列大隊は、各々三三〇名からなる三個中隊によって構成されることになった。しかし後年には、これは各々一五〇～二〇〇名からなる九（最終的には六）個中隊に変更された。戦列歩兵大隊の九個中隊には、銃兵《ファジリエ》八個中隊と擲弾兵《グルナディエ》一個中隊が含まれていた。他方で軽歩兵大隊（速足で進む騎兵隊とともに行動できるという想定である）は六個中隊から構成され、その内訳は猟歩兵《シャスール》が四、カービン銃兵《カラビニエ》が一（これらは各々銃兵と擲弾兵に相当する）、そして通常は斥候業務に使われる散兵《ヴォルティジュール》が一であった。各半旅団において概ね三個中隊は、編成に正規軍の軽歩兵部隊が含まれていようがいまいが、遮蔽を行う狙撃兵《シャープシューター》として用いられた。兵力数に関して言えば、実戦任務の要求に基づき、軽歩兵の半旅団が一〇〇〇名以上で行動することや、戦列歩兵の半旅団が二五〇〇名ほどの兵員を擁することは稀であった。

当時のフランス騎兵隊は、概して最悪の状態であった。この兵種は将校の亡命による痛手を最も大きく被った。優秀な騎兵を養成するために必要とされる充分な時間はなく、同じく馬の不足も戦力に悪影響を及ぼした。理論上、騎兵の半旅団は四個大隊に分かれ、さらに各大隊はそれぞれが騎兵一一六名からなる二個中隊（トループともいう）に細分化された。こうして騎兵の半旅団は公式には九〇〇名のサーベル兵を数えたが、実際には共和制期において平均二～三〇〇名を超えることは稀であった。騎兵には主として三つのカテゴリーが存在した。すなわち、重騎兵（突撃行動に用いる）、竜騎兵（歩兵部隊の近接支援のために馬上もしくは徒歩での戦闘を可能とする）、そして軽騎兵（偵察、遮蔽、さらに追撃の役割を果たす）である。ほとんどの部隊は、みじめで貧弱な火器しか備えていなかった。しかしながら、こうした先の見えない状況のなかから、将来の優れた指揮官たち（ミュラ、ラサール、グルシー、ミヨー）が頭角を現したのだ。そのうえ、騎兵隊が既に成し遂げた戦果は目覚ましいものであった。一七九四年、フランスの軽騎兵連隊が氷上を横切って突進し、身動きの取れなくなったオランダ艦船を拿捕したことは、その一例である。

　対照的に革命軍の砲兵隊は、将校亡命による痛手が最も少なく済んでいた。というのも、砲兵指揮官の多くが貴族の家柄というより、中流階級の出身だったからである。グリボーヴァル（後にはカルノー）のおかげで、彼らの武器はヨーロッパ最高を誇った。そして砲兵車両は、騎兵隊と同程度に軍全般における馬の不足に苦しめられ（それゆえボナパルトの前進に同行しえたのは、六〇門の大砲と数門の山砲だけであった。重火砲の不足は、とりわけマントヴァ攻囲の直前に痛感されることになる）、一八〇〇年代初頭まで信頼の置けない民間御者団の奉仕に委ねられていたが、戦場での効力は概して際立っていた。大砲は八門を備える中隊（バッテリーともいう）に組織され、さらに中隊内では二門を一組にして分けられた。とはいえ、革命期においても、飛び道具の兵種に関して目を見張るような努力がなかったわけではない。騎馬砲兵の中隊数は飛躍的に増大し、機動砲兵《アリティエリー・ヴォラント》（あるいは「ギャロップ砲」）という新種の言葉が、古いカテゴリーであった徒歩および騎馬砲兵のうえに追加された。

　工兵は、旧体制《アンシャン・レジーム》と同様の熟練度を革命期にも維持していた。ヴォーバンによる一〇〇年前の諸原理が、あらゆる築城作業の基礎であり続けた（むろんシャスルー・ローバ、モントランベール、そしてラザール・カルノーによって引き続き改良が試みられた）にもかかわらず、フランス工兵隊は道路敷設、橋梁建設の双方において等しく練達していた。しかし、フランス軍の兵力が際限なく増大するにつれ、経験をもつ技術者は一般に供給不足に陥った。一七九六年にイタリア方面軍は、公式には三三〇〇名の専門家からなる一団を備えていたが、このときボナパルト将軍は二〇〇〇名弱の工兵を自身に帯同させていた。当時の命令では、随時「即興演奏」が求められた。とりわけ欠乏していたのは架橋のための部品と、持ち運びのできるボートであった——こうした不備は荷馬の欠乏によっても深刻化していた。だが、イタリア方面軍にはアンドレオシィとマレスコというふたりの技術者がおり、彼らは「即興」の作業に関してほとんど天才ともいうべき手腕を発揮したのである。

　救急および補給のための組織は、実質的に存在していなかった。その結果生じてくる医療介護や食糧品の不足は、部隊内において独立独歩の精神と悪知恵の働く人間を育成させた（もうひとつの結末として、脱走もまた広範囲で見られたが）。迅速な戦略行動が可能になったのもそのためである。輸送物資に固執し、軍の集積所から離れられない相手にとって、これは大いに驚嘆すべきものとなった。

ボナパルト将軍によるピエモンテ攻撃（1796年4月）中央地点に対する機動の原型

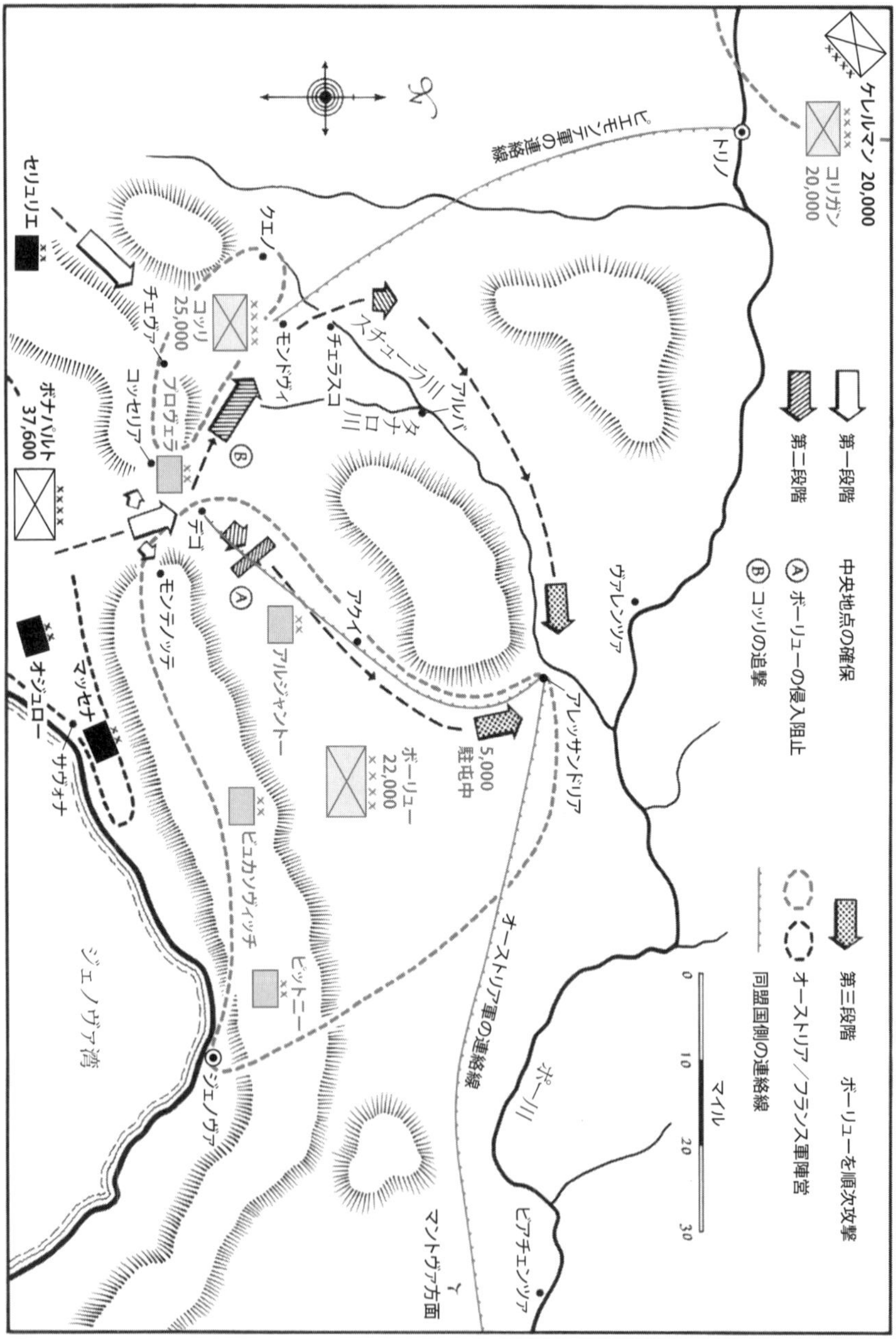

このように、ボナパルト将軍は、全体的に見れば侮りがたい戦力を受け継いでいたわけである。

ボナパルト将軍は最初の戦闘に勝利した。だがそれを自ら祝している時間はなかった。フィナーレから前進してくるオジュローの行軍は、悪路に阻まれて予期せぬほど遅れてしまい、その結果マッセナ師団は疲弊しているにもかかわらず、敵前でカルカーロを占領するための道を行軍しなければならなかった。しかし、真夜中までにオジュロー師団の先導隊が要所である交差地点（カルカーロ）に到着し、町の最大の建物のなかに司令部が設置された。いまやフランス軍は中心部を手中に収め、オーストリア軍は撃退された。ここまではすべてが計画通りに進んでいた。

ベルティエと一緒に地図をのぞき込んだボナパルトは、新たな難問に直面していた。アルジャントー軍は既に四散していたが、オーストリアの全軍がモンテノッテに投入されたという確証はなかったのだ。ボナパルトは、翌一三日を費やして不安な要素であるオーストリア軍を追い求めるか、あるいは最初の計画に準じて孤立したコッリ率いるピエモンテ軍に向かって進撃するかのいずれかの決断を迫られた。彼は後者の道に賭けた。マッセナは師団の半数でデゴを確保（オーストリア軍が接近する可能性の最も高い進路を封鎖する）し、一方でオジュローの部隊は残りのマッセナ師団とともに、チェヴァに進んだ。さらにセリュリエ師団はオルメアから移動し、ピエモンテ軍に対して少なくとも二万五〇〇〇の兵力を集中させた。なお不測の事態に備えるため、六個大隊からなる中央の予備軍が、シュテンゲルの騎兵隊を伴いカルカーロに待機するよう命じられた。

一三日の出来事は、こうした予防措置が賢明であったことを証明してくれた。万事が計画通りには進まなかった。当初ミレッシモで成功を収めたにもかかわらず、チェヴァに向かうオジュローの進軍はコッセリアの廃城前で足止めを食らった。そこにはオーストリア将軍プロヴェラ麾下の、擲弾兵九〇〇からなる小部隊が駐屯しており、この部隊は最初からオーストリアおよびピエモンテの防衛地区と連絡を取って、自軍を追い払おうとするあらゆる試みに抵抗していたのである。ジュベール大佐がこの日最後の襲撃を指揮した。後になって彼は述懐している。「この襲撃よりも悲惨なものは想像できないだろう。抜け穴を通っている最中に、私は傷を負った。カービン銃兵に助け起こされると、私は壁の縁を片手で摑んだ。石弾が飛んできたので、サーベルでかわした。一〇歩先の地点に構えるふたつの塹壕から、私の全身は目標とされていたのである(4)」。この襲撃の試みもまた断念しなければならならず、フランス軍は九〇〇名の死傷者を出し、一日の戦闘の末に退却した。他方、別翼を担うマッセナ師団に目を向けると、デゴは相当数の敵兵力によって占拠されている様子であった。ボナパルトは馬を飛ばして状況を視察し、コッセリア陥落の報が入るまで、マッセナに攻撃を延期するように命じた。プロヴェラが持ちこたえている間、マッセナは動かなかった。そしてこの日の挫折に輪をかけて、猛烈な雨嵐が無残にもフランス軍を打ちのめし、輜重隊の到着を遅らせたのであった。ボナパルトは貴重な二四時間を失ってしまった。翌日に状況を一変させようと決意して、彼はオジュローに命令を下した。すなわち、一大隊のみをプロヴェラを警戒するために留めておき、残りの部隊を夜通しの強行でマッセナに合流させるというのである。

次の日の午前中に状況は好転した。兵力で勝るフランス部隊は、正午近くにデゴの村を攻撃し、マッセナはオーストリア軍が出した捕虜五〇〇〇の大半と、大砲一九門をわずかな時間で手に入れた。コッセリア城が降伏したという朗報も届き、コッリを攻撃する道がようやく開かれた。デゴを占拠するためにマッセナを残し、ボナパルトはチェヴァの町近郊でセリュリエ師団と合流することを望みながら、ラアルプを従えて西方へと再び進路を取った。

だが敵前にさらされたフランス軍の右翼にとっては、なお万事順調とはいかなかった。マッセナ麾下の兵士たちは午前中の成功に気を良くして、いつものごとく食糧と略奪品を探し求めて四方を回った。そして運悪くこうした状況下で、彼らは翌日の早朝、ビュカソヴィッチ将軍の率いるオーストリア軍五個大隊から奇襲を受けたのである。この予期せぬ軍勢の到着は完全に偶然の所産であった。ビュカソヴィッチは一四日付でボーリューからの命令を受け取ったが、そこでは「翌日」デゴに移動するようにと指示がなされていた。実際、命令書が口頭筆記されたのは一三日の夜半で、総司令官の意図は次の日［一四日］の戦闘にビュカソヴィッチが参加することだった。しかし日付の誤りが原因となって、彼の部下がデゴに到着するのは一五日となった。いずれにせよ、この結果は周辺のフランス部隊に大きな災いをもたらした。ある報告（おそらく悪意に満ちたものだが）によると、マッセナ自身は愛人のベッドから間一髪で抜け出して、寝巻き姿のまま逃げ回ることを強いられたという。もっとも、彼の兵士たちが銃や大砲をみな置き去りにしたまま、潰走させられたのは事実である。ビュカソヴィッチはこの成功によって生み出された好機を賢明にも逃さず、すぐさま町の防備体制を固めさせた。

この失敗のおかげでボナパルトは再度チェヴァへの進軍を中止しなければならなかった。ビュカソヴィッチは大規模なオーストリア軍の前衛部隊であるかもしれず、フランス軍総司令官は、自軍の側面に向けられた危急の脅威を敢えて無視することができなかった。運の悪いラアルプの部隊と予備軍は町を奪還するために急遽デゴに戻され、やがて一〇〇〇名を越える死傷者を出してこの任務は成し遂げられた。こうして、左翼ではセリュリエとオジュローがコッリをモンテ・ゼモーロから追い払い、チェヴァにおいて守勢を取らせることに成功したが、ボナパルトは二日目を無駄に費やしてしまい、時の経過とともにボーリューが戦線に加わる可能性はますます高くなった。そのうえ、フランスの部隊では飢餓状態が一層ひどくなり、規律も失われていった――デゴの一件がすべてを明白に物語っている。もし生き延びようとするならば、軍隊は近日中に丘陵地帯から平野部に突入しなければならないであろう。

一六日を通じてボナパルトを絶えず悩ませていたのは、オーストリアの大軍が自軍の右翼に襲いかかり、サヴォナとの連絡線を遮断するという可能性であった。そして同日の大半は軍を再編成し、オーストリアの意図を探るために偵察部隊を送り出す作業に費やされた。実際のところ、危険は現実よりも想像上のものに過ぎなかった。ボーリューは三度の手痛い敗戦を被り、一〇個大隊に相当する人員を失っていたので、フランス軍による攻撃を予期してアクイ周辺に立ち止まっていたからである。それゆえ、夕方までにボナパルトは側面の安全を確信し、チェヴァに目を転じることができた。そこではオジュローの部隊がコッリの陣地に対して時期尚早の襲撃を試み、大損害を出して撃退させられていた。駐屯部隊としてラアルプの軍勢をデゴに残し、ボナパルトはマッセナをモンバルカーロに向かわせた。これはオーストリア軍がデゴを攻撃してきた場合、ボーリューの側面または後方を突くことができるようにするためである。また彼は同日、司令部をカルカーロからミッレシモに移した。このときまでにオジュローとセリュリエは、コッリのピエモンテ軍一万三〇〇〇を攻めるべく、チェヴァに二万四〇〇〇の軍勢を集結させ、一八日の午前中に襲撃をかける準備をしていた。だがその前日の夜間、敵はタナロとコルサリア両川の合流によって形成される、さらに堅固な三角地帯まで手際よく撤退を済ませていた。

激怒したボナパルトは、追撃のために自軍を前方へと急行させた。彼はセリュリエに新たな敵の陣地を正面から攻撃するように命じ、一方でオジュローにはタナロ川の東岸を下り、ピエモンテ軍を側面から包囲させようとした。しかし、この作戦は失敗に終わった。オジュロー部隊はセリュリエによる攻撃を支援するための、タナロ川の渡河地点を見つけることができず、セリュリエは撃退されてしまった。一九日には再度の試みがなされたが、混乱と無規律によって失敗に終わった。というのも、セリュリエ師団は略奪品を求めて散開しており、当初の優位な立場を放棄していたからである。そこでボナパルトは、三個師団を伴った襲撃を準備し、かつ砲兵隊に到着する時間を与えるために、二日間ほど作戦を休止すると布告した。

最初の主たる措置として、軍の連絡線が変更させられた。従来はサヴォナから敵前のカデイボーナ峠まで伸びていたが、四月一九日以降はタナロ峡谷からオルメアに至る新たな連絡システムが築かれた。この変更によって右翼を維持する兵力を減らす（デゴはもはや戦略的に重要でなくなった）ことができ、ラアルプはカイロに一個旅団のみを留め、残りの師団をもってサン・ベネデットにいるマッセナの援護に向かった。一方マッセナ側では、セリュリエおよびオジュロー師団の中間地点に移動して、サン・ミシェルの村、すなわちコッリが陣を敷く拠点に向けた攻撃再開の準備を整えた。そして二一日の午前中、総攻撃が命ぜられた。

だが、コッリ将軍はまたしても夜通しで陣を引き上げ、モンドヴィまで後退していた。シュテンゲルは直ちに騎兵による精力的な追撃を開始したが、小さな戦闘において致命的な重傷を負い、イタリア方面軍から最も経験豊富な騎兵将校が失われた。それでもやはり、コッリには町の防備を固める時間的余裕がなかった。老練なセリュリエは、ピエモンテ軍に対する正面攻撃の先導を務め、歴戦の強者たちをみな仰天させた。後年マルモンは、このときの出来事を次のように描いている。「軍を三つの縦隊に分け、自身を中央の一隊の先頭に置きながら、散兵《スカーミッシャー》の大群に号令をかける。そして剣を握り締め、縦隊の一〇歩ほど前を駆け足で進む。これが彼の取った行動である。すばらしき壮観。老将軍は断固たる決意をもって、敵前でその旺盛ぶりを見せつけたのだ。私は彼に従って戦いに加わった。その成功は完全なものであった(5)」。

力と狡猾さを組み合わせて、フランス軍は敵を町から追い払い、物資を豊富に蓄えた兵器廠を手中に収めた。それは戦役における転換点であった。モンドヴィの占領に伴い、ボナパルトは肥沃なピエモンテ平原に到達し、急を要していた軍の補給に関する不安はかなり軽減された。軍隊はもはや、飢餓によって脅かされることはなかった。兵士たちは揃いも揃って手に負えなくなり、終日続いた略奪や破壊の乱痴気騒ぎに夢中になったが、ボナパルトが安息し、自身を祝するには然るべき理由があったわけである。

軍の再編成に要する以外の時間を、ボナパルトはモンドヴィで無駄に浪費などしなかった。コッリの軍は建前上なお健在で、ピエモンテはまだ和平を懇願する立場には追い込まれていなかったのだ。それゆえ、四月二三日にはトリノへの進軍が開始された。マッセナとオジュローはタナロ川の両岸をまたがるように前方へ進み、その両翼をセリュリエとラアルプが防備した。各部隊は一日の行程内、つまり攻撃を受けた場合に兵力を集中させられる地点に配置された。だが実際には、モンドヴィの敗戦以降ピエモンテ軍は抵抗の意志を挫かれてしまい、二三日の夕方にコッリは休戦を求めてきた。これを受けたボナパルトは、進軍を一層速めるという対応を示した。二日後、マッセナはチェラスコ、そしてオジュローはアルバをそれぞれ占領した。両者の行動によって、ピエモンテ軍はボーリューとの連絡を完全に遮断された。こうした成功をさらに徹底させるために、ボナパルトはもう一度自軍の連絡線を移動（今回はタナロ峡谷から守備を固めたタンド峠に）させ、ラアルプに対してアクイへと進み、ボーリューに充分警戒しておくよう命じた。

このときまでに、トリノの宮廷では不安が最高潮に達しており、フランスの若き天才は条件を提示できる立場にあった。本人は充分承知していたが、彼には総裁政府によって公式の交渉を行う権限が付与されていなかった。しかしパリ政府の意向をうかがう前に、彼は仮協定の締結に入る態度を取った。ステューラ川が両軍の境界線とされ、チェヴァに加え、クエノとトルトーナの要塞がフランスの駐屯部隊に明け渡された。もっとも、この後者がなおオーストリア軍の手中にある場合には、代わりにアレッサンドリアが譲渡されることになった。さらに別条項では、総司令官の要望に応じてピエモンテ領内の自由通行権と、ヴァレンツァにおけるポー川の渡航許可がフランス軍に与えられた。チェラスコの休戦協定に含まれる暫定条件とはこのようなものであったが、サヴォワ国王（オーストリアの同盟軍に見捨てられ、いまやアゴーニョ川に完全に退いていた）は四月二八日にこれを公式に承認した。正式条約の締結問題についでは再度パリに問い合わせることにして、休戦条件の詳細を手にしたミュラ大佐が総裁政府に遣わされた。

一〇日間にわたる戦役において、ボナパルト将軍はピエモンテの諸州を屈服させ、少なくとも当分の間はイタリア方面軍の側面と後方の安全が確保された。軍隊はいまや主要な相手、すなわちポー川周辺のオーストリア軍に対して攻撃を転ずることができた。将来についてはなお多くが未知数であった。承知のうえではあるが、ボナパルトは特にピエモンテの領土と利害を尊重するという、総裁政府の当初からの指示を故意に無視していたので、政府が彼の権限を剝奪し、ピエモンテとの満足すべき和平締結を拒否する可能性があった。そのような結末になれば、イタリア方面軍の連絡線は再び危険にさらされるであろう。だが、ボナパルトは自分の主人たちの短所や弱点を鋭く見抜き、彼らが状況をあっさり受け入れると確信していたのだ。彼はフランス軍に勝利をもたらしており、その成果を敢えて放棄しようとする政治家は存在しないはずであった。しかも、将軍は用意周到にも戦利品という物的証拠を総裁政府に送りつけており、さらにコルシカ人の同僚サリセッティ（野戦軍に同伴するフランス政府代表の上役）には、かなり前からこの若い将軍に自分の運命を託そうと考えていた気配があり、好意的な報告を当てにすることができたのである。

断固たる決意と攻撃行動、危機的な場所と時間において繰り返された兵力の集中、さらに軍の各部門が移動する際の経済的巧妙さ、安全性の高さ、そして運営の鮮やかさ。これらによって、ナポレオン・ボナパルトは準備段階の仕事を成し遂げたのである。彼はアルプスによって側面を守られつつ、六〇〇〇人ほどの死傷者と引き換えにポー川流域になだれ込んだ。彼は声を荒げた。「ハンニバルはアルプスを強行突破した。われわれはそれをやり過ごしたのだ！」と。この過程で彼は莫大なリスクを背負った。もし相手がさらに決断力と大胆さに富む軍勢であったならば、コッセリアとデゴで喫したような軽い敗北が大災害の予兆になっていたかもしれない。当初セリュリエ将軍は攻撃の開始に乗り気でなかったが、彼を引き継いだより優秀な総司令官を待ち受けていた危険を考慮すると、それも容易に理解できよう。だが確固とした意志をもち続け、時間と空間に関する問題を完全に把握していたことで、あらゆる障害は克服された。この偉業は華麗なる声明によって要約されている。「兵士たちよ！　諸君は一五日間で十度［原文では六度（six）となっているが、これは十度（dix）の読み違えであろう］の勝利を収め、二一本の軍旗と五五門の大砲を奪い、要塞を何ヶ所も占領し、そしてピエモンテの最も豊かな地域を征服した。諸君は一万五〇〇〇を捕虜とし、さらに一万人以上を死傷させた……(6)」。三月二七日の約束は確かに果たされた。しかしそれはまだ序曲でしかなかったのだ。

第7章　ロディ橋

　フランス軍はこのとき、再編成のために一時的に立ち止まり、ボーリューに対する攻撃の準備を整えた。ボナパルトはこの小休止の間に、タンド峠からマッカールおよびガルニエ将軍の部隊を呼び寄せ、総裁政府にはさらなる増援を求める雄弁な嘆願書を書き送った。彼はそこで、ケレルマン麾下のアルプス方面軍一万が、この任務を果たす戦力として適当であると示唆した。しかし迅速な行動が必要であった。というのも、ピエモンテとの正式条約が批准されるまで、フランス軍の連絡線は決して確保されているとは言い難く、オーストリア軍は充分な時間的余裕さえあれば、最初の失敗から回復して反撃を開始するかもしれないからである。実際には、その可能性は高くなかった。ボーリューは既に途方に暮れ、ウィーンに向けて「軍は最悪の状況に置かれている」と報告していた。また、コッリの救援に乗り気でなかったことにも表れているように、彼は用心深くて優柔不断であった。この時点で三万のオーストリア軍から五〜六〇〇〇の兵士が失われていたので、老将軍にはさらなる危険を冒す勇気などまったく湧かなかった。そして彼がただ考えていたのは、一連の支流と要塞群によって絶好の防御地点が形成される、ポー川北岸の比較的安全な場所に自軍を撤退させることだけであった。

　もし指揮権が得られるならば、ボナパルトはこの撤退行動の機先を制しようと決意した。カルノーに送った手紙のなかで、彼は言明している。「閣下が返事をしたためている間に、私はオーストリア軍に追い付き、彼らを打ち負かしてみせましょう」。既に見てきたように、彼は四月二八日、これを成し遂げるためラアルプにアクイへの前進を命じていた。だが、将軍は行軍の延期を余儀なくされた。というのも、彼の兵士たちはフランス軍の翼端に置かれていたので、モンドヴィの戦利品に浴することができず、飢餓状態が続くなかで反乱を起こしたからである。こうした遅滞の結果、ラアルプが目的地に到着するのは三〇日となり、既にボーリューの撤退は順調に進められていた。アレッサンドリアは二八日に放棄され、その二日後に彼の軍勢の大半は、ピエモンテの抵抗にもかかわらずヴァレンツァを横切り、ポー川を無事に渡河していたのである。獲物を逃してしまったボナパルトは、次いでトルトーナ、アレッサンドリア、そしてヴァレンツァの町を結ぶ地域内に軍を集結させるように命じた。このときまでに兵力は三万九六〇〇にのぼり、タンド峠を結ぶ連絡線は有効に活用されていた。

いまや問題となるのは、ボーリュー軍の面前でポー川を渡る手段を考案し、それから彼に合戦を強いることであった。フランス軍は固有の架橋部隊を欠いており、渡河はますます困難となった。しかしオーストリアの総司令官がティチーノ川が作る一層堅固な東方の要害へと退却するかわりに、ピエモンテ領内にあるヴァレッジョの町周辺に自軍を駐屯させるという決定を下したため、束の間であるにせよ、かなり有利な状況が生じていた。ポー川の急流を渡行しうる三つの場所から、ボナパルトはひとつを選択することができた。これらのうちヴァレンツァは最も近く、またチェラスコ協定によってピエモンテから自由渡行権を保証されていた。だが、オーストリア軍の主力が付近におり、イタリア方面軍をもってしても、無事に川の途中まで行けるとは考えられなかった。二番目に可能なのは、パヴィア南方において渡河することであった。ここで川を越えれば、フランス軍はボーリューの後方にその連絡線を遮断するかたちで布陣できる。しかし、この地域もまたオーストリア軍と近接しており、大損害を覚悟しなければならなかった。三番目に想定された渡河地点は、ヴァレンツァから五〇マイル（八〇キロ）以上も離れたピアチェンツァである。同地までの道程は長く、ポー川の川幅は広く、川底も深い場所だった。ところがボナパルトはこれを選んだ。というのも、ここを通ることには明確な利点が数多く、フランス軍総司令官は敵の裏をかくのに充分なほど、自軍が迅速に行動できると確信していたからである。五月六日、この不可解な作戦が開始された後になって、彼は総裁政府に手紙を書き、その理由を説明している。「昨日の午前中、我々はポー川のはるか先の対岸にいる敵を砲撃し続けました。この川は非常に大きく、渡行が困難です。私の意図するところは、ミラノに可能な限り近づいてから川を渡り、首都に到達するまでに余計な障害に直面しないようにすることです。そうすることによって、アゴーニョ、テルドッピオ、さらにティチーノ川沿いにボーリューが構えている三つの防衛線を迂回できるでしょう。そして本日、私はピアチェンツァに向かって進軍します。パヴィア自体は無視することになりますが、もし敵がこの町の防衛に固執していれば、我が軍は敵と敵の集積地の間に位置することになりましょう(7)」。成功は電光石火という古い公式にかかっていたが、危険を賭する価値はあった。少なくとも彼の行動は、ボーリューを早々に撤退させ、うまく行けば敵の全軍を壊滅することさえ可能になったのである。

ボナパルトの計画に不可欠なのは、選りすぐりの軍勢でピアチェンツァに進み、ポー川北岸に橋頭堡を築く決定的瞬間まで、ボーリューの注意をそらしておくことであった。最初の任務を帯びたのはマッセナとセリュリエで、彼らは陽動作戦に着手し、ヴァレンツァを主力が渡河するかのように見せかけた。第二の作業は全軍の擲弾兵から特別に抽出された「エリート部隊」が担当し、ダルマーニュ将軍がこれを率いた。このうち四個大隊は猛進型のランヌ大佐に委ねられ、全体としてダルマーニュが指揮する総数は三六〇〇人の擲弾兵と二五〇〇人の騎兵であった。彼はまず第一に、その後方に密着したラアルプとオジュロー師団によって援護され、これに続いて残りの軍も同じく東に向かって進むことになった。

準備行動は五月五日と六日に完了した。翌日の午前四時、ダルマーニュはストラデッラを発ち、堂々たる行進で九時までにピアチェンツァに到着した。部隊は大きな渡し舟を押収し、すぐに渡河を開始した。北岸に最初に上陸したのはランヌ大佐であった。正午過ぎになると前衛部隊はラアルプ師団の増援を受けたが、おそらくこれは適切な措置であった。というのも、ダルマーニュは突如として、歩兵一個師団と騎兵数個大隊を率いるオーストリア将軍リプタイが自軍の目前に位置していることを知ったからである。敵の反応は予想以上に迅速であった。ボーリューは早くも五月四日に、パヴィア近郊の橋々を占拠し、さらに東方の渡河地点を監視させるためにリプタイを派遣していたのだ。続く四八時間を通じて、オーストリア総司令官はヴァレンツァ付近のセリュリエ師団に注意を払っていたが、彼らに本気で渡河する意図がないと見るやいなや、ボーリューは賢明な判断によって自軍の大半をティチーノ川後方に退かせた。この行動の最中で、フランス軍の渡河がピアチェンツァ付近で行われているという決定的な情報が入った。そこでボーリューは直ちに計画を変更し、ビュカソヴィッチ将軍率いる四五〇〇の兵力をヴァレッジョから呼び寄せ、リプタイを援護するために自軍を強行させた。かくして七日の夕刻には、およそ五〇マイル（八〇キロ）にわたって延々と続くオーストリア軍の長い梯団が、フランス軍の橋頭堡めがけて集結してきたのである。

一日を通じて、ダルマーニュはリプタイ部隊の前衛と睨み合いを続けていたが、オーストリアの前哨隊はフォンビオの村に戻った。翌日、ラアルプとダルマーニュはこの地点を強襲し、リプタイの軍勢を四散させた。フランス軍は大いに勢いづいて、逃亡者を追撃した。サリセッティは記録している。「二時間にわたってランヌと彼の擲弾兵は、速足で駆けめぐる軽騎兵と並走しながら、オーストリア軍を追い回した(8)」。その間、オジュロー師団はピアチェンツァから少々西寄りにあるヴァレットにおいてポー川を渡行しており、またセリュリエとマッセナ師団も着々と接近中だった。だが、集結して

ロディへの機動（1796年5月）背後への機動（あるいは戦略的包囲）の原型

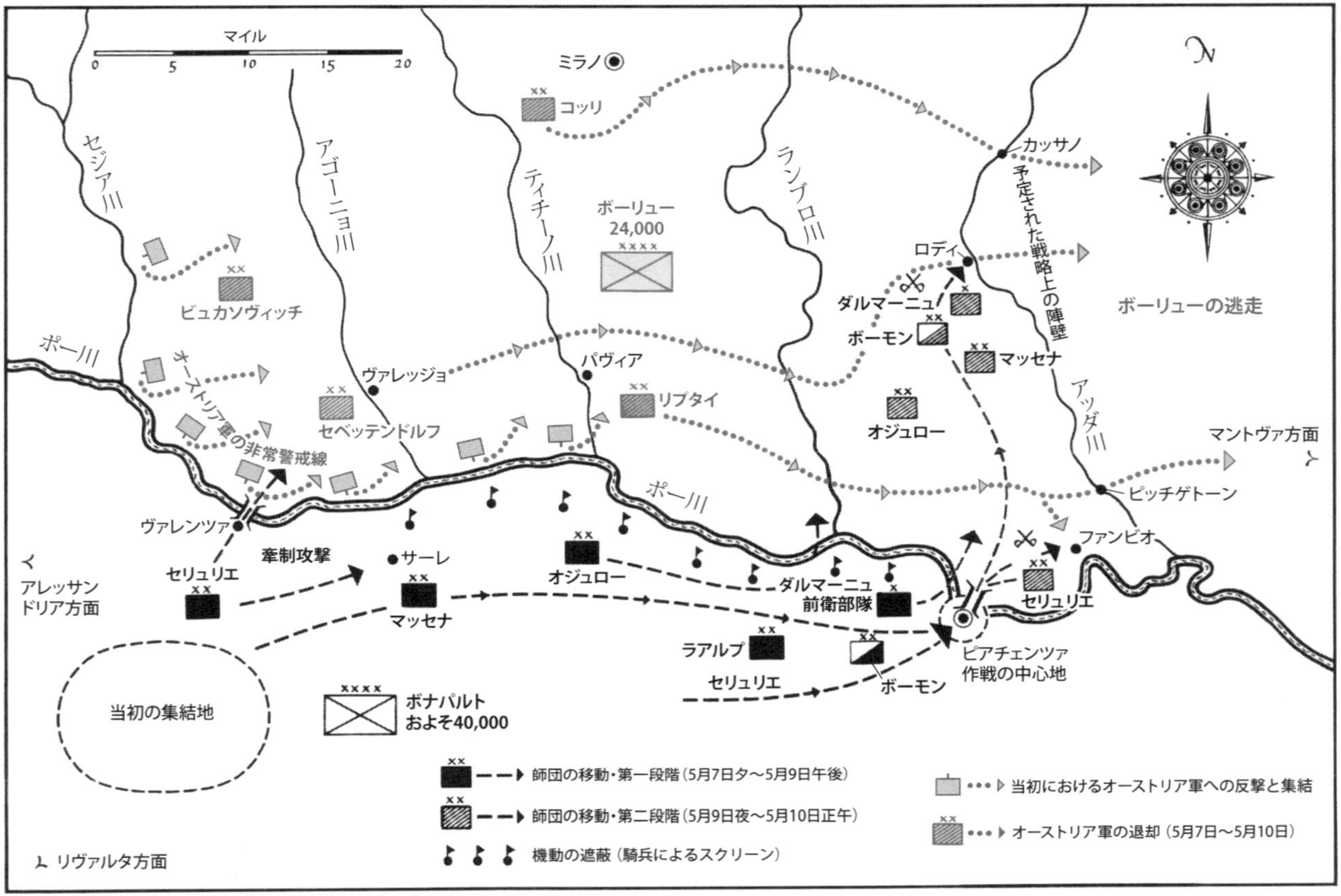

きたボーリューの梯団はコドーニョでフランス部隊と夜通し激しい交戦状態に入り、夜間の戦闘で全軍が混乱する最中、ラアルプが味方兵士の銃弾を受けるという悲劇が起った。確固たるリーダーシップが失われ、フランス部隊は動揺し始めた。しかし、この状況を参謀長であるベルティエが救った。彼は他の上級将校とともに馬を前方に走らせ、戦闘を直接指揮したのである。結果としてオーストリア軍は退却し、大砲一門と捕虜六〇人がフランス軍の手に入った。この小競り合いによってボーリューの決断は大きく左右された。現状において数では優位であるにもかかわらず、彼は自軍とフランス軍の間に川の障壁を築こうとして、アッダ川に浮かぶロディに後退した。このためボナパルトは、妨害を受けずにイタリア方面軍の結集を完了させることができ、九日にはマッセナおよびセリュリエ師団の最後の部隊が、味方の軍に合流するための六〇マイル（九六キロ）におよぶ行軍を終えて、ポー川を渡った。大規模な敵軍の眼前で渡河を敢行するのは、当然ながら、戦争における古典的な作戦であるとみなされよう。成功の鍵を握るのは、精緻な計画と周到な欺瞞、そして何よりも迅速な行軍である。しかしながら、ボナパルトはこの戦果に充分に満足したわけではなかった。ボーリューは連絡線が遮断されていないため、かろうじて包囲網から逃れていた。そしてミラノの陥落はいまや確実ではあったが、残りのポー川流域や、とりわけマントヴァの市街と要塞を、フランスが手中に収めるためには増援を受ける前になお敵軍を叩いておく必要があった。

逆上寸前の総司令官に追い立てられるように、フランス軍先遣隊は五月一〇日の早朝、ロディを視野に収める場所に到達した。しかし事実上、オーストリアの全軍はこの間にアッダ川を無事に渡りきっており、セベッテンドルフ麾下の一万がこれを援護する殿軍《しんがり》として残されていた。同部隊の三個大隊は、一二門の大砲に支援されつつ、ロディ橋とそこに通じる土手道を見渡せる地点に陣を構えていた。大砲のうち六門は橋の東端に設置された。これに加えて、各々三門の大砲を擁する砲兵の二隊が道路の両側に据えられて、縦列射撃でその場を一掃する態勢を取った。追撃側のフランス軍にとって、橋の奪取が容易でないことは明らかであった。

イタリア方面軍の前衛部隊は、残されたオーストリア軍の分遣隊をロディの町から追い払った。そしてボナパルトは幕僚とともに右前方へと馬を飛ばし、眼下で繰り広げられる橋の占領を直接指揮した。土埃にまみれたマッセナの梯団が町に到着するのを待つ間、総司令官は精力的に二四門の大砲を川の西岸に並べ、また騎兵の分隊を川の上流と下流に派遣して、フランス軍が敵陣の側面に回り込めるような浅瀬を探索させた。彼はロディの城壁を盾にしつつ、擲弾兵に縦隊形をポー

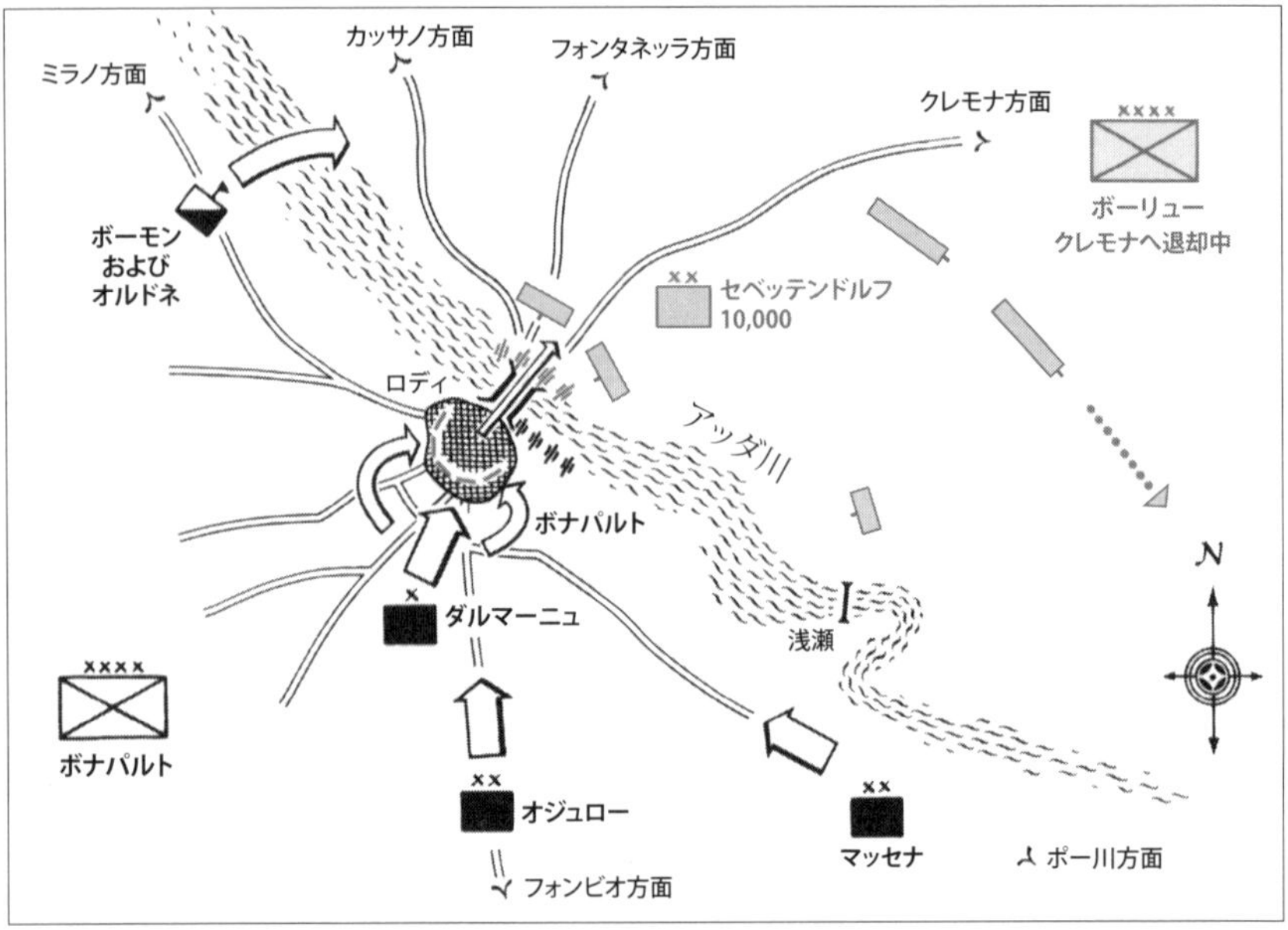

ロディ橋の戦い（1796年5月10日）

組ませ、これらの兵士を奮い立たせる演説を行った後、市門から土手道に向かって彼らを前進させた。最初の突撃は嵐のようなオーストリア軍の砲火を浴び、橋の中央にたどり着くまでに勢いを失って撃退された。同様の試みが直後に再開され、マッセナ、ダルマーニュ、セルヴォニ、そしてベルティエを含む上級将校の多くが縦隊の先頭に立ち、兵士たちは「共和国万歳！」を叫びながら、怒涛の奔流となって前方へと殺到した。

今度はうまくいった。数個の部隊が遠方にある岸辺の土手道から浅瀬に飛び降りて、オーストリアの砲兵隊に縦列射撃を開始した。この援護を受けながら、縦隊の先頭が橋に押し寄せ、オーストリアの守備隊を追い払った。セベッテンドルフの反撃によって橋はほとんど奪還されかけていたが、マッセナに続いてオジュローの部隊が到着すると、すぐに勝敗の帰趨は明らかになった。彼らは横一線に広がるオーストリア軍の中央部を突破し、その間にオルドネ率いる騎兵の一隊が、ようやく浅瀬を探し出して敵の側面に現れた。セベッテンドルフは自軍の脱出を急がされ、ボーリューの主力部隊が位置する方向へと退却した。一五三名の死者、一七〇〇名の捕虜、そして一六門の大砲が彼の後に残された。他方で、この戦いにおけるフランス軍の損失は少なくとも死傷者三五〇名を数えた。

もちろん現実を冷静に顧みると、ボナパルトはある意味で結果に満足できなかった。というのも、ボーリューは彼の追撃をかわし、撤退に成功していたからである。しかしながら、この苦しい戦いの最中でイタリア方面軍の将兵が見せた気迫と勇気は、フランス軍の神話において「ロディ橋」に特別な位置を与えていく。まさにロディという場所で、ボナパルトは自軍の兵士から最終的な信頼と忠誠を勝ち得たのであり、その個人的勇気と決断力、さらに手本となる行為が認められて、以来「チビ伍長《プチ・カポラル》」の愛称で呼ばれるようになった。ナポレオンの野望が具現化するにあたって、この事件もまた重要な意味をもった。彼はかなり後になって書き留めている。「ロディの夜を迎えたとき、私は初めて自分が特別な人間であることを確信した。偉業を成し遂げようとする野望が生まれ、それは今日まで唯一の夢想として、私の考えを支配してきた(9)」。別の折、セント・ヘレナで記されたものによれば、「このとき、大いなる野望の最初のひらめきが脳裏に浮かんだ」という。そしてロディの戦いから数日後、彼はマルモンに向かって次のように胸中を明かしている。「これまで彼ら（総裁政府）は何も理解していなかった。……我々の時代には偉大な事業を達成した者は誰ひとりとして存在しない。私がまさにその手本を示すのだ(10)」と。

しかしながら、ちょうどこの日の夜、パリからの急報が司令部に届き、その内容はボナパルト将軍を完全に失望させた。停滞の続くフランス経済を救うために、可能な限り多くの戦利品を獲得しようとする総裁政府は、イタリア方面軍の指揮権をボナパルトとケレルマンに分け与えたうえで、前者を派遣して教皇庁（革命とその諸原理にとって最も容認し難い敵）を脅迫し、その一方で後者にはポー川流域を確保させるという意向を示したのである。こうした発想が生まれてきた動機のひとつとして、若い将軍の成功に対する嫉妬（彼の権限は実力相応に弱められなければならなかった）が存在したのは間違いない。だが、個人にとっても軍隊にとっても、計画は呪われるべきものであった。彼の対応は迅速で、かつ要領を得ていた。「ケレルマンは私と同程度に巧みに軍を指揮するでしょう。というのも、兵士たちの勇猛果敢によって勝利が得られることを、私以上に強く確信している者はいないからです。しかし私が思うに、イタリア方面軍でケレルマンと私を一緒に用いれば、すべてが失われてしまいます。自分自身をヨーロッパ随一の将軍だと考えている人物と、私は一緒に働く気にはなれません。さらに、ふたりの良将はひとりの愚将に如かず、という公理を私は信じています。戦争は政治と同じく、機転をきかすことが重要です(11)」。若い総司令官は明らかに、彼が後年セント・ヘレナで口述する大原則を、このとき既に体得していたわけだ。つまり「指揮の統一は戦争において最も重要なものである」と。敗北を喫しておらず、近い将来に強力な援軍を受けるかもしれない敵となお対峙している段階では、軍の分割が自滅につながることは必定であった。しかし他方、このような調子で総裁政府に報告を送れば、更迭される危険性も生じる。もっとも、このコルシカ人は自分の勝算をきちんと読んでいたのだ。目下のところすべての将軍のなかで唯一フランスに勝利をもたらしてくれている人物を、その主人たちが敢えて失脚させるはずもなく、彼は皮肉まじりになお戦利品を満載した輸送隊を総裁政府に送りつけ、肝心の点を納得させてしまったのである。政府はすぐに屈服し、五月二一日には次のように返答している。「ロディの勝利者に不朽の栄光あれ。貴君の計略こそが唯一従うべきものである。……総裁政府は熟慮の末、これに賛同する決定を下した(12)」。ボナパルトは軍事的成功によって、一定の政治的な独立性をまさに確保しつつあった。そして彼は、自分の有利な立場を最大限利用して、イタリア方面軍のためにケレルマン麾下の部隊から一万の増援を強引に引き出した。この「ヴァルミーの英雄」は潔く譲歩して、稀有の天才に幕僚として仕えるようにと、自分の息子さえ差し出したほどである。

ロディ橋の戦闘から五日後、つまり戦役の開始から一ヶ月と二日後、ボナパルトはミラノに入城し、英雄として歓待を受けた。マッセナは二日前に、この市街を無抵抗のまま占領していた。ボーリューがマントヴァに退いてしまい、そこには「城塞《カステロ》」に立て籠る小規模の守備隊しか残されていなかったのである。ブルジョワたちは、オーストリア支配からの解放者としてフランス軍を迎え入れた。そして人々の歓喜は長続きしない運命にあったものの、フランス軍には再編成と休息のための時間が与えられた。総司令官は躍起になって、自身と彼の軍隊がイタリア・ナショナリズムの口火になるように努めたが、この点で大きな成果は収められなかった。強欲なサリセッティを主謀者とするフランス派遣委員の強制押収や、下は兵卒から上は師団長クラスに至るまで、あらゆる者が夢中になった破廉恥な略奪行為によって、ミラノ市民の善意はすぐに根底から消え失せ、両者の関係は急速に悪化してしまった。市民から二〇〇〇万リーブルが徴収され、パルマ、モデナ両公はさらに多額の寄贈を強いられた。総司令官はこうした基金のおかげで、軍隊において未払いであった給与の半分を現金で支給することが可能になった。これは唯一イタリア方面軍の記録だけに認められる出来事であり、フランス政府が発行した実質的に価値のないアシニャからの変更は歓迎されたのである。ある将校の回想によれば、「六〇フランを見たとき、自分が金持ちになったと思った(13)」という。また第三二歩兵半旅団のロゲ大尉は「一七九三年以来、我々が現金を受け取るのはこれが初めてであった」と述懐している。ボナパルトは、略奪を制限しうる措置なら何であれすべて採用した。しかし、将軍たちが露骨に財をなし、芸術品や貴重品を載せた輸送団がほぼ毎週パリに向かって出発している状況では、兵士たちにその所業が誤りだと納得させるのは事実上不可能であった。五月二一日、こうした短期間の臨時休暇は突然終わった。つまり同日、新たなパリからの急使によって、ピエモンテとの和平が締結されたという朗報が届けられたのである。

フランスとの連絡がついに確保されたので、ボナパルトは時を移さず進軍命令を下した。いまも続行中の城塞包囲に五〇〇〇の兵力を残し、三万の将兵からなる軍の主力は二二日、再度ボーリューを探すためにミラノを発った。二万八〇〇〇の軍勢を率いるオーストリアの総司令官は、いまやミンチオ川の対岸に強力な陣を構え、その両翼は北側にあるガルダ湖の水面と、南側にあるポー川の流れによって堅固に守られていた。しかしながら、ボーリューはまたしても誤ちを犯し、ミンチオ川の渡行が可能な全地点を監視しようとした。その結果、彼の軍団は間延びしてしまい、しかも予備軍は残されていなかった。ボナパルトは、ペスチエラに対する陽動攻撃の支援を受ければ、ボルゲットでオーストリア軍の中央を突破することができると確信した。というのも、この攻撃はチロル（ここはつねに警戒態勢が敷かれていた）に通じる敵の連絡線を脅かすように見えるので、マントヴァからの撤退を余儀なくさせるからである。

だが、ボナパルトの軍勢がボーリューを捕捉しようとする寸前になって、ミラノとパヴィアの両司令部から不穏な知らせが届いた。フランス軍主力の出発に勇気づけられたふたつの町の市民が反乱を起こし、実際にパヴィアのフランス守備隊は城塞を明け渡してしまったのだ。二日と経たないうちに、ボナパルトはランヌ、マルモン、そしてミュラの率いる選抜隊一五〇〇を自ら先導してミラノに戻ったが、そこではデピノワ将軍が現地の秩序を完全に回復させていた。次いでパヴィアへと急行した部隊は、市門へと押し寄せ、さほど時間を要せずに町を包囲した。この過程で罪のない町の住民が大勢死んだ。しかしボナパルトは、北イタリア全土に対して、早々には忘れ難い教訓を与えておこうと決心した。同時に彼は、不幸にも城塞を明け渡してしまったフランス将校の処刑を命じた。これと似たような心情から、ランヌもまたビナスコ村において簡易裁判所を設け、家屋を焼き払うとともに全住民を銃殺刑に処した。

その間、主要な戦役はベルティエの指揮下で続行され、諸々の師団はミンチオ川方面に着実に移動していた。しかし二八日までに、ボナパルトはブレシアで軍に戻り、ヴェネチア領に対する進撃の準備をした。かくして戦役における次の一幕は、中立地帯へと入ったふたつの軍によって演じられることになったわけである。

二日後、ボルゲットに架かる橋を擲弾兵が見事に攻略し、分散していたボーリュー軍はアディジェ川を越えて再度撤退するしか方法がなかった。この作戦の最終局面において、些細ではあるものの、オーストリア軍の戦術概念が時代遅れになっていることを明瞭に示す事件が起こった。第九〇歩兵連隊のトマス・グレイアム大佐は、イギリス人顧問として戦役のすべての期間を通じてオーストリア軍の幕僚に同行していたが、彼は次のように書き留めている。「幾人かのフランス狙撃兵《シャープシューター》が川端の茂みに身を隠し、……ケール連隊の精鋭（三個大隊からなる）に向かって間断なく、迷惑千万な銃撃を浴びせ続けた。……まったく馬鹿げたことに、連隊は左岸の大道である土手の上に立ち止まり、見えない敵を追い払おうと時折銃弾を撃ち返していた。六ないし八ヤードほど後退して、土手岸の裏側に身を伏せれば、敵からの銃撃は効果をなさなかったであろう。だがこの愚かな勇戦の結果、一五〇名近い死傷者が出た。かかる状況下で、かかる連隊が示した名誉。それに感銘を受けるのは、安全な所にいる人間だけであろう(14)」。続く数日の間、フランス軍はまったくの好き放題で戦闘を続けた。

ところがこの期間には目の覚めるような出来事はなかった。六月一日に、セベッテンドルフ師団の斥候隊がヴァレッジョ（戦役の第一段階で重要となる、ピエモンテにある同名の町と混同してはならない）を急襲し、ボナパルトは寸前で捕捉されそうになった。総司令官は身の安全を確認するまでに、片靴のみを履いたまま、いくつもの生垣を越えて逃げなければならなかった。こうした経験に学んだボナパルトは、自身の護衛を強化させたが、それは親衛隊（総司令官の身辺警護を主要任務とする、ヴェテランからなる部隊）の前身となった。つまり、この護衛は当初ベシェール大尉によって指揮される数百の人員に過ぎなかったが、やがて帝国親衛隊の有名な猟騎兵連隊の中核を形成するに至ったのである。

フランス軍にボルゲットの勝利をもたらしたのは、その練達した迅速さであった。オジュローはペスチエラに進み、セリュリエはカステル・ヌオヴォ経由でマントヴァに向かい、さらにマッセナはヴェローナを占領した。これらの作戦によって、ボーリューは連絡線を守るため、自軍の大半とともにガルダ湖畔にまで退却することを強いられた。だが主力から切り離された分遣隊の将兵四五〇〇は、当然ながらマントヴァ要塞に逃げ込み、いまや孤立していた。兵力の分散がまたしてもオーストリア軍の敗因を作った。彼らが対峙していたのは、行軍の速度と集結の度合において勝るイタリア方面軍だったのだ。続く七日間のうちに、フランス軍は要所（アルプスの峠に通ずる南側の入り口を制する）に対する支配を固め、一方でボーリュー将軍はロヴェレトからトレントへと退却した。最初のマントヴァ攻囲が、まさに始まろうとしていた。

この成功によってイタリア戦役における第二段階は終了した。ロンバルディア平原全体と、唯一マントヴァ要塞そのものを除く四方砦《クウアドリラテラル》の一帯が、フランスの支配下に入った。だが、勝利は決して完全ではなかった。オーストリア軍はなお大規模な戦闘を強いられておらず、ボナパルトの決意と技量のほどから考えれば、ボーリューはその後衛部隊において比較的軽度の連敗を喫したに過ぎなかった。アドローはこの状況を次のように叙述している。「ボーリューはロンバルディアから駆逐されたのではない。彼は恐れて逃げ出した、と言ったほうがより適当である(15)」。フランス軍は明らかに都合の悪い立場に置かれていた。ロンバルディアを奪回しようとするオーストリアの試みが、それほど遠くない将来に現実化するのは必定であった。というのも、同時に開始されたライン方面でのフランスの攻撃が失敗に終わってしまい、これによって大規模な敵の増援軍が既にイタリア戦線に投入されつつあったからである。しかもフランス軍の連絡線はいまや長距離にわたって伸び切っており、さらにミラノの住民が新しい主人に対して敵意を示しただけでなく、この時期に至ってトルトーナ、ポッツォーロ、さらにアルクァルタまでもが反乱を起こしていた。マントヴァ自体の問題はそれ以上に深刻であった。この壮大な要塞は周囲に水面をたたえ、少なくとも三一六門の大砲と一万二〇〇〇名の駐屯部隊によって守備されていた。ボナパルトは、これらの問題を清算する妙計を何とか考え出さなければならず、その結果、戦役が開始されてから初めて、イタリア方面軍は守勢への転向を余儀なくされたのである。

翌月、守備隊を救うためにオーストリア軍が次から次へと派遣され始めると、イタリア方面軍には征服地域の支配を続けながら、同時にマントヴァを四方から攻囲することが困難になった。ボナパルト将軍の攻撃能力に関する資質は充分に立証済みであった。だが今度は、数で勝る敵兵力に対して戦略的防御を取り続けるという観点から、彼の力量が厳しく問われることになったのである。

第8章　危機のさなかの偉業――マントヴァ

戦役は二ヶ月ほど続いていたが、その間にイタリア方面軍は見た目ではあまり改善されていなかった。あるイタリア人司祭は、パヴィアの占領直後の部隊の様子について興味深い叙述を残している。「将兵の衣服は穴だらけで擦り切れていた。……彼らはテントや手荷物を持っていなかった。ちゃんとした制服もなく、長ズボンや半ズボン、長靴や短靴を各人が身に付けていた。チョッキを着た者、最初に手に入れた衣服をまとっている者なども見られた。コートは青色で、襟は赤色であった。……帽子の者もいたが、大半が頭に被っていたのは、柔らかい手触りの羽か、馬の尻毛で飾られた革兜であった」。もっとも部隊の戦闘記録からは、こうしたボロボロの外観は事実上確認できない。さらに司祭は驚嘆している。「兵士たちは空腹で死にかけているか、飢えと窮乏による衰弱で全身痩せこけていた。衣服や靴のない姿は、哀れな下層民のようにも感じられた。それでも彼らは、食糧、衣服、大砲、さらにあらゆる種類の弾薬がみな豊富に揃い、また巨躯で強健、かつ戦争慣れしたオーストリア軍に勝利しなければならなかった(16)」。この言葉が真実であったとすれば、それはイタリア方面軍と若き総司令官の決意と技量をうまく言い当てた賛辞となるだろう。

だがボナパルトには、勝利の果実をじっくりと味わう余裕はなかった。わずか六週間のうちにオーストリア軍は増強を済ませ、彼に向かって進軍してきたのだ。彼はその間に、多数の差し迫った用件に忙殺された。何よりもまず、後方の反乱地帯を安全にしておく必要があった。ボナパルトは自ら軍勢を率いてトルトーナに戻り、またランヌはポッツオーロとアルクアルタに軍を進め、二人はフランス共和国に反乱を起こした愚行を記憶させておくために、すべてを跡形なく破壊した。ジェノヴァは、反乱に自分たちが連座していることを素直に認め、ミュラからの過酷な訪問を受け入れた。彼は元老院に対して、総督のガヴィを罷免し、またフランスの利害を損なう陰謀の嫌疑者である、数名のナポリ人官吏を追放するように強要した。

この間、総司令官の関心事は、いかにしてマントヴァを陥落させるかという問題でほぼ占められていた。要塞が正面にあるために、フランス軍の攻撃は勢いを失ってしまうのである。この拠点が難攻不落を誇るのは、三つの湖がその北と東を防護し、また熱病を多発させる湿地帯が南と西からの接近を不可能にさせるからであった。これらに加え、複雑に入り組んだ要塞側面は相当数の見事な外塁（最も重要なものはレニャーノ方面の道に臨むサン・ジョルジョの砦）によって守られていた。五月三一日、市街に対する急襲が試みられ、失敗に終わった。だが、六月三日までにマントヴァはセリュリエとオジュロー師団、さらに彼らを支援するダルマーニュ、ランヌ、そしてキルメーヌの騎兵部隊によって完全に包囲された。時を同じくして、擲弾兵の一団はサン・ジョルジョ郊外の占領に成功し、この一件で攻囲は早々に終了するかにみえた。しかしながら、長期間にわたる中断のため、結局マントヴァの降伏は八ヶ月以上も遅れることになった。

最初の方針転換はまったく突然行われた。ローマ教皇をうろたえさせ、ヴァチカンの財宝を奪い取るという総裁政府の要望を踏まえて、ボナパルトはオジュローとその師団を急遽呼び戻し、セリュリエと数の減った兵力だけで封鎖を続けさせた。翌週、ボナパルト、オジュロー、そしてヴォーボワは教皇領とトスカナを騒乱の渦に巻き込んだ。そしてボローニャ近郊のウルビノ要塞が激しい小競り合いの末に陥落すると、六月二三日にピウス六世は休戦を求めてきた。この見返りとして、フランスはアンコーナの占領と莫大な賠償金（そのなかにはヴァチカン画廊からの珠玉の逸品も多数含まれる）の支払いを保証された。ローマ教皇に見捨てられたトスカナは、もはや問題ではなかった。フィレンツェとフェラーラは市門を開き、また月末までに、ヴォーボワ将軍麾下の軍勢はリヴォルノを占領し、イギリス海軍から地中海の重要な拠点を奪った。金貨や美術品に加え、急襲部隊はウルビノ要塞やトスカナの諸都市から大口径の大砲を集め、マントヴァを封鎖するセリュリエ師団のために攻城砲の車両を用意した。しかし、現地の城塞に降伏を迫る目的から、大砲はまずミラノに送られた――オーストリアの守備隊が白旗を揚げるのはようやく六月二九日になってからである。この同じ日にボナパルト夫人、すなわち美人で気ままなジョゼフィーヌが町に到着し、以後数ヶ月間を夫とともに過ごすことになった。

南部への急襲を成功させた後、フランスの軍勢は再びマントヴァ周辺に集結し、ボナパルトと攻城のための砲兵隊もまた、まもなくこれに合流した。諜報部の報告により、いまやオーストリアの攻撃軍がチロルから接近しつつあることが判明した。このためフランス総司令官は、七月一七日に再度の強襲をかけてマントヴァを奪取しようとした。だが湖の水面が突然あふれ出し、ミュラ率いる決死の襲撃隊は湖岸を進む途中で立ち往生してしまい、この試みは頓挫した。いまや明らかとなったのは、要塞を陥落させるためには、正攻法の攻囲戦が必要になるということであった。というのも、総督のカント・ディルレ伯爵は侮蔑の念を示しながら、条件付きの降伏勧告をみな拒絶したからである。大口径の攻城砲が予定された砲座の位置に据え付けられ、連続砲撃が開始された。だがボナパルトはこの直後、自分の肩越しにあるガルダ湖の方角に不安を感じることになる。七月二九日、彼はセリュリエに対して攻囲の手を緩めないまま、北に向かって撤退の準備をするように指示し、この命令は三一日に実行された。合計一七九門の大砲が破棄（地中に埋めるか叩き壊すかによって）されたものの、大部分はオーストリア軍の手に渡ってしまった。このようにして、最初のマントヴァ攻囲は不運な結末を迎え、苦労して集めた攻城砲の車両は失われた。ボナパルトにとって、攻囲を諦めることは辛い決断であったが、猛進撃で迫り来るオーストリア軍を撃退するためには、イタリア方面軍は一兵たりとも無駄にはできなかったのである。塹壕を放棄したセリュリエ師団は、西方のオーリオ川沿いにあるマルカリアに向かって退却した。

失地回復を狙うオーストリアの軍勢が近づいてきた。アルザス出身の騎兵将軍ヴュルムザー伯爵は、グレイアム大佐の描写によれば「前衛部隊のような小軍団の指揮官としては、高い評価を得ている老将」であったが、その彼が六月一八日にライン戦線から二万五〇〇〇の人員を割き、失策を重ねてチロルに後退したボーリュー軍の指揮権を引き継ぐために派遣されたのである。七月の最終週までに、ほぼ五万の兵力にのぼる混成軍がトレント周辺に集結したが、峠越えの進軍は数日内には実行されなかった。遅延の原因を作ったのは、ボーリュー麾下の各連隊に見られた混乱と士気の低下であった。グレイアムは記している。「まったく信じ難いことに、およそ四〇〇名ほどの多種多様な将校たちがトレントに在中していたが、彼らはクロアチア人のように、戦争が始まろうとする段階で部隊を離れてしまったのだ(17)」。多くの場合、兵士たちの行動が同様に最悪であったことは驚くに値しない。グレイアムが述懐するある事件では、フランス人の戦争捕虜数名が、彼らの着ている衣服を組織的に盗まれてしまったという。そしてあるひとりの将校は「堂々と丸裸のまま本営にやって来て、不平をこぼした。その裸体を隠すべく、オーストリア兵士の某から頂戴したボロボロのコートを除き、彼には身にまとうものが何もないと言うのであった」。

軍の秩序を見た目だけでも回復させると、ヴュルムザーは自分の任務（戦いながら前進してマントヴァを救い、その後フランス軍を北イタリアから駆逐する）を遂行するために出発した。彼の軍は三つの軍団に分かれてゆっくりと進み、二軍団はガルダ湖の両岸を、もうひとつの軍団は東に離れたブレンタ峡谷をそれぞれ南下した。七月二九日、中央を進む梯団の先頭は、アディジェ川を下った所でマッセナの前哨隊と接触し、これを敗走させるとともに、フランスの将軍にヴェローナを放棄して、ミンチオ川方面に退却することを余儀なくさせた。マッセナは記している。「これほどの激しさをもって、オーストリア軍が戦う姿を見たことがない。彼らはみなブランデーで酔っぱらっていたのであろう」。フランス軍にとって天佑と言うべきか、ガルダ湖の西岸を南下しているカスダノヴィッチは、その前進の具合が少々遅れていた。とはいえ彼はサロを占領し、ようやく八月一日になってからブレシアでオジュローに阻止されたのであった。状況はボナパルトにとって極めて深刻なものとなり、彼は崩壊しつつある北側の前線を補強するために、投入可能な全兵力を集中させるように命じた。マントヴァの攻囲も断念しなければならなかった。たとえそれによって守備隊が要塞の防衛から解き放たれ、おそらく自軍の後方に対して軍事行動を起こしてくるとしても。驚くに値しないが、ボナパルトは一時的に弱気になっていたし、躊躇さえした。彼は七月三〇日に書き留めている。「おそらく我々は回復できるだろう。……しかし、私は負けたときのことを真剣に考えなければならない」。翌日にはこう記されている。「敵は三ヶ所で我々の前線を突破した。……重要なコローナとリヴォリは敵の手に落ちた。マッセナとジュベールは、数に勝る軍勢を前にして撤退を強いられた。ソーレはサロを放棄した。……お分かりのように、ミラノとヴェローナに通じる我が軍の連絡線は切断されてしまったのだ」(18)。司令部はブレシアを立ち退くことを余儀なくされ、軍の病院は後方のクレモナに移された。

続く六日間は危険に満ちていた。最も心配なのは、ガルダ湖の南側でヴュルムザーとカスダノヴィッチが軍の合流に成功することであった。これによって、オーストリア軍は数のうえで優位を得るわけである。しかしながら、ヴュルムザーはこの有利な立場を充分に活用できなかった。というのも、彼は分進合撃によってフランス軍を粉砕しようと計画していたのだが、左右の軍に協同歩調をとらせることに失敗し、マントヴァの救援が必要であるという観念（彼は要塞が降伏寸前だと誤認していた）に支配されていたからである。結果としてボナパルトには、自軍が中央に位置している利点を最大限に生かし、どうにかしてオーストリア軍の両翼を順に各個撃破するだけの時間が与えられた。一連の準備作戦を終えた後、彼は八月三日に一万八〇〇〇のカスダノヴィッチ軍に主力を差し向けた。ここから始まるのが、いわゆる第一次ロナト会戦である。実際、会戦は熾烈な戦闘の連続であったが、最後にはマッセナがカスダノヴィッチを敗走させた。同じ頃、オジュローはカスティリヨーネ近郊にて、ヴュルムザーの前衛部隊に対して称賛に値する善戦を繰り広げていた。オーストリアの総司令官は、マントヴァの攻囲が本当に解かれたか否かを確認しようとして、七月三〇日から八月二日までの貴重な三日間をヴァレッジョ周辺で浪費していた。この遅延のおかげでボナパルトは時間的余裕を与えられ、マッセナの背後を守る地点にオジュロー師団を移動させ、マッセナ自身にはカスダノヴィッチと最後まで戦わせることができたのである。結果として、ヴュルムザーが配下の将軍を援護するために、三日になって軍を進めようとしたときには、オジュローが彼の進路に立ちはだかっていた。そしてグレイアムが証言するように、オーストリア軍が死に物狂いで戦ったにもかかわらず、彼らの前進は阻止された。ナポレオンは後年になっても、このときのオジュローの行動を決して忘れなかった。皇帝は元帥を中傷する大勢の者を一喝し、次のように叫んだものである。「おお！　しかし彼がカスティリョーネで、我々のために何を為したか思い出してみよ(19)」。時が経つにつれ、オジュローもまた彼自身が戦役全体の救世主であると思い込むようになっていた。将軍たちのなかで唯一自分だけが、動揺した若い司令官の精神をいかに鼓舞し、他の者がポー川南方への撤退を望んでいるときに、自分だけがロナトとカスティリョーネで戦い抜くことをいかに総司令官に進言したか。誇張に満ちているが、彼は一八一四年にこうした自慢話を書き留めている。オジュローの演じた役割はこれほど大げさなものではなかったが、その頑強な戦いぶりが軍を鼓舞し、また最西端から迫るオーストリア軍の梯団を撃破する時間を、ボナパルトに与えたことは確かである。

カスダノヴィッチは一個師団を完全に失い、難なく撃退されたので、ボナパルトは全兵力をヴュルムザーに向けることが可能になった。そこから始まるのは、ナポレオンの典型的な戦い方である。かなりの強行軍でマッセナはオジュローの左翼に追いつき、セリュリエ隊はマルカリア（そこで彼らはヴュルムザーの主力軍に加わろうして、マントヴァから出撃した四〇〇〇の軍勢を既に敗走させていた）から進み、敵の左翼と後方を襲撃するように指示された。その間にヴュルムザーは部隊を休止させ、合流するはずのカスダノヴィッチを待ち続けた。かくして八月五日、フランス軍の三個師団（総勢三万）はカスティリョーネにおいて、動きを止めたヴュルムザー軍（兵力二万五〇〇〇）に襲いかかった。前面をマッセナとオジュロー部隊に攻撃され、また左後方にはセリュリエが迫りつつあることを知ると、オーストリアの総司令官は東方のヴァレッジョに撤退を余儀なくされた。もっとも、効果的な追撃ができないほど、フランス軍は消耗し切っていた（カスティリョーネの戦いに関する詳細は、第3部、第17章を参照。また、八月五日にセリュリエ師団を事実上指揮していたのはフィオレラであった）。ベルティエは一般参謀の疲労具合を次のように描いている。「八日間におよび、我々は馬上に置かれていた。馬は衰弱して死んでしまった。われわれは肉体的には疲れていたが、精神的にはなお元気であった[20]」。病気にかかって軍病院に戻される将校も多く、セリュリエもまた八月一日以来熱病に苦しみ、療養のためフランスに帰国しなければならなかった。当然予想されることだが、兵士の状態はさらに劣悪であった。

カスティリョーネの敗戦後、ヴュルムザーは退却を続ける途中に、ペスチエラに一時的に立ち止まった。フランス軍が八月七日にヴェローナを奪還したため、オーストリアの総司令官は、ミンチオ川で前線を保つという計画を断念せざるを得なかった。ヴュルムザーは新鋭の二個旅団をマントヴァに派遣して、相当な割合で病人が出ている守備隊を立ち退かせ、また要塞に食糧の供給を行った。彼はそれからアディジェ川を渡り、砲火にさらされたアラ付近の狭い間道をうまく抜け切って、川の東岸をトレント方面に北上した。数日後、マントヴァは再度フランス軍によって封鎖された。

かくして、ボナパルトは一連の危機を脱し、ロンバルディア平原の奪回を狙うオーストリアの最初の試みを挫折させた。こうした労力と引き換えに、フランス軍が受けた損害は、死傷者が少なくとも六〇〇〇人、捕虜となった者が四〇〇〇人だった。だがオーストリア軍は同じ期間に一万六七〇〇名の戦死者を出していた。

ところがヴュルムザーは決して諦めなかった。彼は、臨機応変の攻撃でマントヴァの陥落を防ぎ、物資の補充と守備隊の増強を済ませ、さらに壊滅的な敗北を被りながらもフランス軍に苛酷な揺さぶりをかけてきた。厳しい戦闘と、より厳しい行軍――例えば、危機が最高潮に達していた頃、オジュロー師団は五〇マイル（八〇キロ）を三六時間で踏破し、またボナパルトは三日間で五頭の馬を乗り潰したといわれる――によって、イタリア方面軍は惨事を回避することができた。だが他方、状況をより綿密に調べてみると、守勢に回ったフランス軍の配置には重大な欠陥があることが明らかとなった。これにはマントヴァの攻囲を放棄したり、攻城車両を失なったという事実が含まれる。にもかかわらず、ボナパルトの将才は真の意味で立証された。彼は敵の両翼に対して、次から次へと多勢の兵力を集中させることに成功したのである。戦役や戦闘に関するナポレオンの方法論は、急速に進化を遂げつつあった。

以上のようなめまぐるしい展開は、ドイツ戦線にも影響を及ぼしていた。長く遅延していたフランスの攻勢はようやく七月に開始され、八月最初の三週間にはモローとジュールダン軍に幸運が味方した。もっともサンブル・ムーズ方面軍の場合、成功は長続きせず、ジュールダンは二三日までに退却した。だがモロー麾下のライン・モーゼル方面軍は、八月一一日と二四日にネレスハイムとフライブルクで大勝利を収め、カール大公がアンブルクとヴァルツブルクで善戦していたにもかかわらず、九月上旬までにドナウ川まで到達した。六月にヴュルムザーとその軍勢が北イタリアに差し向けられたことは、間違いなくフランス軍にこうした初期の成功を与える要因となった。そしてカスティリョーネの戦いの後、総裁政府はその基本計画を次の段階に移行できると判断した――忘れてはならないが、これはオーストリアに向けたモローとボナパルトによる合同攻撃を想定している。イタリア方面軍は、混乱するヴュルムザーの軍団をアルプスを越えたチロル地方まで追撃するという、パリからの指令をまもなく受け取った。

こうした作戦は自分の原案の一部をなすものであったが、もはやボナパルトはそれが実行できると完全には確信していなかった。まず第一に、計画では極めて緊密なかたちでのモローとの共同作戦が求められるのだが、カルノーは暗号をまったく準備しておらず、そのためふたりの司令官が互いに充分な連絡を取り合うことは不可能であった。第二に、イタリア方面軍は休息と再準備を大いに必要としていた。九月一日、マッセナは総司令官に手紙を送り、兵士たちの窮状を訴えている。「兵士たちは狂乱するほど苦しんでいます。我が師団の少なくとも三分の二はコート、チョッキ、半ズボン、さらに肌着等を欲しがっており、そしてまったく裸足の状態です」。とはいえ、最も強く疑念が生じるのは、時期的あるいは戦略的な観点からであった。当初の計画ではアルプス越えの進軍を、ボーリュー軍を撃破した直後の五月に想定していた。だが八月下旬の状況では、こうした想定をそのまま用いるわけにはいかなかった。その理由として、いまや季節は春ではなく秋であった。また混乱してはいるものの、よく訓練された軍をヴュルムザーは率いており、フランス軍の前進を阻む余力をなお残していた。さらに（とりわけ重要だが）背後に位置するマントヴァ要塞は陥落しておらず、大勢の守備隊もまだ健在であった。こうした不安材料を抱えているにもかかわらず、ボナパルトは総裁政府の指示に従うために出陣し、必要な命令を下した。すなわち、サユゲは一万の兵とともにマントヴァの包囲を続け、一方でキルメーヌ将軍は、トリエステ（アドリア海に面しオーストリアの巨大な軍工廠がある）方面からの敵攻撃に備えるため、三〇〇〇の兵をもってヴェローナとアディジェ川下流を警護する。総勢で約三万三〇〇〇に増強された残りの部隊は、ヴォーボワ、マッセナ、そしてオジュローの指揮下でトレントに進み、眼前のヴュルムザー軍を一掃しながら、レヒ川近郊に急行してモロー軍と合流する、というのである。

このときまでに、ヴュルムザー軍の一部（一万九〇〇〇から二万の兵力）はブレンタ峡谷を南下し、トレントからアドリア海へと進む強襲作戦を新たに準備していた。オーストリアの総司令官は、フランスの意表をつく奇策を練り上げていたのだ。彼はマントヴァの解放を再度試み、ボナパルトをチロルから追い払うという厳命をウィーンから受けていたが、それはともかく、彼自身としてもモローとボナパルトとの間で罠にはまるつもりは毛頭なかった。こうした事態を回避するため、ヴュルムザーはトリエステを前線基地として使用しながら、ブレンタ川に沿ってマントヴァに進み、一方でトレントとチロル地方の守備にはダヴィドヴィッチ麾下の二万五〇〇〇を残すことにした。彼の周到な計算によれば、ボナパルトは自軍の背後および連絡線に向けられたかかる脅威を無視することができず、結果的にフランス軍はアディジェ峡谷において、ヴュルムザーとダヴィドヴィッチ軍に挟撃される可能性が生じる。この危険を避け、かつマントヴァに対する二度目の救援を阻止するためには、ボナパルトは自分が来た道を（つまりアディジェ川を下って）撤退し、サユゲ師団の支援を受けつつ自軍を結集させなければならない。オーストリアの戦略家はこのように予測したのである。

結局、アディジェ川を北上するイタリア方面軍に戦いを挑んできたのは、ダヴィドヴィッチ率いる一万四〇〇〇の軍勢だけであった。九月四日、これらの部隊はロヴェレトでヴォーボワとマッセナによって叩き潰され、翌日フランス軍はトレントを占領した。ヴュルムザーがブレンタ川を南下しているという最終確認が初めてボナパルトのもとに届いたのはまさにこのときである。彼は、現時点でチロル地方をこれ以上進むことは論外だと悟った。しかし、新たな戦略上の課題に対して彼が示した解決策は、奇想天外かつ大胆極まりないものであった。すなわち、アディジェ川に沿って全軍で退却するどころか、ボナパルトはヴォーボワにトレント北側の山間を一万の兵で封鎖するように命じ、一方で残りの軍勢二万二〇〇〇には、オーストリア軍が通った同じ峠をたどって、ヴュルムザーの大追撃を敢行させた。これは非常に危険な追撃ルートであった。というのも、イタリア方面軍は作戦を通じてすべてを現地調達の供給品に依存しており、一時的であれブレンタ川沿いを探索すれば、アルプス山中で補給切れを起こす可能性が高いからである。他方、ボナパルトの計算によると、もしフランス軍の主力がトリエステと結ばれるオーストリアの連絡線を遮断すれば、ヴュルムザーはアディジェ川およびマントヴァに進軍する意欲を失うはずであった。したがって、オーストリア軍は大規模な戦いに応ずるか、あるいはアドリア海へと退却するかの二者択一を迫られることになり、いずれの場合でもマントヴァの攻囲を間断なく続行できる、というわけである。

九月六日に追撃は開始された。翌日、オジュロー師団はプリモラノの間道に殺到し、オーストリア全軍の目前に躍り出た。イタリア方面軍は二日間で約六〇マイル（九六キロ）を走破して、日没までにシスモナに到着した。空腹にもかかわらず決意を固めた敵兵が、自軍の背後に驚異的な速度で迫り来る光景を見たとき、これをまったく予期していなかったヴュルムザーが啞然としたのは無理もない。彼は結局、自軍の二個師団をバッサノにとどめ、フランス軍がアルプスの峠道を抜け出る瞬間に、一戦を交えてその勢いを削ぐように命じた。また同時に彼は、ヴェローナを占領するために先行させておいたメスザロス師団を呼び戻した。かくして、マントヴァから離れた地点を戦場とする好機がボナパルトに与えられ、大胆極まる「背後への機動」という賭けは成功したかのように見えた。

翌朝、つまり九月八日、ボナパルトはバッサノに近いオーストリア軍の陣地に対して、自軍の二個師団を差し向けた。オーストリア軍は猛攻撃（これはまたしてもこの日の英雄ランヌによって指揮された）の激しさに耐えることができず、彼らの前線は突破された。フランス軍はバッサノの町中になだれ込み、ミュラの騎兵隊は逃げる敗残兵の跡を追った。そして戦闘が終わるまでに、フランス軍はほぼ四〇〇〇名の捕虜、三五門の大砲、五本の軍旗、そして二両の渡河車両を獲得した。戦いに敗れたヴュルムザー軍はふたつに分断され、そのうちのひとつはフリウーリ地方へと逃走し、ヴュルムザー自身を含む残りのひとつ（わずか三五〇〇の兵を残すのみであった）は引き続きアディジェ川へと進路を取った。やがてこの一隊は救援に駆けつけたメスザロス師団と合流し、それによってヴュルムザーの実質的兵力は一万六〇〇〇に増強された。

まったく予期せぬことに、ヴュルムザーはそこからさらに続けてアディジェ川、およびマントヴァ方面に軍を進めてきた（ボナパルトの予想では、彼はトリエステに撤退するはずであった）。そのためイタリア方面軍はさらに余力をふり絞り、オーストリア軍に先回りして彼らの進路を塞がなければならなかった。もしキルメーヌがアディジェ川の渡河点を押さえていたならば、こうした行動は無用であったかもしれない。しかし、メスザロスに対してヴェローナを確保することが危ぶまれたため、彼は早々と渡河点の数個の守備隊（レニャーノの部隊も含む）を引き揚げさせていたのである。またサユゲはマントヴァ攻囲部隊で対応することに同意したが、これらの部隊も間に合わなかった。かかる過ちによって、ヴュルムザーは抵抗を受けぬまま八月一〇日にアディジェ川を越えてしまい、仮にマントヴァに到着する前に彼を捕捉するとしても、フランス軍は極めて迅速に行軍する必要に迫られた。ともに同時期、オーストリア分遣隊との激戦に三回ほど巻き込まれながらも、マッセナの軍勢は六日間で一〇〇マイル（一六〇キロ）、オジュロー師団は一一四マイル（一八二・四キロ）におよぶ距離を踏破した。だが、これらの貴重な努力は水泡に帰した。マッセナの前衛部隊はカステレーロ近郊でヴュルムザー軍と遭遇し、この交戦で大敗を喫したのである。そしてオーストリアの軍勢は、サユゲの前哨隊による軽い抵抗を受けつつも奮戦して進み、九月一二日にマントヴァに入城した。この増援によって都市守備隊の実質的兵力は少なくとも二万三〇〇〇となり、ヴュルムザーはいまだに戦意旺盛であった。一五日、この青白い顔をした老戦士は、フランス軍が確保しているサン・ジョルジョおよびラ・ファヴォリット村の郊外に猛攻をしかけてきた。しかし、このときまでにマッセナの軍勢がサユゲ師団を充分支援できる距離に近づいており、オーストリア軍は激戦の末、マントヴァの要塞内に追い返された。

かくして、マントヴァを救おうとするヴュルムザー伯の二度目の試みは終わった。バッサノにおける大敗の後、彼はボナパルトの魔手をうまくかわしていたが、老戦士は難なく籠の中に入れられてしまった。彼がマントヴァに到着したことは、これに続く数ヶ月間に守備隊に一喜一憂の影響をもたらした。この新たな食客によって、既に減りつつあった食糧の蓄えは底を尽いた。しばらくすると全守備隊は軍馬を食用に充てざるを得なくなり、年が明ける頃までには病気や栄養失調で死ぬ者が一日に一五〇人を数えた。少し後の話となるが、ボナパルトの新たな副官でポーランド出身の貴族であるジョゼフ・スルコウスキーは、捕虜交換の交渉を準備するために、休戦の旗を掲げながら市街に入った。彼が受けた印象は、守備隊の状態を相応に明らかにしている。すなわち「そこで私が見ることのできた一〇〇名の将校のうち、少なくとも六〇名は病気であった。また、彼らは私がドイツ語を解することを知らなかったので、遠慮なしに交わされる言葉が私の耳に入ってきた。それは、オテル・デュー［パリの市立病院。原文注では「パリ市内にあった退役軍人のための施設」となっているが、これはむしろアンヴァリッドの説明である］の傷痍軍人の会話と非常に似通っていた(21)」。

結果として、ボナパルトには大筋で事件の成り行きに満足すべき理由があった。モローと合流するという試みは（この将軍は九月一九日にドナウ川から撤退していたので）断念しなければならず、またバッサノでヴュルムザー軍を壊滅させることにも失敗したが、それでもフランス軍が打ち立てた成果は充分に見事なものであった。予測不能な敵主力の行動に対処した方法には、ボナパルトの柔軟な発想があらわれている。そして他方、配給が不充分であったにもかかわらず、忍耐を強いる行軍を成し遂げたことで、彼の軍隊はその質の高さを証明した。マントヴァの解放に熱意を傾けたオーストリアの総司令官は、最後には自分自身が城壁内に閉じ込められるという結末になった。そして新たに大要塞に対する三度目の完全攻囲が、まさに開始されようとしていた。

第9章　カルディエロとアルコレ

　この戦域は新たな小康状態に包まれていた。だが、これが長続きしないことは明白であった。ドイツ戦線においては、カール大公を前にしてモロー軍が徐々に後退を迫られ、一〇月二日のビーベラッハでは勝利したものの、月末になると、ライン・モーゼル方面軍はライン川西岸まで退いていた。主戦線での圧力が和らいだので、帝国宮内法院は再びイタリア情勢にすべての関心を注ぎ、マントヴァ救済のためにより多くの部隊を派遣することが可能となった。

　イタリア方面軍の状況は、決して安心できるようなものではなかった。度重なる援助要請にもかかわらず、増援部隊の到着は遅れ、一〇月末にフランス軍の兵員は四万一四〇〇を数えるのみであった。これらのうち九〇〇〇はマントヴァ周辺に常駐し、またおそらく一万四〇〇〇程度は病気で使いものにならなかった。ボナパルトがヴュルムザーを大要塞の城壁内に閉じ込めたのは事実だが、フランス軍もまた攻囲を続ける作業に束縛されていたのである。不特定多数のオーストリア軍がチロル地方に集結し、攻撃再開の準備をしているとなると、ボナパルトは背後に位置する二万三〇〇〇のマントヴァ守備隊（たとえそのうちの一万が病気によって既に戦力外であったとしても）を一瞬たりとも無視するわけにはいかなかった。フランス軍は、お互いに遠く分離しているが危険なふたつの敵と相対しており、望ましいかどうかは別にして、戦略的防御を続ける以外に選択の余地はなかったのである。

　緊急対策としてとられたのは、敵の急襲に対して全地域の防備を確実にしておくことであった。一万の兵力を有するヴォーボワ師団は、ガルダ湖への接近を阻むためラヴィスに駐屯し、一方でマッセナはバッサノを占拠した。これらの二軍は、両者の側面を結ぶブレンタ峡谷を通って互いに連絡を取り合い、北からオーストリア軍がいかなるかたちで進行してきた場合でも、早期に警告を発することが可能であるとボナパルトは確信していた。セリュリエの不在が長引いていたので、マントヴア攻囲はいまやキルメーヌ将軍に任されていた。こうした三つの要所からなる戦略的な三角地帯の中心のヴェローナに軍の司令部が置かれ、また中央の予備軍としてオジュロー師団が市の周辺に配備された。さらに小規模の分遣隊が、アディジェ川下流とブレシアの近隣地域を確保した。以上のような配置では、必然的に広範囲にわたり相当量の兵力を分散させてしまうが、一度敵が攻撃態勢に移ったならば、迅速に軍を集結できるように互いの距離が周到に計算されていた。

しかしながら、この一〇月の段階で、オーストリアの侵攻という脅威だけでなく、ボナパルトには他にも難題が山積していたのだ。フランス軍に対する風当たりは、イタリア全土で再び最高潮に達した。総裁政府による止めどもない寄贈の要求（サリセッティや強欲な同僚たちによって無慈悲にかき集められた）に加えて、各部隊は組織的に略奪を行った。最初の頃の熱烈な歓迎ぶりは、かなり以前から敵意に満ちた罵りと憎悪に変わっていたが、イタリア人はオーストリアの「木偶王《キング・ロッグ》」を、さらに貪欲なフランスの「仕入れ王《キング・ストーク》」にすげ替えたようなものであった。教皇はフランスという寄生虫の退治を目論んで、相変わらずナポリ、サルディニア、モデナ、そしてヴェネチア等と陰謀を張りめぐらしていた。ボナパルト側としては、政治的な狡猾さと冷酷さを充分に用いて、突然反乱が生じることを防がなければならなかった。

フランス軍総司令官は、遠くタンド峠を通る連絡線が危険にさらされている事情を考慮して、ジェノヴァ共和国にフランスの基地となることを受け容れ、かつイギリスの利益に与しないように強要した。同様の流儀で、小モデナ公国は見え透いた口実で占領され、さらに「静謐この上なき」ヴェネチア共和国を脅すため、一連の示威行動《デモンストレーション》が軍隊によって起こされた。教皇はフランス軍に対して三万のナポリ兵を参戦させようしたが、一〇月一〇日にフランスとナポリの間で新条約が締結され、この策謀は寸前で阻止された。しかし、以上の措置は非常に複雑な問題に対して、せいぜい短期的な救済にしかならなかった。より恒久的な解決策（イタリア・ナショナリズムの発端となる勢力に、自身を結び付けようとする試みが失敗したことを彼は認識していた）を求めて、ボナパルトは三つの共和国を創設した。すなわち、ミラノを含むチザルピナ共和国、モデナとレッジオを結合させたチスパダナ共和国、そしてボローニャとフェラーラを加えたトランスパダナ共和国である。ボナパルトは、さらに状況が良くなった場合、これらの三国を北イタリア共和国としてひとつにまとめようと思い描いていた。だが当然予想されたように、彼の計画は既得権を有する者たちから激しく憎悪され、この計画が助長させるはずであった政治的な安定を確保するうえでは、ほとんど意味をなさなかったのである。

こうした政治問題は、差し迫った軍事的苦境によってすぐに覆い隠された。オーストリア軍はまたしても交戦準備を整えていたのだ。四万六〇〇〇の兵力（マントヴァ守備隊は除く）を数える新たな軍勢は、ネーデルラント地方およびライン川流域で豊富な実戦経験を有する老将ジョゼフ・アルヴィンチ男爵の指揮下に入った。帝国宮内法院は、分散したフランス軍の配置を逆手にとって攻撃することに決め、アルヴィンチとダヴィドヴィチによってそれぞれ率いられるふたつの半独立軍を、再び同心円上に進軍させる命令を既に下していた。両軍が最初に目指したのはバッサノとトレントであった。というのも、ここを奪取すれば、ふたりの将軍はブレンタ峠を使って横方向の効果的な支援が可能になるからである。またアルヴィンチは、マントヴァを包囲するフランス軍を合同攻撃で追い払うために、作戦ライン上で二軍を集結させるか、それともアディジェ川沿いのヴェローナでこれらをひとつにまとめるか、随意に選べるはずであった。念入りなトリックも考案され、アルヴィンチの二万八〇〇〇こそが安全を脅かす唯一の軍勢であるとボナパルトに思い込ませようとした。そうなれば、ダヴィドヴィッチが一万八〇〇〇を率いてトレントを急襲することで、バランスを崩したフランス軍は少なからず浮足立ち、最終的にはオーストリア軍が優勢に立つという期待がもてるのである。

一一月の最初の日に攻撃が実行に移されたとき、予想通りの反応を見せるボナパルトに対してオーストリア軍はほくそ笑んだ。フランス総司令官はトレント北方の敵兵力が微弱であると判断し、ヴォーボワに前進して敵を叩くように命じつつ、自軍の三〇〇〇をヴェローナ周辺の中心部（アルヴィンチの襲来に先んじて残りの野戦軍が集結しつつあった）に移した。ヴォーボワは命令に従ったが、一一月五日に司令部に届いた事前報告によると、将軍が予想されたよりもはるかに強大な敵軍と遭遇したことは明白であった。ボナパルトはすぐに当初の計画を修正した。彼はもはや、ヴォーボワがダヴィドヴィッチを粉砕するとは考えていなかったが、主力がアルヴィンチに対して予定された攻撃を遂行している間、将軍に持場を死守するように指示した。というのも、このときボナパルトは、ダヴィドヴィッチの後方に進出する前に、オーストリアの総司令官をブレンタ峡谷から追い払うことを望んでいたからである。そうしている間に、ヴィチェンツァ方向に進軍してくるアルヴィンチの二つの梯団を前にして、マッセナは徐々に後退を始めた。一一月六日、敵の追撃を阻止すべく、フォンタノーヴとバッサノで二度の反撃が試みられたが、戦闘の激しさがアルヴィンチの決意をいくらかは怯ませたものの、反撃は不成功に終わった。そして同日、ヴェローナに北の防衛線からの凶報が届くと、ボナパルトは第二の計画を断念しなければならなかった。トレント付近の自陣を死守するどころか、ヴォーボワは一一月四日に完全に叩き潰されてしまい、トレントとロヴェレトは相次いで敵の手中に落ちてしまったのだ。ヴォーボワがなし得たのは、リヴォリ近郊で敗走する自軍を結集させることだけであった。

予期せぬ災難によって、フランス軍の計画は白紙に戻された。ボナパルトはしばらくの間アルヴィンチに対する攻撃を断念しなければならず、マッセナおよびオジュローの両名にアディジェ川の前線または「中心部」に退却するように命じた。そして混乱したヴォーボワ部隊を支えるために、リヴォリ方面にジュベールを進軍させ、その増援としてマントヴァ攻囲軍から二個旅団を差し向けた。これらの部隊と合流することで、ヴォーボワの兵力は総勢一万三〇〇〇に強化された。一一月七日ボナパルトは北の防衛線に自ら乗り出し、命令に従わないヴォーボワの部隊に烈火のごとく叱咤を浴びせた。「兵士諸君。私は君たちに満足していない。君たちは勇気、規律、さらに忍耐をまったく示さなかった。……君たちは自分の持場を放棄してしまい、軍を引き留めようとする者はわずかであった。第三九および第八五半旅団の兵士諸君。君たちはフランス兵ではない。将軍と幕僚長！　彼らの襟元にこう記すがよい。「我々はもはやイタリア方面軍の一員ではない」となㅤ！(22)」。恥じ入る兵士たちは総司令官の辛辣な言葉の前にうつむいていたが、まもなく厳格な規律と高まる士気が回復していった。

だがボナパルトは、北部の防衛戦が依然としてダヴィドヴィッチからの執拗な攻撃にさらされていることに満足できず、結局、アディジェ川からいつでも軍を出せるようにマッセナに警戒させておいた。もっとも続く数日間の展開によって、こうした心配は無用となった。一一月七日から八日にかけてマッセナは自ら前方の地域を偵察し、ダヴィドヴィッチが急に前進してくる兆候はないと報告した。ヴォーボワもまた九日に同様の見解を示した。しばらくの間、リヴォリの前線ではすべてが小康状態のままであった。

北の側面部において不安が除かれたので、ボナパルトは四番目の作戦計画を練り上げた。ヴェローナの安全を確保し、掎角《きかく》のかたちをとったオーストリアの攻撃軍を合流させないために、フランス軍は関心の矛先を再びアルヴィンチに差し向けた。この間オーストリアの総司令官は、マントヴァ方面の作戦に着手するよりも、ダヴィドヴィッチの救援に赴くことが先決であると考え、一万七〇〇〇の軍勢とともにヴィラ・ノヴァでアルポン川を渡った。一一日、前もってヴェローナに派遣した偵察隊が撃退されると、アルヴィンチはアルコレに四〇〇〇人をとどめアディジェ川を監視させるとともに南の側面部を防備させ、続いて自軍の主力をカルディエロの村に集結させた。ボナパルトは地域一帯に一万六〇〇〇の兵力しかもたなかったが、それでもマッセナ師団の人員を一万三〇〇〇に増強し、一二日には彼をカルディエロの攻撃に送り出した。だが、これはまたしても不成功に終わった。アルヴィンチの前に大敗を喫したフランス軍は、二〇〇〇名の将兵と二門の大砲を失って、アディジェ川西岸への退却を余儀なくされた。戦いに敗れた両師団をヴェローナに帰還させる以外に、ボナパルトにはなす術がなかった。

イタリア方面軍はますます不安定な状況に置かれることになった。強力な敵の二軍（各々がフランス部隊に対して勝利を収めていた）は引き続きヴェローナに集結する恐れがあった。相応の兵力をもって彼らと対峙するためには、ボナパルトはマントヴァの攻囲軍を再度召集しなければならなかった。だががこうした行動は、さらに一万七〇〇〇のマントヴァのオーストリア部隊を解放して自軍の背後を突かせ、全体として二万の数的優位を敵に与えるようなものであった。頭脳明晰なボナパルトの参謀はオーストリアの兵力を少なくとも五万と見積もり、若い総司令官は生き残る見込みに絶望しかけていた。彼は暗澹としながら総裁政府に書き送っている。「おそらくオジュローが驍勇《ぎょうゆう》ぶりを、マッセナが剛胆さを、そして私が死に様を見せるときが間近に迫っております。我々はイタリアの真中で見捨てられているのです(23)」。また彼は、ジョゼフィーヌにミラノを去ってジェノヴァに向かうようにと薦めている。もっとも（理解できることだが）各部隊に対する布告はどこか語調を異にしていた。「あと一回だけ努力をすれば、イタリアは我々のものとなる。敵は間違いなくわが軍より多勢だが、その半分は新兵である。彼らを討ち負かせばマントヴァは陥落する。そして我々はすべてのものの支配者であり続けるのだ(24)」。

彼が求めた「最後の努力」とはあまりにも過酷な要求であった。オジュローとマッセナ率いる一万八〇〇〇の兵力で、アルヴィンチをアディジェ川から追い払わなければならないことは明白であり、しかもオーストリア軍はいまや増援を受けて、少なくとも総勢二万三〇〇〇でカルディエロとアルコレ一帯に進軍してきた。数のうえでの不利な戦いは、兵力の集中というボナパルトの戦略理論とは矛盾するものであったが、今回の場合、他にとるべき具体策はなかった。北部に向かったヴォーボワは当初から既に劣勢を強いられており、最大の弱点である兵力の少なさが取り返しのつかない被害をもたらす可能性があった。同様に、要塞の攻囲を断念し、守備隊の解放を許さなければ、もはやマントヴァから部隊を差し向けることはできなかった。空中で三つのボールを同時に回す曲芸師のように、ボナパルトは相互の関係を明確に見極めつつ、三つの防衛戦に向けられたそれぞれの危険を残りのふたつと天秤にかけなければならなかった。彼はアルヴィンチを唯一の目標に定めていたにもかかわらず、ダヴィドヴィッチ（あるいはまたヴュルムザー）が積極的に行動を起こしてくる場合には、当然ながら、フランス軍はオーストリア軍の主

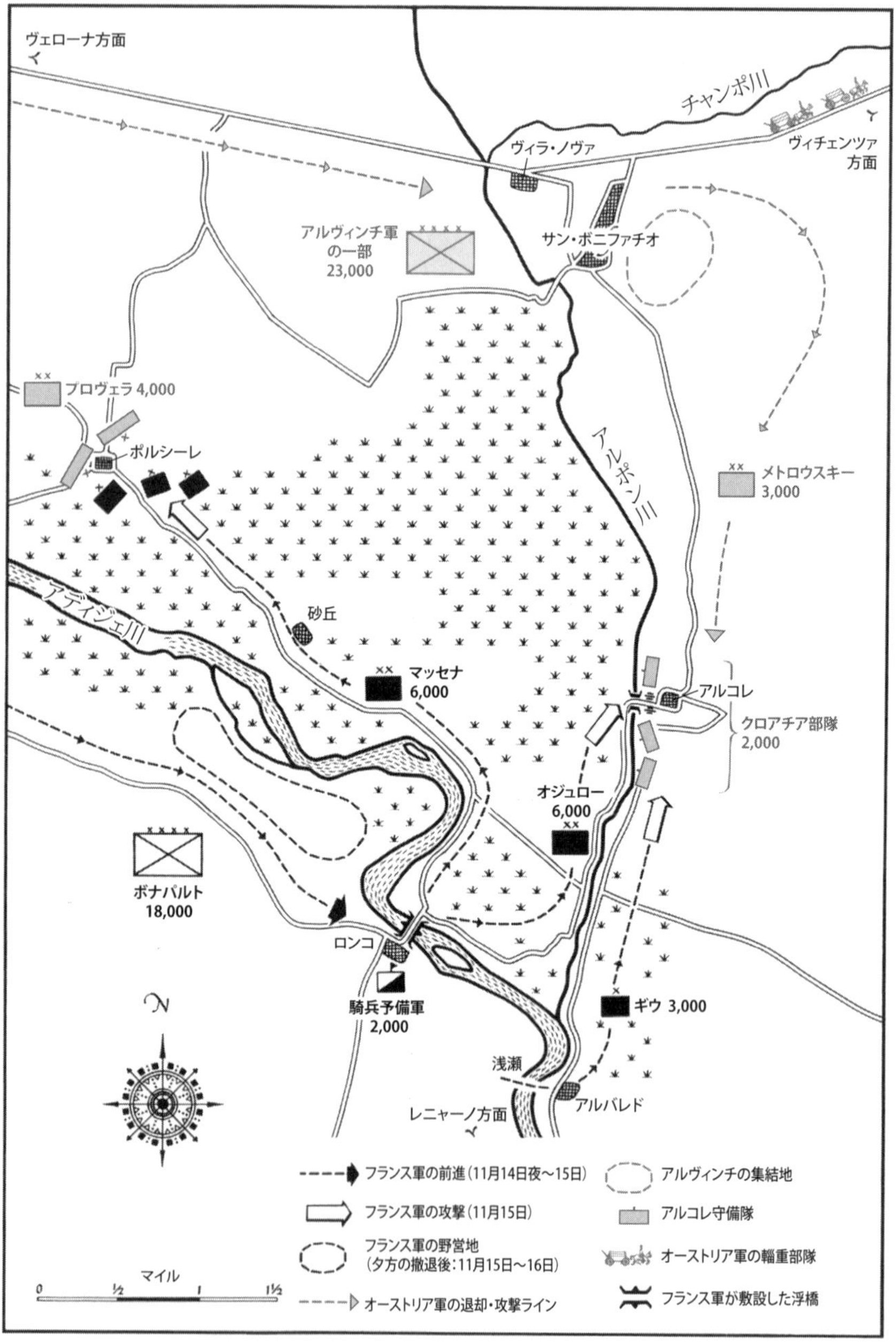

アルコレの戦い　初日（1796年11月15日）

力に対する攻撃を断念し、利用できる全兵力を投入して脅かされた地域を増強する必要に迫られるわけである。ひとつの防衛戦の崩壊が、まさに大惨事とイタリア方面軍の破滅を意味していた。

こうして戦略的に不確定な状態と切迫していた危険とが決定的な要因となって、アルコレの戦闘は三日間にわたって繰り広げられた。非常時に際して、ボナパルトはその最も偉大な才能の片鱗を見せた。いつもはナポレオンを誉めることのないイタリアの歴史家カルロ・ボッタは、次のように記している。「この危機的状況における彼の行動と戦術は、熟練した戦争術の名人によるものであった。……それは電光石火のごとく考案され、実行に移された。ボナパルトが自身の戦場を選び、戦況を完全に一変させるまで、オーストリア軍は彼が何をしているのか思いもよらなかった(25)」。

ボナパルトの計画とは、ロディでボーリューに、あるいはバッサノでヴュルムザーに対して実施された種類の作戦（「背後への機動」）をもう一度繰り返すことであった。彼は、オーストリア軍の野戦集積所や運搬車両を奪取するために、ヴェローナから実働可能な全部隊を急行させてヴィラ・ノヴァを占拠し、自身はアディジェ川を隠れ蓑にして軍を進めようとした。こうした動きで、アルヴィンチは間違いなくヴェローナへの前進をあきらめ、連絡線を再び確保するために退却するはずであった。その結果、オーストリアの将軍は、相手の注文通り、アルポンおよびアディジェ川に挟まれた湿地帯において、作戦を展開させるのが極めて困難な縦深形（数のうえでの優位をまったく生かせない）の前面からフランス軍と戦うことを余儀なくされるわけである。フランス各部隊が示してきた厄介な地形への適応能力は、好機到来を大いに予感させた。だが、それはあくまでもいちかばちかの賭けに過ぎなかった。

計画を完璧に成功させるためには、アルヴィンチが反応する前にヴィラ・ノヴァを素早く占拠しておく必要があった。このため、ヴェローナの守備を極端に弱めず、またフランス軍の意図を事前に漏らさずに、いかにして軍をその地点まで移動させるかということを解決する必要があった。一四日になると、アルヴィンチの前哨隊がヴェローナの目前に現れるようになった。もしボナパルトがオーストリア軍の背後に向けて行軍している途上でここが彼らの手に落ちれば、すべてが失われてしまうであろう。そのときアルヴィンチとダヴィドヴィッチの間に位置するのは、唯一ヴォーボワだけになるからである。こうした危険をできる限り減らそうとして、ボナパルトはマッカール将軍とヴォーボワ師団から引き抜いた約三〇〇〇の兵力にヴェローナ市街の防衛を任せた。そして一一月一四日の夜間、彼自身は野戦軍一万八〇〇〇の大半を

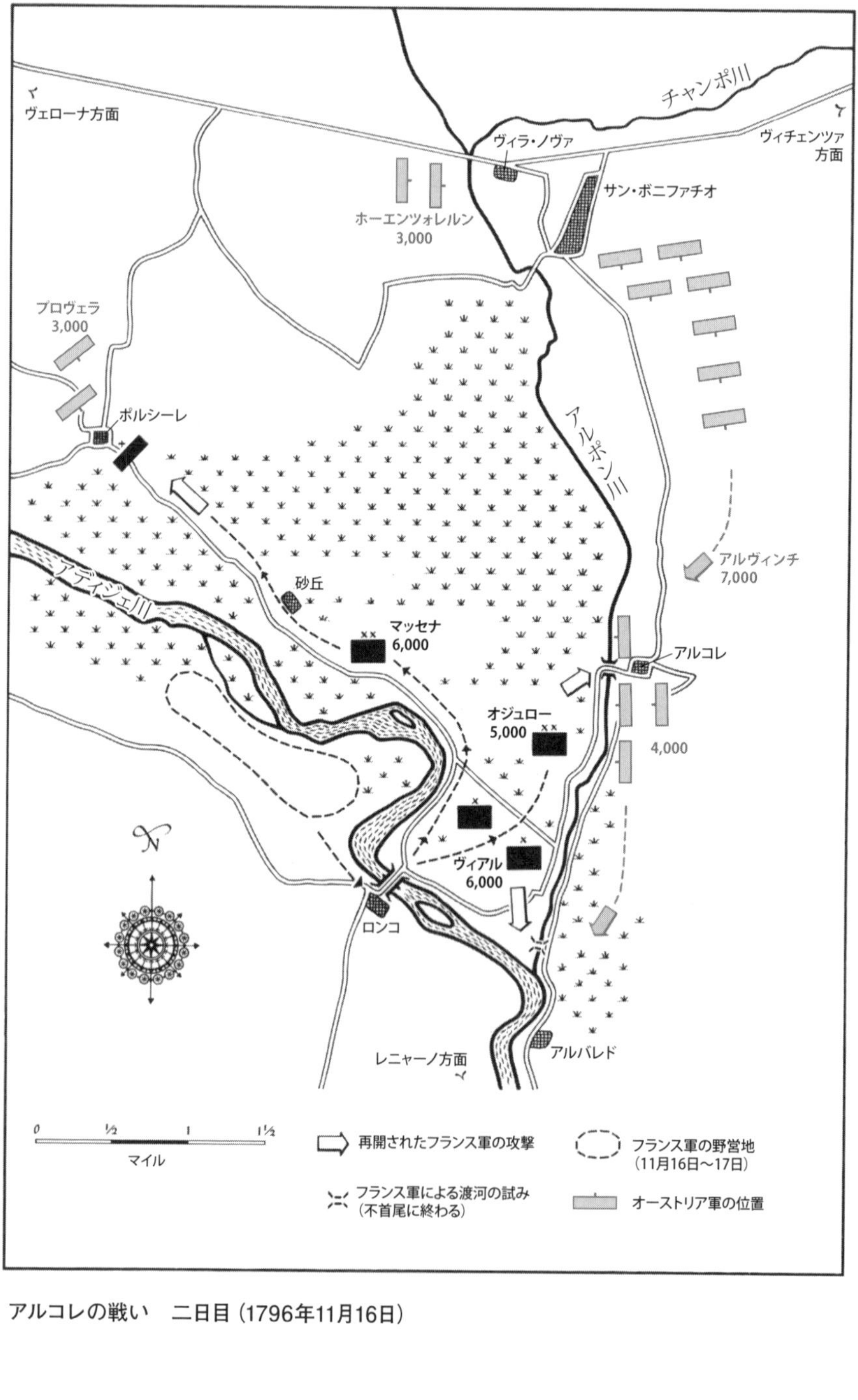

アルコレの戦い　二日目（1796年11月16日）

引き連れ、ヴェローナから一八マイル（二八・八キロ）離れたロンコ村に出発した。一五日の夜明けまでに、首席工兵将校のアンドレオシィはアディジェ川に浮き橋を架けており、まもなくフランス部隊は北岸に隣接する広大な湿地帯（三本の土手道が通っているだけである）へと渡った。しかし、ボナパルトは決して成功を確信していなかった。彼は記している。「軍の衰弱と疲労ぶりは、私に最悪の危惧を抱かせている。おそらくイタリアが失われるのは時間の問題であろう(26)」。

オジュロー部隊が最初に川を渡り、マッセナ部隊がその後に続いた。後者はポルシーレの村を占拠するために、左前方へ向けて出発した。すぐにプロヴェラの前哨隊と遭遇したが、村は瞬く間にフランス軍の手中に入り、イタリア方面軍の左翼は少なくとも当分の間確保された。アルヴィンチは自軍を分散させてしまったことに気づいたものの、幸いにしてまだボナパルトの意図を察していなかった。しかし、オジュローは運悪くさほどの成果を得られなかった。彼の任務はアルポン川沿いを一掃してヴィラ・ノヴァを奪取することにあったが、縦隊の先頭がアルコレ橋に接近したとき、アルポン川左岸の土手（フランス軍が用いた土手道から一〇〇ヤードほどしか離れていない）から猛烈な砲撃を受けた。敵の進入路を掃射できるように、クロアチア歩兵の二個大隊と数門の大砲が半マイル以上にわたり入念に配備されていた。手強い障害に直面したフランス部隊は、前進をあきらめて土手の裏側に避難した。こうした妨害によって、ボナパルトの計画は原案どおりに進まなくなった。彼は書き留めている。「最も重要なのはアルコレを占拠し、その後ヴィラ・ノヴァでアルポン川に架かる橋を渡りつつ、敵の背後を突くことである。この町は彼らの唯一の退路にあたり、その向こう側でしか敵軍は充分な展開行動を取れないからである(27)」。時間が経過すればするほど、アルヴィンチが罠にかかる可能性がますます低くなるため、ボナパルトは肝心の渡河地点を確保することに全神経を注いだ。彼はギウ率いる三〇〇〇の兵を派遣して、アルコレに東側から接近できるような渡河地点をアルバレド付近に探らせた。だが、これによって必然的に貴重な時間が費やされた。その間に、オーストリアの増援軍三〇〇〇がポルシーレに迫り、同程度の兵力を有するメトロウスキーの部隊は、アルコレの守備を強化すべく町に到着した。これらの軍勢の後方には、ヴェローナに接近中であった自軍の半数を連れて、事態に慌てたアルヴィンチが既に引き返しつつあり、彼を孤立させる機会は急速に失われていった。業を煮やしたボナパルトは三色旗を握りしめ、オジュローの兵士たちを導いてアルコレ橋に再度攻撃を試みようとした。これは成功のおぼつかない危険な行動であったが、間一髪、無名の一将校が総司令官を両腕で抱え込み、こう大声で叫んだ。「将軍、自殺な

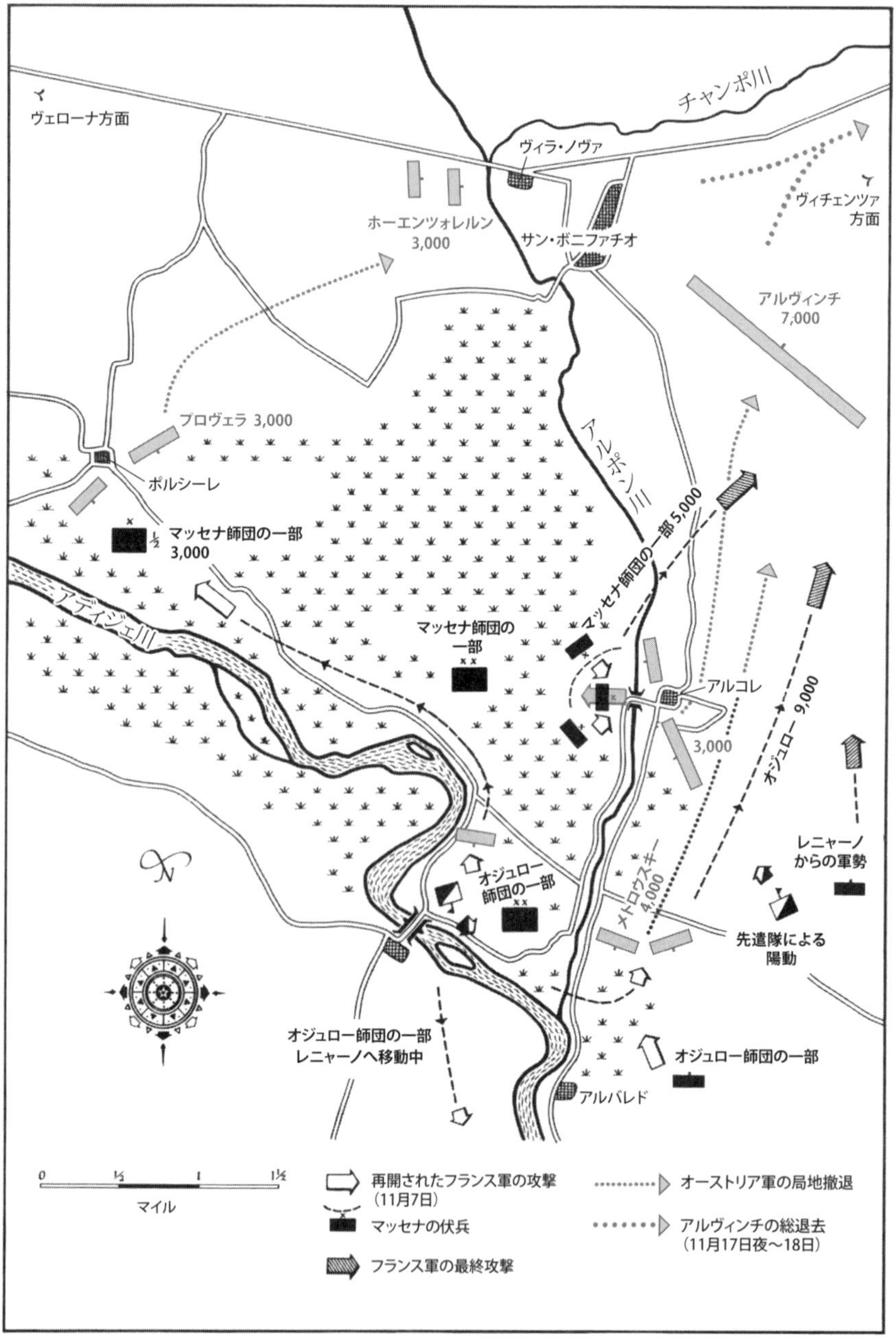

アルコレの戦い　三日目（1796年11月17日）

さるおつもりですか。閣下が斃れれば我々は敗れます。先に進んではなりません。そこは閣下の持場ではありません(28)」。続く混乱のなかでボナパルトは堀に落とされた。副官たちは、オーストリア軍による至近距離からの攻撃にさらされないよう、取り乱した総司令官を引きずり降ろしたのである。彼が救われたのはこうした献身的な行為があったからに他ならない。かくして、いかなる直接攻撃によってもオーストリアの防御陣を突破することができなくなった。

この間を通じて、アルヴィンチはヴィラ・ノヴァへの撤退を続けていた。「ポルシーレにある教会の尖塔の真上から、フランス軍は自分たちの生贄が逃げていくのを悔しそうに眺めていた(29)」が、もはや罠をしかけることはできなかった。剛胆なギウ部隊は午後七時にアルコレの町を奪取したものの、六時間ほど遅すぎた。というのも、仮にヴィラ・ノヴァに押し寄せるのが可能になったとしても、既にオーストリア主力軍の少なくとも半数は難なくこの町に入り、防備を固めているに違いなかったからである。またフランス軍の司令部には、北の防衛戦からの悲報が届けられていた。ヴォーボワはブッソレンゴへの後退を余儀なくされた様子であった。ボナパルトはこうした情報を照合して、苛酷でありながらも思慮深い決断を下した。もしヴォーボワの救援に軍を急行させる必要が生じれば、アルコレとアルポン川の岸辺で苦労して得られた成果をともに放棄して、アディジェ川を越えて撤退するという決断である。

とはいえ、アルコレの初日において成果がなかったわけではない。ヴェローナに向けられた脅威は去り、早い段階でダヴィドヴィッチと合流しようとする望みをアルヴィンチは明らかに完全に捨ててしまった。さらにオーストリア軍が撤退を早めたことは、フランス軍の予測不可能な機動性を敵がいかに恐れていたかを示している。

翌朝、ダヴィドヴィッチが新たな行動を取り始めたという知らせはまったく入らず、ボナパルトはアルコレに対する攻撃再開を決意した。当然ながら、オーストリア軍は夜間にアルコレとポルシーレを奪還しており、万事をめぐって再び戦いを起こす必要があった。土手の狭間で一日中行われた激戦の結果、ポルシーレは再度占拠されたものの、アルコレはなおオーストリア軍の手中にあった。またヴィアル将軍はアルポン川の河口［アディジェ川との合流点］付近に橋を架けようとしたが、この試みも失敗に終わった。しかしオーストリア軍は甚大な死傷者を出してしまい、アルヴィンチはこれまでになく精神の動揺を感じていた。結果として、次の日の早朝にオーストリア総司令官はダヴィドヴィッチに伝令を送り、自分にはフランス軍の攻撃をあと一回しか跳ね返す余力がないと言明した。いまや消耗戦は、フランス軍にとってますます有利に働くようになっていた。夕方、ボナパルトは北部での突発的事態に備え、小規模の前衛隊のみを対岸に残しつつ、またしても自軍をアディジェ川の右岸に撤退させた。この夜、キルメーヌ将軍がマントヴァから待望の援軍三〇〇〇を引き連れてやってきた。

一七日の夜明けを迎えても、ヴォーボワからの急報はなかった。そこでフランス軍は、アルヴィンチに対する三回目の攻撃を準備した。このときまでに、全体の状況ははっきりとボナパルト側に有利に傾いていた。アルヴィンチ軍はいまや合流が不可能なふたつの断片に分割され、プロヴェラとホーエンツォレルンの指揮下にある、実質兵力のせいぜい三分の一程度が湿地帯で戦っているに過ぎなかった。これはボナパルトが敵軍の各翼に対して数のうえでの優位を生かし、彼らを窮地に追い込んだことを意味している。ボナパルトは敵の戦意を完全に挫くため、アルヴィンチ軍の主力に対する攻撃を決意した。そこで、マッセナ師団は湿地帯で敵の注意を引き付ける任務を帯び、一方でオジュローはアルバレドの渡河地点に向かった後、アルコレの後方を突き、さらにサン・ボニファチオまでの道を一掃することになった。

ところが、結果としてこの日の栄誉をほぼ独占したのはマッセナだった。彼はアディジェ川を再度渡行しているとき、オーストリアの軍勢から激しい反撃を受けた。橋が壊されれば、フランス軍は作戦の途中で大打撃を被ることになる。しかし被害から立ち直ったマッセナ師団が敵を撃退した。将軍は自分の受けた命令を実行し続け、一個旅団のみをアルコレとポルシーレを結ぶ道に配置して、師団の残りを柳と土手の間に隠した。アルコレのオーストリア守備隊は餌に飛びつき、目標となる大隊に攻撃をしかけてきたが、この部隊は重圧を受け流しながら後退し、敵の矛先を待ち伏せしている方向へと誘導したのである。かかる不意打ちによって、オーストリア軍は多くの死傷者を出し、混乱の渦に投げ込まれてしまった。マッセナは目と鼻の先にあるアルコレの一部を奪還する好機をつかんだ。

マッセナの成功はオジュローの苦戦を相殺した。後者の一部は安全な橋の架かるレニャーノに向かい、師団の残りは無事アルバレドに到着した。だが、そこで彼らは川の渡行が厳重に防備されていることを知り、渡河地点とアルコレとの間にある一帯からオーストリア軍を何度か追い払おうとしたものの、こうした試みはみな失敗に終わった。ボナパルトは困難を克服する計略を練り上げた。オーストリア軍の士気が低いことは既に承知済みであったが、彼は四人のラッパ手を連れた少数の先導兵を急遽差し向け、敵の背後を撹乱させようとした。彼らはオーストリア軍に発見されずに浅瀬を渡り切り、前方に進んでから騒音を鳴らし回った。この音があまりに大きかったので、現場の司令官はフランスの大軍に攻撃されているという恐怖に駆られ、主力と合流すべく早々と撤退命令を出してしまったのだ。敵が退散した後、オジュローの軍勢は一斉に川岸を上り、アルコレでマッセナ師団の一部と合流しつつ、さらにそこから平野部へと躍り出た。この行動と時を同じくして、レニャーノを迂回していた梯団が到着した。アルヴィンチは、敵の主力らしきものが自軍の背後に攻撃をしかけてきたことを真に受けて、全軍に夜を徹してヴィチェンツァへ退却するように命じた。翌朝、フランスの哨戒隊が目にしたのは、敵の去った跡だけであった。

アルコレの戦いはこのようなかたちで終わった。三日間にわたる戦闘の結果、ボナパルトは完全な勝利を得た。フランス軍は四五〇〇人の犠牲を出したものの、敵軍に少なくとも七〇〇〇人の死傷者を生み出し、加えてダヴィドヴィッチ軍と合流しようと試みていたアルヴィンチの目的を挫いたのである。それは忍耐による見事な成果であった。一八日にフランス軍はヴェローナへ帰還した。

中央に位置している利点を生かし、ボナパルトはすぐに全力をダヴィドヴィッチに対して差し向けた。折しもオーストリアの将軍は、一七日の間に妨害行動を起こしてきた。彼はかなり前から懸念されていたヴォーボワに対する攻撃をようやく開始し、フランス軍をカステルヌォヴォに敗走させたのである。ボナパルトは、退却したアルヴィンチを追撃する騎兵部隊を残し、部下を救うために歩兵部隊を急行させた。一一月二一日、ドルチェ近郊でダヴィドヴィッチを包囲するため、オジュローはアディジェ川左岸を駆け上る強行軍の指揮を任された。しかし、ダヴィドヴィッチはまさに最後の瞬間に至って自分の危険を察知し、かろうじて罠から逃れるとともに、トレント方面へ速足で逃げ延びたのである。この移動によってオーストリア軍が失ったのは、一五〇〇名の捕虜、二台の架橋車両、九門の大砲、そして多くの軍用物資であった。味方が退却したという報を受けたアルヴィンチは、さしあたりマントヴァに赴くことを断念し、混乱した自軍を立て直すためにブレンタ川の上流に後退した。

こうしてオーストリア軍による三回目の反撃は、先の二回に比べても成功したとは言い難かった。アルヴィンチ麾下の二軍はどちらも手痛い敗北を喫し、マントヴァ（守備隊の食糧はあと二八日分しか残っていなかった）の姿を垣間見ることすらできずに、それぞれバッサノとチロル地方へと追い返された。フランス軍にとって、またしても間一髪の危機であった。ボナパルトの天賦の才のみが、数に勝る敵軍を前にして大惨事を防いだのである。アルコレは戦役においてのクライマックスであり、おそらくこの時点までにボナパルトが収めた最大の成果であろう。ドイツの歴史家にして評論家でもあるフォン・クラウゼヴィッツは、この成功を次のように約言している。「両軍がしのぎを削っていた激戦を、ナポレオンの勝利へと変えてしまったものは何か。それは卓越した戦術運用、戦場における見事な勇気、優れた心構え、そして限界を知らぬ大胆さであった(30)」。ボナパルトは、自身が戦略的防御に関する真の達人であることを証明してみせた。彼は、決断が遅れたカルディエロの失敗を認めなかったが、すぐにより大胆なふたつめの作戦計画に乗り出した。アメリカの偉大な歴史家ドッジは、この戦役について適切な概要を記している。「勢いのある攻撃と組み合わされる内側防衛線の強味が発揮され、同心円上に分散した軍勢によって実施される作戦行動がその弱味を露呈してしまう。短期間の戦闘にもかかわらず、これだけの事例は他に類を見ない(31)」。

しかし、ボナパルトの偉業はまだ終わっていなかった。オーストリア軍が抵抗の意志をなくしたとはなお言い難く、数週間と経たないうちに、強大なマントヴァ要塞を陥落から救うべくオーストリア帝国が必死に放ってきた最後の努力に、イタリア方面軍はもう一度直面することになるのである。

第10章　リヴォリ

たとえ妥協の平和に甘んじるとしても、フランス政府は一一月の末までには戦争の終結を強く望むようになっていた。クラルク将軍が総裁政府の代表となり、オーストリア皇帝との交渉が正式に開始された。しかし、交渉はマントヴァの問題をめぐってすぐに紛糾してしまう。会談が進むにつれ、オーストリアは要塞を再武装化する権利を求めてきたが、フランス側から見ればこれは論外であった。

イタリア方面軍は、アルヴィンチが再度進撃してくる可能性が最も高いと思われる地点にしばらく布陣していた。一方、オーストリアの将軍は恐々としながらバッサノ近郊に軍をとどめていたが、援軍を手に入れた結果、総勢は四万五〇〇〇人にまで増加していた。

既に見てきたように、マントヴァに接近するためにオーストリア軍が用いる主要ルートは三つあった。アディジェ川を下る道、ブレンタ峡谷を抜けてヴィチェンツァに至る道、そしてフランス軍の背後にあるキエゼ川に沿った道の三つである。先の機会にはいずれも、敵が主たる戦闘隊形を取り始める前に、ボナパルトはその侵入可能なルートをすべて防備できるように自軍の部隊を配置しなければならなかった。こうした必要性は、フランス軍の資源に重くのしかかる負担となり続けた。イタリア方面軍は新たに数個旅団の援軍を迎え入れ、これにマントヴァ周辺の一万と、おそらく連絡線に沿って点在するさらに多勢の部隊を加えると、総数は三万四五〇〇人にのぼった。しかし、様々な責務が広範囲に及び、特にマントヴァ守備隊を孤立化させる必要があるため、ボナパルトが攻勢に転ずることは不可能であった。そこで全神経を注いで最良の守備態勢が模索された。ラ・コローナ、リヴォリ、そしてアディジェ川下流には野戦用の堡塁が築かれた。さらに、先の数ヶ月間に見られた誤った情報と伝達の遅さは危機を深刻化させたが、これを痛感していたフランス総司令官は連絡システムの流儀を変更した。様々な分遣隊を司令部と結ぶために急使の待機所を連なるように設置し、大砲の合図によって伝令を送る方式も考案された。砲兵隊は再装備がなされ、その兵力は野砲七八門を数えるまでに至り、高齢もしくは無能な将校の多くが更迭された。アルヴィンチが最後の攻撃をしかける直前には、フランス部隊は次のような布陣であった。ジュベール師団はガルダ湖東岸にあるラ・コローナとリヴォリ間の一帯を押さえ、ヴェローナのマッセナがこれを支援した。オジュローはロンコ南のアディジェ川下流域に駐屯し、一方でレー将軍はガルダ湖の西岸を占拠した。ヴォーボワはさほど重要でないリヴォルノの司令官職に降格となり、病気から回復したセリュリエと交替させられた。一二月末までに今度はキルメーヌが病気となり、セリュリエは意気揚々としてマントヴァ攻囲の指揮権を再度拝命したのである。

ボナパルトは一二月の平穏な時期を活用し、トスカナ大公と協定を結び、フランスの積年の敵である教皇庁に対する遠征を準備した。だがこの作戦はまったく実施されなかった。というのもオジュローが一七九七年一月八日に、自分の前衛部隊がオーストリアの攻撃によってレニャーノまで後退させられたという報告を送ってきたからである。フランス総司令官がこの知らせを受けたのは一一日のことであったが、彼はすぐに中央に位置するロヴェルベッラの司令部に戻り、事態の成り行きを検討した。彼がヴェローナに移動し、市街に到着すると、マッセナは攻撃を受けている最中であった。だがボナパルトは、アルヴィンチがまだ奥の手を見せていないと考えた。これに対して、オジュローは自分が本格的な攻撃を受けていると思い込み、援軍を要請してきた。総司令官はこうした現状を考慮しつつも、ガルダ湖の防衛線（そこでは奇妙なまでに平穏状態が続いていた）からの正確な情報を待ち望んでいた。一三日の朝、彼はジュベールに手紙を書き、不確実な状況下で自分は身動きがとれないと漏らしている。「貴君の前方にいる敵の数が九〇〇〇以上とみなされるか否かを、できるだけ早く私に知らせてもらいたい。貴君に向けられた攻撃が本格的なものであるか……、あるいは我々を攪乱することを狙った二義的なものであるか。それを知ることは決定的に重要だ。当方、ヴェローナの敵は六〇〇〇を数えるほどで、私はいままさに攻撃命令を出している。もし貴君に対峙している軍勢が九〇〇〇から一万（つまり敵が真の攻撃を意図している）ならば、レニャーノには同数以上の兵力が存在しないことになる。その場合、貴君による攻撃と私によるこちら側の攻撃が夕刻までに成功する（ともにそうしなければならないが）と、そのときには敵がアディジェ川を越えるという心配は無用になるわけだ(32)」。

この至急便に対する返事は午後三時に届き、もはやまったく疑いの余地がないことがわかった。ジュベールは、自分が大規模な軍勢から攻撃を受け、ラ・コローナから追い出されたという報告を送ってきたのである。アルヴィンチはついに奥の手を見せてきた。オーストリアの将軍は複合的な攻撃を開始していたが、主力を投入したのは北側からであった。ヴェローナを急襲したのはバヤリッチ麾下の一個梯団六二〇〇であり、レニャーノを攻撃したのはプロヴェラ率いる九〇〇〇の兵であった。後者はアディジェ川を越えてマントヴァへと強行突破をかけ、ヴュルムザーと合流してフランス軍の背後を襲うことを目論んでいた。そしてこの間にアルヴィンチはアディジェ峡谷のジュベールを粉砕すべく、二万八〇〇〇の兵力を誇る大軍とともに移動していたのである。

ボナパルトの対応は素早かった。彼はジュベールにいかなる犠牲を払っても陣地を死守するように命じ、自分はこの部下と合流するために即刻リヴォリに向かった。同様の指示はマッセナとレーにも伝えられた。総司令官はセリュリエに書き送っている。「ついに敵の計画が明らかになった。やつらは大兵力をもってリヴォリに進軍しているのだ(33)」。ヴェローナの守備に三〇〇〇ほどが留まり、残りの軍勢は北部へと急行した。

リヴォリの戦いが行われた場所の地勢は、間違いなく防御側に有利であった。ヴェローナからU字型をしたトロンバローレの丘に向かって、何本かの良道が北方に走っていたが、これらは両側をアディジェ川とタッソ川に挟まれ、部隊の集結が極めて容易であった。リヴォリの台地に北側から接近するオーストリア軍は、これほどの便宜を得られなかった。ガルダ湖とタッソ川の間には厄介な障壁となるバルド山がそびえ立ち、そこを横切るのは小道だけであった。またタッソおよびアディジェ峡谷を分かつように、マニョーネ山として知られる険しい支脈が伸びており、その東にはさらに山々が連なっていた。オーストリア軍に利用可能な良道はふたつしかなかった。それぞれアディジェ川の両岸を下るものだが、西側の本道のみがオステリアの山峡と村落を経由して、リヴォリに直接通じていた。それゆえアルヴィンチには、すべての砲兵部隊と運搬車両を二個梯団に分けて、これらの道を南下させるほかに選択の余地がなかった。残りの軍勢はわずか数門の山砲を伴い、山野を横切って移動することを余儀なくされた。

オーストリアの将軍は多くの過ちを犯し、勝利の可能性を減らしてしまった。ジュベールに対する一二日当初の成功を、彼はさらに追究しようとはせず、そのためボナパルトにはまさに前方の師団を増強する充分な時間が与えられた。またオーストリア軍の前進が遅々としていた理由は、ひとつには地形の性質によるものであったが、もうひとつにはアルヴィンチ配下の糧秣担当官が計算を誤った結果、配給の不足が深刻化していたという事情も絡んでいた。だが最大の失策は、広大な土地一帯を進む六個梯団の攻撃を企図した戦闘プランの複雑さにあった。リプタイ、コブロス、オックセー将軍麾下の三個梯団は、台地の北側を攻撃するように命じられた。しかし、この地域には道路が存在しないので、彼らは砲兵の支援なしに攻撃を敢行しなければならなかった。ルシニャンとビュカソヴィッチ率いる別の二個梯団は、それぞれ東西両方向からリヴォリの地点を迂回し、フランス軍の背後を突く予定であった。さらにカスダノヴィッチの軍勢七〇〇〇は、マニョーネ山の尾根からフランスの前衛部隊を一掃した後、砲兵の援護を受けてオステリアの山峡に押し寄せようとしていた。これら多岐にわたる機動を調整するという問題は、アルヴィンチ将軍にはあまりにも重荷であった。

ボナパルトは部隊の先頭に立って馬を飛ばし、一四日の午前二時、リヴォリでジュベールと合流した。そのため劣勢になったフランス師団の撤退は、間一髪で食い止められた。続いてふたりの指揮官は前方に進み、現場を視察した。ボナパルトは記している。「辺り一面は壮麗な月の光に照らされていた。我々は高台の大小を計り、敵の野営火の並び方を観察した。彼らはアディジェ川からガルダ湖までの空間を占拠していた。……それぞれが一個梯団に属する五つの野営地を、我々は容易に識別することができた(34)」。サン・マルコの村は明らかにひとつの要所であった。これをフランス軍が奪取すれば、オーストリアの襲撃はふたつに分断される。ボナパルトはすぐに村の再占領を命じたが、戦闘が時間との戦いになることは必定であった。つまり、散開するオーストリアの精力的な前進に対抗するには、増援軍の到着する速度にすべてがかかっていたのである。午前六時、騎馬砲兵の一個中隊に続いて、マッセナ師団の先頭集団が視界に現われた。そこでボナパルトはジュベールに命令を下した。その主旨は、まず要所であるサン・マルコの村とオステリアの山峡を保持するために、一個旅団をもって台地の東側を占領する。次いで北の防衛戦を守り、コブロスとリプタイ（彼らによる攻撃が最初に始まると予想された）を近づけないために、残りの二個旅団を派遣するというものであった。将兵に先んじて到着していたマッセナは、左翼に位置するタッソ峡谷を一個旅団で死守するように指示された。また残る師団の大半は、戦場に着き次第、予備軍としてリヴォリ周辺で待機することになった。

リヴォリの戦いは明け方に開始された。ジュベールは一万の兵と一二門の大砲（加えてマッセナ部隊からも六門が供与された）をもって、総勢でほぼ一万二〇〇〇に達するオーストリアの三個梯団を撃退した。当初、フランス軍の攻撃は順調に行われ、サン・ジョヴァンニの小村を敵から奪取した。しかしコブロスはジュベールの進撃を食い止めることに成功し、リプタイは最西端に位置するフランス旅団の側面に転進し始めた。第八五半旅団（彼らで思い出されるのはヴォーボワ指揮下にあった一一月にも然るべき行動を取らなかったことである）が潰走させられたとき、この脅威は決定的なものとなった。

ボナパルトは即刻、予備軍であるマッセナ師団の一部をリヴォリから呼び寄せた。マッセナは兵士たちの前方に躍り出て、迫り来るオーストリア部隊に寸前で捕まりそうになった。「捕虜だ！　捕虜だ！」。敵兵はこう叫んだが、勇猛なるマッセナは堂々として意に介さず、敵にくるりと背を向けると、口笛を吹きながら走り去った。そして彼は、前進してきた味方部隊の列に加わり、まもなくこの地点を確保したのである。八時までは戦場におけるフランス軍の兵力は一万七〇〇〇であったが、レー将軍がガルダ湖の西岸から時間通りに到着し、味方と合流することができるならば、この数は正午までに二万三〇〇〇に増えるはずであった。

午前中の戦いが進むにつれ、フランス軍にとって状況はますます切迫したものになった。北部の防衛線では、遠方の川岸に数ヶ所の砲台を設けるために、また要地であるオステリアの山峡への進入路（高く見下ろすマニョーネ山を含む）を確保するために兵力を分散させており、そこから生じた好機をアディジェ峡谷のオーストリア軍は見逃さなかった。オーストリア主力軍による攻撃は明らかに差し迫っていたが、まさにこの瞬間、新たな脅威の発生がフランス軍を悩ませた。ルシニャンの梯団が、午前中の大部分を長い迂回行動に費やした後に、突如としてリヴォリ南部の尾根沿いに現われ、ボナパルトをさらなる援軍から切り離してしまったのである。ガルダ湖から到着したばかりの第一八半旅団には、退却路を再び確保する任務が与えられた。ボナパルトはこの兵士たちに向かって演説を行っている。「勇敢な第一八半旅団の諸君！　諸君らのことは承知している。諸君を前にすれば、敵は持ちこたえることができまい」。彼がこう叫ぶと、マッセナが大声で後に続いた。「戦友たちよ！　諸君が対面している若造どもは、ウィーンで最も裕福な家柄の連中だ。ヤツらははるか遠くバッサノから早馬に乗ってやってきた。その馬を頂戴することを諸君らにお勧めしたい(35)」。どっと笑い声が起こり、部隊は「前へ！」と連呼しながら突進した。

この間、オステリアの山峡では決死の戦いが展開されていた。オーストリアの擲弾兵は一一時に村を占領し、疲弊したジュベールの軍勢をまさに打ち破ろうとしている様子であった。ボナパルトはその戦術的洞察から、コブロスとリプタイはいまや戦力を使い果たしていると判断し、即座にジュベール旅団と再合流を遂げ、東部の脅威に対処した。密集したオーストリアの縦隊に対して、軽装の砲兵中隊はケース・ショットを至近距離から浴びせた。流れ弾によってオーストリアの弾薬輸送車二両が爆発を起こし、恐ろしいほどの死者が出た。フランス軍はこの混乱に乗じて、ルクレールとラサールが率いる歩兵と騎兵五〇〇による突撃を開始した。この繰り返される痛打にオーストリア軍は耐えきれず、すぐに山峡は

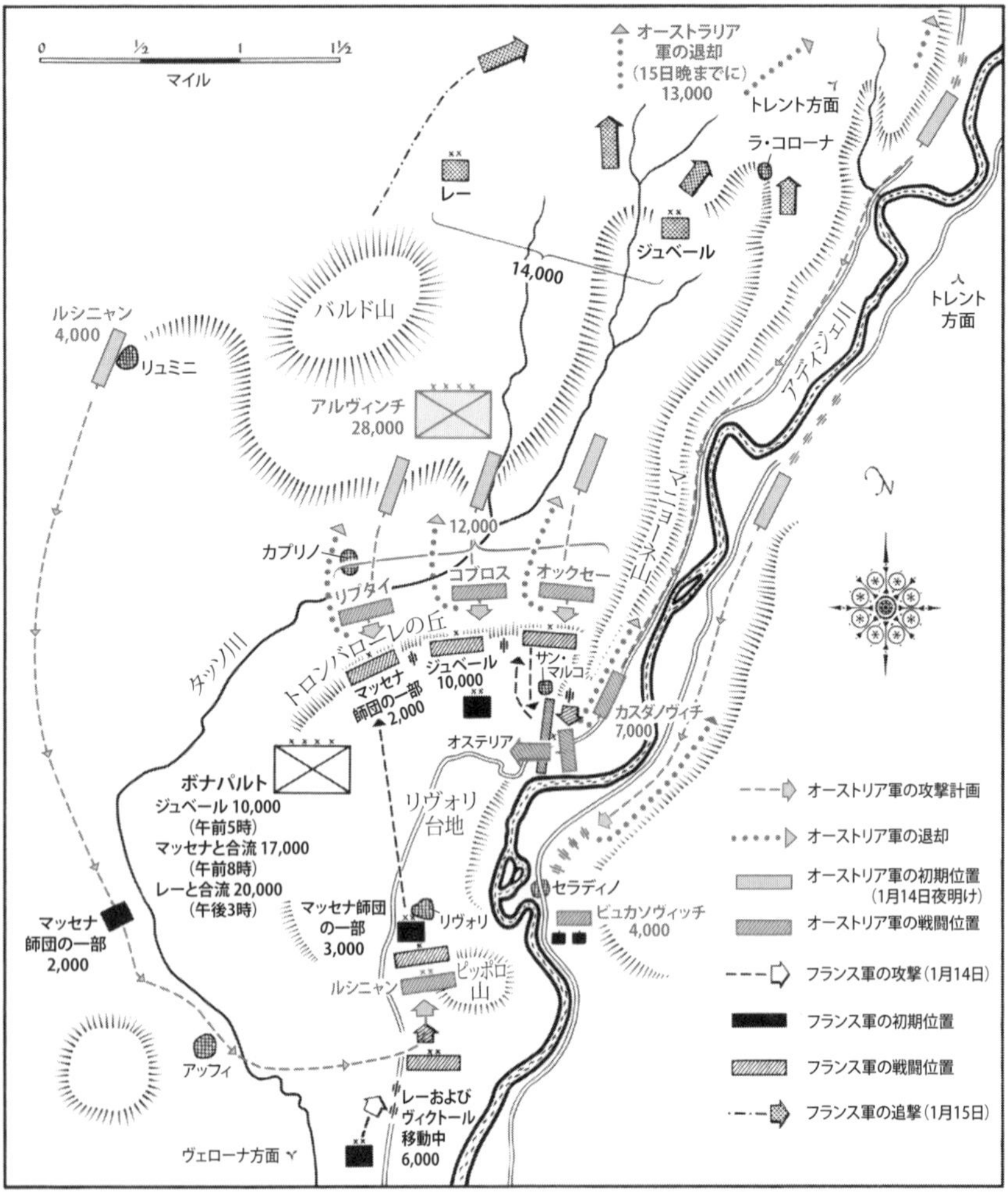

リヴォリの戦い（1797年1月14日～15日）

一掃された。ボナパルトは重大な危機を首尾よく切り抜けたが、再結集したコブロスとリプタイの軍勢を撃退するためには、全軍が台地の北端へと直ちに帰還しなければならなかった。これは相当な「はずみ《エラン》」をもって実行され、フランス軍はオーストリア軍をふたつに分断した。かくして側面に回り込んだオーストリアの梯団に対して、自由に注意を向けることが可能になった。ルシニャン師団は、到着したレー部隊とリヴォリから来た予備のマッセナ旅団に挟撃され、捕虜として三〇〇〇人を失った。

　夕方の五時までに、勝利は事実上完全なものとなったが、ボナパルトには息をつく時間がなかった。午後の間に届いた報によれば、プロヴェラはアンギャリでアディジェ川に橋を架けようとしていた。それゆえ、リヴォリでの戦果が確定するや否や、ボナパルトはジュベールとレーに戦闘を委ね、プロヴェラがマントヴァに入るのを阻止すべく、獅子奮迅のマッセナ旅団を伴って南へと急行した。

　ジュベールに与えられた責任は重大だった。オーストリアの六個師団のうち、ルシニャンの梯団のみが撃破されたに過ぎず、アルヴィンチはなお二万に近い軍勢を統率していた。一五日、リヴォリの戦いの第二段階が始まり、ジュベールは託された信頼に充分応えた。戦闘終了時に、オーストリア軍の中央に位置していた三個梯団はラ・コローナに向かって敗走したが、ミュラとヴィアルに先回りされ、山峡を奪還されるとともに多くの捕虜を出した。ジュベールはこの日の夕刻、ボナパルト宛に書いている。「コローナの攻撃に関して、私は閣下の計画通りに致しました。成功はまったく期待以上のものです。三門の大砲と四〇〇〇から五〇〇〇名の捕虜を獲得し、アルヴィンチ自身は岩の下に踞り、一兵も引き連れずアディジェ川上流に斥候のように飛んで逃げて行きました。以上が事件のあらましでございます[36]」。二日間の戦闘でオーストリア軍が失った合計は、一万一〇〇〇の捕虜を含む一万四〇〇〇の兵士を数えた。生き残った者は無秩序のままアディジェ川をのぼって退却し、オーストリア軍による最後の大攻勢は事実上ここに終わりを告げた。

　戦う相手として残っているのは、プロヴェラと飢えたマントヴァ守備隊だけであった。プロヴェラ率いる九〇〇〇の軍勢がアディジェ川を渡り、マントヴァ市街に向かうのを阻止するには、ボナパルトとマッセナの到着はあまりに遅すぎた。オーストリアの将軍は行軍を妨害しようとするオジュローの攻撃を巧みにかわし、この過程で二〇〇〇の兵を失いながらも、残りの軍勢は一五日にマントヴァから視認できる領域内に入った。しかし、市街に通じる道は堅く封鎖されていた。セリュリエ部隊がラ・ファヴォリットとサン・ジョルジョ要塞を確保しており、道は両方とも遮断されていたのである。

一六日、ヴュルムザーはプロヴェラと連絡を取ろうとして、町から最後の出撃を試みた。だが、これもまた撃退され、午後にはボナパルトがオーストリア軍の後方に追いついてきた。プロヴェラはなす術なく、ラ・ファヴォリットで六〇〇〇の兵とともに降伏した。

ボナパルトは五日間におよぶ戦闘と行軍で、四万八〇〇〇の兵力を誇ったオーストリア軍をわずか一万三〇〇〇の敗軍に変えてしまった。これを成し遂げたのは、ひとえにフランス歩兵たちに見られた見事なまでの忍耐と勇気である。たとえばマッセナ師団は、一三日にヴェローナで一戦を交えた後、夜通しの強行軍で一四日の早朝にはリヴォリに到着し、そこで丸一日アルヴィンチと戦った。そして夕方には再び道を引き返し、同日の夜間と翌一五日を昼夜兼行でマントヴァへ向かい、一六日にラ・ファヴォリットの小戦闘で任務を果たし終えた。このように兵士たちは一二〇時間で三度の戦闘をくぐり抜け、五四マイル（八六・四キロ）を走破したのである。これは驚くべき偉業であり、師団長が後の称号であるリヴォリ公爵に値したことは間違いない。栄誉に関して彼に唯一匹敵しうる者はジュベールだが、この才気溢れる将校は、帝政期に分け与えられた称号を共有できるほど、長く生きられる運命にはなかった。

アルヴィンチとプロヴェラ軍の壊滅は、ヴュルムザーが守るマントヴァ要塞の陥落を意味した。救援の望みを絶たれながらも、この老戦士は同月の末まで抵抗し続けた。だが、一七九七年二月二日、ついに大要塞はフランス軍に手渡された。三万の守備隊のうち、自力で歩いて捕虜になった者は一万六〇〇〇のみであった。ボナパルトは正当にも、降伏文書を受ける名誉をセリュリエに委ねた。また彼は、騎士道の流儀として、ヴュルムザーの健闘を讃えたばかりか、このオーストリア将軍が護衛の一団を引き連れて、かつ勲章のすべてを身に付けて、自由の身で市街から離れることを許可したのである。

マントヴァの陥落によって、フランス軍の北イタリア征服は事実上完了した。結果としてオーストリア軍はアルプスの彼方に追い払われ、ボナパルトは意のままに自身の成果を固め、また広げることができた。セリュリエがヴュルムザーからの降伏を受け入れた同日に、総司令官は教皇領への途上にあった。トレントを確保するためにジュベール麾下の一万を残すと、ボナパルトは九〇〇〇の軍勢とともにロマーニャ地方を通り抜け、教皇にトレンチーノ条約を無理やり受諾させた。これによって、総裁政府に三〇〇〇万フランが供与され、対オーストリア戦争をさらに遂行することが可能になった。というのも、リヴォリの大敗やマントヴァの喪失にもかかわらず、オーストリア政府はフランス政府との話し合いを拒否し、別の軍団を召集し始めて、それを随一の名将カール大公の指揮下に委ね始めたからである。イタリアは難なくフランスの手中に収められたが、戦争での勝利はまだ得られていなかったのだ。

第11章　レオーベンへの進撃

マントヴァ陥落後のフランス軍は五万五〇〇〇の人員を擁するのみで、ウィーンに向かって進撃するには充分な兵力とならなかった。しかし翌月になると、総裁政府は軍事情勢の実相をようやく認識し、戦争行使に関する原案を急遽変更した。これまでのイタリア戦線では優先的に増援を受けることがなかったが、ボナパルト将軍が収めた成功と、彼より年配の同僚たちがドイツの主戦線で喫した敗北は、もはや無視できないほどの好対照をなしていた。結局、厭戦気分が漂うフランス政府は優先順位を逆にしたのである。ベルナドットとデルマの師団を配置転換することによって、ボナパルトは八万に兵力を増強されることになり、今後は彼の作戦がフランスの主要努力（ライン流域における圧迫を和らげ、結果としてウィーンとの間に有利な和平を結ぶ）とみなされるようになった。

だがいかにも彼らしく、ボナパルトは援軍のすべてが到着するまで、攻撃を遅らせるつもりはなかった。彼の知るところでは、カール大公は少なくとも五万の部隊をフリーウリとチロルに集結させていた。二月下旬にはこれらの兵力はなお広範囲に分散していたが、一週間、二週間と過ぎる度に帝国の司令官には軍の配置を改善し、さらなる人員を募る機会が与えられた。急襲が始まる前兆が明らかに感じられた。このためフランス総司令官は、フリーウリ地方を通ってウィーンに攻撃をしかける方法を選んだ。ボナパルトは決して相手の実力を侮っておらず、彼の戦役計画には相当な警戒心が反映されていた。つまり、実働六万を数えるフランス部隊の少なくとも三分の一はジュベールの麾下に入り、アヴィゾ川沿いにチロル地方を警戒した。ボナパルトの計算では、オーストリア軍の予期せぬ攻勢がこの旧道を南下するかたちで開始されたとしても、ジュベールは後退戦術を採用し、カステル・ヌオヴォに退くまで最低一〇日間は持ちこたえられるはずであった。その間にボナパルトは、フリーウリ地方に沿った進軍ラインを放棄し、ブレンタ峡谷を強行軍で北上することによって、トレントで敵の背後に自軍を配置できるわけである。もちろん、これは非常時の計画に過ぎなかった。万事が順調に運べば、掎角となったフランス攻撃軍（ボナパルトとジュベール）は各々の軸に沿って前進し、ついにはウィーンに向かって最後の突進をかけるべく、ドラウ川の峡谷で合流する予定であった。

準備段階の作戦が開始されたのは二月の最終週であった。このとき、マッセナ、ギウ（オジュローの代行）、ベルナドット、さらにセリュリエの各師団はブレンタ川を渡り、無力なオーストリアの警備隊をプリモラノに追い払った。そして、この町も三月一日には陥落した。こうした成功によりトレントへの道が開かれ、ボナパルトの警戒態勢は万全となった。イタリア方面軍の行く手には、主要なアルプス山脈の絶壁に囲まれた隘路が立ちはだかっていたが、何本かの重要な峠から雪が払われるまで、攻撃の本隊は一週間の遅滞を余儀なくされた。本隊の前進が再開されるのは、ようやく一〇日になってからのことであった。

ボナパルトは諜報筋から、カール大公がスピリンベルゴとサン・ヴィートのふたつの町の間に主力部隊を集結させていることを知り、このオーストリア総司令官が後退戦術をとりながら、フランス軍を荒れ果てたアルプスの山中に誘い込もうとしていると推測した。帝国軍は四つの退路を選択できた。まず最初の退路はタリアメント峡谷であり、第二はイソンゾ川を北上しタルヴィス大峠に通じる道であった。また第三の退路はライバッハとクラーゲンフルトの間に伸びており、最後はムール川沿いにマルブルクからグラーツ経由でブルックに至るルートであった。続く数週間では、ボナパルトはこれらの各峡谷を順番に封鎖する作業に取りかかった。

第一段階の行軍として、フランス軍はサチレを通ってヴァルヴァソーヌに向かう予定であった。三万二〇〇〇の軍勢はウィーンへの主要道路に沿って進み、一方でマッセナは一万一〇〇〇を超える兵をもってアルプスの麓にとどまり、左翼を警戒するとともに、チロル方面から襲撃を企てようとするカールを阻止した。一四日、マッセナはセラヴィル近郊でルシニャン率いる少数の軍勢を打ち負かし、翌日には激しい小競り合いの後、サチレに位置する本隊の前衛と合流した。最初の大障害であるタリアメント川は、ほとんど目と鼻の先であった。三月一六日、重砲兵による砲撃に援護されて、ギウとベルナドットは怒涛のように川に押し寄せた。彼らはオーストリア軍の不意を打ち、六門の大砲と五〇〇名の兵士を捕獲した。帝国軍はウディーネに後退し、ボナパルトは敵の第一線を首尾よく突破したのである。

フランス軍は大公に息つく間を与えず、彼をイソンゾ川の境界まで追撃し、一方でマッセナはタルヴィスへと進軍した。ルシニャンはこの町を見下ろす山峡を死守していたが、援軍としてカールは三個師団を派遣した。だが、部隊の到着があまりに遅れたため、ボナパルトがその背後に移動すると、すぐに援軍自体が前後からの挟撃を受けてしまった。兵士の大半は山中に逃げ込み、捕虜になることを逃れた。しかし三二門の大砲、四〇〇台の車両、五〇〇〇人の捕虜がフランス軍の手中に落ちた。この間、ベルナドットはライバッハに退却するオーストリア軍の一部を追撃しており、またデュガ将軍は少数の騎兵隊をもってトリエステの大兵器廠を占拠した。かくして、オーストリア軍は二組目の連絡線を放棄せざるを得なかったが、ボナパルトもまた、自軍の連絡線の長さに次第に不安を募らせていた。彼は安心を得るために、パルマ・ノヴァに新たな作戦本部を設立し、次なる行動の拠点として用いようとしたのである。

この頃、ジュベールはチロルにおいて相当な成功を収めつつあり、ボーツェンまで軍を進めていた。ボナパルトは、いまや第三次の攻撃に着手する時機だと察知した。今度の目標はクラーゲンフルトであった。インスブルックからブレンナー峠に移動中のオーストリア軍によって、自軍主力の左翼が攻撃されることを防ぐために、ボナパルトはジュベールに命じて、主要道を横切ってブリッセンを占領させた。三月二九日、本隊はマッセナ、ギウ、そしてシャボ（病気が再発したセリュリエに代わり指揮権を引き継いだ）の三個師団とともにクラーゲンフルトに入った。これによりボナパルトは、ドラウ川とピュスター峡谷を下ってジュベールと連絡を取ることが可能になった。しかしクラーゲンフルトに至ると、フランス軍の勢いは枯渇してしまった。というのも、ブリッセンとイソンゾ川流域には両翼を警戒する大規模な分遣隊が置かれ、さらに遠く離れたロマーニャ地方にはヴィクトールの別軍が送られたため、もはやボナパルトはウィーンへの進撃を続けるだけの充分な兵力をもたなかったのである。遠方にある諸軍団を束縛から解いて再び本隊と合流させるべく、若い総司令官はすべての連絡線を放棄するという果断を下し、新作戦本部をクラーゲンフルトに設置した。ジュベール、ベルナドット、ヴィクトールはみな新たな中心地に集結するように指令され、フリアン率いる一五〇〇の軍勢のみがトリエステを警戒するために残された。

しかし、ここでさらなる難事が発生した。ウィーンへの進撃を成功させるには、ボナパルトとモローが協調行動をとり、イタリアおよびライン方面軍が同心円上に前進することが必要であった。だがモローに攻撃の兆候は見られず、ボナパルトは厄介な苦境に立たされた。彼は単独でウィーンに進めるほど強力でなかったが、もし自軍がクラーゲンフルトで停止（もしくは撤退）するならば、戦役は失敗に終わってしまうのである。数日が過ぎてもイタリア方面軍は次の行動に移れず、一方でオーストリア軍の士気は着々と高まりつつあった。

武力のみで目的を成就できないと悟ると、ボナパルトは外交手段に転じた。三月三一日、彼はカール大公に停戦を求める請願を送った。これは、そこから得られる猶予期間によって、モローに攻勢をとらせる時間を稼ごうとしたものである。フランス総司令官が強い立場で交渉しているという印象を与えるために、イタリア方面軍は敢えて進撃を行い、四月七日にはレオーベンを占領した。前衛部隊はゼメリンク峠に達し、北方七五マイル（一二〇キロ）先にあるウィーンの尖塔や高櫓をかすかに視野に捉えた。同日、オーストリア軍は五日間の停戦に応じた。

しかし、これは問題の一時的な解決策でしかなかった。事実、まもなく状況は確実に悪化し始めた。モローの攻撃はなお遅れており、一方でジュベールとベルナドットが主戦場に向けて軍を漸次撤退させた結果、チロルやヴェネチアには千載一遇の機会が訪れていた。ボナパルトは再び外交手段に頼った。一三日、彼はさらに五日間の停戦延長を確約し、そして一六日には、総裁政府の全権大使であるクラルク将軍の到着を待たず、彼自身の権限ですべてが揃った正式交渉の枠組みを提示した。帝国の宮廷が躊躇したため、緊張が高まった。もし、ライン川流域のフランス軍が移動したという報が入らず、シェーンブルン宮殿からの色よい返事がないまま四月一八日を迎えたならば、ボナパルトの弱点は露呈され、賭けは失敗に終わったであろう。だがまさに最終日になって、オーストリアは屈服した。帝国の大臣たちは、オッシュとモローがライン川を越えようとしていることを知り、皇帝にレオーベン仮条約の調印を薦めた。いくつかの条項はその後、一七九七年一〇月一七日に締結されたカンポ・フォルミオの和約で修正されるが、ボナパルトの原案は大部分が採用された。この結果、皇帝はフランスへのベルギー割譲に合意し、共和国によるライン川左岸とイオニア諸島の領有を認め、さらにミラノ、ボローニャ、モデナを統合して成立させる新チザルピナ共和国を承認した。その代わりに、フランスはヴェネチア共和国、イストリア、ダルマツィア、そしてフリーウリ地方をオーストリアに引き渡すことを約束し、シェーンブルンの政府にイタリアにおける足場を放棄させた。これらは事実上、将来の戦争に対する担保となってくれるわけである。

レオーベンの合意は、長きにわたって激戦が繰り広げられた一七九六〜九七年のイタリア戦役に相応しい幕切れとなった。短期間の休息をはさんで、作戦は一二ヶ月以上も続いた。関与した者すべての疲労困憊ぶりは、再度の従軍を不可能にするほどの重病が高い割合で発生し、兵士のみならず高級士官をも苦しめたことに示されている。戦いはほぼ毎回のように苛烈さを極めた。というのも、オーストリアの正規軍は時代遅れの教義から歯応えのない相手であったが、なかには凡庸とは程遠い将軍が多数存在したからである。フランスの市民兵は、帝国軍の「歩くマスケット銃」を嘲笑したかもしれない。だが、この相手を打ち負かすためには、彼らは名高い「はずみ《エラン》」や知恵を総動員しなければならなかった。そして計略と用兵において敵将を凌駕するためには、何よりナポレオン・ボナパルトという新進の奇才を必要としたのである。

第12章　成功の尺度

軍人としてのナポレオンの経歴をいかなるかたちで理解するにせよ、第一次イタリア戦役の教訓と軍事的意義は最大の重要性をもっている。野戦軍を正しく用いる方法に関して、彼が既に公式化していた理念を試すのはこれが最初であった。トゥーロンでの挿話と、一七九四年のリグリア海沿岸での短い戦役を別にすれば、それまで彼には個人として大規模な実戦経験があまりなかった。彼の見事な想像力と驚くべき推理力とは、こうした欠点を埋め合わせるに充分であったが、当然予想されたように、独立権限のリーダーシップが最初に試された今回のイタリア戦役で、若いボナパルト将軍は多くの過ちを犯してしまった。

彼はふたつの境遇において幸運であった。まず第一に、彼は無の状態から新軍を創設する必要がなかった。初めて指揮を執ったときには、明らかに食糧と装備が欠乏し、また士気も低下していたが、彼は潜在的には良質の軍団をシェレールから受け継いだのである。加えて、マッセナ、オジュロー、そしてセリュリエといった師団長たちは、みな確かな実績をもつ百戦錬磨の軍人であった。初期におけるボナパルト将軍の成功は、ほぼ全般的にこうした事実を基盤としている。また第二に、一人前になる途上で出会わなければならない好敵手に関して、彼は確実に恵まれていた。戦役の第一段階を通じて、彼が対戦したのはボーリュー、コッリ、アルジャントーといった、みな凡手の軍人だけであった。後になると、彼はかなり有能なヴュルムザーやアルヴィンチと戦うが、彼らは先任者よりも強い気概を示したとはいえ、実際のところオーストリア軍のなかで最も傑出した恐るべき司令官ではなかった。結果として、青二才のボナパルトは敵将がその都度犯した重大な誤謬に助けられ、同時に彼自身の過ちによる最悪の結果を切り抜けることができたのである。

若年期のボナパルトの長所と短所を敵軍のそれと比較することは、興味深いだけでなく有益でもある。百歩譲って、彼が戦役の様々な段階でいわゆる戦争原理のいくつかを破ったと仮定するならば、敵側は間違いなく、これをさらに上回るほど常軌を逸した誤りを犯したことになる。また防衛に関して、ボナパルトはその真髄を知り尽くしていたと言えなくもない。だが敵の失敗は、職業的能力を欠き、過ぎ去った時代の軍事思想にあまりに強く執着していたという点を除くと、説明することができなくなってしまう。

もし作戦の背後にある全体の目的が明確に考慮されず、また堅く固守もされなければ、いかなる軍事遠征も効果的には成し遂げられないであろう。一七九六年四月の段階でのボナパルトの初期の目標については、ほとんど批判の余地がない。まったくの必要に迫られて、イタリア方面軍は正真正銘の二者択一に直面しており、「ロンバルディアにたどり着くか、それとも餓死するか」の瀬戸際にあった。コッリからボーリューを引き離し、次いで後者に対して全力を集中させる方法によって、ボナパルトは軍の死活に関わる任務を首尾よく遂行したのである。だが続く九ヶ月間では、明確な徴候として、若い将軍には初期に示したような単純な発想に基づいた行動がとれなかった。彼は後年、戦争の主要な目的は敵の野戦軍とともに彼らの抵抗の意志をも破壊することだ、とつねに言い張っていた。ところが今回の戦役では、この二点はいずれも達成されなかった。モンテノッテやロディの小戦闘からカスティリョーネ、アルコレ、そしてリヴォリの大戦闘に至るまで、彼は一ダースに近い合戦に勝利しながらも、実際にはオーストリア軍を撃破していなかったのだ。もっとも、その全責任が彼ひとりにあったとは言い切れない。フランス政府はことのほか怠慢であり、一七九七年の春までイタリア方面軍に差し向けられる増援は不充分であった。それゆえボナパルトは、一年の大半を戦略的防御に費やさなければならず、ヴュルムザーやアルヴィンチ伯によるオーストリア軍の連続攻撃（あまり巧妙には行われなかったが）に対して前線を保持するために、かつてないほどの無謀な非常手段に訴えたのである。

それでも、ふたつの側面から彼は批判されてしかるべきであろう。まず第一に、マントヴァ大要塞の占領を強く望んだために、貧弱な資源をふたつの背反する目標（敵野戦軍の撃破と、攻囲による敵守備隊の弱体化）に対して振り分けてしまった。ライン地方からオーストリア軍を引き寄せるために、ボナパルトが敢えてマントヴァを磁石代わりに用いたかどうかは、議論の余地がある。しかし、彼が二度にわたって攻囲を解かなければならず、またオーストリア軍の猛攻撃を耐え抜くことにひどく苦労したという事実は、安全に関する余裕がいかに限られていたかを示していたと思われる。そしてこのことは、ふたつの行動方針の選択に躊躇したという意味で、彼がある程度過ちを犯したとする批判の裏付けにもなろう。もっとも、彼は最後の手段として、野戦行動を優先させなければならないことは明確に把握していたのだが。また第二に、ボナパルトは一七九六年秋に総裁政府の命令（モロー将軍とチロルで合流してウィーンに合同で進撃することを要請する）を即座に放棄したが、この行動を弁護するのは困難である。ブレンタ峡谷の下流へと向きを変え、オーストリア軍を追撃しているとき、彼は間違いなく命令に背いており、また帝国宮内法院やヴュルムザー自身の野望に応じていたのだ。事実マントヴァは、オーストリアの将軍たちにとってそうであったように、ボナパルトにとっても命運を握る好餌であった。イタリア方面軍が当初の戦略に立ち戻り、ウィーンに向けて出発するのは、一七九七年二月に要塞が陥落してからのことである。このときでさえ、ボナパルトは敵軍に見られた抵抗の意志を挫いていなかった。レオーベンの休戦条約とそれに続くカンポ・フォルミオの和約は、実のところあまり当てにならず、それゆえ一八〇〇年には北イタリア征服を完遂するための作業が再び開始されるのである。

もちろん、目的の選考と継続という観点からすれば、相手側の足跡はさらにお粗末なものであった。確かに信条を最後まで貫き通し、事実上七ヶ月の間に四度の大攻勢を次々と試みたことに関しては、オーストリア軍の行動は見事である。しかし帝国宮内法院は、その努力の真の目的を致命的にも見誤っていたのである。数的に劣勢で、かなり分散しているフランス軍を駆逐または撃破するために全力を傾けず、彼らは第一の優先順位をさしあたりマントヴァの救援に置いていた。これを永続的に成し遂げる最善策は、野戦においてイタリア方面軍を打ち負かすことにあるのだが、彼らはおそらくそれに気づかなかったらしい。既に見たように、ヴュルムザーは、七月にマントヴァ市街へと向かう途上で勝利を重ね、フランス軍に攻囲を断念させた。しかし彼はこのとき、移動してボナパルトを探し出す以前に、マントヴァ周辺で数日間立ち往生してしまったのだ。

こうした遅滞により、まさにフランス軍は集結するための充分な時間と、戦うための充分な人員を得て、ロナトとカスティリョーネの戦闘に勝利した。ヴュルムザーと同僚たちは到達地点から追い返され、ボナパルトは要塞攻囲を再開することが可能になった。二ヶ月後に始まる二度目の試みでは、幾分無謀なやり方ではあったが、ヴュルムザーはまたしてもマントヴァに進路を向けた。だが結果として、これは彼自身が城壁内に閉じ込められ、既に枯渇していた守備隊用の貯蔵物資に無理な負担を強いるだけに終わってしまった。同様に、アルヴィンチもまたマントヴァ救援に赴いたが、プロヴェラの援軍が城壁を目の前にして降伏を強いられたとき、この最後の攻撃も幕を閉じた。この一年の間を通じて、マントヴァという好餌は、オーストリアの野戦軍にとって命取りの魅力を放ち続け、彼らを次々と高い代償についた失敗へと導いてしまったのである。

しかしながら、注意を分散させた点でボナパルトが多くの批判を浴びるにせよ、オーストリア軍に絶えず重圧を与えていた点に関しては、彼の足跡は文句のつけようがない。自軍が数的に劣勢であり、またライン戦線におけるフランス主力軍の攻勢が頓挫したという事実から、ここで検討している時期の大半を通じて、彼は戦略的防御をとらざるを得なかった。にもかかわらず、彼は一日たりとも戦術レベルの攻撃を放棄することがなかった。彼は中央に位置する利点を最大限に活用し、相手の戦意を砕き、その任務を断念させるまで、兵力に勝る敵に対して休まず攻撃と反撃、さらに追撃や撹乱を行ったのである。アルコレやリヴォリ（これらはほんの一例に過ぎないが）といった戦役の様々な局面でボナパルトがとった行動は、彼の能力が疑う余地のないものであることを立証している。他方、オーストリア軍の足跡は正反対の様相を呈していた。マントヴァの守備隊は、名ばかりの攻囲軍に対してしばしば数のうえでは有利に立っていたが、ボナパルト将軍が封鎖のための軍勢を呼び戻さなければならなかったときでさえ、行動を起こす気配を見せなかった。ただ勇猛なヴュルムザー伯爵が、自身が市内に籠城を強いられた期間を通じて、より攻撃的な精神を鼓舞しただけであった。全体としてオーストリアの前線指揮官たちは、有利な状況が彼らに強く味方しているときでさえ、適切な主導権や積極的な態度を示さなかった。たとえば、ダヴィドヴィッチは退却中のヴォーボワ師団を最南端まで追い込もうとしなかったが、一一月のこの決定的な数日間に、まさにボナパルトがアルヴィンチに対してアルコレの戦いを完結させようとしていた。オーストリア軍はかかる怠慢によって、明らかに戦役のこの局面において高い代償を払わされたのである。これ以前にも、ヴュルムザーがカスティリョーネを目前にして逡巡したという、同じような事例が見受けられる。他方でボナパルトは、取り返しのつかないほど死傷者を出したり、自軍の消耗を増大させたとしても、間違いなく敵に対する攻撃の続行に全力を尽くし、またそのような機会を一瞬たりとも逃さなかった。

ナポレオンによる基本格言のひとつは、然るべき場所と時間（これは戦場という言葉に置き換えられる）に軍を最大限に集中させることが何よりも重要だと力説している。第一次イタリア戦役のもうひとつの顕著な特徴は、実働の兵員をできる限り大量に戦場に投入するため、ボナパルトがつねに工夫を凝らしていた点にある。これに対してオーストリア軍は、再三にわたり誤った考えに基づく戦略様式に固執しており、最終的にはフランス軍の術中に陥ってしまった。マントヴァを救おうとした四度の試みでは、いずれの場合も総司令官が自軍を孤立したいくつもの部隊に分け、それぞれの行軍路に沿った道筋を選ばせた。自軍の共同行動は不可能になるが、これはボナパルトの注意をそらし、フランス軍を分散させることを狙ったためである。しかし、主戦場において圧倒的多数の軍勢を用いる機会を放棄してしまい、兵力を節約するという原則をも破った結果、彼らの各部隊は単に各個撃破の憂き目に遭うだけであった。

イタリア方面軍の総司令官は、行軍時におけるフランス軍兵士の戦術的柔軟性と見事な実績によって、動きが緩慢で発想が旧態依然とした相手を出し抜き、また困惑させることができた。ボナパルトはつねに敵が予期せぬ場所に出没した。彼はボーリューの遥か後方でポー川を渡ろうとしたり、またアルヴィンチの連絡線を遮断する地点に布陣して、ヴェローナの救援を試みたりした。さらにアルコレから北方へと急行し、壊滅状態にあるヴォーボワの前線を補強したこともあった。機動性と奇襲は、我らがコルシカ人に成功をもたらしたふたつの主要因であり、彼はそのおかげで、完全なる勝利の機会を致命的に取り逃すこともなく、さらには矢継ぎ早に到来する多勢の敵軍に対抗し得たのである。オジュローはカスティリョーネの戦場に急行し、マッセナはリヴォリの戦場へ、さらにそこから引き返してマントヴァへと絶え間なく行軍を続けた。これらもまた、フランス軍の機動力と忍耐力を示す事例である。対照的に、オーストリア軍は作戦行動でフランス軍を凌駕しようと腐心したが、彼らは絶望的なほど鈍重で、かつ歩調も揃っていなかった。

管理面に関しては、両軍ともに際立ったものがなかった。大抵の場合フランス軍は飢餓状態にあり、食糧を探す必要性は深刻な無規律を生み出し、また第二次デゴ会戦の直前のように、兵士レベルの消耗にもつながった。同様に、アルヴィンチがリヴォリで勝機を逸したのは、まさに配給量の誤算からであった。フランス軍は膨大な精力と時間を費やして、ポー川流域に多数存在する水の要害上に橋や浅瀬を探し回ったが、フランス政府はボナパルトの軍団に対して、浮き橋を搭載した架橋車両（この問題を軽減しうる）を与えようとはしなかった。ロディ、ロンコ、そしてアルコレ等の橋をめぐる激戦は、果たして必要であったかという疑問も残される。というのも、いずれの場面においてもまもなく近隣に浅瀬が見つかったからである。おそらくボナパルトは、彼の躍動感に富む行動のなかで、時間を浪費する橋の建設があまりに退屈な作業だと考えたのであろう。

ボナパルトは、自分に対する崇拝にも似た愛着を吹き込むことによって、兵士の心をひとつにまとめあげ、己のために奉仕させた。何にもまして、彼の成功を可能にしたのは、この点での比類なき才能である。彼本人の精神状態は、折々においてかなり異なっていた。彼はロディの後、普通に死んでいく他の人間よりも、自分が高い次元に位置しているように思えた。またカスティリョーネの直前では、躊躇したり、鬱《ふさ》ぎ込む場面が見られた。そしてこの状態は、アルコレを目前に控えた大事な数日間にも繰り返されている。だが兵士に関する限り、彼らを行軍によって疲弊させ、食糧や給与をほとんど与えず、さらにその勇気と忍耐を不断に強いたにもかかわらず、ボナパルトはロディ以降から崇拝の対象になっていた。不可欠の個人的紐帯が作り上げられ、このために彼の部隊は、「ボナパルト万歳！」と叫びながら、死地に向かってさえ突き進んだのである。

様々な観点で、イタリア戦役はひとつの時代の終焉を意味した。フランス革命軍は、いまや隠れた逸材というべきひとりの将軍によって初めて統率されたが、その活力とイデオロギーを前にして、一八世紀に見られた制限戦争の日々は早々と幕を閉じた。歴史上最も偉大な名将のひとりが、この期間を通じて登場してきたわけである。一七九六年の三月、ナポレオーネ・ブオナパルテは、フランス国内の比較的限られた人士の間でしか知られていなかった。だが一年が過ぎると、彼の名はヨーロッパ中を席捲する常識語となっていた。とはいえ、レオーベンの後でさえ、大きな帽子を被り、不格好に靴を履く痩身の若僧（パリ社交界の気取り屋たちは「長靴を履いた猫」という渾名をつけた）のなかに、将来ヨーロッパの三分の二を支配し、旧君主国に鉄槌を喰らわす姿を看取した者などほとんどいなかった。しかし戦場での実績によって、彼は間違いなく卓越した軍の指揮官として認知されており、その軍歴が輝かしいものになることは、誰もが予見するところであった。フランスのすべての将軍のうち、いまや彼に匹敵する人気を博しているのはモローひとりに過ぎなかった。アジャクシオやブリエンヌでの貧乏同然の生活から見ると、そこにはもはや隔世の感がある。若鷲は両翼を広げ、未来は運命とともにあった。マッセナ将軍は鋭敏にも（どこか粗野でまた文法を間違えているが）書き留めている。「この将軍のちび野郎は、ヤツらを恐怖に陥れていた[37]」。

（1）*Correspondence*. Vol. I, No. 91, p. 107.
（2）R. de Clery, *Lasalle* (Paris, 1899), p. 11.
（3）Yorck von Wartenburg. *Napoleon as a General* (London, 1902), Vol. I, p. 26.
（4）R. W. Phipps, *The Armies of the First French Republic* (Oxford, 1935-39), Vol. IV, p. 17.
（5）Marshal A. F. V. L. Marmont. *Memoiren* (Porsdam, 1857), Vol. I, p. 80.
（6）*Correspondence*, Vol. I, No. 234, p. 187.
（7）*Ibid*., No. 337, p. 236.
（8）Phipps, *op. cit*., Vol. IV, p. 34.
（9）Markham, *op. cit*., p. 28.

（10） Marmont, *op. cit.*, Vol. I, p. 89.
（11） *Correspondence*, Vol. I, No. 421, p. 279.
（12） Phipps, *op. cit.*, p. 39.
（13） C, de Laugier, *Mémoires* (Paris, 1853), p. 87.
（14） A. N. Delavoye, *Life of Thomas Graham, Lord Lynedoch* (London, 1880), p. 115.
（15） E. Adlow, *Napoleon in Italy* (Boston, 1948), p. 77.
（16） Phipps, *op. cit.*, Vol. IV, p. 46.
（17） Delavoye, *op. cit.*, p. 120.
（18） *Correspondence*, Vol. I, No. 806, p. 504.
（19） A. G. MacDonell, *Napoleon and his Marshals* (London, 1950), p. 15.
（20） Phipps, *op. cit.*, Vol. IV, p. 73.
（21） M. Reinhard, *Avec Bonaparte en Italie* (Paris, 1946), p. 123.
（22） *Correspondence*, Vol. II, No. 1170, p. 103.
（23） *Ibid.*, No. 1182, p. 110.
（24） *Ibid.*, No. 1180, p. 106.
（25） C. Botta, *Storia d'Italia del 1789-1814* (Rome, 1826), Vol. II, p. 120.
（26） *Correspondence*, Vol. II, No. 1182, p. 110.
（27） *Ibid.*, Vol. XXIX, p.159.
（28） Phipps, *op. cit.*, Vol. IV, p. 114.
（29） *Correspondence*, Vol. XXIX, p.159.
（30） K. von Clausewitz, *La Campagne de 1796 en Italie* (Paris, 1899), p. 229.
（31） T. A. Dodge, *Napoleon* (New York, 1904), Vol. I, p. 376.
（32） *Correspondence*, Vol. II, No. 1377, p. 238.
（33） *Ibid.*, No. 1379, p. 239.
（34） *Ibid.*, Vol. XXIX, p. 214.
（35） Phipps, *op. cit.*, IV, p. 131.
（36） *Ibid.*, p. 133.
（37） General M. Weygand, *Histoire de l'Armée Française* (Paris, 1938), p. 225.

第3部　ナポレオンの戦争術

その戦争哲学、戦略および会戦手法の分析、発想の原点

序　達人の金言

古来より、人間のあらゆる営みのなかで、戦争ほど不愉快かつ非生産的なものはない。スコットランドの古いことわざは云う。「戦争が始まるとき地獄の門が開く(1)」と。同じ感慨は、二〇〇年の後にウィリアム・ティカムジ・シャーマン——アメリカ南北戦争における勇猛な軍人——がオハイオ州コロンバスでの演説で繰り返している。「今日ここにお集まりの多くの青年諸君、君たちは戦争をまったくの栄誉と考えているだろう。しかし諸君、戦争とは地獄以外の何ものでもないのだ(2)」。健全な人間なら当然避けたいはずの痛みや残酷さにもかかわらず、実に多くの人間が戦争の強烈な魅力の虜になってしまう。偉大な小説家トマス・ハーディは「……戦争が極めて面白い物語を生む一方、平和は読み物としてはつまらない(3)」と述べた。それどころか、戦争を学問として学ぶ者にとって、名将たちの勝利の秘密を知る（あるいは彼らの敗北の理由を知る）という野心をもって戦史にあたることは、魅惑的なことでさえある。むろんそのためには、名将たちの遺した手記や彼らの行動についての綿密な分析が必要になるのだが。

その意味において、ナポレオンの戦争方法は研究対象として最も実り多く、それでいて極めて厄介であるといえる。ナポレオンの戦法は、過分の評価を慎重な見方をまじえつつ、歴史家や評論家から大きな関心をもって見つめられてきた。とはいえ、今日に至る研究において最も客観的かつ的確な分析といえば、フランスの著名な歴史家、H・カモン将軍とJ・コラン少佐の著作（参考文献表を参照）をおいて他にない。ナポレオンの同時代人のなかでは、天才ナポレオンについてともかくも理解し得たのはわずかにふたりだけであった。ひとりはジョミニ男爵である。彼はナポレオンの幕僚にあって公式の歴史家として仕え、一八一三年に連合軍に敗れるまでネイ元帥の幕僚長であった。彼はナポレオンの基本的な思想のうちのいくつかを理解するに至っていたが、残念ながら後年の著作における議論は、一八世紀的な概念に留まってしまっている。もうひとりは、プロイセン人のフォン・クラウゼヴィッツである。彼は三巻におよぶ有名な著作『戦争論』（この書物はその後、フォン・モルトケやフォン・シュリーフェン伯爵といったプロイセン軍参謀にとって戦争のバイブルとなった）

において、ナポレオンの戦争方法の要諦を大々的に採り入れている。しかし、後述するが、彼は肝心の「背後への機動作戦」の意味を完全に取り違えてしまっているのだ。

ナポレオン研究について何らかの論評を試みるものは、ひとしく大きな困難に直面する。ナポレオン自身が自分の戦法を明確なかたちで体系立てなかった（少なくとも文字にして残してはいない）からだ。このことはナポレオンが同時代人、元帥にさえもあえて戦争術を教えなかったことにも起因している。とはいえナポレオンの天賦の才が理論的というよりむしろ実践的であったところにそもそもの原因があったといってよい。事実、彼の戦争方法には驚くほど多くの変化や応用が見られる。そして、かかる事実を根拠として、ナポレオンにいかなる「体系」をも認めないというのはたやすい。なるほどナポレオン自身、「余は作戦計画など立てたことがない（この言葉の真意は、前もって練られた計画にとらわれなかったということであるが）」と断言していることからも、このような結論にはそれなりの説得力があるようにも思える。しかし、膨大な『書簡集』を精読してみるならば、ナポレオンがそれとは全く逆の考え方をもっていたということを見いだすことができるであろう。ナポレオンの公式書簡には矛盾する発言が散見されるし、あたかも人間のあらゆる活動について、どれほど極端で独断的なものであっても、それらを正当化する言葉を聖書に見いだすことができるように、矛盾するほとんどすべての戦闘行為を弁護しているようにも見える。さらに困ったことに、得てしてナポレオンは言葉に軽率で、文意が曖昧になる向きがあり、その真意が誤解されやすくなってしまっている。

ナポレオンはコルシカ島の出身であり、フランス語の複雑で繊細な言いまわしを充分に身につけることが最後までできなかった。たいていの場合、彼の命令は口頭で早口に発せられ、これを一字一句書きとめた側近が総参謀長ベルティエに速記メモを渡し、そこで初めて指令が成文化されていたのである。ベルティエは軍団の司令官に明確で的を射た命令を与える才能を持っていたが、実のところ優秀な首席事務官以上の人物ではなかった。彼自身が嘆息とともに次のように言っている。「私は軍隊のなかでは何者でもない」。「私は皇帝の名において元帥の報告を受け取り、皇帝のためにその命令に署名をしているにすぎないのだ(4)」と。しかも、この役割を一手に引き受けたベルティエは、物事をまさに文字通りに受け取る人物であり、ナポレオンの命令を一言たりとも変更しようとはしなかった。その結果、逆説的に時として命令にわずかばかりの誤解が生じてしまったのだ。ナポレオンの書き遺したもののなかに偉大な将帥にふさわしい名言を探そうとした後世の軍事研究家たちの困惑は、深まるばかりだったのである。

困惑させられる実例をひとつ挙げてみよう。ナポレオンの最も知られた金言のひとつに次のようなものがある。「戦争の原則は、包囲戦のそれに等しい。火力は一点に集中されねばならぬ。突破口が開かれるや均衡は崩れる。他には何ひとつ残らぬ(5)」。B・H・リデル＝ハート大尉が指摘するように、後世の軍事研究家たちは「一点」というくだりにのみ注目し、後半の「均衡」という言葉にポイントがあったことを看過していた。ナポレオンが強調したかったのが、この「均衡」の語にあったことは疑いの余地がない。というのも、勝利の栄光は敵軍の「均衡」を崩すことによって得られるからだ。攻撃を一カ所に集中し突破口を開くなどということは単なる手段に過ぎない。真の目的は抵抗を続ける敵軍の戦意を心理的に喪失させることにあるのだ。しかし、たったひとつの単語に起因する誤解はこれだけではない。「点」という言葉についても論争が喧《かまびす》しい。ナポレオンが指しているのは敵軍の戦列の最も強力な部分であると主張する学派があったかと思うと、最も弱い部分のことであると指摘する学派が出る始末である。しかし、この言葉のもとになった実際の戦い（一七九四年のピエモンテ遠征）をつぶさにみてみると、ナポレオンが用いるべきは「点」ではなく「かなめ」あるいは「継ぎ目」であったことがわかる。このように単語ひとつの不注意な選択という些細なことですら膨大な論議や誤解を引き起こしうるのである(6)。ナポレオン自身が聞けば真っ先に本人が反論するであろう考えが彼のものとされている事例は、実際のところ枚挙にいとまがない。

このように明確さが欠けていたり、首尾が一貫していなかったりするにもかかわらず、戦争に関するナポレオンの基礎理論を抽出するには公式の『書簡集』を見るのが最も近道である。ただ、彼の戦争報告書やセント・ヘレナ島での手記は、敵を欺こうとする意図があったり、いかにもナポレオンらしい自身の過ちに対する彼一流の自己弁護によって事実を歪めたりしている場合がしばしばあるので、無批判に信用すべきものではない。しかし、彼の日常的な書簡や指令は、とりわけ何らかのミスを犯した部下に対する叱責や、複雑な行動指令に説明を加える場合においては多くの手がかりを含んでいる。ナポレオンは折に触れ元帥たちに「珠玉」ともいうべき戦いの知恵を残している。そしてそこに、我々は彼の真の信念を垣間見ることができる訳だが、ここでも充分な注意が必要であることはいうまでもない。ナポレオンは確固たる原則の上ではなく、たえず個別の状況に対応しつつ、自らの考えを発展・修正していたのである。それればかりか彼は相手の兵士や政治家の能力や性格に適合するように言葉を「調整」しており、その過程で彼自身の最も重要な金言に矛盾するようなことを言っているようなケースも決して少なくない。手記や指令に残されたこの天才の見解が煩雑であったとしてもそれはそれでやむをえないであろう。戦争の技術とは本来そうしたものだ。したがって、ナポレオンの戦争方法を分析するということは、実際の戦争に関する研究の第一歩であると考えなければならない。

第13章　先人たちからの教義の継承

ナポレオンは旧制度《アンシャンレジーム》末期から革命期初頭にかけての軍隊を引き継いだ。それは戦闘訓練も積んだ、既に完成された軍隊であった。このことからも、彼は戦略や戦術の面でも前時代の思想家や戦争指導者らから多くの影響を受けているといえる。興味深いことに、ナポレオンが軍人として勝利を収めたときですら、真の独創性というものはほとんど見られないのである。わずかな例外を除いて、ナポレオンその人は革新者などではなく、むしろ他人の考えを発展させ完成させるタイプの人物であった。ただ、彼は同時代のどんな軍人よりもはっきりと当時のフランス軍の教義*と潜在能力を理解していた。そしてそれをうまく結び付け最大限に活用したのである。冷徹で抜け目ない「守護霊」がナポレオンの心身を動かし、そのときはじめて単なる可能性が確固たる勝利の達成になりえたのだ。彼がフランス軍の戦争技術に付け足したものは、理論を実践に移したことによって得られた、まさに勝利だけであると言っても過言ではあるまい。

ナポレオンの思想は、初めはまったくの机上から生まれ発展していったものである。その大部分は、彼が一九歳のとき、

＊七年戦争の敗北の結果、フランス軍の専門家たちは新たな歩兵戦術の研究を始めた。横隊や縦隊での戦闘の相関的効果が慎重に比較検討されたが、それぞれの隊形に支持者がおり、結果「大論争」として知られる事態に発展した。最終的にはギベールが横隊形を支持しつつも、他方で連続していない土地の上で戦闘隊形に移るためには縦隊も有効であるとした。縦隊形の主唱者たち、とりわけフォラールやメニール＝デュランは歩兵の火力の効果を過小評価し、衝撃と重圧の絶対的な必要性を説いている。ブロイ公爵は一七七八年にヴォシューの野営地で後者の提案を実験し、その大部分が不可能であることを示した。その結果として現れたのが、一七八八年の暫定教練書において具体化された妥協であり、横隊と縦隊の「混合隊形」が採用されることとなったのである。この教練書は一七九一年に校訂されたかたちで再版されたが、フランス革命、執政政府、そして第一帝政期を通じて採用された歩兵戦術の理論的基礎を形成した（第6部、第32章を参照）。

一七八八年から一七八九年まで中尉としてオーソンヌの砲兵訓練所に配属されていたときに身につけられた。自身の兵種に関する新たな教義を見いだすこと——それ自体が十分に刺激的な仕事ではあるが——を任務とする「演習中隊」の指揮に当たる一方で、若きナポレオンは暇を見つけては図書室の蔵書の山にむかっていた。この図書室こそが彼の旺盛な知識欲を満たす糧となったのである。カモン将軍の言葉を借りれば、ナポレオンは文字通り「本を貪り読んでいた」。彼の読書は、まず一冊を冷静に分析した後にそれから次の本へと関心を移して行くというものであった。そのなかで、ひとつひとつの思想は、それぞれの価値がはかられたうえで、捨て去られたり、彼の超人的な記憶のなかに収められたりした。これにより様々な本から得た思想はだんだんと融合していった。つまり、ナポレオンはその数学的頭脳によって、瑣末な部分を捨象《しゃしょう》しながら真実の核心をつかんでいったのである。そして、この男の爾後二七年の人生を支配した戦争に関する基礎概念が徐々に形成されていった。若き士官が自らを律することは容易なことではないが、後年彼はこう述べている。「軍隊における創造的な仕事については、深い思慮と緻密な分析、それに長期間にわたって倦むことなく問題に取り組む集中力も必要である(7)」。

当初、ナポレオンの軍事思想は、こうして主として実戦からではなく書物を通して形成されていった。そしてそれは、後に経験によって多少の変化を蒙ったものの、根本的には「軍事技術においては（自然界と同様に）何も失われず、何も付け足されない(8)」という彼自身の言葉のとおりであった。ナポレオンは、この若き日々がかけがえのない陶冶の時代であったことを強く認識していた。彼は後年、「余は六〇回もの戦闘を経験したが、そこから学ぶべきことはすべて若い時代に得ていた(9)」と述べている。しかし、この言葉は真実ではない。仮に彼の言うとおりであったならば、それは彼の軍事的天才としての評価を根底から揺るがしかねない重大な発言と言わねばなるまい。兵学の教義は、間断なく成長・変化し続けるものでなければならない。というのも、一旦それが教条と化してしまったならば（実際に一八〇〇年代にプロイセン軍において起こったことであるが）、必ず大きな災厄をもたらすことになるからである。他方、ナポレオンが一七八五年の任官から初めて司令官に任命されるまでの一一年間の多くの経験は、同時代の他の軍人たちが一生かかっても追いつけるものではなかった。

幸運なことに、若き日のナポレオンは、オーソンヌにおける一五ヶ月の滞在期間中に多くの知己を得た。先述したように、砲兵学校の当時の校長はデュ・テイユ男爵という名だたる砲兵軍人であり、一九歳のコルシカ人青年の可能性を最初に見抜いた人物のひとりでもあった。名将グリボーヴァルの弟子デュ・テイユの指導と激励のもと、ナポレオンは軍事技術全般について、また自身の専門分野に関する事柄について深く学ぶことができたのである。デュ・テイユはこの「弟子」に必要な書物（そのなかには彼の弟の著した有名な砲術書*も含まれる）を惜しみなく貸し与えた。また、戦争術の細部にわたる議論に応じてやることも日常茶飯事であった。デュ・テイユ自身、グリボーヴァル将軍**の弟子であった。彼がナポレオンの思想形成の初期段階に重要な影響を与えたことは疑いを容れないであろう。

オーソンヌの図書室はナポレオンに豊富な糧を提供した。彼がふれた書物の著者名や、取り組んだテーマを考察してみると面白い。彼の「偉大な将軍の戦いぶりを見て分析せよ、そうすることが戦術について正しく学ぶ唯一の方法だ(10)」という後の言葉のとおり、読書リストの冒頭には、戦史に関する著作が並んでいる。事実、彼は入手できるもの――特に、ウェゲティウス、フォラール、グリモアールの書いた歴史書――を全て貪り読んだ。それらはキュロス大王、アレキサンダー大王、カエサル、テュレンヌ将軍、リュクサンブール公、オイゲン大公、サックス元帥、なかでもフリードリヒ大王に関する戦史等々であった。こうした古今の英雄たちはナポレオンの想像力を燃え上がらせ、彼の精神的伴侶となったのである。そして、英雄たちの業績はまた、後で見るように、ナポレオンの着想の源泉となった。極めて冷静な分析によって、むろん彼は先人の勝利と同様、その過ちからも多くのものを学んだのである。

次にナポレオンはおそらく同時代の戦術書からも多くの知識を得たと思われる。ここでさしあたって挙げられるのはフリードリヒ大王であろう。大王によってプロイセンの将軍らに発せられた「極秘指令」［一七四六年自ら記した『戦争の一般原理』を元に、四七年（あるいは四八年？）に出された『将軍への訓令』を指す］の明解かつ現実的な戦略技法をナポレオンは激賞した。彼はまた、一八世紀半ばにオーストリア、プロイセン、ロシアの各国軍に仕えたウェールズ人ロイドの著作にも取り組んでいたし、テュルパン・ド・クリッセやグリモアール、ボスロジェールの著作をも研究していた。しかし彼が特に愛読したのは、何といってもジャック・アントワーヌ・イポリット・ド・ギベール男爵（一七四三～一七九〇）の有名な『一般戦術論』であった。この書物が出た一七七二年、著者はまだ弱冠二九歳であったが、後の著作『近代戦争の体系擁護』も七年後に出版されている。また、ナポレオンは一七六四年から一七七一年にわたって書かれたピエール・ド・ブールセの『山地戦の原理』からも大いに影響されている。一七九四年と一七九六年の戦いの戦闘計画には、この著

＊ジャン・デュ・テイユ男爵（一七三三〜一八二〇）『野戦における新しい砲兵用法』（パリ、一七七八年）。

＊＊ジャン・バティスト・バケット・ド・グリボーヴァル（一七一七〜一七八九）。論議の的になるショワズール公爵のお気に入り。フランス砲兵隊の大改革を断行した。そうすることで、彼はある程度前時代の専門家の仕事を受け継いだといえるが、本人の影響は最も大きかった。彼の業績の多くは、その失脚していた時期に、また反動的な「赤派」――小バリエールに率いられた――の猛烈な抵抗によって中断されたが、グリボーヴァルとその支持者（「青派」として知られる）の方針は結局一七七四年に国王ルイ一六世の履行命令を得て勝利を収めた。グリボーヴァルの改革はフランス軍の砲術のあらゆる面に及んだ。野戦砲は大きく三つの部類（一二ポンド砲、八ポンド砲、四ポンド砲）に標準化され、決められた割合の六インチ曲射砲と臼砲によって補助された。カノン砲は砲身を切り詰めて軽量化され、また鋳造方法も改良され、架尾、砲架、弾薬箱も再設計された。このように架尾と砲架を含む新式の八ポンド砲は、それ以前に使われていたカノン砲の三二〇〇キログラムに対して一六〇〇キログラムと大幅に軽量化された。さらに、より頑丈で大きな車輪と改良された牽引方法が機動性を向上させ、一方では傾斜角標識の導入と砲術表の発行によって照準の改善がなされたのである。前もって詰められた砲弾（弾丸と火薬の入ったサージ袋）の導入が発射の割合を速くし、そして新しい散弾《ケース・ショット》も導入された。組織の分野ではグリボーヴァルは八ポンド砲の砲兵中隊を戦闘中の標準単位とし、それぞれの歩兵師団に少なくとも一単位を付けるよう指示した。彼の時代、砲兵隊は七個連隊に組織され、それぞれが集積所と訓練所を持つこととなった。ひとつの連隊は二〇の「中隊《バッテリー》」、すなわち一二名の砲兵、四名の下士官、四名の工兵からなっていた。それから軍服も標準化された。このようにして、ナポレオンは再編により極めて合理化された砲兵隊を受け継ぐことができたのである。

作に発想を得た箇所が多い。そして、砲兵研究に関していうと、彼はデュ・テイユ兄弟をはじめとするグリボーヴァル将軍の弟子たちを参考にしていたのかもしれない。ナポレオンは、自身の戦争に関する思想の形成に寄与するところの多かったこれらの著作家たちへの敬意を、晩年に至るまで忘れなかった。

彼が先人から学んだものは一体何だったのであろうか。ナポレオンが読破した書物からの膨大な引用をもとにして、それらと同じ信念や思想を反映している彼自身の著作からの引用を並置することも可能であろう。しかし紙面の都合上、より簡便にナポレオンの戦争哲学や作戦・戦闘の体系について、各段階で彼の思想形成に影響を与えた原典に目を向けつつ描き出していきたい。ただ、ギベール男爵の言説におけるいくつかの重要な部分については、あえてここで紹介しておこう。というのも、そこにはフランス革命とその後の偉大な指導者の出現に関する有名な予言が見受けられるからである。その言葉は、オーソンヌにおいて一九歳の若き砲兵中尉の野心と夢に火をつけた可能性が高い。ゆえにナポレオンの戦術を考察しようとする我々の出発点としてふさわしい。

旧体制《アンシャン・レジーム》の最盛期も終わりを告げようとしていた一七七二年、偉大な哲学者ギベールは一八世紀ヨーロッパに対する（つまるところナポレオンの未来の敵に対する）告発状とでも言うべきものを書き上げた。政治・経済・社会体制及び当時一般の戦争についての認識を批判し、国民皆兵の概念とナポレオンのような指導者の到来を予言して見せたのである。

「今日我々の行っている戦争は、どのような結果をもたらすであろうか」とギベールは読者に問いかける。

どこの国にも財力はなく、また人口も足りない。平時においてさえ、国家の支出は収入を凌駕している。にもかかわらず、戦端がひらかれる。戦闘が始まっても、軍隊は新兵を雇うことはおろか、すでに雇い入れた兵士に報酬を払うことすらままならない。国力の疲弊は勝者も敗者も同様である。国債は増加の一途だ。信用がなくなり、貨幣も底をつく。もはや海軍は水兵を、陸軍は兵士を見つけられなくなる。ここに至って相争う国の政治家たちは、ようやく交渉のテーブルにつくのである。講和条約が結ばれ、諸々の植民地や州の支配権がわずかに移る。しかし、紛争の原因は解決されず、両陣営は荒廃した国土のうえで、借金の返済と軍備の増強に勤しみ始めるのである。

しかし、ヨーロッパに以下の如き国民が出現すると仮定してみよ。活力、天分、資力、そして政体を具備し、厳格なる徳と国民的民兵を融合させ、そのうえに国力増強の明確な見通しをもつ国民。この体系を見失わない国民。損失を最小限に抑えながらいかに戦争に勝利するかを知っているため、財政的計算などでやむなく停戦するなどあり得ない国民。かかる国民は近隣諸国を屈服させ、まるで北風か細い葦を折り曲げるように弱小国家を転覆させていくだろう(11)。

その時代、政府から軍隊を任されていたのは極めて凡庸な人々であった。ギベールはこう指摘する。彼らは「軍を整列させることもできないし、他人の気まぐれに振り回されるくせに、真に優秀な軍人——絶大な信頼を得、流行の意見に抗し、上では君主の軍事的支柱になり、下では兵士層を思いやる、要するに生粋の将軍——の意見には耳を貸さない(12)」。さらに(余分となった輸送車両の削減に触れる中で)、何らかの「革命的変化は、現在大勢となっている精神や慣習の変化によってのみもたらされる。しかし、一国のそれを変えてしまうかの如き大仕事は、どんな文筆家もなし得ない。それは、大変な逆境のなかにあってもなお、人々の声を掌握し、策謀にひるむことなく国の舵取りができる君主か、あるいは天才を備えた人物のなすべき事業である」と述べた。そして彼は以下のように結論付けている。「いずれおそらく、必然的に、何らかの偉大な天才が現れるであろう。彼は、あらゆる共同体を掌握し、そこから自らを良とする政治体制を作り上げ、この動きに衝動をもたらすであろう」。

イギリスの著名な歴史家スペンサー・ウィルキンソンが述べるように、「ここには若き士官(ナポレオン)の知性、想像力、そして野心を刺激する理想像が描かれていた(13)」。

ナポレオンの戦争哲学は基本的に単純で要領を得ていた。彼は、一度フランスが他国と戦争状態に入ったならば(それが正式な宣戦布告があったか否かにかかわらず)、躊躇することなく速やかに、あらゆる手段を動員して敵軍を攻撃にかかり、それによって相手国の抵抗意志を削いだ(またはそう望んだ)。手段は可能な限り短時間かつ先鋭なものでなくてはならない。他の条件はいわば二次的にのみ考慮されるべきものとされたのである。一七九七年にナポレオンは次のように述べている。「ヨーロッパには多くの優れた将軍がいるが、彼らは一度に多くのものを見すぎる嫌いがある。しかし私はただひとつ、敵の本軍のみを見る。敵の本軍さえ壊滅させることができれば、二次的な問題など自らどうにかなるという確信があるからだ(14)」。戦力の中心部を目標とした「電撃戦《ブリッツクリーク》」、これこそがナポレオンの戦争術の要諦にほかならなかったのである。

この現実的で冷徹な戦法は、一八世紀の「お上品な」戦争のルールを手荒く砕き去るものであった。しかし興味深いことに、ナポレオンの哲学は同じく一八世紀のフリードリヒ大王から学んだところが実に多いのである。プロイセンの偉大な戦争指揮者がこの種の戦術を唱導した「極秘指令」は、一七四八年［前述のように四七年の異説あり］に軍司令官たちに対して発せられているが、それを完成させた偉大な後継者こそがナポレオンだったのである。フリードリヒ大王は言う。「我々は戦争を短期間に集中して行わなければならない。長期戦ともなれば士気の低下はもちろん人口の減少、国家財政の逼迫につながるであろう(15)」。そして、迅速かつ確実な成果の獲得について、大王は「こちらの攻撃によって敵に戦闘を余儀なくさせるようにせねばならぬ。強行軍をもって、敵隊の背後を襲い、連絡線を断つこともできる。敵にとっての重要な街を狙うというのも有効である(16)」と述べている。こうした考えは、どれもナポレオンの戦争体系において顕著に表れていることが見てとれる。フリードリヒ大王はさらに「しかし、この種の戦法を用いる場合、味方側も同じ目に遭わないように注意しなければならない」と続け、「血の決戦」（のちにフォン・クラウゼヴィッツが描き出した）こそが勝利の欠くべからざる条件であると主張してやまなかった。大王は「戦争とは国家の存亡を賭したものである」と言い切り、当時一般的に行われていた国土拡張のための「陣取り戦争」という戦争概念をためらうことなく切り捨てたのである。「戦争を行う者はいかなる場合においても主導権を手放してはならぬ。自軍を分割するという誘惑に負けてはならぬ。狡猾さや裏切り、敵国の（自国でも同様だが）地域住民への攻撃なども目的達成の手段ならば何を躊躇することがあろうか。何より、敵軍の均衡を崩すことが肝要である」。「一般的に言って、敵にとって予期せざる行動に出れば、敵軍は混乱し、陣地を放棄せざるを得ない羽目に陥る」。「敵軍の望まない戦いをさせるよう無理にでも仕向けるのが最良の戦いである」。

ナポレオンは何度もこうした概括的な見解を繰り返している。「諸要塞や帝国の運命が決まるのは、まさに野戦においてである(17)」。彼はフリードリヒ大王が提唱した狡猾さと力の組み合わせに賛意を示した。「戦争において有用なものはすべからく正当である」というのが、ナポレオンの非情かつ合理主義的な結論であった。しかしだからといって、彼はこの偉大な先人に対してまったく無批判だったわけではない。大王の理想を基本的に指示しつつも、ナポレオンは大王が生前にその理想を実現するに足るような手段を持ち合わせていなかったということも、また冷徹に見据えていたのである。

ナポレオンの戦争哲学の源泉はこれにとどまらない。ギベールはやや間接的にではあるが、一七七〇年代当時の実践を批判することで、明らかにナポレオンの思想形成に貢献した。彼はあるとき、「我々は機動の技術を忘れてしまっている」と断言した。また別のおり、「我々は前哨地点の戦いには勝利できようが、いまだ大規模な野戦に勝つ方法を知らない

(18)」とも述べている。テュレンヌ将軍亡き後の凡庸な将軍たちを引き合いに出しつつ、ギベールは一七世紀から一八世紀の戦争における「インチキな」側面を断罪した。「決して『集団』で戦わないということの方針、すなわち決して軍全体を一度に動かすことなく、戦力を分割しようとする（小人数による移動の結果、孤立した兵団が絶えず妥協を強いられることになる）ということの方針は、近代的な大戦術の原則に全く反するものである。これは実際のところ、戦術の退化でしかないのだ……(19)」。若きナポレオンはこうした批判を胸に深く刻み込んだことであろう。

このとき、ラザール・カルノー*（革命の「勝利の組織者」であり同じくギベールの弟子でもあった）の助言はさらに端的なものであった。概して、カルノーは行動的というよりはむしろ坐業的な人物であった。ナポレオンの戦術に関して彼が行った貢献といえば、義勇兵からなる革命軍の混沌と熱狂のなかで、効果的な武器を創出したところにある。しかし、彼の軍事理論のある部分がナポレオンに影響を与えていることは間違いない。偉大なるダントンの言葉を借りつつ、カルノーは部下の将軍に対して「大胆さ、大胆さ、つねに大胆さ」と号令しているのである。波の考え方はギベールの理論にほぼ沿ったものであり、「将帥術とはすなわち、敵軍に対しつねに優位を占めることである(20)」と説き、それこそが勝利の秘訣であると述べている。しかし、カルノーは自分の確信を全面的に実行に移すだけの能力も性格も備えてはおらず、それを追求して論理的かつ実践的な結論を導くには、彼よりもはるかに偉大な人物の登場を待たねばならなかったのである。

＊ラザール・カルノーは公安委員会の「戦争部局」のリーダー。激務を続ける能力においてナポレオンにさえ匹敵したであろうこの工兵将校は、第一共和制下の混乱した陸軍を再編すべく、実に多くのことをなしとげた。様々な兵種の労作業を管轄するために、彼は「測地局」（初期の参謀幕僚部）を創設した。全権を持つ人民代表を通じて、彼は少なくともひとつの訓練法を強制し、士気を高揚させるために厳しさだけでなく報奨金も利用した。彼は一七九四年と一七九六年の「アマルガム」を実行するために力を発揮し、将校の選挙を廃止し、「暫定的な」義勇兵の集団を解散させ、その代わり合計一九八の「戦列」半旅団と、さらに一五「軽」旅団を創設し、二一三の予備大隊がそれを補助するとした。同様に騎兵も再編され、それぞれ四つの騎兵大隊

からなる半旅団となった。

砲兵隊に関しては、カルノーはグリボーヴァルの制度（一八三頁のグリボーヴァル将軍の註を参照されたい）を維持しようと努め、騎馬砲兵中隊の数を飛躍的に増やした。彼はまたデュボワ・クランセの作業を受け継ぎ、大隊、砲兵中隊、そして騎兵大隊が全て含まれる師団を編成した。これらのうち五ないし六の師団が野戦軍を形成するために集められ、一七九五年までには、公式に第一共和制の一三軍ができた。それぞれは名目上一〇万の兵力を持つとされていたが、実際にはそのような兵力は得られず、一七九五年には三二万三〇〇〇の戦列歩兵、九万七〇〇〇の軽歩兵、五万九〇〇〇の騎兵、二万九〇〇〇の砲兵、そして二万の工兵、総計で五二万八〇〇〇の前線部隊が存在していたと概算される。それに加えて、おそらく予備の国民衛兵が同数以上存在していた。カルノーはまた、師団の参謀を常態化させ、指揮官の階級や部隊の規模に応じて異なる数の参謀を割り当てた。例えば、師団長は通常五名の参謀と四名の副官を割り当てられた。

カルノーはまた、行政官として新しい軍隊を養うという奇跡的業績も成し遂げた。食糧はつねに不足し、給料は事実上支払われていなかったにもかかわらず、軍隊は概してかなり良い装備をしていた（一七九六年のイタリア遠征軍は例外だったが）。カルノーは委員会の強大な権力を行使して、徴発、強要、さらには手形売買によって正貨を獲得した。しかし、第一共和制政府の財政状態は逼迫していたため、最初から彼は「戦争で戦争の埋め合わせをしなければならない」ということを繰り返し強調していた。彼は工廠や武器鋳造所を建設し、自らのあだ名である「勝利の組織者」に完全に徹したのである。通信制度整備の問題に早くから着目していた彼は、シャップ式通信制度をパリとライン川の国境地域の間に採用し、偵察のためふたつの気球会社を作った（この後者がそう遠くないうちに、第一執政ナポレオンによって不要なものとして解体されたことは注目に値する）。

かくしてカルノーは戦争に不可欠な武器を作り出したが、それは後にナポレオンによって非常に効果的に使用されることとなった。このようにナポレオンは何かを改良したり発展はさせたものの、自ら何かを創り出したりはめったにしなかったのである。カルノーは行政官としての才能がいかに優れていても、戦争指揮官としての能力には限界があった。にもかかわらず、彼の軍隊は一七九五年までに三つの交戦国（プロイセン・オランダ・スペイン）を第一次対仏大同盟から離脱させ、和平を締結させている。

第14章　ナポレオン戦術の構成要素

ナポレオンによる機動および戦闘の分析をするにあたって、何よりもまず、彼の構想の根底に横たわる様々な要素についてて検討しておかなければならない。ただ、ここでナポレオンの「戦争原理」と言ってしまうと誤解を招くおそれがあろう。「原理」という言葉には、行動を規制する基本原則というニュアンスがあるからだ。ナポレオンの戦争の最も際立った特徴は、無限の変動性と柔軟性にある。彼は作戦を指揮していくうえで確固たる原則にとらわれなかった。ただ、彼がいつも意識していたある決定的な行動指針は存在した。ナポレオンはそれを指して、しばしば「戦争原理」に対して充分に注意を払うことが重要であると強調していた。彼は以下に示す引用文において、「原理」という使い古された言葉の中に彼が込めた意味を説明している。『格言集』において曰く、

古代のあらゆる名将たちや、その優秀なる後継者たちは、戦争の原理なり規範なりに従うことで、すなわち手段と結果、努力と障害を正しく関連づけ、慎重にそれらのバランスをとることによって、偉大なる業績を残した。行動の大胆さや、作戦の規模如何にかかわらず、彼らが勝利を収めたのはひとえにこれらの原理に従ったためである。彼らはつねに戦争を現実の科学にしたのだ。この限りにおいて彼らは偉大な規範なのであり、この点を模倣することで、われわれは彼らと肩を並べられるのである(21)。

ここに示された二つの指摘――「慎重に手段と結果のバランスをとること」と、戦争を「現実の（生きた）科学」とすること――は重要である。前者には、戦力の温存、つまり政治・軍事的な要請に従い、可能なすべての軍事・政治力を周到に動員するという考え方が表れている。すなわち敵の抵抗意志を破壊すること。後方の編成に趣向を凝らしたり、「鶏を割くのに牛刀を使う」かの如く、二次的な目的に多数の部隊を分遣するような、人的資源の浪費を避けること。戦場やその付近に配置しうる兵力には限度があるため、両極端な状況（少なすぎるか、遅すぎるか）を極力回避すること。そして何より、綿密な計算に基づいて、手段と目的との間、あるいは対立する優先順位の間の調整を図り、可能ならば実際の決

戦の前に敵軍の均衡を崩すこと――これらのことが表れているのである。次いで後者の指摘は、戦争を現実的もしくは決定的なかたちで遂行するという要請に関連している。ナポレオンの考え方のこうした側面については、既に述べた。

それではナポレオンはこれらの政治・軍事的目標を達成するのに、いったいどのような手段を講じたのか。第一の手段は大胆な攻撃行動である。「攻撃的に戦争を行え。これが名将になり、戦争の秘密を見抜く唯一の手段である[22]」。兵士が持ち場で敵の攻撃を待っているようでは、交戦する前から既に負けているも同然である――『ボケールの夕食』を記したとき、若きボナパルトは既にこのことを理解していたのだ。しかし、攻撃的にならねばならないからといって、単なる蛮勇や攻撃のための攻撃になってはならない。安全の問題も考慮しておく必要がある。ナポレオンは一見したところ矛盾するこのふたつの要請の理想的な結合を「理に適った準備万全の防御と、それに続く敏速で大胆な攻撃[23]」と表現している。つまり、彼は敵が自分の遠大な意図（同時に配置や計算のミス）を看取するのに多大な時間をかけるほど、自分の連絡線が保障されるということを熟知しており、堅固な陣地または「作戦の中心地点」からの攻撃を理想としていたのである。

ナポレオンの戦略構想は実に用意周到なものであり、計画を偶然性に委ねることを可能なかぎり避けていた。ヨーロッパ列強との戦争の可能性が生じるや、彼は部下の司書を呼び、歴史、地誌、地理、時事におよぶ夥しい数の書物を持ってくるよう命じ、かつてのオーソンヌ時代の精力そのままに読破してしまった。そしてそこで将来の敵に関する明確な見取り図を頭のなかで構築したのである。また、彼は戦闘に対する性急で不完全な準備を嫌った。「余は何をなすべきかについて三、四ヶ月前からじっくり考え抜く習慣が身についている。その際、余は最悪の事態を想定し計算しているのだ[24]」。こうした発言は、時期の問題もさることながら、ナポレオンの戦略構想そのものの性格を的確に言い表している。彼はつねに仮想敵国の判明している兵力、同盟関係、「性向」を踏まえて、なしうる限りの複雑な軍事的状況を勘案し、仮定上の作戦計画を練り上げていった。しかし、こうして生まれた「基本計画」は決して将来の作戦指揮を規制する確固とした原則にはならなかった。それはむしろ、すべての実際の戦況と予想された効果を比較検討するための「手段」あるいは基準でしかなかったのである。彼はつねに「代替案」を用意した。こうした態度は、「多くの場合を想定した[25]」ブールセの教えによるところが多い。事実、ナポレオンは基本的戦略を構築した後までも、想定しうるあらゆる他の事態をも考慮していた。そしてそのうえで、自分の全体計画はどのような予想外の状況にも対応しうると言い切っているのである。彼は次のように述べている。「計算なくしてはいかなる戦争においても何の成果もあげられないし、戦役中では詳細にわたって熟慮されたものでなければ決して結果を伴わない。すべての作戦はある方式に従って遂行されなくてはならぬ。幸運だけでは決して勝利は得られないのである(26)」。

とはいいながら、ナポレオンは戦争において純然たる偶然がもたらす要素を軽視していたわけではない。彼はむしろ偶然という要素を直視し、作戦計画のなかに組み込む必要性を説いている。彼は、深い洞察によって偶然による損失効果は最小限に抑えられると考えていた。ここから、ナポレオンのあらゆる作戦には――それが日常の行軍であろうと、戦役全体であろうと――不慮の事態に対応するための充分な時間が予め用意されていたのである。戦闘の最中、つねにナポレオンは自軍が勝利する確率を計算している。ワーテルローの戦いの当初、彼はスルト元帥に、勝利の確率を九〇パーセントと語っており、プロイセン軍の参戦の後は六〇パーセントに修正した。事態に応じてたえず状況を考慮し直すことは、ナポレオンの天才的戦略の重要な側面である。迷うことは稀だったといってよい。彼は該博な記憶と深い洞察力によって、数日あるいは数時間前には自軍を想定しうるあらゆる突発事に対処できる状態にしておくことができた。その証拠に彼はかつて以下のように述べた。「軍事科学とは、最初の場面ですべての偶発事を的確に計算し、偶然をいわば数学的な計算に組み入れることである。この点において、間違いは許されない。ほんの少しの誤差で計算は完全に狂ってしまうのだ。こうした偶然と科学の配分は天才以外には理解不可能である。……突発事、偶然、運、どのような言葉で呼ぼうとも、凡人には神秘に見えるこれらのものは、超越した人間においてはひとつの現実となるのである(27)」。

戦争における偶然の要素を抑えるには、軍事機密の保持が必要になってくる。そこには自軍の戦力および行動目標の隠蔽とともに、より積極的に敵の目を欺くための偽装も含まれる。そしてナポレオンはその天才でもあった。彼は会戦が近づくと、それまで緩めていた情報統制を一気に強化する。一八世紀には軍関連情報の主たる源となっていた新聞を支配下に置き、自軍に有利になるようしばしば情報操作を行ったのである。そして、大規模な軍事行動の数週間前には、国境を封鎖するとともにフーシェの秘密警察に不審者の監視を命じている。ナポレオンはそれと同時に、敵を混乱させるための偽情報を流したりもした。これら二〇世紀の情報戦に共通する特徴が、一九世紀初頭におけるナポレオンの戦略のなかに既に見られるのである。

さらに、実際の軍事行動が開始されると、敵を欺くためのあらゆる巧妙な戦略が用いられた。進軍する縦隊の先頭において、軽騎兵部隊（軽騎兵、槍騎兵、猟騎兵）が遮蔽幕《スクリーン》となって展開し、敵軍の偵察部隊の侵入を阻止する。この遮蔽幕《スクリーン》は、ナポレオン軍の行軍経路を隠すとともに、戦役の拠点または作戦基地（元々倉庫、病院、集積所が置かれている）へと続く連絡線を保護した。ナポレオンはまた、機密保持と情報操作のための作戦・管理上の理由から、ある所に師団を加えたり、またある所に旅団を派遣するなど、戦役の最中に特別任務の軍団を臨時に編成したりもしている。この種の措置は敵軍をさらなる混乱に陥れる効果があった。例えば、一八〇五年一〇月一六日、オーストリア軍は、ウルム郊外にあるフランス軍が、ランヌ元帥率いる第五軍団がウディノ将軍とガザン将軍率いる歩兵数個師団と、トレイアール率いる軽騎兵部隊で構成されているとの情報を得ていた。しかし、オーストリア軍の知らないうちに、同月二四日以降には、ネイおよびマルモンの軍団から送られた歩兵二個師団と、ミュラ率いる騎兵予備隊から異動となった騎兵少なくとも三部隊がさらにランヌの指揮下に入ったのである。ここでもし偶然に、この情報が敵に入って分析されていたとしても、その情報はすぐに有効性を失ってしまったであろう。このとき、東進するフランス軍は既にエンス川を渡っており、ナポレオンは今度はランヌ軍団から歩兵三個師団を引き抜き、新たに臨時軍団（第八軍団）を編成してモルティエに指揮させていた。こうして敵はナポレオン軍の戦力や部隊配置に関する「正しい」情報を得たとしても、それを信用することができなかったのである。

一方、ナポレオンの騎兵偵察部隊はつねに敵の情報収集活動を阻止する役割を担っていたほか、敵地の村々を徹底的に調査し、敵軍に関する大量の情報を後方に連絡していた。この膨大な情報から、ナポレオンおよび参謀たちは少なくとも敵軍の所在地を想定することができたのである。ウェリントン公が述べたように、「戦争術とはひとえに、丘の向う側に何があるのかを知ること、換言すれば、既知に基づいて未知を知ることにあるのである(28)」。

敵対するふたつの軍隊の距離が狭まると、しばしば機密保持は困難を伴うこととなる。両陣営とも膨大な量の信頼に足る情報に接することになる。このような「ヴェールの裂かれた」状況において、ナポレオンが重視したのは、敵軍を混乱に陥れるほどの行軍速度である。会戦間近になると、ナポレオン軍の一日の行軍距離は突然長くなり、兵士には大切に蓄えられていた食料物資のすべてが配給された。コランは言う。「速度こそが、ナポレオンの戦争における本質かつ最重要の要素である(29)」。

ナポレオンの戦闘の基本的側面――このような速度と移動性によって、もっとのんびりした戦争スタイルに慣れきった敵軍は大いに混乱し、動揺させられることとなった。フラン

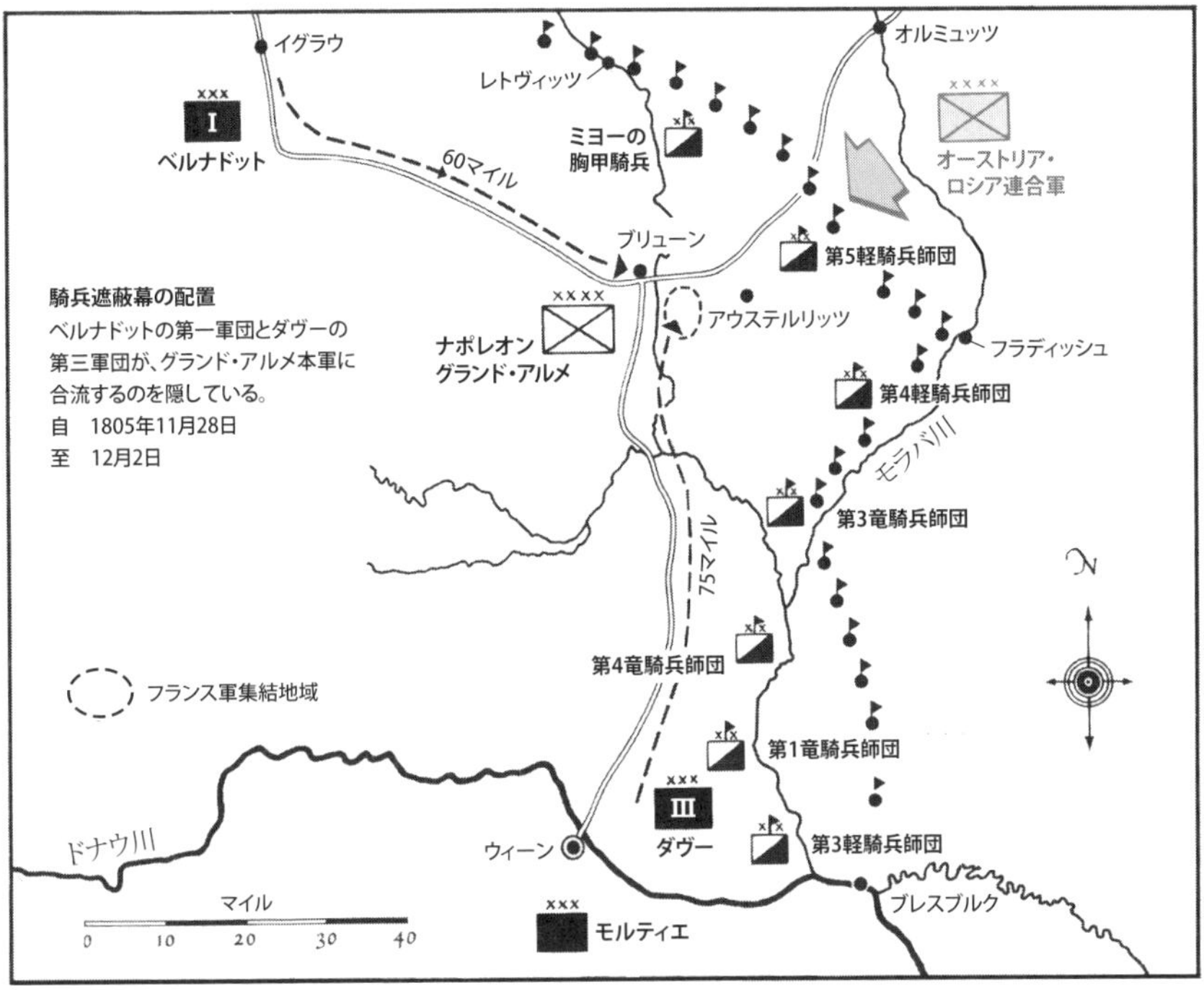

戦略的な防護　1805年12月のアウステルリッツの戦いを前にした騎兵遮断幕の採用

スの古参親衛隊《グロニャール》たちが不満半分、驚嘆半分で述べた言葉「皇帝は新たな戦争方法を見つけた。陛下は銃剣の代わりに我々の足を利用しているのだ[30]」の意味を理解するには、次に挙げる三つの例で充分だろう。まず第一次イタリア戦役におけるある危機的な段階。オジュロー将軍は、自分の師団を率いて三六時間で五〇マイル（八〇キロ）以上の距離を行軍して、カスティリョーネに到着した結果、ヴュルムザーとの戦闘に間に合っている。第二は一八〇五年の例。ナポレオンは、わずか一七日間で、二一万もの兵力をライン川からドナウ川まで、一部をさらにウルム郊外まで進軍させた。スルト元帥の部隊に至っては（ここでは一例しか挙げないが）、九月二四日から一〇月一六日までにトータルで二七五マイル（四四〇キロ）を踏破している。しかもこれは連続行軍であった。第三は、さらに驚くべき強行軍の例である。ダヴーはウィーンからナポレオンのいるアウステルリッツまで召喚され、第三軍団の先頭師団を率いて四八時間少々（正味の行軍時間は三五時間）で、一四〇キロという驚異的な行軍を行なった。これらは際立った例であるが、同様の事例は枚挙に暇《いとま》がない。ナポレオンの「行軍こそが戦争である」という言葉は、まさにこのことを指しているのである。

欧州の街道を股にかけたこれらの驚くべき行軍は、三つの要因をもって実行可能になった。第一に、フランス軍の軍団、師団単位での自給自足体制、いうなればある程度の独立体制である。第二に、長大で鈍足な輸送隊を用いないフランス軍のシステム、言い換えれば「地方に寄食する」現地調達主義である。第三に、部下を脅し、おだて、鼓舞して、日を追うごとに自分への盲目的服従を植え付けていったナポレオンの才能である。これらの要因については、この章のなかで後に検討していくことにしたいが、いずれにせよナポレオンにとって速さこそが危機を好機に変え、敗北を勝利に変えることのできる要素だったことは疑い得ない。

戦争の基本原則としての迅速な行動は、ナポレオンの他の基本的な考え方をも浮き彫りにしてくれる。つまり時間の決定的重要性を空間と関連させたその正確な計算である。彼はかつて、「戦争において時間の浪費は取り返しがつかない」と断言していた。時間と距離の計算は、彼の重要な戦略的移動のすべての基礎となっている。「戦略とは、時間と空間とを利用する技術であるが、私は空間よりも時間に対して注意を払っている。前者は取り戻すこともできるが、後者は取り戻せないからだ」。「戦闘には敗れることもあろうが、時間は一分たりとも無駄にしてはならない」。「時間とは軍の強さを示す最も重要な要素である(31)」。ナポレオンの『書簡集』には、彼の戦争理解に基づいたこのような言及が無数にある。定められた目的地に至る最良の経路を入念に選べば、数時間、時には数日もの時間を稼ぐこともできた。ただしナポレオンは――先に見たような危機状況を除いては――行軍中の縦隊に対して普段から過度の要求をしていたのではない。およそ通常の条件下で期待された行軍速度は平均して一日わずか一〇～一二マイルであった。迅速な兵力集中や突然の電撃行動の極意は、部下に対してつねに超人的努力を要求するところにではなく、むしろ定められた地点に至る最も近くて楽な経路を選ぶところにこそある。このような労力の温存によって、部隊の消耗や疾病・脱走による戦力の低下は抑えられた。また、行軍一日ごとに一定時間を稼げるために、あらゆる突発事や計画の変更にも充分対応できたのである。こうしたことから、一八〇〇年五月に、予備軍は混乱も遅れもなく行軍ラインを西から東へと方向転換することができたのであり、グランド・アルメは一八〇六年一〇月に、イエナを目前にして帝国司令部の命令ひとつで作戦ラインを南北方向から東西方向に転換できたのである。

このような柔軟な戦略的移動は無論容易なことではない。それぞれ離れた経路を進軍する十数の部隊の動きを調整し、関連づけ、各々の部隊が隣の部隊と一日ないし二日以内の行軍距離の間隔を保つようにすること。それと同時に、敵に状況を把握させないために、各大部隊がでたらめに散らばっているという印象を与えつづけること。それは凡人の能力をはるかに超えた数学的頭脳によってのみなしうる仕事である。事実、それこそ天才の特徴であり、いわゆる「努力に代わる無限の能力」なるものにほかならない。申し分のない正確な計算力に加え、明瞭な目的とそれを実行に移すための決断力がナポレオンに備わっていたとすれば、彼は長年にわたって鍛えられた地勢観察力、または地図上の乏しい情報から前方の地形を正確に把握する想像力をも同時に持ち合わせていた。したがって、彼によってひとたび目標が設定され、実行命令が下されたならば、何人《なんびと》もフランス軍の行軍計画の遂行を妨げることはできなかったのである。なるほど、部下がナポレオンの指示通りに行動できなかったり、敵が予想外の経路を選択すること、あるいは荒天や河川の氾濫などで緻密な計画の展開が中断を余儀なくされることもあったかもしれない。しかし、ほとんどすべての状況変化を許容するナポレオンの頭脳においては、あらゆる可能性が想定されていた。彼は副官の補佐を得ながら喜々として戦図に印をつけ続け、一日の行軍距離や基本計画を必要に応じて修正し、なおも軍事目標の達成を追究し続けたに違いない。

このような、時に数ヶ月前に立てられた行動計画の究極の目的は、戦場に可能な限り多くの兵力を集中させることにあった。ブーリエンヌは――多少の潤色を加えてはいるが――有名な証言を残している。すなわち一八〇〇年のイタリア戦役の当初、第一執政が床に寝そべりながら色付きのピンを地図に刺して、「ここで敵と戦うことになるだろう――スクリヴィア平原だ(32)」と、いつもの不思議な予知能力でぴたりと当ててみせたというのである。しかし、これはナポレオンが複雑な計算をコンピューター並みにやってのけた結果でしかない。オーストリア軍の司令官メラス将軍がとるであろうあらゆる行動方針を検討した後、選択肢をひとつずつ消去し、さらに偶然や突発事の可能性を考慮に入れることによって、かかる結論を導出したのである。彼の予知は、その後六月一四日のマレンゴの戦いで立証されることになった。マレンゴは確かにボルミダ川とスクリヴィア川に挟まれた平野に位置している。もちろんこうした予言がつねに当たっていたわけではない（特にアウステルリッツやイエナなど）が、ほとんどの戦闘において、ナポレオンはすべての可能性に配慮することで早い時期に自軍と敵軍の行動を予見していた。「作戦能力は将軍にとって極めて重要な技能である。これぞ天才が評価される最も有益で類い稀な才能だ(33)」というナポレオンの言葉は自らこのことを言い表している。

フランス軍の日々の行軍や機動は、ただひとつの最終目標に向かって計画されていた――できるだけ早い時点で戦闘に有利な状況を確保することである。ただし、最終的な行動に踏みだすには、ナポレオン戦争の「原理」とも言うべきある条件が満たされていなければならない。それは「集結《アッセンブリー》」と「集中《コンセントレーション》」というふたつの言葉に集約されよう。もちろん、ナポレオンにとって、戦闘に可能な限り多数の戦闘員を動員しなければならないのは当然のことであった。しかし、集中を達成するということは、単にある地点に膨大な数の部隊を集めることを意味しているわけではない。軍事行動に先立つ分散状態は、行動時の集中に劣らず重要であるし、また、戦闘の直前では各部隊が「集中」よりも「集結」していることが肝心である。「集結」という言葉でナポレオンが言わんとしているのは、目標となる戦闘場所から一定行軍距離の範囲に主だった部隊を配置することであり、それは必ずしも各部隊が敵あるいは味方部隊と実際に接触していることではない。翌日の「血の決戦」に向けて可能な限り戦闘員を確保することも重要ではあるが、各部隊が戦闘直前に充分に拡散し、ナポレオンが最終的な戦闘命令を下すにあたって、大規模な部隊再編成をせずに派遣したい場所に側面包囲部隊を送り込めるようにしておくこともまた、勝敗にかかわる重要な点なのである。しかも、戦闘において不確実性は付き物であるため、軍団は弾力的に配置され、再編成や方向転換を行わずに突然の予期せざる展開に対応できなくてはならない。最後に戦場での機密を保持し、皇帝の意図を敵に悟らせないため、フランス軍はできるだけ攻撃の予兆を見せないようにした。集中と拡散という相反するこれらの行動を調整することは一見不可能なことのように思われるが、ナポレオンは度々そのような奇跡を成し遂げていったのである。

以上において明らかなようにナポレオンの勝利の秘訣は、慎重に配置された部隊網の形成にあるといってよい。だいたいにおいて、この戦略的部隊網は作戦当初はごく広く展開していて、まさしく網の形を成している。一七九六年四月初旬、イタリア方面軍は前線一二〇キロにわたって広く展開した。一八〇五年の九月中旬には、フランス軍はストラスブールからヴュルツブルクにかけて前線を二〇〇キロにわたって展開。一八〇六年十月にも同様の距離を。さらに一八一二年六月初旬のロシア遠征軍に至っては、五〇万の軍勢がヴィスチュラ川手前の出発地点に沿って集結し、距離にして実に四〇〇キロ以上にわたって展開していた。このように前線を広く展開する利点は三つある。第一に、主力が殺到しようとする地点から敵の注意をそらす点。第二に、自軍の集結場所をどこに選んでも、敵を罠にかけられるという作戦上の柔軟性が得られる点。これにより、ナポレオンは最初の作戦計画に縛られることなく、状況に応じて基本計画を修正することができた。

第三に、フランス軍の全ての前線部隊に備えて敵が兵力を拡散させれば、罠にかかった相手を各個撃破することが容易になる点である。

作戦進行に伴い、軍の戦略的配置は根本的に変化する。一般的にフランス軍は敵に接近するにしたがって、戦線を徐々に収縮していった。たとえば、一八〇五年にフランス軍がドナウ川に達した際には二〇〇キロあった前線を九〇キロに縮めている。状況の変化によって絶えず伸縮を繰り返す前線が敵軍を眩惑、混乱させたことは想像にかたくない。一八〇六年には、難所であるチューリンゲルヴァルトの森を通過するため、ナポレオンは自軍の前線を二〇〇キロから四五キロに収縮したが、通過後にはライプツィヒに向けた行軍のため前線を六〇キロに拡大し、プロイセン軍がザール川の先に所在していることをつかむや、全部隊を急遽ヴァイマールに集結させている。こうした戦略上の柔軟性や移動性（これは軍団システムや単純化された兵站方式によって実現されたものだが）は、敵軍部隊の壊滅をもたらし、ナポレオンを勝利に導く秘訣であった。また、作戦の最初に見られた前線規模がフランス軍部隊の規模とは無関係だったということを付言しておきたい。ナポレオンは、いかに小規模の部隊であれ、担当エリア全域を確保（必ずしも「占領」しなくてよいが）させる必要性を強調している。しかし、このような「広範囲」戦略は、戦闘に向けた「集中」原則にいささかも矛盾するものではない。というのも、作戦におけるこれらふたつの要素は、論理的に同一の作戦進行に集約されるからである。ナポレオンの戦略のこうした基本要素を解明するカギは、次の言葉に表れている。「軍隊はつねに集結していなければならないが、戦場には可能な限り大規模な兵力が集中されなければならぬ」(34)。

このことはつまり、初めの分散によって、戦闘を間近に控えた段階での戦力集中が可能になったということを意味している。グランド・アルメが着実に敵へと押し寄せ、最終的に部隊網が縮められた時点で、敵軍はその網に絡め取られて勝機を失っていった。ナポレオンはしばしば、兵力集中を敢行する最後の局面で猛攻撃を行った。彼は軍団の大半を会戦予定地点から行軍時間にして二日分の距離に離して配置した。そして、敵にまだ安全との意識を植えつけておいて、夜陰に紛れて強行軍を命じ（一七九六年ロディを前に、あるいは一八〇六年イエナにおいて）、一日分の距離を進軍させている。敵軍はこうして翌朝になって、フランス軍が予期していたよりもに二四時間も早くに集中するであろうことに気づかされ、大いに動揺しながら会戦に臨まざるを得なくなってしまうのである。

このようにしてナポレオンは戦闘を巧みな策略に結びつけ

前進の戦略的隊形　4類型

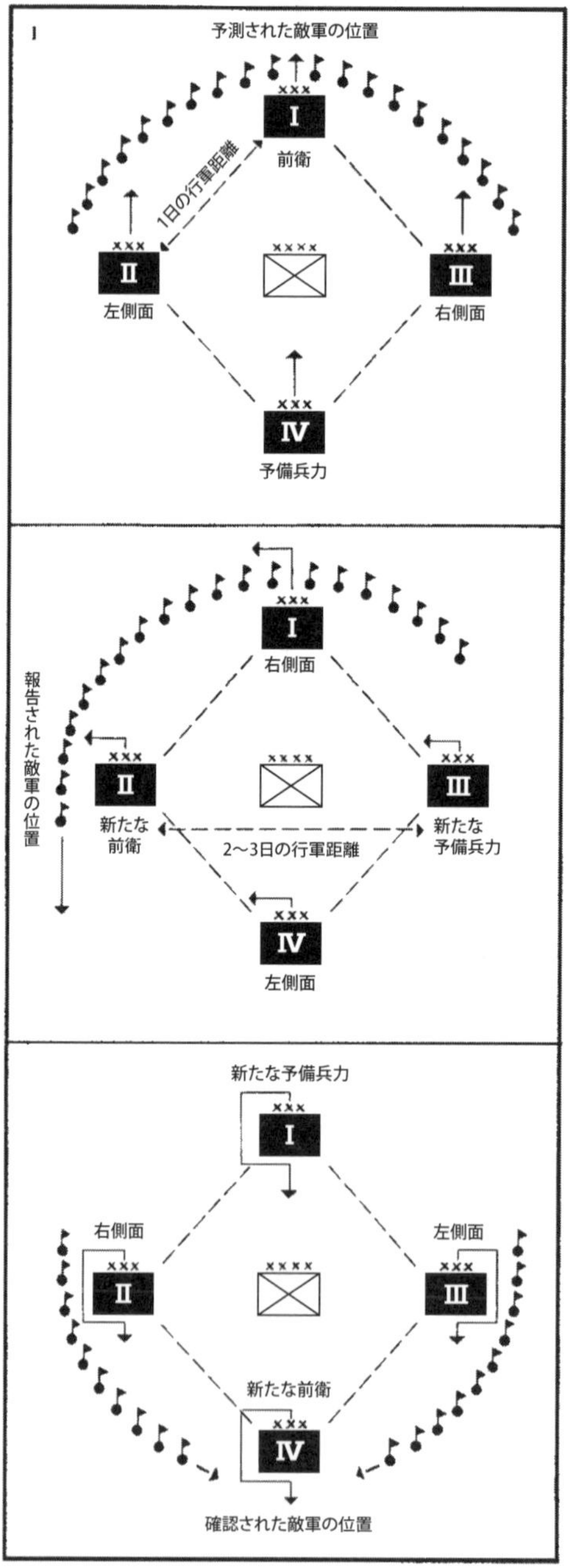

ていた。彼が戦争術に寄与した最大の功績は実にこの点にある。彼の戦略計画のなかでは雌雄を決する戦闘がつねに思い描かれていた。それに従い彼の部隊の一挙手一投足が可能な戦闘配置へと結びつけられていく。機動と戦闘を明確に区別していた一八世紀の軍人と異なり、ナポレオンは行軍と戦闘と追撃をひとつの連続する過程へと組み込んだのである。

加えて、軍団システムも当然ながらナポレオンの勝利の重要なカギのひとつであった*。彼は、自己完結的で全兵種を含む軍団が、付近の友軍が援軍として到着したり、敵を包囲している間に、数時間のあいだに何度でも自前の兵力だけで戦闘や守備が可能であると承知していたのである。この根本的な事実により、各軍団は広く拡散して進軍することができた――それは食料の確保に都合よく、速度を増加させ、さらに敵を欺いた。しかしながら、敵の印象とは逆に、こうした拡散は見事に統制のとれたものであった。実際、フランス軍は一本の作戦ラインに沿って慎重に集結していたのであり、入念に練り上げられた数ある陣形のいずれかを採用していた。これらの陣形のうち最も有名なものは方形布陣であり、この陣形は有利な戦況のもと、一～二日の行軍で迅速に集中するために備えられたものだったのである。

繰り返すが、意味深重な戦力分散の発想の多くも、先人による書物から受け継いだものである。ブールセは、こちらが計算に基づく分散をしていれば、こちらに合わせて分散した敵部隊のひとつに対する集中攻撃が可能になると述べている。ギベールの「戦争術とは、自軍を危険にさらすことなく戦力を展開し、統一を崩すことなく敵軍を包囲し、行軍と攻撃の連繫をとることで、自軍の側面を敵にさらすことなく敵軍の側面を衝くことである(35)」という言葉もまた、若きナポレオンに深い影響を与えたと考えられる。こうして集中と分散の長短を調整し、ふたつの背反する要素をあわせて単一の軍

*ナポレオンは一八〇九年六月七日にウジェーヌ・ボーアルネに書簡を送り、軍団システムによってもたらされる恩恵について繰り返し強調している。「ここに戦争の一般法則がある。二万五〇〇〇から三万もの兵からなる軍団が独立して残っていたら、それは戦うことも、あるいは逆に戦いを避けることもできるだろう。損害を出さずに臨機応変に作戦行動がとれるというものだ。なぜなら、敵は長い間単独で戦うのを避けるために、わざわざ戦いをしかけてはこないからだ。九〇〇〇から一万七〇〇〇の師団なら、単独でも難なく一時間はもち堪えられる。数で勝る敵軍の動きでも何度も阻止することができるということだ。そして味方の援軍が到着した暁には勝利を収めることができる」(『書簡集』第一九巻、No.15310)。

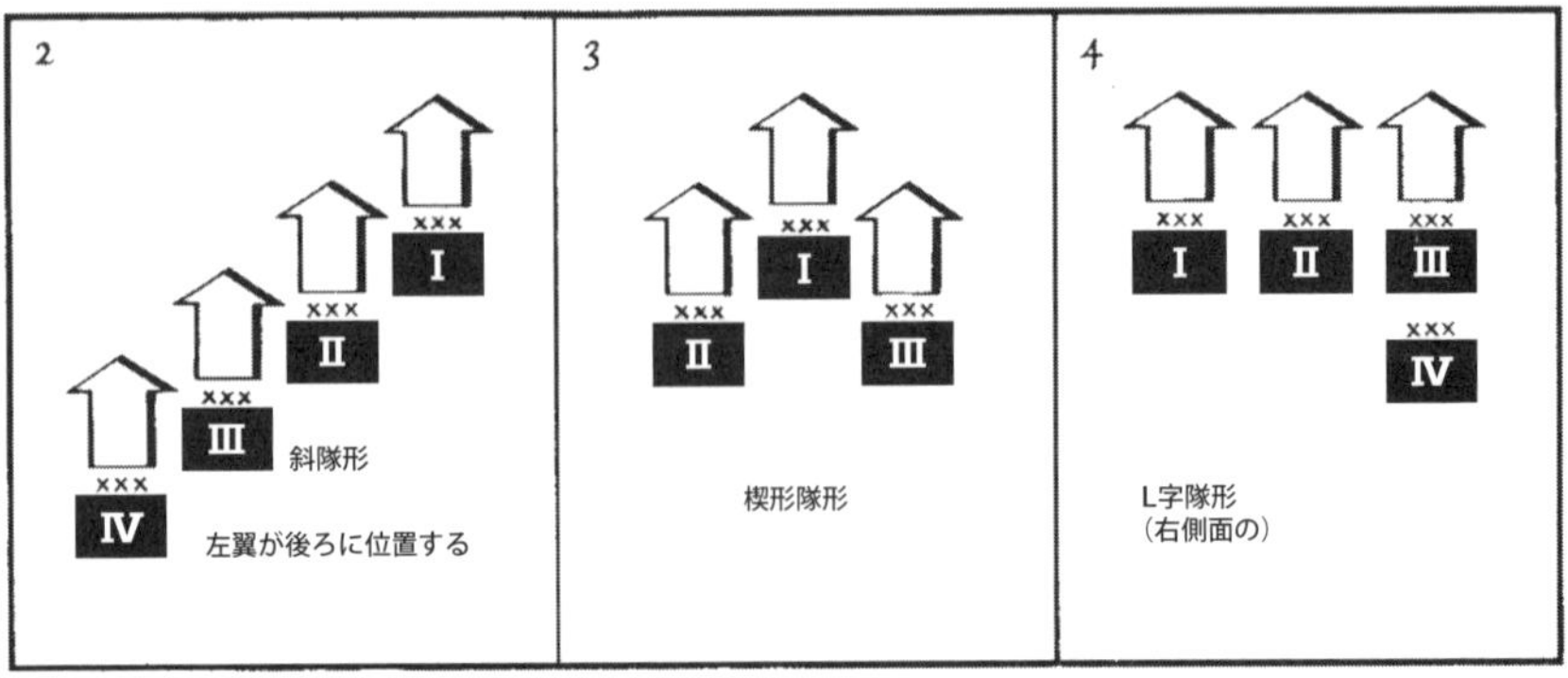

前進の戦略的隊形　4類型

事作戦を作り上げることによって、ナポレオンは軍事的天才としての資質を遺憾なく発揮したのである。

　戦闘行動、行軍速度、機密保持、戦力集結に関する原理を用いつつ、ナポレオンはしばしば敵の不意を衝いて、士気を低下させることに成功している。彼はつねに、戦争における士気の重要性を認識していた。その彼の最もよく知られた格言のなかに、精神は肉体より三倍は重要であるとの言葉がある(36)。後年、セント・ヘレナ島に流された後も、彼は「勝利を決するのは、数ではなく士気である(37)」と確信をもって述べているのである。ナポレオンは士気と統率に関する軍事的原則を慎重に育て上げ、必要とあれば、わざわざ創り出したりもした。ここでも、彼の生きた時代と第二の祖国フランスの国情が有利に働いた。革命市民軍の熱狂と知性は執政政府および帝国の徴兵軍隊の強固な基盤となり、これこそが欧州諸国を震撼させるフランス軍の新たな伝統となっていったのである。

　兵士を無条件に服従させるために、ナポレオンは積極的に彼らの敬意のみならず好意をも得ようとしていた。「兵士の最も重要な資質が勇気であるならば、二番目は忍耐ということになろう(38)」との言葉が示すとおり、彼は部下の士官や兵士のなかにこのふたつの大きな資質が育つことを望んだ。勇敢さは戦場や危機的状況において求められ、忍耐力は常時必要とされる。ナポレオンは「勇気は金では買えない(39)」ことを知っており、部下の虚栄心に訴えつつ栄光という幻想を作り出すことを目指した。彼は部下たちに呼びかけていう。「人はわずかな日当やささいな栄誉のために命を投げ出すものではない。諸君は心をふるわす魂にこそ応えなければならない(40)」。垂涎の的であったレジョン・ドヌール勲章をはじめ、名誉の剣、報奨金、帝国親衛隊の欠員部署への任命といった栄誉の数々が兵卒に与えられたほか、司令官の中には公爵、大公、さらには王の地位までも与えられた者さえいた。このような慎重に段階に応じて分けられた褒賞システムは、前述した手法の一環をなしている。また、昇進を早めることで才能と実績に報いたり、一般兵士を厚遇するということなども見られた。

ナポレオンは、部下の性格のみならず、彼らに訴えかける術、彼らの長所と短所、望みと恐れを見事に把握していた。従順さや勇気、ユーモア感覚は彼らの長所であり、粗暴さや規律嫌い、敗北時の意気の喪失などは彼らの短所であった。ナポレオンは、必要に応じて誉めたり叱ったりと調節を図っていたほか、しばしば宿営地を訪れ、兵士の顔に関する恐るべき記憶力を駆使して、そこかしこで古参兵をつかまえた。「君は余とともにエジプトに従軍したね。戦闘は何回目だ。いくつ傷を受けた」。兵士たちは、ナポレオンが自分の軍功や健康に配慮してくれているポーズに感激して、彼を慕った。ナポレオンに親指と人差し指で耳たぶを摘まれ、軽くひねられることが兵士たちにとってこの上ない名誉であった。ナポレオンはまた、彼らの不平にも真剣に耳を傾けた。そして、しばしばその善処を約束したのである。彼は極めて悪質な規律違反でさえも、作戦計画の妨げにならない限りにおいて見逃す術を心得ていた。

しかし時に、ナポレオンは厳格な軍人となって、いかに勇敢な擲弾兵でさえも怖気づいてまともに面と向かうことができないこともあった。彼の大きなグレーの目は据わり、まさしく火を吹くかのごときであった。かつて彼はイタリアにおいて命令に服しない半旅団を閲兵した際、「もはやイタリア方面軍の兵士でないと、ヤツらの襟元に刻んでやれ」(第2部を参照)と言い放ったこともある。元帥たちでも怒っている彼にまともに立ち向かえる者はほとんどいなかった。ナポレオンは相手に罵詈雑言を浴びせ、乗馬用の鞭で頭や肩を手荒く打ち付けることなどざらであり、ときには腹部を蹴ったりさえしたという。また、彼は異常なほど兵士思いであった一方で、いささかの良心の呵責もなく彼らを死地に送り込むこともできたし、自らの計画が頓挫して決定的損害を被った場合には軍全体を見捨てることさえ厭わなかった(一七九九年のエジプト、一八一二年のロシア西部)。彼は何をおいてもまず徹底した現実主義者であったが、将軍、皇帝としての立場を超えた人間性が現われることもあった。彼の格言のなかには「戦闘の終わった後の戦場を見れば、君主は、平和を愛し戦争を恐れる心をもつだろう」という言葉がある。一八〇七年のアイラウの戦いの後、ナポレオンは皇后ジョゼフィーヌに手紙を書き、「野原一帯には死人と負傷兵が溢れている。いかに戦争とはいえ、かような眺めは決して気持ちの良いものではない。かくも多くの人々が苦しみ、それを見る私の魂もまたふさぎ込んでしまう(41)」と述べた。また、モスクワ遠征で敗れた彼の軍隊が本国までの長い退却行を開始しようとしていたとき、ナポレオンはモルティエに対して、「傷痍兵に細心の配慮を払え。貴下の荷物やすべてを犠牲にしてでも彼らを助けよ。荷車は彼らに使わせ、必要とあらば貴下の鞍をも与えよ(42)」と命じた。その一方で、離反地域で無慈悲な大量処刑を命じ、ヤッファでトルコ人を虐殺し、オーストリアの外交官メッテルニヒに対して「私のような男は一〇〇万人の命など何とも思わぬ(43)」と言ってのけたのも、ナポレオンその人なのである。

率直に言って、兵士に対するナポレオンの態度は（他の側面と同様）謎に満ちていた。しかし、彼が兵士を鼓舞し、盲目的に任務に向かわせる力をもっていたこともまた間違いない。「ある人間が必要とあらば、私はその男の×××にでもキスしてやろう」という言葉は、こうした面を如実に表している。動機がいかに打算的なものであっても、その効果は大きかった。ウェリントンは指摘している。「私は、彼の存在が四万の兵士に匹敵すると評したものだ(44)」。後年になって古参兵の割合が減り、兵士の多くがマリー・ルイーズ［一八一三、一四年における新規徴集兵の愛称］、すなわち一六歳そこそこの少年兵で占められるようになった場合でも、ナポレオンが熱狂的に迎えられたという事実は、彼が人心掌握能力をもち、高い士気を鼓舞する能力を備えていたことを反論の余地なく立証するものである。

ナポレオンは自分の軍隊内で高い士気を維持することを重要視していたが、同時に極めて入念に計画を練り上げ、敵軍の士気を低下させるためにも神経を傾けた。彼は大砲や銃剣を用いた物理的な戦争と同時に頭脳戦をも行っており、その大胆な策略による心理効果から敵軍の士気が低下し、ついには勝機を失うこともあり得た。これを達成するために彼が採用した方式は、強行軍、奇襲、総攻撃である。これらの実際の応用については後で詳細に見ることになろう。一八〇五年、フランス軍は不運の将軍マックの背後に回りこみ、行軍速度を維持することでオーストリア軍をウルム付近に釘付けにし、手遅れになるまで敵に行動の余地を与えなかった。この結果、敵軍司令官には降伏の道しか残されなかったのである。おそらくこれが、敵の戦闘意欲を粉砕した最良の例であろう。ナポレオンのこのような戦略を支えたのは、徹底した敵の分析である。彼は熱心に敵の弱点を探り、それを最大限に利用するため、わざわざ作戦計画の修正まで行っていたのだ。「汝の敵を知れ」という古い格言は、皇帝ナポレオンの胸にも深く刻まれていた。彼はそれに伴う神業的な技能で敵と戦っていったのである。

ナポレオンの軍事哲学の様々な側面をつぶさに叙述、分析していくことも可能であろうが、ここでは紙面の都合上、もうひとつの非常に重要な原則、すなわち、指揮の統一性について述べるにとどめておきたい。ナポレオンは、軍人としての経歴を歩み始めた当初から「ふたつに分けられた家は立っていることができない」と確信していた。一七九六年の段階で、指揮権の分離はナポレオンの忌避の対象であった。当時の総裁政府がナポレオンのイタリア方面軍の指揮権を分割してケレルマン将軍と分担させようとした際に、彼はそれならば辞任すると脅しをかけた。「ふたりの良将はひとりの愚将に如かず」というのが、彼のパリへの返答の主旨である。軍隊間の調整が不充分だったためにフランス軍の攻撃が失敗に終わり、めぼしい戦果を挙げられなかったことは何度もある。一七九六年にジュールダンの敗北により、モローのドナウ川における作戦の遂行は阻害され、イタリア方面軍は危機的な状況におかれた。一八〇〇年春にはモローの頑迷さとライン戦線の遅滞により、当時第一執政であったナポレオンの作戦計画は一年間もたなざらしにされ、さらに事態打開のために大幅な計画の変更を余儀なくされたのである（第5部、第25章を参照）。ナポレオンは真の意味で権力を行使できる地位に就くや、半自律的な軍隊を各戦線に用いるという革命期の方法を捨て、すべての部隊の指揮権を中央に集め、彼自身を唯一の司令官とする一元的な軍隊を作り上げた。かくして一八〇五年には、イタリア方面のマッセナ部隊、ナポリのサン・シール部隊、そしてドナウ川地域を行軍中の諸軍団もすべてグランド・アルメの一部に組み入れられたのである。後に、ナポレオンは広範囲に展開した分遣隊と緊密な連絡をとることに非常に苦労することになるのであるが、それでも上級指令システムの徹底した一元化にこだわりつづけた。ナポレオンは確信をもって次のように述べている。指令の一元化こそ「戦争において第一に必要なことである(45)」。「最高司令官は頭脳であり、軍隊にとってすべてである。つまり、ガリアを征服したのはローマ軍ではなくカエサルであり……欧州の三大列強から七年間プロイセンを守ったのはプロイセン軍ではなくフリードリヒ大王なのだ(46)」。

しかし、軍事権限の中央集権化は諸刃の剣でもあった。それはなるほどナポレオンの勝利の秘訣ではあったが、後の敗北の主要因にもなってしまったといってよい。無線通信のない時代において、広範囲に展開した一軍、あるいは連なる諸軍を効果的に統率することは事実上不可能であった。そこに困難があった。ナポレオンの天才をもってしても、距離という物理的問題を克服することはできなかったのである。

ところで、ここで述べているものは互いに関連しあいながら、ナポレオンの戦争様式を規定していった要素である。彼は、戦略に従って戦うことこそが作戦の成功を約束する唯一の条件であると、その重要性を何度も指摘したこと以外、これといって何か斬新なことを生み出したわけではない（配下の将軍たちは、強行軍、奇襲、集中、その他を達成するため、あらゆる努力をおしまなかったが）。ナポレオンの戦争方式の大部分は旧体制《アンシャン・レジーム》時代や革命期から受け継がれた三つの遺産によって、実現されたものであった。

ナポレオンが継承したものの第一は、軍隊を自己完結の常設師団に分割するという考え方である。これは七年戦争でブロイ元帥が実際に採用した考え方であり、さらにその大元はモルテーニュ伯という人物の発想であった（サックス大元帥もまた、歩兵、騎兵、大砲、支援部隊、さらに参謀がバランスよく含まれる、適切な規模の編成を試みていた）。ブロイ元帥は『一七六一年の指令書』のなかで、後にナポレオンが軍団および師団組織に採り入れ、それを基に作戦を立案することになった原則を示している。「軍隊における二つの戦列歩兵（慣習的に一八世紀には陸軍はふたつの戦列に分割されていた。そしてこれは戦闘での標準隊形であった）を分割して戦時は四個師団にすること。個々の師団は第一、第二戦列に所属した複数旅団の四分の一で構成すること。各師団はひとりの中将が指揮をとり、その者は作戦中継続してその任に当たること。部下として他の複数の将軍を置くこと。中将は、規律、行軍、警察、行政、哨戒等すべての師団の活動に責任をもつこと。擲弾兵と猟歩兵各一大隊で旅団を編成すること。砲兵部隊を同伴させること……つまり一二ポンド砲一〇門と八ポンド砲一〇門とそれらに必要な弾薬、連隊付き砲兵隊によって構成される『前衛縦隊』と称する砲兵一個分隊を指揮下に編入すること……(47)」。もし我々が「中将」の代わりに「元帥」を、「前衛縦隊」の代わりに「砲兵予備軍」という言葉を用い、戦列に分割する古い方式を改めるならば、ブロイの言葉は、五〇年後のダヴーやマッセナが軍団について記述したものだとしても充分通用するものであった。

これこそナポレオンが継承した最も重要にして実践的な財産である。ブロイの死後、この方式を受け継ぐ者が現れない時期もあったが、ギベールの教訓では主要部分をなすことになった。そして一七九三年二月には、デュボワ・クランセの助言に基づいて、常設師団方式（各師団は四個の半旅団で構成）

が革命軍に永続的に適用されることとなった。こうしてナポレオンは先駆者たちの作り上げた既存の軍隊組織方式を受け継いで、洗練させることによって、機動、広範囲展開、全面戦争という自らの理想を実行するに足る完全な部隊構成すなわち軍団を生み出していったのである。

第二の点としては、「現地調達主義」という考え方があげられる。古来、軍隊は多かれ少なかれ強奪、徴発ないし購買（非常に稀ではあるが）によって得られる物資をつねに当てにしてきた。しかし、一七〜一八世紀になると、あらかじめ物資を集積した貯蔵庫や兵器廠からの、長蛇をなしてゆっくりと進む荷車による物資輸送を主な物資供給源とするようになった。これにはふたつの理由がある。第一に、宗教戦争で証明された戦争の全体性と恐怖に対する反感がこの「理性の時代」において決定的になった結果、無差別な略奪行為への反発が高まったこと。第二に、軍隊はたいてい、抑圧された農民、入隊を条件に釈放された囚人等、極めて低質の素材で構成されていたため、指揮官としても大規模な脱走を恐れ、彼らを信頼して徴発に派遣することができなかったということが挙げられる。しかし、こと初期の革命戦争に至り、戦争に対するフランス政府と民衆の態度は根底から変化した。一個所に六〇万にも達する巨大な軍隊が義勇兵（後に徴兵）によって組織されたため、彼らに「従来通りに」補給物資を供給することが不可能となり、「現地調達主義」が採用されたのである。したがって、フランス軍がこのような手段を選択したのは、方策というよりもむしろ必要に迫られてのことだったといってよい。輸送隊は存在しても、それはもっぱら軍需品用のためのものでしかなかったのである。しかし、一見して自暴自棄ともとれるこうした手段も、実行可能であることが明らかになった。新たなタイプの市民兵士のもつ知性と革命熱により、大量脱走の恐れは幻と化した。さしあたってフランス人は外国の反動勢力から祖国と革命を守るという意識を吹き込まれていたのである。後には、革命の伝道活動、すなわち圧政に苦しむ他国の人々に対して自由、平等、博愛といった新たな福音を広め、彼らをその鎖から解放するという使命感が、新たに兵士たちを鼓舞することとなった。結果として、ナポレオンは、わずかな元手で軍隊全体を動かすこと、行政官的な見方をすれば、現地で物資を調達するという方式（他の方式がなかっただけかもしれないが）が可能とわかったのである。またもや典型的なことであるが、彼は既存の慣行を改善し常態化させた。第一帝政期には、一八〇五年頃までには、既に部隊に必要なだけの物資を供給できたにもかかわらず、ナポレオンは故意にこの古い現地調達主義をとりつづけた。ドナウ川に進軍中の部隊はわずか八日分の糧秣しか持っていなかった。しかも、これらの食糧は、敵がすぐ近くにいて兵を徴発に派遣することができない場合にのみ使われたのである。唯一、一八一二年に神聖ロシアの広大な原野を前にしたときは、ナポレオンは物資輸送方式に頼ろうとした（ただし断っておくが、目立った成果は収めていない）。その他の場合はつねに、ナポレオンは煩わしい物資輸送を不要とし、師団および軍団組織に「現地調達主義」をあてはめ、それによって向上した機動性を最大限利用したのである。徴発を容易にするために横に広く間隔を空けて進軍し、各部隊は割り当てられた地域で徴発を行うことで物資を自給し、戦闘のために迅速に集結することができた。これこそナポレオンの電撃作戦の本質であり、欧州の反動諸政府を大混乱に陥れる一大ファクターだったのである。

最後に第三の点としては、才能に開かれた昇進システムを指摘しておかねばなるまい。この遺産は極めて大きかった。リーダーとしての天賦の資質があれば、革命軍の一兵卒から身をおこし、大隊、半旅団、師団、軍団、そして一軍を率いることも可能であり、このシステムのおかげでナポレオンの偉業が実現されたのである。そもそもナポレオン自身がこのシステムの最も偉大な産物であったといえよう。たいした家柄も強力なコネクションもないナポレオンにとって、はたして彼の兵種以外で高い地位に昇りつめることができたかどうかは疑わしい。かかるシステムがなかったならば、あれほど素早く昇進し、フランスの戦争のあらゆる側面を指揮する立場に就くことなど、おそらくありえなかったであろう。同様に、ランヌ、ダヴー、マッセナ、ミュラ等の彼の右腕となった有能な男たちの助けなくして、あのような戦果を挙げることはまずできなかったであろう。ナポレオンが霊感、頭脳、意志力を体現したとすれば、彼の部下たちは体力、筋力、勇気（そしてわずかながらの知性）を発揮したのであり、それらが理論を現実のものとする原動力であった。ただ、後述のとおり、ナポレオンは時として満足を与えるという本来の意図からはずれて、功績による昇進システムを濫用したため、逆に最も才能ある部下の意欲を削いでしまうことがあった。しかし、流星のごときナポレオンのキャリアが終わりを告げるまで、全フランス軍兵士には勇気と能力を証明することで、立身出世の道が開かれていた。ことわざにもあるように、元帥杖は「すべての兵士の背嚢のなか」に隠されていたのである。ナポレオンの天才のこうした面は、ヴィクトリア時代の偉大な歴史家トマス・カーライルによって充分に理解されていた。彼は次のように書いている。「ナポレオンは徹頭徹尾ある種の考えをもっていた。それは波の言葉を借りれば『才能に開かれた経歴《キャリア》』である。彼はこれを利用して部下を操作したのだ(48)」。しかし先述したように、「欧州の牧羊犬」たるナポレオンがこうした考えを創り出したのではない。彼は創造者ではなく、完成者、応用者にほかならなかったのである。

第15章　戦略における諸概念

ナポレオンが戦争を行う際にこれらの「原則」あるいは「要素」をいかに利用したかを説明するにあたって、まず、彼の戦略や戦術的構想が規則的パターンに忠実に従ったものではないということを指摘しておきたい。すべての作戦は一回限りのものであり、まったく同じ作戦が存在することはありえない。しかし、あらゆる作戦や戦闘を支え、状況に応じて適用される基本的な考え方は存在していた。それはナポレオンの将軍としての能力の客観的評価を試みる者にとって、綿密に研究するに値するものである。

ナポレオンは「戦略とは時間と空間を利用する技術である」と述べた。ここで言う戦略には、作戦の開始からその最高点に至るまでの行軍に関する計画と実行が含まれる。先述のとおり、ナポレオンは戦闘が戦略的な計画立案の主要部分であることを強調していた。彼の考えによれば、一連の作戦とは、行軍による敵との接触、戦闘、追撃および殲滅の三つの段階に分けられる。もちろんこれらは自己完結的な局面ではない――三者はみな他のふたつと連関している。というのも軍事作戦とは、基本的に諸段階の連続からなる一総体を指しているからである。

ナポレオンは作戦を開始するにあたって五つの原則を定めていた。そして我々はそれらを彼の戦争理論や作戦そのものを研究する際に必ず念頭に置いておく必要があろう。第一は、軍隊にはただひとつの作戦ラインしか存在してはならないというものである。すなわち攻撃目標は明確に定められなければならず、すべての部隊を可能な限りその目標に向けなければならないのである。もちろんこのことは、すべての部隊がただひとつの経路を通らなければならないということを意味しているのではない。既に見たように、機密保持、物資輸送、行軍速度の観点から、部隊は様々な経路を進軍するよう求められていた。最終的な目標は当初から明確にされていなければならなかったが、その一方で兵力は無用な二次的作戦で浪費してはならなかったのである。第二の原則は、つねに敵軍の主力を目標にしなければならないというものである。敵の野戦軍を破壊するまで戦闘を中断することはできない。ナポレオンは自らが立てた作戦から多少逸脱することもあったが、それはたいてい状況変化に合わせたか、あるいはやむを得ざる理由があってのことであった。一八〇〇年に最終的な勝利を決める道がドナウ川からウィーンに向けてであったにもかかわらず、彼は二次戦域（北部イタリア）でメラス軍を攻撃している。また一八〇五年には、最初の攻撃目標にウルムのマック軍を選んでいるが、実際にはオーストリア軍主力は北部イタリアでカール大公の指揮下にあった。他にもこのような事例はあるものの、一般的に言ってナポレオンは電撃作戦の目標を敵主力に定めていたのである。第三の原則は、戦略的・心理的効果の面からも、敵の側面、背後に回りこむために迅速な行軍をするところにあった。ナポレオンの戦略がもつこの側面は、後段でより詳しく検討する。第四の原則は、つねに最も手薄な敵の側面を攻撃するということ——すなわち、補給地、近隣の友軍、あるいは主要都市から敵を切り離すというものである。最後に五番目の原則としては、安全で開かれた連絡線の確保である。この要件を満たす方法についても後に言及する。

　概してナポレオンは、自身の軍事的目標（決定的な戦果を生むべく有利な戦闘状況を創り出すこと）を達成するため、三つの異なる型の戦略的機動を用いていた。それらを説明すると次のようになる。第一に包囲のための進軍（背後への機動）であり、リデル＝ハートの言葉を借りれば、「間接的接近」ということである。第二に「中央位置」作戦であり、第三に戦略的突入である。順を追ってそれぞれの説明をしていきたい。

　背後への機動は一七九六年から一八一五年までの間に三〇回も用いられたが（主要な軍事作戦とそれに付随する状況のリストについては付録参照）、この作戦は同盟軍や支援部隊の近接支援を受けない単独の敵軍を撃破することを意図していた。ナポレオンにとってその目的は、有利な戦況を創り出すことにあったのである。ナポレオンは「オムレツを作るのに卵を割る」準備をする一方で、フォン・クラウゼヴィッツが指摘しているように、つねにコストを最小限に抑えつつ全面的な勝利を得ることにも腐心していた。そこで彼は、全体規模の、全部隊を動員した正面作戦——つまり敵に向かって直進し、彼らの選んだ地点で交戦すること——を極力回避していたのだ。そのような戦闘においては大きな損害は不可避であり、加えて、確たる戦果などはほとんど得られなかったからである（一八一二年のボロディノの戦いなど）。その代わりとして、彼は可能な場合はつねに、敵軍後方への機動作戦をとった。陽動攻撃によって敵軍を正面に釘付けにした後に、自軍主力部隊を騎兵隊の遮蔽幕《スクリーン》や自然の障害物に隠された「安全」経路を通って速やかに進軍させ、敵の側面あるいは背後に回り込ませるのである。この行軍が成功裏に達成されるや、彼は天然の要害や「戦略的障壁」（通常河川や山並み）を占領し、

包囲戦略（あるいは背後への機動）

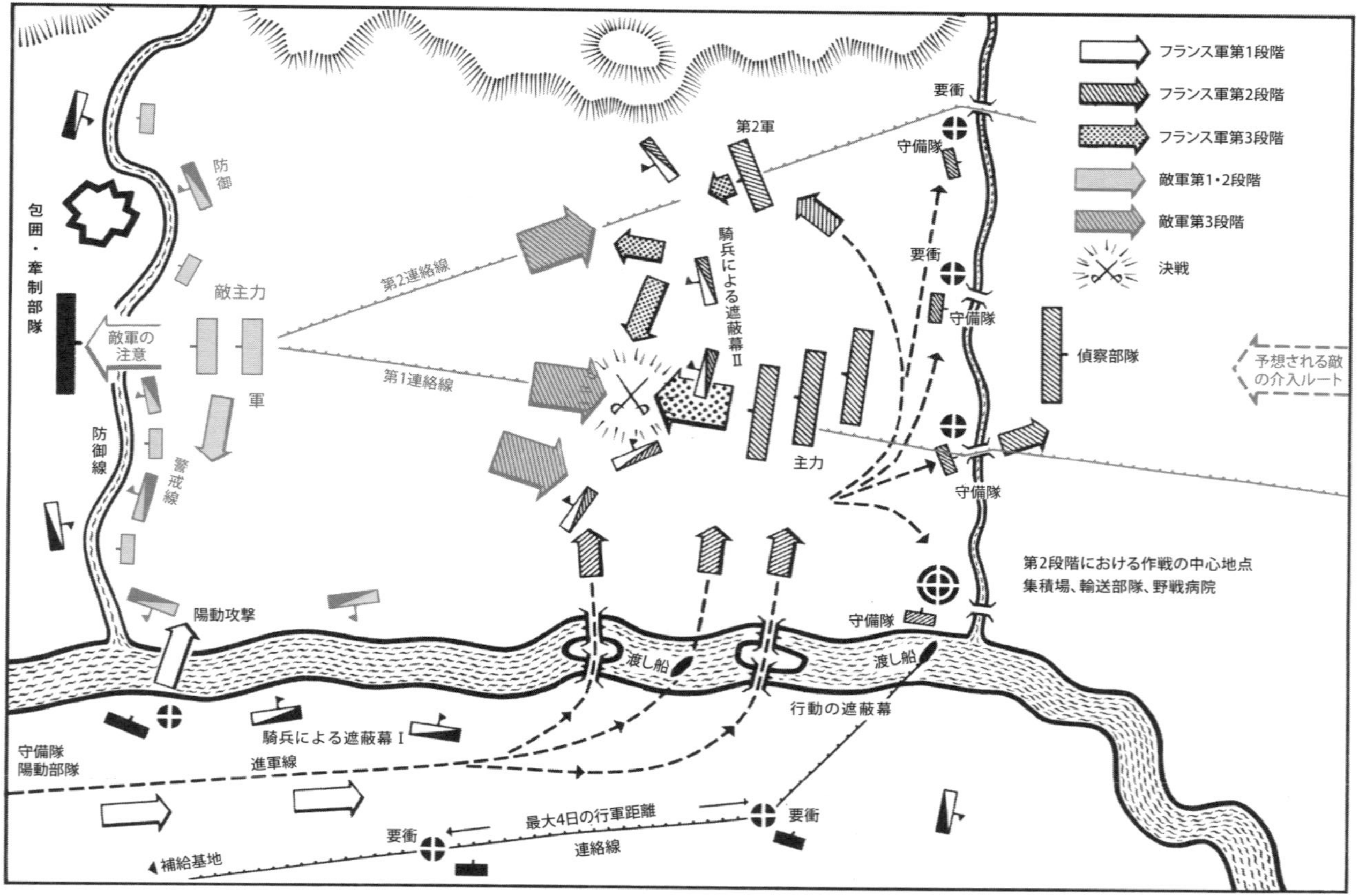

敵の通過を完全に阻止するよう命じた。かくして、標的とされた敵の孤軍は、後方との連絡を断たれて増援の機会を失っていったのである。こうした後に、ナポレオンが敵軍に向かって進撃を開始すると、もはや敵に残された選択肢はふたつしかない——自分の選んでいない戦場で命を賭けて戦うか、さもなくば降伏するかのどちらかである。

このような戦略がもたらした効果は明白である。敵軍は不意を衝かれ、突然背後に現れた敵によって補給路が断たれてしまうことで、ほぼ確実に士気は低下してしまう。仮に敵の司令官がこの状況を脱することができるとすれば、三つの可能性があった。第一は、彼が非常に勇敢である場合、「牽制」部隊に対し進撃を続けること。第二は、部隊を移動させ、逆にフランス軍の連絡線を遮断すること——これは必然的に大規模なものになる。第三は、連絡線を回復するための突破を図ろうとして、即時退却を命じてフランス軍主力に向かう——すなわち戦闘に応じるということである。

しかしながら、ナポレオンの基本計画は極めて緻密で柔軟であったため、こうした敵の行動によって決定的に阻害されることなどまずなかったし、戦闘の結果が大きく左右されることもなかった。そもそもナポレオンは、陽動あるいは「牽制」部隊が一定期間敵軍を挑発し続けることができるよう、充分な兵力を与える配慮をしていた。一八〇〇年四月にジェノヴァで包囲されたマッセナ軍は、メラス軍の注意を引き付けるための陽動部隊であった。同じく一八〇五年には、ミュラの騎兵部隊とネイの軍団（当初）は、黒い森（シュヴァルツヴァルト）の隘路に囲まれながら、マック将軍に対する同様の任務を全うした。また一八〇六年には、オランダ国王ルイがライン川流域の諸要塞を占領し、右岸に対する牽制攻撃をしかけることで、敵を釘付けにした。ナポレオンはまた、可能なかぎりこうした二次的攻撃においても、安全措置を講ずることを怠らなかった。つまり、要塞群や大河川が連なる場合には、それらを盾にすることで、敵の重圧に対して自軍の安全を確保できるのである。しかし、これらの計画の真に見事な点は、たとえ敵軍が目前の相手（牽制部隊）を打ち破って進軍してきたとしても、フランス軍の戦略包囲網に一層深く引きずり込まれるだけというところにある。つまり、ナポレオンが後方に殺到すると、敵軍とその元々の作戦基地との間が今まで以上に伸びてしまい、彼らは相手の勢力圏内で作戦を行わなければならないわけである。

他方、敵軍がフランス軍の連絡線を遮断する場合でも同様に、ナポレオンが混乱することはなかった。敵がこのような計画を遂行するためには、必然的に戦力を分割——一部は「牽制」部隊の監視、一部はナポレオンの接近に対する後方の防備、残りは遂行中の作戦用——せざるを得ない。こうした敵

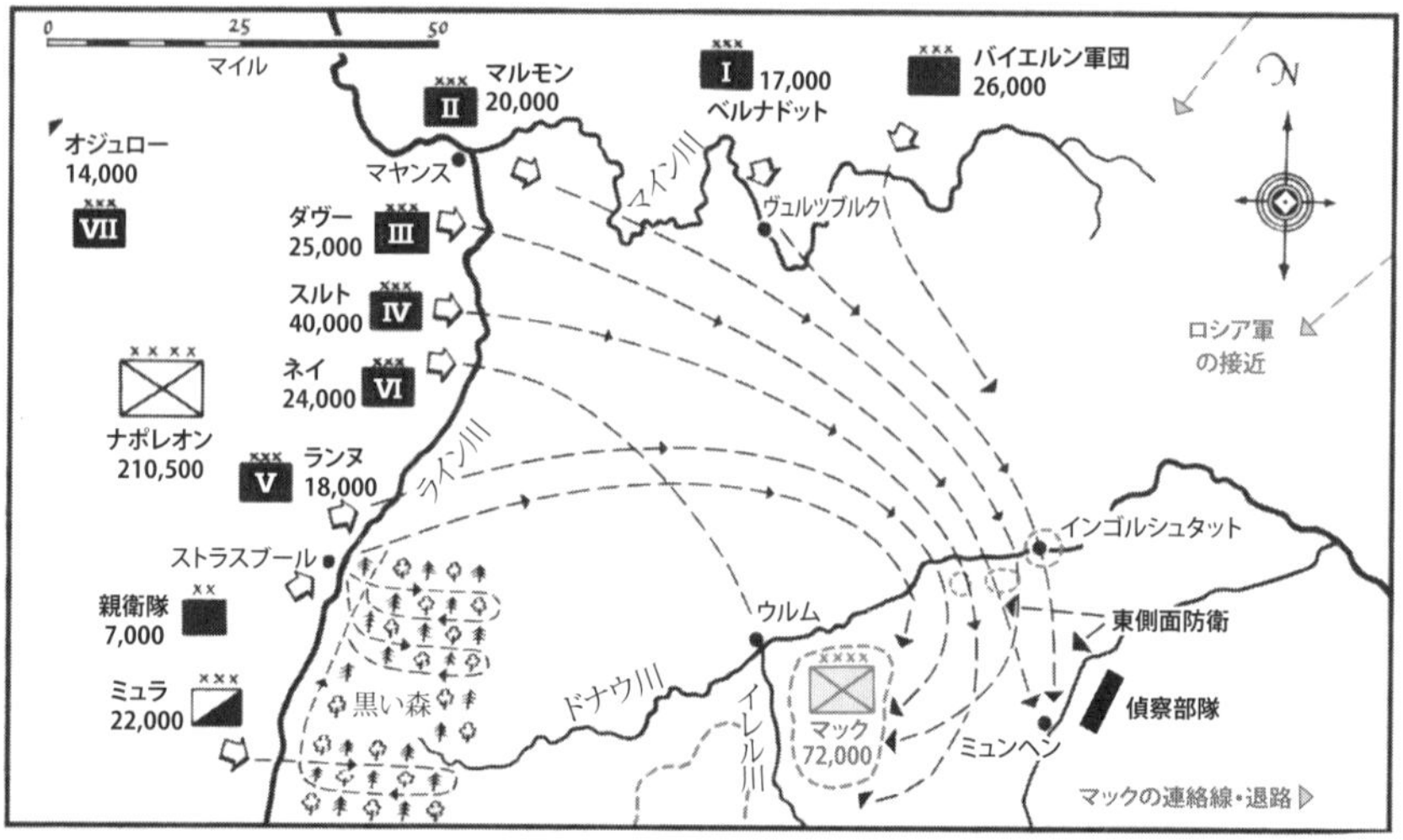

1805年の戦役におけるラインからドナウへの旋回

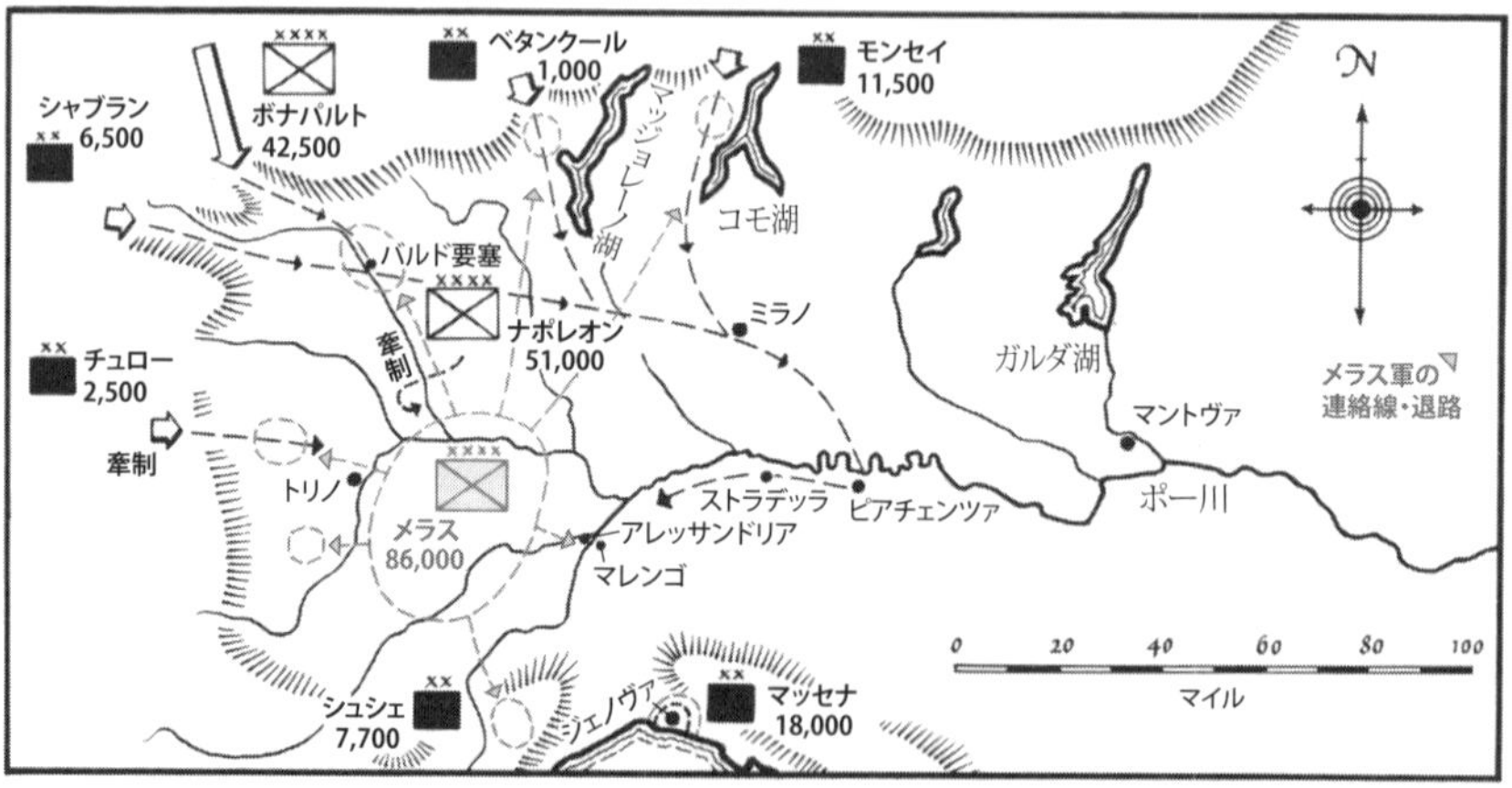

1800年のマレンゴの会戦におけるアルプス越え

軍の戦力分割は、結局のところナポレオンに有利に働くことにしかならなかった。また、「現地調達主義」を採っていたフランス軍にとって、補給を断たれたところで受ける被害は、補給基地頼りの敵軍に比して、はるかに少なかったといってよい。戦役が開始されると、ナポレオンは自軍主力のすぐ後方に置かれる「主要地点」もしくは「作戦の中心地点」――そこには病院、軍需品の輸送車両、そして主要な野戦集積所が支援目的で置かれる――を活用することで、最前線への連絡線を短く使いやすいようにした。主力部隊の行軍が目下の「作戦の中心地点」から六日以上になるときは、ナポレオンは必ずといってよいほど新しい場所を選び、補給機構をみな即座に前方へと移動させた。このようにしてナポレオンは後尾を前線近くに保ったのである。もちろん増援部隊や軍需品、とりわけパリからの情報については、彼は後方すなわちライン川に伸びる連絡線を当てにしていた。しかし、敵軍が分遣隊を送ることで徐々に弱体化し、完全に不利な状況に置かれるというのであれば、ナポレオンは自軍の連絡線が一時的に切れるのを厭うことなく作戦を遂行した。

最後になるが、敵軍の司令官が第三の選択すなわち戦闘に応じた場合、これこそナポレオンの思うつぼであった。性急な撤退による混乱と無秩序で、彼らの士気は挫かれ、部隊編成もバラバラになる可能性があった。こうした状態の中で、敵は不慣れな場所での戦闘を受けなければならなかったからである。

もはや、あらゆる事態は（近接する敵軍や大規模な援軍の介入を除いて）ナポレオンの柔軟な作戦計画の考慮のなかにあった。こうした不確定要素を考慮に入れることは極めて難しいことであったが、ナポレオンはしばしばその危険性を減じ、影響を最小限に抑えた。彼は分遣された「偵察部隊」に前進を命じ、敵の予想進軍ルートを封鎖する戦略上の要害を占領・死守させた。そして、敵の増援を遅らせている間に、目前の敵を撃破していったのである。一八〇五年の戦役はまさしくこのタイプのものであった。ナポレオンはドナウ渡河後にベルナドットとダヴー率いる二個軍団を分離してイザール、アンメル、イルム川を結ぶ戦線を形成し、東方からのロシア軍の介入を阻止した。同時にもうひとつの軍団（スルト元帥指揮）がメンミンゲンへと進み、イレルからヨハン大公軍の位置するチロル方面に下るマック将軍の二次退却路（あるいは増援路）を封鎖し、その間に残ったミュラ、ネイ、ランヌ、マルモン率いる軍が、真の目標――ウルム郊外で孤立したマックのオーストリア軍――への総攻撃の準備を完了させたのである。ナポレオンの最初の計画では、スルト軍はこの後イレル川をウルム方面に上り、マック軍の戦略的側面を包囲し、そのチロル方面軍との連絡を遮断する予定であった。一方その間に、オジュロー元帥率いるフランス予備軍団（第七軍団）は、ドナウ川を越えてネルトリンゲン、ストラスブールを結ぶフランス軍の主要連絡線を守備すべく、ライン地方から進軍中であった。また、交通至便で中央に位置するレヒ川上のアウクスブルクは、ドナウ川南の全フランス軍部隊の「作戦の中心地点」として機能していた。しかし、このように分離された部隊は、互いに緊密に張りめぐらした蜘蛛の巣を形成しており、すべての戦域において迅速な増援が可能な状態にあったのである。マック将軍は、フランス軍のこのような行軍にすっかり戦意を喪失し、大規模な抵抗をしないまま一〇月二一日に降伏してしまう。ここにナポレオンは完全な「無血」勝利を達成したのである。その後即座に、ナポレオンは東方に目を移し、今度はロシア軍の壊滅に向かっていた。結果的に、その目的は一二月二日にアウステルリッツで達成されることとなる。

若きナポレオンが一七九六年の時点でこのような考え方を定式化していたことは疑問の余地がない。というのも、同年のイタリア戦役の第二局面では、最終目標こそ達せられなかったにせよ、彼はすでにその考え方を極めて洗練されたかたちで示していたからである。サルディニア王国とのチェラスコ休戦協定の締結後、イタリア方面軍は、ロンバルディアおよびミラノ平原を制圧するボーリュー将軍麾下のオーストリア軍の包囲、撃滅に向かった。ボーリューは自軍戦力の大半をアゴーニョ川とテルドッピオ川の後ろに集結させていた。誰もが、フランス軍はヴァレンツァでポー川を渡って北岸に進軍してくるものと予想した。ヴァレンツァは、ピエモンテ地方の都市で、当時同市の渡行権は休戦協定の条文によりフランス軍の手中にあったからである。ナポレオンは敵のこのような判断を予想し、ボーリューをその地に釘付けにするために、セリュリエの師団にヴァレンツァへの陽動攻撃を命じた。こうしてオーストリア軍の注意をそらしている間に、その他の兵力（ダルマーニュ率いる騎兵と擲弾兵を先頭に、慎重に時間的間隔を空けてラアルプ、マッセナ、オジュローの各部隊が続く）はポー川のはるか下流、ピアチェンツァ近郊の橋頭堡を制圧するために急行していた（ピアチェンツァは中立のパルマ公国に属し、ナポレオンは同地で無傷の橋や渡し舟を確保できると確信していた）。その後フランス軍はロディやその他の渡河地点を制圧し、アッダ川の戦線を制してボーリューの退路を断つ計画を立てていたのだ。

移動作戦は五月七日四時から一〇日朝まで行われた。しかし、間一髪でボーリューは危険を察知し、オーストリア軍はヴェネチアの中立を侵してまで急遽退却した。この退却作戦はナポレオンのお株を奪うもので、ナポレオンにとっては大きな痛手であった。オーストリア軍は、フランス軍が渡河地点を制圧し、川の西岸で自分たちを罠にかける前に、二列縦隊を組んでそれぞれロディとカッサノにおいてアッダ川を渡ることに成功したのである。その後ナポレオンはロディでオーストリア軍後方部隊に大打撃を与えたが、実際には、ほとんど慰めにもならない程度の小さな戦果――この戦いがナポレオンの神話において重要な位置を占めるにもかかわらず――しか残せなかった。しかし、ここでの戦略的行軍を支えた作戦計画が、「背後への機動」を意味していることは言うまでもあるまい。「作戦のカーテン」（ポー川）、「戦略的障壁」（アッダ川）、「陽動部隊」（ヴァレンツァのセリュリエ部隊）――同じく都合のよい「作戦の中心地点」（ピアチェンツァ）――に隠される初期行動の主だった特徴が、この攻撃に内在しているのである。もっとも、ナポレオンは後にも何度か敵軍後方への機動作戦に失敗している。一例を挙げるならば、一八〇七年二月三日、フランス軍はベニグセン将軍麾下のロシア軍の包囲に失敗している。捕らえられた伝令から進行中の計画が漏れ、ロシア軍がぎりぎりのところで包囲網から抜け出してしまったのだ。しかし、概して言えば、「背後への機動」はナポレオンの戦略のうち（一八一三年末までは）最も成功を収めたものであった。ナポレオンの敵はなかなか失敗から学ぼうとはしなかった。彼らが必要な対抗措置を講じ始めたのは、一〇年以上にわたって一ダースもの大きな敗北を喫した後のことだったのである。

「背後への機動」の秘訣は、作戦開始当初から主導権を握り、連絡線を断つことで敵軍をアンバランスにさせ、物理的包囲と心理的圧迫（「不運の将軍マック」の場合）によって敵軍を撃破するところにある。一度この蜘蛛の巣に捕らえられると、実際のところ敵軍は有効な抵抗手段を取ることができなくなった。しかし、対抗手段がまったくなかった訳ではない。ナポレオン戦争の末期、連合軍は二度この手段を成功させている。何より兵力が優勢で、かつ補給物資が大量に揃い、かつナポレオンの狙いが判明しているという有利な状況下であれば、後方に出現するナポレオンを無視し、連合軍は目標に突進すればよいのである。一八一三年一〇月四日、ドゥーベンにて連合軍はナポレオンの手の内を見透かし、ナポレオンがムルド川を遡り連絡線を断つのを気に留めなかった。また、一八一四年三月二三日にも、ナポレオン軍が慎重に計画して連合軍の前進をくい止めるために行った後方部隊への攻撃にもかかわらず、連合軍はパリに向かって進軍し続けたのである。

ところで、他の多くの場合と同様、こうした「間接的接近」による戦略的包囲という発想の創始者はナポレオンではない。すでに見たとおり、フリードリヒ大王が「極秘指令」のなかで、あるいはブールセが『山地戦の原理』のなかで、まさにかかる戦略について言い及んでいた。さらに言えば、ナポレオンがイタリア方面軍の指揮を執るわずか一年ほど前に、ジュールダン将軍は実際にこの方法を実践して見せていたのである――ほとんど無意識ではあったが。ジュールダンは、命令通りにナミュールを包囲せず、同市の守備隊を釘付けにするためのわずかな部隊だけを残して、モーゼル方面軍の一翼とともにシャルルロワ近郊にいたコーブルク将軍の軍の背後に襲いかかった。事態を知るやコーブルクは自軍に退却を命じたが、そのあまりに性急な命令が混乱を招き、続くフルリュスの戦い（一七九四年六月二六日）で統制がきかなくなった彼の軍は甚大な被害をこうむってしまったのである。ナポレオン時代の戦果に比すれば小さな勝利であったが、ジュールダンは少なくとも敵軍の一部を撃破したことで急な総撤収を強いた。しかしジュールダン自身、なぜ勝利を収めることができたかの本当の理由を理解していなかったのは明らかであろう――何となれば、彼は二年後、逆にカール大公率いる一万二〇〇〇のオーストリア軍部隊のフランス軍側面への接近（ナウエンドルフなる一少将の進言による）を許しているからだ。その結果、ジュールダンは連絡線を守るため急遽退却し、一七九六年の総裁政府による大攻勢は完全に頓挫する羽目に陥ってしまった。つまりジュールダン軍の左翼が崩壊したため、モロー軍までもが統一戦線維持のため退却を余儀なくされたのである。こうしてフランス軍がバイエルン地方から駆逐された結果、ナポレオンのイタリア方面軍に対するオーストリア軍の攻勢が強まった。繰り返しになるが、ナポレオンは戦略や作戦を検討している最中に、前例や教訓を熟考したのだ。それでも彼は天賦の創造力を先人の発想に応用させつつ、その時代の最も洗練された無敵とも思える作戦方式を作り上げていったのである。

ただ、フランス軍が、相互支援が可能な複数の軍と対峙するような困難な状況に置かれた場合、ナポレオンはしばしばふたつめの作戦方式――「中央地点の戦略」を採用した。こうした状況のもとでは、敵軍合計よりもフランス軍兵力の方が数において劣勢の場合が多かったが、敵軍勢の一部に対しては数的優位が確保されるようになっていた。まさにこの後者の要素を、最大限活用するためにシステムは設計されていたのである。「指揮の技術とは、敵軍（全体）に数で劣っていても、戦場においてそれを上回ることである[49]」。手短に言えば、ナポレオンは敵軍を構成する部隊のひとつを何とかして孤立させ、相対的に少数となったそれを打ち負かし、可能ならば壊滅させるために戦力を集中させたのである。そして次には、全兵力を二番目、三番目の敵部隊へと向けていった。つまりただ一回の決定打ではなく、散在する敵軍に対して軽打の連続を計画し、各個撃破することを目指したのである。

これはいかにして可能となったのか。ナポレオンによる一連の攻撃行動を通して、もう一度その方式を明らかにしよう。第一に、ナポレオンは捕獲した新聞や脱走兵、そして何より自軍の騎兵偵察隊の調査から得た情報を可能な限り活用した。これらの情報に基づいて、地図上に判明している敵の配置を入念に描き、敵の各部隊の境界線が交差する地点を選び出す。ここが敵の戦略的配置の「継ぎ目」もしくは「結節点」であり、それだけ攻撃に対して弱い場所ということになる。ナポレオンは、この地点をたいていは全軍による最初の電撃攻撃の目標に選んだ。騎兵隊の遮蔽幕《スクリーン》に隠されつつ、フランス軍が密集隊形となり、この中央地点を守備するひと握りの部隊に稲妻の如く襲いかかるのである。この最初の猛攻はつねに成功を収めた。すると、ナポレオンは直ちにこの新たな制圧地点に自軍を集結させ、「中央地点」を支配しにかかった。ここで彼は敵軍の部隊の間に自軍を集結・配置することに成功したことになる。理論的には、敵部隊は奇襲攻撃の衝撃に動揺して後退することで互いの間隔を広げ、必然的に「外部ライン」上で行動すること（つまり側面と側面との間に長大な距離が空くこと）を強いられてしまう。一方、フランス軍は敵の各部隊に対して、より近い距離の有利な位置を占めることができたのである。

次の問題は敵軍各部隊の撃破である。当然のことながら、フランス軍が浅はかにも全戦力をもってひとつの敵部隊を攻撃しようものなら、他の敵部隊から無防備の側面および背後を襲われるおそれがあった。しかし、ナポレオンはこうした危険を回避する術を心得ていた。攻撃を開始するに際して、フランス軍は左右両翼軍と中央予備軍の三つに分けられ、その各々が二ないし三個軍団からなり、任命された一人の軍団司令官に率いられた。最高指揮権を執るナポレオンは通常、帝国親衛隊、騎兵および砲兵予備軍の大部分（ときに一～二個軍団がそれに加えられた）で構成される中央予備軍を率いていた。中央地点を無事に占領すると、ナポレオンは近隣の町を作戦の中心地とし、戦略の第二部を開始する。つまり敵軍第一標的を孤立させ、作戦への外部からの干渉を排除するのである。

ひとたび標的が設定されるや（通常、フランス軍に最も物理的に近い敵部隊が選択された）、近いほうの側面部隊が直ちに陽動のために進軍して、交戦する。同時に、予備軍が支援に駆けつけ、その時の状況に応じて戦術的包囲行動を企てるか、単に前線の増強に努めるか、いずれかを試みる（ナポレオンの戦術に関する説明は第6部、第32章を参照）。その間、残りの側面部隊は行軍して戦場から離れ、付近の敵軍が戦闘に加わってこないよう監視する役割を果たす。ただ、これらの部隊は単に守備的役割を担うばかりでない。「敵軍の動きを止めるだけでは不充分」とのナポレオンの言葉にもあるとおり、側面監視部隊の司令官は次の標的たる敵軍に攻撃をしかけ、攻撃の第三段階に備えて全力で敵を釘付けにするよう期待されていたのである。さらに、第二戦域において敵軍が兵力と士気において弱体であることが判明した場合、その場のフランス軍司令官は戦力を二分して（一八一五年六月一六日、カトル・ブラにおいてネイ指揮下のデルロン軍団で起こったように）、うちひとつを主戦域の敵に対する包囲の援軍として送ることが求められた。とはいえ、この兵力の基本業務は主作戦のための側面防備であった。

最初の標的を撃破すると、ナポレオンは自軍から一部隊を割いて、壊走する敵兵を追撃させ、残りの軍を率いて第二の標的に対して先程と同様の戦いを挑んだ。順調にいった場合、二、三日にわたる戦闘および機動で敵の諸部隊は順に決定的打撃を受け、全体の形勢はフランス軍の有利に傾いていったのである。

ここにおいても、一連の計画は細部において無限の変更が可能であった。たとえば、ワーテルローという短い戦役のなかで、当初ナポレオンは第一にウェリントンと戦うつもりだった。しかし、プロイセン軍が集結を目指してソンブレフおよびリニー周辺の前方地点に進み、自らを危険な状態にさらしている（イギリス軍が到着する気配はまだなかった）ことが偵察兵によって明らかにされるや、ナポレオンは標的をブリュッヒャーに変更している。状況の変化によって作戦計画を変更するには、ナポレオンのたったひとつの命令だけで充分であり、これによって中央に位置する予備軍は、シャルルロワからウェリントン軍のいる北西方向ではなく、ブリュッヒャーのいる北東方向に進軍したのである。しかし、「中央地点」と「内部ライン」に基づくこうした作戦の利点と欠点は、実際には相殺の関係にあった。確かにこの作戦においては、最初のフランス軍の攻撃によって敵軍がかなり狼狽しながら対応しなければならなかったり、数的に不利なため（そうでない場合も多かったが）連絡不能なふたつ以上の孤軍をもって不本意な場所で戦闘を強いることができるという利点があった。しかしその一方で、ナポレオンが自軍の両翼を正確に調整・制御することは、彼が物理的に同時にひとつの戦域にしか存在できない以上極めて困難だったのである。さらにナポレオンにとってより痛手だったのは、この作戦ではひとつの敵部隊を打ち破ったらすぐに次の標的に殺到する必要があったため、最初の敵を負かした後に徹底的な掃討作戦が不可能となることであった。換言すれば、作戦の性質上、ナポレオンは決定的な勝利を収めることができなかったのである。彼は一連の小規模な戦闘には勝利したが、そのぶんアウステルリッツやイエナ、アウエルシュタットの戦いのような全面勝利の可能性は低くなってしまった。ジョミニ男爵はナポレオンがこの種の作戦を好んでいたと主張しているが、この作戦の性質を見るに、電撃戦の信奉者たる彼が好んで用いたはずがない。やむを得ざる状況下においてのみ、ナポレオンはこの作戦を採用していたのであり、その意味で、「不利な状況下での戦略」とでも呼ぶべきものに他ならなかったのである。

しかし、この作戦は実際に多くの状況で用いられた。第一次イタリア戦役の第三局面においても繰り返し用いられている。当時ナポレオンは、繰り返しマントヴァ奪還を試みるオーストリアの大軍が集結するのを必死に防いでいた。そのなかで、一七九六年一一月の状況は、ナポレオンがこの作戦を用いた典型例を示している。当時、集結をもくろむダヴィドヴィッチ軍とアルヴィンチ軍がそれぞれトレントとバッサノから進軍中であった。そこでナポレオンはダヴィドヴィッチ軍のアルプスからの進軍を遅らせるためにヴォーボワ率いる小師団を残して、その間にマッセナやオジュローとともに急行してアルヴィンチ軍と対峙したのである。フランス軍は、アルヴィンチ軍に対するカルディエロの前哨戦で押し戻されたため、作戦の中心地点ヴェローナに戻り、その間に補給を行って、直ちにアディジェ川を下り、アルコレまで向かう有名な戦術的包囲行軍を敢行した。もっとも、この行動は完全には成功しなかった。というのも、オーストリアの現地部隊がアルコレ橋を巡って予想外にも頑強に抵抗したからである。しかもヴォーボワ軍が危険な状況にあったため、事実ナポレオンは地の利を最大限に利用することができなかった。ヴォーボワはガルダ湖のほとりで圧倒的多数の敵軍の攻撃を恐々として待ちかまえていたのである。それゆえ、一一月一五日から一七日に至る三日間の戦闘のうち最初の二日間が終わった時点で、ナポレオンはヴォーボワの援軍に向かうため、苦労して勝ち得た地域を放棄してアディジェ川南岸へ撤退するもやむなしと考えていた。しかしこれは不要であった。三日目にナポレオンは窮地を勝利に変え、アルヴィンチ軍を完全に撃破したのである。さらにはダヴィドヴィッチの攻撃に備えて二個師団の大半を北方に派遣する時間的余裕さえあった。ただし、今回の行動は実現しなかった。オーストリアの第二軍は幸運にもナポレオンの猛攻を逃れたのである（第9章を参照）。

以上において内部ラインと中央地点によって得られた利点については、ほぼ説明できたと思う。ただここで触れた事例の中でナポレオンの完全な勝利がひとつもなかったことを注意しておきたい。彼が見事に統率したイタリア方面軍の目に見える戦果といえば、酷使した諸部隊につかの間の休息を与え、マントヴァの第三次包囲を継続したことぐらいしかない。

中央地点の戦略（各段階）

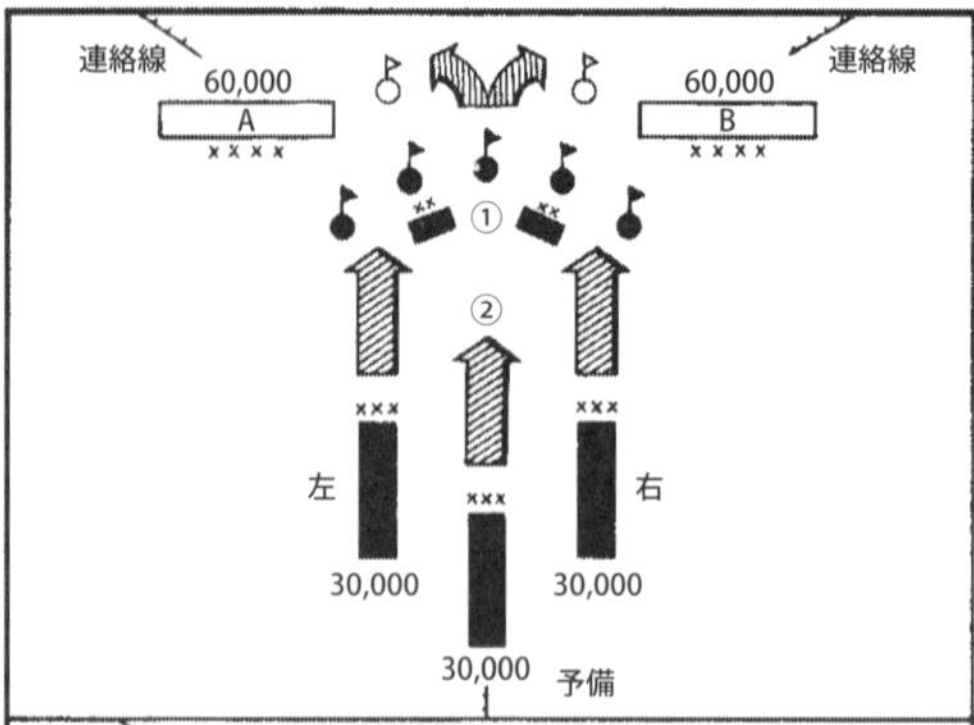

第１段階

フランス軍が先制する

① 騎兵と前衛が敵軍A・Bの中央地点を占める
② フランス軍主力が両翼と予備軍の体をなして前進する

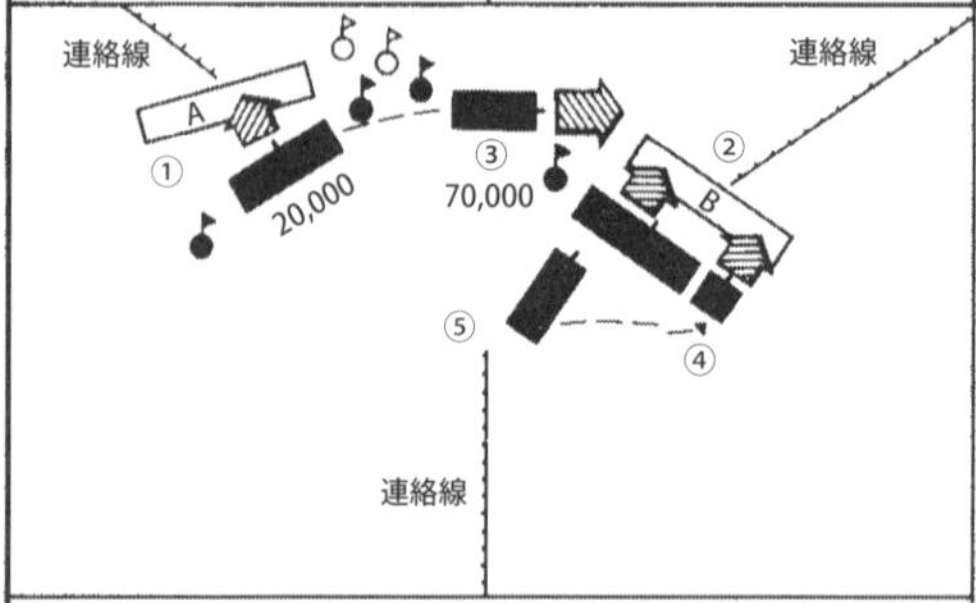

第２段階

フランス軍が第１の標的としてB軍を選択する

①② フランス軍両翼がそれぞれ敵軍と交戦する
③ 左翼がA軍を牽制し、B軍右翼を包囲するために一個師団を派遣する
④ 予備軍の一部が前線右翼に加わる
⑤ 残りの予備軍が「決戦部隊」を形成する

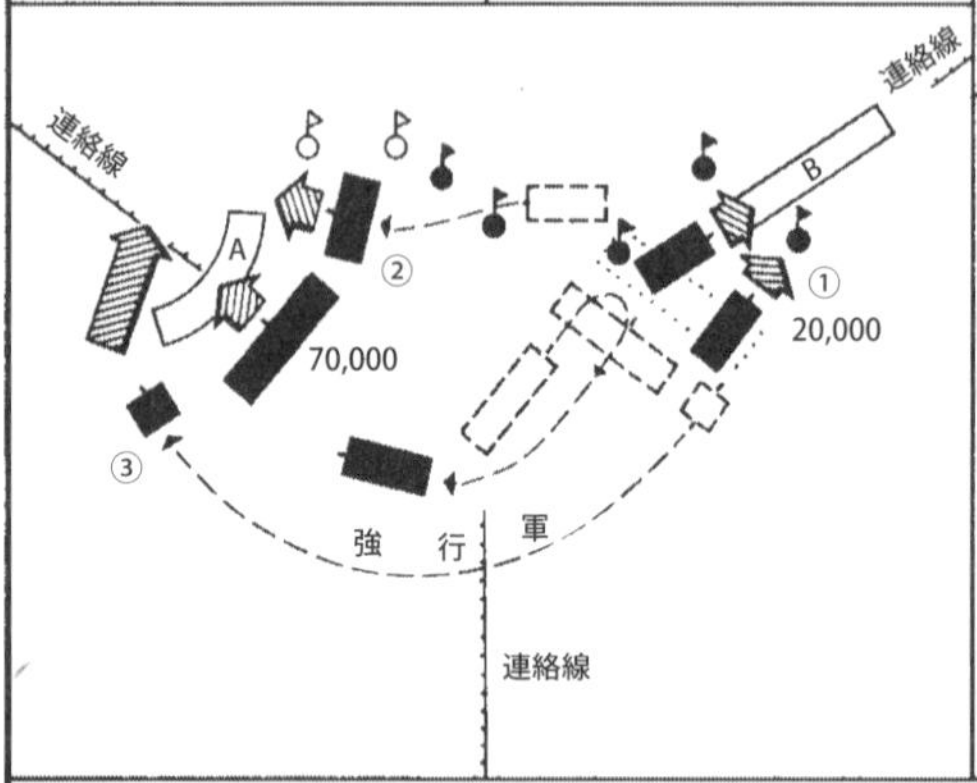

第３段階

フランス軍がA軍に対して優位に立つ

① 右翼と騎兵が敵軍の追跡・駆逐の任につく
② 左翼の分隊が本隊に戻る
③ 予備軍の一部が強行軍でA軍の無防備な側面に回り込む
④ 予備軍の残りが再び「決戦部隊」になるために逆進する

結論　a：「内部ライン」の利点を活用し、順にそれぞれの戦場で局地的な数的優位を確保することで、個別では兵力の上回る敵を破るのが狙い。

b：フランスの「軍団」は、兵力の上回る敵に独力で当たり、24時間持場を死守することが可能。

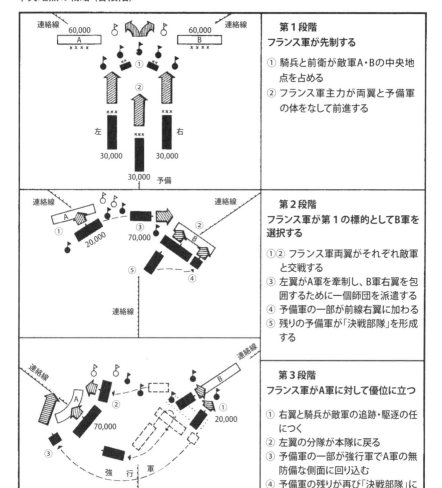

アルコレにおける勝利をこの種の作戦の典型とするなら、他にも多くの例示が可能である。同じく一七九六年から一七九七年のイタリア戦役において、作戦当初にオーストリア＝サルディニア連合軍が過度に広範囲に展開していたのを利用したこと。また続くカスティリョーネとロナトの戦い。さらにアルコレの戦いの後、ヴュルムザー元帥を救援するためのオーストリア軍最後の試み（有名な一七九七年一月のリヴォリとマントヴァの戦いのこと）にナポレオンが勝利した例などが挙げられよう。第一帝政の最盛期には、ナポレオンが「中央位置」作戦を採ることは少なくなった。これはフランス軍が全戦力において優位に立っていたため、こうした「守備的」な戦略に頼る必要がなくなったためである。しかし、一八一三年、一八一四年、そして言うまでもなく一八一五年には、ナポレオンは全戦力において不利な状況で戦っており、敗北を避けるための賭けとして、再びこの種の戦略を繰り返し用いられることとなったのだ。

もっとも、のちにはこの作戦方式にも失敗が生じた。例えば、一八一五年六月のワーテルローの戦いは当初めざましい戦果を収めたが、結局は敗北という結果に終わっている。連合軍に奇襲をかけて敵軍のなかに自軍の一翼を侵入させ（一五日）、リニーでブリュッヒャー軍を破り、カトル・ブラでウェリントン軍を阻止した（一六日）ものの、ナポレオンは即座にグルシーに対しプロイセン軍の追撃を命ずることもなく、また、素早く行軍してウェリントンと対峙するネイを援護することもしなかった。このような失策の結果、プロイセン軍は密かに北方のヴァヴルに退却し（ナポレオンは東方のリエージュに退却するものと考えていた）、ウェリントンも一七日の戦闘を避けて、一八日には戦略上有利な地点の支配に成功した。そして、ブリュッヒャー率いるプロイセン軍もナポレオン軍の側面包囲に成功したのである。こうして優位にあった戦況は、一転してフランス軍の全面敗北となった。

ナポレオンにおける様々な作戦のうち三番目のもの、すなわち「戦略的侵入」については、長々と述べる必要はない。この作戦方式は、既に見たより重要な作戦方式の前置きあるいは前提としての性格が強い。敵軍が広範囲に展開した「警戒線」の守備陣形をとっていることが判明した場合、ナポレオンはどこか都合の良い地点でそれを突破し、迅速に敵の制圧地域深くに侵入し（敵軍の包囲を避けるため急行する）、戦役の次段階における作戦の中心地として利用する目的で都市や町を押さえるのである。例えば一七九六年、ナポレオンはチェヴァにおいてコッリとアルジャントーの警戒線を突破して中央位置を占めた。またその少し後に、ボーリューを追撃するさなか、彼は散在するオーストリア軍をふたつに分断するため、ボルゲットにおいてミンチオ川の守備ラインを突破した。また、この種の作戦の端的な例は一八一二年に見られる。フランス軍は、ニーメン渡河の後に大挙してヴィルナへ向かい、バルクライ軍の大半がバグラチオン将軍と合流するのを阻止しようとした。ヴィテプスクやスモレンスクに向かったナポレオン軍主力の目的は、ドヴィナ、ドニエプル両川の流域によって形成されていたロシア軍の戦線を突破して戦略的侵入を果たすことにあった。しかし、このような作戦はそれだけで終わるものではなかった。それは決戦につながらないとしても、当初から有利な状況を作り出すものであった。つまり、戦役における主要行動に移るための「跳躍板」だったといえる。

これら三つのナポレオンの主な戦略を区別するにあたって、その内のひとつが絶対不可欠でなく、また他のふたつを必ずしも排除するものでないということについて留意しておかねばならない。ナポレオンのあふれる才能から、これら三つの作戦すべての特徴を組み合わせてひとつの戦役に仕上げる方法が次々と編み出された。例えば一七九六年、チェヴァにおいてナポレオンは最初の「戦略的侵入」を行った後、デゴにおける戦いやモンドヴィへの行軍といった「中央位置作戦」に移り、その後に一連の「背後への機動」を展開してボーリュー軍包囲を試みた。ただし、これは結果的には失敗し、ボーリュー軍には逃げられてしまったが。また、オーストリア軍がマントヴァ救済のため連続して大規模な攻撃に出たときのように、攻勢から守勢へと戦況が変わるや、ナポレオンは再び「中央地点」を主とした作戦行動を計画し、時には一転して短期的な「包囲」を行ったりしていた（例えばアルコレにおいて）。ナポレオンの戦争は複雑以外の何ものでもない。万華鏡のごとく変幻自在な行動と意図は、混乱する旧態依然の相手を茫然自失にさせ、あのような精神的不安定の状態に陥れたのであった。その結果、彼らは幾度となく壊滅的敗北を被ったのである。

第16章　戦場における大戦術《グランド・タクティクス》

以上において、ナポレオンが敵を打ち負かし、破壊するために採用した戦略について、おおよその検討を加えてきた。以下では、戦争における決定的瞬間（つまり戦いの直前、最中、そして直後）に、彼が成功を得るために用いた大戦術《グランド・タクティクス》の実態を検討しておかねばなるまい。この頃の大戦術といえば、敵に接近した状態での人馬および銃器使用に関する科学や技術を含んでいるが、こうした肉薄戦での複雑に変化する技術論はここでは取り上げない。これらは戦術の領域に属するもので、後の章で検討する（一八〇四年以降のフランス軍の歩兵、騎兵、砲兵の戦術については第6部、第32章参照。また革命初期に採用された戦術については第2部、第6章を参照）。ところで実際のところナポレオンは特にオリジナルな戦術を生み出してはいない。エジプトでの「師団単位での方陣」が彼の唯一の発明といえよう。そこで本章ではナポレオンが戦闘の直前において敵に優位を占め、戦場において敵を打ち破り、最後に掃討戦で敵を壊滅するために用いた全体的方式について検討していくことにしよう。

戦闘の技術に関連するナポレオンの最大の功績は、戦争の全体概念を扱った前章でも述べたように、彼が「機動」と「決戦」がともに戦略の根幹をなしていると主張したところにある。これは、両者を明確に区別していた（一方は戦略に、もう一方は戦術に）一八世紀の常識と背馳《はいち》するものであった。ナポレオンが「戦役の体系のなかで戦闘の体系を計画しなければならない(50)」と考えていたことは特筆に価する。

戦闘に関するナポレオンの考え方はオーソンヌで出会った書物の影響を多分に受けている。ウェールズ人のロイドからは、戦闘は柔軟でなければならず、奇襲は敵の士気を下げ不利な状況に追いこむのに最良の策であるということを学んだ。ロイドの考え方の一つはナポレオンの『書簡集』にもしばしば登場している。「戦闘とは演劇のようなものだ。序幕に中幕に終幕がある(51)」。しかし、若きナポレオンの教育において、彼が最大の貢献をしたのは次の点であろう。ロイドは、フリードリヒ大王がプラハの戦い（一七五七年五月六日）において真の将師ぶりを発揮し、フォン＝ブローネ元帥率いるオーストリア軍が隊列を乱した瞬間に、これを攻撃したと主張している。プラハでのフリードリヒの行動は、大戦術に関するナポレオンの思考に多大な影響を与えた(52)。というのも敵戦列の一体性を崩し、決定打を受けやすいように強いるという戦闘体系を、彼は作り出そうと腐心するからである。

他方で、ギベールはロイドに比べて目立った寄与はしていない。彼は、攻撃目標の選定に際しては細心の注意を払うこと、機動力の観点から戦場までは小規模縦隊を組んで行軍し、戦闘時にそれを展開させること、さらに戦闘隊形としては横隊形と縦隊形のいずれよりも混合隊形が優れていることを説いている。確かに、これらの戦術思考は、ナポレオンも相当重視していたものではあった。しかし、ギベールはまた若いコルシカの砲兵士官が決して容れることのできない考えをも表明していたのである。その最大のものは、戦場において砲兵隊は有用というより足手まといであるという確信であった。ナポレオンは反駁するかのように次のように記している。「まず敵と同数の大砲を持つことが必要であり、経験から言って、一〇〇〇人の兵士に対して四門の大砲が必要だ。……歩兵隊が優秀であればそれだけ、優秀な砲兵隊の援護によって彼らの消耗を軽減してやらなければならない」。「火器はいまや主要な武器となった(53)」。ナポレオンのこのような考えは、テュルパン・ド・クリッセの「今日、戦争の勝敗を分けるのは、剣や槍などではなく火器である(54)」あるいは「戦争は大砲によって成り立っている(55)」という発言を反映している。ナポレオンは強大な砲兵隊が勝利の秘訣だというデュ・テイユの教えを進んで採り入れた。この点については、後に、マレンゴ、アイラウ、フリートラント、ボロディノ、ワーテルローで彼がいかに砲兵隊を用いたかを見ることにしよう。彼はまた、当時の重要な軍事的論争をとりわけ熱心に研究していた。そして、諸事実を概略・照合し、諸概念を煮詰めていくことで、中心的課題や理想へと連なる戦いの公式——あるいは他の手段すべて——を自身で徐々に練り上げていったのである。

ナポレオンの思想の根本には、ある基本的な考え方があるが、そのうち最も重要なのが攻撃的戦闘という発想であり、これは一撃で戦闘を終わらせることを目指している。ナポレオンの戦術的理想であるとともに戦略的理想であったこの考え方は、フリードリヒ大王の教えから導き出されたものであり、さらには大王自身も機動戦の理念を完成させたペルシャのキュロス将軍から学んだのであった。戦略的に守勢であった場合でさえ、ナポレオンが真の意味での防御戦を行った事例を確認するのは困難である。しばしば誤用されるきらいのある「攻撃こそ最大の防御である」という格言は、こうした考え方を端的に表しているといってよい。ナポレオンが完全に防御戦を行ったのはわずかに三回のみである。一八一三年のライプツィヒ、翌年のラ・ロティエールとアルシという三回である。ただし、いずれの場合も、最初の攻撃で手痛い失敗をした後にとられた善後策だったことを忘れてはならない。

ナポレオンは生涯一貫して、敵を攻撃し、混乱する彼らに対して主導権を握るという考え方にこだわった。アウステルリッツにおいてさえも、フランス軍は連合軍の攻撃を動かずに待つという当初の予想を裏切って、ナポレオンは攻撃的に行動した。しかし厳密には、ナポレオンはフランス軍が弱体でまごついているという印象を敵に与え、戦力に勝る敵軍を欺いて決定的な過ちを引き出したのである。実際、ナポレオンが純粋に攻守いずれかの戦闘をしたことは皆無に等しい。ただ、イベリア半島において彼の部下の一部、特にスルトとマッセナがウェリントン公に対してそこそこうまくこれを用いはしたが。しかし、逆説的だがフランス軍がきまって攻撃を好んでいたとすれば、コランが指摘するように、最も断固として守勢にとどまる敵こそが、ナポレオンとの戦闘で被害を最小限に抑えることができた。アイラウ、ボロディノ、ワーテルローの戦いの結果は、こうした議論を立証していると思われる。このように、概してナポレオンの攻撃が完全な勝利を収めたのは、敵軍が間違った、時機を得ない反攻へと駆り出された場合のみだったのである。

ナポレオンの戦闘哲学が「つねに攻撃する」に基礎をおいていたとすれば、「つねに混乱させる」はもうひとつの基礎と言うにふさわしい。彼はまさに最初の時点から敵軍の均衡《バランス》を崩し、その後も混乱状態に陥れるよう行動した。こうした状況を実現させるため、彼はテュルパン・ド・クリッセの助言を採用した。「敵将の資質、性格、能力を知ることが肝要である。それに基づいてこそ作戦を立てることができる……」。ナポレオンによる戦闘方式の多くは、敵の長所や短所に関する印象に合わせて慎重に調整されたのである。憂慮される敵あるいは強大な兵力と夜遅く遭遇し、その日のうちに決戦を強いることができないような場合でも、彼は翌日まで攻撃を延ばしはしなかった。代わりに、短期間ながらもすぐに手痛い一撃を喰らわすことが多かったのである。この攻撃は敵を釘付けにして、敵軍が夜陰に紛れて撤退するのを妨ぐと同時に、翌朝には乱戦に乗じて敵の戦闘隊形を崩すという意図のもとに行われていた。一見軽率とも見えるアイラウやヴァグラムにおける初日の行動や、フリートラントにおける大規模な戦闘の裏には、実はこのような意図が隠されていたのである。ナポレオンは徹頭徹尾、敵軍を圧倒し、士気のうえでも優位を保とうとした。士気は数に勝るとの信念からだ。

ナポレオンは、戦略ばかりでなく、大戦術の上でも敵軍包囲の達成に最大の重要性を認めていた。これが彼の戦闘哲学の第三の基本である。彼は戦略的な発想の多くをフリードリヒ大王に負っていたが、戦術的発想の面ではブールセの影響を受けていた。最終局面での決定的攻撃については、部分的な援用があるとはいえ、大王が前進時に用いた「斜行隊形」はナポレオンにおいては見受けられない。ナポレオンは決定的な戦果を得るために、迂回行動にはるかに大きな信頼を寄せていたのである。側面攻撃は、地味ながら一七九六年のモンテノッテの戦い、より洗練されたカスティリョーネの戦い（同戦役）から、完全に完成の域に達した一八一三年のバウツェンの戦いまで、ナポレオンのほとんどすべての戦闘で用いられた。その目的は、敵を混乱させ、均衡《バランス》を崩し、士気を低下させ、かくして決定打を与えやすい状況を作り出すことで、全体の勝利をもたらすという点にあった。突然の砲撃や、側面または背後に立ち昇る砂埃を目のあたりにすることで受ける心理的効果は計り知れない。アルコレの戦い（三日目）で、その日の勝敗を決定したのは、敵の側面に現れたひと握りのフランス騎兵隊であった。またタボール山の戦い（一七九九年）では、時宜にかなったわずか二発の砲撃により、ダマスカスの大軍は混乱して壊走した。同様の事例は枚挙に暇《いとま》がない。

　しかしながら、独立した戦力を用いて敵軍の側面に回り込むというこの基本的考えには、ひとつの重要な別形態がある。ナポレオンは役割をこなす十分な兵力を持たないときにそれを用いた。つまり戦術的な側面包囲である。ふたつの作戦の間には一見すると目立たない、しかし大きな相違がある。迂回行動が可能なのは、主力軍から「独立」して行動しうるかなりの規模の軍（少なくとも一個軍団）であった。そのような攻撃がタイミングよく行われるならば、迂回軍は敵背後の退却線上に位置することになり、相手の軍勢を破壊できる。他方、（戦術的な）側面包囲ではあまり劇的な戦果は期待できない。これを遂行するのはフランス軍主力の戦列に不可欠な一部隊であり、常時主力との連携が保たれていなければならなかった（決して分離したものではない）。こうした猛攻により、敵は前面の向きを変えさせられるか、戦列を部分的に立て直す必要に迫られることが多かった。もっとも、ナポレオンは敵を粉砕する勝利をかわらぬ目標としていたが、これを可能にするような敵軍の大混乱を招くことは作戦の性質上稀であった。ただし、後述のとおり、ナポレオンによる「理想的な」戦闘の流れを詳細に検討してみると、成功の尺度は、正確なタイミングという問題に関わっていることがわかる。ナポレオンが充分に理解していたように、最初の集結、迂回軍の出現、敵の重要戦域への決定的な砲撃、最後に主力攻撃による圧倒という一連の流れを的確なタイミングで行うことができるか否かに、すべてがかかっていたのである。正しい瞬間を判断するナポレオンの能力――「一瞥」――は欠くべからざる重要な資質であった。

機動に関して言えば、ナポレオンの会戦は三種類に区別することができる。しかし、これらもまた本質的にひとつにして全体で、しかも状況によって無限に変化、さらに融合さえしうる流動的な性質をもっていた。その三つとは、単純な正面攻撃による会戦、二重会戦、そして「戦略的」会戦とでもいえる包囲攻撃による戦闘である。ナポレオンが最後のタイプの会戦を好んでいたことは疑う余地がない。したがって、前のふたつについてはそれほど詳しく解説をする必要はないであろう。

正対会戦は一八世紀に一般的であった作戦行動と同様のものである。これは通常ふたつの軍で行われ、両軍は確固たる隊形で接近するか明確に限定された地点を占め、どちらかが敗北を認めるまで火器と刀槍で戦い抜いた。ただ、ナポレオンはこの種の消耗戦を好まなかったと思われる。第一に、人的被害が甚大であり、民情にも反していたからである。ナポレオンは多くの死傷者が避けられない状態にあっても怯むことはなかったが、可能なかぎり戦力を保持しようと強く望んでいた。第二に、型どおりの正対会戦では、敗北した側が通常、連絡線にそって退却することができたため、決定的な戦果が期待できなかった。しかし、場合によってはナポレオンはこの種の戦闘を準備した。戦略的状況からどうしても必要な場合があったのである。たとえば、一七九七年一月一四日のリヴォリにおいてナポレオンは、アルヴィンチ軍の南方部隊がアディジェ川を突破してマントヴァに向かう前に、北方にいるその「牽制」部隊を押し留め、可能なら粉砕しようと必死だった。このときの戦場は大規模な機動作戦を行うのが困難な狭い台地であったため、ナポレオンは正対会戦を受け入れている。また敵が愚かにも極めて危険な位置に陣を敷いた場合も同じである。一八〇七年六月五日、フリートラントでベニグセンは自軍をアレ川の蛇行部の内側に陣を敷いたのであるが、彼の戦線は支流（ミューレン川）によって大きく二分されていた。ナポレオンはこの有利な状況を利用して進んで正面攻撃を行った。他にもこの種の攻撃をせざるを得なかった場合がある。マレンゴの戦い（一八〇〇年六月）はその好例である。ボロディノの戦いもまたしかり。フランス軍は戦略的消耗から弱体化していて、クトゥーゾフ軍の無防備な左側面に対して本格的な包囲攻撃をかけることができなかったからだ（ダヴーの意見は異なるがナポレオンはそう主張している）。またロシア軍左翼に対するポニャトフスキー公爵の戦術的側面包囲が前進を阻まれたため、ナポレオンはもうひとつの選択肢であった全兵力による消耗戦を受け入れざるを得なかったのである。一八一三年のライプツィヒの戦いはもうひとつの事例である。ただし、この場合そのように仕向けたのは、実際のところ同盟側であった。ちなみに、ここで述べた「正対会戦」と、後で説明する理想的なナポレオンの作戦である戦闘開始直後の「牽制」攻撃は、類似する部分はあるものの、明確に区別されなければならない。

次に、二重会戦について見ていこう。この戦術も独立したものと考えることはできない。これまでと同様、この戦術もしばしば他の正対会戦や戦略的会戦と組み合わせて用いられたからである。それらはきまって、既に見た中心地点に基づく戦略を展開する役割を果たした。ただ一般的には、戦場の地形が何らかの地理的特徴（例えば山や川）によって明確に二分される場合や、また統率の観点から両側で交戦する大部隊が他に進路をとれない時に、この二重会戦が用いられた。かくしてアウステルリッツでは、主戦場はプラッツェン高地の中央とその南地域の支配に集中しており、ナポレオンは高地の北地域を二次戦闘区域と定めていた。そしてオルミュッツからブリュンに至る主要街道を見下ろすサントンの丘に集結していたランヌとミュラの部隊は、バグラチオンの軍（同盟軍の右翼）が主戦闘に参戦するのを防ぐため、基本的には防衛戦を行うよう指示を受けていたのである。再びボロディノの戦いを例にとると、同名の村周辺、さらにコローチャ川北岸沿いの戦闘は、二次的行動として元々ウジェーヌ皇子率いる第四軍団に任せられていた。しかし主戦闘の終盤では、ナポレオンはウジェーヌ部隊の半数を南岸に移し、（ラエフスキーの）大角面堡奪取をめぐる主戦闘に参加させるのが適当だと判断した。

また時には、戦略的戦闘が状況変化に伴って二重会戦になることもあり得た。一八〇六年一〇月一三日、ナポレオンはヴァイマール近郊に集結していると推測された敵に対して、戦略的会戦を計画していたが（ダヴーとベルナドットを包囲軍として行動させる予定だった）、プロイセン軍が予想地点よりも北方および東方に進軍していたことが判明するや、作戦をイエナとアウエルシュタットの「二重会戦」に変更している。カトル・ブラとリニーの戦いもまた別の典型例で、これらの会戦は当初、中央位置戦略と密接な関係にあった。最後に、有名なワーテルローの戦いについて触れておきたい。これは実のところ、二重会戦になるはずの戦いであった（イエナ＝アウエルシュタットのように、熟慮した計画というより諸状況に左右されたものではあるが）。「ワーテルロー＝ヴァヴルの戦い」と呼ばれていた可能性すらある。なぜなら、ヴァヴルの二重会戦でグルシーはブリュッヒャー軍の釘付けに失敗し、彼らを主戦場のある西方へ向かわせてしまったため、同日においてモン＝サン＝ジャンの尾根沿いでフランス軍主力が敗北を喫する最大の要因を作ったからである。しかしながら、ここで主作戦そして補助作戦を行う二重会戦（ナポレオンの戦略における主戦域と二次戦域に等しい）と、戦略的会戦で重要となる主攻撃と二次攻撃とは区別されなければならない。これは学問的な屁理屈ではなく、両者における意図の根本的な相違によるものである。

さて、正対会戦および二重会戦に関する説明についで、ナポレオンの理想的な作戦（「規範」）とも言うべき戦略的会戦に焦点をあててみよう。この形態の大戦術は一七九六年から一八一三年まで多くの場面で用いられ、ナポレオン戦争において真の「決定的瞬間」を与えたといえる。彼が好んだ戦略的機動と同様に、理想とされる戦闘は包囲攻撃の発想を中心にしており、それは敵の動揺を誘い、あらかじめ選考された決定的地点で敵の主戦列を弱体化させるように設計されていた。ナポレオンは、「敵の側面に回りこみ攻撃をしかけることで、会戦に勝利できる」と繰り返し強調している。彼は決して自身の基本的信条を変えることはなかった（おそらくボロディノの戦いを除いては）。なぜなら、この作戦は少ない損失で敵の戦線に突破口を開ける手段だったからであり、「一度突破口ができれば敵軍の均衡《バランス》は失われ、（敵軍指揮官にとって）手の施しようがなくなる」からである。全体の勝機をつかむ包囲攻撃は、これから見ていくように、目前の勝機をつかむ「力ずくの一撃」（カモンの表現）と結びついている。真の成功を得るためには、正確なタイミングと完璧な連携がカギを握っていた。そして最後には、効果的な追撃を行う組織と協調行動があり、それらはなお抵抗の意志を示す敵の結束と余力を打ち砕くこと――つまりは掃討戦――を目的としていた。これら三つの概念――包囲、突破、掃討――こそ、ナポレオンの戦略的会戦の主な要素を構成している。他はすべて、これら三つの連続する戦闘段階を促進させる、補助手段にすぎなかったのである。

典型的な戦略的会戦はたいてい次のように進行した。遮蔽幕《スクリーン》を形成する騎兵隊の報告から、敵軍がすぐ近くに集結していることを知ると、ナポレオンは至近の大部隊（通常は自己完結的な一個軍団）を敵軍と接触させ、いかなる犠牲を払ってでもそこに釘付けにするよう命じる。かくして、残りのフランス軍の集合地点が定まるのである。広範囲に分散しているが、緻密な連携をとる軍団移動のシステムが実に柔軟なので、どの方向に敵が現れてもさほど問題ではない。もし前方に現れたならば、前衛軍が交戦する。進軍ラインの左側面に現れたならば（イエナ戦役のときのように）、初めは側面にいた至近の軍団が新たな前衛軍となるのである。そしてフランス各部隊は臨機応変に新しい状況に対応し、全軍が危機の生じた地点に駆けつけていった。ナポレオンによる戦闘の第一幕はこうして開かれたのである。

軍団システムのおかげで、このような高次元での機動・対

大戦術の概要　ナポレオンの基本的な戦闘プラン（段階的に見た戦略的戦闘）

第1段階
敵との交戦・牽制攻撃

① 騎兵遮蔽幕が交戦
② 前衛が即座に応対する
③ 至近の軍団が前衛援護のために駆けつけ、戦列を広げる。こうしてより多くの敵部隊と戦う。

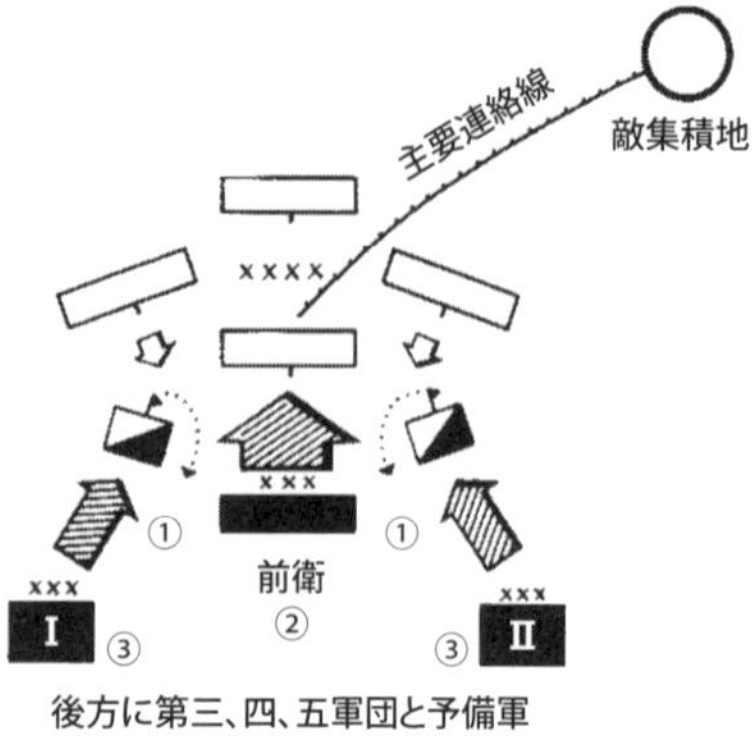

第2段階
消耗戦が主力の動きを隠す

① 正面戦闘が始まり、さらに多くの敵の部隊が戦闘に誘引される
② 騎兵遮蔽幕が隠す
③ 包囲網部隊が前進し、連絡線に近いほうの敵側面を攻撃する
④ 前面の増援部隊が最後の敵予備軍を引きつける
⑤ 「決戦部隊」が右「T字」の後方に結集する

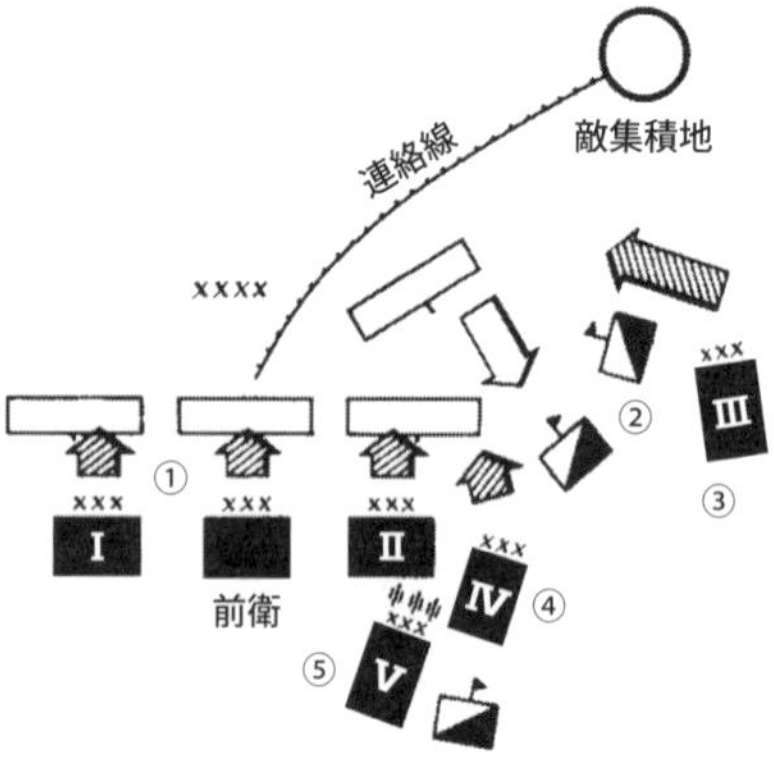

第3段階
包囲・突破・追撃

① 正面戦闘の再開によって敵を釘付けにする
② 包囲攻撃を見せることで、敵に新たな戦列A—Bを作らせ、左翼の弱体化を強いる
③ 集められた砲兵隊による砲撃に引き続き、「決戦部隊」が敵の弱体箇所を突破する
④ 軽騎兵が裂け目を通り、追撃を開始する

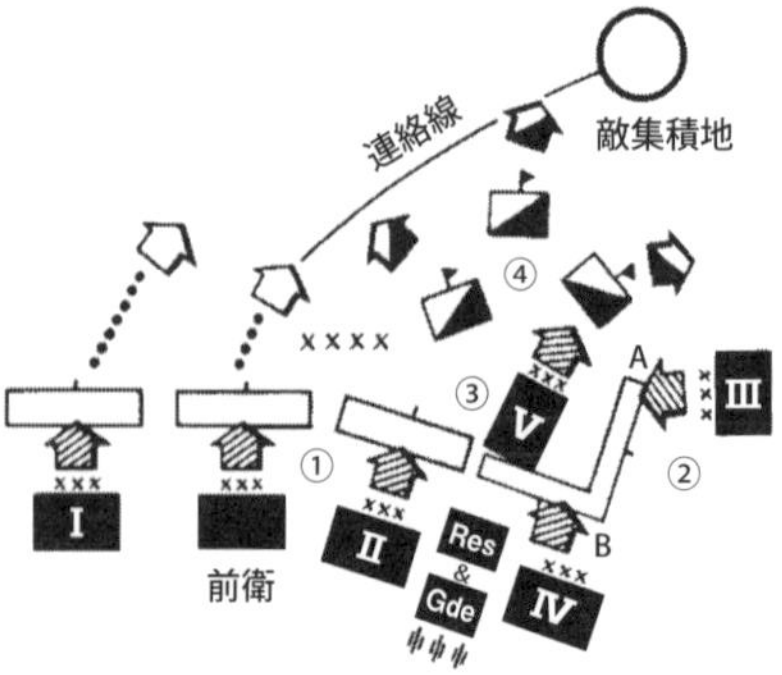

応が可能だったばかりでなく、たったひとつの軍団が一定期間、一定数の敵軍部隊を何度でも引き受けることができたのである。各軍団は歩兵隊、騎兵隊、砲兵隊を有しており、実際に小規模の軍であった。目前で交戦しているフランス軍の戦力が脆弱に見えるために、敵軍がはやって突進してくることが度々あった。こうした「おとり」は一八〇六年一〇月一三日イエナにおいて奏功した。このときプロイセン軍のホーエンローエは、ランヌ元帥がラントグラッフエンベルクの無防備地域を占拠しようとザール川を渡った時点で、単に孤立したナポレオン軍の側衛部隊に遭遇したものと思いこみ、悠然と部下を率いて進軍し、翌日までに決着をつけようとしていた。しかし、そのときまでにはるかに優勢なフランス軍戦力が出現していたのである。「おとり」はフリートラント直前（一八〇七年六月一三日から一四日早朝にかけて）にもさらに大きな効果を発揮した。ここで（またしても）ランヌ軍団が危地に立たされているように見えたため、ベニグセンは「おとり」に食いついてきた。彼は目標とする「いけにえ」周辺に支援可能なフランス部隊がいないことを確信すると、ロシア師団にアレ川を渡らせ、危険な戦闘地域に入らせた。しかしナポレオンは、歩兵隊、軽騎兵隊、砲兵隊（師団および軍団予備軍の）を適度に備えた彼の軍団が、近隣の部隊が強行軍で駆けつけるまで、被害を度外視すれば少なくとも一日は持ちこたえられることを承知していたのである。

この引き延ばしの時間が完全に費やされる前に、交戦中の味方を増強すべく、最短距離にいた支援軍団が姿を現すのである。そして敵の司令官は驚愕しつつ、次々と数を増すフランス軍部隊を相手にして、初めて自分が拡大する消耗戦に巻き込まれてしまっていることに気づく。こうした状況下において敵軍は、自然な反応として当初の優勢を保ち、勝機が潰える前に何とか決着をつけようとして、戦闘に予備軍を投入しようとする。これこそまさしくナポレオンの望むところであった——敵軍支援部隊の早期誘引である。正面戦闘が激しさを増し、単発的な大砲やマスケット銃の音が絶え間ない轟音に変わっていく。すると砲兵や騎兵の支援を受けた歩兵師団が続々と到着し、敵軍を食い止める戦闘に入るのである。必要な場合には、特別予備軍（危機やとどめの一撃のためにナポレオンが保持していた一般的な予備軍とは異なる）がフランス軍戦線の増強のために投入されることもあった。

この間に騎兵隊の遮蔽幕《スクリーン》に隠され、また戦いに忙しい敵から見つからないように、ナポレオンの包囲部隊は敵軍の側面や背後に急行した。この行軍に際して速度は決定的な要素であり、作戦遂行の大部分は、騎馬砲兵に支援される騎兵予備軍からの選抜隊（強力な歩兵縦隊もまた同伴するのだが）に委ねられた。たいていの場合ナポレオンは最も信頼する部下にこの決定的な作戦の指揮を任せた。というのも、これらの部隊の戦闘参加が決定的効果をもたらすには、彼らが正しい時間に正しい場所へと到着できるかにすべてがかかっていたからである。付言するが、ナポレオンはこれより前に敵軍の退却線を考慮して、どちらの側面を迂回するかを決定済みであった。ナポレオン軍の行軍はつねに、敵の退却線に近いほうで行われた。もっとも、アイラウではナポレオンは両翼包囲を試みているが（ネイは北から、ダヴーは南から）、これはネイ部隊の予定集合地点への到着が遅れたため実現しなかった。

次に、包囲軍が敵側面を扼《やく》する場所に出現する的確な瞬間をいかに判断するかという重要問題に移ろう。格言じみていうと、これは敵が予備戦力の大部分を正面戦闘に投入する前であってはならない。的確な時機に側面攻撃を行うには、ナポレオンや彼の主だった部下の最良の判断力を要した。ナポレオンは、敵全体がまさに正面戦闘に加わる瞬間を見極めなければならなかった（黒い硝煙が立ち昇る雲のごとく視界を遮る中、これは容易な作業ではない）。一方主だった部下たちは、早まった攻撃で敵に存在を気づかれないように、血気にはやる部隊を「革紐」で繋ぎ止める任務を帯びた。そして機が熟したとき、ナポレオンは合図を送ったのである。包囲攻撃がかなり離れた距離から開始された場合、大砲による特別な合図が送られた。つまり、打ち合わせ通りの間隔をおいて三〇門の大砲を連続斉射するのである。包囲部隊が近距離の場合（アウステルリッツの戦いとイエナの戦いにおけるスルト軍団のように、戦術的側面攻撃が初めから予定されていた場合）には、信頼できる副官の手で必要な命令を送るか、自ら馬に乗って指示を伝えに走った。

そこで包囲攻撃が開始される。それまで安全だった側面に砲音が鳴り響き、敵将は心配そうに肩越しをふり返る。不安げな参謀の小望遠鏡には、今までになく側面や背後に急接近した、一筋の砂煙がとらえられる。こうした連絡・退却線に対する脅威は無視できない。敵将に残された道はもはや理論上ふたつしかない（ただし実際上はひとつだが）。まず、即座に全軍撤退を命じて、背後が包囲される前に罠から抜け出すこと。だがこれは一般には不可能であった。ナポレオンは包囲軍の出現と同時に敵前線の全域に正面総攻撃をかけるため、敵軍は以前にもまして持場から動けなかったのである。次に何処かの部隊を探し、主要地点に対して適切な向きで戦列を再構築し、新たな強襲に備えて側面を守ること。ただしこの場合、予備軍のすべては理論上、既に戦闘に投入されているため、脅威が間近に迫る正面戦域を敢えて弱体化させなければ、容易かつ早急に効果が生じない。このように敵の正面が手薄になることは、ナポレオンが「メインイベント」と命名したもので、それこそが彼の起こそうとした成り行きだったのである。戦いの第一幕はもはや下りたに等しい。敵の反応は予想通りであり、戦列の結束は崩された。いまや事実上大勝利の保障付きで、敵の均衡を破壊する仕上げに入る段階である。

そこで戦いの第二幕である決戦攻撃が始まる。ナポレオンの次なる目標は、敵軍の混乱した戦列の手薄になった「結節点」に対して、無傷の部隊による大規模な奇襲攻撃を敢行し、敵軍を突破して完全に二分することである。それに備えて、ナポレオンは、全兵種から選抜した「突破部隊」を第一幕のうちに密かに前線の後ろに集めていた。理想を言えば、この部隊は決定的瞬間まで自然地形の陰に隠れていることが望ましい。アウステルリッツの戦いでは、ヴァンダムとサン・ティレール率いる突撃師団は、シュラパニッツ付近の逆勾配や朝霧に隠れて、オーストリア＝ロシア連合軍参謀に見つかることはなかった。このような突破部隊は頻繁に大規模な方陣を組まされた。そこでは砲兵予備軍が正面を形成し、歩兵二個師団（縦隊）が両翼を担い、集められた予備の騎兵数個大隊が殿軍《しんがり》をつとめていた。ここでもタイミングの決定は極めて重要な要素であった。フランス軍の総攻撃が開始される前に、所定の戦域において敵を完全に、もしくは少なくともそれ相応に弱体化させておかねばならない。このような時、ナポレオンはつねに懐中時計を手に毎分の経過を詳細に調べていた。たとえば、アウステルリッツの戦いで、ナポレオンはスルトに対し、彼の師団がどのくらいでプラッツェン高地に殺到できるかと尋ねた。「二〇分です。陛下」。「では、あと十五分ほど待つとしよう」。皇帝は、連合軍の中央地点（攻撃地点に選択されていた）にいるロシアとオーストリア縦隊が、戦線南端の激戦地区に投入されるには時間がかかると読んでいたのである。出撃可能なあらゆる兵員（帝国親衛隊を除く）が総攻撃に備えていた。ナポレオン自身が言うように、「ごくわずかでも機動が決定機と勝機をつくるならば、それが交戦の時である。たったひとつの水滴がコップの水をあふれさせるのだ(56)」。

時機ついに至り、猟犬が革紐から放たれる。「彼の合図で、予備の親衛隊から集められた砲兵隊が前線に疾走し、敵軍との距離五〇〇ヤード内で脱架し、速やかにキャニスター弾で敵隊形に穴をあけた(57)」。雷鳴と死を撒き散らす伴奏（砲門数は場合応じて五〇～一一二と変化する）にのって、歩兵縦隊は前方に躍り出て、軍太鼓は「突撃」のリズムを奏でた。歩兵部隊は、敵軍中で砲撃を耐え抜いた者を捕捉する前に、しばしば横隊形あるいは混合隊形に展開して、白兵戦へと突入した。騎兵部隊も歩兵部隊の援護を受け、容赦ない連続突撃を開始し、それにより敵軍歩兵部隊に方陣をとらせ、接近するフランス縦隊に向けられる銃口の数を減らした。同様に騎馬砲兵も大砲を飛ぶように移動させ、射程距離に入りしだいこの格好の敵目標を砲撃した。これら様々な攻撃要素の緻密な連携により、まもなく敵軍前線に大きな穴が空けられた。この瞬間は戦闘全体の勝利にとって非常に重要であるため、ナポレオンは成功を得るために自軍の被害をもかえりみなかった――部隊は次々と白兵戦に投入されたのである。そして支援部隊が進撃して空隙を広げると、そこからは御自慢のフランス騎兵の出番となる。彼らは先の突撃から陣形を整え直し、重騎兵、胸甲騎兵、銃騎兵、さらに親衛隊の擲弾騎兵に先導され、サーベルを上下に振りまわしつつなだれ込んでいった。かくして突破が成し遂げられ、混乱する敵はその結束の最後の糸が切断されるまで、散々に打ちのめされたのである。

ひとたび突破が完了すると、その会戦は勝ったも同然である。残った問題は、もはや勝利の規模の確定ぐらいでしかない。間髪をいれず、第二幕に続く第三幕つまり掃討作戦が実行に移された。ここでは軽騎兵（槍騎兵、猟騎兵、軽騎兵）と竜騎兵の独壇場となる。これらの部隊は騎馬砲兵隊の援護を受け、疲弊はしていても戦意の高揚した歩兵隊にも同伴された。勝利の後、ナポレオンは敵軍のみならず自軍にも一刻の猶予すら与えなかった。一切の抵抗がなくなるまで残存兵は容赦なく追いまわされたのである。イエナの戦いの後、退却するプロイセン軍へのミュラ騎兵部隊の追撃は、第一帝政の歴史で最も名高い掃討戦だったといってよい。戦闘終了後一時間以内に、ミュラは戦場から一二マイル離れたヴァイマールまで達し、逃走兵たちを殺し、敵に部隊を建て直す機会を与えなかった。さらに数日間、同様の圧力をかけ続けた場合には、混乱し士気の下がった敵軍に対して最も華々しい戦果を挙げられるだろう。たとえば、一八〇六年一〇月の第三週、充分な兵力、火砲、そして物資を備えた強大なプロイセン要塞が、臆病にもわずかな抵抗すら見せず、援軍のないフランス騎兵の小部隊に降伏している。これは復讐心に満ちた激しい電撃戦であり、ナポレオンほど勝利を最大限に利用する術を心得ている者はいなかった。ただし、追撃戦の効果が充分に見られたのは四回しかない。リヴォリ、アウステルリッツ、イエナ、エックミュールの戦いである。

以上が序幕、中幕、終幕が流れるように進行する、ナポレオンにとっての理想的な戦闘ドラマであった。確かに理想が完全に達成されなかったことも多かったが、戦う前に最良と思われる攻撃方法を考案することこそ、ナポレオンがつねに実践してきたことなのである。そして状況に応じて、戦局を打開する良策が立てられるまで、理想は次々と修正されていく。彼は部下の率いる部隊に柔軟たることを求めてやまなかった。というのも、命令ひとつである行動方針を捨て、別のものを採用しうることが期待されていたからである。ヴァグラムの戦い（第二日目）において、マクドナルド軍団は右翼のダヴーを増援するための行軍を途中で中止させられ、即座に進路を引き返し、脅威となるオーストリア軍の包囲行動に備えて左翼中央で戦うよう命ぜられた。マクドナルドはこの急な作戦変更を異議なく受け入れ、彼の小規模で柔軟な縦隊は踵《きびす》を返して大きな方陣をとり、オーストリア騎兵隊を迎撃する体制を整えたのである。またイエナの戦いでは、ダヴーが駆けつけられないことが明白になるや、ナポレオンは急遽スルト軍団に対して側面包囲部隊として行動するよう命令している。先に述べたように、あらかじめ大きな幅をもって練られたナポレオンの基本計画には、その場その場の瞬間的な変更を受容する余地があったのだ。その証拠に、ナポレオンがまったく予期しないかたちで戦闘が行われたのはわずかに二度しかない。マレンゴの戦いとフリートラントの戦いだ。もっとも、イエナでの戦闘は予定よりも丸二日早かったのだが。しかし、そこでもナポレオンは自らの大戦術の無限の流動性と柔軟性を用いて、まだ眠っているかのように動かない敵軍を攻撃し、苦戦の末に大勝利を得たのである。

　もちろんワーテルローの戦いでは、すべてがうまくいかなかった。これは「ミイラとりがミイラになった」典型である。ブリュッヒャーの部隊が予期せずフランス軍の側面に出現したことは、ナポレオンの包囲攻撃とまさに同じ効果があった。つまりこれにより、ナポレオンは古参親衛隊《ヴェイユ・ギャルド》以外、新鋭親衛隊《ジュヌ・ギャルド》、ロボー軍団などすべての予備部隊を投入して、プランスノワの側面に新たな戦列を作らざるを得なかったわけである。そしてネイによる最初のモン＝サン＝ジャン攻撃は失敗に終わり、元帥がウェリントン軍の中央にようやく突破口を開けた決定的瞬間にも、ナポレオンは古参親衛隊を投入しなかった。かくして最悪の一日は暮れていく。午後七時になって親衛隊が投入されたが、時既に遅く、展開することもできずにその場で全滅してしまう。このようにタイミングの誤りに加えて指揮のミスが重なり、何度もあった勝機は失われ、以前に見られていた天才ぶりにはまったく相応しくないかたちで、ナポレオンの軍人としてのキャリアは幕切れとなったのである。彼自身が早くも一八〇五年に述べているように、「軍人には旬の時期というものがあるのだ」。ワーテルローの戦いが行われたときには、ナポレオンは将軍としての盛りを過ぎていた——少なくとも大戦術の領域では。

第17章　戦闘体系の芽生え――カスティリョーネの戦い

第三部の結びに、ナポレオンが好んだ戦闘体系が明示されている戦いをひとつ挙げ、検討しておきたい。カスティリョーネの戦い（一七九六年八月五日）は、将軍ナポレオンの初期段階での戦闘であるが、弱冠二六歳のナポレオンが既にこの戦法をはっきりと心に描いていたことを証明している。

ナポレオンが総裁政府に送った書簡のなかで、カスティリョーネの戦いに関する言及箇所は次の文章で始められている。「八月五日早暁、我が軍は敵に遭遇しましたが、午前六時まで何も起こりませんでした。それから私は全軍に、敵が我々を追撃してくるように仕向けるために撤退を命じました。その間に、セリュリエ師団がマルカリアから到着し、ヴュルムザーの左翼に回ってくれるのを期待してのことであります。この行動によってある程度の効果をあげることができました(58)」。この短い文章でナポレオンはカスティリョーネの戦いを簡潔に要約している。それと同時に「戦略に基づく戦闘」という彼の戦闘体系の極意（その萌芽ではあるが）を明らかにしているのである。

一七九六年七月下旬、イタリア方面軍は、二つのオーストリア軍が合流し、同時に包囲されているマントヴァ大要塞の守備隊を救うことを阻止するのに必死であった。カスダノヴィッチ将軍に率いられた一翼はガルダ湖の西岸を下り、総司令官ヴュルムザー率いる他の一翼はトレントからヴェローナまでアディジェ川を下り、マントヴァに接近していた。彼らの当初の兵力は、マントヴァ守備隊（一万二七〇〇人）を除いて、それぞれ一万八〇〇〇人と二万四〇〇〇人であった。それに加えて、メスザロス率いる五〇〇〇人の小部隊がブレンタ渓谷を下って前進していた。このときナポレオン軍はおよそ四万六〇〇〇人の兵を擁していたが、これだけでロンバルディア平野を守りぬきながらマントヴァ包囲を続行し、さらにこの偉大な城塞都市を救済しようとするオーストリア軍のあらゆる試み（同時に数方向からなされる可能性がある）を斥けなければならなかったのである。このように初めのうち状況はフランス軍にとって非常に深刻であった。ヴュルムザーは、ヴェローナからマッセナを追い払って、マントヴァに向けて進軍中であり、一方のカスダノヴィッチもサロ近郊においてソーレ、ギウ両将軍の小部隊を撃退しつつあった。こうしてオーストリア軍は、ガルダ湖の南方に集結し、しかもマントヴァ解放に成功するであろうと思われた。ナポレオンはどちらの敵を最初に攻撃するかしばらく迷った結果、セリュリエにマントヴァ包囲を放棄させ、キエゼ川上にあるマルカリアに西進させるという苦渋の決断を下したのである。マルカリアはミラノ経由でニースに戻る際の連絡路を確保できるばかりでなく、ガルダ湖畔の戦場まですぐに向かえる位置にあった。時を同じくして、マッセナとオジュローは野戦軍の大半を整えるためにミンチオ川の西に呼び戻された。この移動は七月三一日に行われ、いよいよフランス軍全体の集結が開始されたのである。

ヴュルムザーはディルレ伯との接触を図ってマントヴァに直行しようとしていたため、当初ナポレオンはカスダノヴィッチに関心を向けていた。八月二、三日にかけてロナトとカスティリョーネ周辺で一連の戦闘が行われた。前者はカスダノヴィッチ軍に対して主にマッセナが担当し、後者はヴュルムザーの前衛に対してオジュロー師団がキルメーヌの援軍を得て行ったものである。三日の日没までには、カスダノヴィッチ軍は手痛い撃退を喰らったが、ヴュルムザーはまだ休止した状態であった。憔悴したイタリア方面軍は、二つのオーストリア軍（二重会戦のピーク時にその間はわずか五マイル）に挟まれた中央地点をしっかりと確保していた。両顎で噛もうとしても、間の木の実は全く砕けなかったわけである。

八月四日早朝、ナポレオンは、カスティリョーネ、ソルフェリーノ間の丘に布陣しようとしていた二万五〇〇〇のヴュルムザー軍を攻撃するため軍勢を集結させた。退却中のカスダノヴィッチ軍をギウ将軍に追撃させておいて、ナポレオンは動員可能なすべての部隊をこの作戦に投入している。ブレシアにいたデピノワもマッセナ＝オジュロー軍に合流するため呼び戻され、砲兵指揮官のマルモンと騎兵指揮官のボーモンもカスティリョーネの丘麓に集められた。同時にセリュリエ（このときマルカリアにいた）にも、ヴュルムザー軍の背後にあるグイディツォーロ村に進軍するよう命令された。こうした集結により、ナポレオンは三万一〇〇〇もの兵力を確保したのである（セリュリエ、デピノワ軍を含む）。かくして、彼は決定的な地点で数的優位を得た。もっともそれが、マントヴァ包囲を犠牲にしたうえでの話であることは指摘しておかねばならない。

ナポレオンの目的はヴュルムザー軍を完膚なきまでに粉砕することにあった。そこで彼が非常に懸念してやまなかったことといえば、ヴュルムザーが布陣をやめてマントヴァへと引き返すことであった。もしヴュルムザーがこの方針をとれば、フランス軍の再度のマントヴァ包囲は事実上不可能だったのである。というのも、マントヴァの要塞内には装備を調

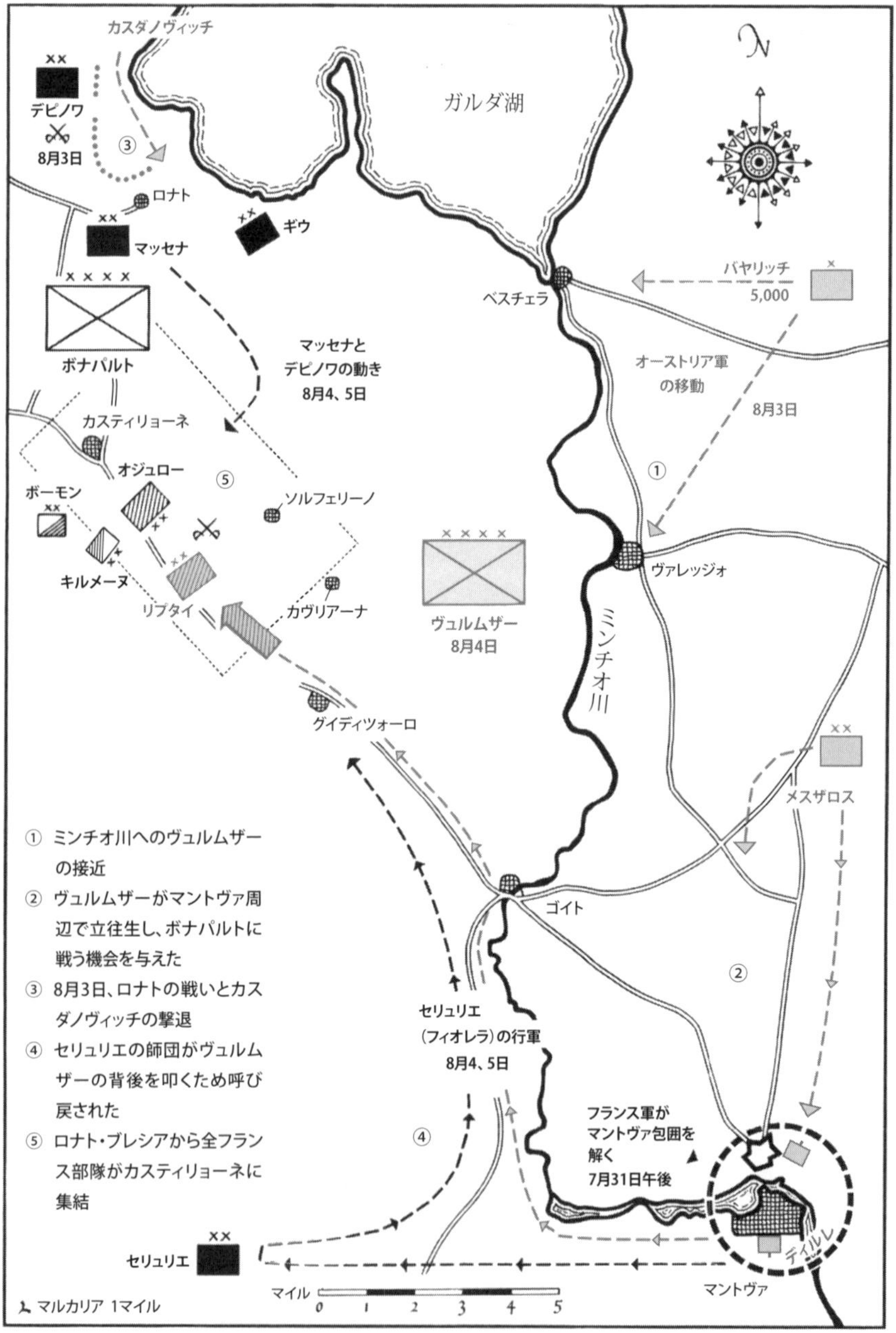

カスティリョーネの戦い（1796年8月5日）8月上旬の戦略的状況

えた三万七〇〇〇〔守備隊一万二〇〇〇とヴュルムザー軍二万五〇〇〇〕の兵士が在中することになり、イタリア方面軍がどう努力をしようとも、北イタリアを制圧しながら包囲を続けることなど実際無理な話となるからである。そのため、ナポレオンはいかなる代償を払ってでも、カスティリョーネの決戦に持ち込む必要があったのである。

オーストリア軍の場所を密偵に探らせたナポレオンは、ヴュルムザー軍の右翼がソルフェリーノの丘とその付近の砦に布陣している一方で、左翼が峰に沿って間延びしている（メドラノの小丘を占領するために分遣隊を送り、かつそこを重砲兵隊で守らせていたからである）ことを知った。直ちに二六歳の将軍の脳裏にある計画が描かれた。この計画こそ、やがて数々の主要戦闘において原型となるものだったのである。初めにマッセナが敵軍の右側を、オジュローが左側を牽制攻撃し、ヴュルムザーと正面から相対する。この攻撃はその後、デピノワ将軍（まだブレシアからの道を急いでいるところであった）の第四、第五半旅団とボーモン将軍の騎兵隊（最右翼に位置していた）によって支援されることになっていた。そして、時宜を見計らってセリュリエ師団（セリュリエはマルカリアで重病に罹ったため、実際にはこの日フィオレラ将軍によって指揮されていた）が、第五竜騎兵連隊に援護されながらグイディツォーロ村経由で到着し、ヴュルムザー軍の左後部に攻撃をしかける予定であった。こうすればヴュルムザーはマントヴァへの退路を完全に断たれ、その兵士内に不安と落胆を引き起こすことができる——古典的な「包囲」戦術の解釈によればだが。そして本格的な攻撃が始まる。マルモン大佐麾下の一八門の大砲と、ボーモンの騎兵隊に支援されつつ、斜行隊形に編成されたフランス軍の右翼後方では、擲弾兵三個大隊からなる特別部隊が慎重にもL字型に集められた。これらはヴュルムザー軍の左中央部（おそらくセリュリエに対抗する部隊を用意する必要から弱体化している）へ電光石火のごとく攻め込み、戦列を破る。この「電撃」は、同時に再開されたオーストリア軍前線のすべてに対する正面攻撃によって援護される。それに続き、ヴュルムザー軍を徹底的に追撃することで、敵軍の壊滅を決定づける。つまりナポレオンの大いなる作戦の妙は、つまるところすべてこの一七九六年八月のカスティリヨーネの戦いのなかに見いだせるのである。

もっとも、戦争において一般的にそうであるように、たとえ出だしが順調だったとしても、実際の出来事がすべて計画通りに運んだわけではない。最初の攻撃を確実にするため、そして丘の上に強固な位置を占めているオーストリア軍を下に移動させるため、ナポレオンは非常に古風な、同時に非常に危険な計略を実施した。つまり敵の眼前で退却する素振りを見せたのである。戦いの火蓋が切って落とされる寸前に、

カスティリョーネの戦い（1796年8月5日）早朝

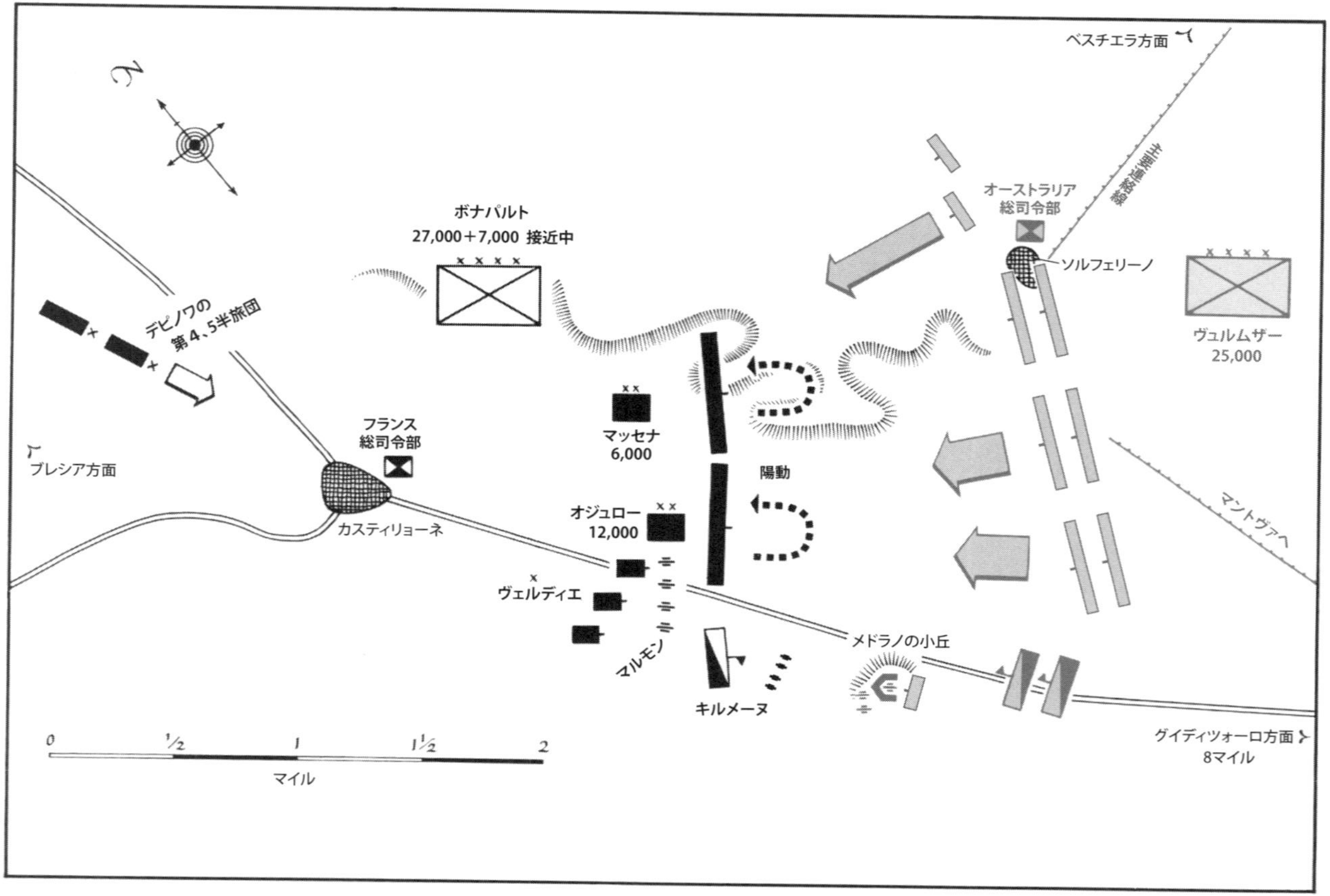

彼はマッセナとオジュローに退却を命じた。もし部隊の訓練が充分でなく、また司令官が完全な信頼を得ていなかったのであれば、この移動は自殺行為になっていたかもしれない。だが実際に起こった通り、それはまさに望ましい結果をもたらした。好事到来フランス軍が逃走中だと思いこんだヴュルムザーは、自軍の右翼を前進させ（左翼を中心として旋回した）、マッセナ軍の左翼を粉砕、そして部下のカスダノヴィッチが位置するはずのロナトへの道を確保しようとした。というのも、ヴュルムザーはカスダノヴィッチがロナトで八月三日に敗北していることを知らなかったからである。この深慮に欠ける行動はナポレオンの思う壺であった。おかげでセリュリエ軍の参戦による効果がさらに決定的なものになったのである。敵はうまく罠にかかってくれた。

そうしている間にも、フィオレラ将軍がセリュリエの師団を引き連れて、朝の六時頃にグイディツォーロ村に到着した。ヴュルムザーはまだその存在を知る由もなかった。第五竜騎兵連隊による遮蔽作戦が効を奏したのである。「彼の砲火が戦いの合図となるはずだった。その予期せぬ猛攻撃によって敵軍が大きな精神的打撃を受けることを期待した(59)」とナポレオンはセント・ヘレナ島で書き記している。

ただし、ナポレオンの計画は完璧に成功したわけではない。少々うまくいかなかったことが三つあった。第一に、フィオレラの攻撃がいささか早すぎたため、驚いたヴュルムザーが平静を取り戻し、マッセナに対する進軍を止めて、部隊の一部を新たな脅威にさし向ける時間を与えてしまったこと。第二に、実はオーストリア軍のすべての予備兵力が正面戦闘に加わっていたわけではなく、フランス軍は居合わせたそれらを抑えられないとわかったこと。結局、ヴュルムザーは丘に沿って元の位置に戻ることができた。そこは、彼の歩兵もしくは騎兵大隊の第一戦列に守られており、残りの部隊（第二戦列）は左方へ縦列移動しフィオレラに対する新たな戦列を形成した。またその一部は右翼後方でL字形の予備軍となったのである。第三に、ナポレオンの正面部隊のなかに、いまや戦列に沿った総攻撃が必要であるということを理解せず、尻込みする者がいたこと。それはボナパルト将軍が叫びながら駆けつけ、彼らを無気力から奮い立たせるまで続いた。躊躇する部隊の指揮官ジュベール大佐に、ナポレオンは「到着するやすぐにセリュリエが敵を攻撃しているのがわからんのか。お前たちは既に交戦していなければならないはずだ。猟歩兵を連れて敵軍の真ん中を突破するのだ！(60)」と怒鳴りつけた。これら三つの手違いが重なったため、作戦は完全に成功したとは言えなかった。基本的には、フランス軍のタイミングが各局面でずれたことが原因である。しかしその頃ナポレオンは、将帥術を学んでいる途中だったのだ。

だが、いまや「突破部隊」として温存されていたヴェルディエの擲弾兵が、出陣する時である。まず、ボーモンの騎兵隊に守られたマルモン大佐は一八門の大砲を駆け足で移動させ、メドラノの小丘にある砲台陣地に至近距離から砲撃を浴びせた。その場所はいまやヴュルムザー軍の二つの戦列の「継ぎ目」となっていたのである。マルモンは後に回想録でこのときのことを述懐している。「かかる状況のもとで、私はナポレオン将軍の私に対する信頼の確固たる証を得た。私はまだ一介の少佐［彼自身は既に大佐なので、これは本人の記憶違いもしくは脚色でないかと思われる］だったにもかかわらず、将軍は騎馬砲兵隊の全体を私の指揮に委ねたのだ。これは一八門の大砲を持つ五個中隊から成っていて、重要な任務を担っていた。敵軍の中央と左方は平野部に向かって斜めに伸びており、戦列のふたつの部分が結節するのは、メドラノの村からさほど離れていない、重火砲によって守られた孤立した稜堡であった。敵の大砲の口径は我が軍よりも大きかったため、敵に砲弾を撃ちこむにはかなり前に進むしかなかった。田野は広々としていたが、都合のよい射程距離に展開するには、一本の間道しか使えなかった。敵が砲撃を集中させられるほど、この間道は狭いものだった。そこで私は大砲を二門ずつに分けて運ぶことにしたのだ。最も信頼できない中隊を先頭に置き、私は縦隊を全速力で前進させた。先頭の一隊は当然一掃されたが、その間に残りの砲兵隊がすばやく展開し、至近距離に砲座を設置したのである(61)」。

それから歩兵隊が銃剣を持って参戦すると、ほどなくオーストリア軍の左翼全体が混乱に陥り、メドラノの丘はフランス軍の手中に落ちた。しかし突破はごく限られていたため、ナポレオンは直ちにマッセナとオジュローに新たな攻撃を行なうよう指令した。これに応えて、ルクレール大佐率いる新着の第四、第五半旅団がマッセナ師団の左方を固め、最大の「はずみ」をもってソルフェリーノの城と付近の丘を強襲したのである。そしてあるとき、軽騎兵隊はオーストリア軍本営を急襲し、ヴュルムザー将軍は危うく捕虜になりかけた。これに震え上がった将軍は即座に全軍退却を命じたのである。しかし公正に見るならば、危険を顧みず自ら多くの攻撃を指揮したヴュルムザーの戦いぶりは、見事だったと言うべきだろう。

戦いには勝ったものの、将軍ナポレオンが望んだ決定的な勝利を得たわけではなかった。敗北を認めたヴュルムザーは軍勢をペスチェラに撤退させたが、二〇門の大砲と一二〇台の弾薬車、一〇〇〇人の捕虜を途上に残し、さらに戦場には二〇〇〇にのぼる死傷者を放置していくような有様であった。にもかかわらず、フランス軍の追撃は前日までの前進および後退行動で疲労しきっていたため、ミンチオ川に先回りしてヴュルムザーの退路を遮ることができなかったのである。実際、彼らを六日まで戦闘に繰り出すことはかなり危険だった。「敵はすっかり壊走していましたが、我が軍の疲弊も著しく、追撃できたのはわずか三時間だけでありました(62)」とナポレオンは報告している。それゆえ、ヴュルムザーとその混乱した軍勢の大部分は生き残り、後日再びナポレオンと干戈《かんか》を交えることになったのである。

ナポレオンはなぜ、「完全な」勝利を得られなかったのか。おそらく理由は四つある。第一に、戦いが始まる前に戦略的にオーストリア軍を迂回することができなかったからである。セリュリエの師団はマントヴァへ通じる道を封鎖できる好位置にいたが、東方のブレシアやアディジェ川、それとトレントに向かう（ヴュルムザーの退路としてはこちらのほうが自然であった）複数の道を押さえるには兵力が不充分だったし、ペスチエラから駆けつけたおよそ五〇〇〇の新手が退却の援護に力を発揮するのを妨げられなかった。第二に、マッセナとオジュローの軍勢が疲労しきっていたために、「牽制」攻撃を全力で行うことができなかった点がある。その結果として、フィオレラが到着したとき、全面的に参戦したオーストリア軍は第一戦列のみで、ヴュルムザーは多くの第二戦列を自由に動かせる状態にあったのである。第三に、「突破部隊」がオーストリア軍の戦列を真に突破できるほど大規模なものではなかったこと。その勢いはメドラノ占領の場面で潰えてしまい、これによりヴュルムザーは比較的あっさりと戦線を離脱する好機を得たともいえる。そして最後の理由として、戦略的な追撃が不充分だったことが挙げられるが、これは主としてフランス騎兵隊が小規模編成で並の質にすぎず、また部隊が完全な疲労状態にあったためである。

しかし、このような非難の一方で、カスティリョーネの戦いがマントヴァを救援するオーストリアの最初の試みを挫き、ナポレオンに北イタリア全体に対する支配を続行させ、肝心な要塞攻囲を再開させ、そしてヴュルムザーの残軍を危なげない方向に退散させたということは認められてしかるべきであろう。かくしてナポレオンは戦略的防御のねらいをほぼ達成した。中でも特筆すべきは、早くも一七九六年の時点で、既にナポレオンが戦闘に関する基本計画を明確に思い描いていたことを、この戦い方が如実に示している点である。後年、ナポレオンは技術を磨き、改良していくことになる――なかんずく一連の諸段階に移行するタイミングという重要課題については。しかし、アウステルリッツやフリートラント、バウツェンにおいて遂行され、成功を収めた攻撃の要素は、すべてカスティリョーネの戦いにおいて既に存在していたし、実行に移されていたのである。

カスティリョーネの戦い（1796年8月5日）午前

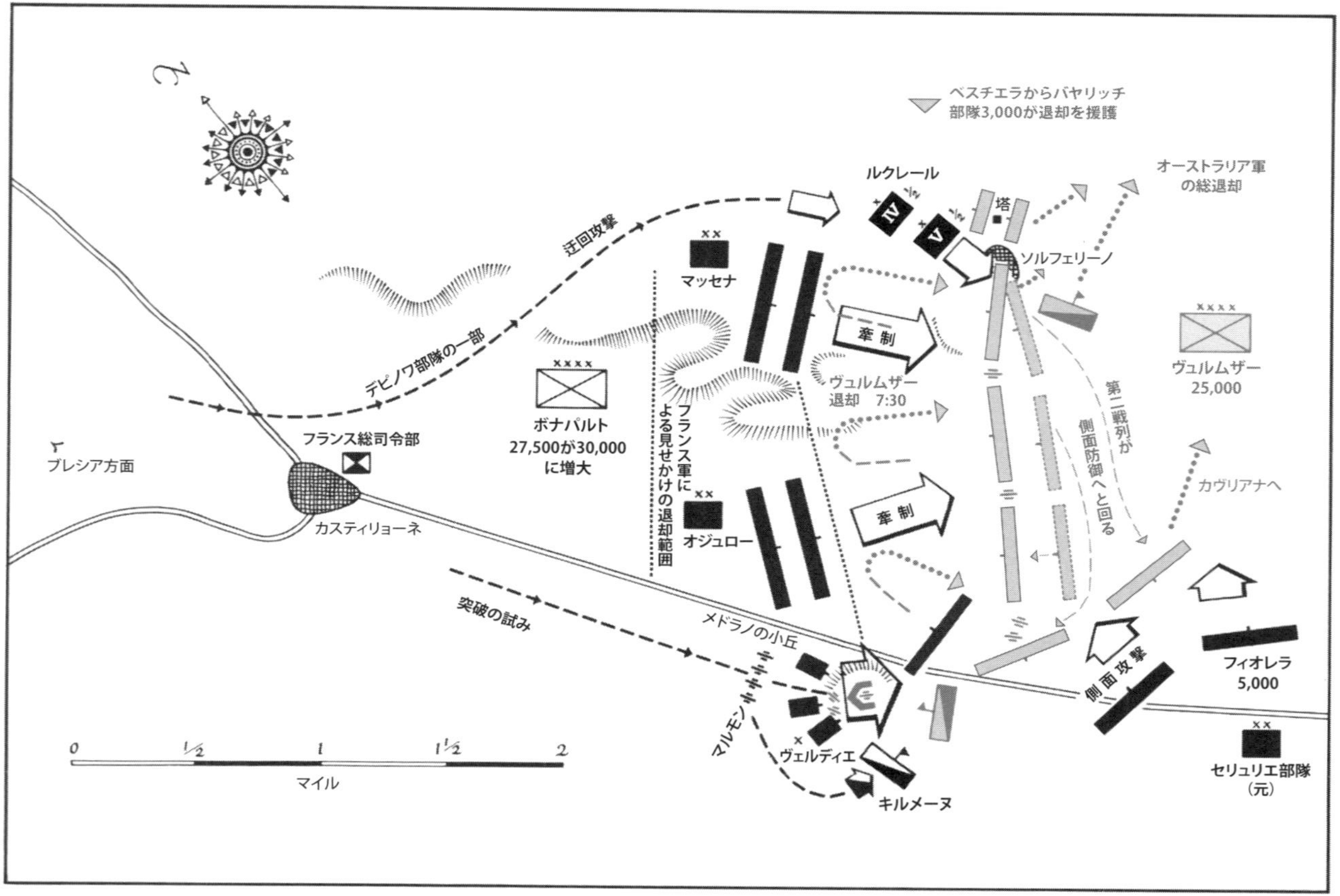

（1） A. Henderso, *Scottish Proverbs* (Edinburgh, 1832).
（2） Speech at Columbus, Ohio, August 11, 1880. L. Lewis, *The Fighting Prophet* (1932), p. 212 より引用。
（3） Thomas Hardy, *The Dynasts* (London, 1908), Pt. II, Ch. 5.
（4） F. L. Petre, *Napoleon's Conquest of Prussia* (London, 1907), p. 31.
（5） Wilkinson, *op. cit.*, p. 168. p. 56 も参照。
（6） B. H. Liddell Hart, *The Strategy of the Indirect Approach* (London, 1954), p. 119.
（7） General H. Camon, *Quand et comment Napoléon a conçu son système de bataille* (Paris, 1935). p. x.
（8） *Ibid.*, p. xiii.
（9） Wilkinson, *op. cit.*, p. 142.
（10） H. Sargent, *Napoleon Bonaparte's First Cam paign* (London, 1895), p. 16.
（11） J. A. H. de Guibert, *Essai générale de tactique* (Liège, 1775), Vol. I, Ch. XIII, passim.
（12） *Ibid.*, Vol. II, p. 65.
（13） S. Wilkinson, *The French Army before Napoleon* (London, 1915), p. 82.
（14） E. F. Berthezène, *Souvenirs militaires* (Paris, 1855).
（15） Frederick II of Prussia, *The Instructions of Frederick the Great for his Generals* (Harrisonburg, 1960), p. 140.
（16） *Ibid.*, p. 139.
（17） Sargent, op.cit., p. 139.
（18） Camon, *op. cit.*, p. 173.
（19） *Ibid.*, Vol. II, p. 238.
（20） Weygand, *op. cit.*, p. 222.
（21） Napoleon I, *Maximes*, 5th ed. (Paris, 1874), No. CXII.
（22） *Correspondence*, Vol. XXXI, p. 209.
（23） *Ibid.*, Vol. XIII, No. 10558, p. 10.
（24） *Ibid.*, No. 10810, p. 210.
（25） P. de Bourcet, *Mémoires historiques sur la guerre... 1757-1762* (Paris, 1792), p. 88.
（26） Sargent, *op. cit.*, p. 15.
（27） Mme C. de Rémusat, *Memoirs 1802-8* (London, 1895), p. 135.
（28） *The Croker Papers* (London, 1885), Vol. III, p. 276.
（29） Colin, *op. cit.*, p. 254.
（30） *Correspondence*, Vol. XI, No. 9392, p. 336.
（31） *Ibid.*, Vol. XVIII, No. 14707, p. 218.
（32） Bourienne, *op. cit.*, Vol. I, p. 349.
（33） Colin, *op. cit.*, p. 262.

（34）*Correspondence*, Vol. XXXI, p. 418, note 40.
（35）Liddell Hart, *op. cit.*, p. 114 より引用。
（36）*Les Campagnes d'Italie* (Camon, *Les systèmes...* , p.5 より引用)。
（37）General G. Gourgaud, *Journal* (Paris, 1899), Vol. II, p. 119.
（38）*Correspondence*, Vol. VI, No. 4855, p. 323.
（39）*Ibid.*, Vol. IX, No. 7527, p. 239.
（40）A. Lévy, *The Private Life of Napoleon* (London, 1894), Vol. II, p. 293.
（41）*Correspondence*, Vol. XIV, No. 11813, p. 304.
（42）この史料は *Correspondence* には入っていない。J. S. C. Abbott, *Life of Napoleon Bonaparte* (London, 1899), p. 403 を参照。
（43）Sir J. Seeley, *A Short History of Napoleon I* (London, 1899), p. 195.
（44）Earl P. H. Stanhope, *Conversations with the Duke of Wellington* (London, 1899), p. 9.
（45）*Correspondence*, Vol. XXXI, p. 418, note 40.
（46）Sargent, *op. cit.*, p. 175.
（47）Marshal V. F. Broglie, "Instruction of 1761," Archives Nationales, Guerre A1 3550.
（48）T. Carlyle, *Critical and Miscellaneous Essays* (Londo, 1843), Vol. IV, p. 109.
（49）Gourgaud, *op. cit.*, Vol. II, p. 32.
（50）*Correspondence*, Vol. XII, No. 10032, p. 230.
（51）General Lloyd, *L'introduction à l'histoire de la guerre 1756* (Brussels, 1784).
（52）C. J. Duffy, *The Wild Goose and the Eagle* (London, 1964), Ch. XV が近年のものとしては有用。
（53）*Correspondence*, Vol. XXXI, pp. 328-9.
（54）*Ibid.*, Vol. XXXII, p. 27.
（55）*Ibid.*, Vol. XXX, p. 447.
（56）*Ibid.*, Vol. XXXII, p. 82.
（57）A. F. Becke, *An Introduction to the History of Tactics* (London, 1909), p. 31.
（58）*Correspondence*, Vol. I, No. 842, p. 522.
（59）*Ibid.*, Vol. XXIX, p. 435.
（60）Colin, *op. cit.*, p. 123.
（61）Marmont, *Mémoires* (Paris, 1857), Vol. I, p. 209.
（62）*Correspondence*, Vol. I, No. 842, p. 525.

第4部

オリエントでの幕あい　六エーカーの土地

エジプト・シリア遠征一七九八年五月一九日〜一七九九年一〇月九日

序　マラブウの砂丘

エジプト上陸作戦は決して簡単には進まなかった。将軍ボナパルトは名もない村マラブウ近くの砂丘に立ち、イライラしながら師団長たちの報告を待っていた。彼はその前日（七月一日）の午後に上陸開始を命令し、巨艦オリアンの司令室から揺れるマルタの小ガレー船に飛び乗り、最初の上陸部隊が接岸するのを指揮していたのだ。上陸に際しての抵抗はなかったものの、作戦は初めから大きな困難にさらされた。荒海、病気の蔓延、さらにはなはだしい無能さによって少なくとも二〇名が落命し、日付が変わって深夜二時になっても遠征軍三万二〇〇〇人のうち、八分の一しか上陸できていないという有様だったのである。ムヌー、クレベール、ボンはずぶ濡れの部隊を砂丘で再編成していたが、将軍レイニエは自分の師団のうちたった三〇〇人しか見つけることができなかったし、ドゼーに至っては部隊、軍馬、そして大砲の影かたちすらなかった。兵士はすぐに喉の渇きを訴えたが、新鮮な水などはなかったのである。

しかし、そんなことは将軍ボナパルトにとって大した問題ではなかった。即座の戦闘こそが、兵士たちの苦痛を和らげる薬になると考えていたのである。喉の渇きも兵士の気力を高めるのに役立つというわけだ。三時になって、ボナパルトは約八マイル離れたアレクサンドリアの西側の要塞に向かって進軍を命じ、すぐさま先頭に立って出発した。この血気にはやった若き将軍に物憂げな顔をした参謀たちが続いた。早くも遠くイタリアに残してきた愛人の姿を思い浮かべている参謀長のベルティエ。義足を膝まで埋めながら砂丘を重い足取りで歩く優秀な工兵将校カファレリ。一個部隊すら見つけられない現時点ではいささか大げさな肩書きとなるが、巨体の騎兵指揮官デュマ。そして、目下のところ一門の大砲も持たない砲兵将軍ドマルタン。彼らのうしろでは、兵士たちがぶつぶつと不平を漏らし、将校たちも陰口をたたいていたが、それでも進軍は続けられた。そして朝八時までに、先頭の縦隊はアレクサンドリアの城壁が見えるところにまで到達した。不便な現状にもかかわらず、将軍ボナパルトは、遠征軍が（彼の決断というより好運のおかげで）ネルソン提督の艦隊を逃れ、無事エジプトの地に上陸できたことを満足していたのである。

第18章　オリエントの好機

この大遠征の発端を理解するためには、前年の春に調印されたレオーベンの仮条約以降の出来事をざっと振り返っておいたほうがいいだろう。一七九七年夏の大半を通じて、勝利者たる若き将軍は、ミラノ近郊のモンベッロ城から発せられる王の如き権威をもって、イタリアの征服地を統治していた。彼の助けになったのは、ずる賢いジョゼフィーヌ（軽薄だが愛してやまない妻）の存在と、軍人・学者からなる優秀な同志であった。しかし、この期間に心配事や問題がなかったわけではない。いくつかの地方反乱は鎮圧されなければならず、ローマやヴェネチアに対する軍事行動もとられた。ボナパルトは、北イタリアのより広い地域を新チザルピナ共和国に再編成することに忙殺されていたが、一方でパリの政治動向に対しても細心の注意を払い続けていた。

ただ、ボナパルトは、名目上の主人である五人の総裁に敬意など抱いてはいなかった。彼は侮蔑の念を常に注意深く隠していたが、時がたつにつれ奥底にある野心が慎重さの殻を打ち破っていった。例えばカンポ・フォルミオの和約の調印直後、彼は司令部の中庭を歩きながら、「私がイタリアで勝利を収めたのは、総裁政府の面々の名を高めるためだったなどと思うかね(1)」と同僚に尋ねている。ところが、彼はまもなく総裁政府よりもさらに都合の悪い存在に気づいた。ブルボン王家の支持者たちがパリの国民議会と一部の軍首脳のなかで急速に影響力を強めつつあることを知らせる密書が、九月に彼のもとに届いていたのである。ブルボン朝の復活はボナパルトの最も歓迎せざる事態だった。むろん腐敗した総裁政府など支持していなかったが、その無能ぶりや信頼のなさのほうが、王政復古（まず最初に全面的平和をもたらすことが確実で、次にコルシカ出身の一冒険者をお払い箱にしてしまう可能性があった）よりもずっとましだったのである。それゆえ、反革命の機先を制し、共和制を強化するために全神経が集中された。ジャコバン左派と同盟して、五百人および「元老」議会から王党派の政治家を力ずくで追い払うという命令と共に、蛮勇を振るうオジュローをパリに派遣したとき、この動きは最高潮に達した。フリュクティドールのクーデターは見事な成果を収めた。

ボナパルトはイタリアにいながらにして、一撃で隠れ君主制支持者たちを沈黙させ、総裁政府から危険分子を追放した。そして、王党派の陰謀に荷担した何人かのライヴァルたち（ピシュグリュとモローを含む）をことごとく失脚させたのである。またこの任務にオジュローを選んだのは絶妙なやり方であった。というのも、ボナパルトはなお舞台裏に潜んでいることができ、他方で同僚たちの乏しい想像力では、彼が権力の座をめぐる有力なライヴァルになりつつあることを見抜けなかったからである。もっとも、続く彼のドイツ方面軍司令官への任命は、前任者［モロー。彼は最終的に反フランス陣営に下る］との確執が増したとき、厄介な事態を招くことになろう。いずれにせよ最も重要なのは、フリュクティドール事件により、軍が政府の背後にある究極の権力主体であることが間違いなく立証されたという点である。

その間に外交団はオーストリアの全権大使と面倒な交渉を続け、今後イギリスとポルトガル以外と敵対しないという講和条約の締結に向けて努力していた。交渉の早期妥結を図るため、総裁政府はウィーンにフランスのロンバルディア占領とライン川沿岸地域の一部割譲を認めさせる代わりに、瀕死のヴェネチア共和国の一部をオーストリアに提供した。ヴェネチア分割は冷徹な政治的打算に基づく提案だった。ただし、ボナパルトが最初の提案者だったにもかかわらず、それがまったく彼の名誉とはならず、また重大な失策とさえみなされてしまうのは、条約が火種となってくるからであろう。しかし、アがイタリアを取り戻そうとしてくるからであろう。しかし、講和交渉は期待された成果を生み、一〇月一七日にカンポ・フォルミオ平和条約の正式調印にこぎつけることができたのである。

巧みな宣伝の結果、将軍ボナパルトの名はフランス人の心のなかで平和締結の成功と結びつけて考えられるようになり、彼の声望はさらに高まった。一二月五日にパリに凱旋したとき、彼は英雄として民衆の歓呼とともに迎えられ、すぐさまパリ社交界の名士となった。この若き天才に寄せられたあらゆる栄誉のなかでも、彼が最も魅力的に思ったものは、高名な科学者や文学者を主体とする排他的な国立アカデミー会員への推挙であった。しかし、彼は権力に色気を示すにはまだ機が熟していないと判断し、直ちに海に囲まれたピットの島を叩く準備に乗り出した。イギリスがフランスにとって不倶戴天の敵であるということは充分にわかっていた。この数ヶ月前に、彼は総裁政府に書簡を送っている。「オーストリア人は強欲なくせにのろまで、興味をひく者も、脅威を感じる者もおりません。しかし、イギリス人は寛容でありながら、策謀家で活動的でもあります。我々はイギリスの君主政を打倒しなければなりません。我々の活動を海洋に集中させ、イギリスを叩くべきであります。そうすれば、ヨーロッパは我々の足下にひれ伏すでありましょう(2)」。

この推論はかなり説得力があった。確かにフランスの戦勝、連合国内の意見の不一致（オーストリア、プロイセン、ロシアはフランスに対する敵意と同じくらいポーランド問題で相互に対立していた）、チャタム伯爵以来の「ペニー・パケット政策［ヨーロッパ大陸の同盟国に資金援助を行い、自らは南北アメリカやインド、西インド諸島で植民地を拡大し、ヨーロッパ戦線にはできるだけ関わらないという政策］」を求めるイギリス軍の資源の誤用、そして戦争の本質に関するイデオロギー的な相互不信とが結びついて、第一次対仏大同盟は立案者ウィリアム・ピットの足もとで崩壊していた。しかしイギリスは国王殺しの共和国フランスにとって、依然として最大の難敵だったのである。

一七九七年においても、イギリスの和平交渉への取り組みは明らかにいいかげんなものであり（少なくともフランス政府にとってはそう思えた）、ピットがすぐに新たな対仏大同盟を結成するであろうことはボナパルトには明白であった。そこでイギリスの地位低下のために全神経を注ぐことは、フランスの利益となるばかりか、あらゆる試みを先導しようとするボナパルト個人の利害にとっても必要不可欠だったのである。彼の野望実現を妨げる最大の敵は活動しないことであった。つまり平和は若きコルシカ人にとって凡庸を意味し、彼は無任将校の一群に囲まれて「数いる将軍のなかのひとり」となることを望んではいなかったのである。

このような公私にわたる理由から、彼はイギリス征服計画の策定を熱心に推進しようとした。そして、軍隊を動かすよう総裁政府を説得するために、自分とその妻が持ちうる影響力をみな駆使したのである。しかし、心配は無用だった。ひとつには、彼と総裁政府の利害は完全に一致していたからである。買収されている割には、総裁たちはまったく思慮がなかったわけではなく、兵隊たちが忙しくなるほど、またパリの陰謀から遠ざけられるほど、それだけ政府が安泰になることとは自明だった。総裁の多くは、自分たちの非常時の権力は平和時では一日ももたないであろうことを知っていたがゆえに、戦争の継続を歓迎していたのである。数年後、ボナパルトは当時の状況をこう述懐した。「総裁政府を支配していたのは自らの弱体ぶりだった。つまり、自分たちが生き残るためには、他の国々の政府が平和を必要としていたように、永続的な戦争状態を必要としていたのだ(3)」。

いずれにせよ、一七九二年の愛国的でヒステリックな日々以来、フランス政府の戦争に対する態度が肯定的になってきたことは疑いない。戦争最初の三年間、最大の課題は生き残ることにあった。しかし一七九五年以降、危急存亡の時期は、見せかけの革命の情熱の下に隠された明白なる侵略主義に取って代わられた。ボナパルトの最初のイタリア戦役、ドイツにおけるモローとジュールダンの働き、一七九八年二～三月のローマとスイスの占領、そして何よりもエジプトでの冒険。これらは、すべて自国の安全を祈る純粋な願いというよりは、むしろ略奪と領土的拡大の欲望の表れであった。こうした政府のいかがわしい動機に、軍事的栄光と政治的上昇を求めるボナパルトの野心が加わった。そしてすぐに彼と総裁政府は結託し、オーストリアとロシアが戦いの舞台に再登場する前に、イギリスを抹殺しようとする計画に共に乗り出したのである。

しかし、目的を達成する手段については、政府と彼との間では意見が異なっていた。総裁政府は当初、イギリスに直接侵入し、敵の喉元をつかむことを主張した。このためボナパルトをフランス北岸に集められた一二万ものイギリス遠征軍の司令官に任命したのである。一月、彼はパリを発ち、侵攻が準備されているエタプルからワルヘレンまでの一帯を足早に巡回視察した。その結果、フランス海軍が英仏海峡の制海権を完全に掌握しない限り、この作戦は到底不可能であると彼は確信した。また仮にそのような条件が整ったとしても、遠征費用が莫大となるのは必定であった。それゆえ総裁政府への報告では、彼の口調は明らかに悲観的であり、イギリス本土への侵入計画の代わりに、以下の三つの案を提示している。

第一に、ジョージ三世と和平を結ぶこと（彼はこの案を真面目に考えていたのではない。総裁政府の胸の内を、自身のそれのように知りつくしていたからである）。第二に、イギリス遠征軍をハノーヴァに対して向けること。フランスが準備する前に中央ヨーロッパで全面戦争が起これば、目下の威信争いなど有名無実になってしまう。そして、第三に、エジプトに侵入して、イギリスに富をもたらすインド交易に脅威を与えること、等々である。

ボナパルトがオリエントへの遠征という発想を抱いたのは、これが初めてではなかった。彼は、限りない軍事的栄光の機会が眠る東方の光景に早くから魅了されていた。彼はかつてブーリエンヌに向かって「ヨーロッパなど取るに足らん(4)」とうそぶいていたし、回顧録でも次のように断言している。「我々はオリエントに行かねばならぬ。なぜなら、あらゆる栄光はいつもそこで手に入れられてきたからだ(5)」。彼はアレキサンダー大王の遠征と張り合うことを夢想し、マリニィ、ド・トット、レイナール神父の著作など、オリエントへの旅行記を読み耽っていた。ただ、彼はより現実的なレベルでは、この計画がフランスの資力から見てかなり経済的であると考えていた。いつの日か乗っ取るであろう自国を破滅させることなど、彼は望んではいなかったのである。第一、彼は揺らいでいる総裁政府にしても、まだとどめの一撃を加える時期にはきていないと考えていた。そして、次のように述べている。「パリの通りは私の両足の裏を焦がしてしまう(6)」。最初の見積もりでは、パリを留守にするのはわずか六ヶ月程度で済むだろうし、その間に総裁政府は自ら首を絞め、彼には新しい栄光を握む機会が訪れると思われた。さらに遠征は、無為なる時期（つかの間ではあるにせよ）の終焉をも意味していたのである。

ドゼーが既述しているように、ボナパルトは早くも一七九七年の春には、エジプトへの航路について考えていた。彼はその直後、総裁政府への書簡でこう述べている。「我々が本当にイギリスを破壊するために、エジプトを奪い取る必要性を認める日はそう遠くないでしょう(7)」。アドリア海のコルフやザンテといった島々をフランスが占領し、イタリアの沿海地域の多くを支配下に置いたことで、遠征に好都合な拠点が獲得される。また統治困難な帝国領（中でもエジプトは最も御しにくい一地域である）に対するトルコの支配力が急速に低下していたため、冒険を試みると同時に、イギリスに手痛い一撃を喰らわす好機がまさに訪れていた。トルコはつねにボナパルトの興味をひきつけていた。彼は若い頃にド・ボネバルと競争して、トルコ皇帝《スルタン》の砲兵隊への入隊まで考えていたのである。そして名声を得たいま、彼はフランスによる介入は、従順でない一州に対するトルコ宮廷の権威を再び確立するための行動に偽装できると主張した。

これと似たような考えは、半世紀以上の間、代々のフランス政府によって提唱されてきた。総裁政府がこの提案を採用したとき、彼らは古めかしい旧体制《アンシャン・レジーム》期の夢にまさに立ち戻ろうとしていた。早くも一五三六年にフランソワ一世は、「キリスト教世界の大罪」という不名誉な批判の嵐のなか、スレイマン大帝とゆるやかな同盟関係を結んだ。次いでルイ一四世やその後継者たちは、当然のごとくトルコ宮廷に対する友好関係を（少なくとも表面上ではあるが）維持してきた。マルセイユの商人たちはコーヒーや米や砂糖や綿花といった東方の商品に多額の投資をした。そしてフランスの大臣ショワズールは、永続的な植民地確保という目的で、一七六九年にエジプト占領計画さえも立案したが、ヴェルジェンヌ［元トルコ大使。一七七四〜八七年外相］は後にコンスタンティノープルとの「伝統的な」友好関係の継続を主張した。このような基本政策にもかかわらず、一七七七年にド・トット男爵が、事実上のエジプト総督イブラヒーム・ベイとムラード・ベイ（ふたりとも二一年後の出来事でひときわ目立つ存在となる）のもとへ、スエズ周辺の陸地を調査する密命を帯びた使節として派遣された。彼の報告書は、将軍ボナパルトをはじめとする一七九八年の企ての立案者たちにとって非常に価値あるものとなったのである。

その年、総裁政府を活発に動かしたのは、古いものと新しいもの、伝統的なものと革命的なものの複雑な混合物であった。新たな植民地を獲得したいという年来の願望（これらの目標にマルタ島の占領を加えることは、さらに数世紀前からの外交政策に深く直結している）の他に、ごく最近における一連の動機もまた存在した。総裁政府はフランスが失った西インドの植民地を取り戻すことに熱心であり、楽観主義者にとっては、開発を待ち受ける莫大な富がエジプトに眠っているように見えた。さらに「アフリカ、アジア、ヨーロッパの連結点」であるエジプトの支配は、アラビアとインドを結ぶ古来よりの交易路を押さえるという旨味があり、またおそらくスエズ地峡を通る運河の掘削も可能となろう。同様にフランスの素早く果断な行動が、トルコ宮廷を対仏大同盟に加えようとするイギリスの外交努力を挫折させることも、期待されたのである。

反乱地域におけるトルコ宮廷の復権を装って、トルコ領土内に強力なフランス軍を駐屯させることは、何百もの外交交渉に匹敵する価値をもつ。そして何より魅力的なのは、エジプト占領がインドの反英分子、特にマイソール州のスルタンであるティッポ・サイーブとのより親密な関係を構築する機会を与えることだった。長年フランスの軍事使節は彼が保有するシパーヒー（セポイ）に訓練を施すなどの援助をしていたが、イギリスがかつてのオランダ領である喜望峰のケープ州を攻略して以来、直接の連絡は途絶えていたのである。

イギリスの豊かなアジア貿易に対する一撃という脅威だけでも、それがどんなに架空のものであったにせよ、ピットの努力を頓挫させ、フランスに有利な平和の締結につながると考えられた。それに加え、エジプト遠征の費用は、フランスの海岸から距離があるにもかかわらず、イギリス本土への完全侵攻よりもはるかに安あがりだったのである。というのも過去五〇〇年間、エジプトは約一万の残忍なマムルークたちの頂点に立つひと握りのベイたちによって統治、いやむしろ搾取される地であり、その征服は軍事的にはさほど問題でないと考えられたからである。こういった伝統的、経済的、政治的、軍事的な動機に加えて、抑圧されていることで有名な多くのフェラーヒン、つまりエジプトの小作農を解放するという純粋な動機もあった。この文明化の任務はフランス革命におけるよき理念の産物であったし、当時としては他に類を見ないものであった。エジプトを従順でフランスの利益に適った植民地にしたいという当面の強い願望があったことは疑いないが、理想主義の側面もまた無視すべきではない。総裁政府のメンバーにとって、（彼らの見解では）地上で最も進歩した社会であるところのフランスが、文明揺籃《ようらん》の地であるナイル流域の人々に何らかの方法で繁栄のお返しをするということは、筋が通っているように思われた。この現実と理想、あるいは本音と建前が融合した動機から、ボナパルトとフランス軍をオリエントに出発させる決定が次第になされていったのである。

将軍ボナパルトを支持した最大の要人は、オータンの司教を辞し、一七九七年七月から総裁政府の外務大臣をつとめていた狡猾なタレイランであった。政府にあって唯一、彼はヨーロッパにおける将来の戦争を回避することに熱心であり、フランスの征服欲と好戦性をはるか離れた土地に向けることを希望していた。彼の考えは、「アフリカにフランス圏を確立することで我々はヨーロッパの平和を保障することができる(8)」という言葉に要約される。タレイランに押されて、総裁政府はついに決断した。イギリス海峡から寄せられたボナパルトの提案は三月二日に正式に承認され、四月一二日には総裁政府は必要な命令を発した。つまり将軍ボナパルトはマルタ島とエジプトを占領し、オリエントからイギリス人を駆逐する。そしてスエズ地峡を貫く運河を建設し、現地の人民が置かれた状況を改善し、加えてトルコ皇帝と良好な関係を保つ、というのである。

エジプトはコンスタンティノープルに毎年税を納め、イスラームの信仰には細心の敬意が払われることになろう。一方、タレイランはフランスの目的を説明するために、自ら使節団を率いてコンスタンティノープルに向かう予定になっていた。新たに併合されたスイスとローマの諸州には、この計画を援助すべく、新たな負担金が課せられることとなった。またイギリスの注意をそらすように、アイルランドへの牽制攻撃も準備された。

エジプトへの遠征は六ヶ月もあれば充分だと見積もられた。その後は、将軍ボナパルトがフランスに帰還し、延期されたイギリス侵攻の先頭に立つことが期待された。この段階では、インドに到達する試みについては、特別な言及がまったくなされていないことが理解できるだろう。

第19章　地中海の追跡

決定が下され、準備で大忙しの一〇週間が続いた。計画の資金として、スイス金貨で三〇〇万フランがベルンから引き出され、ローマに対しても一層の資金提供が要求された。トゥーロン、マルセイユ、ジェノヴァ、アジャクシオ、チヴィタヴェッキア〔ローマの外港〕の五港が乗船地に指定され、ヴェネチアから帰還したばかりのブリュエイス提督にトゥーロン艦隊の出撃準備（目的地は不明だが）の命令が下されたのである。イタリア、ローマ、コルシカ、スイス、そして北フランスに駐屯する部隊から二一の半旅団が選抜され、港へと集められた。

ボナパルト将軍の要求には最優先の順位がつけられたため、遠征軍はかつてのイタリア方面軍を中心に構成されることになった。同様に遠征のために選ばれた三一人の高級将校のうち、二〇人までもが以前に彼のもとで働いていたのである。ベルティエは再び参謀長の地位に就いたが、師団長クラスではヴォーボワを除き、ディリエ、ボン、ドゼー、クレベール、レイニエといった比較的新しい名前もあった。もっとも、このリストは数ヶ月で大きく変更されることになるのだが。

この遠征の他に類を見ない特徴は、同行する民間人の数の多さと能力の高さであった。総計五〇〇人の民間人のうち一六七人までが有名な知識人、実績のある文人や科学者、さらには各分野で認められた専門家であった。彼らは、カファレリ将軍や優秀な科学者ベルトレとの綿密な協議の末、「ボナパルト協会」のメンバーによって入念に選考された。考えうる最高の人選のために、あらゆる種類の圧力（正当または不当な）がかけられ、最終リストには著名なモンジュ、気球の専門家コンテ、軍医のラレとデジュネット、市民のドロミューとマリュスらの名前が載せられた。大部分は極めて実学的な人々であったが、この学術団には作曲家であり詩人のパルスヴァル゠グランメゾンなども含まれていた。

四月二〇日が最初の出航予定日であったが、軍行政の問題とウィーンにおける政治的危機（ベルナドット将軍が国際的事件の渦中に置かれ、新たな戦争勃発の脅威が一時的に生じた*）によって、五月一九日に延期された。この遅れにもかかわらず膨大な準備は順調に進んだ。遠征軍輸送のために三〇〇隻の帆船が徴発され、指定された港ごとに配備された。ブリュエイス提督と彼の幕僚たちは一三隻のフランス戦列艦と同数のフリゲート艦をトゥーロンに集め、地中海を南下する莫大な船団を護衛する用意を整えた。水兵の不足は常に悩みの種であった。艦隊において、少なくとも二〇〇〇人の水兵が足りなかったのである。

この間、ボナパルトが比喩的に「ローマ軍団」と呼んでいた各軍は乗船地点に集まりつつあった。五月一一日までにクレベール、ボン、レイニエの各将軍たちは、マルセイユからの派遣軍を含め一万四〇〇〇人の歩兵、八六〇人の騎兵、一一六〇人の砲兵をトゥーロンに集めていた。ジェノヴァではディリエとミュラがさらに六〇〇〇人の歩兵、八五五人の騎兵、二五〇人の砲兵を予備の輸送船団に乗船させるために待機していた。軍事的な仕事の他に、ミュラは最高司令官の命令で、将軍のテーブルに並べるイタリア・ワインを揃えるのに心を砕いていた。残りの兵力はチヴィタヴェッキアとアジャクシオに集結したが、前者においてはドゼー将軍が六九〇〇人の歩兵、一〇八〇人の騎兵、二五〇人の砲兵からなる部隊を現地司令官サン・シール将軍から引き継いだ。後者では、ヴォーボワが三九〇〇人の歩兵と六八〇人の騎兵からなる比較的少数の派遣部隊を用意していた。ボナパルト将軍と司令部付の参謀は、騎乗の先導兵一八〇人と徒歩の先導兵三〇〇人に守られて、五月九日にやっとトゥーロンに到着した。民間人を含めると、遠征軍は合計三万八〇〇〇人にもなり（五万五〇〇〇とする研究者もいるが、これは多すぎで、おそらく水兵の数も含めていると思われる）、六〇門の野砲と四〇門の攻城砲、一〇〇日分の保存食、四〇日分の飲料水、合計で一二〇〇頭の馬（騎兵との数合わせはエジプト到着時になされることになっていた）を備えていた。

船には酒保係や洗濯係などの約三〇〇名の女性も乗り込んだが、ボナパルトは妻や恋人を後続予定の輸送船に待機させることを強要した。しかし将校のなかには、命令に反し、妻を同乗させる者もいた。フーレなる竜騎兵の中尉は、結婚したばかりの美しく快活な花嫁「ベリトット」を軍服で変装させてまで連れてきたが、彼はやがてそれを後悔することになる。

女性の同伴が許されなかったこともあり、遠征軍の士気は

＊当時ベルナドットはウィーン駐在大使だったが、大使館に三色旗を掲げたため、怒った市民の乱入を招くという事件が起こった（四月一三日）。ウィーンを離れたフランス大使は、オーストリア皇帝に強く謝罪を求め、両国間の緊張がにわかに高まったのである。

当初から上がらなかった。概してフランス人は海水に対する生まれながらの苦手意識をもっており、「海外勤務」と聞いた途端に、半旅団から多くの兵士が脱走した。定員の四分の一を失った部隊もあったほどである。水兵たちの感情も、これより上々とはいえなかった。鈍足の輸送船に押し込められた大勢の陸戦部隊は重荷となり、イギリス艦隊が後方に接近しつつあることは明白であった。こうした中で地中海を航海しても、元気づけられる見込みなどはない。この遠征における彼らの従軍記録は、イギリス水兵から被った、救いがたい災害の連続となるのである。出航した人々のなかで、ボナパルトだけは最も熱意に溢れていたはずであったが、その彼でさえも航海の長さからくる船酔いに悩まされ、「全航海を通して病気にかかるであろう者のため」に、オリアンの司令室に上質の食物と快適なベッドを用意するようにと、ブリュエイスに命じた。実際、あらゆる場面で活気や楽観主義が欠如していた。ジョゼフィーヌは（たとえ嘘の涙であっても）すすり泣き、将校たちは行先を賭けの対象にし、兵士は不平を言い脱走する。そんな状況だったのである。

部隊を鼓舞するため、将軍は一〇日に大規模な閲兵を行い、六アルパン［ほぼエーカーと同単位］の土地という動機づけを含ませた派手な演説を行った。「帰国のあかつきには全兵士に六エーカー（七三四〇坪）の土地が買えるだけの褒美を与えることを約束しよう」。ただしこれは果たされなかった。彼の軍勢の三分の一が、わずか六フィート（一八〇センチ）のオリエントの砂の下に埋められることとなったのだから。

この遠征がイギリスとトルコに対して充分なインパクトを与えるためには、迅速さと機密の保持が不可欠であった。五月の初め、イギリス海軍はまだリスボン沖にあったが、これが引き返してフランス軍の船団を捕捉してしまえば、陸戦部隊にとって大打撃となることが予想された。そのためボナパルトは各艦長に対して、万が一の場合にはイギリス艦船と並走し、正面対決を避けるよう指示を出していたのである。総裁政府は、真の軍事目標を隠すために手の込んだ芝居を試みた。アイルランドとポルトガルへの攻撃準備を行ってみたり、三月三〇日には、ブレストにおける人員・船舶を指揮するという、偽りの命令書をボナパルトに渡したりもした。

これらの策はイギリスのスパイ組織の目を欺くために計画され、またトゥーロンの軍勢が「イギリス方面軍」と名付けられていたおかげで、秘密は四月一二日まで保持された。しかし、こうした用心にもかかわらず、警戒は万全とはいえなかった。本当の目的地を知る者の中には学者たちも含まれていたが、そのうちの何人かから情報が漏れたのである。フランクフルトで、あるイギリス人スパイが最初に正確な情報をつかんだ。その直後、リヴォルノにいたオードリィ氏なるピットの諜報員が、マルタ島とアレクサンドリアがフランス軍の目的地であるとの報告を寄せてきた。もちろんイギリス政府としては、これらを含む様々な矛盾する情報について慎重に検証する必要があったが、諸々の兆しは海軍省にとって、ネルソン提督を再び地中海に戻すという命令を出させる充分な理由になった。もっともこの命令が現地に届く前に、セント・ヴィンセント卿が既にトゥーロンでの動向を監視するために、カディス艦隊から三隻の戦列艦と何隻かのフリゲート艦を分遣させていた（五月三日）。実際、ボナパルトの遠征はこうして彼が思っていたよりもはるかに大きな危険をはらんでいたのである。

それからの数週間におけるフランス船団の極めて緩慢な動きは、結果として自らを助けることとなった。トゥーロンの船団は五月一九日に出航し、二日後にジェノヴァの船団と合流した。二三日にはアジャクシオからの船団が視認されたが、チヴィタヴェッキアの船団が現れなかったため、ボナパルトはかなり不安を抱いた。しかし、少し遅れて彼はマルタ島に向かって出航することを決定し、六月九日にマルタ本島と行方不明になっていた船団（これには大いに安堵した）が目に入ってきた。ドゼーは五月二六日になってようやくチヴィタヴェッキアを出発し、実際にはその後すぐに捜索に出ていたミュラ麾下のフリゲート艦によって発見されていたのだが、ふたりの将軍はそのままマルタ島に向かうことにしたのであった。彼らは六月六日にゴゾ島を発見した。そしてミュラは、大胆かつ向こう見ずにもグランド・ハーバー［本島の港］に乗り込み、おそらくあらゆる手段を用いながら、島の支配者に来たるべき強襲を警告した。フランス軍にとって幸運なことに、聖ヨハネ騎士団には闘争心などほとんどなかったのである。

ボナパルトは既に、運よくイギリス艦隊の追跡をかわしていた。五月二一日、突然の激しい暴風がネルソンの旗艦ヴァンガード号のマストを折り、彼の艦隊を散り散りにしていた。サルディニア沖で損害が修復される前に、トゥーロンの軍勢は姿を消しており、ネルソンは六月一四日になって初めてフランス軍がシチリア沖に現れたという確かな情報を受け取ったのである。このときまでに、イギリス艦隊は一三隻の戦列艦に増強されていたものの、「艦隊の目」とも言うべきフリゲート艦の数がひどく不足していた。

ネルソンが地中海をうろうろしている間に、ナポレオンは名目的な抵抗を受けただけでマルタ島を手に入れた。騎士団長は、フランス艦隊が補給のため一度に四隻以上入港することを拒否したが、これが攻撃の口実となった。ボナパルトは「自分に与えられるべきものは、力ずくでも手に入れる(9)」と宣言し、一〇日には上陸部隊が岸辺に殺到した。レイニエはゴゾ島を占領し、ヴァレッタはディリエ、ドゼーの両将軍によってすぐに孤立させられてしまった。

一方、ヴォーボワにはボナパルト自らが同伴し、主要な襲撃を指揮して水道を奪い取った。抵抗はほとんどなかった。かつてはイスラームに対する鞭の役割を果たした騎士団の規律・精神などは、安楽な暮らしのなかで失われて久しかった。早い段階からのフランスの巧みな行動は、わずかに残る抵抗勢力を切り崩していた。一七九八年のうちに、おそらく平和目的と思われる通商使節団が島を訪れたが、代表たちは裏で騎士団の不満分子（さらに彼らの大多数はフランス出身だった）と接触し、侵入の地歩を固めていたのである。騎士団の金庫番は買収され、裏切りの雰囲気のなか、わずか一二〇〇人の守備隊が島を守っていたに過ぎなかった。このような状態では、最後の団長である無気力なフォン・ホンペッシュが、形ばかりの抵抗を示しただけで、一二日にボナパルトが申し出た条件を受け入れたのもさして不思議ではない。

フランス軍は三名の犠牲者と引き換えに、重要な海軍基地と多くの財宝を手に入れた。ただ、あまり好ましくない事態も起こった。オーストリアとロシアは長い間この戦略的な島の領有を渇望していたため、フランスによる傲慢な占領は必然的に国際的な批判を浴びることになったのである。

占領後の五日間で、ボナパルトはマルタ人の生活全般を根本から変えてしまった。聖ヨハネ勲章は廃止され、騎士団はエジプト遠征軍への参加を勧められた一部を除いて解散させられた。多くの布告によって新政体の輪郭が定まり、公教育制度が設けられ、また島の経済も再建された。五〇〇年かけて蓄えられた騎士団の財産はまたたく間に没収された。ボナパルトはいつもの如く自分の「改革」のために代価を強要し、七〇〇万フラン相当が資金に充てられた。さらに遠征軍の出航時には、「異教徒討伐の予期せぬ巡礼の為、聖なる銀の駄賃が必要[10]」とされたのであった。

ヴァレッタの大要塞はヴォーボワ将軍と四〇〇〇の兵士に委ねられ、大艦隊は六月一九日に出航した。健康上の理由からフランスに送還されたディリエ将軍の師団は、代わりにムヌーが受け持つこととなった。出航後の二週間で、フランス艦隊は少なくとも一度、からくもネルソン艦隊との遭遇を回避した。一七日に、ネルソンはナポリ沖でフランス軍によるマルタ島への攻撃の事実を知ったが、四日後にジェノヴァの商人から、ボナパルトは一六日に既にその地を去ったとの誤った報告を受けたのである。ネルソンはフランス艦隊の移動には六日かかると計算し（実際はわずか三日であったが）、すぐにアレクサンドリアに向った。一方、フランス艦隊は意図的にネルソンを煙に捲こうとして、クレタ島に進み、そこからエジプト方面へと南下した。六月二二日から二三日の夜にかけて両艦隊の進路は交差したが、イギリス艦隊は敵の接近に気づいていなかった。

それに対して、フランスの水兵のなかには遠方の船鐘を耳にしていた者もいた。五日後、過重積載のフランス船団の二倍ものスピードで進んでいたネルソンはアレクサンドリアに到着したが、フランス艦隊はどこにも見当たらなかった。その後すぐにイギリス艦隊は北のアナトリアに向って出航したが、ブリッグ船［二本マストの（小型）横帆船］ミューティン号のハーディー艦長がアレクサンドリアを発つのはようやく二九日になってからであった——この二時間後に、フランス艦隊を先導するフリゲート艦ジュノン号が到着するのである。幸運あるいは「宿命」は明らかにボナパルトの側にあった。しかし、彼はこれ以上の運まかせをするつもりはなく、停泊しやすいアブキール湾を捨て、兵員の安全な接岸のために、七月一日マラブウ付近で軍隊を至急上陸させるよう命じたのであった。三日までに上陸作戦は首尾よく完了した。

ブリュエイス提督のフランス艦隊がたどった運命は、これより幸運とはいえなかった。たしかにネルソンは計算違いと不運が結びついたせいで、海上でフランス艦隊を叩きのめす絶好の機会を失っていたかもしれないが、フランス軍上陸のちょうど一ヵ月後、八月一日に帰還したイギリス海軍はアブキール湾で碇を下ろしているブリュエイス艦隊を発見したのである。二日の夜明けまでに提督は戦死し、オリアン号は大爆発を起こした。その衝撃は遠くカイロまで響いたとさえ言われたほどである。さらに三隻以上のフランスの戦列艦が座礁し、六隻が降伏し、残る三隻は地中海方面へ逃げ出した。この突然の決定的な敗北により、地中海におけるフランス海軍の優位は短い期間で終わりを告げ、続く数ヶ月の間その大災害の影響が広い範囲に波及することになったのである。

エジプト遠征軍は本国と分断され、封鎖状態に置かれ、さらにナイルの地における作戦の遂行が困難になってしまった——これは遠征の最終的な失敗へとつながる。最大の打撃はフランスの威信を損なったことである。ナイル海戦後、コンスタンティノープルとの友好関係を（名目的にさえ）維持することが急に困難になった。またネルソンの勝利は、ヨーロッパの至る所で第二次対仏大同盟の形成を早めたに相違ない。

一七九八年九月から翌年二月までの間で、トルコ、ナポリ、ロシア、そしてオーストリアがイギリスとポルトガルの陣営に加わった。ただ、ボナパルト本人にとって今回の同盟結成は、長い目で見れば有利に働いた。それは彼の名声を押し上げ、総裁政府を打倒する機会を与えたからである。こうして、ヨーロッパではその後一六年間にわたって、ほぼ間断なく戦争が続くことになった。その影響は何よりもまず、ドイツ、スイス、そして北イタリアでフランス軍を襲った惨事として現れるだろう。

ネルソンの勝利は、直接ボナパルトの遠征を危うくするものではなかった（下エジプトと中エジプトの征服は八月の初めまでに既に進んでいたため、大した影響を受けることはなかった）が、とはいえ、ボナパルトの将来の計画にとって無視できない一撃であった。彼は生涯イギリスの戦果を認めなかった。彼は、「ネルソンの行動は自暴自棄であって、手本とみなされるべきものではない[11]」と述べた。だがそれにもかかわらず、彼はしきりに敗北の責任を、戦死して物言えなくなったブリュエイス提督に押し付けようとした。彼はブリュエイスに、堅固なアレクサンドリア港内に艦隊を入れるか、または安全なコルフ島の水域に向って出航するよう命令したと言い張っているが、これを完全に証明するものは存在しない。もっとも、最終的な責任がどこにあるにせよ、アブキール湾のあのような危険水域に停泊していた点で、ブリュエイスは非難されて然るべきであった。

艦隊は自身を守ってくれる海岸砲台の射程外に位置しており、しかも風下の水域を空けすぎていたために、ネルソンの「兄弟団」がフランス艦列と陸地との間に突入してきたからである。ともかく、いくらどなり散らしたところで、ボナパルトは総裁政府と兵士の双方に対して、敗北の重大さを隠し通せなかった。しかし当然ながら、彼は全力を注いでその影響を最小限に抑えようとした。総裁政府に対する至急便では、陸上における一連の勝利報告の最後に、海戦の言及がなされているだけである。また兵士を鼓舞し、次第に士気に影響を与えるであろう郷愁ムードを追い払うために、彼は新しい目標を強調した。「我々が制海権を失った海は、故郷と我々を引き離してしまったが、アフリカやアジアから我々を引き離す海などないのだ[12]」。

第20章　ピラミッドが見下ろしている

　フランス本国とのつながりが突然断たれたとき、遠征軍は既に一ヶ月もの間アフリカに駐留していたが、無為に毎日が過ぎることはなかった。最初の行動は七月二日の朝八時に始まった。ムヌー将軍がアレクサンドリア郊外の三角砦を強襲し、クレベールとボンがそれぞれポンペイとロゼッタの門を奪い取ったのである。ボナパルトは午前中の大半、ポンペイの柱として知られる石造建築群に身を置き、事態の成り行きを見守りながら、自分が座っている遺跡の山の上で鞭を打ちつけていた。喉の渇きによって必死になっていた急襲部隊は、おびえる守備隊をすぐに駆逐した。市街の狭い路地を舞台にした抵抗はしばらくの間続いたが、正午までにアレクサンドリアは完全にフランスの支配下に置かれ、地方の首長たちは降伏した。負傷したムヌーとクレベールの両名を含め、フランス軍は三〇〇人の死傷者を出したにもかかわらず、ボナパルトは勝利の余勢を駆って、デルタ地域の下層住民たちに向けてプロパガンダの攻勢を開始した。すぐに派手な布告が配布され（オリアン号で運び込まれた印刷機で、前もって刷られたものであった）、フランス人の到着はアッラーの神のご意志であり、その目的はエジプトの人々をマムルークの古い支配から解放することにあると声明したのである。それに加えてボナパルトは、イスラームの信仰は尊重され、保護されることを保証した。

　続く二四時間以内に、残りの部隊、馬、物資、学者が上陸したが、学者たちは自分たちに対する軍隊の対応の悪さに機嫌をそこねていた。ボナパルトはそれにはあまり耳を傾けず、軍事的な考慮にのみ神経を集中させた。朝の攻撃でばらばらになった軍が再編成されている間に、新たに上陸したドゼー将軍の師団が即座に戦略上重要なダマンフールとラーマニヤの地に送られた。しかし、ラーマニヤはアレクサンドリアからナイル川に隔てられ、約四五マイルも離れていた。五日にドゼーの後をボン将軍が追った。仮にこの両師団の将兵がまだエジプトの地に幻滅していなかったとしても、何日か後にはそうなったであろう。乾燥した吹きさらしの無色の大地を進む七二時間の行軍は、階級を問わず、まさに生き地獄であった。兵はいまだヨーロッパ式の軍服を着て、一見したところ水筒以外のあらゆるものが含まれている装備を背負ってい

エジプト遠征　アレクサンドリアからナイルへ

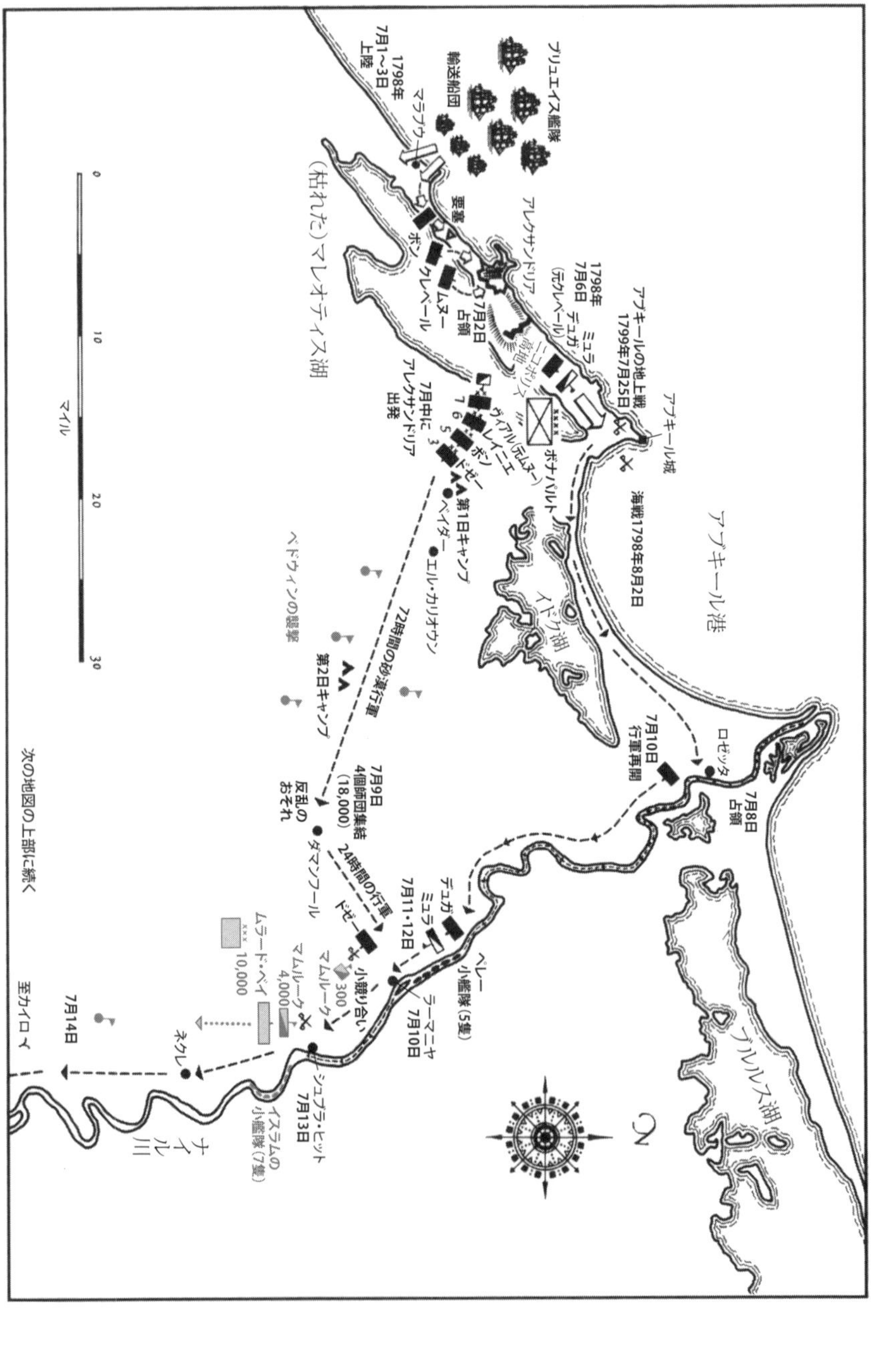

たが、唯一利用できる配給食糧はドライビスケットだけだった。

行軍がのろのろと進む中、かなりの兵士が発狂し、銃で自殺する者もいた。眼炎に苦しみ、一時的に目が見えなくなる者も多かった。地図では大きな街でも、実際に行ってみると、ただのあばら家であることが判明し、村の井戸がうろつく大勢のベドウィン族によって塞がれているということもよくあった。しばしば水辺の蜃気楼が絶望にさいなまれている兵士たちをさらに苦しめるかのように現れた。ドゼー将軍でさえも無理な状況だと司令部に不満を漏らしていたが、ボナパルトの不屈の意思で行軍は続けられた。六日の夜に今度はレイニエとヴィアルの師団がアレクサンドリアを出発し、翌日ボナパルトと幕僚がそれに続いた。負傷したクレベールは二〇〇〇人の守備隊とともに残され、ムヌー将軍がロゼッタ総督に任命され、ミュラとデュガ将軍、そしてクレベールの指揮下にいた兵士たちは、アブキール湾方面の道を行軍するよう命じられた。それ以外のすべての兵士が砂漠の中を進んだのである。

筆舌しがたい苦しみの後、ボナパルトは七月九日、無気力になってしまった四つの師団（総計約一万八〇〇〇人）をダマンフールに集めた。多くの部隊が反乱寸前になり、将校も同様の雰囲気だったにもかかわらず、ボナパルトはその間少しも指揮権を失うことはなかった。彼は将校たちの最後通牒を嘲笑とともに拒絶し、彼らのリーダーだったミルー将軍は翌朝砂漠で自殺しているのを発見された。そして、もうひとりの頭目デュマ将軍に銃殺刑をほのめかすことで、残りの者たちの忠誠心を再び戻すことができた。ただ無理もないことであるが、クロワジェを巻き込む不幸な事件が発生したときは空気が張りつめた。この若い副官は、大胆にも司令部に襲撃をしかけてきたベドウィンの大群を追い払うことに失敗したために、厳しい叱責を受けたのである。実際、彼はそのとき利用できるわずかの偵察兵でもってベドウィンを追い払うべきだったのだが、ボナパルトは容赦しなかった。クロワジェはそのショックから立ち直れず、それ以後戦死することのみを考えるようになってしまっていたのだ。しかし、悲しんでいる人間は別として、ボナパルトが部下にそのような極度の努力を要求するのには、もっともな理由があった。彼の認識では、ナイルが氾濫して動きがとれなくなる前に征服を完了しなければならず、敵将ムラード・ベイとイブラヒーム・ベイの攻撃の機先を制することこそが、同じく重要だったのである。

確かに、マムルークたちはすでに侵略者たちとの戦闘の第一歩を踏み出していた。名ばかりのトルコ州総督パシヤ・アブー・バクルはカイロでディーワンすなわち名士の会合を召

エジプト遠征
アレクサンドリアからナイルへ

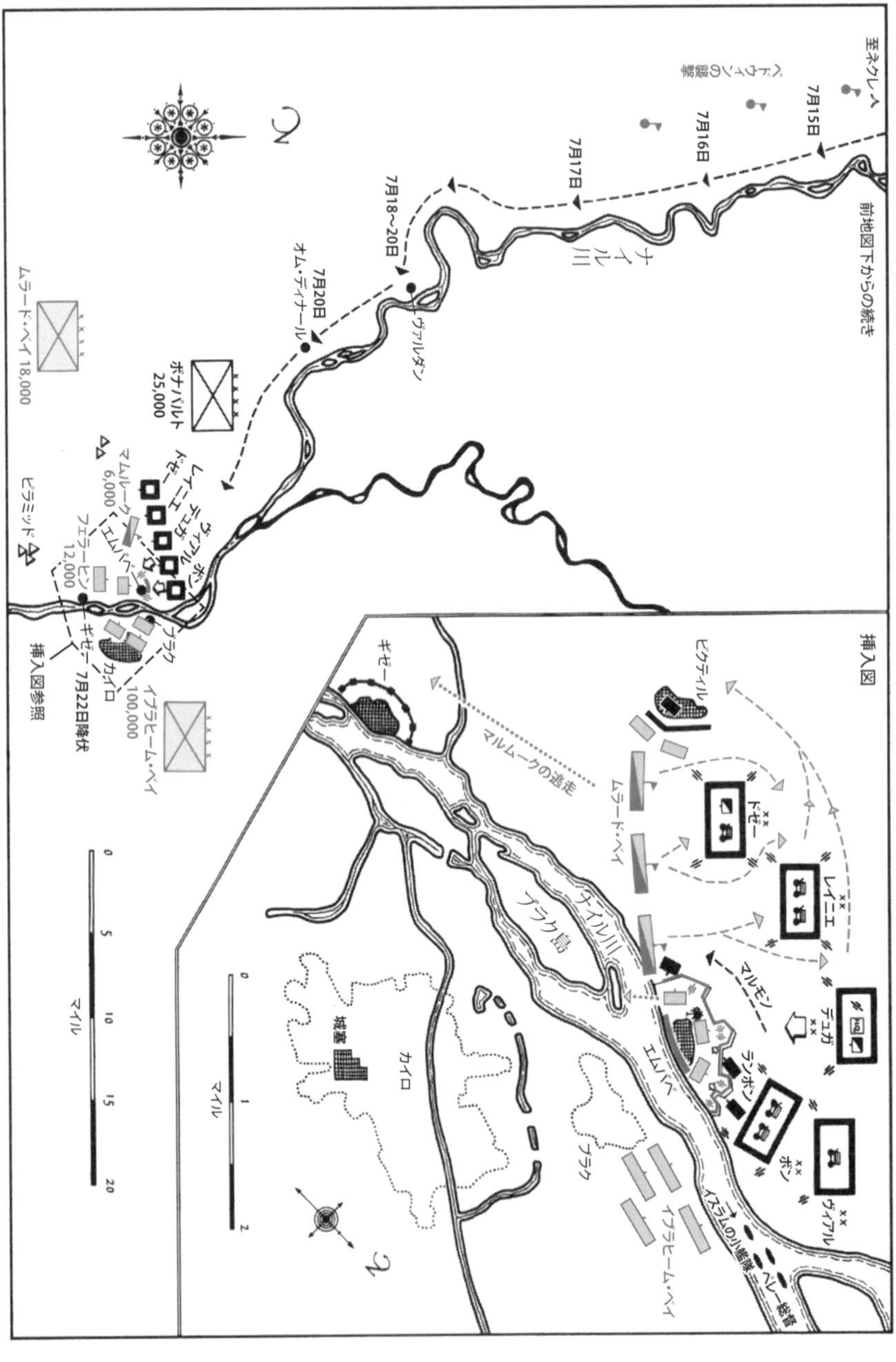

集したが、この土地の真の実力者はムラードとイブラヒームであり、彼らの意見が採用された。彼らはカイロ防衛のため、動員可能な軍隊を自分たちの間で分け合うことを主張した。そこでムラードは四〇〇〇のマムルーク騎兵と一万二〇〇〇のフェラーヒン民兵とともに、フランス軍迎撃のためにナイルを下って前進することとなった。

一方、イブラヒームはカイロ近くのブウラクで、おそらく一〇万にものぼるであろう残りの軍勢を集めることとなったのである。自分に従う者を感化もしくは教化するため、イブラヒームはフランス軍について、いささか異様であるが面白い描写を用いている。「われわれと戦う異教徒どもは、一フィートもある長い爪を持ち、口は裂け、恐ろしい目をしている。ヤツらは悪魔の乗り移った野蛮人であり、鎖に繋がれ戦いの地にやって来た(13)」。

東西両軍の最初の衝突は七月一〇日に行われ、ドゼーの師団がマムルーク騎兵の先遣隊との小競り合いに勝利した。それからまもなく水に飢えた縦隊がラーマニヤ郊外のナイル河畔に到着した。泥水でさえ、彼らにとっては喜びであった。「兵士たちは川に飛び込み、家畜のように水を飲んでいる(14)」と猟歩兵のサヴァリ大佐は報告している。ただ実際のところ、水の飲み過ぎで命を落とした者もいたし、付近にあったスイカを食べて赤痢にかかった者もそれ以上に多くいた。一一日には、デュガ将軍の部隊が、ペレー提督の小艦隊に伴われて、仲間たちよりはるかに楽な行軍でロゼッタから到着した。

その間に、ボナパルトはムラード・ベイに対する攻撃の準備にかかっていた。マムルークがわずか八マイル南にいることを知って、彼は一一日に閲兵を行い、イスラーム教徒の野営地に向けての進軍を命じた。一三日にシュブラ・ヒットで短い戦闘があったが、実際には小競り合いが少し長引いた程度のものであった。主要な戦闘はナイル川上で敵対する小規模の艦隊間で行われ、交戦は朝の八時半に始まり、正午まで続いた。しばしの間、フランス艦隊の五隻の小型艦はマムルークの七隻の大型艦に数のうえで危うく圧倒されかけ、兵士だけでなく、水兵や学者までも同じように必死で接近戦を繰り広げなければならなかった。しかし、ボナパルトが陸上の砲兵隊に艦隊の援護を命じたことによってそのような状況も挽回され、正午になって流れ弾がイスラーム教徒の旗艦を爆破した。その間に岸ではフランス軍が、ボナパルトの考案した予定の陣形を整えていたのである。

それぞれの師団は、六列に重なり、騎兵と輜重部隊を中心に置き、攻撃を受けやすい角は周囲に置かれた砲兵中隊によって守られる巨大な方形陣を形成した。ところが、このときマムルーク騎兵は突撃をやめ、豪華に飾りつけた姿を見せびらかしながら、マスケット銃の射程距離外でアラブ馬を徘徊させることで満足していた。もっとも、彼らは兵士のひとりひとりがそのまま武器庫であった。というのも、マムルークはみなカービン銃に加えて、二〜三組のピストル、四フィートの槍を数本、そして宝石を散りばめた三日月刀《シミター》を携えていたからだ。しかし、旗艦の爆発は、これら中世風の兵士を狼狽させ、彼らは砂塵を立てて一目散にナイル上流に姿を消した。フランス軍は、艦隊の二〇名の犠牲者と引き替えに（極めて不完全なかたちではあったが）ともかく勝利を収めることができたのである。

当然のごとくボナパルトは、攻撃の目標に逃げられてしまったことに激怒し、前進を再開した。戦いの最中に一時的に高揚した将兵の士気はすぐに消え去り、黒い憂鬱が再び押し寄せ、その鬱憤はネクレという不運な村を足早に通り過ぎるときに爆発した。ボナパルトは彼らをどんどん前進させたが、一八日になってようやく疲れきった部下たちにヴァルダンの近くで二日間の休息を許可した。病人の数は日を追うごとに増え、赤痢と眼病が多くの命を奪っていった。それでも二〇日には再び進軍を始め、カイロの北一八マイルにあるオム・ディナールに到着した。そこで偵察兵から、前方そう遠くないエムババという村の付近にムラードの軍がいるとの報告を受けたのである。

七月二一日の午前二時に、フランス軍は野営を解き、エムババの村に進軍を開始した。そして一二時間後には、目標の見える範囲に到着していた。一時間の休憩の後に、兵士たちは戦闘隊形をとった。南に一マイルのところで、ムラード率いる六〇〇〇のマムルークと一万五〇〇〇のフェラーヒン（交戦した兵力は様々に言われている。ここでの概算はキルヒーセンに基づいている。ムラードの兵力は四万超であったとする研究者もいるが、おそらく実際には、フランス軍は数の上でかなり優勢を保っていたと考えられる）が密集した隊列を組んでおり、左翼に騎兵、右翼に歩兵が置かれていた。この後者は、ナイルに近いエムババ村の城壁や家屋周辺に並んでいた。川の向う岸にはイブラヒームの軍勢が構え、局地的な砂塵が視界を覆うまで、監視の役割を委ねられていた。そして一五マイル離れたところでは、かすんではいるものの壮大なピラミッドの輪郭が朝もやのなかに揺らめいていた。

ボナパルトは予想されるマムルーク騎兵による猛反撃の前に、部隊に平静を保ち、緊密な隊列を維持するよう強く指示した。「見たまえ。あのピラミッドの頂上から四〇〇〇年の歴史が諸君を見つめているぞ！(15)」。彼は直ちに、配下の各師団に斜めの方形を組ませ、前進を開始させた。このときの「方形」は正確には長方形と記述するのが正しい。敵の攻撃にさらされた面の火力を高めるために、それぞれの師団は前面と後方に完全な半旅団を置き、三つ目の半旅団を用いて短いほうの側面を作ったからである（ただし、レイニエとヴィアルの師団は、完全な兵力に達しておらず幾分小さな隊形を強いられた）。合計で二万五〇〇〇の兵力となったフランス軍は、敵に対して数のうえでは相当の優位を占めていたが、ボナパルトは七月のかなり早い時期から、敵がすぐ逃げてしまうことを知らさせており、完全な勝利が必要だったのである。

フランス軍の右翼（砂漠方向）はドゼーの方陣が担当し、すぐ左に位置するレイニエがこれを近接支援した。また、ドゼーはフランス軍戦列の右端にあった大きな村を占領するために、騎兵と擲弾兵からなる先遣隊を送っていた。ヴィアルとボンはエムバベと向かい合うナイル方面の側面に布陣し、デュガ師団は中央予備軍となり、ボナパルトと参謀たちは方陣のなかに隠れていた。午後三時三〇分、マムルークはけたたましい雄叫びをあげてフランス軍の右翼に突撃し、ドゼーとレイニエに不意打ちを食らわした。しかし、師団の方陣はうまい具合に互いの間隔を詰めていたので、騎兵の激流は三列に分断され、背後に向かって突っ込む前に、銃口を並べた長方陣の周囲もしくは間に押し流された。ここで彼らはデュガの方陣のなかに置かれた曲射砲の砲火にあい、すぐさま騎兵の大群は円を描いて反転し、ドゼーの側面に位置する村の方向へ引き返した。わずかな守備隊は、家の平らな屋根の上に登り、ドゼーが自分の方陣から援軍を送る余裕ができるまで、マムルークの騎兵を寄せつけなかった。

おびただしい数の敵騎馬兵力は、ボナパルトの望んだように、こうして重要な川の側面から退散していったのである。その間に、ヴィアルとボンがナイル川からのフランス艦隊の艦砲射撃に援護され、エムバベの城塞に対する攻撃の準備にかかっていた。彼らは村に隠されていたエジプトの大砲から予想外の激しい砲火を浴びたが、フランス軍にとって幸運なことに、これらは固定された台架に載せられていて、向きを変えることができなかった。ボン師団はすぐに「はずみ」を取り戻し、ランポン将軍率いる三つの小方陣に支援されつつ、数個の突撃縦隊となって展開した。ボンの部下兵士たちはものの数分で村になだれ込んだ。そして二〇〇〇人のマムルーク守備隊がナイル川上流へ群れをなして逃げようとしたとき、マルモンは半旅団を前方に急行させ、村後方にある細い一本道を占拠した。退却路が断ち切られたため、マムルークは絶望してナイル川にむかい、イブラヒームの監視軍勢に加わろうと渡河を試みた。その結果、少なくとも一〇〇〇人が溺死に、六〇〇人以上が銃で撃たれた。午後四時半までに戦いは終了し、ムラード・ベイと生き残った三〇〇〇人の騎兵たちは、ギゼーと中部エジプト方面に逃走したのである。

ついにボナパルトは完全なる勝利を手にし、フランス軍は二九名の戦死者と約二六〇名の負傷者と引き替えに、二〇〇〇人のマムルークとさらに数千人のフェラーヒンをしとめたのである。敵の中世風の戦い方にボナパルトは大いに助けられた。マムルークたちは個々に素晴らしい勇気をもっていたが、整列し、突進し、（攻撃が失敗した場合には）逃げるという三つの展開しか理解していなかったのである。そのような初歩的な戦術は、フランス軍の方陣の火力と規律の前にほとんど無力であった。諸部隊は充分な報酬を手に入れた。いつも戦闘に全財産を持って出陣するマムルークの亡骸から金品を略奪したのである。数週間の間、フランス軍で最も人気のあった娯楽は、曲がった銃剣でナイル川から死体を吊り上げることであり、それは第三二半旅団の一兵士によって考え出された儲けになる気晴らしであった。

　戦いが終わったその夜のうちに、イブラヒーム・ベイはカイロを捨て、港の船を焼き払い、東方へと退却した。翌朝、カイロのシャイフとイマーム［前者は教団の師匠、後者はイスラーム教の指導者（スンニー派ではカリフと同義）］は降伏を申し出た。条件交渉にはデュピュイ将軍［原文はデュフォDuphotとなっているが、当時そのような将軍は存在しない。諸状況から、これはカイロ総督を任され、後の反乱で死亡したデュピュイ少将だと思われる］があたり、二日後の七月二四日にボナパルトはカイロに入城した。

　しかし、勝利の甘い味はすぐに灰の苦味に変わった。二五日に彼の信頼する副官ジュノーが、ボナパルト夫人が不貞にもイポリット・シャルルという洒落者の若い将校を愛人にしていることを、迂闊《うかつ》にもしゃべってしまったのである。パリの社交界ではそのスキャンダルは以前から有名な話であったが、この知らせは落雷のように彼を襲い、妻を寝取られたこの男を無惨に打ちのめしてしまった。彼はわがままなジョゼフィーヌをあがめていたため、落胆は余計にひどく、また深刻であった。彼の人生は根底から覆えされたかのようであった。彼は軍人を引退し、フランスで隠遁生活を送ることを本気で考えたほどである。兄ジョゼフに宛てた手紙にはこうある。「二九歳にして栄光は新鮮味を失い、私は全てにおいて疲れました。もはや完全なまでに身勝手になること以外、私には何も残されていないのです[16]」。

　この瞬間から、理想主義が彼のなかから消えうせ、続く数年間で、利己主義、猜疑心、自分本位の野心がさらに顕著になっていった。ボナパルト個人の幸福の喪失が、この後ヨーロッパ全体に影響を及ぼすことになったのである。一七九八年七月二五日は、ボナパルトの人生における不幸な分岐点であった。その日を境に、彼の暴君ぶりが一層はっきりと現れ始めたのである。

　気を紛らわす手段として、ボナパルトはさし迫った無数の仕事に没頭しようとした。作戦は成功を続け、八月一一日にフランス軍はイブラヒーム・ベイの軍に追い付き、サラリエで大勝利をあげるとともに、残党を遠くシリアに追い散らした。しかし、その一方でナイルの海戦のニュースも届けられた。それはエジプトを価値ある確実な領土に発展させるというボナパルトの労業を大いに妨げる出来事であった。生命線であるフランスとの交易ばかりでなくヨーロッパからの情報も断たれたことによって、遠征の長期的な見通しは完全に暗転した。それでもボナパルトの際限ないエネルギーの源は様々な形で現れた。時として熱心さが徒労に終わることもあったのだが。シャイフを味方に引き入れるために、彼は一度オリエントの服装を纏って彼らと向き合ったが、この試みは二度と繰り返されることはなかった。

ボナパルトは入念に計画された儀式と祝宴で彼らの歓心を買おうとしたが、目玉であったコンテの気球飛行の実演が大失敗に終わると、彼らは失笑するだけであった。三色旗《トリコロール》をすべてのモスクの尖塔からなびかせるべきだというボナパルトの主張や、イスラーム教徒の感情を逆なでする無神経な布告はさらに興ざめであった。また地方の高官に三色旗《トリコロール》の懸章と帽章を授けようとする試みは、マホメットの信者たちには受け入れられなかった。極めて寛大な彼の宗教政策や、自分や兵士たちがイスラームに改宗してもよいという突拍子もない思いつきさえも、イマームに好印象を与えるには至らず、禁酒と割礼という決定的な問題のためにすぐに撤回された。革命的な自由思想をもっていたにもかかわらず、敬虔な信者《ムスリム》にとってフランス人は最後まで異教徒のままだったのである。

しかしながら、シャイフははからずもフランスによる支配の他の部分、特に八月二二日に発足したエジプト学士院の仕事には非常に感銘を受けた。学者たちは最終的に四つの部門（数学、物理学、政治経済学、文学・芸術）に分かれ、天才モンジュが全体の長になった。彼らにとって、それまでのエジプト滞在は決して心地良いものだったとは言い難い。「ロバと学者たちは中央へ」という命令が戦闘を前にして出されたとき、兵士たちはせせら笑った。また遠征当初には自分たちの後ろ盾だったはずのボナパルトからは、もはや相手にされなくなっていた。そのため、彼らのうちの少なからぬの者はオリエントにいることを後悔し始めていた。しかしいまでは、彼らは自分たちの豊富な知識と才能をエジプトの新しい支配者に委ねることになったのである。

衛生の分野では、ラレとデジュネットが風土病の詳細な研究を始めたのに加えて、アレクサンドリア、ロゼッタ、ダミエッタ、そしてカイロに病院を設立した。厳格な衛生規則と新たに到着した船舶に対する検疫処置の実施が、伝染病の発生を抑えるのに役立った。法律や布告も次第に改善された。カイロの主要路の三〇ヤードごとに街灯を設置する命令が出され、全市を区切っている内門は取り壊され、住民は武器を取り上げられた。フェラーヒンの生活を改善するため、フランス軍は製粉所を建設し、灌漑計画を改良し、市場を厳重に管理した。また、財政破綻にも手がつけられ、経済全体が占領状態に適合させられた。ベルトレとマニュエルの指導のもとで、古代の地税は改められ、マムルークの財産は没収され、新たな租税体系が導入された。フランス軍は引き続きコプト人に対しても税を課したが、贈収賄を減らすために、より良い地方行政のシステムが採用された。県が設置され、各々一名のフランス人長官を七名の地方豪族からなるディーワンが補佐した。またこのディーワンは、定期的にカイロで催される総ディーワンに席をもった。

このようにボナパルトは、既存の社会的リーダーを通した統治に努め、学者の頭脳に改善策を求めた。彼らの共同の業績により、エジプト遠征軍は自給自足を実現できたのである。しかし、財政問題はそのままで、ボナパルトがエジプトを去るとき、彼の後任者には七〇〇万フランの負債が残されていた。必然的に兵士たちへの給料は数ヶ月にわたって未払いのままで、これはかなりの不満につながった。しかしその間に学者と技師は、一時的ではあるにせよ、エジプト人の表向きの生活を変えていったのだ。

実用的な措置の立案を助けるのみならず、学者たちは軍隊に付き添ってあらゆる場所に出かけ、古代エジプトの偉大な遺跡を研究し、エジプト学を確立した。彼らの最も偉大な業績は、一七九九年のロゼッタストーンの発見であり、それは後にファラオのヒエログリフを解く鍵を与えた。大規模な調査も実施され、その報告はやがて一八〇九年から一八二八年の間に、一〇巻の本文とさらに一四巻の図版を付録として出版された。フランス軍のエジプト征服はほんのつかの間のことではあったが、学者たちの業績は永遠の価値となった。

それにもかかわらず、将軍ボナパルトは、前述の諸対策を承認するために一七九八年一〇月に召集された総ディーワンの冷淡な返答に失望した。実際のところ、彼は自ら言い張っていたほど、この国の支配者になっていたわけではなかった。「すべては完全にうまくいっています。この国は我々の支配下にあり、人民は我々に慣れつつあります(17)」。こうした彼の総裁政府への報告は楽観的過ぎるものであった。というのも、孤立したフランスの派遣隊は相次いで皆殺しにあい、ピラミッドの戦い後の数ヶ月の間に、多くの軍事遠征が実施されなければならなかったからだ。これらのうちのいくつかは、軍事的であると同時に科学的でもあった。ボナパルトは自ら一二月中にスエズへの小遠征を指揮し、同地峡を通る古代の運河跡を発見したと主張した。ヴィアルがロゼッタ総督に任命された後、ランヌはその師団の指揮を受け継ぎ、数回にわたって苛酷な急襲を企てた。しかし逃走するムラード・ベイを追いつめる主要な任務はドゼーに任された。

ルイ・ドゼーの軍人としての経歴は、ナポレオン・ボナパルトのそれとほとんど同じく彗星のようであった。そして、長引いた上エジプトにおける作戦の遂行は、彼の名声を一層高めることとなった。しかし、最高司令官とは違って、彼は付随物には目もくれず、ただひたすら「栄光」そのものを追い求める真の理想主義者であった。彼は一七六八年に下級貴族の息子として生まれ、将校団における粛正の嵐を生き延び、一七九三年までに少将に昇進した。彼は一七九六年から九七年にかけて、ドイツ戦線でモロー将軍の副司令官を務めて名声を高めたが、戦役の終了時にイタリアの征服者の下に異動となった。指揮官としての成功にもかかわらず彼は非常に控えめであったが、軍人としての才能は明らかにボナパルトのそれに匹敵し、人間性に関しては確実に上回っていた。

アラブ人は彼の能力を尊敬するようになり、彼のことをスルタン・エル・アデル、つまり「公正なる支配者」と呼んだ。一七九八年八月二五日から翌年三月まで、彼はナイル川を上下に逃走するムラードに対して果敢に作戦を遂行した。その多くの時間、三〇〇〇に満たない兵士とわずかに二門の大砲しかなかったために、しばしば数では劣りながらも、彼はマムルークに休息を与えず、エルラーフン（一〇月七日）、サムフード（一七九九年一月二二日）、そしてアブヌード（三月八日）の戦いを含む一連の戦闘で彼らを破ったのである。ドゼーの任務は不可能に見えた。「制圧された」地域は、彼が去ると同時にそれぞれ反乱を起こしたばかりではない。ムラードは度々アラビアから相当の援軍を受け、兵力が一万を切ることなどほとんどなかったのである。それにもかかわらず、ドゼーは若いダヴーと副司令官ベリアールに助けられ、ムラード配下のマムルークの団結が連続する作戦の緊張のもとで崩れるまで、無欲の努力と懸命の進軍によってその状況を保った。上エジプト鎮定の総仕上げはベリアールに委ねられ、五月二九日に紅海のクセールの港が攻略された。これによりアラビアのベイたちとムラードの最後の絆は断ちきられたのである。

第21章　シリア遠征

一七九八年の秋、ボナパルトは下エジプトにおいて、必ずしも苦労のない時を過ごしていたわけではなかった。しばらくの間、彼はトルコによる対仏宣戦布告（九月九日）のニュースなど信じられぬと公言していたが、まもなくその現実を痛切に感じることとなった。オリエントの強国と外交関係を築こうとする彼の試みは、とりわけ無駄になりつつあった。ムラード・ベイはボナパルトの暫定的な和平の申し出に対して挑戦的なメッセージを返し、シリアの支配者ジェッザール・パシャはあらゆる申し出を拒絶し、トルコ皇帝もボナパルトの打診に対して返事さえよこさなかった。チュニスのベイとダマスカスのパシャも同じようにそっけない返答をし、トルコ皇帝がフランスに対する聖戦を宣言する「外交令」を発した。一〇月になると、完全な孤立感が強まった。これは決して名目的なものではなかった。二一日にカイロ住民は、イスラム指導者に煽られて思いがけない反乱を起こし、フランス軍は鎮圧のために（長引いた大モスクの砲撃を含めて）丸二日間の激闘を要したのである。

この反乱で、フランス軍は暴徒に殺されたデュピュイ将軍と副官のスルコウスキーを含め、三〇〇人の犠牲者を出した。ボナパルトも厳しい報復を強く指示した。彼は公式の場では寛大な態度を見せたが、少なくとも二〇〇〇人のアラブ人が戦死し、六人のシャイフと反乱軍の「守護者であるディーワン」のメンバー八〇名を含めて、多くの捕虜が砦で処刑された。弾丸の節約のために死刑執行人は斧を使うよう命令された。

ボナパルトには他にも次々と問題が生じていた。イギリス海軍による海上封鎖はほぼ完成の域に達し、フランスからの人員交代と情報伝達は不可能になった。そして部隊間では、かつてないほどホームシックが蔓延し始めたのである。これを軽減するために、カイロで大きなクラブが開設されたり、町のなかに多くのヨーロッパ式の店が作られた。さらにボナパルトは楽天的にも、兵士を慰安するために演劇の一座と一〇〇人のフランス人娼婦を連れてくることまで検討したが、軍の士気と兵力が確実に減っていることを、どれも隠し通せなかった。戦闘や自殺、とりわけ病気がかけがえのない兵士の命を奪っていった。一〇月二二日までに兵士の一五パーセントが病人のリストに載り、一二月には恐ろしい腺ペストが、カイロ、アレクサンドリア、ダミエッタで発生した。絶頂期には、最も感染の多い大隊で一日に一七人もが命を落とし、収束するまでに約二〇〇〇人が死亡した。ボナパルトは故意に病気の正体を隠し、自ら軍の病院が効果的に機能することを保証したが、必然的に士気はさらに低下した。増えつつある兵士の欠員を埋めるため、ボナパルトはすでにすべての海軍の人員を陸軍に組み入れており、ついには八歳から一四歳までのマムルーク奴隷までも軍に登録した。彼は黒人軍団さえも作ろうとしたが、これは実現しなかった。

困難な状況を決定的にしたのは、上級将校たちによって提出された辞表の山であった。ベルティエさえも麗しのヴィスコンティのもとへ戻る許可を求めたが、最後の瞬間にその申請を撤回した。クレベールは決心を変え、ムヌーは却下され、デュマ（ここでいうデュマ将軍は小説家アレクサンドルの父であり、後の章で頻出する工兵部隊のマチュウ・デュマ将軍と混同してはならない）は帰国を許された。数名の病気の将校たちは休暇離隊を認められたが、そのなかには司令官の弟ルイ・ボナパルトも含まれていた。将軍たちのなかにはあからさまにこうした処理の仕方を批判する者もいた。特にクレベールは、ボナパルトのご都合主義に不満の色を隠そうとしなかったが、その彼が大部分を通じて遠く離れたアレクサンドリアにいたのは幸運だった。

あまりに多くの問題に悩まされたボナパルトが、快活なベリトットことポーリーヌ・フーレ夫人の魅力に気晴らしを求めるようになったのも、もっともなことであった。不幸なことに彼の夫は頑固で、低い階級にもかかわらず、人前でも敢えて彼女の自称愛人に対して顔をしかめた。そこでボナパルトは、彼を邪魔にならないところに追いやるために総裁政府への任務をでっち上げた。しかし、その計略でさえ失敗した。この不運な竜騎兵中尉は旅立った直後にイギリス海軍に捕まり、礼儀正しいイギリス海軍の艦長は彼をエジプトに戻してしまったのである。カイロ近くの将軍の宿舎では、ヒステリックだが興味深い場面が続いた。しかし、ベリトットは夫から離婚を手に入れるために、緩やかな共和国の法を利用した。かくしてボナパルトの好色物語は続いたのである。

その年の暮れまで、最も差し迫った問題とは戦略状況の急速な悪化であった。つまり、猪突猛進の海軍将校にしてトルコ政府へのイギリス特命全権大使、サーウィリアム・シドニー・スミス提督の煽動によって、コンスタンティノープルが大軍を出動させたのである。フランス外交官の力では「緊張緩和」の実現が不可能であることが判明していたので（タレイランはトルコ皇帝への使節として、出発すらしていなかった）、ボナパルトはエジプト防衛のために手段を講じなければならなくなった。トルコによる急襲の全容は、まもなく明らかになった。トルコ皇帝はエジプトに対し、大規模な集中攻撃を計画した。一翼はロードス島の軍隊が担当し、イギリス海軍に支援されつつ海を渡る。もう一翼はダマスカス軍であり、パレスティナとシナイ砂漠を通ってエジプトへと進む。この動きが準備されている間に、アクルのパシャはエジプト国境まで前進し、フランス軍の注意を引き付ける手はずとなった。

この一撃がやってくるのをボナパルトが無為に待っているはずはなかった。いつものように、彼は「攻撃は最大の防御である」との原則に基づいて本格的な迎撃を計画し、一一月以降その用件に集中した。つまりエジプトを支配するために現地の民兵によって助けられた一万のフランス軍を残す。残りの軍はジェッザール・パシャの機先を制すべくパレスティナに向かって砂漠を横断し、アクルを占領してダマスカスの軍を打ち破る。そしてロードス軍との戦闘に間に合うようエジプトに急ぎ帰還する、というのである。

彼はこの結果として、フランス軍がパレスティナを恒久的に占領できると期待していた。というのも、同地域の占領によって、将来における北と東からの脅威に対して絶好の緩衝地帯がつくられ、イギリス海軍はシリアの港に自由に立ち寄れなくなり、さらに少数派であるユダヤ・キリスト教徒を新兵の供給源にできるからである。このときボナパルトがティプー・サーヒブ［マイソールのスルタン］に対して直接の援助を約束する書簡を送ったという事実にもかかわらず、彼がインドへの進出を計画に入れていたとは考えにくい。しかしシリアへの急な前進によって、トルコ皇帝が目下の政策を転換するであろうと、ボナパルトは間違いなく踏んでいた。加えてインドへの陸路に対する見せかけの脅威でさえも、イギリス政府に深刻な懸念を抱かせ、それにより彼らがエジプトから注意をそらすことが予想された。さらに素早く成功を収めることによって、総裁政府からの援軍派遣すら可能となろう。

エジプト遠征軍に対するフランス政府の態度は、八月以来、大きく変化していた。翌年春には第二次対仏大同盟の軍勢がフランスに押し寄せてくる恐れがあり、総裁政府のあらゆる関心は、激減した兵力をもとの水準まで引き上げることに注がれていたのである。その結果、エジプトに振り向ける人員も船もなかった。一一月四日にタレイランはボナパルトに手紙を書き、そもそも勝手にエジプト行きを主張し、コンスタンティノープルに進み、さらにはインドにまで足を伸ばそうとしたのは自ら招いた所業である、と指摘した。この素晴らしく無慈悲な文書は三月二五日になって司令部に届けられたが、それはもはや総裁政府がオリエントを必要不可欠な戦場とはみなしていないということを如実に示すものであった。

この伝達が彼のもとに届くはるか前に、ナポレオンは既に攻撃を予定していた。その作戦はふたつの段階に分かれると考えられた。つまり、シナイ砂漠（抵抗の少ない）を強行軍で越え、パレスティナの海岸沿い（アクルの激戦をはじめとして、相次ぐ抵抗が予想される）を着実に前進する、というわけである。いつものように、スピードこそが成功の重要な要素であった。急襲ルートを準備するために、一二月二三日にルグランジュ将軍はシナイの海岸地帯を偵察し、カティアに前線基地を確立することを命ぜられた。一万三〇〇〇の軍が前進の命令を受け、そのなかには、クレベール、ボン、レイニエ、ランヌによって指揮される定員を割り込んだ（それぞれの半旅団の三番目の大隊が、エジプト防衛のために残された）四個師団九九三二人の歩兵、ミュラ麾下の八〇〇人の騎兵、そして一七五五人の工兵と砲兵、さらに四〇〇人の先導兵と、編成されたばかりだが既に強力なラクダ軍団八〇人が含まれていた。それぞれの師団にはラバの車両と救護班が配備され、各人に皮の水筒が与えられる予定だった。前進のスピードを速めるため、重攻城砲はアレクサンドリアで海軍のふたつの小艦隊に積載され、海路でアクルに運ばれた。二、三週間ですべての準備が整った。

一七九九年二月六日、レイニエ将軍は前衛部隊とカティアを出発し、クレベール師団がそれに続いた。ボナパルトは二月一四日までに部下たちが一二〇マイルの砂漠を横断できると見積もっていたが、彼はとんだ大誤算をしでかしていたのだ。偵察が充分でなかったために、フランス軍はエル・アリッシュにいるトルコの守備隊の兵力を理解していなかった。レイニエは八日に六〇〇人のマムルークと一七〇〇人のアルバニア歩兵に守られた堅固な石造の要塞に思いがけなく直面した。ドゲローという将校が次のように記している。「我々はエル・アリッシュの防御には舌を巻いた。ガザに要塞があるとは聞いていたが、そこにたどり着く前にこのような障害に出会うことなど誰も考えていなかった。これほどまで巧みに造られた要塞を前にして、本当に肝をつぶした。数日間、我々は足止めっを喰ったのだ(18)」。実際、レイニエに対する一月三一日付のボナパルトの命令は、次のような一文を含んでいる。「エル・アリッシュに到着したら、レイニエ将軍は直ちに要塞を造り始めるように」。この目的のため、技術主任のカファレリは前衛部隊に大規模な工兵分遣隊を帯同させていたのである。

エル・アリッシュを包囲するという予期せぬ措置は、遠征における最初の危機となり、ボナパルトにとってその遅れは高くつくことになった。レイニエの兵士たちは、かなりの犠牲を出して九日に村と野営地を強襲したが、あらゆる努力は要塞に対して無駄であるということが判明した。クレベール師団の砲兵も一四日に到着したが、状況は大して変わらなか

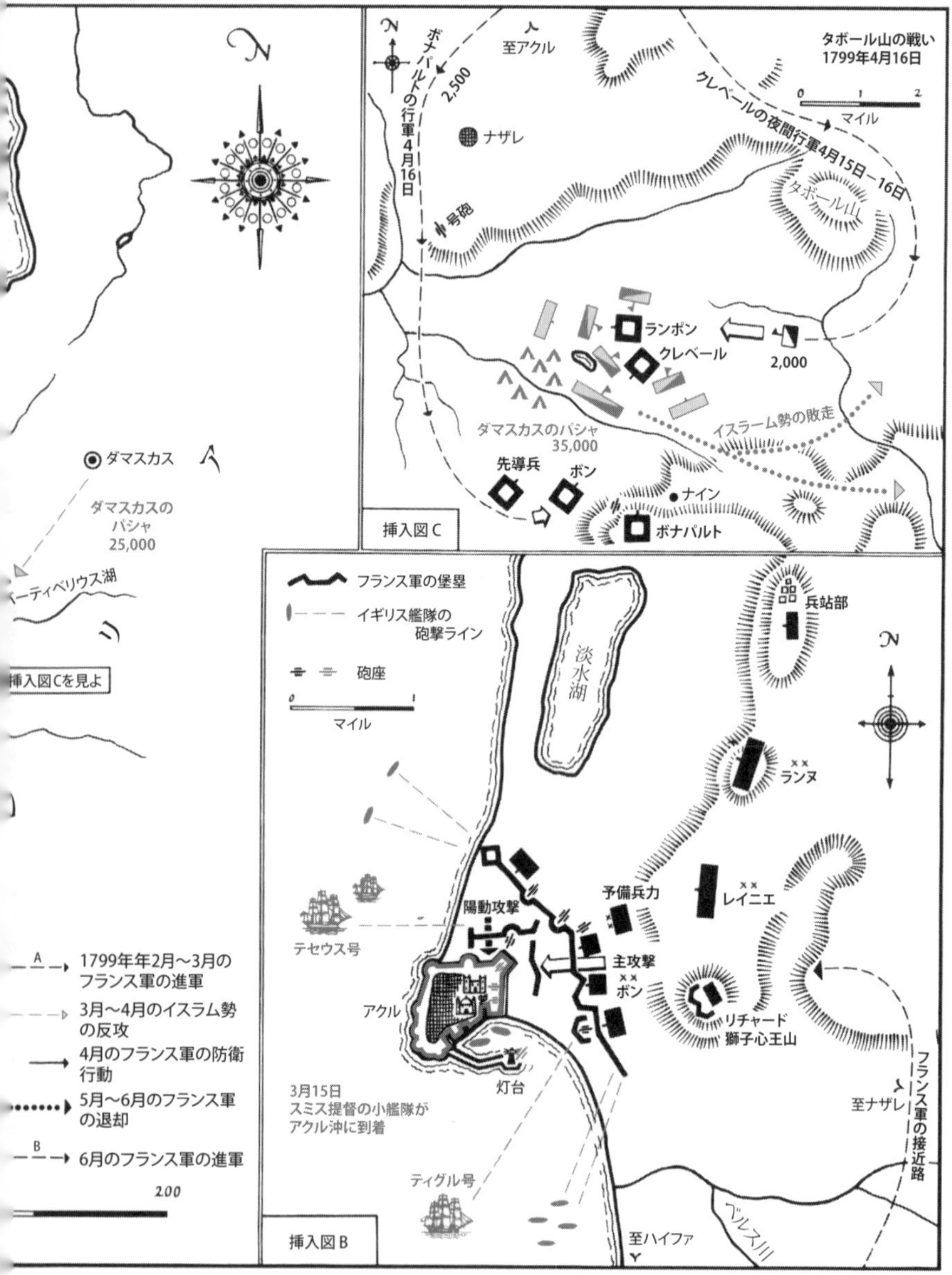
タボール山の戦い
1799年4月16日
至アクル
ボナパルトの行軍4月16日
2,500
ナザレ
クレベールの夜間行軍4月15日－16日
マイル
タボール山
号砲
ランポン
クレベール
2,000
ダマスカスのパシャ
35,000
イスラーム勢の敗走
先導兵
ボン
ナイン
ボナパルト
挿入図C
ダマスカス
ダマスカスのパシャ
25,000
ティベリウス湖
挿入図Cを見よ
1799年年2月～3月のフランス軍の進軍
3月～4月のイスラム勢の反攻
4月のフランス軍の防衛行動
5月～6月のフランス軍の退却
6月のフランス軍の進軍
200
フランス軍の堡塁
イギリス艦隊の砲撃ライン
砲座
マイル
淡水湖
兵站部
ランヌ
予備兵力
レイニエ
陽動攻撃
テセウス号
主攻撃
ボン
アクル
リチャード獅子心王山
灯台
3月15日
スミス提督の小艦隊がアクル沖に到着
至ナザレ
フランス軍の接近路
ティグル号
至ハイファ
ベルス川
挿入図B

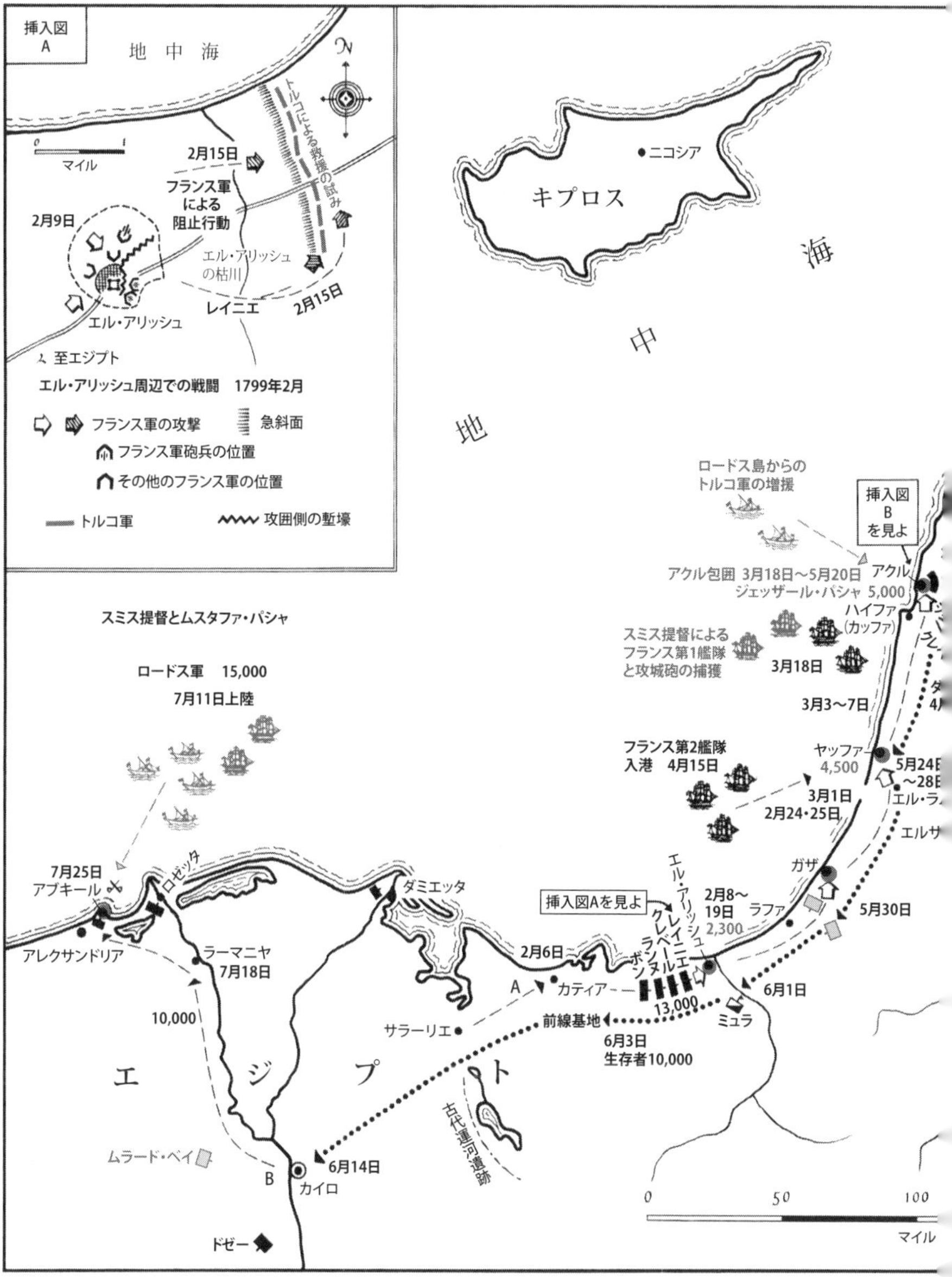

シリア侵攻（1799年）　エル・アリッシュ、アクル、タボール山

った。もっとも彼の歩兵部隊は、翌日レイニエを援護して、救援に駆けつけたトルコ軍を撃退するという貴重な働きをしたのではあるが。一七日、激怒した将軍ボナパルトはフランス軍の前線に駆けつけ、この予期せざる障害が彼の日程表を台なしにしてしまったことを深く憂慮した。彼はすぐに重野戦砲の中から新たに数門の一二ポンド砲を用意させたが、それでもまだ守備側はもちこたえた。砲術の専門家であるドマルタン将軍は利用できるあらゆる臼砲を要塞に向け集中させたが、このときようやく守備隊の生き残り九〇〇名は条件付きで降伏したのであった（二月一九日）。エル・アリッシュはボナパルトに一一日間もの貴重な日数を浪費させ、遠征全体の成功を危うくしたのである。

続く数週間、食糧はしだいに減りつつあったが、フランス軍には活発に動けない事情があった。二三日に軍はシリアに入り、それ以降の二四日間で、アクルに向かってさらに一四〇マイル以上の道を切り開いた。二五日にガザが無抵抗なままに陥落し、三月一日フランス軍はエル・ラムレに到着し、そこでキリスト教徒の住民から歓迎を受けた。二日後にボナパルトはヤッファ郊外に位置し、三日にわたる念入りな準備の結果、三月七日ランヌによる襲撃を成功させた。そこで、ボナパルトの経歴において、最も残酷にして決して許されざる出来事のひとつが起こった。

ヤッファ城内にいた三〇〇〇人のトルコ人は、命を助けるというフランスの下級将校の言葉を受け入れ投降したが、ボナパルトはその全員、さらに一四〇〇人の捕虜の処刑を命じたのである。後に彼は、軍事的な必要性からこの凄惨な虐殺を正当化しようと試みた。つまり、多くの役に立たない者に与える食糧などなく、彼らにつける見張りもおらず、さらに守備隊の中にエル・アリッシュから逃げ出したトルコ人捕虜がいた、というわけだ。しかし、この説明のどれをとっても納得できるものではない。彼の真の目的は、「虐殺者」というニックネームをもつジェッザール・パシャに、フランス軍の情け容赦のないさまを見せつけるところにあったに違いない。しかしながら、いかなる観点からしても、この虐殺は恐るべき所業であった。

その惨劇に対する天罰であるかのように、フランス軍は直後恐ろしいペストの発生に苦しむことになった。ボナパルトは丸一週間もの間、アクルに対する最終攻撃を準備しながら、ヤッファにとどまることを強いられ、毎日病人の数は増えていった。天罰に直面して動揺する軍の士気を回復させるために、ボナパルトは恐れる幕僚を伴って、見事だが無謀にもペスト患者を見舞い、病室から死体を外に運ぶのを手伝うことさえ申し出た。捕虜の銃殺という決定とは極めて対照的な賞賛されるべき行為であった。これはまた、兵士たちの信頼を回復するうえでも効果があった。しかし、一四日に軍がハイファに前進したとき、彼らは三〇〇名のペスト患者と一五〇名の守備隊を置き去りにしていったのである。この恐るべき災禍を生き延びたのは、不幸にもわずかに三六名だけであった。

さらなる運命の一撃が、将軍ボナパルトを待ち構えていた。三月一五日に、イギリス海軍のサー・ウィリアム・シドニー・スミス提督がティグル号およびテセウス号とともにアクル沖に現れ、ジェッザール・パシャに同町からの撤退を土壇場で思いとどまらせたのである。その艦隊にはまた、亡命フランス人技術将校のフェリッポーなる大佐（パリ王立士官学校時代のボナパルトの同級生であった）が同行しており、スミスはすぐにこの専門家をアクルに上陸させた。彼の働きによって、数日でアクルの要塞の防御は充分に固められた。エル・アリッシュでの一一日間の遅れの深刻な影響は、もはや明らかであった。もしボナパルトが一五日以前にアクルに到着していたならば、その地は彼のものになっていただろう。しかし、彼が到着したのは一八日になってからであり、素早く勝利をつかむという希望は地面に叩きつけられたかたちとなった。それだけではまだ足りぬといわんばかりに、ボナパルトにはさらなる不幸が続き、攻城砲の半数を運んでいた艦隊さえも失ってしまったのである（一八日にカルメル岬沖で英海軍に拿捕された）。

その結果、アクルの包囲攻撃の開始から二、三日以内にフランス軍は自分たちの大砲から猛烈な砲撃を受けるはめとなったのである。こうして四日間のうちに成功と失敗のあらゆる違いが浮き彫りになっていった。シリア遠征の当初から、ボナパルトはアクルでの苦戦を予想していた。「パレスティナの鍵」（ジェッザールがそう呼んだ）は、もともと堅固な要塞であった。町の大部分は半島に位置し、周囲一〇〇〇ヤードのうち三分の二は海に面しており、陸側は堂々とした石塔によって角を守られた巨大な壁で囲まれていた。フェリッポーは日射病で死ぬ前に多くを成し遂げ、特に堡塁によってそれらを強化していた。アクルの壁が見かけほど頑丈でなく、もしフランス軍が包囲攻撃の初めから攻城砲を持っていたならば、城壁に突破口を空けることなど造作もなかっただろう。しかしかかる状況のもと、最初の六週間にわたってフランス軍はこの決定的な任務に野戦砲を用いなければならず、その結果は満足からは程遠いものとなった。

他方では、五〇〇〇人の守備隊はあらゆる口径の砲を持っており、少なくとも二五〇門の砲が要塞に設置されていた。スミス提督は時を移さず、守備側から見た東の侵入路を一掃できるように、灯台のある防波堤にさらなる砲台を設置し、その上フランス軍の側面を脅かす目的で、相当数の砲艦を配備したのである。

　アクルを守るのは多彩な経歴をもったふたりの人物であった。七〇歳代のジェッザール・パシャは気の短さと残忍さで広く知られており、政敵を情け容赦なく排除して現在の高い地位を獲得した人物であった。このボスニア人は本名をアーメッドといい、もとはエジプトのアリ・ベイの奴隷であった。しかし彼は自ら急速に立身出世の道を切り開き、その過程で「虐殺者」というニックネームを完全に定着させていったのである。

　シドニー・スミスもまた、波瀾万丈の経歴を有していた。彼は一七六四年に生まれ、一二歳のとき海軍に入り、アメリカ独立戦争の間は海上で勤務していた。その後、フランスとモロッコを広く旅し、対ロシア戦争の際にスウェーデン国王の海軍に加わった。彼は勲功によって国王グスタフ三世から騎士に叙せられたが、一七九〇年にはコンスタンティノープルに移って三年間滞在し、その間に貴重な人脈を作った。一七九三年［原書の一七九五年は誤り?］、イギリス提督府は八年の不在期間を長すぎると判断し、彼を本国へ召喚した。そして一七九四年には、イギリスの占領軍とともに、彼はトゥーロンで非常に興味深い働きを見せるのである。彼は一七九六年から九八年まで海賊行為のかどで有罪判決を受け、フランスの牢獄でつらい日々を過ごしたが、大胆にもフェリッポーの助けで脱獄し、密かにその国を後にした。このときから、シドニー・スミスと彼の解放者は密接な関係となり、スミスが提督の地位とともに、封鎖のための小艦隊における事実上独立した指揮権を与えられるようになるまで、ふたりともネルソン提督の地中海艦隊に勤務した。ジェッザールとスミスの組み合わせは手強いものとなり、将軍ボナパルトは煮え湯を飲まされるのである。

　攻城砲を奪われたため、ボナパルトは、包囲戦という時間も手間もかかる方法に頼らざるを得なかった。それには、接近用の塹壕や対壕を目標に向かってゆっくりと掘り進める必要があった。しかし、このコルシカ人に無為な時間は似つかわしくなかった。ヤッファの素早い奪取によって自信過剰になっていた彼は、三月二八日に防御陣に対する早まった攻撃命令を出してしまう。彼の突撃縦隊は、はしごが短すぎたことに気がつくまでに、大きな犠牲を出して撃退された。この攻撃の間、ジェッザール・パシャは家来たちを近くに集め、自分の前に置かれた異教徒の首に対して気前よく褒美を分け与えながら、戦闘現場近くに堂々と座っていた。四日後、フランス軍の形容した「いまいましい塔」の下で、工兵たちが大きな地雷を爆発させたが、堅い石造建築にはどうにかかひびが入った程度で、続く攻撃もその前と同じ結果に終った。一方、ボナパルト自身は、爆発する砲弾から身を挺して彼を守った護衛の献身のおかげで、からくも命拾いする有様だったのである。

しかし、ボナパルトの注意はすでにヨルダン川東方に引き付けられていた。諜報筋から、そこにガリラヤに集結した七〇〇〇人のトルコ部隊とともに、ダマスカスの軍が移動中であるという報告を受けていたのである。ボナパルトはこのような情報に対応すべく、ティベリウス湖偵察のために、騎兵数部隊とともにジュノーを送り、四月八日にこの分遣隊は、ナザレの近くではるかに優勢な敵軍を打ち破った。その地域の敵兵力の多さに驚いて、ボナパルトは次にクレベールに一五〇〇の兵とともに前進し、ジュノーを支援するように命じた。一一日、今度はこの軍勢がカナーンの近くで六〇〇〇のトルコ軍部隊を敗走させた。ボナパルトは警戒を続けながら、北方のティベリウス湖に至るヨルダン川の重要な渡河地点を押さえるために、ふたつの大隊とともにミュラを送った。そしてミュラもまた、トルコ軍の野営地を奇襲した一五日に、華々しい成果と多くの戦利品を手に入れたのである。

これまで万事は順調に推移していたが、一六日にクレベールと二〇〇〇名の兵が、タボール山の近くで、約二万五〇〇〇の騎兵と一万の歩兵を率いるダマスカスのパシャを発見したとき、大きな問題が生じた。退却は論外であったので、事態を打開しようとしたクレベールは、翌朝未明に敵の野営地に奇襲を試み、軽率にも一対一七の勝負に打って出た。奇襲は失敗し、必死の戦いがフランス軍の小さな方陣の周りで一日中展開された。午後四時頃、ついに弾薬が尽きそうになったとき、ボナパルトが劇的に北側から戦場に現れた。将軍は部下の危機を知り、わずかの火砲とボンの師団を率いて、二五マイル離れたアクルから夜通し走ってきたのである。新たな軍勢力は、素早くトルコの大軍の背後に移動した。絶妙の瞬間に放たれた二発の号砲を合図に、ボナパルトの方陣からは正確な一斉射撃が数回行われた。それだけでトルコの大軍を四方八方に追い散らすのに充分であった。こうしてフランス軍の嘲笑を後に、ダマスカスの軍はヨルダン川と山々の方向に姿を消した。点呼がとられたとき、二万五〇〇〇の騎兵相手の一〇時間におよぶ戦いで、クレベールはわずかに二名の死者と六〇名の負傷者を出しただけだとわかった。このフランス軍の死傷者数はいささか信憑性にかけるが、結果は全く見事なものだった。まとまりのない騎兵集団の攻撃に対する訓練された歩兵による方陣の優位が、これほど確実に証明された例も少ない。ボナパルトは、タボール山の戦いの結果に対する自らと兵士の働きを賞賛した。これによって、トルコ皇帝の「挟撃作戦」のひとつは比較的小さな労力で挫くことができ、今後の遠征の幸福な前兆のように思えたのである。

しかし、アクル郊外の状況は、ナポレオンが満足するようなものではなかった。最初の攻撃の失敗からずっと、フランス軍の士気は沈んだままであった。ドゲロー大尉はこう日記に記している。「我々の多くは、あの瞬間から、その場所を奪い取るなど絶対に無理だと考えるようになっていた(19)」。そのうえ、ペストが軍に蔓延していた。四月の中旬には、新たに二七〇名が発病し、毎日のごとくリチャード獅子心王山の掘立て小屋からは新しい死体が運び出され、急いで埋葬された。野砲の弾も不足しはじめ、兵士が回収した敵の砲弾一個一個に、ボナパルトは報償金を与えねばならぬほどであった。なるほどフランス軍苦心の塹壕と堡塁はようやく完成し、おかげで七日の守備隊による急襲はなんとか追い返すことができたが、この成功の喜びは、二日後カファレリ将軍が腕を撃たれて致命傷を負ったことで暗転した。一八日の彼の死は、軍にとってもボナパルト個人にとっても大きな損失であった。待望の攻囲車両の残り半分を載せた二番目の小艦隊は、予定より三日も早く無事ヤッファに到着したが、この知らせによっても軍全体の深い悲しみが癒されることはなかった。

大いに苦労して攻城砲は陸路を引きずられたが、四月末日までに、所定の位置に配備され砲撃が始まった。成功の見込みが急速に失われつつあることに気がついたボナパルトは、クレベール師団の一部を塹壕のなかに繰り出し、五月一日から一〇日の間に五回以上の総攻撃をかけた。八日の攻撃だけが、わずかに成功に近いものであった。そのときランヌとランボーは二〇〇名の擲弾兵を率いて町になだれ込んだが、守備側が同様に堅固な一続きの内壁を既に作り上げており、ランヌは再び重傷を負った。最後の攻撃は一〇日になされたが、ボン将軍は直後に致命傷を負い、ボナパルトの副官クロワジェは前年の七月から探していた死に場所をとうとう見つけ、攻撃は中止された。ボナパルトでさえ、自分は敗北し、シリアにおけるそれ以上の成功の見通しはもはやなくなったということを認めざるを得なかった。

アクルの町と守備隊は、決して完全に包囲されることはなく、海上からの補給は野放し状態で続き、いまでは守備隊増強のためにロードス島からトルコの増援部隊を連れてきていた。フランス軍の現実的な選択肢はいまやひとつであった。包囲を解きエジプトに撤退することである。六三日間におよぶ休みない労作業と、犠牲の大きかった八回もの総攻撃はすべて水泡に帰した。

失敗の味は苦々しく、ボナパルトはエジプトの人々に敗北の事実を隠すため、五月一七日には勝利宣言を出したのを始め、可能な限りのことを行った。兵士にはタボール山の勝利（これは正当である）について祝いの言葉を述べた後で彼はこう続けた。「シリアの暑さに三ヶ月も身を晒し、一握りの兵力で四〇門の大砲と六〇〇〇名の捕虜を得、さらにガザ、キファ、ハイファ、そしてアクル（これは言い過ぎである）の諸要塞を落としたいま、我々はエジプトに帰還しよう。敵軍上陸の可能性が出てきた以上、私は戻らねばならない[20]」。

ただ、撤退を決めても、それにともなう諸問題は厳しいものがあった。第一に、二三〇〇人の傷病兵の問題があったがペレー提督はこの問題に何の策もとらず、ヤッファの小艦隊に重病患者を積み込むのを拒否して、突然アレクサンドリアに向けて出航してしまった。ボナパルトはどこか自暴自棄になって、望みのない患者を殺すことを提案したが、これには軍医デジュネットの激しい反対にあい、問題は棚上げにされた。フランス軍はすべての傷病兵を運ぶこととし、これは輸送隊にさらなる負担として重くのしかかった。一八日から二〇日まで、フランスの攻城砲は休む間もなく、弾薬が尽きるまでアクルの要塞に砲弾を浴びせた。しかし三日目にすべての攻城砲は叩き壊され、軍に残されたのはわずか四〇門の野砲だけであった。

第二に非常にしつこい敵を振り切ることは困難であった。多くの軍需品に火がかけられ、退却が始まったが、レイニエ将軍は二〇日の間塹壕に留まり、時間を稼ぐ辛い後衛の任務を強いられた。これによってすら、敵を完全に遮断することができず、退く縦隊はトルコ騎兵の大軍に絶え間なく攻撃された。二四日に軍はヤッファに到着し、四日間の行軍停止が命令された。その間、軍の病院を立ち退かせるため、必死の努力が行われた。けが人のほとんどは歩かされ、まだ利用できるわずかな船（それらのほとんどは、そのままイギリス海軍に捕まってしまうのだが）で運ばれたのは少数であった。しかし、ボナパルトは動くことができない患者については安楽死させる手段に訴えた。士気がさらにどん底まで下がったのは当然であったが、将軍は情け容赦なく部下に命令した。三〇日にガザに至り、その後はシナイ砂漠を通る痛ましい旅が続いた。

それは終わりがないように見えた四日間であった。兵士たちはひどく苦しみ、不満を最高司令官にぶちまけた。幾度か反乱が起きかけたほどであったが、退却は続いた。六月三日にやっと生き残った者はカティアにたどり着き、飢えたハゲワシのようにそこに蓄えられた飲み物と食糧に群がった。ここにシリアの冒険は終了したのである。

何が達成されたのか。たしかにダマスカスの軍はばらばらになり、ボナパルトは自由にロードス軍に対峙することができるようになったが、遠征における他の目的はなにひとつ実現しなかった。トルコ皇帝は勝利のためにさらに戦争を継続することを決意し、イギリス海軍はまだパレスティナ海岸を勝手気ままに利用していた。完全とは程遠い戦果と引き替えに、フランス軍の犠牲は大きかった。一二〇〇名が戦死し、一〇〇〇名がペストで死に、さらに二三〇〇名が病気か重傷を負った。最初の兵力の三分の一までもが何らかの理由のために戦う力を失ったが、宣伝に関するボナパルトの才能はこのときまでに充分花開いていた。疲労困憊の軍団を休ませ、再装備した後で、彼は六月一四日にカイロ市内の凱旋行進を催した。事情をよく知る見物人以外、みなそれに騙されてしまったのである。

実際、ボナパルトは、必要なら軍を置いてでもその地を離れることを既に考えていた。サー・ウィリアム・シドニー・スミスは心理戦を挑むつもりで、一ヶ月前に出たドイツの新聞を密かに陸揚げさせていた（それらはみな、別の戦線でフランス軍に降りかかった災難ばかりを取り上げていた）。こうして、いまや司令官にはヨーロッパのニュースが断片的に伝えられていたのだが、差し迫る危機を告げる悲報は、彼にとってむしろ好都合のように思われた。つまりオリエントでの失敗が隠されると同時に、外敵と総裁政府の無為無策から共和国を解放するという名目で帰国すれば、フランスの救世主として振る舞うことができるのである。彼がエジプトを捨てたのは極めて利己的な理由による。一七九八年にこの地を魅力的な舞台にしていた諸状況は、次の年には完全に一変してしまった。いかに想像をたくましくしても、オリエントは主要な戦争の舞台として考えることはできず、未だに残されている栄達の見込みもなかった。それゆえ、ボナパルトは六月二一日に、ガントーム提督に秘密指令を出し、フリゲート艦ミュイロン号とカリエール号をいつでも出航できるようにしておくことを命じた。

しかしながら、ボナパルトがエジプトを出発するまでには、さらに二ヶ月を要した。第一に、彼はイギリスの戦争捕虜になることを嫌い、イギリス海軍がアレクサンドリアに接近しているか否かを気にかけていた。第二に、フランス国境に対する脅威によって、総裁政府が自分の召喚を余儀なくされる（これで全責任を負うのは彼らとなる）、というのが望ましい形だった。この目的のために彼は六月二九日付でパリに至急便を送り、初めて五三四四名に上る損害の規模を明らかにし、また元々期待していない六〇〇〇人の援軍要請を行ったのである。第三に、彼は表舞台での権力闘争に自ら深く関わる前に、フランスの政治状況についての信頼に足る情報を収集しようとした。そして最後に、ロードス軍の問題を処理しなければならなかったことが指摘できよう。

シリア遠征の大半を通じて、ドゼーは上エジプトの支配を固め、デュガはカイロの秩序を維持させていた。しかしデルタ地帯ではそのようにはいかず、ふたつの大規模な反乱が起こった。ひとつめは、エミール・エル＝ハジ・ムスタファの反乱であり、ふたつめは、自らをマフディー（伝えによれば、「マフディー」は預言者マホメットの直系の子孫だという）と称する、アーメドなる名の狂信的イスラーム教徒によって、その直後に引き起こされたものである。これらの反乱はやがて鎮圧されたが、孤立した分遣隊は待ち伏せや虐殺に遭い、相次いで大量の犠牲者が出た。ボナパルトが戻ったときには比較的平穏を取り戻してはいたが、ムラード・ベイが別の陰謀を準備中なのは周知の事実であり、そのため六月一九日から二二日までの間に、総司令官は一連の罪状をでっち上げ、カイロ城内の土牢で三二名の有力な人質と捕虜の処刑を命じた。この種の冷酷な措置に対し、エジプト学士院のメンバーからは相当な非難の声が上がった。そして二九日にデジュネットも公の会合で自分の意見をはっきりと主張したが、彼はまったくとがめられなかった。とはいえ、「スルタン・エル・ケビル」、つまり「炎の支配者」は明らかに暴君となりつつあった。

意見対立と論争は、長い間予測されていたロードス軍によるエジプト侵入の知らせによって突然遮られた。七月一一日にスミスの艦隊に護衛された六〇隻の輸送船からなるトルコ艦隊がアブキール湾に碇を下ろし、それから二、三時間のうちに老将軍ムスタファ・パシャと一万五〇〇〇のロードス軍が岸に殺到した。フランス軍の砲台はすぐに敵の手中に落ちたが、アブキール城の守備隊は一八日までもちこたえた。彼らが抵抗し得たのは、ムスタファがいつになく動かなかったおかげである。二週間にわたって、兵士の誰一人として砂浜から外に出なかったのだ。そのためボナパルトには、決定打を放つ機会が与えられた。侵入が報告されたまさにその日に、フランス軍はカイロを発って、一八日までに一〇〇マイル離れたラーマニヤに向かい、六日後には一万人がアブキール湖に集結した。ボナパルトはクレベール師団が到着するのを待たず、自分の騎兵千騎でこと足りると確信して、直ちに攻撃することに決めた。馬を積んだ輸送船がまだ海上にいたため、トルコ軍はしばらくの間この兵種を手元に持たなかったからである。

七月二五日のアブキールの戦いは、短時間だが激しい戦闘であった。それはピラミッドの戦いやタボール山の戦いとは異なり、フランス騎兵が初めて本領を発揮する舞台となった。フランス歩兵は、自分たちの首を求めて幾度も持場を離れるイエニチェリ［オスマンの常備歩兵］の愚かさに大いに助けられて、三つの連続する塹壕ラインを突破した。しかし「とどめの一撃」を刺したのは、正午過ぎに騎兵の先頭に立ったミュラであった。

この血気盛んなガスコーニュ人は、昨年七月に得られたこの土地に関する知識を最大限に活用し、トルコ人たちは彼の突撃のすさまじさによって一掃された。ミュラ自身、敵の将軍と交戦し、頬に傷を負ったが、この激しい戦闘の後、トルコ司令官は多数の上級将校とともに降伏した。ロードス軍は崩壊し、二〇〇〇人以上が海上の船に向かおうとして溺れ死んだ。さらにアブキール城で孤立した二五〇〇名は、ムヌーの兵糧攻めによって一週間後投降した。こうしてボナパルトは、二二〇名の死者と七五〇名の負傷者と引き替えに、トルコ皇帝の「挟撃作戦」の第二陣を撃退した。この戦闘によって、エジプトにおけるフランス支配は再び比較的安泰となったが、シリアの遠征のそれに加えて新たに出た死傷者は、急速に軍隊の戦闘能力を低下させつつあった。そのため、オリエントを去ろうとするボナパルトの決意は一層固くなったのである。

八月一一日にボナパルトはカイロに戻り、ディーワンにおいて沈黙するシャイフたちの集まりに対して、脅迫まがいの大演説を行った。一二日後、彼はその地を去った。八月二日、二ヶ月前の新聞の新たな束がスミスによって海岸に届けられ、北イタリアとドイツにおけるスヴォーロフとカール大公の勝利が明らかになった。ボナパルトは自分の出番がやってきたと解釈した。そのうえ、総裁政府は五月二六日に至急便を送り、ボナパルトとその軍隊をブリュイ提督［Bruix：戦死したブリュエイス Brueys と混同してはならない］の艦隊によって撤退させることを示唆していた。彼はこの経緯を知らず、命令が届く前に既にエジプトを発っていたのだが、かかる通達（加えてブリュイは東方に出航できなかった）は後になって指揮権を放棄してひとりで帰国したことの見え透いた言い訳程度にはなったのである。ついにガントームは一七日に、イギリス・トルコ艦隊がエジプトの海域を去ったと報告した。フリゲート艦が大海原に出る道が開かれ、その夜、ボナパルトは海岸に向かってカイロを後にした。

まさに最後の瞬間まで、ボナパルトは自分の気持ちを打ち明けず、一七日になってさえ、ヨーロッパに戻る彼の同行者に選ばれたごくわずかな者だけが秘密を知ったに過ぎなかった。彼が将来の計画に不可欠だと考えた面々に注目してみることは興味深い。学者たちのなかでは、モンジュとベルトレだけが選ばれた。しかし、出航間際になって、モンジュの嘆願によって詩人のグランメゾンが一行に加えられた。軍人のなかでは、将軍はベルティエ、ランヌ、ミュラだけであった。残りは司令官の近侍や副官であるデュロック、ラバレット、メルラン、［ウジューヌ・ド・］ボーアルネ、秘書のブーリエンヌ、新たに採用したマムルークの召使ロスタム、そしてアンドレオッシィ、マルモン、ベシェール麾下の少数の者たちと、二〇〇人の護衛であった。他には誰も召命されず、それは美人のベリトットも例外ではなかった。八月二二日にわずかな人数を乗せた小艦隊は、フランスに向け出航した。

ボナパルトの脱出を知ったときの、残された軍隊における士気の低下ぶりは想像に難くない。なかでも最も不満が大きかったのは徹底した共和主義者のクレベール将軍であった。彼は何の予告もなく、七〇〇万フランの負債を抱え、ホームシックで弱体化しつつある軍の指揮官を突然任されたのである。総裁政府に対する辛らつな苦情は、「あのチビ野郎」とかつての最高司令官をこき下ろしている。「地理的な必要性」のためにフランスに戻るが、かつての仲間たちの撤退を手配する努力を惜しまない、というボナパルトの書き残した言葉を信じる者などほとんどいなかった。大部分が彼に裏切られたと思っていたのである。

その混乱を気にもとめず、ボナパルトはエジプトを後にし、すでに総裁政府に対する次の行動を計画していた。ボナパルトは四七日間続いた比較的穏やかな航海を享受できた。悪天候のために、一〇月の第一週はアジャクシオで過ごし、そこで若き将軍はコルシカ人の同朋から浴びせられる巧言にいら立っていた。しかし、キース卿の艦隊にあわや遭遇しかけた後、一七九九年一〇月九日にボナパルトは検疫の規定を無視して、フレジュスで再びフランスの地を踏んだのである。この決定的瞬間に、彼はアブキールでの勝利の知らせが四日前に到着していたおかげで、英雄として歓呼で迎えられた。ボナパルト帰国の知らせはパリにすぐさま伝わり、総裁政府は対応を鳩首協議した。一方慌てふためいた彼の妻は、パリに到着する前に夫を出迎えるために馬車に乗った。しかし、意地の悪いボナパルトの家族は、彼女を破滅させようと心に決めた。不運なことに彼女は道を間違え、夫を勢いよく通り越してしまった。その結果、一六日の早い時刻にヴィクトワール通りの自宅に到着した将軍ボナパルトが目にしたのは、空っぽの家だったのである。二日後、ジョゼフィーヌは泣きながら家に戻ったが、続いて嵐のような場面が起こった。彼女は玄関先に自分の荷物が積まれているのを見つけ、ボナパルトはしばらくの間、妻に出て行けと頑強に言い張った。しかし彼女の女らしい仕草と、継子のウジェーヌとオルタンスの懇願が加わって、彼の決意は覆された。そして翌朝、戻ってきた兄を挨拶に訪れたリュシアン・ボナパルトが見たものは、彼にとって残念なことに、ベッドでぴったり寄り添っている夫婦の姿だったのである。

エジプトの冒険は、少なくとも将軍ボナパルトにとってはこうして終わった。しかし、ナイルの谷で孤立した三万人のフランス兵にとって、生き残った復員者が再び故郷の土を踏むまでには、さらに二年もの苦しい歳月が必要だったのである。

第22章　失敗の総決算

　エジプトでの出来事から軍事的な教訓を見いだそうとするならば、後の諸戦役での教訓ほどドラマティックではないが、それでもいくつかの興味深い点が明らかになる。まず、充分に訓練された規律あるヨーロッパ式の軍隊が、数には勝っていても戦術的には古めかしいオリエントの軍隊より優れているということが、半ダースにわたる戦闘によって証明された。また今回の遠征は、不慣れな気候や土地柄によって、あるいは病気やホームシックによって起こされた諸問題を、いかに意志の力で克服しうるかを示した。計画全体は相当の危険を冒して進められた。一七九八年の六月を通じて、ネルソンから辛うじて逃げていたことが、それを如実に物語る。

　しかし陽動作戦として見た場合、遠征は間違いなくイギリス政府に負担を強いるものであり、たとえ現実的でなくともインドの安全に対する脅威となった。そして最大の特徴は、おそらく海軍が演じた役割の大きさであろう。たしかに、ナイルの戦いは直接的には陸の遠征の結果に影響を与えなかったが、長い目で見れば、それはエジプト遠征軍とフランスによる植民地化政策の失敗を決定づけるものとなった。海の支配によって得られる予想以上の有利さは、アクルの出来事ではっきりと示された。そのときシドニー・スミスの艦隊は、包囲された守備隊に実際的な援助を与え、また一撃のもとにボナパルトから半分の攻城砲を奪い、さらに後になってトルコの援軍が町に上陸するのを護衛できたのである。後にボナパルトは、スミスの艦船が自分の計画に大損害を与えたことを認めた。「もしお前たちイギリス人がいなかったならば、私は東方の皇帝になっていたことだろう(21)」と、彼はやや想像を働かせて嘆いている。

　さらにもうひとつの特徴を指摘しておかねばならない。すなわち、正確で網羅的な情報の重要性である。エル・アリッシュでの出来事は、それ自体は小さく見えるかもしれないが、シリアの遠征におけるボナパルトの日程に与えた影響は絶大であった。避けられたはずの一一日間の遅れが折悪く発生したため、フランス軍による侵攻の結末は、そこでほぼ定まってしまったのである。

　政治的レベルでいうと、エジプトの冒険は、少なくとも総裁政府の利益に関する限り、さらに一層悲惨なものとなった。

エジプト学士院の素晴らしい業績を除いて、当初の目的はなにひとつ達成されなかった。恒久的な支配は実現しなかったし、トルコ皇帝との友好という伝統的な政策までもがいまや完全に破綻をきたした。近東と極東におけるイギリスの利権を崩すこともできなかった。

他方では、この遠征はフランスの野心が底なしで危険であることをヨーロッパに示し、第二次対仏大同盟の成立を早める要因になってしまう。そしてネルソンの海軍の勝利によって共和国が被った威信低下は、日和見的な国々をピットの陣営に急速に走らせる結果となった。確かにこれから見ていく通り、フランスは幸運にも第二次対仏大同盟との戦争を生き延びたが、それは総裁政府にとって致命的となった。本来フランスの戦略において決定打となるよう計画されていたエジプトの冒険は、一八〇一年の交渉のテーブル上ではほとんど有利な条件を導くことはなかった。

ボナパルトにとって、それは一喜一憂が入り混った期間だった。彼の軍事能力は新たな環境で発生した問題に対応できることが判明し、ピラミッド、サラリエ、タボール山、そしてアブキールの勝利は、彼の名声を高めた。エジプトの制度を作り直そうという試みは、たとえつかの間であったにせよ本物であり、彼は大真面目にイスラーム教徒との共存の可能性を探ったのである。また、ヤッファのペスト病院の訪問は、まさしく彼の生涯における有名なエピソードとなった。

他方、ボナパルトには独裁者としての不吉な予兆が現れ始めていた。権力の掌握はつねに彼を魅了したが、それを追求する過程で、彼は次第に独裁的で冷酷で利己的になっていった。ヤッファの大虐殺とカイロ砦での裁判処刑は、それを証明している。砂漠を行軍する際の部下に対する過酷な要求、クロワジェのエピソード、病人を毒殺する計画、最後には自分の帰国理由のいかがわしい正当化。これらは彼が部下たちを真に気遣っていなかった証拠である。ボナパルトにとって、軍隊は単に利用される道具に過ぎず、もしひとつが手の中で壊れたら、彼は何のためらいもなくそれを見捨てて別の軍隊を持ち出した。彼のこのような性格の変化は、どこまでが潜在的な性質のもので、どこまでが私生活での失望によるものであるかは議論の余地があるが、エジプトから戻った彼がトゥーロンを出発した人物とほとんど別人であったということは疑いの余地がない。

後年、ナポレオンは一七九八年の日々を夢のようにはかないノスタルジーとともに振り返ることを好んだ。一八〇〇年代のある時、彼はレミュザ夫人にオリエントでの夢物語を披露した。「エジプトは、私を煩わしい文明の諸事から解放してくれた。私は夢でいっぱいであった。私は宗教を定め、アジアに進み、象にまたがる、私の頭にはターバンが巻かれ、私の手には自分の思い通りに編纂した新しいコーランがある。私の計画では、ふたつの世界での経験を組み合わせ、自分の利益のために、古《いにしえ》よりの歴史の舞台を利用し、インドにおけるイギリス勢力を攻撃するつもりだった。私がエジプトで過ごした時間は、人生で最良のものであったが、それは最も理想的な日々だったからである(22)」。

この引用句には、彼の誇大妄想的な傾向と自己欺瞞の能力が表れている。そしてエジプトで彼に見捨てられた軍人の多くは、エジプトの企てが自分たちの生涯最良の日々だったなどとはおそらく思わなかったであろう。しかしそれにしても、時間の経過は思い出、特に独裁者の思い出をごまかすことができるものだ。六エーカーの土地という約束は決して果たされることはなかったが、ヨーロッパにおけるその後の成功はこの約束の不履行をすぐに覆い隠した。レバントの情勢に対する彼の影響力は、ほんのつかの間のものであった。あるイスラーム教徒の歴史家は、一七九九年の書物のなかでエジプトにおけるフランス軍の侵略などには言及せず、ただ「今年はメッカへの巡礼の旅が中止された」とのみ記録した。このようにして栄華は消えていくのである。

（1）H. A. L. Fisher, *Napoleon* (London, 1950), p. 42.
（2）*Corresponcence de Napoléon Premier* (Paris, 1858), Vol. Ⅲ, No. 2307, p. 392.
（3）*Ibid.*, Vol. XXX, p. 231.
（4）M. de Bourienne, *Memoirs 0f Napoleon Bonaparte* (London, 1836), Vol. Ⅰ, p. 230.
（5）*Ibid.*, p. 221.
（6）A. B. Rodger, *The War of the Second Coalition* (Oxford, 1964), p. 20.
（7）*Correspondence*, Vol. Ⅲ, No. 2103, p. 235.
（8）Rodger, *op. cit.*, p. 19.
（9）*Correspondence*, Vol. Ⅳ, No. 2629, p. 133.
（10）R. W. Phipps, *The Armies of the First French Republic* (Oxford, 1935-39), Vol. Ⅴ, p. 362.
（11）Rodger, *op. cit.*, p. 57.
（12）*Correspondence*, Vol. XXIX, p. 458.
（13）Captain M. Vertray, *Journal d'un officier de l'armée d'Egypte* (Pris, 1883), p. 64.
（14）C. E. de la Jonquière, *L'expédition d'Egypte* (Paris, 1889-1902), Vol. Ⅱ, p. 144.
（15）*Correspondence*, Vol. XXIX, p. 450.
（16）A. du Casse, ed., *Mémoires. . . du Roi Joseph* (Paris, 1854-5), Vol. Ⅰ, p. 188.
（17）*Correspondence*, Vol. Ⅳ, No. 3259, p. 475.
（18）J. P. Doguereau, *Journal de l'expédition d'gypte* (Paris, 1904) 彼らが要塞に入ったのは一七九九年二月一九

日であった。

（19）*Ibid*. La Jonquière, op. cit., Vol. IV, p. 343 より引用。

（20）*Correspondence*, Vol. V, No. 4138, p. 429.

（21）A. Bryant, *The Years of Endurance*（London, 1942）, p. 273.

（22）C. de Rémusat, *Mémoires*, 24th ed.（Paris, 1893）, Vol. I, p. 274.

第5部　頂点へ向かって　陰謀家にして平和の使者

ブリュメールのクーデタと一八〇〇年イタリア戦役

第23章　機は熟した

ボナパルト将軍はエジプトからパリに帰還するや、総裁政府議長ゴイエの邸宅に赴き、早速に興味深い会見が始まった。若き将軍は友人のモンジュを伴って現れ、総裁にさっと敬礼して、帰還の理由を説明した。ゴイエは、この日の会見のことを、少々辛らつな言葉を交えて次のように記録している。

「帰還早々に共和国の勝利の大喝采に立ち会えるとは、なんと幸せなことでしょうな、総裁閣下」と、モンジュが抱きつきながら叫んできた。すると、ボナパルトがすかさず「私も喜んでおります」と口を挟んできたが、彼のほうは少々まごついている様子だった。「エジプトに届いた知らせではかなり深刻な様子でしたので、私は軍隊を放り出してすぐに駆けつけ、閣下と辛苦をともにする覚悟でやってまいりました」。「将軍」と私は答えた。「確かに状況は深刻でしたが、なんとか打開いたしました。貴官は、戦友の偉大なる勝利を祝うにあたって、絶好の時機に到着されましたな」。次の日、総裁政府とボナパルトの会見がセッティングされた。……ボナパルトは、我々の相次ぐ敗北のためにエジプトの軍隊を放棄してきたと弁明を試みると同時に、外国軍が再び我々の国境線に迫っていると聞き憤慨したと説明した。彼は、このような事態になったのはすべて自分がパリにいなかったせいだと明言した。……「市民の総裁たちよ」と彼は（刀の柄に手をおいて）宣言した。「私は、共和国および政府の防衛にあたるときを除いて、今後は一切、パリから離れないことを誓う」。次に、総裁政府議長として、私が以下のように返答した。「市民の将軍よ、総裁政府は、すべてのフランス市民たちと同様に、貴官の突然のご帰国を喜びとともに少々とまどいも感じながら歓迎する。貴官が愛国心から、ほんの一時的にご自身の軍隊を離れたことに対して、よこしまなことを言っている連中は、貴官さらには我々自身にとっての敵ぐらいのものである。実際に貴官の古い戦友たちの勝利こそが、共和国を救ってくれたのだ。しかし、貴官のめざましい偉業をかいま見てきた戦場では、讃えられるべき勝利がいまも続いているのである」。式典は同胞同士の熱い抱擁で幕を閉じた。しかし、それは決して同胞とは言えないようなぎこちなさを残したが(1)。

剣は既にあけすけな小手試しを受けていた。当てこすりに満ちた冷ややかな歓迎式典であったにもかかわらず、ボナパルトはゴイエの嫌味などに長々と惑わされる人物ではなかった。彼が総裁府に到着したときには、正門の番兵たちでさえも「ボナパルト万歳！」と叫び、行く先々で人々から純粋に温かい大歓迎を受けていたのだ。これがフランス人たちの心からの感情だった。このため、総裁政府も彼を即座に逮捕するのは躊躇せざるを得なかったわけだ。嫉妬と無能さで堕落しきった総裁政府など風前の灯火《ともしび》だった。利にさといボナパルトは機が熟すまでじっとしていることに決めた。一七九九年の一〇月までには、総裁政府の無能ぶりと不人気とが限界に達していた。総裁たちはどのような政府であろうと達成しなければならない第一課題ともいうべき、安定した政権を確立することに哀れにも失敗してしまったのである。

このため、次々と政変が起こった。フリュクティドール一八日、フロレアル二二日、そして最近ではプレリアル三〇日のクーデタといった具合に、国家という船は次々と座礁に見舞われてしまった。しかし、数々の曖昧な言質、妥協だらけの政策、そして危険なジャコバン派を抑圧することで、総裁政府はそれぞれの嵐を乗り切って、次なる大混乱へと向けて、ますます激しい攻撃や暴露合戦へと乗り出していったのだ。最高の行政府を構成する人間がコロコロ変わるようでは、なんの改良も望めない。総裁政府に対して完全に幻滅を抱いたのは右派の王党派や左派のジャコバン派に限ったことではなかった。批判者の大半は総裁たちが分裂しており、言うこととやることが違っていると不満を漏らした。現職の五人の総裁のうち、少なくともシェイエスとロジェ・デュコのふたりだけは、自分たちの政府を転覆する計画に積極的に荷担していた。そして、腐敗の権化ともいうべき悪名高きバラスから援護をとりつけてしまったら、高いリスクを背負うはめになるだろうという見解は衆目の一致するところであった。内部の腐敗によって、総裁政府はもはや各方面からの圧力を排してまで存続できる状態にはなかったのである。

それゆえ、総裁政府が長く存続することなど、奇跡でも起きない限り不可能であった。パリで相次いだ一連の政治的動乱は、政府を事実上転覆させ、地方の官僚たちは次々と粛清された。いくつかの地方では完全な無政府状態が生じ、国中を略奪の嵐が襲った。このような状態は、軍事裁判所の設置によってほんの少しだけ改善される程度であった。

政治的に不安定な状態は、経済混乱にももちろんつながった。総裁政府は紙屑同然となってしまったアシニャ紙幣に替わって新しい為替を発行したが、結果的にはまったく価値のない二種類の通貨が出回るだけとなった。金のかかる戦争を遂行していくためにも、総裁政府は次第に罰金、私財没収、占領地から強奪した戦利品、さらには累進課税に頼るようになり、最終的には強制公債を押しつけていくことで、ブルジョワ階級から嫌われていった。

しかし、総裁政府の無能ぶりを最も明確に示したのは、戦争へのお粗末な対応の仕方であった。第二次対仏大同盟が結成されたのは、フランスの外交的な失敗と政治的な貪欲さのせいだった。一七九七年の末には、オーストリアが戦争から離脱し、イギリスにしても、ノアーとスピットヘッドでの水兵反乱、穀物の不作、工業失業者の増大など様々な問題に悩まされ、かの執念深いウィリアム・ピットでさえ気に入らない和平であっても受け入れる気でいたに違いない。

ところが、フランスはイギリス政府には別のねらいがあるはずだと信用せず、また総裁たちにしても国内の混沌を「外国からの脅威」によって隠し通そうとしていた。これにピットの代理人であるマームズベリ卿の高慢な無策ぶりがある程度からんで、結局、話し合いは決裂に終わってしまったのだ。こうなれば、ピットに残された道はひとつだけだった。新たなる対仏大同盟の模索である。フランスが外交的にしくじりを繰り返し、領土的な拡張も高圧的に進めていたため、フランスの敵となりうるような同盟者を探すことなどわけなかった。しかも、総裁政府の法律家たちの貪欲さと、軍隊を強化しようという将軍たちの飽くことなき野望とが、ヨーロッパを極めて危険な状態に追いつめていったのである。

ドイツにおいては、バイエルンの継承問題をめぐって突発していたプロイセンとオーストリアとのライヴァル関係に、フランス政府が野心満々に干渉してきた。さらに、フランスは、ライン川沿いに所領を有していたドイツ諸国の王侯貴族たちが抱く脅威を政治的に利用することにも乗り出していった。彼らの多くが、ライン同盟の形成にともなって、相続権の廃除という危機に直面していたのである。しかし、このようなフランスの動きは、ベルリンとウィーンの双方に苦りきった憤怒を呼び起こす以外のなにものでもなかった。

同様に、フランスはイタリア半島全体でも、無節操に「計略を張りめぐらして」いたために、オーストリアから新たなる挑戦を受けるはめになっていた。チザルピナ共和国で生じた反乱を鎮圧した後、フランス政府はローマで起こったフランス人将軍の暗殺事件（一七九七年一二月）を口実に、翌九八年の二月にはこの永遠の都ローマを占領し、略奪の限りを尽くした。これと同じような弾圧がピエモンテでもトスカナでも見られていた。フランス軍からの援護を受けた地方での反乱は、ヴィットリオ・アマデオ三世をサルディニアへと追い出して、トスカナ大公までもその所領を奪われてしまった。

フランスはイタリア征服を完遂するために、一七九八年一一月には軍備が未熟なナポリ王国へと進軍した。これに対して、ホレイショ・ネルソン提督とその愛人レディ・エマ・ハミルトンに扇動されるかたちで、ナポリ国王フェルディナンド四世は時期尚早ながらも、ついにフランス共和国に宣戦布告を発するに至った。フランスの野望はドイツとイタリアに限られてはいなかった。オランダにしても、一七九五年以来続いていたフランスとのゆるやかな同盟関係に代わって、衛星国的な立場を強要されるに至った。

また、一七九八年の三月には、スイス内部の不穏な状況を理由に、フランス軍はベルンを占領し、ジュネーヴとバーゼルも「自由」都市という地位と引き替えにして併合され、ここにヘルヴェティア共和国が樹立された。これは戦略的に見て極めて重要な成功であった。なにしろ、ドイツと北イタリアへ乗り出す際に重要なアルプスの要衝を掌握することを意味したのだから。しかし、このような高圧的なやり方は、外交的に見れば爆弾をつかんだようなものだった。このとき、広域戦争がすぐに勃発しなかったのは不思議なくらいである。特に、エジプトとマルタがフランスの略奪リストに加えられたときなどに。しかし、「弱小国の保護者」と自ら称するロシア皇帝パーヴェル一世に対する国際的な不信感、フランスの影響力によって自らの最後を導いてしまうオーストリアの政治家トゥグートの利己的な策略、さらにイギリスが第一次武装中立同盟への対応に忙殺されていたことも重なって、第二次対仏大同盟が結成されるのは一七九九年の春まで待たなければならなくなっていたのである。

とはいえ、第二次対仏大同盟を結んだ諸国の政府が最終的にフランス軍に対する一致団結を決めたとき、総裁政府がこれから徹底的に「ひどい目に遭わされるであろうこと」は明らかであった。かの有名なるスヴォーロフに率いられたロシア軍が、北イタリアでクレイのオーストリア軍と合流し、その猛烈な遠征の果てに、まずはシェレール、次いでモローを打ち破り、チザルピナ共和国を侵略して、トリノを占領した。さらには、マクドナルド将軍にローマを放棄させ、早々にリヴィエラへと撤退させてしまった。

同じように、艦隊からの援護を受けたイギリス軍もナポリを再度占領し、六月の末までには、フランスはジェノヴァとリグリア海岸の細長い沿岸線を除いたイタリアの征服地すべてを失ってしまったのである。このような反撃は、それまでのフランスの優位にとって極めて深刻な打撃を与える結果となった。敗北はドイツでも待ち受けていた。カール大公率いるオーストリア軍は、不運なるジュールダン将軍（フランス軍における彼のニックネームはいつも打ちつけられていたので「鉄床《かなとこ》」だった）の攻撃をはじき返し、シュヴァルツヴァルトやライン川にまでフランス軍を撤退させた。ところが、勝利を確定的にするのを待たずに、カール大公はとって返して今度はスイスのマッセナを攻撃し、五月にはチューリヒで勝利を収めた。このおかげで、ドイツと北イタリアとを結ぶ進軍路が大同盟軍に再び開かれることとなった。もっとも、この元密輸業者であったヴェテラン将軍を取り逃したため、彼はリマの近辺に強固な陣を敷いて数々の戦闘を仕掛けてきたのだが。最終的には、イギリスのヨーク公によって率いられたイギリス・ロシア連合軍が北部オランダに到着し、フランスの軍事的立場は一層悪化してしまった。

このように次々と災禍が迫ってくると、総裁政府はますますその無策・無能ぶりを示すこととなっていった。相次ぐ戦乱、国内の金融危機、そして行政府の無能とが、一七九四年にラザール・カルノーによって結成された一三軍団を無惨にも消滅させてしまった。この空白を埋めるためにも、フランス政府は必死になって政策を進め、一七九八年一二月に制定されたジュールダンの徴兵法を九九年六月にはさらに強化せざるを得なくなってしまった。

しかしこの不人気な法令は、多くの兵隊を徴集できるどころか、かえって兵役年齢に達した多くの若者たちが徴兵逃れのために丘陵地帯や森林へと逃げ込んでしまうという、兵役拒否者を生み出すという新たなる問題につながっただけであった。兵員以外にも、ほとんどすべての物資が底を尽き始めていた。軍需品、マスケット銃、軍靴、馬、さらには弾薬さえも不足しており、もはや「祖国は危機にあり」というスローガンは以前のような魔力を失っていた。それにもかかわらず、フランス人民の愛国心と兵士たちの勇気が政府の救援に駆けつけさせ、戦いを続行させた。しかし、自らが導いてしまった明らかに望み薄の状況を何とかしたいという最後の悪あがきを露呈することによって、総裁政府はもはや国民からの信頼を完全に失ってしまった。シェレールは、主力部隊の大半をナポリに移すようにという総裁政府からの命令のせいで、イタリアの大半を失っていた。同様にライン川沿いに駐屯していたジュールダンにしても、戦場に派遣されるのではなく、フランス軍の内部で脱走した徴集兵を追跡して捕まえることに力を貸すよう総裁政府から命じられていた。

このような危機と失政の連続のなかで、フランス共和国は自らの努力というよりは、敵国同士の軋轢や失敗のおかげで生きながらえていたのである。対仏大同盟の戦略は、極めて重要なスイスの中央山塊に戦略的に攻め込む前に、ドナウ川とポー川を攻略してしまうといういかにもお粗末な構想に基づいていた。むしろ、マッセナの軍隊を叩くべく、全勢力を集中すべきだったのだ。スイスというのはそれほどまでに戦略上の真のキーポイントとなっていた。さらに打撃を与えていたことは、対仏大同盟を構成する国同士の間に懐疑と嫉妬が渦巻いていたため、司令官から一兵卒にいたるまで分裂が絶えなかったのである。トゥグートは、イタリア戦線で示したロシアの偉業に対するねたみと、ネーデルラントに食指を動かそうとしているイギリスに対する不信感、さらには彼自身が他のすべてに優先しても欲しがっているベルギーという「賠償」からも、フランスに対する一連の奏功をすべて無駄にしてしまったのだ。彼の主張によって、カール大公はスイスから離れてオランダへと向かわされ、スヴォーロフがイタリアから外され、マッセナ追討軍の指揮を執らされることになった。遠征の途上におけるこのような重大な異動は、大きな時間のロスを生み出してしまった。そしてこの隙に、プロの軍人集団として同盟軍より有能だったフランス軍は起死回生に臨んだのである。

マッセナはこの機会をつかんで、九月二六日に五万人の兵とともにチューリヒへ下り、無能なコルサコフ将軍率いる四万五〇〇〇のロシア軍に躍りかかった。彼はスヴォーロフが戦友を救援するために駆けつけてくる前に、ロシア軍を徹底的に打ちのめした。この一撃のおかげでフランスは再びスイスに覇権を確立することに成功したのである。チューリヒでの同盟軍の敗北は、サンクト・ペテルスブルグとウィーンのふたつの宮廷の間に確執を生じさせる結果となり、最終的にロシアは対仏大同盟から離脱し、翌年一月にはフランスの主導権が再び確固たるものとなった。この決定的な勝利が戦争の分岐点となったことは疑いないが、さらにこの直後のオランダでの勝利でフランスの優位は確実となった。ボナパルトが帰還した直後に、ブリューン将軍がベルゲンで「偉大なるヨーク老公」を撃退し、このジョージ三世の次男坊にイギリスへ兵を戻すよう促したのである（一〇月一八日）。このイギリス撤退にしても同盟軍内部での関係をさらに悪化させる原因となった。というのは、このときイギリス軍とともに撤退したロシアの派遣部隊は、チャネル諸島に本拠を移すこととなったが、住民の主食であるジャガイモなど「神聖なるロシア」の戦士たちの口にはまったく合わない代物でしかなかったからである。このようにピットの努力にもかかわらず、対仏大同盟は今回も急速に崩れ去ってしまい、またまた幸運に助けられた総裁政府はなんとか嵐を切り抜けることに成功した。

フランス沿岸、さらにはこの陰謀渦巻く首都に戻ってきたとき、ナポレオン・ボナパルトは差し迫った軍事的危機は過ぎ去り、同盟軍の作戦がすべて事実上停止となってしまったのを見て少なからぬ無念を感じたに違いない。同盟軍側はイタリアでまだ幾分かは優位をつかんでいたが、その他の場所ではすべて作戦は不成功に終わってしまい、次に控えている数々の作戦にしてもはや怪しい雲行きとなっていた。自ら望んでいた「解放者」としての役割を奪われてしまったこの狡猾なコルシカ人は、今度は自らを「平和の調停者」という次なる大役に据えるべく奔走した。

彼はマッセナやジュベールやブリューンらの剣によって得られたフランスの劇的な解放などに、総裁政府がほとんど信頼をおいていないことをよく心得ていた。また彼は一七九六年以降になると、ほとんどのフランス人たちが他のどのような戦線においてよりもイタリアの戦況によって左右されることにも気づいていた。ノヴィの戦いにおける偉大なるジュベール将軍の戦死と敗北（八月一五日）は、ポー川の流域がオーストリアの管理下におかれるようになったことを決定づけた。「長きにわたって災禍が続いた後で、いまや勝利の歓喜はいずこかへと姿を消してしまった(2)」。そして、ボナパルトは残された機会をフルに活用することに乗り出したのである。

第24章　第一執政

一七九九年の一一月初頭に、フランス共和国の首都は既に陰謀で渦巻いており、ボナパルトの帰還はそれほどの直接的な効果は与えていなかった。嵐が近づいていることは誰の目から見ても明らかだったし、それが暴力を伴ってのものであることも想像がついていた。総裁政府が将軍たちをこの政治的危機に引っ張り込もうとしていた方針は、むしろ政府に対する反発へと変わろうとしていた。そして、パリは陰謀家の政治屋だけでなく、野心満々の軍人たちであふれていた。潜在的に見れば、最も危険なグループはジャコバン派の将軍であるオジュローとジュールダンによって形成されたものだろう。ふたりはともに五百人議会の大物だった。さらに、陸軍大臣から突然解任された憤激さめやらぬベルナドットも、出番を待ち続けていた。モロー、ルフェーヴル両将軍の態度についてはよく知られていなかった。モローは当時、パリの軍事総監という重要ポストに就いていたが、彼らが総裁政府を守るために全力で向かってくるなどと考えられる向きはなかった。より重要だったのは、クーデタを引き起こす手段ではなく、むしろ総裁政府が崩壊した後にどのような体制を形成するかという結果のほうであった。

ずる賢いシェイエス総裁は、とにかく他の誰よりも機先を制して、ジャコバン派による権力奪取を阻止することを第一課題に決めていた。しかし、実際の危機が近づくにつれて、彼は自分の手先となり、また「剣」にもなってくれる高名な軍人の後ろ盾がないことに気づいたのである。元々は、若きジュベールがこの役割を担うはずであったが、ノヴィの戦いにおける早すぎる戦死の結果、シェイエスは別の人物を捜しにかかった。モローもマクドナルドも彼に近づいてきたが、シェイエス側の提案をのむことを拒否していた。

そのようなときに、人気の高いボナパルト将軍が自らの手勢を引き連れて凱旋したのである。シェイエスにとっても極めて好都合であった。ボナパルトは後にこう語っている。ジャコバン派の陰謀家たちも、味方に付いてくれるなら独裁者の地位を与えると近寄ってきたが、最終的には、シェイエスのことが大嫌いであったにもかかわらず、タレイランと弟のリュシアン（五百人議会の議長でもあった）の説得により、彼は穏健派と行動をともにすることになったのだと。「どうなさったの？」といたずら好きなボナパルト夫人が、ナポレオンとシェイエスが同席していたレセプションの場で、驚くゴイエ総裁に尋ねてきた。「ボナパルトはシェイエスを最も嫌っていたはず。シェイエスは虫の好かないヤツだったはずなのに！(3)」。

このようなふたりが、一時的にであれ仲間になるなど極めて危険なことであり、実際すぐにそれは現実の問題となった。数日間にわたるメロドラマのような陰謀劇によって、反対派は無力にされるか、仲間に引き入れられるか、あるいは孤立させられるかのいずれかとなった。どの党派の人間にしろ、総裁政府とその功績（あるいは悪業）のすべてを心から純粋に嫌っていることには変わりがなかった。そしてこのことが、総裁政府にはシェイエスの企てを邪魔するだけの対策を講じられないという現実を示していた。ジャコバン派は、いまだ手の内を見せようとはしなかったが、戦争に疲れ切っているフランスには、ロベスピエールによって率いられていたようなヒステリックなタイプの政府はもはや似つかわしくないことには気づいていた。

彼らと対極に位置する王党派にしても、国民からの支持が欠けていることには気がついていた。しかし、すべての党派にとって幸運だったのは、最も熱心な共和主義者の多くが、好都合にもパリを留守にしていたことだった。クレベールはエジプトにいた。ブリューンは北東部の国境線を警護していた。

この結果、頑迷なふたりの総裁、ゴイエとムーランではクーデタに対抗して実力行使に出るためには数が足りないことが、シェイエスにも確実視されるに至った。どちらにつこうか迷っていた連中も、一一月八日にモローが陰謀に加担すると決めて以来、クーデタ側になびくようになっていた。「これまで共和国を牛耳ってきた法律家たちからのくびきにはもう飽き飽きした。私は貴兄らに全面的に協力を約束する(4)」とモローは申し出てきた。ほっとして感謝の念を示したボナパルトは、この傑出した軍人が闊歩していたときにもしつこいぐらいに感謝の言葉を述べた。そして、国民からの支持という点ではボナパルトにとって最も強力なライヴァルであったモローとの関係は、この何ヶ月か後には大問題となっていくが、いましばらくの間は良好に進んでいった。

一連の「仕事をしながらの夕食会」によってより強力な支持者を味方につけ、ボナパルトの個人的な追従者たちは政府の落伍者を次々と引っ張っていった。どう見ても「ブリュメール」の成功は初めから明らかだった。あとはベルナドット、ルフェーヴル、五百人議会の動向だけが定かではなかった。けれども、このクーデタの最終的な帰結が、コルシカの一軍人にフランス国家の舵取りを実質上すべて任せていくことになるだろうとは、このときは誰もが予想だにもしなかった。とりわけ、当の本人であるボナパルト自身が。そのような結末はシェイエスが考え出したものとは違っていた。彼がまとめた憲法にとっては、ボナパルトなど単なる道具にすぎず、権力の管理者ではなかった。事態は予想もつかないような驚くべき方向へと向かっていったのだ。

「ブリュメールのクーデタ」は一一月九日および一〇日に決行された。計画のほとんどは初日に予定通り達成された。ボナパルトはその日の朝もいつもどおりの行動を見せかけるために、パリ駐屯軍の将校たちとの一連の朝食会にでかけ、騎兵連隊をふたつほど視察した。ところが、この偽りの行動の背後では、本当の計画が進められていたのだ。総裁政府の権限は、シェイエスと彼の協力者ロジェ＝デュコによってバラスが強制的に辞任させられたときに、無力化してしまった。このため、ゴイエとムーラン将軍は孤立してしまい、やがてモローによって逮捕される。他の場所ではクーデタを邪魔してくる連中に対する予防策が展開されていた。ランヌとマルモンはテュイルリ宮殿に出入りする者の検閲に乗り出した。モローはリュクサンブール宮殿の周りを三〇〇人の兵士とともに取り囲んだ。マクドナルドはヴェルサイユへ、ミュラはサン・クルーへとそれぞれ駆けつけ、シェイエスはポン・デュ・ジュール近くに待機させていた軍隊の指揮にあたった。その動向が注目されていたルフェーヴル将軍は、すぐにボナパルトの魅力の虜になってしまい、ダマスカスの刀剣を贈られた。そして彼はこう叫んだ。「よし、法律家どもを川に投げ込んじまえ！」。彼が陰謀家たちとともに格闘している間に、総裁府の護衛官たちは、かつてのご主人たちのことなど一切お構いなしに、新体制の勢力に合流するために華々しく行進していた。そして、前々から計画されていたとおり、ボナパルトが元老議会（既にクーデタに対する協力はとりつけてあった）に姿を現した。ぼーっとなった元老議会議員たちはボナパルトを新しい一時的な憲法の「執行者」とする法案を可決した。この憲法は、シェイエス、ロジェ＝デュコ、そしてボナパルトを「臨時執政」に推挙し、パリの群衆のテロに対応する意味で、もっと安全な場所であるサン・クルーに両院をただちに移動することを提示していた。夕刻遅くまでには、陰謀家たちは無事に既成事実を作り上げてしまったことを大喜びした。ところが、喜ぶのはまだ少し早かったのだ。

翌一一月一〇日、事態は紛糾に陥った。政府が瓦解した責任は、すべてボナパルトのせいにされた。新しい体制はあらゆる憲法的な正統性を強調し、権力を貪欲に奪取しようとしているわけではないとの主張を試みた。たとえば、元老議会および五百人議会の双方で過半数を得ていることなどを盾にして。しかし、五百人議会では問題が生じた。過半数の支持を得られるかの切り札はジャコバン派に握られており、しかも有力者であるベルナドットはボナパルトと敵対していることが広く知られていた。ここで頼りとされたのが、五百人議会議長でもある弟のリュシアン・ボナパルトである。彼が影響力を行使して中道派を引き寄せ、左派を打ち破るという戦法が計画された。

このように一〇日はでだしから心配事が続いたが、サン・クルーに移された議事堂は、彼らの傑出した訪問者を迎え入れたときには、まだ準備が整っていなかった。そこでジャコバン派の連中は、この隙にさらに支持をとりつけて、執政たちへの反対動議を打ち出そうと画策した。ようやくと議事堂の扉が開かれるや、長時間にわたる討議が続けられた。ボナパルト将軍とその一派は議事堂の外でイライラしながら待たされていた。そのうち我らがコルシカ人の忍耐力にもついに限界が生じ、自ら進んで難局に当たることとなった。

彼はさっさと議事堂に入り、両院それぞれを回って熱弁を振るった。しかし、すぐに彼は、フランスの代表者たちに対しては、カイロの野蛮なイスラームの族長たちを圧倒したのと同じような独断的なスタイルは通用しないことに気づいたのだ。元老議会のほうでは、ボナパルトが憲法に違反して長広舌を振るっているのを唖然として聴いていたが、五百人議会では彼の演説など拒絶されてしまった。議員たちは「法の保護を解け！」と口々に叫びながら、お互いに反目し合っていた。彼らは髪を振り乱したボナパルト将軍と汗をかきながら彼を護衛する兵士たちを議事堂から追い出して、階段を通り過ぎ、中庭のところまで追いやってしまった。

革命の危機は突然に生じてしまった。軍隊は自分たちの指導者が追い出されてきたのを見て仰天した。何人かの将軍たちはおろおろし始めていた。事件の目撃者であるティボドーは、この危険な瞬間を次のように記録している。「最初はすべてが麻痺してしまったかのような静けさ、次いで騒々しい叫び声が辺り一面に広がった。ボナパルトは兵士たちに熱弁を振るった。そこへ、弟のリュシアンがやってきて兵士らの説得にあたると、すべての者たちが最後の迷いを消し去って、決意を新たにした。そこで私は五百人議会に戻った。ボナパルトを追い出した後、議員たちは彼を排撃するための政策を討議するのではなく、無駄な議論を延々と繰り返していた。……もし、彼らがボナパルトを無法者と決めたら、オジュローもジュールダンも立ち上がっただろうし、秘かに機会を窺っていたベルナドットにしても彼らに手を貸し、総裁府の衛兵たち（彼らは常備軍の連中とは見解を異にしていたのだ）を引き連れて他の部隊の兵士たちを脅しつけていただろうに。その日にできたことというのは、法令の一部の採択を引き延ばす程度のことだった」。けれども、最終的には、五百人議会の言い逃れと躊躇は破綻をきたしてしまった。「突然、太鼓が打ちならされるや、兵隊たちが議事堂に押し掛けてくるのが見えた。傍聴人たちは追いやられ、議員の大半も窓から（ちょうど運良く庭にそのままの高さで通じていた）次々と逃げ出していった(5)」。こうして新しい体制は、不信任案を突きつけられて失敗に終わるかもしれなかったような危機を乗り切ったのである。その日の夜遅く、リュシアンは五百人議会の残りの議員たちを召集して、臨時執政の認可に必要な法案を急いで通してしまった。総裁政府はこれで消滅した。しかも、事実上、無血のクーデタによって。「この驚くべき有益なる革命は、なんの衝撃もなく遂行された。要は、誰もが緊急に必要としていた革命だったのだ(6)」と、ルフェーヴルはモルティエに五日後に書いている。このとき以来、ボナパルト将軍が政治的な過ちを犯すことは稀になった。

数週間のうちに、ボナパルトは、陰謀の立案者たちを犠牲にして、自らの立場を固めてしまった。シェイエスなど、もはやボナパルトと対等の立場で協力関係を築くのは不可能であると悟り、表面上は新しい憲法の枠組みづくりに協力していたものの、さっさと引退してしまった。ロジェ＝デュコもそれに倣った。カンバセレスとルブランが代わりに執政に就任したが、すぐにボナパルトこそが事実上の第一執政であるとの認識が広まった。一二月一三日に、国民投票の結果が報告され、翌日から「共和暦八年憲法」が施行された。

ボナパルトは、リュクサンブール宮殿の執務室で一日一七時間は働いた。政府の統制をすべて自らに集中させ、経済改革を立案し、議会に出席し、代表団と会見したり、法令の作成を指示したりと、まさに大忙しであった。シェイエスは皮肉交じりに次のように評している。「彼は、すべてを知り、すべてを実現し、すべてを生み出す」。ボナパルトの秘書官だったブーリエンヌの回想録のなかには、風変わりで面白いエピソードが数多く出てくる。次の話もこの時期のエピソードである。第一執政は、湯気が沸き立つほど熱い風呂が大好きだった。「私はいつも彼が風呂に二時間横たわっているのを見ていた。その間に、私は彼のために新聞や新しいパンフレットなどを読んで聞かせた。……彼は、絶えずお湯を足して温度を高くしていたので、いつしか蒸気に取り囲まれてものを読むことができなくなってしまうほどだった。こうなってしまうと、我々はいつもドアを開けなければならなかった(7)」。

この執政の風呂の湯気から、数々の法律が生み出されていったのである。ちょうど、旧約聖書に出てくるシナイ山の雲のなかから、モーゼが十戒を受け取ってきたかのように。

それと同時に、ボナパルトは信頼をおいた者たちに対して、湯水のごとく褒美を与え、昇進にも応じた。ベルティエは一一月一一日付で陸軍大臣に任命された。モローはライン遠征軍の指揮を執ることとなった。ルフェーヴルはボナパルト直属の副官に任命されるとともに元老院議員にも就任した。ミュラは新しく執政付き近衛連隊を任されるとともに、ボナパルトの妹カトリーヌまで手に入れた。タレイランは外務大臣に、フーシェは警察大臣にそれぞれ就任した。また、マクドナルドは予備軍団の指揮を託され、マッセナは（いやいやながらの感も見られたが）スイスでのポストをイタリア遠征軍のそれと交換することになった。サン・シール将軍は、イタリア戦線を安定化させた功績により、「名誉の剣」を初めて下賜された。これはナポレオンお得意の褒賞システムの最初のケースであり、やがてどんどんと広められていった。

一二月二五日、臨時執政制度は正式に終焉を迎え、「共和暦八年憲法」が再確認されるとともに、いまや法律上でも第一執政と認められたボナパルトは至高の権力を手に入れたのであった。しかし、彼はこれからも慎重に歩んでいかなければならないことを心得ていた。彼の統治に反対を示す一派が完全に消滅したわけではなかったからだ。とりわけ、軍隊内部には、慎重派がいまだに数多く存在したのである。

とはいえ、「ブリュメール」体制は確実に強大化し、安定した政府の登場というフランスの長年の念願がかなったのだ。ボナパルトが手に入れた至高の権威は、無限大に広がっていく可能性があった。彼の堂々たるご都合主義が、彼自身でさえ想像もつかないような高みに押し上げてくれたのである。これ以降、フランスは、軍隊の横暴からも、軍事的シャコバン主義の脅威からも自由になっていった。革命期のクラブは次々と閉鎖され、最も派手に活動していた連中は次々と放逐された。しかし、それと同時に、新しい支配者は軍隊を徹底的に政治活動から除外した。この体制は、一八一四年四月にフォンテーヌブロー城で将軍たちが皇帝を退位に追い込んで、新しい憲法改正を指導するまで、一四年以上にわたって続いたのである。

新しい時代の新年にあたって、第一執政が緊急に取り組まなければならなかった問題は、全般的な平和の達成であった。そうすれば、民衆をつかむ力が増強されると同時に、文政改革にも専念できたからだ。フォンテーヌブローの玉座に着くまでの道のりには、圧倒的な勝利とともに壊滅的な敗北も待ち受けていたが、一七九九年一二月の時点においては、未来は極めて明るかったのだ。そして、まだ三〇歳という若き第一執政には、これから明るい未来を築き上げていけるという自信がみなぎっていた。

第25章　遠征計画

一七九九年から一八〇〇年にかけての冬の時期には、フランスの外交官たちはオーストリアやイギリスと穏当な平和条約を結ぼうと躍起になっていた。この重大事において、平和を希求する第一執政の気持ちは間違いなく本物であった。確かに、ロシアの対仏大同盟からの離脱が決まっており、プロイセンもゴタゴタには巻き込まれたくないと表明していたが、フランスの軍事力は疲労困憊にまではまったく達していなかったどころか、軍隊の整備もかなり行き届いていたのは事実だ。それでも平和を望んだのは、ヴァンデで長引く反乱が当座の関心を引きつける重要事であり、ボナパルト自身にとっても、平和の誓いを人々に再認識させ、フランス経済を再建し、自らの権力基盤をさらに強固にするための休憩時間が必要だったからだ。しかし、この平和の探求は最終的に功を奏さなかった。

一方では、ピット政権としては、ベルギーとオランダを手中に収めているフランスがいくら和平を申し出てきても信用できないという、フランス政府に対する不信感が見られた。他方では、一七九九年にはイタリアの大半を再び制覇したオーストリアが、カンポ・フォルミオ条約で決められた領土を返したがらないという事情が見られた。当然のことながら、ボナパルトはこの和平交渉の進捗状況をすべて公表しており、試みが失敗に終わるや、今度は平和を壊したのはピットとトゥグートというふたりの邪魔者がいたからだと大いに喧伝した。最後の決定打を彼らに加えてやるために、フランス国民からの支持を一身に集めようと試みていった。「共和国が戦争を行うのは、平和を勝ち取るためだ(8)」とモローに書き送ったボナパルトは、一八〇〇年三月八日に宣言を発し、フランス国民に対して何度も協力を求めた。「フランス国民よ。諸君らは平和を求めている。そして、諸君の政府もまた大いにそれを望んでいる。しかし、そのためには、金《かね》と鋼鉄と人間が必要だ(9)」。間接的とはいえ、ボナパルトは対仏大同盟の側の政治家たちに多くを負っていたのである。イギリスとオーストリアの非協力的な態度を見るにつけ、フランス国内では次第に怒りが膨れ上がり、四月までにはフランス国民は政府に対する支持を表明すると同時に、列強に対する戦争をも辞さない態度まで明確に示されるようになっていった。

和平交渉という陰に隠れて、ボナパルトはフランス陸軍の効率性を改善していく計画に着手していた。遅ればせながら一連の法令が国境での状況を大いに改良していた。スイスで従軍していたスルト将軍は、友人に時折手紙を書いている。「この事件［ブリュメール］の幸運なる成果と第一執政の有能さはすぐに示された。供給物資はすぐに届くし、兵隊たちへの給料［長く滞っていたが］の問題も解決されたし、特別徴兵によって人員も揃った(10)」。作戦が練り上げられる前から既に、フランス軍にはかなりの余裕があったわけだ。一八〇〇年一月の時点で、統計のうえでは、陸軍には三八万の兵力があったが、このうち五つの主要な戦線に振り分けて使うことができたのは二八万五〇〇〇人程度だったのである。これらの兵力の現状は戦線ごとでまちまちではあったが、イタリア方面軍が最低の状況に置かれていたと考えられる。馬は六〇〇〇頭を切っていたし、弾薬もかなり不足していたほどだった。

このような物質的な不足という最悪の状態を改善するのに全力を尽くした後、ボナパルトは一連の機構改革を促していった。ラインとドナウにそれぞれ置かれていた部隊はひとつにまとめられ、きたるべき戦役に備えて、総計一二万の軍勢となった。また、マッセナが率いていたイタリア方面軍（あるいは時折呼ばれていた言い方をすればリグリア軍）は四万にまで増強された。エドゥヴィルのイギリス方面軍の残党は他の部隊へと振り分けられ、ブリューンは国内の治安維持へと回された。このように陸軍のシステムを全般的に簡素にした後で、ボナパルトは予備軍を強化する政策に乗り出した。予備軍の強化という考えは、一七九九年一二月に既に出されていたが、その後の二ヶ月で二、三の部隊しか集められなかった。しかし、ブリューン将軍によりヴァンデの反乱が素早く巧みに鎮圧され、恩赦のタイミングとも重なって、かなりの兵士たちを予備軍の中核として回すことのできる状態となったのだ。そして、一月七日の法令が、三月三日に再び回状され、ディジョン近郊に予備軍が正式に形成されることとなった。その数は、初め三万であったが、後に六万に膨れ上がった。二月一四日には、シャブラン将軍が第一師団長に任命されたが、それは一四個大隊からなるオリエント派遣軍の遠征拠点から連れてこられた兵士たちによって成り立っていた。一ヶ月後に、第一執政はシャンバルリャック将軍の師団（半旅団が三つで一二門の大砲を擁する）をディジョンに送り込むことに決した。さらに多くの部隊が加わり、四月半ばまでには、五万三〇〇〇の部隊が指定された場所に集合した。これらの部隊はイタリア方面軍を増強するために集められたと一般には喧伝されていたが、このうちの半分は年老いた予備兵と新米の徴集兵で占められており、新しい軍隊などといっても大したことはないとオーストリアの諜報局に思いこませるために結成されたのである。この部隊の重要性は、配置された場所にあったのだ。ディジョンに駐屯していれば、ドイツだろうがイタリアだろうが、必要なときにすぐになだれ込ませることができた。この思惑どおり、アルプス越えが既成の事実となっていくまで、神聖ローマ帝国の中核を占める帝国宮内法院の専門家たちは新しいフランス部隊などまったく相手にしていなかった。

数週間が過ぎても、フランスの準備は続けられた。一〇万組の軍靴と四万の制服がディジョンに集められ、二〇〇万ものビスケットがルツェルンやチューリヒに集められていった。四月一四日に、ベルティエ将軍が予備軍の総司令官に正式に任命された。おかげで、陸軍省の安楽な官僚生活に別れを告げ（古株のカルノーに再度引き継がれた。彼は自らの意志でドイツに逃れ、丁度帰還したところであった）、戦場の厳しい生活へと戻されることとなったわけである。さらに、極めて重要な行政的変革まで待ち受けていた。すべての主要陸軍は軍団制度（*corps d'armee*）を採用するように命ぜられたのである。この制度も、特に目新しいものではなかった。革命期の将軍たちも、ある時期には実験的に試してみようと考えていた。しかし、陸軍全体にこれが導入されたのは今回が初めてであった。それぞれの軍団がすべての兵種を含んでおり、一定の期間であれば、大きな戦力差があってもその軍団だけで敵と対戦することができた。軍団長および師団長は、それぞれに参謀を擁していたが、彼らのなかには総司令部から連絡係として派遣されている者もいた。

もうひとつ、ボナパルト自身によって推進された重要な改革についても言及しておこう。それは砲兵隊の御者が、民間の請負業者からではなく、従軍兵士から採用されるようになったことである。この他の大小様々な変革も含めた一連の改革によって、軍隊の効率性は上昇し、攻撃能力も著しく改善されていった。

至高の権威が第一執政ひとりに集権化されていったことは、組織上の問題にも決定的な変化をもたらした。すなわち、戦争指導全般に関わるような戦略計画を練るうえでの重要な変革である。ここに初めて、ボナパルトは自らの戦略上の知恵をすべて発揮できる立場に立てたのだ。「個々の役割を与えられた各軍によって遂行される戦争体系」。彼は、国家を自らの意志で使えるようになって初めてこれを可能にしたのである(11)。しかし、数ヶ月が過ぎると、ボナパルトの実質的な権力は以前ほどの輝きを失っていったが、それでも総司令官としての権限は相変わらず強大であり、フランスの戦争指導にあたって最大限の効力を発揮していったのであった。

マッセナがチューリヒで勝利を収めて以来、軍事上での主導権は再びフランスへと戻っていった。和平交渉が最終的に決裂するずっと前から、ボナパルトはこの時期に偶発的に生じた一連の事件を最大限に利用して、オーストリアの軍事的な敗北を決定的にするとともに、一七九九年にフランスが失った領土を取り戻そうと計画した。それが必要だと感じると、ボナパルトは戦略的な攻撃によって素早く決定的な勝利を収めるように命じた。彼は四年前にイタリアで経験したような、長々と作戦を繰り返すようなまねだけは避けようと考えた。一八〇〇年には、ドイツ戦線とイタリア戦線とはかつてないほど相互に密接に連携された。このときフルに活用されたのが、スイスによってもたらされた貴重な中軸となる地域だった。敵軍を後方へと追いやって、大胆に同心円を描くような戦法によって追いつめたので、敵軍は戦うか降伏するかを迫られる結果となった。

フランス軍はふたつの巨大なオーストリア軍と対峙していた。シュヴァルツヴァルトとドナウ上流部に控えていたクレイ将軍率いる一〇万以上ともいわれる部隊。そして、北イタリアに進軍してくるだろうと予想されたメラス将軍麾下のより少ない精鋭部隊である。この両軍の殲滅とウィーン攻略とがフランスの究極的な目的であった。一八〇〇年の戦役に関する最初の計画はその前の一二月の間に練られていた。このときは、ドイツを主戦場にしようとボナパルトは計画していた。これは確かに順当な計画だった。ドイツには最も多くの敵軍がいたし、ラインとシュヴァルツヴァルトの敵陣を突破してしまえば、ウィーンまで最短で進軍することができたからだ。「スイスを確保しておけば、イタリアとシュヴァーベンの双方で作戦を展開している敵の連絡線を断ち切ることができる。

余［この一節を語るのは、皇帝即位後のナポレオンである］の最初の考えは、マッセナの軍団をアッペンニーノ山脈防衛のために残しておいて、予備軍とライン方面軍をドナウ渓谷に移動させることだった。共和暦一三年憲法では、執政個人が軍隊を指揮することが禁じられていたため、予備軍への命令は副官に、主力軍への命令はモローに託された。しかし、総司令部に対しては命令できたので、双方の軍団の作戦は余が直接指示した。余はモローがシャフハウゼンを横切って、クレイ軍をラインおよびマイン川の隅へと後方に追いやり、クレイをウィーンから切り離してくれるように願っていた。簡単に言ってしまえば、オーストリア軍の左翼を攻撃するのだ。ちょうど五年後に、余がドナウベルトでマック軍の右翼を攻撃したときのように。そうすれば、オーストリアからの攻撃などまったくなく、ウィーンで再びイタリア征服を決定づけられたかもしれない(12)」。

ナポレオンが最初に計画していた作戦について後年解説を

加えたジョミニ将軍は、予備軍の本当の目的地は初めからイタリアだったとしているが、これについてはいくつかの批判が出ている。特に、『書簡集』のなかにそのような批判を裏付けている一文が見られる。予備軍は「ドイツ遠征軍を援護するよう予定されていた。そして、必要となった場合には、スイスを通ってポー川へと抜けて、オーストリア軍を後方に追いやる計画となっていた(13)」。一見すると、確かにイタリア戦線よりもドイツ戦線のほうを重視した書き方だ。しかし、むしろこの文章は、本当の緊急事態を除いては、モローが進めようとしている主要な作戦に予備軍を極度に介入させないようにという巧みな示唆が込められていたように思われる。

実際に、かなりの指示がモローに対して出されていたのであり、作戦計画の実行についてはほとんど分刻みで調整されていた。一二万におよぶ彼の軍隊は四つの「軍団」に分けられ、第一、第三軍団が二万人ずつ、第二、第四軍団が三万人ずつを擁していた。軍団のひとつがシュヴァルツヴァルトに陽動作戦をしかけてクレイ軍をおびき寄せている間に、残りの三軍団がオーストリア軍を後方へと一掃し、シャフハウゼンを経由して、ストカッハ、エンゲン、モースキルヒ、ビーベラッハの敵軍拠点を攻略する。この最初の作戦が成功したならば、ルクールブ将軍が指揮する予備軍第四軍団（三万）をスイスに派遣してドイツ・イタリア両戦線での動きをカバーさせ、そのあとは予備軍との協力で次々と作戦を進めていくことがモローには期待されていた。

一方で、マッセナはジェノヴァ近郊でメラスの注意を引きつけておく。この計画は確かにナポレオン自身によって練られたものである。「シャフハウゼンぐらいの上流（ライン川の）に同時に四つ橋を架ければ、全フランス軍が二四時間以内にライン川を越えてドイツへなだれ込むことができる。ストカッハに到着して、敵の左翼に襲いかかれば、フランス軍はライン右岸に駐屯しているオーストリア軍のすべてを後方のシュヴァルツヴァルトの山あいの隘路に閉じこめることができよう。そうすれば、遠征を開始してから六日か七日ぐらいで、フランス軍はウルムに到達できる。オーストリア軍の残党はベーメンまで撤退していくだろう(14)」。これが成功すれば、フランスはチロルとカーニック・アルプスを通る道を押さえ、メラスの連絡線を遮断することもできよう。必要とあらば、予備軍をイタリアへ回して、両戦線での完全なる勝利を完遂させることもできる。そうなれば、オーストリア政府としても、敗北を認めて第一執政が提示する和平案を飲む以外にない。

ところが、この輝かしい堂々たる作戦計画は、結局のところ初めからうまくいかないように運命づけられていたのであった。この作戦の責任は、ほとんどすべてモロー将軍に帰せられることになる。しかし、このような作戦を展開するために必要な冷静な判断といい能力といい、モローにはまったく欠けていた。全体を見通さなければならない作戦にとって、彼はあまりにも性急すぎたし、向こう見ずなことをやる場合が多かった。ボナパルトに対する個人的なライヴァル意識も災いしていた。この年長の将軍にとって、コルシカ人のご都合主義者の若僧から指図されるなど、もってのほかだった。「自分自身の演出によって華々しい役割を果たそうとする、あの頑固者のモローを説得することなど不可能だった。彼はまず初めに、余が軍団に来るなら、命令を聞かないと拒んできた。そのあとで、シャフハウゼンへの進路は危険だなどと嘘を言って、余の計画に反対してきた」。モローは、シャフハウゼンのような狭いスペースで自分の軍隊を巧みに操ったり兵士に物資を補給したりするのは無理だと反対し、ボナパルトの戦略の中心部をはぎ取ってしまった。それに続けて、モローは「前回の戦役と同じルートをたどれば」よいのであって、ライン川を四つの離れた地点から渡るべきだと冷静に自分の意見を述べた。このようにして、モローは右側をある程度は強化しておく（シャフハウゼンを渡るのは二軍団にする）ものの広い戦線を構える作戦に変えてしまい、第一執政が提案していたラインの突出部に集中的に攻撃をしかける作戦を退けてしまったのである。結局、ボナパルトは、このような反抗を見過ごして、モローの好きなようにやらせることにした。第一執政からモローに宛てた手紙のなかにも、なにかおべっかを使ったような表現さえ出てくる。三月一六日に、ボナパルトはモローにお世辞たらたらに次のように書いている。「私はすぐにでも執政の役職など降りて、少将として貴官のもとで遠征に加わりたいくらいです」。ジョミニによれば、後年になってナポレオンは、なぜモローを即座に指揮から外さなかったのかについてより率直に理由を述べている。「余には、数多くの子分たちを抱えている人物と正面きって張り合うだけの立場がまだ確立できていなかった。しかも、彼だけが、余に取って代わって支配者になってやろうという野心に欠けた将軍だったのだ。彼とは別の権力機構の人間として交渉を進めていく必要があった。実際、あの当時、彼はそういう人間だったのだから(15)」。

しかし一方で、強情なモローの参謀長であるデゾーレ将軍との会見のなかで、ボナパルトの真の怒りが閃光のように放たれたことがある。「彼が理解できなかったこの計画は、いつか別の戦線で私が実現するだろう。彼が敢えてライン川で採らなかった作戦を、私はアルプスで実現するだろう(16)」。この復讐戦は一八〇三年に実現することとなる。

二週間のうちに、新しい計画が細部に至るまで立案された。これによって、イタリアが戦争にとっての主要な舞台となり、モローは脇役に格下げされてしまったわけである。多くの場合において、もうひとつの案というのはそれほどの価値をもたず、この作戦にしても通常見られるようなナポレオン「直々の」作戦の典型例では決してなかったものの、今回の事例はボナパルトの才能がもつ柔軟性を如実に示した格好となった。三月二五日付の命令によれば、「フランスにとって近年稀にみる優秀な軍隊」と言われたライン方面軍の双肩には、もはや戦争に勝たねばならないという重荷は載せられていなかった。モローは、クレイのオーストリア軍をウルムまで後退させて、スイスの進路に張りめぐらした予備軍との連絡を守る目的で、四月一〇日から二〇日の間に補助的な攻撃に乗り出すよう命じられた。

この予備的な作戦が展開されている間に、予備軍の三つの師団がモローの動きを支え、ディジョンからジュネーヴへと進ませる（シャフハウゼンあるいはサン・ゴタール峠と同じぐらい長い距離になる）。そして同じような戦法で、残りの三万が四月の終わりにはチューリヒに向かう。モローがクレイ軍を一〇日間の進軍によってある程度後退させ、ボーデン湖経由でグラウビュンデンからミラノへと至るオーストリア側の連絡線を遮断することに成功したら、予備軍の半分がサン・ゴタール峠なりシンプロン峠なりを通ってイタリアへとなだれ込み、残りはスイスを防衛する。そして、ルクールブ将軍指揮下の精鋭部隊をライン方面軍から派兵し、ポー渓谷にいるボナパルト軍に大急ぎで合流させる。チューリヒからベルガモまでの距離は一九二マイル。楽観的に見て、およそ一二日間で行軍できる。ルクールブがこの距離を制覇できれば、フランス軍はメラスの連絡線を完全に断ち切ってかなりの勢力で挟み撃ちにできる。後ろにはマッセナの軍勢が控えているのだから。

この戦役の計画にはいくつかの批判が出された。メラスを撃破することは、フランスに有利なかたちで戦争を終わらせることに必ずしも結びつかないというのである。ポー渓谷はウィーンから遠く離れていたし、一七九七年のように、アルプスが立ちはだかっていたのだから。また、モローがクレイ軍をドナウ川まで決定的に後退させられるかも定かではなかった。こうなると、戦争が長引いてしまう恐れが出てきた。この計画が抱えていたもうひとつの難点は、先の計画がひとつの中心さえ備えていれば遂行できたのに対して、新しい遠征計画ではふたつの異なった作戦が必要になってしまったことである。また、標的にされているオーストリア軍は敵の主力部隊ではなかったし、作戦の成功にしても、モローとルクールブの協力如何にすべてかかっていたのだ。とはいいながらも、新しい提案は、ボナパルト本来のやり方である「奇襲」とか「電撃戦」といった手法には欠けていたかもしれないが、それでも現実的で、包括的に練り上げられ、最終的には成功するものと思われた。モローでさえいやいやながら従わざるを得なかったほどである。戦争の全体を見通していたボナパルトは、スイスを経由してオーストリアの中央部を粉砕しようと計画した。そのためには、オーストリア軍が擁するふたつの主力部隊のうちのひとつを破壊する目的で、予備軍に「中心的な役割」を与える必要があった。これこそが、カスティリョーネで考案していた戦術を、新たに戦略レベルにまで高めて採用した戦法だったのだ。

第26章　アルプス越え

戦争を指揮していると、つねに予想のつかないような事態が生じる。一八〇〇年の遠征にしてもご多分に漏れなかった。フランスの参謀たちが驚かされ、さらにはボナパルト自身が一番仰天してしまったのは、フランス軍がいかなる準備もまだできていない前に、オーストリア軍が北イタリアのマッセナに対して予期せぬ先制攻撃をしかけてきたときだった。これは一七九六年四月に起こった状況と同じであったが、今回のフランス軍はもっと驚いたのだ。ボナパルトと同様に、帝国宮内法院は主戦場をイタリアに定め、ドイツ戦線を同じように脇役へと退かせていた。この目的のため、メラス将軍の軍勢は九万七〇〇〇にまで膨れ上がっていた。さらに、五月初頭までには、一万四〇〇〇の騎兵と八万六〇〇〇の歩兵がメラスの自由に使え、これに加えてナポリ国王からは二万人、ミノルカ駐在のイギリス軍からは一万人が与えられることになっていた。

帝国宮内法院は、ディジョン近郊にいたフランス予備軍の潜在的な能力など無視して、アッペンニーノからマッセナを追い出し、ジェノヴァを攻略して、ヴァール川を渡り、最終的にはイギリス海軍の助けを借りてトゥーロンを落とすようにメラスに指示を与えた。フランス予備軍の存在を過小評価していたとともに、オーストリアはスイスを無力化するのを再び怠ってしまった。さらに、彼らはパリからずっと遠くに離れた軍隊と一戦を交えることに熱意を傾けるという愚行に走ってしまったのだ。ラインで一二万の大軍を指揮できるのは兄の成功を受けたクレイしかいなかった。オーストリア軍の計画が、イタリアからフランス勢力をすべて一掃したいウィーンの願望と、フランス最大の海軍港を再度占領して一七九三年の屈辱をはらそうとするロンドンの希望を受けて練られたものであることは間違いない。しかし、この地はまた、対仏大同盟軍が現実に協力し合って戦闘にあたることができ、イギリス海軍の威力を陸戦を支えるために直接的に用いることのできる唯一の舞台でもあったのだ。

メラスの攻撃は大成功で幕を開けた。四月五日、オーストリア軍は突然フランス軍の最左翼に攻撃をしかけ、モン・スニ峠を包囲していたいくつかの分遣隊を後退させた。イタリア方面軍はこの地域を取り戻そうと試みたが、四月六日のメラス将軍の総攻撃によって、オーストリア軍の三つの梯団がサヴォナを奇襲した。これにはフランス軍も度肝を抜かれ、作戦計画が決定的に不充分であったことを露呈する結末となった。右翼に陣取っていたスルト指揮下の三個師団はカディボーナからトッリグリアに至る広い範囲にわたる警戒線に配置されていた。マッセナ自身は、司令部とわずかな予備軍を引き連れて、大都市ジェノヴァに駐屯する予定であった。シュシェ将軍指揮下の左翼一万二〇〇〇はフィナーレからモン・スニ峠に至るラインを守るよう命じられていた。総計三万六〇〇〇の兵士たちが、リグリア海岸の七〇マイルも含めて、五〇リュー［一リューは約四キロ］以上におよぶ範囲を押さえようとしていたのだが、結局、陸地からはオーストリア軍によって、海からはキース卿率いるイギリス艦隊によって完全に包囲されてしまったのである。ジェノヴァ、ガヴィ、ノヴィの守備隊を引き抜いた結果、マッセナは一万五〇〇〇人強の兵士たちと戦場に赴いた。彼に託されていた責務は大きく挫かれてしまった。

彼の部隊は物資も士気も減退し始めていた。彼はメラスの注意を引きつけるという戦略に気を使う一方で、兵士たちの食糧を確保しなければならないという問題にも直面していた。なにしろ、マッセナは戦闘を開始するにあたって、マルセイユの物資供給所や商人たちから恥も外聞もなく金を巻き上げられていたのだから。既に配給量も少なくなっており、ジェノヴァの食糧倉庫は空っぽに近くなっていた。そこへオーストリア軍が突然襲ってきた。極めて短時間のうちに、メラス将軍は最初の目的を達成してしまった。マッセナ゠スルト軍をシュシェ軍から引き離してしまうという目的を。すぐにサヴォナがオーストリア軍によって攻略され、マッセナは一万八〇〇〇ほどの兵士たちとジェノヴァに撤退し、シュシェはヴァール川、さらにはそこからローヤ川へと退却した。四月の第三週までには、オット将軍がジェノヴァ周辺に二万四〇〇〇の軍勢で攻撃をしかけたが、海からはイギリス海軍がオーストリア軍を援護するためにジェノヴァを封鎖していた。

さらに、エルスニッツ将軍は一万八〇〇〇の軍勢を率いてヴァール川を越えての奇襲作戦を計画していた。時間との勝負となった。マッセナはいましばらくはもちこたえることができた。彼がジェノヴァに陣取っている限り、メラスのフランス侵攻は難しい。マッセナが早期に降伏してしまえば、ボナパルトの計画は水泡に帰してしまう。一七九九年のチューリヒの戦い（第一次）のときと同じように、マッセナはフランスの突破口を掌握し、雄大な戦闘を引き起こす原動力となっていた。

イタリアで戦況が悪化しているとはつゆ知らず、ボナパルトは四月九日に新しい指令をマッセナに届けさせた。そこには初めて彼の意図が詳細に明らかにされていた。「ライン方面軍がまず四月一一日から二二日の間のいずれかの日に作戦に突入する。軍団は、モロー将軍指揮下のものと、ルクールブ将軍指揮下のもの（ライン軍団の右翼を形成）とに分ける。ルクールブの第一課題は、シュヴァーベンへ侵攻する軍団の右翼を護るためにスイスを占拠することである。……［そのあとで］……ルクールブ軍はベルティエの指揮下に入り、サン・ベルナール峠を越えてイタリアへと侵攻する。これと同時に、予備軍の一部がヴァレーを占領して、軍団の残りがスイスを接収している間に、シンプロン峠もしくはサン・ゴタール峠からイタリアへとなだれ込む。……ベルティエがイタリアへ侵攻すると同時に、市民の将軍である貴兄は、我々と歩調を合わせて、敵を分断してほしい。……兵士の数を大げさに喧伝してくれ。内陸部から巨大な軍勢が到着したと声明し、真の攻撃目的地から敵軍を排除してほしい(17)」。やがて見ていくように、マッセナは不利な状況にあったにもかかわらず、この責務の大半を見事に果たしていくのである。

いつもの完璧な方法によって、一七九九年一二月には、既にアルプスを越えられる主な峠がボナパルトによって念入りに偵察されていた。その結果、三つのルートが考えられた。ひとつめは、ジュネーヴからグラン・サン・ベルナール峠を越えて行くルートで、ディジョンからは最も近かった。しかし、道が狭く、部分的には大砲を通すことが無理なように思われた。第二のルートは、シンプロン峠を通ってミラノへと直接抜けていくものである。これだと、ポー渓谷の左岸を守って川の西側を側面包囲できた。最後のルートは、おそらく最良のルートであったと思われるが、サン・ゴタール峠を通っていくものだ。ここは三つのルートのなかでは最東端に位置していたが、軍隊全体が宿営できたし、連絡線も築くことができるほどにスペースも充分だった。

四月初頭に、第一執政が心に描いていた戦略は、シンプロンとサン・ゴタールの両方を組み合わせてアルプス山脈を越えていくというものであった。ポー渓谷に到着したら、ボナパルトは予備軍をストラデッラに進軍させるつもりだった。ここはピアチェンツァからアレッサンドリアへと抜ける主要ルートに位置していたのだ。ストラデッラを占領してしまえば、ポーとアッペンニーノとの間隔はわずか一二マイルにまで縮めることができ、通行可能な唯一のルートを握っているこの村には石造りの小屋が散在していた。ストラデッラはオーストリアの連絡線を斜めに横切る理想的な場所に位置しており、人数の少ないフランス軍が騎兵や銃の不足を押して戦いを挑むことができたのだ。「敵軍が連絡線を回復させたいならば、ストラデッラを通らざるを得ない。この村がフランス軍のために役立ってくれるのは明らかだ。敵の騎兵隊などなす術もなく、砲兵隊がいかに優れていようがここではほとんど役に立たないだろう(18)」。

メラスは一二万の大軍を率いてはいるが、マッセナ軍が少なくともそのうちの三分の一を釘付けにできるであろうから、ベルティエの五万とルクールブの二万五〇〇〇で残り八万の兵と互角に競うこともできる、とボナパルトは計算していた。彼は、後方からのフランス軍による予期せぬ突然の奇襲で、オーストリア軍の士気もゆゆしき状態に陥り、混沌とした撤退が続くなかで、フランス予備軍が襲いかかり敵軍を順々に粉砕していくことになると予想していた。ストラデッラを抜ければ、フランス軍の快進撃も期待できた。実際に、ブーリエンヌは、ボナパルトが床一面に地図を拡げながら、マレンゴの東三マイルに位置するサン・ジュリアーノ村にピンを刺して「余はスクリヴィア広原のこの地で敵軍と戦うことになるだろう」と声高に叫んだ有名なエピソードを伝えている。現代のコンピューターにも匹敵するこの洞察力と正確さは、この時点では誰にも気づかれずに看過されてしまっていたが、彼の秘書は三ヶ月後に思い出したわけである。

第一執政の頭のなかではすべてが明確に見通せたとしても、他の将軍たちには皆目見当がつかない状態だった。モローに対しては、予定の期限である四月二〇日を過ぎても、何日も動かずにいる理由を次から次へと弁明した。しかしこの間に、ボナパルトはサン・ゴタール峠を開かせ、ルクールブを移動させていたのである。彼はベルティエが懐疑と不安で満ち満ちている状態を察した。総参謀長としては完璧な男も、総司令官としては明白な欠点（ありがちなものであったが）を既に露呈させていたのだ。四月一六日、第一執政は、毎日送っている伝令に次のような励ましの言葉を書き足した。「がんばれ（Soyez gai）！」。戦場の霧《フォッグ・オブ・ウォー》のなかで、ベルティエの落胆は増していった。彼の混乱ぶりは、やがてあるひとつの事件へと発展していく。イタリアからの悪い知らせを考慮して、四月二四日にボナパルトは陸軍大臣のカルノーに、次の三つの指令をベルティエに伝えるよう指示した。①軍隊をジュネーヴに移し、②軍需物資を湖を使ってボートでヴィルヌーヴに移送し、③後ほど伝えるルートを通ってピエモンテとロンバルディアへ向かう準備を整えておくこと。この指令がベルティエのもとに届けられたとき、最初のふたつの指示はまったく伝えられず、第三の指示にしても実際の目的についての具体的な言及がなく、モロー軍を支援せよという新たな条項が付け加えられていたのである。ベルティエから、予備軍の進撃を援護するために、軍団の大半をスイス中央部に移動させておりますという返答を聞かされて、ボナパルトがカルノーに激怒したのは言うまでもなかろう。これ以後、重要な通信すべてが「特定の経路」を使わずに、直接送られることとなったのである。

モローがルクールブ軍の一件でゴタゴタを起こすであろうことをいつもの先見性によって見通していたボナパルトは、悪化しているイタリア情勢が一刻の猶予をも許さない状況へと発展していくことも見越して、四月二六日にはベルティエ軍を六万にまで増強した。同じ日に、彼は属官にこう書き送っている。「私が越えようと思っているのはグラン・サン・ベルナール峠である」。通過する軍勢の過密度を下げて、安全の保障を高めるためにも、第一執政は三つの補助的な縦隊を組織して、それぞれ異なった地点を通過させることにした。チュロー将軍指揮下の二五〇〇人はモン・スニ峠を経てモダーヌへ。シャブラン率いる六五〇〇人はプチ・サン・ベルナール峠を使ってアオスタで本隊と合流する。そして、ベタンクール率いる歩兵半旅団程度の名ばかりの軍勢がシンプロン峠を仰々しく行進していく。そのうちに、ライン方面の軍団から援護部隊がサン・ゴタール峠へとなだれ込んできて、第五の進軍路を形成するだろうと、ボナパルトは望んでいた。ベルティエは急いで準備を整えなければならなかった。ジェノヴァの駐屯軍には、既に三〇日分の糧食しか残されていなかったからである。

このような作戦によって、ボナパルトは貴重な時間稼ぎができると同時に、オーストリア諜報部隊の目を欺くことが期待されたが、大きなリスクを背負わなければならないことも事実だった。これだけ多くの進軍路を利用することで少なくともひとつは防備が手うすなこと、さらにできるだけ長い時間にわたって自身がいる本隊のルートを隠せるであろうと期待していた。それでもなお、アルプス山脈のより遠方の側は既に敵陣であり、ここに複数の部隊を集中させるのは非常に危険だった。メラスがもっと機敏に賢明に動くことができていたら、オーストリア軍は小さな部隊に分かれて個々の出入り口を固め、本隊とも巧みに連絡を取り合って、狭い山道から出てきたそれぞれのフランス軍梯団を粉砕していただろう。しかも、アルプスの峠を越えるには、季節はまだ少々早かったのである。雪も氷も広い範囲にわたって見られ、険しい山道や狭い峡谷、さらには危険な氷河を一層危ないものにしていた。

アルプス越えという計画は、決して新しい発想ではなかった。それこそハンニバルの時代から、数多くの軍隊が山々を越えていた。しかし、大砲、弾薬箱、鍛冶用の炉にいたるまで運び込んだフル装備の近代軍が、この季節に峠を越えていくというのは初めての試みであった。工兵隊長のマレスコ将軍は、予想される最悪の事態について、五月八日の報告書に記している。「とにかく、雪崩には注意しなければならない。一回の雪崩で何個大隊でも一瞬にして生き埋めにしてしま

北イタリア戦役（1800年）

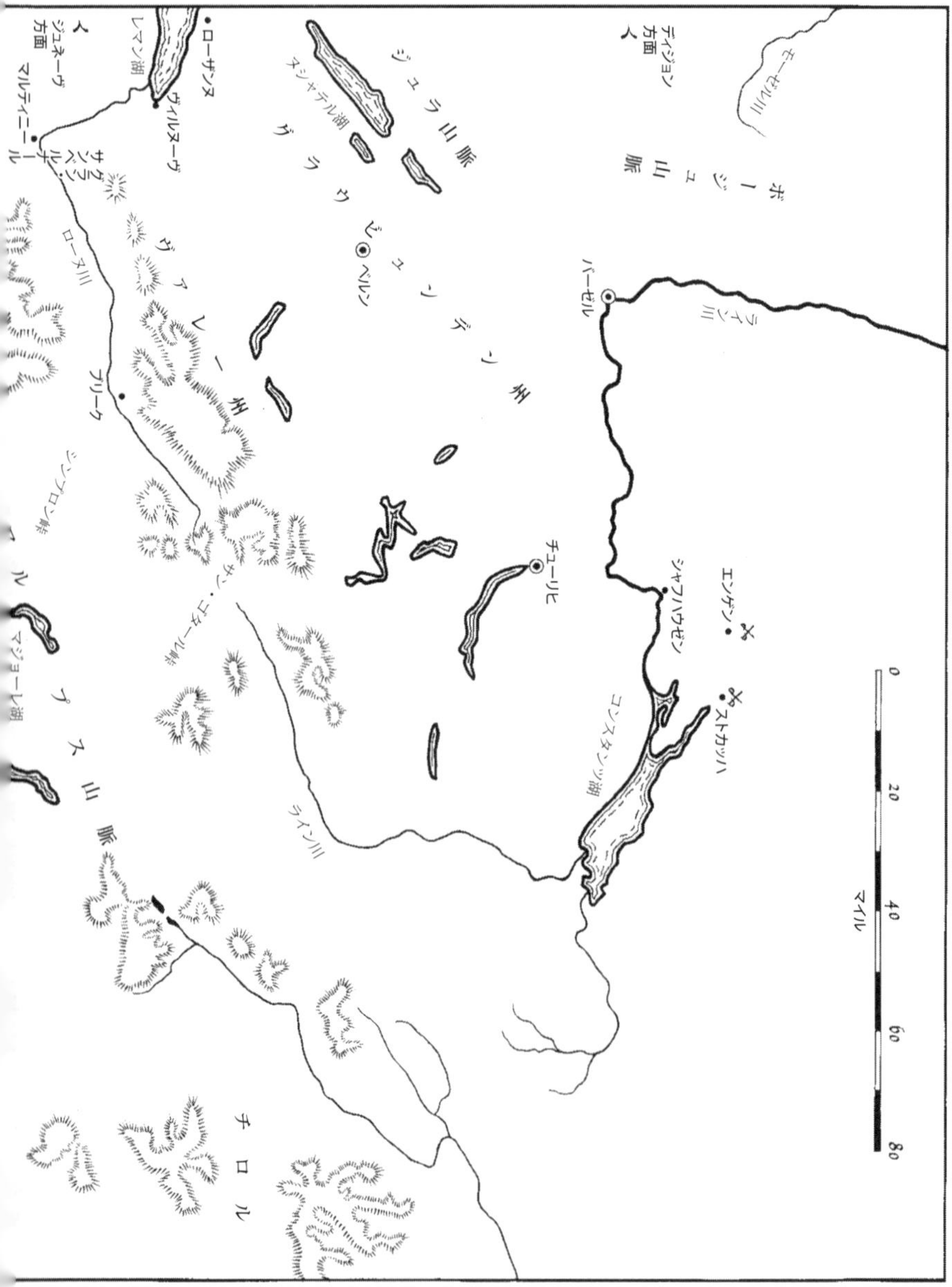

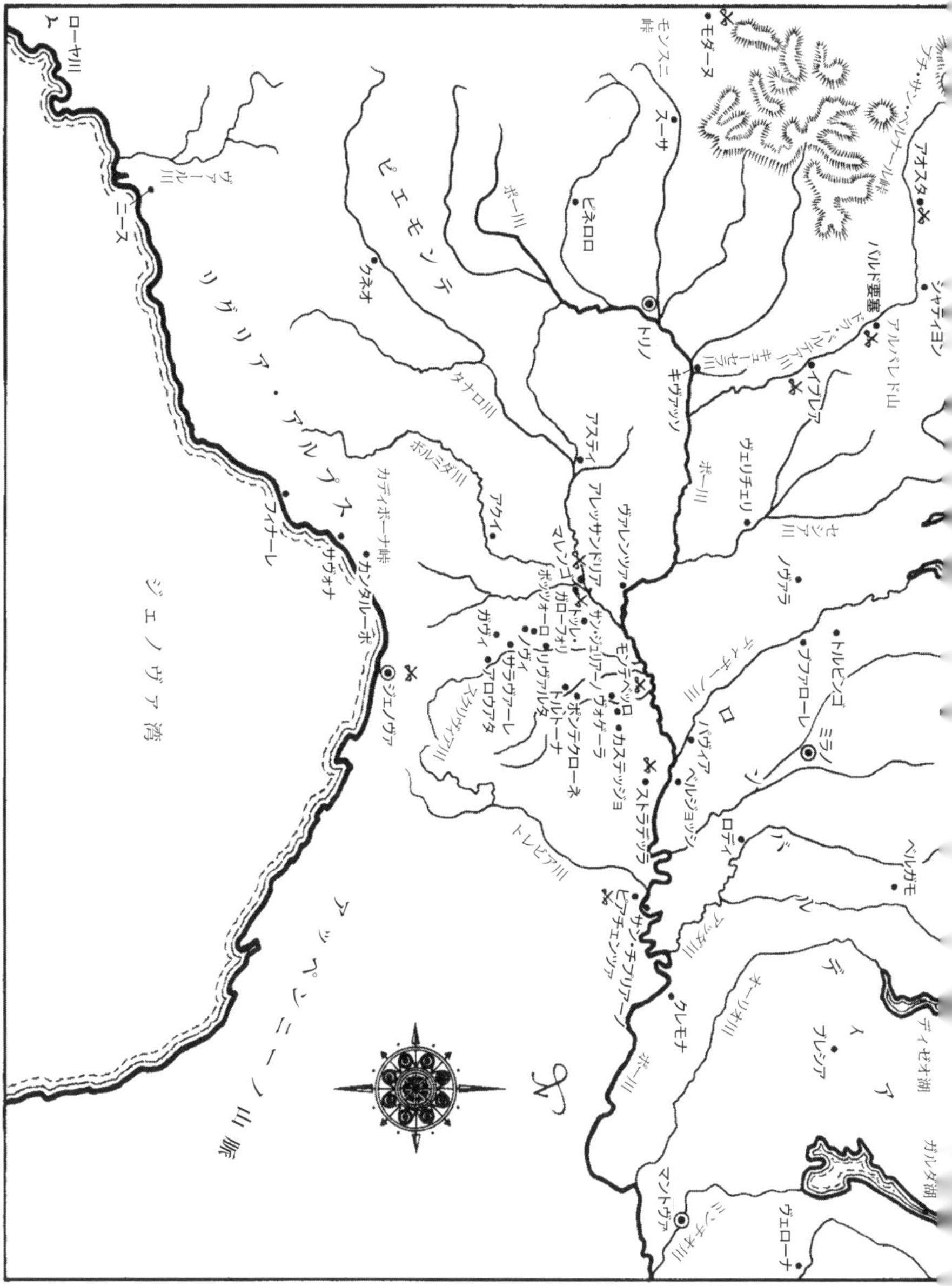
ローヌ川
ニース
ヴァール川
リグリア・アルプス
ピエモンテ
クネオ
ポー川
ピネロロ
スーサ
モンスニ峠
モダーヌ
アオスタ
バルド要塞
シャティヨン
イヴレア
トリノ
キヴァッソ
タナロ川
アスティ
ボルミダ川
カディボーナ峠
フィナーレ
サヴォナ
ジェノヴァ
ジェノヴァ湾
アックイ
アレッサンドリア
マレンゴ
ヴァレンツァ
ヴェルチェリ
ノヴァラ
トルビゴ
ブファローレ
ミラノ
パヴィア
ロディ
ストラデッラ
カステッジョ
ヴォゲーラ
モンテベッロ
トルトーナ
ノヴィ
ガヴィ
トレビア川
ピアチェンツァ
クレモナ
ブレシア
ベルガモ
イゼオ湖
ガルダ湖
ヴェローナ
マントヴァ
アッペンニーノ山脈

う」。「行軍は、月明かりが出ている夜のあいだか、もしくは雪の表面がまだ溶けていない明けがた早く」にしたほうがよいと報告したあとで、彼は次のように勧めている。雪崩を事前に起こしてしまうために、大砲を撃っておくこと。そして、雪解け水を飲むと腹を壊してしまう可能性も高いので、中和するためにお酢を用意しておくこと(19)。このように明らかに危険な試練が待ち受けている状況で、予備軍のなかに悲観論者がいてもなんら不思議ではなかった。

しかし、予備軍にとって有利に条件が運んでいた。ジェノヴァは、既に食糧も半分になってしまっていたが、まだもちこたえており、メラスの注意をアルプスからそらすことに成功していた。メラスはフランス軍は侵略を防ぐためにプロヴァンスの防衛に乗り出すものと相変わらず信じきっていた。さらに、ボナパルトとカルノーからせっつかかれるかたちで、モロー将軍は四月二五日についに作戦に乗り出すこととなった。これがまた成功裡に終わったのだ。ルクールブは五月一日には無事にシャフハウゼン通過を成し遂げ、二日後にはライン方面軍がオーストリア軍をストカッハで粉砕して、三〇〇〇人の捕虜と九門の大砲を手に入れた。エンゲン、ムースキルヒ、ビーベラッハでもフランス軍は善戦し、二週間のうちにクレイ将軍はウルムに全面的に撤退し、スイスの重要地点から離れてしまった。第一課題をすべて達成した後で、モローは圧力をゆるめるとともに、特別任務のためにルクールブ軍を手放してしまうのをますます渋るようになっていった。

その間に、ボナパルトは半信半疑のベルティエを安心させることに精力を尽くした。「三万人の兵士と三〇門の大砲とが、貴兄をイタリアの盟主に仕立て上げるだろう」と、彼は五月二日になだめるように書き送った。その三日後、ふたつのまったく異なった知らせがパリに到着した結果、事態の展開は急激に早まっていった。ひとつはストカッハでのモローの大成功であり、もうひとつはマッセナからのもので、ジェノヴァはもったとしても最大であと一五日ほどだという悪い知らせだった。これ以上時間を無駄にはしていられない。「真夜中に出発する」とボナパルトはベルティエに書き送った。同じ日に、カルノーはルクールブ軍をすぐに派遣するようにモローに個人的に伝えるよう執政から指示を受けた。ふたつのメッセージがジェノヴァへと発信された。

最初のものは「予備軍は行進中である。五月二〇日までもちこたえてくれ」。第二のメッセージはシュシェを中継にして極秘に送られ、マッセナに口頭で伝えられた。それは六月四日まで抵抗を続けるようにという命令であった。ボナパルトはメラスの部隊を叩きつぶすにはまるまる一ヶ月は必要になるだろうと計算していたのである。

五月五日から六日にかけての真夜中にパリを出発した第一

執政の随員たちは八日の夜遅くにジュネーヴに到着した。そこで、砲兵隊が予備的な訓練を完了し、最後の部隊がレマン湖北岸のキャンプに到達するまで三日間駐屯した。ここで各部隊に指示が与えられ、オーストリアのスパイが予備軍の最終目的地を誤って伝えるように巧みな喧伝がなされた。それと同時に、司令部からは効果的な司令が大量に発せられた。五月一〇日にはアルプス越えのための極秘の指令が出された。ワトランとメノーニの師団、さらにはリヴォーの騎兵旅団からなる前衛部隊を率いるように、ランヌが命令を受けた。この約八〇〇〇人の部隊が、一四日までにはグラン・サン・ベルナール峠のふもとに到着し、一六日までにはなんとしてでもアオスタを攻略するように命じられていたのである。

本隊のほうは一時的にふたつの軍団に分けて組織された。デュエーム将軍はロワゾンとブデの部隊の指揮を託され、ヴィクトール将軍はシャブランとシャンバルリャックの師団を引き継いだ。モンニエ師団、レッキ旅団、執政付き親衛隊と軍車両が梯団の殿《しんがり》軍役を務めることになった。ミュラは騎兵隊全体を指揮するように命ぜられ、マルモンは遠征に参加した四八門の大砲を託された。ボナパルトの最大の目的は、一八日までに全軍を率いてイヴレアに到達することだった。「もしバルド要塞に手間どらなかったらの話ですが」と、ベルティエの参謀長であるデュポン将軍が、五月一〇日付の陸軍大臣代行宛の書簡のなかで予言のように書き記している(20)。

四日後、作戦決行の前日に、モローへの指令が無事に伝えられた由を報告するために、カルノーが司令部に到着した。翌朝、報告を聞いたボナパルトはさして驚きもしなかったが、そのインパクトは圧倒的な意味をもっていたのだ。「これからスイスに兵員を集めに行ってまいります」とモローは気取って書き送ってきた。「二〇個大隊とできるだけ多くの騎兵大隊を早急に、陸軍大臣閣下がご要望の大砲とともにお送りいたします。軍勢はモンセイ将軍に送らせます(21)」。この手紙に添えられていた明細によれば、モローは自分の部隊の残りかすともいうべき一万八七一四人の歩兵と二八〇三頭の馬(ただし紙上の数)を押しつけて、ルクールブ配下の熟練した部隊を残したのである。しかも、最終的に現れたのは、わずか一万一〇〇〇人の兵士だけだった。ベルティエの軍勢を増やしておいたボナパルトの先賢の明がここに立証された。モローはついに本性を現した。しかし、少なくとも援軍は差し向けてきたわけだ。

そこへ、五月一三日に、第一執政のもとにうれしい知らせが舞い込んできた。古い戦友であるドゼーからの手紙で、イギリス軍の封鎖を突破して、エジプトからこちらへ駆けつけるとのことである。ボナパルトはすぐに走り書きで返事を送った。「とにかく、できるだけ早く来て、私がどこにいようとも合流してくれ。貴兄がこの手紙を読む頃までには、私はイヴレアにいることを望んでいる[22]」。さらに、マッセナに対しても励ましのメッセージが送られた。「全軍が行進中である。貴兄が遣わしている副官が現状を伝えてくれるだろう。貴兄は現在、困難な立場に置かれているものの、いまだにジェノヴァを守ってくれていることを知った。これこそ、ひとりの人間が二万の軍勢に値する最良の事例ではないか[23]」。

五万人もの予備軍をアルプスを越えて移送するという大作戦は、五月一五日の未明に始まった。マルティニーからアオスタまで二五マイルあった。アルプス越えのために各兵士たちは九日間の食糧と四〇発の弾薬を携帯していた。ランヌの背後には、軍の残りの部隊はレマン湖に至るまで五つの梯団を形成して数珠つなぎになっていた。最大の難関は、サン・ピエール村を通り過ぎたところに待ち受けていた。報告によると、ここは重い車輪の乗り物は通行が不可能とされていたのだ。「最も難しいのは大砲を通すことだ。グラン・サン・ベルナール峠は雪が深く、勾配も急だ。砲兵隊を指揮していたマルモン将軍はふたつの緊急措置をとらせた。ひとつは、木の根っこをかいば桶のようなかたちにくり抜いて、そのなかに八ポンド砲と臼砲をしまう。一〇〇人の兵士たちがそれぞれの大砲を馬につないで二日間かけてサン・ベルナール峠を運んだ。第二の方法は、オーソンヌのガッサンディ少将によって考案された丸太を並べてそりをころがすやりかたである。砲架はバラバラに分解されて部分ごとに運ばれた。ただし八ポンド砲の砲架だけは一〇人の兵士たちが一個ずつ運んだ。荷車は空っぽにされて先に運ばれ、中身の荷物のほうは箱詰めにされて人間やラバの背中に載せられた[24]」。

想像力に長けたこの種の方法に助けられて、軍隊は無事に進軍を続けた。海抜八一二〇フィートに達する峠への狭くて急勾配の道をよじ登ったあとで、ヘトヘトになった部隊は有名なサン・ベルナールの休憩所で休みをとった。ここでは修道僧たちが、次から次へとやってくる縦隊の兵士たちすべてに、ワインとパンとチーズを振る舞っていた。このあとは、ドラ・バルテアの奔流に沿っての下山という、より危険な進路が待ち構えていた。ローザンヌのボナパルトに届けられた最初の報告では、ランヌ隊は順調に行軍しているとされていた。前衛部隊は、指令通り、一六日までにアオスタに到達し、鋭いながらも短い小競り合いのあとでここを攻略した。プチ・サン・ベルナールを越えてくるシャブラン師団を待ってから、ランヌは次の日にさらに一五〇〇人のオーストリア軍をシャティヨンで敗走させた。

五月一七日、第一執政はマルティニーに移動し、三日後に峠を越えることとなった。その間の一九日に、バルド要塞に到着したランヌに初めて問題が生じていた。これが大きな障害となってしまう。村にはたったひとつの道しか通っていなかったが、これこそこの要塞の最大の強みだったのだ。「小さな要塞は、渓谷が最も狭くなった地点の険しい岩の上に建っていた」。二一日までには、オーストリア軍も村のほとんどから追い出されてしまったが、要塞の司令官であったベルンコップ指揮下のキンスキー連隊擲弾兵四〇〇人と二六門の大砲とが、ランヌの無鉄砲な急襲などものともせずに難なく撃退してしまったのである。ベルティエは、要塞から六マイルほどのところに司令部を設営した。しかし、希望のない遅滞は攻撃のタイミングとインパクトとを失ってしまうかもしれなかった。このとき、メラスが彼のもとに届いたに違いないこの情報に応じてすぐにでも動いていたら、フランス軍の侵入を防ぐこともできたであろう。ボナパルトにとって幸運だったのは、敵がこの情報の重要性に気づいたのがあまりにも遅すぎたことだった。

五月二〇日、第一執政はラバに乗って峠を越え、休憩所を短時間訪問した後、ベルティエの司令部へ向けて行軍を続けた。彼が司令部に到着したのは同じ日の夕刻のことであった。下山するときは、型破りな方法が試みられた。広報によれば、「第一執政は、サン・ベルナール峠の頂上から、険しい急斜面の雪のうえを滑って転ぶようにして降りられた」。

戦況の全体を見通していた彼は、バルド要塞の執拗な抵抗に過度に苛立つこともなかった。ランヌは、部隊の一部を迂回させて敵を出し抜き、イヴレアまで積極的に押し出していった。その後の数日間は、より多くの師団がモンテ・アルバレドの側にぴったりとくっついていく、ランヌのルートに沿ってラバを走らせた。しかし、このようなルートは、大砲や騎兵にとっては、マレスコの工兵部隊が通路の改善に努めたにもかかわらず、問題外のルートであった。イヴレアに大砲なしで歩兵たちが集結している状況は厄介だったが、大砲を運ぶことのできるルートは、要塞にいるオーストリア軍の目と鼻の先を、夜が更けて寝静まったときに越えていく以外になかった。最初の二度の試みは見破られてしまい、失敗に終わった。しかし、二四日の晩には、四ポンド砲二門と弾薬車一台を苦難の末、通過させることに成功した。「砲兵たちは、地面を麦藁や牛馬の糞で覆って、車輪まで布でくるみながら、音が出ないように要塞のすぐ下を通り抜けて、闇のなか大砲を運んだのである(25)」。次の晩も、同じような方法で、八ポンド砲二門と二〜三の曲射砲を運び出すことに成功し、ここに当面の危機は回避された。この程度の武器でさえも、作戦の成否を決定づけてしまうものなのだ。徴集兵たちからなるシャブラン師団が残りの大砲で要塞を攻撃している間に、軍勢の大半がイヴレアめざして疾走した。

イヴレアには、オーストリア軍三〇〇〇を追い払ったランヌの部隊が五月二二日から駐屯していた。バルド要塞を固める勇敢なオーストリア軍は、六月初頭までもちこたえることができていた。「我々は、要塞が落ちるまで大砲を通すことができなければ、遠征を成功裡に終わらせることのできるすべての望みを断ち切ることにつながる(26)」という、ナポレオンの判断はもっともであった。ボナパルト自身も、この前の年に、シリア国境にあるエル・アリッシュで同じような境遇に陥っていたが、バルド要塞はそこまで彼を手こずらせることはなかった。もともと彼らの抵抗は予想されていたのだから。五月二四日までには、四万の軍勢の大半はポー渓谷に到達していた。他の分遣隊もすぐ近くにいたし、モンセイの部隊もサン・ゴタール峠にさしかかっているとの情報が届いてきた。賭けに出るときがやってきた。アルプス越えの苦難は終わった。フランス軍は敵軍からさしたる反撃も受けずに、彼らから遙かかなたの地で勢力を結集できたのである。幕は切って落とされた。マッセナは、少なくとも所期の目的は達成できたし、メラスは最大の過ちを犯していた。こうして、第一執政にとっては次にいかなる動きにも出ることができた。「我々は稲妻のごとく突き進んでいった」と、ボナパルトは兄ジョゼフに五月二四日に書き送った。「敵軍は我々をまったく予期していなかったし、いまだに信じられないという顔つきだった(27)」。

事実は、彼の自信満々の口調のとおりだったのだ。六万六〇〇〇におよぶ軍勢を北イタリアに集中させ、しかもそのうちの三分の二以上は既に集まってきており、これにジェノヴァにいるマッセナの一万八〇〇〇が加わるのである。対するオーストリア軍は、一〇万の大軍で応戦するものの、マッセナとシュシェにやられてしまい、いまでは八万六〇〇〇ほどに減退していた。確かにオーストリア軍は内陸部では優勢にあったが、メラス軍の大半はトリノ近郊で広い弧のかたちを描くように分散しており、フランス軍のほうはすぐにでも一ヶ所に集中できたのである。

大砲が不足していたにもかかわらず、ボナパルトはイヴレアに集まった予備軍とともに主導権を握ることを決意した。作戦としては三つの可能性があった。トリノ近郊までまっすぐに突っ走るか、ジェノヴァへ侵攻するか、あるいはミラノへと進むこともできた。第三の選択肢は長期的にみれば最も有益な成果をもたらすだろう。現状では、敵軍はミラノ占領など予期もしていないだろうし、ポー川の北岸に沿ってヴァール川からブレッシアに至るメラス軍の連絡線を完全に断ち切って、ボナパルト軍にとっても選択肢が拡がったからである。ミラノという大都市には、軍隊が緊急に必要としているだけの物資を補給してくれる兵站部もあった。「敵の兵器庫に大砲を見つけることもできよう」というわけだ。

さらに、ストラデッラという戦略的な地域（メラスがマントヴァと主要な交信をとる重要地点）を押さえれば、メラスにジェノヴァ攻略を諦めさせることもできた。これに加えて、モンセイやベタンクールの部隊ともより早く合流できたし、シンプロン峠やサン・ゴタール峠を経ていくより安全な連絡線を確保することにもつながった。政治的な側面から考えても、ミラノへの侵攻は大きな意味をもっていた。ミラノは元々オーストリアの支配を苦々しく思っており、ここを解放すればチザルピナ共和国を再建する際に中核となってくれるだろう。他のふたつの選択肢は、ミラノに比べればほとんど利点などなく、兵士たちにさらに多くの試練を課すだけだった。トリノもしくはジェノヴァに直行すれば、オーストリア側に有利な状況下で、メラス軍と戦闘を繰り広げることになる。これはまだ時期尚早だった。大砲もほとんどなく、フランスが決定的に勝利を収められる状況にはなかった。しかも、もし撤退ということになれば、グラン・サン・ベルナール峠まで退かなければならなかったし、後方ではいまだにバルド要塞が抵抗を続けているのだ。これらすべての要素を考慮に入れてみれば、ミラノ侵攻こそが最も賢明だった。たとえ、メラス軍に勢力を完全に集中できる貴重な数日間を与えようとも。

侵攻にあたり、予備軍の再編成が部分的に行われた。モンニエ師団は、シャブラン（いまだバルド要塞を攻囲していた）の代わりにヴィクトールの部隊に組み込まれた。ランヌはイタリア分遣隊の一部をレッキ将軍のもとへ回し、彼らは予備軍の左翼を守ってアルプスのふもとの小丘とベタンクール、モンセイ両隊との連絡を担当した。きたるべき作戦の中枢はイヴレアに設定された。予備軍の右翼を守るために、トリノに侵攻するふりをさせようと、ランヌがキヴァッソまで移動させられた。イヴレアからミラノまで行進するために、危険な翼はこのように万全な態勢で守られていたかに見られたが、その実、勢力をあまりにも分散させ過ぎていたのだ。

その後の数日、ランヌはいつもどおりの「はずみ」をもって命令を実行しようとしていた。彼の部隊は栄光に包まれながら、五月二六日にはキューセラ川の岸辺に沿ってキヴァッソまで押し寄せた。ブロシエ大佐は彼の『日誌』のなかにこう記している。「前衛部隊は五月二八日にキヴァッソに入り、ポー川の右岸に駐屯していた敵軍にその勢力を見せつけ、フランス軍がいまにもトリノに進撃してくるかのようにふるまった[28]」。このときまでに、ボナパルトは主力軍をミラノへ向けて出発させようとしていた。マッセナは六月四日まではもちこたえてくれるとの強い確信をもって、第一執政は南東方面への進軍を命じた。すなわち、それまでの一〇日間でフランス軍はミラノを経由してストラデッラまで九〇マイルを制覇しようというわけである。

先遣隊のミュラが、二七日にはまずベルチェッリを攻略し、二日後にはセジア川を渡って、それに続くデュエームの部隊とともにノヴァラにまで到着した。ボナパルトは二九日の夜までイヴレアにとどまっていた。彼は妻に書き送っている。「私はいまベッドにいる。あと一時間でベルチェッリへ向けて出発する。ミュラは今晩にはノヴァラに到着するだろう。敵は完全に当惑して、我々が何をしているのか皆目見当がつかないはずだ。あと一〇日以内に戻って、愛するジョゼフィーヌの腕に抱かれていたいものだ。お前はなんて愛らしいんだ。泣いているときと『男遊び』をしているときは除いて(29)」。

ミュラは五月三〇日までにはティチーノ河岸にまでたどり着き、翌日フランス軍にとってミラノ進軍の最後の障害ともいうべきこの川をトゥルビンゴで越えることに成功した。この間、デュエームがブファローレでオーストリア軍に対する陽動作戦をしかけた。同じ日に、予備軍はその連絡線を、危険にさらされやすいサン・ベルナール峠から、より安全なシンプロン峠とサン・ゴタール峠へと移し、兵站部もジュネーヴからライン上流部のブリークへと移すことに成功した。

六月二日に、ボナパルトはミラノに到着した。「まさに市民総出で喜びをかみしめている最中のことであった。老若男女のすべてが彼らに自由と幸運とを二度も与えてくれた人物の周りを取り囲んだのだ」とブロシエは記録している。オーストリア軍は早々にミラノから撤退し、小さな駐屯軍を砦に残したが、ミュラが素早く包囲してしまった。同じ日に、ポー川沿いを侵攻していたランヌが、パヴィアで数々の戦利品を手に勝ち誇っていた。「我々はつねに新発見にぶつかりました」と彼は報告している。「閣下は驚かれることでしょう。我々が三〇〇から四〇〇ぐらいの各種の砲を見つけたのを。しかもすべて砲弾つきで」。これらのうち性能の良いいくつかは、砲兵隊に接収されることになった。なにしろランヌの砲兵隊など、元々持っていたカノン砲は六門、イヴレアで押収したのが四門しかなかったのだから。しかし、バルド要塞攻防戦をくぐり抜けてきた大砲がすぐに活躍してくれることとなる。

第一執政はミラノにほぼ一週間滞在した。しかし、批判されているようにのらりくらりしていたわけでは決してない。彼の第一課題は、マントヴァ方面から敵軍が押し寄せてくるのを防ぐために、ミラノの東部および南部にあたるオーリオ川とトレビア川の間に「安全地帯」を形成することだった。六月三日にまず、デュエームが二個師団を伴ってかの神聖なる記念碑ロディ橋を押さえ、翌四日には、ミュラとブデがポー川に橋頭堡を築くためにピアチェンツァに派遣された。同じ日、部隊をストラデッラへ移動させる必要性から第二の渡し場を築くためにベルジョッシに進軍するようランヌに命令が下った。重大な事件は五日に起こった。オーストリア軍がベルチェッリを攻撃しているとの報告が伝わってきたのだ。いみじくもそれはフランス軍が進めていた連絡線の切り替えが賢明であったことを証明した。五月二九日にサン・ゴタール峠を越えたモンセイが、六月五日にミラノに到着し、ガルダンヌ将軍を司令官とする新しい師団がここに形成された。すぐにラポワプとロルジュの師団もこれに続いた。また、六月五日には、バルド要塞の抵抗もようやくと終結し、予備軍の大半が攻防戦から解放され、シャブラン師団がポー川の左岸を守る役目に転じることができるようになったのだ。

この間に、架橋部隊が目標に到着しつつあった。ミュラは、六月五日の猛烈な戦いの後に、ピアチェンツァに対峙する北岸を攻略したと伝えてきた。その翌日、浮き橋も大砲も不足しており、かなりの反撃を受けたにもかかわらず、ランヌがヘルジョッシで歩兵隊とともに川を渡る計画を進めていた。これらの報告を聞いて、ベルティエは残りの軍勢を引きつれて司令部をパヴィアへと移し、ロルジュの師団だけをミラノに残すことにした。

ボナパルトは、ミュラの軍勢がピアチェンツァで川を渡るのに手間どっていることを懸念した。というのも、いまだメラスの動きが定かではなかったし、オーストリア軍がストラデッラを襲うといまだに信じていたのだ。「二万の兵がストラデッラに到着したという知らせがほしい」とボナパルトはランヌに書き送っている。六月七日、三日間にわたる攻防戦を経て船まで見つけることに成功したミュラ軍が、ついにポー川を渡ってストラデッラを攻略したとの知らせが届き、ボナパルトも安堵した。すぐに平底船で橋が造られ、予備軍はこの大河を渡るための第二の橋頭堡を手に入れることとなった。フランス軍はストラデッラへと集中していく。

このような複雑な軍事作戦から離れていたボナパルトにとっては、ミラノでの生活は安楽なものだった。オペラ鑑賞でも人々から注目を集めたが、二〇〇人の聖職者たちの前で演説を行う機会まで設けられた。聖職者たちには、この人物が信仰の擁護者になるとは思えなかったが、それでも彼を快く迎え入れた。しかし彼らは知らなかったことだろう。先のエジプト遠征のときにも、若き将軍のスケジュールにはイスラームの僧侶たちとの間に、今回と似たような話し合いの場が設けられていたことを。捕虜にされた敵軍将校からの情報も彼にとっては格好の暇つぶしとなった。ボナパルトは、フランス軍を風刺した敵の文書に特に注目した。この文書の概要はパリにいる他の執政たちの読み物として送られた。「フランス軍など猟犬以下だ。将軍たちなど無能なヤツばかりだ」と書いてあった。オーストリアにとって悪口の対象となる恰好の題材は予備軍であり、風刺画まで描かれていた。騎兵たちはロバにまたがり、歩兵などヨボヨボの年寄りと子供ばっかり、拳銃をさおにくっつけて銃剣がわりにしている。大砲はらっぱ銃をふたつくっつけてできたもの。勇ましく進もうとするが、いつもだらだら歩くだけ……(30)」。

ミュラはピアチェンツァで予期せぬ戦利品を獲得したが、アレッサンドリアへ行く途中で六〇の野砲を備えた輸送車両を失ってしまった。しかし、ミュラにとっての最大の発見は、帝国宮内法院に届けられる途中で横取りされてしまった、メラスの最新の報告を入れた小包だった。この最重要機密は六月八日の早朝にボナパルトに届けられた。中身は信じられないぐらい最悪の状況を伝えるものだった。ジェノヴァが落ちてしまったのだ。手紙のひとつによると、メラスは「ドイツから進軍してくる敵」を迎え撃つために兵力を集中させようと、六月二日にはジェノヴァ攻防戦を放棄する命令を出したのだが、ちょうどそのときマッセナの使者が和平交渉をもちかけてきたのであった。六月五日付のふたつめの信書に結末が載っている。「ジェノヴァ降伏は、総司令官マッセナによって六月二日から申し入れがあり、昨日完了しました。五日朝までには、敵軍は全軍撤退の予定です。我らの駐屯軍は敵の［シュシェの］前哨部隊によって迎え入れられることになっております。ジェノヴァからであれば、いかなる作戦も進められるはずです(31)」。

マッセナは、四月半ば以来、数々の困難に見舞われながら、すばらしい防衛戦を続けてきた。五月末にすべての糧食が底をついてしまったにもかかわらず、彼は戦い続けようとした。五月一一日の出撃の際に、スルトが負傷して敵に捕まってしまったことが、大きな損失だった。五月後半になると、今度は腹を空かせた市民たちを、武力で黙らせなければならなくなった。警備の兵士たちは、市民たちが四人以上でたむろしていたら撃つように命じられていた。しかし、兵士たちにしてもろくな食事がとれないために、どんどん弱まっていった。食べられるものといったら、馬の肉と、ぬか・麦藁・オート麦・ココアを混ぜて作った酸っぱいパンしかなかった。ジェノヴァ駐屯軍が外部から最後の情報を手に入れたのは五月二七日にフランチェスキ大尉が到着したときのことだった。大尉は、敵の海上封鎖を小舟で越え、敵軍から怒濤のような一斉射撃や片舷斉射を受けながらも、サーベルを口にくわえて向こう岸まで泳いで渡るという華やかな離れ業の末、ジェノヴァに到着したのだ。しかし、その割には大した情報ではなかった。予備軍がアルプスを越えたというだけで、それ以外にはなかったのである。マッセナはボナパルトがすぐ近くまで来ていることに気づかなかった。彼の髪の毛は籠城戦の心労で真っ白になってしまっていた。彼はボナパルトから指示を受けていた六月四日までは抵抗を続けたが、結局、最良の条件を取り付けて降伏した。

この当時の状況下では、これでよかった。というのは、オット将軍はマッセナが抵抗を続けるかもしれないと信じており、オーストリア軍としては一刻も無駄にはできなかったのだ。フランス軍はヴァール川まで送り帰され、川を越えたところからは再び戦闘員としての地位を認められるに至った。ボナパルトはジェノヴァの降伏は時期尚早であったと後年に指摘しているが、ジェノヴァ攻防戦は勇猛な戦士たちの名声を大いに高めるエピソードとなった。

ブーリエンヌによれば、ナポレオンは当初、この知らせを信じなかった。「ばかな!」と彼は叫んだ。「貴様はドイツ人をわかっておらん!」。ジェノヴァの喪失は、第一執政の計画にとって完全なる一撃となったわけではないが、それでも手痛い打撃であった（五月六日にボナパルトはこう書き送っている「私はマッセナに期待しておる。彼がジェノヴァを死守してくれることを望んでおる。万一、敵が彼らを餓死させるならば、私がスクリヴィア広原でジェノヴァを奪回してみせる」）。おかげで敵陣の遙かかなたへと自軍の重要な勢力を引き離されてしまったのだから。ヴァール川は作戦の本拠地からかなり離れており、マッセナが自軍を再編成して立ち直ったとしても、戦場に駆けつけるまで数日間は要した。さらに悪いことに、オーストリア軍はジェノヴァを避難所としても作戦本部としても利用することになってしまう。

アクルの戦いから教訓を得ていたボナパルトは、海に面した場所に位置する要塞を攻囲する際に、イギリス海軍がいかに妨げになるかをよく心得ていた。しかし、メラスの報告を注意深く分析してみると、ある一点が浮かび上がってきた。六月二日に和平交渉を開いてくれたおかげで、メラス自身のもともとの命令にもかかわらず、オットの軍隊はあと三日間は実質上使えなくなってしまったのである。それゆえ、降伏という行為によって、マッセナは無意識のうちに予備軍に信号を送ってくれていたのだ。敵軍からの攻撃がなされる前に、早く準備を完了せよという信号を。おそらく、メラスは自身が放ったプロパガンダの犠牲となってしまったのだ。彼は、いまだにフランス予備軍など軽視しており、ジェノヴァ攻略のほうが早期に兵力を集中化させることより重要であると信じきっていた。いってみればジェノヴァでの一件は、ナポレオンの遠征全体にとって重要な鍵となっていたのである。

第27章　マレンゴの戦い

新たなる状況に直面し、ボナパルトは急いで計画を練り直した。マントヴァとの連絡を回復するためにストラデッラで悠長にメラスなど待っていないで、オーストリア軍がジェノヴァに戻ってきたりポー川の北岸に攻め込んでくる前に、アレッサンドリアへ進軍してどのような状況であろうとオーストリア軍を戦闘に駆り立てていく必要があった。ミラノにいた第一執政は、パヴィアに駐屯しているベルティエに的確な指示を下し、すぐさま「侵攻計画」に着手させた。「ランヌ将軍指揮下の八〇〇〇（騎兵も含めて）を明日にはヴォゲーラ（ストラデッラとアレッサンドリアのちょうど中間ぐらいに位置する）に侵攻させよ」。ランヌは、ヴィクトール、モンニエ、ガルダンヌの各隊に補強させ、総勢で一万六〇〇〇に達した。「ミュラ、デュエームの両将軍は（双方で一万）、中継役を務めよ。さすれば貴兄はメラスに圧力をかけられる。……モンセイ将軍とイタリア方面軍はオーリオ川北部（撤退ラインを確保するため）に駐屯させよ」。「第二分遣隊はミラノの砦の封鎖を続けるように。ティチーノ川を防衛する目的で派出している第三分遣隊は、ポー川の左岸にまで進軍し、主力軍が川岸を渡るときにこれを補佐するため、彼らとつねに接触を保つように。最後に、敵軍がポー川を渡ってきたら、敵前で逃亡するふりをして、ミラノに到着する軍隊に合流し、ティチーノ川の防衛に全力を尽くすように(32)」。

このような急激な作戦の変更はある程度の混乱をもたらし、はげしい「戦場の霧《フォッグ・オブ・ウォー》」のため、作戦に支障をきたし、すべての兵士たちの神経をすり減らしていた。ランヌは二四時間以内に四つ以上の命令を受け取った。最初の命令（六月七日の夜に到着）では、ピアチェンツァの橋頭堡でミュラ軍の援護をするよう書かれていた。八日の早朝にこの作戦の取り消しが伝えられたときには、既にワトランの師団はピアチェンツァに向かっていた。八日午前には、オーストリアからの攻撃の機先を制するために、ストラデッラの西側に移動するようにという命令が届いたが、その日の夕刻には、ジェノヴァ降伏の報がボナパルトに届いたため、ランヌはヴィクトールに支援されてカステッジョまで前進し、そこで敵にぶつかるように指令を受けた。六月九日、ランヌはついに敢然と事に当たって、敵軍と衝突するために先を急いだ。

これ以後も、別の地域で作戦の混乱が続いた。ボナパルトは、六月九日に、ランヌ隊がベルジョッシに築いた「跳ね橋」がポー川の氾濫のために動かなくなってしまったと聞き、新しい橋を三つ造るように命じた。ベルティエは悩んだ末に場所を決めたが、そのうちのひとつは橋などとても築けないようなところだった。実は、ベルティエは一六六八年に作られた地図（一七七二年に改訂）を使っており、しかもそれは一四万四〇〇〇分の一（一インチが一五マイルほど）という尺度だった。参謀の不足からくる情報の乱れなど日常茶飯事だった。まったく同じ命令が二度来たりしたこともあった。六月九日に既に命令を受け取っていると将校が報告したにもかかわらず、上の空だったベルティエが、デュエームにもう一度同じ命令を繰り返した結果である。

あるいは、命令がまったく送られていないという場合もあった。六月一一日には、司令部をストラデッラへ移動したという重要なことをなぜマルモンは知らせなかったのかと、怒り心頭のベルティエがデュポンに詰め寄る一幕も見られた。しかし、この背景には、ベルティエがいつも参謀たちの仕事に口を出してくるという彼の悪癖が隠されていたのだ。ベルティエは司令官になってうれしいことなど一度もなかった。彼はときどき無意識のうちに自分本来の仕事（陸軍大臣という安住の地位）に戻れることを望んでいたほどだ。このような状況下では、物資の配給が間違ってしまうことも多々見られたわけである。ランヌとミュラは配給がいつも遅れてくることに腹を立てていた。ブデの師団など、ひとりに付きパン三〇きれ（通常なら六〇きれ）などという無茶苦茶な配給を受けていた。ストラデッラへの突然の移動、いままでほとんど協力し合ったことがない部隊・将軍同士が無理矢理に一緒にされてしまうなど、様々な状況が重なってこれだけの紛糾につながったのである。それにもかかわらず、自らの命令を最終的に実現してしまうのだから、ボナパルトの天賦の才、決断力、大胆さはさすがである。

第一執政がミラノを離れたのと同じ日、ランヌ将軍率いるフランス軍はモンテベッロでオット将軍率いる一万八〇〇〇のオーストリア軍と猛烈に衝突した。八〇〇〇のフランス軍は数のうえでは圧倒的に不利な状態にあり、ボナパルトでさえも敵軍がこれほどまで大軍になるとは予期していなかったが、それでもランヌはカステッジョを越えて敵軍へと突っ込んでいったのである。ちょうどそのとき、ヴィクトール隊五〇〇〇が到着し、オーストリア軍の側面を攻撃。これが名高い決定打となって、オット軍は数多くの死傷者を残してアレッサンドリアへと逃げていった。ブロシエはひとりの英雄について記してる。「軍楽隊の太鼓兵にガブリエル・コクティルという名のロマーニャ出身の男がいた。彼は戦場のど真ん中を太鼓を叩き続けながら行進し、彼の背後に隠れた仲間たちが敵陣へと乗り込み、敵が占領していた丘から彼らを撤退させたのだった(33)」。後になって、ランヌの勇猛果敢な戦いぶりはモンテベッロ公爵の爵位を授与されることで讃えられたが、当時の官報によると、不思議なことに彼の活躍は一切伏せられていた。おそらく、ランヌがベルティエの慎重な命令に逆らって行動したからであろう。しかし、何といっても最大の功績は、第一執政に帰せられることとなった。これはあまりにも不公平だ。ボナパルトなど、その日の午後になってようやくポー川の左岸を渡ったくらいで、モンテベッロの戦いにはまったく関わっていなかったのだから。

しかし、ランヌの軍功はボナパルトにとって利用価値の高いものであった。この戦闘のおかげでオット軍がアレッサンドリアの近くにいることがわかったし、メラスによる兵力集中が部分的には完遂していることまで示してくれたからである。さらに重要だったのは、オーストリア軍の士気がかなり減退しており、メラス軍は兵力の集中を完璧なものにするためにも、このあとの五日間にわたってまるで催眠術にでもかけられてしまったかのようにアレッサンドリア周辺にとどまったのだ。

五月一〇日に新しい橋が完成すると、フランスの予備軍はサン・チプリアーノでポー川を渡り、大雨に見舞われたにもかかわらず、一一日の夕刻までには二万八〇〇〇の兵がストラデッラに到着した。「ひどい風邪を引いてしまった」とボナパルトはジョゼフィーヌに手紙を書いている。同じ日に、ドゼーがフランスから到着し、ボナパルトは軍団の再編成に着手することとなった。ボナパルトはこのエジプト遠征時代からの古い戦友を重んじており、彼にブデとモンニエの師団を与えて、第四軍団を創設した。この軍団がきたるべき作戦において決定的な役割を演じる運命にあった。また、ヴィクトールはガルダンヌ師団を引き継ぎ、第四軍団を後方から支える。デュエームは、ある部隊はモンセイ隊から、別の部隊はシャブラン隊からといった具合の、風変わりな軍団を率いるよう命ぜられた。この重大時にあたって、予備軍は数多くの分遣隊や後方支援部隊も含めて、総計で五万人に達していた。そのうちの三万が実働部隊として戦線に臨んでいった。

オーストリア軍がまだ態勢を整えておらず、メラスがジェノヴァへと引きこもってしまう前に、ボナパルトとしては敵に戦闘をしかけて粉砕しておく必要があった。このため、六月一二日には、スクリヴィア川まで進軍し、パヴィアからラポワプ師団を呼び戻した。この日はまた、イヴレアから師団砲兵の大半が到着するという待望の日でもあり、彼らは軍に四一門の砲を増強した。オーストリア軍の動きに関する情報が手に入らなかったため、ボナパルトはメラスを刺激する作戦に出ることにし、翌日、スクリヴィア川を渡るように命じた。六月一三日の早朝は、どしゃ降りの雨に見舞われ、しかも敵の情報がまったく入ってこないため、ボナパルトはイライラしていた。「軽騎兵隊は敵の痕跡を発見できなかった」という報告に、彼はメラスが故意に行動を避けているという確信をますます強めていった。六月一二日の段階で、ボナパルトは早くもベルティエに指令を出し、アレッサンドリアとジェノヴァの中間に位置するサラヴァーレに予備の弾薬を運んでおかせた。あたかも、そこが戦場となるかのように予想して。

オーストリア側にとっての「安全な隠れ場所」となる二ヶ所を封鎖することに決めた第一執政は、正午頃になると、スクリヴィア川の背後にいたドゼーに移動を命じた。ジェノヴァ＝アレッサンドリア間の主要道路を遮断するために、ブデ師団とともにリヴァルタとノヴィへ侵攻し、その後で可能ならばシュシェの前衛隊と連携をとるようにとの命令であった。モンニエ師団は既に中央部へと送り込まれていたが、ポンテクローネにいるラポワプの部隊はシャブラン隊と合流してポー川北岸からくる敵をすべて押さえ込む目的でヴァレンツァへと進軍する準備を進めていた。ポー川北岸では、オーストリア軍がミラノを攻撃することによってフランス側の連絡線を断ち切ってしまうだろうと予想されていた。

これでもまだ「第一執政は不安」だったのだ。モンテベッロの戦い以降、オット将軍の優秀な騎兵隊のおかげで、ボナパルトは敵に関する確かな情報をまったく得ていなかった。そして、メラスが戦闘を避けようとしているという確信は、だんだんに病的なまでの執着へと硬化してしまったのだ。ヴィクトールとガルダンヌがマレンゴ村に進撃したとき、四〇〇〇ほどのオーストリア後衛部隊と鉢合わせになったが、敵軍はすぐにボルミダ川を越えてアレッサンドリア近郊にまで全面撤退してしまった。このときメラスが兵を挙げていたら、スクリヴィア平原はまさに騎兵隊にとっては理想的な戦場だったので、オーストリア側は最良の軍勢を即座に集めることができていただろう。ジョミニが述べているように、「マレンゴが位置している平原は、騎兵隊の大軍が全速力で敵に突っ込むことのできる、イタリアでも唯一の理想的な平原だった(34)」。

夜になると、いくつもの紛らわしい情報が伝えられ、オーストリアは戦わずして逃げるつもりだというボナパルトの確信をいよいよ強固なものにしてしまった。撤退したオーストリア軍はボルミダ川を渡りきると橋をすべて破壊し、アレッサンドリアにしてもほんの少しもちこたえられる程度の状態だという誤った情報がガルダンヌによって報告された。参謀の将校がこのことを確かめるために偵察に出されたが、それが事実であると報告してきた。ところが、彼はメラスが舟橋を追加して造っておいたことを見逃していたのだ。捕虜にされたオーストリアの軍人はメラスがアクイに兵を動かしたと白状したが、諜報部隊も敵軍がジェノヴァへ向けて侵攻を計画している旨を伝えてきた。ところが、別の諜報部員によると、オーストリアの騎兵隊がポー川をめざしているとの情報であった。実はこの人物は、ザッハ将軍に雇われた二重スパイであったと言われている。これら大量の情報はお互いに矛盾するものばかりで、ほとんどインチキだったが、第一執政は、たとえ敵軍が近くにいようが、主力軍からドゼーを引き離しても安全であり得策であろうと感じた。それでもまだボナパルトは不安だった。夜になってまだ早いうちに、マレンゴ周辺で宿営しているヴィクトール軍の様子を自ら馬に乗って偵察し、西方に敵軍の焚き火が見えないかどうか目を見張って観察した。最終的に、ボナパルトはヴォゲーラの司令部には戻らずに、トッレ・ガローフォリ村で寝ることにした。彼はいざというときに備えて兵士たちの近くにとどまるようにしたのである。

メラス将軍が次の日の戦闘にすべてを賭けようと決したことなどボナパルトは知る由もなかった。オーストリア軍総司令官は、ボナパルトおよびベルティエ指揮下の予備軍がマッセナおよびシュシェ指揮下のイタリア方面軍と合流することを何よりも恐れていた。しかもその軍隊がいま西方から襲ってくるのである。メラスは、両軍の合流がなされる前に、六月一四日にまず予備軍を叩いてしまって、マントヴァおよびオーストリアとの連絡線も再開しようと目論んでいたのである。彼がジェノヴァへの撤退を考えていたのは、あくまでも戦闘に敗北したときのことだった。夜通し準備が進められ、アレッサンドリアの近辺がどうも騒がしいという報告がヴィクトールの歩哨から伝えられていたにもかかわらず、フランス軍は初歩的な予防策をとったに過ぎなかった。

一八〇〇年六月一四日の日曜日の朝、ここ数日来のジメジメした天気とはうって代わって快晴となった。早朝六時までには、メラス軍はボルミダ川を渡って、オライリー将軍によって夜通し守られていた狭い橋頭堡になだれ込んだ。砲兵中隊が最初の一発をぶち込んだとき、フランス軍はようやくと「寝覚めの一発によってたたき起こされた」のである(35)。一〇〇門のカノン砲によって支えられた三万一〇〇〇のオーストリア軍は、三個梯団を組んでゆっくりと局地戦を展開していった。オライリー軍三〇〇〇は南へ旋回する前にオーストリア軍の右翼を形成しようと、ペテルボーナからガルダンヌの前哨部隊をすぐに追い出してしまった。メラス自身は、参謀長のザッハとともに第二梯団に付いていた。第二梯団はハディック、カイン、エルスニッツといった将軍たちが率いる一万八〇〇〇から成っており、マレンゴ村を攻撃する主力部隊を形成していた。第三梯団は、オット将軍によって統率される七五〇〇の軍勢で、カステルチェリオロめざしてヘビのようにくねくねと進んでいた。メラスはカステルチェリオロにフランスの大軍が控えているものと勘違いしていたのだ。フランス軍にとって幸運だったのは、ボルミダ川右岸の橋頭堡があまりにも狭かったために、オーストリア軍が作戦を展開してくるのが遅れてくれたことである。彼らが勢いに乗れたのは午前九時になってからようやくだった。さらに、メラスは、シュシェ軍がオーストリアの後方を攻撃するためにアクイに向かったという偽《にせ》の情報に惑わされて、エルスニッツ師団から二三四〇もの騎兵を引き離し、カンタルーポへ向わせて無駄な探索を続けさせることになってしまった。この運命の日に、敵軍と対峙して大部隊を主力軍から引き離してしまったのは、ボナパルト将軍だけではなかったわけだ。

しかし、メラス将軍が意外にも大胆な攻撃に出てきたことには、フランス軍参謀本部も大いに驚かされた。数時間後には、フランス側の頼みの綱は、ヴィクトール軍団のガルダンヌとシャンバルリャックに託される状態となったが、彼らを援護できる大砲はわずかに五門しかなかったのだ（付録に一八〇〇年六月一四日の戦闘資料をすべて記しておいた）。ガルダンヌとシャンバルリャック師団は、マレンゴ村を背にしてフォンタノーヴ川の前に整列させせられていた。正午まではこの囲い地を放棄しないことが彼らに託された使命であった。

一方、相変わらずトッレ・ガローフォリに陣を取っていた第一執政は、オーストリア軍の攻撃はメラスがジェノヴァかもしくはポー川方面へと撤退するのをカモフラージュするための作戦にすぎないといまだに信じきっていた。午前九時頃、ボナパルトはラポワプ師団をヴァレンツァに向けて北方へ進軍させるよう命じた。このため、予備軍からさらに三五〇〇人もの兵が離れていってしまったが、彼らはドゼーの補佐をするように命じられた。ドゼーはブデ師団をポッツォロ・フォルミギョーソからリヴァルタへ向かわせるという使命を帯びていた。

しかし、このような命令を下してから一時間もすると、ボナパルトは現実の状況をようやくとつかむようになっていた。午前一〇時までには、ランヌとミュラの部隊がヴィクトールの軍団を支えて、フランス軍は一万五〇〇〇となったが、それでも敵に比べるとまだ半分の兵力しかなかった。ワトラン師団がマレンゴの右側を任されたが、すぐにメラス軍の正面攻撃にさらされてしまった。フランス軍の右翼がはだかになった隙をついてオット軍が攻撃をしかけてきた。ボナパルトが戦場に到着したのは午前一一時を回っていたが、すぐに右翼を補強する必要があると読みとった。カステルチェリオロ

マレンゴの戦い（1800年6月14日）午前の布陣

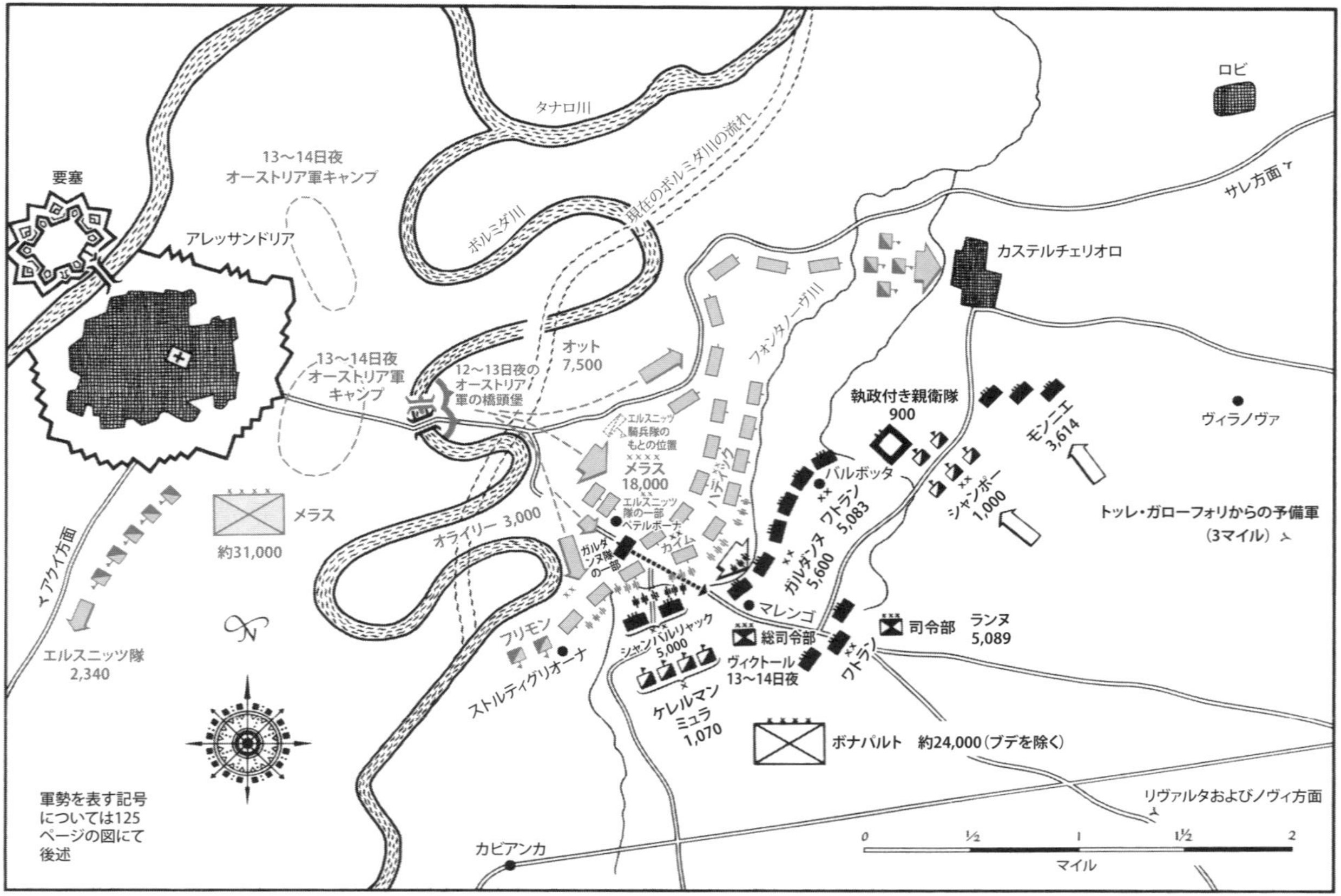

を完全に支配してしまえば、オットはフランス軍を一網打尽にできる陣地を占めることとなり、ポー川に向けて騎兵隊を進撃させ、フランス軍の連絡線を脅かすことさえできた。

とうとうボナパルトはラポワプとドゼーの呼び戻しを副官たちに命じた。ふたりに対する彼のメッセージは次のようなものであったと伝えられている。「私はメラスを攻撃してやろうと考えていた。ところが最初に攻撃してきたのはヤツのほうだった。頼むから駆けつけてくれ(36)」。幸いにも、川が増水していたため、ドゼーは向こう岸に渡っておらず、このメッセージを午後一時に受け取った。しかし、ラポワプのもとに届いたのは夕方の六時になってようやくのことであり、彼は戦闘の最後の場面にさえ駆けつけることができなかった。

正午から午後一時までの間は小休止となり、オーストリア軍はさらに総力をあげていくために軍団を再編成した。ヴィクトールの軍団は弾薬が尽きてきたにもかかわらず、マレンゴの近辺に陣取っていたが、兵士たちも疲れ切っており、フォンタノーヴ川に沿って布陣を形成するのにも限界が見えてきた。それにもかかわらず、ボナパルトはオット軍とは反対方面を攻撃するために予備軍を用いることに決したのだ。オット軍はこのときまでには既にワトラン師団をほぼ全滅させていた。執政付き親衛隊九〇〇人がワトランを援護するために遣わされ、最後の予備軍であるモンニエ師団がカステルチェリオロへと向かってオーストリア軍から死守するように命じられた。方陣を形成する親衛隊は、大勢の兵士たちを殺してきたどう猛なオーストリア軍の砲火にさらされたが、彼らのおかげでワトランに対する砲撃が弱まり、モンニエにも最右翼に陣を形成する時間を与えることができた。

フランス軍がカステルチェリオロを攻撃したのは午後二時のことだった。ちょうどそのとき、川の左岸ではマレンゴ村が陥落していた。しかし、右翼を強化するよう命じたボナパルトの先見の明が証明されることとなった。オットがモンニエ師団に気を取られている間に、オーストリア軍全体の攻撃がもたつき始めたのだ。あともう少し時間があれば形勢を逆転できる。とはいえ、戦闘が可能なフランス軍はすべて何らかの任務についていた。各師団が有する一五門ずつの大砲にしてもすべて戦闘に使われていた。マレンゴのほうではオーストリア軍の攻撃は容赦なく続いた。午後三時までには、二万三〇〇〇のフランス軍は後方へよろめき、サン・ジュリアーノへと撤退を開始した。ドゼーが午後五時前に駆けつけられるとは到底思われなかった。

フランス軍の敗北は明白だった。少なくともメラスにとってみればもう明らかだった。完全に疲れ切って負傷までしていたメラスは、技術的に見ればもはやオーストリア軍の勝利だと確信し、参謀長であるザッハ将軍に指揮権を委譲して、

マレンゴの戦い（1800年6月14日）午後の布陣

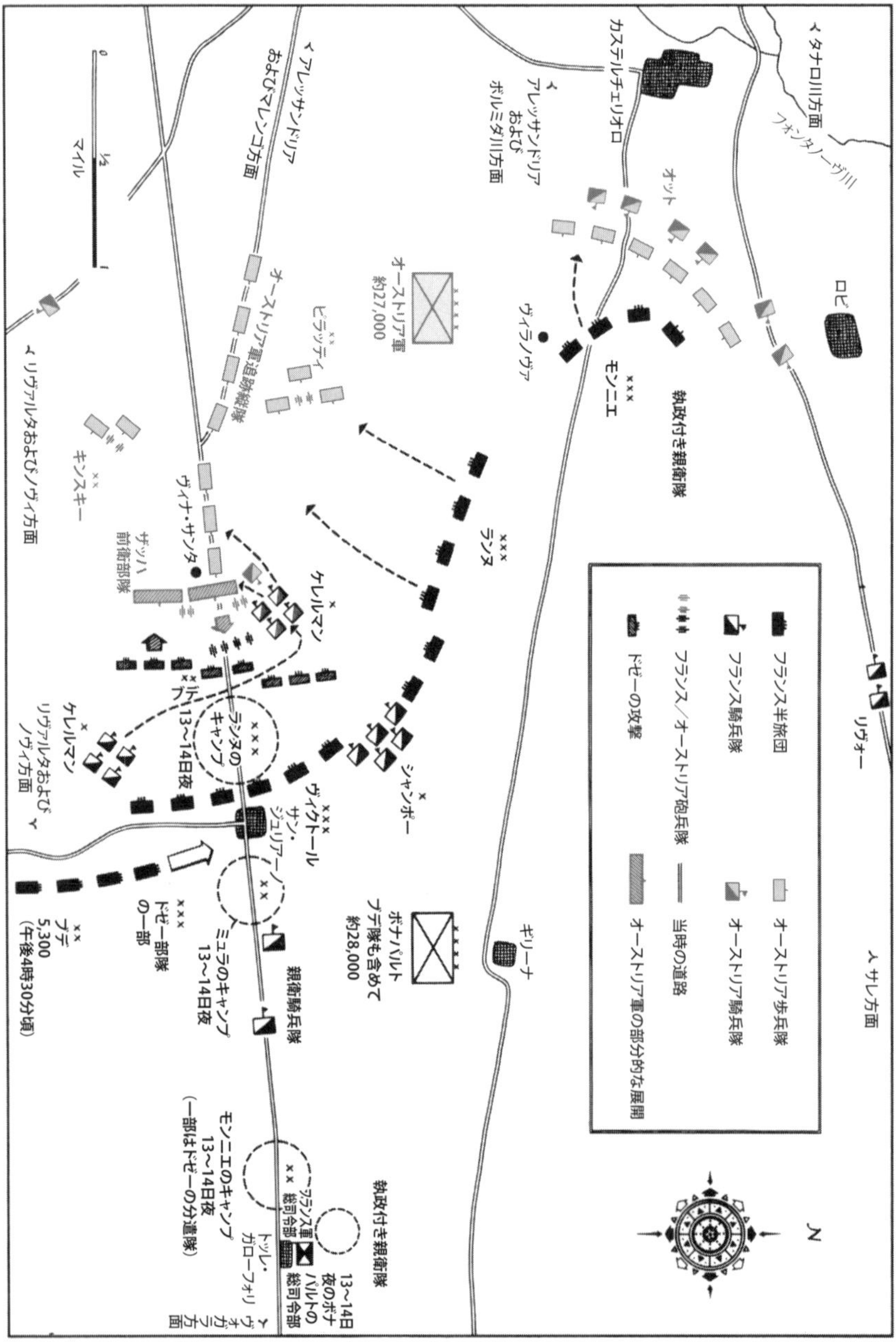

フランス軍を完全に叩くように命じた。オーストリア軍の中央部が縦隊に整列させられている間に、うれしい小休止が訪れたのだ。ボナパルトはできるだけ時間を稼ごうとした。彼には援軍が近づいているのがわかっていた。

午後三時少し前に、泥まみれになったドゼー将軍が、総司令官のもとに大急ぎで馬を走らせてやってきた。そして、八門の大砲を備えたブデ師団もすぐ到着すると報告した。何人かの研究者によると、ボナパルトからの召還命令が届く前に、ドゼーは既に「大砲の音がする方向へ向かって進軍していた」とされている。いずれにしても、ドゼーの加勢はちょうど良いタイミングだったのだ。「さて、貴兄はどう考える？」とボナパルトは訊ねた。ドゼーは懐から時計を取り出して次のように答えたと、ブーリエンヌは記している。「この戦闘は完全に敗北しました。しかしまだ二時です［実際には三時だったが］。もう一戦交えれば勝利が得られます(37)」。タイミングの良い加勢に元気づけられて疲れ切っていた兵士たちの心身はよみがえった。ボナパルトは兵士たちの間を馬で駆けめぐってこう叫んだ。「兵士たちよ、諸君はもう撤退する必要はない。余が戦場をすみかとしていることを諸君も知っているだろう」。さらに「元気を出せ！」と執政付き親衛隊の曹長に檄を飛ばした。

一時間ほどで、くたくたになったヴィクトール軍団の背後に援軍が続々と到着し、新しい作戦がかたちづくられた。三軍が最も密接な協力体制を築いていく作戦である。マルモンは、自分の師団に残っていた五つのカノン砲を、ブデの八門、さらには予備の五門と合わせて一ヶ所に集め、二〇分間にわたってオーストリア軍めがけて集中砲火を浴びせた。これによって敵の大砲が多数破壊され、ザッハが築き上げた堂々たる進撃縦隊の側面に大きな隙間まで作りだしたのだった。そこへドゼーが斜行型の戦列を形成して現れた。砲煙のなかから現れたドゼーは、優秀なオーストリアの擲弾兵と向かい合ったときには一瞬ひるんだものの、マルモンはすかさず前車を引き離した四つの軽砲を仕立て、四発のキャニスター弾を至近距離から撃ち込んだ。ブデ配下の兵士たちは率先してオーストリア軍と取っ組み合った。

まさにそのとき、火薬を積んだ荷車が大爆発し、驚いたオーストリア軍は立ちすくんでしまった。このほんの一瞬の好機をとらえて、小ケレルマンが四〇〇の騎兵を引き連れて、唖然としているザッハ軍六〇〇〇の左翼に大胆かつ流麗に突っ込んでいった。これこそが、敗北が大勝利へと転じてしまった瞬間だったのである。「あと一分早くても、あるいは三分遅くても、作戦はあんなに成功しなかっただろう。タイミングは完璧だった。この瞬間に、北イタリアは再びフランス共和国のものとなったのである(38)」。

ザッハ将軍とオーストリア擲弾兵たちは、自分たちがあっという間に勝利の英雄から虜囚に転じていることに気がついた。右翼にいたオーストリア軍はみなあわてふためいて、マレンゴを通り抜けてボルミダ川を越えて逃走し、安全なアレッサンドリアの城壁まで撤退した。フランス軍全体が大歓声とともに前進した。ケレルマンは勝利にわく部隊の半数を再編成し、オーストリア騎兵を敗走させた。

オット将軍は負けを認め、左翼軍をきれいに撤退させた。戦闘が終結したのは夜の九時を少し回ったあたりだった。戦闘開始から一二時間が経過していた。フランス軍は完全なる勝利を収めたが、最大の功労者であるドゼーは、勝利のまさにその瞬間に、ヴィナサンタ村の近くで胸を撃ち抜かれて戦死してしまった。ティエールはこの死せる英雄のための碑文のなかで次のように詠っている。「彼の死は、軍隊から優れた将軍を奪い去り、フランスから最も高潔なる市民を奪いぬ」。ボナパルトは、この偉大なる戦友への負い目を決して忘れることはなかった。「私は、最も愛し尊敬していた男の死によって、最も深い悲しみに陥ることとなった」と翌日、パリの執政たちに宛てて書き送っている(39)。

オーストリア軍は、連隊旗一五、大砲四〇門、捕虜八〇〇〇人を失い、戦死者は六〇〇〇人におよんだ。フランス側の損失も少なくはなかった。予備軍のうち四分の一ほどが戦死もしくは負傷したのである。勝利者の側もあまりにも疲弊していたので、敗者を徹底的に叩くことはできなかった。さらなる作戦が必要なかったのは勿怪《もっけ》の幸いだった。同日夕刻、ぶるぶると震えたメラス将軍が休戦を申し出てきたのだ。そして、二四時間以内に、アレッサンドリア協定が結ばれた。オーストリア軍は全軍をティチーノ川の東方まで撤退させ、ピエモンテ、ロンバルディア、ミラノに残された要塞もすべて降伏し、ボナパルトが改めて平和条項をウィーンに送るまでは、いかなる作戦をも中止することで合意を見た。これは、第一執政が前年の一二月に自らの心に描いていたような完全なる勝利ではなかった。しかし、当面はこれで充分だったのである。

六月一七日、ボナパルトは軍隊を残して、ミラノを経由してパリへ出発した。六月二三日、予備軍が最終的にマッセナ指揮下のイタリア方面軍に編入される布告が出された。予備軍は、つごう一〇〇日間ほど存続し、そのうち一ヶ月ほどを実際の戦闘に費やしたが、彼らの働きぶりは見事なものだった。翌二四日に法令が正式に発布され、予備軍の成功は祝福された。「マレンゴの戦いは歴史上比類なきものとして記録されるだろう」と第一執政は高らかに宣言した。彼は確かに正しかった。マレンゴは国家元首としての彼にとって最初の勝利であった。そして、多くの識者たちが指摘しているとおり、マレンゴへの遠征は、文武双方の分野において、栄光に満ちたナポレオン時代の到来を告げる最初の出来事だったのである。

第28章　平和の回復

一八〇〇年の戦役に関してボナパルトが果たした役割については、賛否両論様々な見解が寄せられている。戦略的な側面から考えれば、予備軍の採用は最大の功績であった。また、スイスの突端部分を抜けめなく用いることによって、オーストリア軍の裏をかくとともに、ドイツでもイタリアでも敵の連絡線を断ち切ってしまったのはあざやかな策略であり、ボナパルトの完全なる勝利と言っても過言ではなかろう。彼自身も一八〇六年にジョミニに述べている。「戦争の秘訣は連絡線を行き交う秘密のなかに隠されている。……戦略というものは、敵の後方をダラダラと追いかけることによってではなく、敵の連絡を押さえてしまうことにかかっているのだ。そうすれば、戦闘に突き進むこともできよう」。このようなシステムこそが彼の遠征にとっての基盤となっていたのだ。

しかし、数々の栄光に包まれながら、この遠征では一発で相手を沈めることはできなかった。メラス軍はマレンゴで全滅させられたわけではない。むしろ平和条約の条文によれば、「決戦は他日に期して引き揚げる」ことを許されただけなのだ。ボナパルトが掲げる最終的な目的を達成するためには、モローとブリューンとマクドナルドにもうひと働きしてもらう必要があった。そのような原因をつくったのは「チビの伍長」というよりは、第一執政の配下にあったモローとマッセナの責任であったといえよう。モローがそもそもドイツ戦線で決定的な攻撃をしかけるのを拒否してきたので、ボナパルトはイタリアでの「突発事故」に備えるために作戦を練り直さなければならなくなったのである。それをうまくやりおおせたのは、ボナパルトの柔軟性と確固たる決断力のおかげであった。彼はまさに代案をすぐに考え出せる天才だった。

イタリア戦線での勝利が、思い描いていたものより圧倒的なものではなかったとしたら、それはボナパルトにはわずか五万四〇〇〇の兵士しか使えなかったからであろう。作戦を計画した当初は八万五〇〇〇かそれ以上の兵力を使えるはずだったのだから。モンセイの一万一〇〇〇では、ルクールブ率いる二万五〇〇〇のヴェテラン兵たちの代役にはとてもならなかった（実際に戦闘で示されたとおり）。マッセナがジェノヴァで降伏してしまい、一時的であれニースへと撤退してしまったことは、戦役が危機に瀕したときに第一執政から責重な援軍を奪い去ることを意味した。作戦が進展していくと、モローとマッセナのふたりは、さらに多くの問題を引き起こした。モローは予備軍がアルプスを越え終わる日までライン方面で戦端を開くのをズルズルと引き延ばしてしまうし、マッセナにしてもジェノヴァに侵攻する前にリグリア方面軍を勝手にふたつに分けてしまった。これではボナパルトといえども、予期せぬ危機に瀕してしまえば、態勢が整っていないにもかかわらず、戦闘に乗り出す以外に方法はなかったわけである。

ボナパルトの二度のイタリア戦役を比較してみてもおもしろい。一七九六年にポー川に最初に進軍したあと、フランス軍は残りの時間はすべてマントヴァを攻囲し、救出に駆けつけたオーストリア軍を何度もはねつけ、カスティリョーネ、アルコレ、リヴォリでの相次ぐ決戦で勝利を収めていたのである。

一八〇〇年になると、今度は立場は逆転していた。メラスのほうが、一方ではジェノヴァを奪還しようと試み、他方で予備軍を寄せつけないようにしている有様だった。しかしもっと重要な相違点が見られた。双方の戦役ともにフランス軍のほうがオーストリア軍よりも数では劣っていたが、総司令官たちの思惑が決定的に違っていたのだ。一七九六年の戦役では、ヴュルムザーとアルヴィンチの主要な目的はマントヴァにいる同胞たちの救出であった。一八〇〇年の戦役では、今度はボナパルトの目的はまずメラス軍の打倒であって、マッセナの救出は二の次だったのである。このように優先順位が一八〇度違っていた点が、戦争を指導するにあたっての態度に明確に現れていた。多くの者たちは、ボナパルトがマッセナを見殺しにして、ジェノヴァに直行しないでミラノに立ち寄ったと非難している。しかし、そのような見方は公正ではない。「司令官の職務は敵を粉砕することであって、仲間を助けることではない(40)」という言葉は、まさにボナパルト将軍がたどり着いた結論であり、真の勝利への道はジェノヴァではなく、ミラノを通じて開かれていたのである。

アルプス越えという偉業は、確かに良い季節ではなかったし、大砲を運ぶのはかなり困難な作業ではあったが、言われているよりは単純な作戦だった。とはいえ、複雑な準備はすべてボナパルトの細かい監督下で行われていたのだ。このような些細な点にまで注意を払っていたということは、真に偉大なるひとりの将軍によって戦術上・戦略上の問題がすべて握られていたことを示す重要な手がかりとなろう。いかに小さな問題といえどもすべてに注意を向けたのだ。食糧、衣服、弾薬、交通手段。すべてが慎重に考慮されていた。

バルド要塞の防衛能力を過小評価していたかどでボナパルトを批判できるとしたら、彼こそはマレンゴ戦役における真の傑作を生み出したと賞賛されるに値する人物なのだ。特に、五月半ばから六月一二日にかけて次々と見せた、ストラデッラでの巧みな処置、予備軍を後方につけてバルド要塞での敵軍からの長引く抵抗に極めて大胆に乗り込んでいったこと、そして大砲が絶望的に不足していたことなど想像を絶するなかでの戦いだった。ジェノヴァ陥落の知らせが届くと同時に、第一執政がすぐさま計画を変更して、ストラデッラという理想的な場所まで犠牲にして攻撃に転じたことは、彼がこの遠征の最終的な目的であるメラス打倒に向かっていかに邁進していたのかという不屈の精神をよく表している。

マレンゴの戦いにつながった一連の出来事や、運命の六月一四日に実際に起こった出来事を注意深く検討してみると、将軍としてのボナパルトの資質を批判する連中が根拠にしている理論が不正確であるという問題に直面する。彼らは偶発事件と誤算の連続によって戦役全体が台なしにされてしまったと言うのである。ボナパルト自身が手にしていたあてにならない情報を考慮すれば、シャブラン、ドゼー、さらにはラポワプの軍隊を主力軍から切り離してしまった戦略もやむを得なかったと言えよう。しかし、あれだけの大軍を相手にしながら予備軍をわずか二万三〇〇〇にまで減らしてしまったのは、まったくの向こう見ずとは言わないまでも、戦術的には非難されてしかるべきかもしれない。メラスには戦う意志がないと信じきってしまったことと誤った情報に惑わされてしまった結果、ボナパルトはほとんど壊滅に近いような打撃を与えられてしまった。しかも彼は、軍人としてのメラスの才能を明らかに過小評価していたし、自らの盛名をもってすれば敵軍も恐れおののくだろうなどという妙な自信をもちすぎていたのだ。

一方で、フランス遠征の初期の段階でイヴレアに主力軍を移動させず、アレッサンドリアに急いで兵力を集中させなかったのがメラスの責任だったとすれば、彼こそが六月一四日の早朝にフランス軍を奇襲することを思いついた最大の功労者ではないか。この当時としては朝駆けという戦法は珍しくなっており、上はボナパルトから下は軍楽隊の太鼓兵の少年に至るまで、フランス軍全体が驚愕したのだ。

ボナパルトがヴィクトールの軍団を敵から攻撃されやすい状態に孤立して放置していたとする非難もいくつか出ている。しかし、そのような見解は、軍団というものがそもそもすべて自給自足できるように編成されているという発想をまったく無視しているのだ。ナポレオンの戦闘では、攻撃部隊はまず最初に敵の矢面に立つという役割が最優先であり、その間に後方で別の部隊が最良の隊形を組んで一気に敵を崩壊させてしまうという仕組みになっている。マレンゴではオーストリア軍に主導権を奪われてしまったが、この原則が巧みに保たれ、ランヌ、執政付き親衛隊、モンニエが梯陣をなしてマレンゴからスクリヴィア平原へと整然と配された。この戦法には基本的な誤りなど一切見られない。むしろその逆だ。

ボナパルトが午前の戦いでこっぴどく叩かれたのは事実である。しかし、これが彼にとっては有益な教訓となってくれたのだ。敗北の恐怖に直面したときにこそ、兵士の手腕が試されるものである。かの第一執政の場合にも、手持ちの軍勢・兵器が限られていたときに、それを最良の手法で有効に使っていた。ボナパルトはまた、メラスがしでかしてくれた誤りのおかげで、彼自身の失敗を相殺することもできたのである。たとえば、メラスが戦闘開始とともに騎兵隊の三分の一を切り離してしまったこと、彼がカステルチェリオロにフランス軍の大半が駐屯していると信じ込んでオットの強力な軍団を無駄に使ってしまったこと、勝利が確定する前に戦場を離れてしまったこと、そして戦いの当日にオーストリア予備軍を巧みに使えなかったことは、最も明確な失敗だったと言えよう。

また、ボナパルトが優秀な将軍たちに恵まれていたことも事実である。特に、マレンゴの場合には、ドゼー、マルモン、小ケレルマンらの活躍のおかげで、彼ら自身でさえも予期せぬ大勝利をつかめたのである。しかし、責務をすべて負ったのは第一執政そのひとであった。いつものとおり、彼はあらゆる不測の事態を考慮に入れて作戦を練っていた。もし予備軍がマレンゴで敗北していたら、「余はストラデッラにすぐに撤退しただろう。そこは塹壕で防備され、ドゼーとラポワプの部隊によって両翼をしっかりと守らせていたから」と、ナポレオンは後年に述懐している。「余は造らせておいた五つの橋と砲兵中隊の警護によってポー川を渡ることができたのだ。敵など一切手出しできなかったはずだ。川を渡ったら、すぐにモンセイ、レッキ、チュローの軍団に合流し、メラスの軍団（これこそ余が最も欲しかったものだ）を渡らせてやる。数のうえで優ったところで、全軍でヤツを攻撃してやるつもりだった(41)」。

マレンゴの戦いが将軍ボナパルトに数多くの貴重な教訓を与えたのは言うまでもなかろう。当時彼は失敗から何も学ばないほど尊大ではなかった。この後、手の空いている兵力はすべて集中して敵に向かわせるという原則は二度と破られることはなかった。さらに、戦闘が危険な状態に陥った際に有効に使えるだけの強力な予備軍を自身の管理下に置いておく必要性にしても、二度と無視されることはなかった。また彼は、激戦の終わり近くになって、新しい軍勢が「手品のように現れてくる」ことの心理的な効果を深く認識した。ドゼーが華々しく攻撃をしかけてくれたことは、全軍協力しての攻撃が秘めていたパワーを体現してくれたのである。

「ボナパルトは決して敵を全滅はさせなかった。彼は敵を除去し、無害な存在にしていたのだ。これによって彼は遠征の目的を達成することに成功した。北イタリアの征服という目的を[42]」と、後のドイツの戦略の達人シュリーフェン伯爵は記している。マレンゴがナポレオン・ボナパルトの生涯にとって重要な転機となったことは紛れもない事実である。彼は戦争全体に勝利を収めたわけではなくても、第一執政の権力を不動のものにしたのだ。彼は七月二日にパリに到着すると、英雄として大喝采のなかで迎えられた。しかし、当時を知る何人かは、マレンゴでの勝利の祝賀ムードは、当初予想されていたものに比べると、有頂天とはほど遠いものだった。「七月一四日の革命記念日に、私たちはシャン・ド・マルスに歩いていった。国民衛兵と駐屯軍の行進の後、一〇〇人ほどの小さな軍勢が入ってきた。彼らはみな、破れた汚らしい軍服を着て、腕を包帯でつっていたり、頭に包帯をぐるぐる巻きにしていたりした。彼らはマレンゴでオーストリア軍から奪ってきた騎兵連隊旗や軍旗を持って行進してきた。私たちは割れんばかりの拍手喝采を期待していた。しかしそれとは裏腹に、歓声もなく、拍手ひとつ起こらなかった。私たちは憤慨すると同時に驚いたのだ[43]」とラ・トゥール・デュ・パン侯爵が記録している。

ナポレオン自身は、彼の愛馬に「マレンゴ」という名前を付け、一八〇〇年六月一四日の出来事に無意識に敬意を表し、大好きな料理に「若鶏のマレンゴ風」という名前まで冠して食べていたというのに、一八〇〇年七月のフランス人民の大半の感情は、マレンゴの戦いは決して平和をもたらしはしなかったという不満で彩られていたのだ。第一執政は、「平和の調停者」としての名声を獲んがために、再び行動を開始することとなる。

ボナパルトの手からはいつも平和がこぼれ落ちていった。彼の軍事的な偉業についてはすでに充分検討してきたので、ここで外交的な活動についても見ておこう。マレンゴの戦場から彼はオーストリア皇帝に宛てて次のような書簡を送っている。「イギリスのインチキ野郎どもが中立を保っているおかげで、私の単純にして腹蔵のない進撃が陛下のお膝元にまで及ぶわけです。戦争は現実のものとなっております。何千というフランス人やオーストリア人たちが戦場で命を落としていきます。……このような惨劇が続いていくのを見るのは忍びない。そこで陛下に私的に訴えることにしました。我らに平和と落ち着きを取り戻しましょう[44]」。戦況が急激に悪化し、モローがウルムとミュンヘンを攻略したにもかかわらず、アレッサンドリアのメラス軍とパルスドルフのクレイ軍というオーストリアの二大軍は休戦協定に応じるように命を受けただけであった。

オーストリア皇帝は、和平を受け入れるべきだという声が高まっていたにもかかわらず、頑なに拒絶し続けていた。交渉はほとんどひと夏かけてレオーベンでだらだらと行われていたが、イギリスが新たに軍資金を与える条約を提示してきたために、皇帝はフランスとの戦争を続けることにしてしまった。一一月二二日には再び戦端が開かれ、六日後に、モローはウィーンへと進撃するように命じられた。一七九七年のときと同じように、今回もブリューン軍がアディジェ川を越えるときに、マクドナルド軍がアルプス越えのときにモローを援護した。第一執政は、政治的な配慮からも、今回はパリにとどまって、最後の一撃は将軍たちに任せたのであった。一二月三日に、モロー将軍はカール大公とクレイ将軍の軍勢をホーエンリンデンで大敗させ、オーストリアとの戦争は事実上終結した。レオーベンで和平交渉が再開している間に、ミュラはナポリ軍を教皇領から追い出し、フランス軍がトスカナを再度占領した。二月八日ついにリュネヴィルの平和条約で戦争は幕を閉じた。

条約の内容はオーストリアに対して予想外に寛容だった。皇帝はカンポ・フォルミオ条約の内容を再確認するだけで許された。フランス側は、ライン川沿いのドイツ諸侯の子息を廃嫡させる代わりに賠償金を支払い、パルマ公爵から小さな所領を譲り受ける代わりにトスカナを与え、ここをチザルピナ共和国に編入した。さらに、ナポリ国王まで復帰を許された。

ピットの第二次対仏大同盟はこうして瓦解した。しかし、イギリスはなんとか折り合いをつけようと考えた。狂気の皇帝パーヴェル一世との関係が悪化していたにもかかわらず（皇帝《ツァーリ》はイギリスが中立国の船に「探索権」を要求するのに反対して、短命には終わったものの、第二次武装中立同盟を結成していた）、イギリス政府はフランスのオリエント派遣軍の残りすべてを追い出す作戦に乗り出した。一八〇一年三月八日に、キース卿指揮下の艦隊によって移送され、サー・ラルフ・アバクロンビの派遣軍がアブキール湾に上陸した。オリエント派遣軍は七ヶ月で敗北した。

司令官のクレベールが前年の一二月に狂信的なイスラーム教徒によって暗殺されて以来、オリエント派遣軍は無能なムヌー将軍によって率いられていた。彼は現地の床屋の娘と結婚してイスラームに改宗していたため、部下たちから「アブドラ」というあだ名で呼ばれていた。ふたつのイギリス軍とひとつのトルコ軍によって包囲されたベリアール将軍は、六月二八日にカイロで降伏した。そして、九月二日にアレクサンドリアでムヌー将軍が捕まると、フランス側の抵抗も終息した。フランス軍は本国への帰還を許され、最後の兵士は九月一五日にエジプトの地を去った。このようにして、フランスによるエジプト遠征は三年二ヶ月でその幕を閉じたのである。

フランスに帰国して以来、ボナパルトはかつての戦友たちを援助するために様々な努力を続けた。たとえば、一八〇一年初頭には、ガントーム提督指揮下の海軍を派遣している。しかし、船員に疫病が蔓延してトゥーロンからの出港が遅れただけでなく、順調に航海を進めていながら、キース卿とウォレン准将による封鎖があまりにも厳しく、ついにアレクサンドリアに到着することができなかった。オリエント派遣軍は孤立化し、ますます意気消沈していった。

カイロ陥落を聞いた直後に、第一執政はイギリスの最終的な勝利は時間の問題だと確信し、すぐにフランス側の名うての交渉人であったM・オットをイギリスに派遣して、アディントン政権と仮和平条約を急いで結ぶように指示した（ピットは一八〇一年三月一四日に辞任していた）。アレクサンドリア陥落の知らせは、ロンドンに届く数日前にはパリに届いていた。こうして、一八〇一年一〇月一日、アミアンの仮条約が調印されたのである。フランス政府の巧みな策略によって、イギリスはせっかくのエジプト遠征での成果をすべて投げ出すことになった。アレクサンドリア陥落の知らせがホワイトホール（イギリス政府筋）に届くのがあまりにも遅すぎたために、せっかくの戦果を交渉には反映できなかったわけである。

仮条約は翌年三月にアミアン平和条約として正式に締結された。英仏双方ともに条約の内容には不満だった。イギリス側は征服した領土をすべて返さなければならないことに腹を立てた（トリニダードとセイロンだけは除かれた）。フランス側はイギリス軍が条約に違反していまだにマルタ島から出ていってないとすぐに抗議した。とはいいながらも、ヨーロッパにほんのひとときでも平和が訪れたことは確かだった。そして、一八〇二年八月二日、フランス市民は感謝の意味を込めて、この偉大なる「平和の調停者」ボナパルトを終身執政に任命したのであった。

（1）L. J. Gohier, Mémoires (Paris, 1824), Vol. I, p. 199.
（2）Phipps, *op. cit.*, Vol. V, p. 445.
（3）Gohier, *op. cit.*, Vol. 43., p. 200.
（4）Phipps, *op. cit.*, Vol. V, p. 452.
（5）A. C. Thibaudeau, *Mémoires* (Paris, 1913), pp. 6-7.
（6）Phipps, *op. cit.*, Vol. V, p. 464.
（7）Bourienne, *op. cit.*, Vol. II, p. 25.
（8）*Correspondence*, Vol. VI, No. 4432, p. 30.
（9）*Ibid.*, No. 4649, p. 170.
（10）Phipps, *op. cit.*, Vol. V, p. 465.

(11) Gereral H. Camon, *La guerre Napoléonienne - Précis des campagnes* (Paris, 1925), Vol. I, p. 74.
(12) General Baron A. H. Jomini, *Life of Napoleon* (Kansas City, 1897), Vol. I, p. 241.
(13) *Correspondence*, Vol. XXX, p. 399.
(14) *Ibid.*, p. 399.
(15) Jomini, *op. cit.*, Vol. I, p. 241.
(16) L. A. Thiers, *Le Comsulat* (Paris, 1840), Vol. I, p. 262.
(17) *Correspondence*, Vol. Ⅳ, No. 4711, pp. 214-16.
(18) *Ibid.*, Vol. XXX, p. 399.
(19) Captain G. J. M. R. de Cugnac, *La campagne de l'armée de réserve en 1800* (Paris, 1900), Vol. I, p. 301.
(20) *Ibid.*, Vol. I, p. 321.
(21) *Ibid.*, p. 354.
(22) *Correspondence*, Vol. Ⅳ, No. 4795, p. 281.
(23) *Ibid.*, No. 4795, p. 281.
(24) *Ibid.*, No. 4846, p. 314.
(25) Jomini, *op. cit.*, Vol. I, p. 247.
(26) *Ibid.*, p. 247.
(27) *Correspondence*, Vol. Ⅳ, No. 4836, p. 308.
(28) Adjutant Commandant Brossier, *Journal* (Cugnac, op. cit., Vol. Ⅱ, p. 28より引用).
(29) De Cugnac, *op. cit*, Vol. Ⅱ, p. 43.
(30) Sir J. Adye, *Napoleon of the Snows* (London, 1931), p. 175.
(31) *Correspondence*, Vol. Ⅳ, No. 4894, p. 346（添え手紙）.
(32) *Ibid.*, No. 4898, pp. 350-51.
(33) Brossier (de Cugnac, *op. cit.*, Vol. Ⅱ, p. 258より引用).
(34) General Baron A. H. Jomini, *Histoire des guerres de la Révolution* (Paris, 1838), Vol. XVI, p. 271.
(35) H. Lachouque and A. Brown, *The Anatomy of Glory* (New York, 1961), p. 15.
(36) De Cugnac, *op. cit.*, Vol. Ⅱ, p. 258 (Duc de Valmy の言葉の引用が脚注１に).
(37) Bourienne, *op. cit.*, Vol. I, p. 361.
(38) A. G. MacDonell, *Napoleon and his Marshals* (London, 1950), p. 77.
(39) *Correspondence*, Vol. Ⅳ, No. 4909, p. 360.
(40) Fisher, *op. cit.*, p. 84.
(41) Camon, *La guerre Napoleonienne - Précis des campagnes*, Vol. I, p. 112（脚注）.
(42) G. von Schlieffen, *Cannae* (Berlin, 1909), p. 534 et seq.
(43) Marquise de la Tour-du-Pin, *Journal d'une femme de*

cinquante ans (Paris, 1913), Vol. II, p. 220.

（44）原文欠

第6部　和平工作と戦争への道

フランス再建　イギリスとの新たなる闘争　第二次対仏大同盟　グランド・アルメの創設

第29章　支配者にして立法者

一八〇二年にヨーロッパで戦争が終わると、政治の表舞台に立つ主役たちにとって、つかの間の休息がおとずれた。ただし、お互いの敵意が再燃し始めるまでのほんのひとときのことではあったが。この間に、我らが第一執政は、「平和の使者」としての役割を担うことに早くも成功を収め、フランス政治の頂点に立つこととなる。フランスでは、八月二日に国民投票の結果が報告され、人民からの圧倒的な支持のもとでナポレオン・ボナパルトを終身の第一執政に任命することが決まった。これ以後、彼は事実上の君主となった。そしてまもなく本物の玉座に着く。

一八〇四年五月一八日、元老院は彼を皇帝ナポレオン一世に推戴した。戴冠式は、さらなる国民投票によって承認されるまで行われなかったものの、この日をもってすべての私信および国家文書には「ボナパルト」ではなく「ナポレオン」と署名されるようになったのだ。我らがコルシカ人青年は、三五回目の誕生日を祝う頃までには、ついにフランス皇帝になりおおせていたのである。

王党派からの批判や頑迷な共和主義者たちからの反発などお構いなしに、レオーベンならびにアミアンの平和条約が締結された直後のあっという間に、フランスを再建してくれた彼の辣腕ぶりに対して帝王の冠が当然のごとくかぶせられたのであった。この本の主題はナポレオンの軍事遠征の特色を検討していくことにあるが、数々の障害や落とし穴を乗り越え、大成功を収めるに至った彼の政治的な偉業についても語らなければ、まさに片手落ちとなってしまう。戦争で獲得した栄光などつかの間の栄華にすぎない。フランス国家を作り直したことによって、ナポレオンはその天才ぶりを不動のものとし、彼によって再建された新生国家こそがきたるべき激戦への原動力となったのである。その意味でも、政治家ナポレオンの姿を少しでも見ておくことは大変重要なことなのだ。

一八〇二年三月二五日に調印されたアミアンの平和条約は、この一〇年間にわたる絶え間ない戦争に疲れ切っていたフランス国民に対して第一執政が明言していた公約、すなわち平和と安全の保障を見せかけだけでも実現した証拠であった。しかし、外敵がいなくなったとはいえ、フランスの立場を確固たるものとして、さらに改善していくためには、国内問題の解決こそが第一執政にとっての緊急の課題であったのだ。

まず第一に、少数派ながらもまだまだ影響力を保ち続けていたジャコバン派の残党を壊滅させる必要があった。彼らはすぐに暴力に訴える連中であって、実際、ジャコバン派の指導者たちこそが第一執政の暗殺未遂事件に関与するのである。執政時代の初期の段階では、ジャコバン派を懐柔して押さえ込もうとする試みがなされ、かつてジャコバン派の頭目であったカンバセレスを第二執政に任じたのもその現れだった。しかし、二年のうちに、より厳格な政策を進めざるを得ないことが明らかとなった。フランスに法と秩序を取り戻すために、一八〇二年には全国に軍事裁判所が設置され、フランス各地で荒れ狂っていた略奪の嵐を静めるのに尽力した。しかし、その実、軍事裁判所はジャコバン派の支部局を一掃する役割も果たしたのであった。

フーシェの秘密警察によって、ジャコバン派や王党派の陰謀（本物であれ偽物であれ）が暴かれ、極端な共和主義者たちがことごとく処刑され、国外追放の憂き目にあった。官憲の眼はつねにジャコバン派の指導者たちの動向に注がれていた。手紙は無断で開封され、ジャコバンの支部局には扇動分子をくまなく配置した。新聞に対する厳しい検閲と、サロンの活動に対する厳しい監督の結果、かの有名なスタール夫人のサロンも閉鎖せざるを得なくなったが、反対派の活動も骨抜きとなってしまった。政府側の雑誌は、ジャコバン恐怖政治からの救済者として、ボナパルトをどんどん喧伝するようになっていった。

王党派のほうは別の問題を抱えていた。一八〇〇年には、彼らはボナパルト将軍に権力を与えることを大歓迎していた。ボナパルトこそがフランスにとっての「マンク将軍［イングランドのピューリタン革命の後に一六六〇年の王政復古を実現した］」になってくれて、ブルボン家の復活をもたらしてくれるだろうと楽観視していたのだ。「隠れ」王党派のルブランが第三執政に任じられ、彼らの期待はますます高まっていったが、一年もしないうちに王党派の失望は明確となり、ボナパルトと彼の業績のすべてに対する憎悪が深まる。ヴァンデでは反乱が再発し、第一執政を狙ったいくつもの陰謀が企てられることとなった。

一八〇〇年一二月二四日、ボナパルトがオペラ座へ向かう途中で、執政の乗る馬車の近くで爆弾が炸裂した。第一執政はジャコバン派の陰謀に対して怒りをぶちまけた。しかし、フーシェの考えではこれは王党派の仕業であったが。一八〇三年には王党派の陰謀にモロー、ピシュグリュら政府高官が巻き込まれ、さらに翌年の悪名高いカドゥーダル陰謀事件にはアルトワ伯爵［原文の公爵は誤り？］が深く関わることとなった。

ボナパルトは、このような大問題に、「アメとムチ」を巧みに組み合わせて体当たりで臨んだ。まず彼が目を付けたのがモローだった。最も危険なライヴァルであったモローとの古い因縁に終止符を打つべく、カドゥーダルの陰謀事件が失敗に終わるや、ボナパルトは反逆罪で法廷に立たせるまではモローを生かしておこうとした。ところが、最終的にモローを法廷に立たせる計画はうまくいかなかった。モローの人気が公式の場での不名誉を許さなかったのである。法曹界の多くの重鎮たちがモローの告発には手を貸せないと拒絶し、ボナパルトにしてもモローを法廷に引っ張ってくるときには、いつも彼に護衛を付けねばならないほどだった。モローを裁くため無理矢理に押し込まれた裁判官たちにしてもほとんど無力で、政府がかなりの圧力をかけたにもかかわらず、結局、モローは流刑で済まされてしまい、第一執政も判決を飲まざるを得なかった。シャルル・ピシュグリュのほうはそうもいかなかった。彼は嫌疑をかけられた直後に、地下室で死体で見つかっている。公式では自殺と表明されたが、人々は政府に殺されたのだと非難する有様だった。

陰謀に加担したか、その可能性のある者たちに対する情け容赦のない追及は進んだ。警察国家による「恐怖政治」が頂点に達したのは、一八〇四年三月にアンギャン公爵が誘拐され殺害されたときであった。この不運なブルボン家の御曹司は、中立国バーデンのエッテンハイムでフランス騎兵隊に捕まり、ヴァンセンヌ城に拉致された後、カドゥーダルの陰謀事件に連座したとするでっちあげの罪で三月二一日の夜明け前に銃殺されてしまったのだ。王党派に対して決して忘れられないほどの報復に訴えたボナパルトの姿には、ヤッファあるいはカイロ砦での虐殺を彷彿とさせるような、情け容赦のない執念深い怒りが込められていたのである。あの皮肉屋のフーシェでさえ、ご主人様に抗議を試みたほどだった（と事件のだいぶ後に述べている）。『貴兄が何を言いに来たかはわかっておる』と彼［ボナパルト］は言った。『本日は、絶対に必要なことを申し上げにまいりました』。私は、もしアンギャン公がエッテンハイムで陰謀に加担していたことを示す確かな証拠をねつ造しなければ、ヨーロッパ全土はおろかフランスでも大変な騒ぎになりますぞ、と指摘した。『なんの証拠がいるのだ？』と彼は叫んだ。『ヤツはブルボンじゃないか？　しかも、そのなかで最も危険なひとりだった』。私はこの事件は国家理性を覆してしまったと主張した。『これは犯罪どころではございません。完全に誤りです』と断言した（1）」。しかし、我らがコルシカ人は、ブルボン家との血の抗争をさらに続けていくことに決め、反対派への有効な見せしめとしたのである。

ボナパルトはこの事件を一生涯後悔することなどなかった。

「なに？　アンギャンの事件だって？」と彼はセント・ヘレナで叫んでいる。「バカな！　あんな男になんの重要な意味があるんだ？(2)」。血の粛清は、いかなる道徳的見地からしても、許し難い行為であった。しかし、この事件はふたつの点でボナパルトを救ってくれたのである。ひとつは、海外にいようと国内にいようと、フランスのすべての貴族に対して確固たる警告になってくれた点である。どんなに高い身分にあろうが、何人《なんぴと》もナポレオンの復讐から逃れることはできないというメッセージが込められていたのだ。もうひとつは、第一執政がブルボン王朝を再興する気でいるとつねに批判し続けていた、頑迷な共和主義者たちを黙らせることにも成功した点である。しかし、この事件は海外にも大変な反響をもたらし、ヨーロッパ全土でもフランス国内でもボナパルトの恐怖が叫ばれることとなった。ナディリャック侯爵は「世間一般が反感」をもち、一八〇四年のパリの道ばたで次のようなバラードが破壊分子たちによって流布されていたと書き記している(3)。

余はバラス様のお慈悲のおかげで生きながらえ
尻軽女と所帯をもちぬ
余はピシュグリュを絞め殺し
アンギャンを謀殺せしめ
その功により戴冠いたす

とはいえ、コインの裏側を見なければ、真実は見えてこない。確かにボナパルトは情け容赦のない行動に出たことがしばしばあったが、彼は敵対者を寛大に許してやったことのほうが多かったのだ。ボナパルトは悪名高い反革命容疑者法〔一七九三年九月に制定された恐怖政治を代表する法律〕を廃止し、フランスへ帰ってきたエミグレの財産も（まだ売却されていないものは）元に戻してやったのである。四万人にもおよぶエミグレたちが復帰を認められ、彼らの才覚はすぐに将校や宮廷に活かされることとなった。ボナパルトのこのように抜けめのない政策の背景には、当時国中に広がっていた君主制に対する親近感（ブルボン家に対する親近感である必要などない）を利用しようとする魂胆が隠されていた。このことが、彼を帝冠へと近づけていくひとつの要素となっていったのだ。

ジャコバン派、王党派に次ぐ第三の敵が教会だった。ボナパルトは、フランスの小作農たちの信仰には保守主義が深く根ざしていることをよく心得ていた。それゆえ、教皇庁との和解を模索すれば、小作農たちからの信頼もつなぎとめることができる。「民衆は信仰をもたなければならない。そしてその信仰は政府に握られていなければならない」とかつて指摘したことさえあった(4)。この政策は、彼の人生のなかでも最も大胆な決断であったとともに、革命体制に対する最も重い一撃になったと考えられる。

参事院の共和主義者たち、護民院の自由思想家たち、なかでも軍隊で世俗化を乱暴に提唱している一派などは、コンコルダ（政教条約）が提案された折には怒濤のごとく猛反発した。このため、ボナパルトが事実上は単独でことを進めるはめとなった。教皇庁の使節団と正式な条約が結ばれたのは一八〇一年七月のことであったが、ボナパルトは条文の内容を公式に表明するのを一年間引き延ばすことにした。それでもかなりの勇気と決断力を要する政策だったのだ。しかしそれだけのリスクを背負っただけの甲斐があった。おかげで第一執政は、王党派にとって最も効力をもっていたはずのプロパガンダのひとつをたった一撃で奪い取ってしまったのだから。これ以後、ブルボン家はフランスにおいてキリスト教信仰の伝統を擁護する唯一の存在ではなくなってしまった。さらに、コンコルダのおかげで、ヴァンデの反乱も緩和することに成功しただけではなく、カトリック勢力であるベルギーやイタリアとの関係まで改善されていった。

第一執政は、ブルボン派の司教を解任したり、一般の聖職者を国家公務員や教員に任じたりする際に、コンコルダの条項をフルに活用していった。これ以後、ボナパルトは、小作農たちにプロパガンダを広めていく最も有効な手段として、カトリックの説教壇を用いていくことになったのである。国民の大半は教皇の会派が主流派として再び認められるようになったことを歓迎したが、ボナパルトとヴァチカンとの良好な関係は決して長続きしなかった。彼はすぐに、教皇など「帝国の医療福祉係」程度のものにすぎないとおおっぴらに表明するようになり、教皇庁がフランスの宗教問題に介入してくることを許さなかった。いずれにしろ「祭壇は復活した」のだ。

一八〇〇年にボナパルトを襲ったもうひとつの災難は、彼よりも年長で格上だった閣僚や将軍たちの多くが冷淡な態度をとっていたことである。国家の頂点に立つ者たちというのは、いま現在の指導者に身も心も捧げるというよりは、自らの地位の保全に全力を尽くすものである。ここ一〇年の間に、フランスでは指導者がコロコロと変わっていたため、上層中産階級の多くの者たちは生き残り戦術のプロになってしまっていた。高位高官の「日和見《ひよりみ》主義者」どもに対して、ナポレオンは情熱と狡猾さをもって取り組むこととなった。フランスのブルジョワ層が生来からもっていた上流を気取った性格を利用して、第一執政は新たなる叙勲制度を一八〇一年に考案した。このレジョン・ドヌール勲章は、翌一八〇二年五月から授与されることとなった。

この制度はフランス革命の原理のひとつ「平等」を阻害するのではないかとして反対する議員たちも数多くいたが、政府は「勲章など人間を魅了する金ぴかメダル」という確信を抱き、ごく普通の栄典制度としてレジョン・ドヌールの導入を強引に押し進めてしまった。ボナパルトは、どのような社会であろうと、真に豊かで規律正しい社会になろうとするならば、きっちりとした社会階層が必要であると信じていた。彼はフランスにもそのような階層をもう一度築き上げようと計画的に進めていたのだ。ただしそれは生まれや身分によるのではなく、あくまでも自分自身の才覚によって昇進できるという階層だった。白いエナメル地の十字章に赤いリボンを付けたレジョン・ドヌール欲しさに、人々は団結して第一執政に仕えたのである。こんなに便利な手段もあるまい。とはいえ、復活を遂げたブルボン朝以来の貴族たちはレジョン・ドヌールなど見向きもしなかった。彼らにとってみれば、ブルボン朝時代のサン・ルイ勲章や、サン・テスプリ勲章のほうがよっぽど価値が高く、レジョン・ドヌールでは代用品になり得なかったのだ。

フランス社会を新たに階層化していこうと考えたナポレオンは、一八〇四年にさらに一歩踏み出すこととなった。新たなる帝国貴族の創設である。まず最初に、新しい爵位の大半は、ボナパルト自身の親族、宮廷官僚、そして数人の高位軍人たちに授与された。同じ年には元帥職も新設された。一八人の元帥たちは、それぞれに公爵の位、広大な所領、新たな生活に必要なだけの年金を下賜された。最初の公爵位は一八〇六年に授与されたが、大半は一八〇八年から与えられるようになっていった。

粗野な猛者ぞろいの軍人たちにとって、この新しい月桂冠は明らかに意味をもっていた。パリの貧民窟で育ったオジュローが元帥となってカスティリョーネ公爵に叙され、密輸業者だったマッセナ元帥にしてもリヴォリ公爵になりおおせたのだから（元帥全員のリストと彼らの爵位に関しては付録を参照されたい。帝国元帥の最初のリストが公表されたのは一八〇四年五月一九日のことであった）。ガスコン人のミュラと元ジャコバン派のベルナドットに至っては、財産をさらに増やしていくとともに、最終的には王国まで手に入れてしまったほどである。戴冠式の翌年には、ナポレオン皇帝の直系親族に公国がばらまかれ、新生帝国の宮廷を彩るために、公爵・伯爵・男爵・騎士の一団が登場することとなった。最初は、それぞれの爵位には外国の地名が冠せられていたが、一八〇八年になると純粋にフランスの地名が冠せられることとなった。一八一四年までに、公爵家三一、伯爵家四五〇、男爵家一五〇〇が創設され、さらに多くの騎士《シュヴァリエ》たちが帝国に仕えたのである。

このような新しいエリート層の創設は、革命の初期の指導者たちが唱えた平等な社会という理想からは明らかに乖離していたが、機会が何人《なんぴと》にも平等に与えられていたことは事実である。誰でも自分自身の努力によって功成り遂げることができた。当時の有名なことわざがある。「元帥杖はすべての兵士の背嚢に隠れている」。文官とて同様だった。皇帝のご意志に従う者であれば誰にでも機会は開かれていたのである。ナポレオンの社会政策は、一〇年以上におよんだ不安定な状況の後に、フランス社会を安定化させ、彼自身の栄光と密接に結びついた支持者たちからなる相対的に成功を収めた階層社会を築き上げたのであった。彼がこのシステムに裏切られたのは一八一四年になってからようやくのことであった。この年、胸にありったけの勲章を並べた元帥たちが、自らの名誉と富を保全するために、ご主人様に退位を迫ったのだ。

ナポレオンのゆくてを阻んでいた最大の障害物が一七九九年憲法であった。行政府の最高権力に関しては問題なかった。三人の執政のなかで第一執政こそが最高権力者であり、ボナパルトがルブランやカンバセレスと権力闘争を繰り広げることもなかったのである。むしろ、執政時代の初期には大臣たちのほうが扱いにくい存在だったが、すぐに彼らの権限を弱めてしまう策を考え出したのだ。彼は閣議など必要ないと感じたら開く必要もなかったが、大臣たちとは個別に会見を重ねた。ボナパルトは大臣同士を巧みに牽制させ合い、大臣たちと参事院が対立するように仕向け、大臣職を細分化したり数を倍増することによって、彼らの権限をさらに弱めていった。

この巧みな手法のおかげで、絶対必要ながらも危険きわまりない存在であったフーシェを自らの陣営にとどめることに成功したのである。年月が経ち、執政政府がやがて帝国へと変貌を遂げていくにしたがって、ナポレオンはますます自分の周りを野心家の若者たちで固めていくこととなった。彼らは細心の注意で選ばれ、鍛えられた者たちであって、より年長の世代に比べれば、ナポレオンに対して身も心も捧げられると考えられていた。ある省庁の担当者などは、任命されたときにまだ二一歳だったとされている。皇帝は主要な大臣職にはできるだけ二流の人物たちを就けようと試みた。ただし、フーシェとタレイランだけは例外だが。たとえば、従順なマレなど外務大臣という要職を長年にわたって務めている。このような政策で行政府は完全に皇帝に服従させられてしまったのだが、それでも全般的には効率性が維持され、改善されたくらいだった。

ボナパルトにとって問題だったのは立法府のほうであった。一七九九年憲法によって立法府は三つの議院から成り立っていた。まず「憲法の番人」を自認する六〇人から成る強力な元老院。次いで、参事院の諮問に応えるかたちで新しい立法の作成にあたる一〇〇人から成る護民院。そして、いかなる主導権や討議さえなくして、提示された新立法の採択にあたる立法院（各県からの推薦によって選ばれた三〇〇人から成る）

である。この三つのなかでは、護民院がボナパルトにとって最も大きな目の上のタンコブとなっていた。彼らは教皇庁とのコンコルダ締結にも反対していたし、民法典の第一草稿まで向こう見ずにも拒絶したほどであった。ナポレオンとしては早急に彼らを屈服させなければならなかった。

一八〇三年に、第一執政は彼に忠実な元老院の規模をさらに四〇人増やし、護民院と立法院の人数を逆に半分に減らしてしまった。さらに、両院は議長を自ら選ぶ権利まで剥奪されてしまった。四年後、護民院は完全に廃止されてしまう。しかし、このような急進的な改革を強引に押し進める前に、ボナパルトは扱いにくい反対者たちを抑えるための三つの計略を考案していたのだ。まず第一に、彼は「元老院令」という法令をフルに活用して、護民院と立法院に諮らなくても法案を通せるようにしてしまった。最も批判を受けていた法案のいくつかはこうして立法府を通すことができたのだ。第二に、彼はしばしば「判決《アレ》」もしくは参事院によって発布される「参事院令」を利用した。第三に、彼がフランス人民による国民投票に頼るケースが三度にわたって見られた。一七九九年一二月に憲法の承認を得たとき、一八〇二年に賛成三五〇〇万、反対八〇〇〇という圧倒的大差で彼の終身執政就任の承認を得たとき、そして一八〇四年に同じような大差で彼の皇帝即位が決定したとき（このときの反対者はわずか二五〇〇だった）の三度である。最初の二回は純粋な意味での国民投票と言ってよかったが、最後のものは少なくとも部分的には「演出された」傾向が見られる。というのは、賛成票のうちの五〇万は陸海軍の代表として記録されているが、両軍が自らの見解を示す機会などそもそもなかったのだから。

とはいいながらも、ナポレオンはつねに自らを「フランス国民全体の意志表示」とみなして、一般市民の大半から正統に権力を委託されているのだと主張した。ちょうど一三〇年ほど後にヒトラーやムッソリーニが主張していくように。ナポレオンの人気がこのようにフランス全土で高まっていった理由のひとつが、革命期に改革された土地制度を固定化したことにあった。小作農層は、革命期に教会や貴族から奪い取った土地の所有権をそのまま認められていった。ナポレオンは土地を耕す者たちを保証するためにつねに努力した。彼は自らを耕す者の擁護者であると公言し、彼らの土地や財産は決して奪うことのできないものだとまで明言した。海千山千のフランスの小作農たちがナポレオンを手放しで支持したのは言うまでもなかろう。国家元首と民衆との同盟こそが、ナポレオンにとっての権力の根幹をなしていたのだ。この関係にヒビが入るのは、帝政末期に徴兵制度が厳しさを増して、地方で彼の人気が急落したときになってからのことであった。

フランスの国家体制を決めたのは自分たちなのだ、という幻想を民衆に抱かせると同時に、ナポレオンは都市の市民たちに対しては目も眩むようなスペクタクルを惜しみなく与えていった。彼は演出の天才であり、パリでの壮麗な軍事パレードによって世論を圧倒するとともに、国民のヒステリックな忠誠心までうわべだけでも刺激することができた。ドイツ人の作家コッツェブーはカルーセル広場のパレードという「最も堂々たるスペクタクル」を見物している。彼はナポレオンと参謀たちとの間に計算され尽くされたコントラストが見られることに注目した。「ボナパルトは壮麗なる制服に身を固めた将軍たちや副官たちに囲まれて登場した。ところが、彼自身は極めて質素な刺繍も施されていない制服に、羽根飾りのない帽子をかぶっているだけなのだ」。彼はまた、第一執政が行進中の各部隊に惜しみなく拍手を送り、目の前を通り過ぎるごとに「各連隊の行進が勢いを増すように」気を使っていたと観察している(5)。

古代ローマの皇帝たちの先例に従って、ボナパルトは民衆に「パン」と「サーカス」を惜しみなく与えて、特に優れた文政改革が進められたわけではないのに、まるでフランスが少なくとも一八一二年までは比類のない富と政治的安定を獲得したかのように見せかけたのである。彼が成し遂げた偉業は、公平や理想を追い求めたものではなかった。そのほとんどが大衆に対する恐怖から生まれたのだ。ボナパルトはかつてこう述べたことがある。「余が最も恐れているのは、大きな戦闘などではない。むしろ、パンがないといって暴動が起こるほうが恐ろしい」。フランスの再構築という偉業は、皇帝がこれから乗り出そうとしている戦争のための確固たる基盤を築く目的と同時に、帝政に批判的な連中の声をもみ消す目的もあった。そして、皇帝にとって、かのイギリス帝国が征服されない限りは、さらなる戦争は避けられない状態にあったのだ。

そのためにもまず財政改革は緊急の課題であった。彼の前任者たちが既に旧体制《アンシャン・レジーム》の時代遅れともいうべき課税制度を一掃しており、総裁政府にしても価値のないアシニャ紙幣を廃止していた。フランス経済がどん底だったときに、アシニャ紙幣の交換レートは二四フラン金貨ひとつにつき一万二〇〇〇枚という有り様だった。ゴダン、バルベ＝マルボワ、モリュといった財政家たちの援護を借りて、第一執政は税の査定と徴収の効率性を高めることに成功した。

ボナパルトは小作農やブルジョワとの関係を悪化させたくないという考えから増税だけは何とか避けたかった。このため、一般税の徴収率の向上、政府支出の削減（軍費だけは例外）、一〇年にわたる戦争で蓄積した略奪品の使用、国有地の売却などによって、より重い課税に頼ることなく、平和時に政府を運営することができた。しかしこれは、国家資産を浪費することによってのみ可能な、言うなればたなぼた式のあからさまな経済的ご都合主義にしかすぎなかったのだ。有能な内務大臣だったシャプタルも指摘している。「ナポレオンは民衆を恐れていた。彼は暴動をひどく怖がっていたのだ。そしてこの恐怖こそが、彼を誤った政策へとどんどん導いていったのである(6)」。

ヨーロッパが戦争に突入するや、さしものナポレオンも新しい税金を導入せざるを得なくなった。なかでも間接税は一番人気がなかった。しかし一方で、一八〇〇年のフランス銀行の設立に代表されるような、建設的な財政政策も試行された。フランス銀行は、これ以後、国債の利子率を管理し、紙幣を発行する唯一の機関となり、フランス経済の安定化に寄与するのである。

財政システムの変革を別とすれば、執政政府ならびに帝国政府の経済政策は完全雇用原理と海外市場の門戸開放とを基盤に据えていた。フランス商業界はヨーロッパ大陸に次々と儲け口を見つけては大喜びしていたが、海上貿易に関しては、イギリスとの対立が険悪になるや、最悪の状態へと陥ってしまう。

とはいえ、政府の厳格な監督のもとで、工業および農業の分野ではかなりの収益を得ることに成功した。フランス羊毛産業は生産高が四〇〇パーセントも激増し、南部に伝統的に根づいていた絹織物産業と競合しうる存在へと成長を遂げた。農業にしても、政府からの潤沢な助成金、農業技術研究所の開設、農業博覧会の開催や奨励賞の授与などによってますます生産量が増加した。穀物の価格は厳格に（多くの経済学者たちに言わせれば非現実的に）管理された。おかげで長い年月にわたって、穀物価格は実際よりかなり低く抑えられていたが、これは大衆のご機嫌をとろうとする皇帝の目論見のせいだった。

民間の福利厚生にしてもさらに奨励されたが、これは政府側の政策と矛盾しなかったことを意味する。原始的な健康保険制度はリエージュ近郊の一帯から始まったが、やがて独自の「共済組合」が数多く現れることとなった。救貧院もフランス全土で近代化され、イギリスの救貧院と比べても遜色のないものとなった。これらの政策は極めて啓蒙的ではあったが、ナポレオンの改革にとってみれば、それほど建設的な側面は備えていなかった。たとえば、労働組合など「ジャコバン派が残した」遺物として徹底的に弾圧されている。同業組合にしても国家から監視を受け、労働者は自分自身の労働許可書をつねに携帯することを法律で義務づけられていた。さもなくば逮捕されたのである。このような引き締め政策は、「福祉国家」などという見せかけの仮面の下に、民衆を決して信じていない皇帝の素顔が潜んでいることを如実に示していた。

教育は格段の進歩を遂げたが、これまた明確に全体主義国家の手中に収められていった。建設的な側面では、一八〇二年の法令により、すべての市町村に小学校が置かれ、各県に最低ひとつは中等学校が設置されるようになった。大都市にはリセ（中等学校と大学の中間的な存在）が開校された。しかし、教育内容はほとんど国家が押しつけていたのだ。数学と科学が奨励される一方で、人文科学は完全に禁止されるか縮小されるかのいずれかであった。とりわけ、政府は近代史を教えることを禁じ、歴史の授業ではカール大帝の時代を集中的に教えるように指導していた。カール大帝こそは我らがフランス皇帝があやかろうとしていた人物だった。

同様に、教師という職業についても国家からの監視の目が厳しかった。すべての教師が「フランス国立学校」に強制的に加入させられ、ここで審査が一括して行われていた。ナポレオンは教育活動を教会に託していたものの、コンコルダの条項からは実際の権限が剥奪されており、彼こそが教育のすべてを掌握していたのである。

法と秩序はナポレオン統治下で長足の進歩を遂げていった。一八〇二年にはすべての市町村を監督する目的で新しい国家警察が立ち上げられた。翌年には、各県を巡回して裁判を行う特別法廷が設置された。新しく徴集された新兵たちの反抗が日増しに増大してしまったため、刑罰全般が警察の手に委ねられていくこととなった。おかげで犯罪指数は激減した。警察の背後には、新しい地方行政システムが築き上げられていた。しかしこれはもっと啓蒙的だった旧体制《アンシャン・レジーム》時代からの借り物だったのだ。ここでまた厳格な中央集権化が図られることとなる。

一八〇〇年二月の法令によって、すべての県がパリの直接的な管轄下に置かれることとなった。各県の副知事がそれぞれの郡を監督し、各市町村にもひとりずつ首長が置かれた。各県知事や市町村長はそれぞれに地方の名望家から成る評議会の助けを借りて統治にあたった。こうして、フランス全土に八三の「小型執政《プチ》」が登場し、制度としては一八世紀の地方監察官《アンタンダン》制とほとんど変わらなかったのである。ナポレオンは過去の遺物を借りて現在を彩ることに何のためらいも感じていなかったのだ。

政治家ナポレオンにとっての最大の偉業が法典の改定であろう。一八〇〇年に第一執政は法改正を目的とするふたつの委員会を立ち上げた。それはまもなく、カンバセレスを委員長としてひとつにまとめられていく。委員会によって出された提案は参事院の司法委員会によって検討され、最終的に第一執政の裁可を仰ぐこととなる。ここでも、革命初期の改革者たちのおかげで旧弊な法的例外措置のほとんどが既に廃止されていたため、作業はそれほど難しくはなかった。第一執政は多くの優秀な法律家たちの助けを借りて作業を進めていった。とはいいながらも、彼自身、法典の改正に並々ならぬ関心を寄せており、委員会にたびたび姿を現している。

たとえば、民法典の改正を検討していた委員会は一〇九回にわたって会合がもたれたが、そのうち第一執政は五七回も出席しているのである。「執政時代の四年間に、彼は複数の委員会を毎日召集した。そこでは、行政、財政、司法など、あらゆる視点で順繰りに検討が続けられた。第一執政の理解力たるや、すさまじいもので、彼はよく重要なコメントや法的見解を披露しては専門家たちの度肝を抜いていた。……委員会は明け方の五時ぐらいまで続くことも稀ではなかった。これは自らの心が決まるまで第一執政が問題を終わらせようとしなかったからだ(7)」と、シャプタルが回想している。

新しい司法制度の根幹となったのは、寛容と平等、私有財産の尊重、そして家父長制度の復興だった。ナポレオン自身によって促されるかたちで、フランス法はどんどん法典として編まれ、明文化されていった。一八〇二年から四年の間に民法典が発布され、次いで商法典（一八〇七年）、刑事法典（一八〇八年）、刑法典（一八一〇年）と続いた。これらの法典のすべてが驚くべき偉業であって、その影響はフランスはもとより、ベルギー、オランダ、イタリア、ドイツの一部などで今日でも見られるくらいである。ある皮肉屋がこう言っている。「神はボナパルトをお造りになり、そしてお休みになられた(8)」。

フランス国民が、ボナパルト将軍によって成し遂げられた国家再編という偉業を認識するのにさして時間はかからなかった。彼が国家の舵取りをしてくれている限り、それは国家と個人を保証してくれることにつながり、彼にきちんとした称号を贈るべきだという気持ちは急速に結晶化していったのだ。一八〇〇年という早い段階で、国民の多くは既にボナパルトを狙う暗殺者の銃弾、短剣、爆弾がフランスの発展と富裕化を阻害することになるとして彼に危険が及ぶのを恐れており、高立高官にある皮肉屋の現実主義者たちにしても、第一執政の暗殺あるいは失脚が自分たちの破滅につながると認識していたのである。このような風潮が玉座への第二のステップへと大きく誘《いざな》ってくれたわけだ。終身執政という称号である。この称号を付与する問題が最初に採り上げられたのは、一八〇二年三月二五日のアミアンの平和条約調印とまさに期を同じくしていた。

五月六日にヨーロッパの平和が歓喜のなかで高らかに宣言されるや、その二日後にはボナパルトを終身執政にしようという公式な提案が出された。彼は、護民院からの反発を回避する目的もあって、国民投票にかけるように要請した。そして国民からの圧倒的な支持を獲得したわけである。しかし、ボナパルトが終身執政に就任する案に最も反対していたのは、なんと軍部にいる一派だったのだ。八月に元老院が「フランス人民の名において」ボナパルトの終身執政就任を宣言し、同じ日にはパリで平和を象徴する巨大な彫像の除幕式も行われた。終身執政には自らの後継者を指名する権限が与えられた。そして彼の権力は、参事院と厄介な護民院を犠牲にするかたちで、ますます強まっていったのだ。

終身執政になってしまえば、帝冠をかぶることなどわけはない。執政の宮廷は、組織といい雰囲気といい、既に王室そのけだった。これもまた、影響力をもつ世論を慎重に地ならししておいた成果であった。彼はあらゆる出自の人間を融合してしまうことに決めた。軍人も、復活を遂げた貴族も、新興の富裕階級もすべて彼の臣下となった。ボナパルト自身は、実を言えば軽薄な宮廷生活をちっとも好きになれなかった。財政家のモリュも指摘している。「彼には、より大きな利害を追い求めようと、本来の質素な趣味を犠牲にする覚悟がいつでもできていたのだ(9)」。

ナポレオンは自分の宮廷を並の標準にまで高めるために大変な努力をしていた。礼儀作法に関する昔の本を徹底的に読み込むとともに、「民法典ぐらいの厚さがある」礼儀作法の教科書を新しく作り直したほどであった。この本の監修にあたったのは、かつてヴェルサイユ宮殿でブルボン家の侍従を務めていた人物であった。彼は大変な高齢に達しており田舎で悠々自適の生活を楽しんでいたところを皇帝に引っぱり出されてきたのである。式部官、侍従、あるいは他の宮廷官職者たちに壮麗優美な制服が用意された。しかし、苦労して作り出された華麗さも最初のうちはうわべだけのものにすぎなかった。ポトカ伯爵夫人がどこか辛辣な口調でこう記録している。「宮廷は、遠くからは優雅に見えるものの、近くでは見るに堪えない代物でした。なにか調和に欠け、ごちゃまぜになっている感覚は目も覆いたくなるほどでした。誰もが期待するような威厳に満ちた雰囲気など微塵もございませんでした。すべてが嘘っぽく見えてしまうのです。まるで、役者たちが衣装を着たり台詞を繰り返しているリハーサル現場にやってきたような錯覚に陥ってしまうほどに(10)」。

その意味でも、一八〇三年と翌四年に起こった陰謀は、ナポレオンを皇帝に推戴するうえでは願ってもないチャンスを与えてくれたのだ。暗殺計画が露呈してくれたおかげで、フランスの将来を憂える国民の声が再び高まってくれたのだから。ナポレオン政権の存続を保証するためにも、体制を転覆しようとするさらなる陰謀を防ぐ目的で、ボナパルト家の正統な一員に国家元首を継承させていくという必要が生じてきた。これはまさにナポレオン自身の野心と合致する考え方であり、元老院にも護民院にも最大限の圧力が及ぼされるに至った。特に護民院は、有無も言わさず承認を迫られるほどに弱まりきっていた。

一八〇四年五月一八日、ナポレオンを皇帝に推戴する旨が正式に布告され、この日をもってフランスは帝国となった。しかし、皇帝の要望に応えるかたちで、一一月六日に国民投票が行われ、先に述べたような圧倒的多数によって承認されたのである。一八〇四年一二月二日、フランス皇帝ナポレオン一世の戴冠式が挙行された。敵国にとってみれば、彼は最後の最後まで単なる一軍人ボナパルト将軍にすぎなかったが。

「ジョゼフ、この姿を親父に見せてやりたかったよ!(11)」と、彼は玉座に昇る階段の途上で兄につぶやいた。一七九二年に革命への干渉戦争に対抗して列強に宣戦を布告したロベスピエールがいみじくも予言していたとおり、フランス史上最強の絶対君主が長年の闘争のなかから登場することとなったのだ。しかし、革命の成果がすべて消え去ったわけではない。機会の平等と博愛という最良の原理は新しい秩序のなかに組み込まれ、革命によって打ち立てられた小作農たちの有する土地所有権の不可侵性は残り続けていった。

唯一なくなってしまったのは、政治的な自由だった。それにもかかわらず、ナポレオン・ボナパルトは彼に託された国家につかの間ではあったが平和を取り戻し、その間に確固たる政府と国民の保証を築き上げたのだ。しかも、それは市民生活があらゆる視点から改善されての結果であった。これらの贈り物によって、ボナパルトは国民の大半から純粋な気持ちで感謝されたのである。秩序と効率性と日々の糧さえ保証されるならば、専制政治など何でもなかった。少なくとも初期の段階では。単なる軍事独裁政権だったなら、長続きなどできなかったことだろう。

第30章　ブーローニュ作戦本部の設営

ヨーロッパの平和はわずか一四ヶ月で終わりを告げてしまったが、大陸全土を巻き込んでの大戦争が始まるにはまだ三年ほど余裕があった。戦争が再び始まってしまった原因としては、一七八九年かそれ以前にまでさかのぼるような様々な問題が複雑に絡み合っていたが、直接の原因は、一八〇一年および二年に結ばれた平和条約の内容が列強にとって不満に満ちあふれていたことであろう。実際、これらの平和条約など一時的な停戦以外のなにものでもなかった。列強にとっての戦争の火種はまったく解消されていなかったのだから。特に意見の衝突が見られたのがイギリスとフランスの間だった。イギリスにはアミアンの和約が不公平なものだと主張する正当な理由があったし、この条約の後に確立された国際情勢に対しても不満を抱いていた。すぐにボナパルトは、公然たる手段と極秘の手段の双方をフルに活用して、ヨーロッパ大陸からイギリスの影響力を排除しようと決意する。イギリス側は新しく通商条約を結ぼうと試みたが、フランスにすげなく拒絶されてしまう。加えて、フランスはアントワープとスヘルデを事実上管理下に置いていた。このような態度を見るにつけて、イギリス議会の議員たちもフランスとの戦争はそう遠くもないという確信を抱くに至ったわけである。しかも、ボナパルトはヨーロッパ各地に相変わらず領土的な野心を露骨に示していたのだ。

ピエモンテ、エルバ、パルマ、スイス、そしてオランダといった国々が、一八〇一年四月から翌二年九月の間に、でっちあげの口実を楯に次々と吸収合併されていった。ボナパルトがいまだ満たされていない領土的な野心をあらわにする際に「冷戦」という作戦を採り、その結果、イギリスの大陸市場が次々と脅かされていくであろうことはかなり早い段階から明白となった。

英仏二国間の摩擦は特に植民地をめぐって激しく見られた。アミアンの平和条約によって、イギリスは一七九三年以降に獲得した海外領土を、セイロンとトリニダードを除いて、すべてもとの宗主国に返還した。その代わりに、フランスはエジプトを放棄し、ナポリ王国から撤退して、ポルトガルとイオニア諸島の独立を保障した。フランスにとってみれば植民地を取り戻せるぐらいなら安い代償で済んでいたわけである。

さらに、イギリスがミノルカをスペインに、マルタを聖ヨハネ騎士団に返還したため、地中海における制海権は再びフランスの手に戻っていた。これだけ得られれば充分だったはずなのに、条約締結から数ヶ月もしないうちに、第一執政は英仏間にくすぶっていた残り火に大量の油を注いでしまったわけである。

義弟のルクレール将軍を、トゥサン・ルヴェルテュールを指導者とする反乱でわき返るサント・ドミンゴを攻略するために派遣したのは、ほんの手始めでしかなかった。ボナパルトはまた、脆弱なスペインを脅してルイジアナ植民地をフランスに返還させ、ミシシッピ川沿いに新しい帝国を建設できないものかと思案していた。しかし、最終的にこのふたつの試みはともに失敗に終わってしまう。ルクレールの遠征軍は黄熱病にやられてしまうし、きたるべきイギリスとの戦争に備えて軍資金が必要だったため、一八〇三年にはルイジアナをアメリカ合衆国に八〇〇〇万フランで売却してしまったのだ。しかし、イギリス帝国の優越に対する最大の挑戦は、一八〇二年末にセバスティアーニ大佐率いる使節団を地中海東部の国々へと派遣した、謎めいてはいるが公然たる事件であった。

この事件はフランスがシリアとエジプトに再び権益を獲得しようとする予兆ともなったが、一八〇三年一月にはイギリスが何よりも恐れていた最悪の事態が現実のものとなる可能性が高まった。フランス政府がインドへの遠征を準備し始めたのである。

確かにこの時期、フランスには社会、経済を再構築していくための充分な時間が必要だったのだが、この種の行動はイギリスに対する計画的な挑発と捉えられても仕方なかった。イギリス世論は、ボナパルトが一八〇二年に講和を結んだのは、フランス艦隊を再構築して新たなる侵略の準備を進める時間稼ぎにすぎなかったと確信するようになっていった。このように反仏感情が高まりを見せるなかで、イギリス軍がエジプトから撤退するのに最大限の不満を示したり、イギリス政府がアミアン条約に掲げてあるマルタ島からの撤退を拒絶し、法律用語をあれこれと並べ立てて地中海に居座る権利があるなどと主張し始めたとしてもなんら不思議ではなかった。「日常生活に引きこもっていた」人々は続々と兵役に志願するようになり、イギリスの各港湾では水兵を強制的に駆り立てるプレス・ギャングが再び横行することとなった。

イギリスの各新聞は第一執政を辛辣に中傷するキャンペーンを繰り広げ、辛口の論者や風刺画家たちの鋭い指摘はテュイルリ宮殿の激しい怒りを買った。これに対する報復措置として、フランス政府はマルタ島からの撤退を拒むイギリスが平和条約を侵していると喧伝し、イギリスの陰謀家が執政の暗殺計画に関与していると伝えた。実際に、西部反乱の首謀者となったふくろう党の背後には明らかにジャージー島（イギリス）からの指令が見られた。ボナパルトのプライドは、彼がイギリスによる裏切り行為と呼んだ一連の出来事によって傷つけられ、タレイラン外相がなんとか仲直りの道筋をつけようとしていたにもかかわらず、平和的ムードは急速に減退してしまった。

一八〇三年三月までには戦争はもはや目前に迫っていた。あとは英仏のいずれが主導権を握って「侵略国」となるのかという問題だけだった。最終的には、イギリス首相アディントンが五月一〇日にフランスに事実上の最後通牒を突きつけるという荒技に臨むこととなった。イギリス側は、国内改革の遂行と戦争の準備のためにあと数ヶ月は戦端を開きたくないというフランス側の事情を察知していたのだ。フランス各紙も「不実の白い島」、「条約の違反者」に対してすぐさま非難を浴びせかけてきた。

その直後に、フランス政府は、一六万の軍隊をドーヴァア海峡沿いの諸港に集結させ、新たなイギリス方面軍をスルトとネイの指揮下に形成させることにした。イギリス政府のほうもフランス船の入港を全面的に禁止し、ボナパルトはこれに仕返しをする意味で、フランスおよび衛星国に住んでいるイギリス人（さらにはここを通過するイギリス人まで）を即刻逮捕してしまう。五月一六日、ついにフランスは宣戦布告に踏み切った。最初の一発は、イギリス海軍のフリゲート艦がフランス海軍の警護艦とドーヴァア海峡で小競り合いを演じたときに放たれた。こうしてイギリスとフランスとの間の雄大なる大戦争が始まった。この戦いは、ワーテルローの戦場で最終的に終結するまで、一二年以上の長きにわたって続くのである。

一八〇四年の冬までは、戦争はドーヴァア海峡を舞台に英仏二国間だけに限られていた。確かに、英仏戦争のなにがしかの影響が、ヨーロッパ大陸にもたらされたのは事実である。たとえば、宣戦布告とともに、フランスはすぐにハノーヴァを占領してナポリ王国を攻略し、一方でスペインにガリヤ同盟を強制的に迫ると同時に、ポルトガルからはイギリス商品がしばらく姿を消すこととなった。しかし、戦争は本質的に海戦に限定されていたのだ。ナポレオンは、イギリスの執念深いまでの敵意を打ち負かす唯一の方法は、この国に侵略してウィンザ城で講和を結ぶ以外にないと気づいていた。しかし、イギリスへの侵略を成功させるためには、フランス艦隊によってまずはドーヴァア海峡を制覇しなければならなかった。

「ヨーロッパ大陸には、フランスに攻撃をしかけてやろうという兆候は見られなかったので、余はイギリスを威嚇してやる絶好の機会をとらえていた。確かに難しい作戦ではあるが、不可能ではない。いっぺん上陸に成功してしまえば、ロンドン攻略などわけはない。首都が占領されてしまえば、寡頭支配に敵対する強力な党派を生み出すこともできよう。……ロンドンなどカレーから二〜三マイルしか離れていない。沿岸部に散らばっているイギリス陸軍には首都を守るだけの団結などできっこない。もちろん、これだけの大遠征を軍団ひとつでできるわけもない。おそらく一五万ほどの大軍で行けば上陸してから五日くらいでロンドンに到達できるだろう。二〜三時間で一五万の大軍を上陸させるとなると、小型船隊《フロティラ》を使って浅瀬全体に乗り込むしかない。この方法を成功させるためには、アンティル諸島から艦隊の一部をブーローニュに回して、護らせることになろう。トゥーロン、ブレスト、ロシュフォール、ロリアン、カディスから五〇の船をマルティニクに集結させる。これだけの船が動けば、イギリスとしては東西の両インドが危ないと感じて喜望峰やアンティル諸島に乗り出していくだろう。その隙に、我らが艦隊がブーローニュに集まって、イギリス上陸作戦を援護する。要塞もなければ、常備軍によって守られているわけでもない沿岸に、規律正しい勝利に満ちた我がフランス軍一五万が上陸するとなると一〇時間ほどで充分だろう。もしここでイギリス人の愛国心が国を守るために国家総動員体制を築き上げてしまうと、我々も退却できなくなってしまう。愛国心こそは、どのような状況であろうと、最大の障害物となるだろう。しかし、それに先んじて、民主主義の理念を高らかに歌い上げておけば、反逆者も大勢出てきて、イギリスは統一を保てなくなり、ついには国家全体が麻痺してしまうだろう(12)」。

この一文は、ナポレオンの侵略計画を如実に表していて興味深い。イギリス国内に「第五列」を慎重に築き上げて敵国を麻痺させてしまうなど幻想にすぎない。なにしろイギリスでも最も左寄りだったホイッグ左派でさえ、当時はフランスとの戦争の必要性を声高に唱えるようになっていたのだから。しかし、それよりもなによりも、ナポレオンとしてはフランス艦隊がドーヴァアを制覇してくれなければどうしようもなかったのであり、ここに屈辱が待ち受けていた。

それにもかかわらず、フランス軍は楽観的なムードに包まれて、ドーヴァア海峡沿岸の露営地に陣取るイギリス方面軍は上陸作戦に備えて訓練に入っていたのだ。あらゆる種類の軍需物資を豊富に大量に集められる理想的な場所であったアントワープが、フランス海軍にとっての兵器庫となってくれた。そして、平底船やはしけなどがオスタンドからエタプルに至るすべての港湾に集められた。しかし、最初の頃は威勢がよかったフランス軍も、ヴィルヌーヴ艦隊にドーヴァアへ突入する命令がなかなか出ないまま、数週間が過ぎ、数ヶ月が過ぎていく頃にはその勢いをどんどん弱めてしまった。

ムーラン＝ユベール近郊のブーローニュに設営された作戦本部は、永続的に使用する目的で精巧に築き上げられていた。フランス軍はほんの数週間のつもりでここに入ってきたが、作戦が延びたために、簡単に作った避難所はいつしか堅固な小屋に様変わりしていた。周囲は入念に仕上げられた庭で囲まれ、綺麗な並木道まで舗装された。彼らは快適に生活するための術を心得た達人だった。結局、ブーローニュは、軍事基地というよりは豊かな田園都市へと様変わりしてしまった。しかし、動かずに何もしないでいるうちに、兵士たちの身体は鈍ってしまい、これが失敗の原因となっていく。

皇帝は何度か部隊を閲兵して兵士たちの士気を高めていた。皇帝の閲兵は壮観なものであったが、なかでも最高潮に達した事例が、一八〇四年八月一六日の有名な閲兵式である。このとき彼は、全軍の目の前で、将校や兵士たちに綺羅星のごとくのレジョン・ドヌール勲章を次々と授与していった。全軍は扇形を描いた縦列をなして見守った。しかも一三〇〇人もの鼓笛隊が『いざ戦場へ』を奏でるなかで。

一八〇四年一二月に挙行された戴冠式の三日後、今度はパリで別の華やかなセレモニーが行われた。シャン・ド・マルスに集結した連隊長たちは、鷲の紋章が入った軍旗を、皇帝自身から次々と受け取っていったのだ。激しい豪雨にもかかわらず、皇帝の演説は隊長たちの愛国心を一気に燃え上がらせた。「兵士たちよ！　これこそ諸君の軍旗である。ここに描かれた鷲が、諸君が集まるところにつねにひるがえっているだろう。この鷲は、皇帝による庇護が必要だと思われる場所ならば、至る所にひるがえっていることだろう。この軍旗を守るために命を捧げることができると誓えるか？　諸君らの勇気によって勝利への道が切り開かれるのだ！」。連隊長たちは一斉に「誓います！」と叫び、びしょぬれの三色旗が高々と掲げられたのであった。

皇帝の閲兵式がいつもこんな具合にうまくいっていたわけではない。たとえば、一八〇四年七月二〇日の悪名高い大惨事のように。この日、ナポレオンは、提督たちの助言を無視して、岸辺が大変な強風に見舞われていたにもかかわらず、ブーローニュで小型船隊の閲兵式を強行させたのだ。危険だからやめたほうがよいと諫言したブリュイ提督はその場で解任され、オランダに亡命せざるを得なくなってしまった。代わりに臆病者のマゴン海軍中将が閲兵式を強行することとなった。

結果は予想どおり、最悪の事態に陥った。「戦闘員を満載していた二〇隻以上にもおよぶスループ型帆船がことごとく岸壁にぶつかり、海に放り出された哀れな兵士たちは必死になって助けを呼んでいた。しかし、誰も助けることなどできなかった。何しろ全員が荒れ狂う波と戦っていたのだから[13]」。二〇〇〇人以上が溺れているなかを、皇帝はまったく意に介さないかのように岸壁の突端部を昇ったり降りたりしながら見ているだけであった。これは明らかに彼が引き起こした大惨事だった。誇大妄想の気質は、ナポレオンお得意のスタイルとなっていく。

　このような大失敗も見られたものの、ナポレオンの海軍政策は見かけよりは堅実だった。確かに、トラファルガー海戦以降、イギリス海軍の優位を完全に脅かすことはできなかったが、イギリス対岸の六つの港に極めて危険なフランス海軍の各艦隊が停泊しているだけで、イギリス政府にとっては脅威となり得たのである。イギリスにとっては、海上交通輸送路《シーレーン》を自由に使えるか否かが死活問題であった。ナポレオンはそのことをよく心得ていたのだ。イギリス商船を襲ってくれる私掠船の数を増やそうと試みる一方で、ブレストやトゥーロンからアイルランドや英領植民地へと遠征軍を派遣する構えを見せて、彼らに脅威を与えたのである。たとえ、全面的なイギリス上陸作戦が不可能ではあったとしても。

　ナポレオンはまた、「七つの海の支配者」に間接的に圧力をかけていく計画も考案した。中立国の艦隊をフランスの保全のために用いようと計画したのだ。そうすれば、海外におけるイギリスの利益をかなり減少させることにつながるだろう。この政策によって、ナポレオンは最も危険な敵に対して、情け容赦ない軍事的、経済的な圧力をかけ続けていくことにした。戦争中にもかかわらず、フランスの各港湾に船を停泊しておくだけではなんの役にも立たないように見えるが、イギリス海軍に絶えず監視をさせておく費用に比べれば安上がりだった。フランスの機先を制して、イギリス艦隊に中立国の船を拿捕させてしまえば、違法な干渉だといってイギリス政府を叩くこともできる（一八〇七年のコペンハーゲンの事件のように）。しかも、国際問題に発展させることもできた。ナポレオンの海軍戦略は、だいたいは鋭い洞察力と技能を示すことができた。皇帝は、イギリス海軍の圧倒的な優位に挑戦する機会はなかったかもしれないが、敵に全力を尽くさせて、ヘトヘトにさせてしまうことには成功したのだ。

　ところが、ナポレオンは、海戦が極めて重要になったこの時代において、海での戦いの極意についてはまったく理解していなかった。風や波の不思議な動きは、彼の驚異的な知識でさえも理解しがたいものだった。皇帝が不運な提督たちに出す指令は、世界の至る所で、決められた時間内に艦隊を動かすというものであって、まるで陸軍の部隊と同じように扱っていたのである。

　この結果、イギリス侵略計画など、はなから失敗する運命にあったわけだ。イギリス海軍はブレスト、カディス、トゥーロンを絶えず見張っていた。ヴィルヌーヴ提督が動いたのは、パリから何度も何度も催促を受けた後、一八〇五年三月末になってようやくのことだった。彼はトゥーロンの海上封鎖を突破して、計画どおり西インド諸島へと乗り出した。ほんのしばらくの間はすべてがうまく行くように思われた。ネルソンがヴィルヌーヴを追いかけて、ドーヴア海峡の一部は六日間もがら空きの状態となったのだ。ただし、ブレストの海上封鎖はまだ解かれていなかったが。この絶好の機会に、ナポレオンはケント州の海岸にイギリス方面軍を上陸させることができたのに、艦隊が戻ってくるのを待つよう命じたのである。こんな機会は二度となかった。やがて、ヴィルヌーヴ艦隊はヨーロッパへ戻ってきたが、彼が帰ってきたのはドーヴァではなかった。カルダーのイギリス艦隊と激しいながらも決定打にならなかった小競り合いを演じた後で、フランスの提督はフェロルの北からビスケー湾に入ることに決めた。ドーヴァに近づくのはかなり危険だと感じたのである。この後、八月半ばの数日間をヴィーゴ湾の近辺でだらだら過ごし、彼はカディスに艦隊を進めた。当時カディスは戻ってきたイギリス艦隊によってすぐに封鎖されてしまっていたのである。

ナポレオンはこのあてにならない船乗りに何度も激怒している（後々の弁解のためだったと説明する者もいるが）。この「ろくでなし」のヴィルヌーヴ（皇帝はいつもこう呼んでいた）は彼を裏切って、少なくともこの一年間に限ったとしても、すべての計画を台なしにしてしまったのだ。しかし、皇帝は秘かに安心もしていた。イギリス侵略計画の失敗の全責任をヴィルヌーヴひとりに押しつけることができたからである。ナポレオンがイギリス侵略計画を実現することの難しさに早くから気づいていたとする証言がある。しばしば彼の秘書を務めていたブーリエンヌは、ナポレオンがイギリスに対しては脅し以外のなにものをも計画していなかったと述べている。しかしこれはあまりにも胡散臭い。ヴィルヌーヴがカディスへ向かっているとの確かな情報を受け取る二週間前の八月八日の時点で、ナポレオンが既にイギリス侵略計画の中止を決定していたとする証拠が残っている。

その日、彼は親衛隊を率いていたベシェールに宛てて、次のように書き記している。「親愛なるわが従兄へ。親衛隊を巧みに配置し、いくつかはブーローニュへ派遣するよう昨日は指示を下した。既に発ってしまった部隊はそのままでいいから、残りは待機させておいてくれ。とにかく指令を待つように(14)」。ブーローニュからの攻撃を諦める直接的な原因となったのは、オーストリアとロシアが軍備を進めているとの情報が入ったことであった。そして最終決定が八月二五日に下された。「余の心は決まった」と皇帝は外務大臣のタレイランに書き送っている。「作戦は動き出した。九月一七日までには、余は二〇万の兵とともにドイツにいるだろう(15)」八月二五日に、イギリス侵略作戦は無期限に延期され、帝国総司令部からはイギリス方面軍（もうすぐグランド・アルメと命名されることになる）の解散が命じられた。ただし、沿岸部で見張っている用心深いイギリスのフリゲート艦からはわからないように、慎重に命令は実行されたが。二八日に親衛隊はストラスブールに集結するよう命令を受けた。

一方で、皇帝はイギリスへの侵略計画が続けられていると装うために、九月三日までブーローニュにとどまった。このときまでには、新しくグランド・アルメと呼ばれることになる軍団の主力部隊はいつでもライン方面に進軍できる態勢に入っており、失敗に終わってしまった「イギリス奇襲作戦」はいつのまにか劇的な「ウルム攻略作戦」へとすり換えられていたのである。このように作戦計画を急激に変更したにもかかわらず、ナポレオンは自分がイギリスに対する永遠の戦いをいまだに続けていると信じて疑わなかった。一七九八年のときと同様に、攻撃の矛先が怪物ブリタニカの心臓部から枝葉末節の一部に転じてしまったのだ。そのときには、レバントにおけるイギリス利害が攻撃対象となり、インドを脅かそうとする作戦が採られた。一八〇五年になると、今度は新たなる問題として浮上してきたのは、疲れを知らないウィリアム・ピット（一八〇四年五月に首相に返り咲いていた）がイギリスの資金をバックに築き上げた、第三次対仏大同盟だったのである。ドナウ川を攻撃することで、ヨーロッパ大陸の敵どもの機先を制してやろうと考えた皇帝は、彼らを粉々に打ち砕いてしまうことで、かの執念深い島国野郎に手応えのある一撃を加えてやれると読み込んでいたのである。

第31章　ヨーロッパ大戦争への道

一八〇五年の初頭までには、ヨーロッパ大陸の情勢は、フランスの目から見れば最悪の状態へと転じていた。しかも、ピットの巧みな外交活動を考慮に入れれば、ナポレオンとしては作戦の中心舞台をドーヴァ海峡からドイツへと切り替える必要が出てきた。「作戦を遂行することが困難だからではなく、もっと強力な動機が生まれたために、余はこの［イギリス侵略］計画を諦めることとなったのだ。余はヨーロッパ大陸諸国とは曖昧な関係にあった。特にロシアとはそうだった。オーストリアにしても、ロシアとイギリスにそそのかされて、我が軍がイギリスへ向かった隙に新たなる戦意をむき出しにしてくるだろう。そうなれば、この一〇年の間に得た勝利の戦果をすべて失ってしまうのだ。その意味でも、イギリス侵略は、他の列強のひとつとでも同盟を結んでいない限りは、危険きわまりない賭けにすぎなかったのである(16)」。

どうしてフランスと列強との関係が急速に悪化してしまったのであろうか？　ひとつにはイギリスの巧みな外交活動が見られたし、フランス自身が賢明でない（ただし計画的な）挑発を繰り返していたことも挙げられよう。ここ数年来、ロシア帝国はイギリスから外交的・経済的に強い圧力を受けていた。若き皇帝《ツァーリ》アレクサンドル一世（在位一八〇一～二五年）は亡き父「狂気の皇帝《ツァーリ》パーヴェル」とはすべてにおいて異なっていた。

その治世の最後の頃に、パーヴェルはボナパルトの偉業によってまるで魔法にかけられてしまったかのようになり（この結果ピットの第二次対仏大同盟も悲惨な結末を迎える）、その息子にしても最初はほんの少し魔法にかけられていたが、やがてフランスに対する敵意をあらわにしていくのである。しかし、一八〇三年春までは、ロシアの伝統的な領土的野心がイギリスとの衝突をもたらし、アレクサンドルのフランス嫌いも抑制される傾向にあった。領土を拡張しようとする点において、アレクサンドルは典型的なロマノフ王朝の皇帝だった。彼の強欲な眼は、脆弱なバルト諸国、国内に問題を抱えるトルコ帝国、さらには地中海全域、とりわけマルタ島にまで注がれていた。

他方で、イギリス政府は、木材、タール、麻に代表される海軍に必要な原材料の多くをバルト海貿易に依存していた。

ここがロシアの手に落ちてしまったらこれまでどおりには行かなくなってしまう。トルコについても、イギリスはこの「ヨーロッパの瀕死の病人」を助けて、レヴァントに他の列強が入り込んでこないようにしていた。さらに、地中海にしても、イギリスにとって極めて重要な交易路だった。イギリス商人たちは地中海にロシアが進出してくることには大反対だったのだ。特に、マルタ島をめぐる問題は複雑だった。アミアンの条約でイギリスはマルタ島を国際的な安全保障のもとで聖ヨハネ騎士団に返還することになっていた。ところがこの騎士団の団長が皮肉なことにロシア皇帝だったのだ。

以上の様々な問題が重なり、イギリスとロシアが相互に不信感を払拭するまでにはかなりの時間がかかったのも当然であった。しかし、英露両国はすぐに、ナポレオンを実力相当の立場にまで戻さなければならないと認識するようになっていった。リュネヴィル平和条約によって、フランスとロシアはドイツで起こっている領土問題を調停していく役割を共同で担うこととなったが、フランス政府としてはロシアと煩わしい話し合いなどせずに自分に都合のいいように解決してしまおうと先を急いだ。

さらに、イタリア問題をめぐっては、第一執政は神聖なるロシア帝国が主張している権利など、あからさまに無視する態度に出ていた。彼はフランスによるポー川の併合という政策で、ロシアに正面から屈辱を与えたのである。セバスティアーニ大佐率いる使節団をレヴァントに派遣したことは、モレアやモンテネグロをフランスが占領する予兆となったが、この「人民の父《リトル・ファーザー》（アレクサンドルのあだ名）」はコルフ島攻略の必要性まで唱えていたのだ。最後の決め手がアンギャン公殺害事件だった。アレクサンドルは、自分こそはヨーロッパで最も古い王室の頭領であると自負していたため、このブルボン家の御曹司の処刑は、すべてのヨーロッパの王室に対する公然たる屈辱と映ったのである。そのうえ、ロシアが保証人になっているドイツ諸国の中立を蹂躙していく姿も目に余るものがあった。これらの表面的な不満の奥底には、ヨーロッパ国際政治で重要な役割を演じてみたいというロシアの根深い願望が隠されていたのだが、フランスがあまりにも高飛車な態度でロシアに接してきたため、ピョートル大帝の時代にまでさかのぼることができるような、ロシアが古くから抱き続けてきた西欧諸国に対する劣等感《コンプレックス》をかなり刺激してしまった。

一八〇四年夏に、アレクサンドルが突如、フランスとの外交関係を断ち切り、慎重に戦争の準備を進め始めていったのも当然である。ただし、イギリスとの同盟条約が調印されるまでにはあと一年ほど待たなければならなかったが。

オーストリアにも、フランスに不信感を抱き、さらには嫌悪していくだけの正当な理由があった。二度も戦争に敗れ、そのたびごとに屈辱的な条約を強いられてきたことに対する復讐の念。特に勝者は無情にも、オーストリアを犠牲にして、ライン沿岸部と北部イタリアに最大限の利益を追い求めていったのだ。一八〇一年から三年の間に第一執政が進めたドイツ再建政策は、オーストリアにとって屈辱的なものであった。神聖ローマ帝国を構成していた大小様々な公国は情け容赦なく潰されて、三五〇ほどあった国々はわずか三九にまで減少してしまった。しかも、ライン川沿いに残った諸公国の擁護者となったのは、オーストリアではなくフランスだったのだ。レオーベンの平和条約は、ライン左岸にある聖職貴族の所領を没収する代わりに彼らに補償金を与えることを取り決めていたが、オーストリアがこのときに得たのはちっぽけな司教領ふたつだけ。ライヴァルともいうべきバイエルンとプロイセンは大量の土地を獲得したというのに。

さらに悪いことは続いた。ナポレオンがスイスに対して出した「調停令」はリュネヴィル条約に違反しており、オーストリアがかろうじて影響下に置いているドイツとイタリアの一部の間に深いくさびを打ち込むかたちとなったのである。これに加えて、フランスはイタリアにも食指を伸ばしていった。ピエモンテとエルバの併合などとても飲める状況ではなかったし、これに続くナポリ占領（一八〇三年）は、とりわけ大きな打撃となった。ナポリ王国の王妃はオーストリア皇帝の義理の母にあたったのだ。しかし、オーストリアのハプスブルク家のプライドをずたずたにしてしまった最後の決定打は、一八〇五年五月にナポレオンがイタリアを訪問したときに放たれた。

このとき、フランス皇帝は自らの帝冠の上に、由緒あるロンバルディアの鉄冠を載せて、ずうずうしくも自らイタリア国王を名乗り、ミラノの大聖堂で華やかなセレモニーを開き、フランスとイタリアの統一を高らかに宣言したのである。イタリア北部から完全に撤退することなどハプスブルク家にとって承諾できるはずもない。このときをもってナポレオンに対する敵意が新たに始まったのである。ピットの代理人はオーストリアの狡猾な政治家メッテルニヒに何年も手こずらされ、一八〇四年一月の段階においてもまだ、皇帝フランツは「フランスは余に何もできまい」と信じきっていた。それから一七ヶ月後には、皇帝の態度も豹変することとなる。フランツはカール大公が唱えていたような平和主義政策から離れてしまう。カールは、ナポレオンがドーヴァ海峡を越えてイギリスと死に物狂いの闘争を続けている限りは、敢えて動くべきではないとの政策を提唱していた。いまやフランツはフランス嫌いで有名な大臣のヴラティスラウや主計総監マックの意見を採用するようになっていた。彼らは、「フランスの民族主義的な精神の神髄を吸収して」おり、「戦争では、敵に打ち破られるのを防ぐだけではなく、敵を粉砕することこそ重要なのだ」と進言していた[17]。マック将軍は、今度の戦争ではオーストリアは勝てると確信し、彼の熱意がカール大公の悲観主義を排してまで皇帝フランツを揺り動かしていく。

この結果、六月一七日には帝国宮内法院も、ピットからの同盟案を検討することに同意を示す。そして、一八〇五年八月には、フランスがサヴォワを占領していることについてナポレオンに公式に抗議が出され、これが戦争の直接原因となっていく。同じ月、ついにオーストリア皇帝はイギリス国王ジョージ三世、ロシア皇帝アレクサンドル一世とともに正式な同盟を結成した。

こうしてピット外交は新たなる展開を遂げていった。一八〇四年一二月にイギリスとスウェーデンとの間で合意が成立した当初は、地味な存在にしかすぎなかった第三次対仏大同盟も、ここに表面上は極めて強力な同盟へと変貌を遂げたのである。イギリスは孤立から脱することに成功し、フランスとの戦争は英仏戦争からヨーロッパ大戦争の様相を呈するまでに変化した。

第三次対仏大同盟の目的は、一八〇五年四月のサンクト・ペテルスブルグ協定に要約されている。この協定に調印した者たちは、ハノーヴァ、北部ドイツ、オランダ、スウェーデン、北部イタリア、ナポリからフランス勢力を追い出すことによって「ヨーロッパに再び平和を取り戻すこと」を誓ったのである。さらに秘密条項には、フランス領を一七九一年の国境線内部に限定し、サヴォワ、ニース、そしてモーゼル川東岸を没収すると書かれていた。第三次対仏大同盟の戦争目的は、ヨーロッパを旧体制《アンシャン・レジーム》時代の状況に戻して、フランス革命がもたらしたイデオロギー的な余波はもちろんのこと、領土的な余波についても清算してしまうことに他ならなかったのである。

これまでのフランスの高飛車な挑発こそが、一八〇五年末にのっぴきならぬ状況へと追い込んだことは事実であるが、たったひとつだけ外交的な成果をあげられるとしたら、その功労者はタレイランだった。狡猾な策略によって、このオータンの元司教は、きたるべきヨーロッパ大戦争にプロイセンが加わるのを巧みに回避させたのである。ロシア皇帝と仲良かったばかりでなく、かのダイナミックで美しいお后までロシアびいきで有名だったにもかかわらず、プロイセン国王フリードリヒ・ヴィルヘルム三世は、タレイランが彼の鼻先にぶら下げたハノーヴァという賄賂に目を奪われてしまったのだ。他方で、ベルナドットの軍団もプロイセン領に近づいており、結局、プロイセン国王はピットやロシア皇帝の甘言にも逆らって、「どっちつかずの態度」を決め込むことにしてしまった。

とはいえ、フランスが直面していた状況は極めて深刻だった。ブックスヘウデン、クトゥーゾフ、ベニグセンによって率いられたロシア軍二〇万が、カール、ヨハン、フェルディナントという三人の大公率いるオーストリア軍二五万と合流して、近い将来フランスに進撃してくるのである。しかも、イギリス、スウェーデン、ナポリのあわせて五万の軍隊も辺境部でフランスを煽っていた。こうして、五〇万に及ぶ大軍をナポレオンにけしかけていくというピット外交の目的は達成され、これにぐずぐずしているプロイセンが加われば、さらに二〇万の軍勢が加算される。一般市民まで併せれば、「コルシカの専制君主」と二五〇〇万の臣下を叩きつぶすために、六六〇〇万にも及ぶヨーロッパ人を動員するわけである。これはまさに、新生フランス帝国の軍事システムにとっては、手厳しい小手調べとなった。しかし、わずか数ヶ月のうちに、ナポレオンはこんな挑戦など押し戻してしまうほどの実力を見せつけたのである。

第32章　グランド・アルメ

一八〇五年九月から一二月の間に生じた劇的な展開に目を転じる前に、ナポレオンの勝利の源泉ともいうべきグランド・アルメの組織、戦術について若干検討しておかねばなるまい。一七九九年に執政政府が創設されてからというもの、きたるべき挑戦に備えて、ナポレオンは新たに洗練された兵器を考案していくのに没頭した。もちろんのことだが、新しい軍隊の基盤となったのはカルノーから引き継いだ旧革命軍であったが、一八〇〇年から一八〇四年にかけて、フランスの軍事的な潜在能力を十二分に引き出せるような幾多の改良や適応が見られることとなった。

まず手始めは、前線用の兵力として二〇万にも達したグランド・アルメの登場である。七つの軍団は、それぞれに二個師団から四個師団の歩兵、軽騎兵を一個旅団もしくは一個師団、三六から四〇門ほどの大砲、それに工兵および随行部隊を備えていた。この主要な編成の内容は、敵の諜報活動を攪乱し、軍団司令官の多様な才能を引き出すためにも、計画的に流動化されることもあった。主力となる軍団に加えて、ナポレオンは重騎兵二個師団、騎乗竜騎兵四個師団、下馬竜騎兵と軽騎兵それぞれ一個師団、大砲二四門、合計で二万二〇〇〇の騎兵から構成される騎兵予備軍を考案した。また、編成の過程で築き上げたのが、砲兵予備軍だった。彼らは、フランス陸軍が保有する大砲の四分の一を備え、しかもその多くが一二ポンド砲から成っていた。そして最後が、新しい予備軍団である。彼らは帝国親衛隊や、戦列歩兵連隊から抽出された擲弾兵《グルナディエ》の様々な分遣隊から構成されていた。

このような軍団は本質的には決して目新しいものではなかった。既に見てきたように、一七九六年という早い段階から、ボナパルト将軍は騎兵予備軍と砲兵予備軍を即興で編成していたし、一八〇〇年には予備軍が既に軍団の初期的な段階に沿って組織されていた。しかし、一八〇二年から一八〇五年にかけての小休止のあいだに、このような発想はさらに磨きがかけられて永続的な編成へと発展を遂げていったのだ。

ところが、この時期に姿を現したなかでも最も重要な基本原理となったのは指揮系統と組織の中央集権化だった。旧「前線」軍（カルノーによって一三軍も設置された点は覚えておいてほしい）が廃止され、フランスはたったひとつの軍隊しか持たないようになった。その主力部隊は最も重要な敵に対してのみ集中して当たることを要求され、多方面にわたって攻撃をする場合には、分遣隊が用意された。ナポレオンも記しているとおり、「戦争というシステムのなかでは、個々の戦闘と同じように、全勢力をひとつの地点に集中して攻撃することが必要なのだ(18)」。要塞の駐屯部隊や第二戦線部隊まで含めると、グランド・アルメは、一八〇五年までは三五万人ほどであったが、後には倍増し、さらに一八〇六年からはますます増え続けていく同盟軍までこれに加わっていく。

たとえば、一八〇八年には、五二万の兵士たちが前線にあり、後方（内地）あるいは要塞の駐屯部隊に一八万が控えていた。一八一二年になると、六三万もの兵士がロシア遠征だけに割り当てられ、さらに二五万もの兵がスペインで戦っていたのである。

どうやってこれだけ巨大な部隊を集められたのか？　一八〇五年には、陸軍の四分の一は、初期の共和国軍に従軍していたような経験豊かな古参兵《ヴェテラン》たちで占められていた。別の四分の一は執政時代になってから兵役についた者たちだった。そして、残りの半分は、一八〇一年以降に徴集された新兵（これに純粋な志願兵も加わる）となっていた。病気や戦死、負傷、さらには脱走によって兵力が減少してしまえば、ますます徴集兵に依存せざるを得なくなる。一七九八年のジュールダン徴兵法を基礎に置いて、帝政末期にはこれと似たような徴集が繰り返された＊。

一八歳から四〇歳までのすべての成年男子が登録を要請され、そのうち一八歳から二五歳（後年には三〇歳）までの者は年度ごとに召集が義務づけられた。一八〇五年以降には、年度ごとの入隊者の割り当てを確立するために、潜在的な徴集兵の見込み数がどんどんと増えていった。たとえば、一八〇九年には、スペインと並行してドイツでも戦争に突入したため、皇帝はその年度に召集した一〇万の兵を動員し、一八〇六年度と一八〇七年度からは各々に二万と三万（兵役年数のバランスをとっていたが、実際には各々の年度に徴集されていなかったり、何とかして兵役から逃れていたような者たち）を、さらに一八一〇年度に召集される兵の一部をも考慮に入れながら動員した。一八一三年までには、このように将来兵役につくであろう者たちまで動員するというシステムに基づいて集められた兵士の数が異様に膨らんでしまった。この結果、一五か一六歳ぐらいのまだほんの少年たち（マリー・ルイーズ部隊と呼ばれた）まで、マスケット銃を担いで最前線に送り込まれる始末であった。

しかし、一八〇六年以降ともなると、年度ごとでの割り当てシステムは実現が難しくなっていた。徴兵制度に対する風当たりが急激に強まったのだ。召集から巧みに逃れたり、軍

＊フランス革命戦争の初期の頃に見られた召集の仕方は多岐にわたっていた。一七九一年一月に国民議会は常備軍を補佐するために、一〇万人の「義勇補助兵」を召集した。実際に揃ったのはその三分の一以下だった。この結果、捨てばちとなった政府は六月に、国民衛兵二〇人につきひとりを前線へ送り出すという決定を行った。これでもまだ足りなかったので、一七九一年の後半に政府は各県から再び義勇兵を募った。最終的には四万におよぶ「一七九一年の義勇兵」が集まったが、あまりにも脳天気な政府は二ヶ月間での除隊を認めてしまった。その結果、ほとんどの兵士たちがその冬の二ヶ月間で軍を離れてしまったのだ。陸軍が崩壊寸前となってしまい、パニックに陥った政府は一七九二年五月に新たに兵士を募ったが、国民の関心を引きつけたのは、この二ヶ月後にオーストリア＝プロイセン連合軍がフランスの国境沿いに集結し、「祖国は危機にあり」というスローガンが彼らの心を捕らえてからようやくのことだった。すぐに膨大な数におよぶ「連盟兵」が集まり、訓練も受けていなければ規律もなっていなかったにもかかわらず、前線へと送り出されていった。しかしこの新しい部隊は、「一七九一年の義勇兵」たちと絶えずいさかいを起こしていただけでなく、常備軍兵士たちなどは義勇兵も連盟兵もともに見下していたのである。このような内部分裂にもかかわらず、彼らこそがヴァルミーで戦った軍隊なのだ。この年の暮れまでには、最も緊迫していた危機も当分の間は回避され、多くの「連盟兵」たちが戦場を去り、フランスの各地方をうろついては略奪を重ねる盗賊団と化していった。

一七九三年にも新たな危機が訪れた。なかでもデュムーリエ将軍が連合軍に寝返ってしまったことに触発され、大勢の将校たちが脱走してしまったのが最大の痛手であった。このため、さらに過激な手段が必要となった。公安委員会はついに「国民総動員令」を出し（八月）、戦争が継続している期間中は一八歳から二五歳の間のすべての成年男子が従軍することとなった。この「強制徴募」のおかげで（少なくとも書類のうえでは）五〇万人近くの兵士が集められ、これが徴兵制度の実質的な始まりとされている。しかし、この制度は正式には一七九八年九月に陸軍大臣のジュールダン将軍によって徴兵法が施行されるまで採用されなかった。ジュールダンの法では、一八歳から二五歳という徴兵年齢をさらに細分化し、年齢や妻帯といった条件に応じて五段階に分けていた。

隊から脱走するような「徴兵忌避者」の数が急速に増え、こうした社会の不満分子を見つけだして引っぱり出すことは、警察や国民衛兵にとっても厄介な問題となっていった。一八一三年の後半までは、お金を出して兵役義務を他人に代行させてもよかった。とはいえ、死傷者の数が増えていくにしたがい、法的に兵役を忌避するために必要な金額は莫大なものとなってしまっていたが。また、妻子持ちの男性も多くが兵役を免除されていた。

兵力にとってのもうひとつの重要な源泉となっていたのが外国だった。ナポレオンの軍隊に従軍する外国人部隊は日増しに増加した。一八〇七年頃にはナポレオン軍の三分の一は外人部隊だった。それが一八一二年までには、ほとんど半分にまで増え続けていった。彼ら外人部隊は以下の三つの方法のいずれかでフランス軍に加わった。最初期の外人部隊はフランスと国境を接している地域の者たちであったが、彼らは征服や条約の結果として当然のごとくにフランス本国軍に吸収合併されていったのである。次に、「傭兵」としてフランス軍に組み込まれていった完全なる外国人部隊もいた。スイス人やアイルランド人、さらにはハノーヴァの軍団《レジオン》などである。そして、同盟国や衛星諸国家からかき集められた外人たちもいた。たとえば、バイエルン、ザクセン、イタリア、ナポリなどである。これら外人部隊の質はまちまちだった。イタリア、スイス、ポーランドの部隊は良かったが、ナポリとオランダの部隊は大概ダメだった。ドイツ諸国の部隊は質が変わりやすかった。

「大砲の餌食になってくれるような」雑兵たちを充分に確保できないようでも、良い指揮官を見つけることはそう難しくもなかった。グランド・アルメにとっての本当の強さは、壮麗な衣装に身を包んだ中核となるべき将校たちだったのだから。実際に、一八一二年まで深刻な人材不足は生じていなかった。指揮官にとっての資質として最も重要だったのが比較的若いということである。一八〇四年五月に復活した元帥のメンバーを見ればわかるだろう。当初選ばれた一八人の元帥たちの平均年齢は四四歳を少し出た程度だったのだ。最年少のダヴーが三四歳で、最年長はセリュリエで六二歳だった。同様に、将官たちにしても二九歳から五八歳までの年齢構成で、連隊長クラスだと平均年齢は三九歳くらいだった。当然のことながら、将校の死傷率はつねに高かった。戦場で最も輝かしいのは個人的な勇気と指導力とを誇示するときであり、一八〇八年以降に兵卒たちの資質が悪化するにしたがって、自己犠牲の精神に則った将校たちの死傷率が急激に高まってしまった。しかし、代わりの将校は大勢いたのだ。下級将校の多くが、かつての軍隊で長年にわたって実績を積み重ねてきた者たちであり、一八〇五年の将校団の半分以上はかつて一兵卒として自らマスケット銃を担いだ経験があったほどだ。さらに新たな将校たちがふたつの主要な機関から次々と生み出されていった。一八〇三年にフォンテーヌブローに設立された陸軍士官学校（五年後にサン・シールに移された）は最初の頃には一年間に一〇〇人の将校を生み出すのが精一杯だったが、一八一五年までには四〇〇〇人以上もの士官候補生たちが学校の門をくぐり、歩兵隊や騎兵隊の将校となっていった。陸軍理工科学校《エコール・ポリテクニーク》は、これと同じ時期におびただしい数の砲兵、工兵将校たちを生み出した。その最たる卒業生がかのドルーオ将軍であろう。

　ナポレオンは充分だと思えるだけの将校を備えたことはなかった。後年になって、将校の供給が需要に追いつかなくなってしまうと、才能や資質とは裏腹に、下士官や新米の将校をどんどん登用せざるを得なくなった。平均的な将校にとっては昇進はゆっくりしたものだったが、すぐにでも実戦に採用され将軍にまで登り詰められるという感慨は、傑出した勇気と貢献を引き出すだけの刺激になり得た。帝政期になると一年間に任命される将軍の数は以前に比べて明らかに減少していた。

　共和政時代には、一二ヶ月間に最大で一七〇人の将軍が誕生していたが、ナポレオンのもとでは最大でもわずか三七人だった。さらに将軍たちのうち、四分の一が旧王政時代に従軍経験があり、別の四分の一が一七九四年以前に既に兵役についていた。それゆえ、一八〇五年時点のグランド・アルメには経験豊かな将校は不足などしていなかったのだ。当時のナポレオンは良き将校団を抱えていた。彼にとっての良き将校団とは、皇帝の命令に盲目的に服従し、最大の勇気と確固たる物腰で義務を遂行してくれる、才気あふれる人々の集まりであったが。

　新しい帝国陸軍にとっての精鋭部隊が帝国親衛隊であったことは疑いの余地がない。この有名な部隊は、ほとんど偶然に複雑なかたちで何年もかかって発展を遂げたのであり、ここでは最も重要な発展が見られたという程度のことしか言えないのだ。帝国親衛隊はもともとは三種類の部隊を起源に置いていた。まずは、ボナパルト将軍個人の護衛隊（先導兵《ガイド》として知られる）であり、ベシェール大尉（後に元帥）によって率いられていた。これに総裁政府付き近衛兵と立法議会付き近衛兵から選ばれた者たちが加えられていった。この三種類の幹部たちが一七九九年末に執政付き親衛隊としてひとつにまとめられ、五年後にはナポレオンの戴冠式にともない、帝国親衛隊と名前を改めたのである。帝国親衛隊の規模はどんどん拡張した。

　マレンゴの戦いのときには、執政付き親衛隊はわずか二〇八九人だった。一八〇四年には、擲弾兵五〇〇〇、選抜騎兵二〇〇〇、大砲二四門から構成されるに至った。一八〇五年半ばまでには総勢一万二〇〇〇人にまで膨れ上がった。そして、モスクワ遠征の際には、五万六一六九人にのぼる帝国親衛隊が従軍した。最大は一八一四年に一一万二四八二人もの兵士たちが何らかのかたちで帝国親衛隊であるとされていたときだろう。このように精鋭部隊は強力な部隊程度の大きさから、強力な軍隊という規模にまで拡大し、ナポレオンの最期のとき（「百日天下」のとき）には再び二万五八七〇人にまで減少したのである。

帝国親衛隊は最終的には三つの部隊から成り立っていた。もともとの中核となっていた「古参親衛隊《オールド・ガード》」は擲弾兵（親衛隊の最も典型的なもの）、猟歩兵、馬に乗った擲弾騎兵（大型ブーツと呼ばれた）、猟騎兵（「お気に入りの子供たち」と呼ばれた）、竜騎兵、槍騎兵、マムルーク、近衛憲兵から成っており、これに海兵、砲兵、工兵の分遣隊が加わっていた。やがて一八〇六年には、中堅親衛隊《ミドル・ガード》として知られるようになるものの萌芽が形成される。彼らは主に銃歩兵二個連隊から成っており、最終的には（一八一二年から一三年の間に）猟場番人や森の住人といった射撃の名手たちから集められた［戦列の側面での散兵戦を目的とした］側衛連隊《フランカー》がこれに加えられた。そして最後に、一八〇九年には新鋭親衛隊《ヤング・ガード》が創設される。彼らは主に、軽歩兵である散兵《ヴォルティジュール》、狙撃兵《テュライユール》から成っていた。新鋭親衛隊は、各年度ごとの徴集兵のなかから選りすぐりの人材を集めたものであり、強制的な徴募という人々から嫌われやすい義務に、魅力的な光を与えようとして計画的に喧伝された。しかし、新鋭親衛隊は、ヴェテランの親衛隊の水準にはとても到達できなかったとされている。

もちろんのことだが、親衛隊に入ることは大変な特権と名誉をもたらした。古参親衛隊に入るための最低限の資格は五年以上の兵役と二度の戦役経験であり、選抜にしても異動にしても極めて流動的だった。親衛隊に入ると物質的にも大変に恵まれることとなった。兵卒の擲弾兵や猟歩兵でさえも軍曹クラスの給与がもらえた。親衛隊の伍長ともなれば、戦列歩兵の曹長と同じ給料が支給され、そのまま出世コースに躍り出ることもできたのだ。さらに、親衛隊はいつも特別の物資や武器を手に入れることができた。戦役の際に食糧を分配するときなど、他の部隊は悪意に満ちてこう叫んだものだ。親衛隊が美味しいところをかっさらってしまうと。

親衛隊がナポレオンにとって「お気に入りの子供たち」であるのは明白だった。彼らは皇帝にとって、いつでも思い通りにできると同時に、決定的な時機・地点にすぐに投入できるようにつねに準備ができている強力なエリート部隊だったのである。ところが、一八一三年までは、ナポレオンは彼のお気に入りの子分たち（とりわけ古参親衛隊）が敵の砲撃やマスケット銃にさらされるのを決して好まず、極めて慎重に親衛隊を用いていたのだ。親衛隊を有効に使わなかったことに関しては、同時代および後世の人々から大変な批判が寄せられている。しかし、彼はおそらく、少なくとも事態が最悪になるまでは、親衛隊を「こっそり隠しておいた」と評価したほうがよいのではないか。

親衛隊はまた、他の部隊と張り合わせることで、フランス軍の質を向上させたのだ。この神聖なる部隊は、それに相応しい兵士たちすべてに門戸が開かれていた。このため兵士たちの忠誠心と勇気を育むよい刺激となった。しかし、精鋭部隊の創設は、少なくともある一点に関しては軍隊に悪影響を与えていた。親衛隊は、最前線にいる連隊や騎兵大隊から最良の兵士たちを奪い去ることにつながり、そもそもの親部隊の価値も戦闘能力も弱めてしまったのである。帝国親衛隊の拡張は不必要で無駄な行為であったとまで言い切ってしまうこともできよう。彼らは直接的な軍事行動によって勝敗を決することなどほとんどなかった点で不必要であり（ただし、彼らの存在が士気を高めるうえで価値を秘めていた点には異論はなかろう）、全軍にとっての英知を浪費してしまい、「同胞の間で激しい競争心を最も生み出してほしい通常の連隊から最も傑出した部隊を引き離してしまった点で無駄だったのだ」。

革命期と同様に戦列歩兵は（フランス軍の各部隊に関する説明は用語集を参照のこと）グランド・アルメの主力であった。歩兵は大隊（戦略上の基盤となる単位）ごとに組織化されていたが、一八〇三年にナポレオンは三個大隊ごとにまとめて「連隊」というかつての名称を付けることにした（一七九二年以降に流行した「半旅団」という呼称の代わりに）。ふたつもしくはそれ以上の連隊から旅団が成り立ち、ふたつもしくはそれ以上の旅団が歩兵師団として活躍した。彼らにはしばしば砲兵中隊が加わったが、騎兵は付けられなかった（軍団が全兵種を備える最も小さな勢力だった）。歩兵を区分する方法は変わっていなかった。戦列歩兵と軽歩兵である。一八〇三年の段階で、戦列歩兵は九〇個連隊、軽歩兵は二六個連隊だったが、一八一三年までには一二七もの新しい連隊が生み出され、軽歩兵が占める割合は全歩兵連隊の六分の一ほどに縮小されていった。大隊の組織のあり方は時代ごとでまちまちだった。

一八〇五年までは、三個大隊から成る連隊には合計で二七の中隊が含まれており、各大隊が擲弾兵中隊をひとつと銃歩兵中隊を八つ抱えていた。しかし次の三年のあいだに、もっと凝縮され簡潔にされた組織が採用される。戦列歩兵連隊は、各々に六個中隊を抱えた四個大隊から再構成されるようになった。大隊は、擲弾兵一個中隊、散兵《ヴォルティジュール》一個中隊、銃歩兵四個中隊の計六個中隊から成り立っていた。これに銃歩兵四個中隊から成る後方勤務の大隊が加わった。ここでは作戦の準備が進められ、徴集兵が訓練されていった。戦列歩兵連隊は、最盛期には三四〇〇人の兵士から成り、各中隊が一四〇人の将校と兵士から構成されていた。連隊にはそれぞれに小さな司令部と救護班、それに軍楽隊が付いた。ところが、ナポレオンが大急ぎでこしらえたにもかかわらず、これだけの軍隊が現実に揃うことはほとんどなかった。兵士となる人材の不足があまりにも深刻だったのである。

連隊砲は、アミアンの平和条約が結ばれた後は、ナポレオンによって暫定的に廃止された。標準的な六ポンド砲では、あまりにも重すぎて歩兵たちと戦場に赴くと彼らの機動性をそこなってしまったのだ。レスピナス将軍は一八〇〇年にこう述べている。「自分の部隊を巧みに操縦したいと思ったら、大砲で脅かせばよい。……歩兵の戦列が質の良いきちんとした砲兵中隊によって支えられている限り、秩序は良好に保たれるであろう(19)」。しかし、ヴェテラン兵士たちが次々と失われ、歩兵の資質が徐々に悪化してしまうや、未熟な徴集兵や外人部隊に頼ることとなり、ナポレオンもついに昔のシステムに戻さざるを得なくなってしまう。一八〇九年から一〇年にかけて、砲兵一個中隊（四ポンド砲）が各歩兵連隊に臨時に付けられ、翌年には恒常的に加わることとなった。「兵隊の質が悪くなるほど、大砲が必要になるものだ」と皇帝は一八〇九年に書き記している(20)。一八一三年に再び砲兵中隊は廃止されるが、今回はロシア遠征のときに大量の馬と鉄を失ってしまったためである。

軽歩兵連隊は、戦列歩兵と同じように組織されていたが、各々の組織の名称が異なっていた。一八〇八年に確立された軽歩兵一個大隊には、カービン銃歩兵《カラビニエ》一個中隊（戦列擲弾兵と同じである）、猟歩兵（戦列歩兵の銃歩兵と同じ）四個中隊、散兵《ヴォルティジュール》一個中隊が含まれていた。何年か戦っているうちに、通常の組織からは外れてしまうような特別の歩兵部隊が数多く誕生することとなり、このように異なった名称を与えられていったわけだ。外国人部隊も、国民衛兵が行政上の便宜から「大隊《コホルト》」へと分割されていったときに、慣例的に「軍団《レギオン》」と命名されるようになったのである。

フランス歩兵部隊の武器は特に質が高かったわけではない。銃は相変わらずの先込式で滑腔式燧石銃《フリントロック》だった。これも専門家であるブランが開発した新しい産業技術のおかげで大量生産が可能となっていた。フランス軍は発射薬として粗悪な黒火薬を使っており、銃身がひどく汚れるため、戦場はいつも濃い硝煙で覆われることとなった。しかも戦場がひどい湿気に覆われているときにはこんな銃は使いものにならなかった。銃兵は弾包（一個が重さ五分の四オンスで装薬は一二・五グラムずつ）を五〇個と予備の火打ち石を三個ずつ携帯した。

標準的な銃は、シャルルヴィル「一七七七年型」マスケットという七〇口径（〇・七インチ）の銃で、長さは銃剣の部分を除くと一メートル五七センチ（約五〇インチ）あり、一八三〇年代までフランス軍で使われていた。長い間使われていたわりには、深刻な問題も抱えていた。この銃の最大射程は公式には一〇〇〇メートルを超えるとされていたが、実戦ではせいぜい隊列を組んだ敵部隊を目標にしても二五〇ヤード、個々の敵兵士を目標としたら一〇〇ヤードぐらいが有効射程だったので、このような最大射程は必要なかったのである。粗末な火薬使用によるひどい汚れのため、銃身は五〇発撃つたびに一度は洗浄する必要があった。また、火打ち石にしても、一〇回から二〇回撃つたびに交換しなければならなかった。六回に一回は不発が起こり、やかましくて音が聞こえないような戦闘の最中には、二重に装填をしてしまい銃も兵士も吹っ飛んでしまうような悲劇さえ見られた。再装填をするためには、五つの段階を踏まねばならなかった。まず、兵士は弾薬入れから紙の薬莢を取り出して弾丸の入った側の端を噛みちぎり、口の中に入れておく。次いで、マスケット銃の「火皿」を開けて点火薬を入れ、閉めた後で武器を立てる。次に、銃身の中に残りの火薬をそそぎ、弾丸を口から吐き入れ、たたんだ紙で詰め物を作り、槊杖を使って弾丸と詰め物を銃の中に押し込み、最後に銃を敵陣に向けて発射するのである。

この装填システムは多くの見落しや誤用を生み出してしまった。経験の浅い徴集兵など、不発に気づかないでよく二重装填をしてしまったり、引き金を引く前に槊杖を取り出すのを忘れていたりした。また、無器用な歩兵や仮病を装った［当時徴兵逃れの手段として流布していた］兵士などは、わざと火薬を地面一杯にこぼし、肩を脱臼してしまうような反動を避けていたのである。

熟練射手の場合には、条件が良ければ、六〇秒間に五発は撃つことができたとされているが、一度銃身が詰まってしまうと、三分間に四発程度にまで落ち込んでしまった。一分間に一発か二発ぐらいが平均値だったと考えられる。フランス軍はマスケット銃の訓練をしばしば怠っていたが、それは弾薬がもったいなかったからでもあった。また、銃身が爆発したり、雑な訓練によって死傷者が出るのを防ぐためでもあったろう。

また、多くの上級指揮官が、敵に射撃による損害を与えるのは歩兵の仕事ではなく、砲兵の仕事であり、歩兵は銃剣突撃で敵の陣形の隙を突くのが本分であると確信していたことも少なからず影響しているだろう。「一七七七年型」の銃の信頼性が低いことは立証済みだったので、このような確信はさらに強められ、普通の兵士たちが武器の使い方で著しい上達を見せることなどほとんどなかったのである。

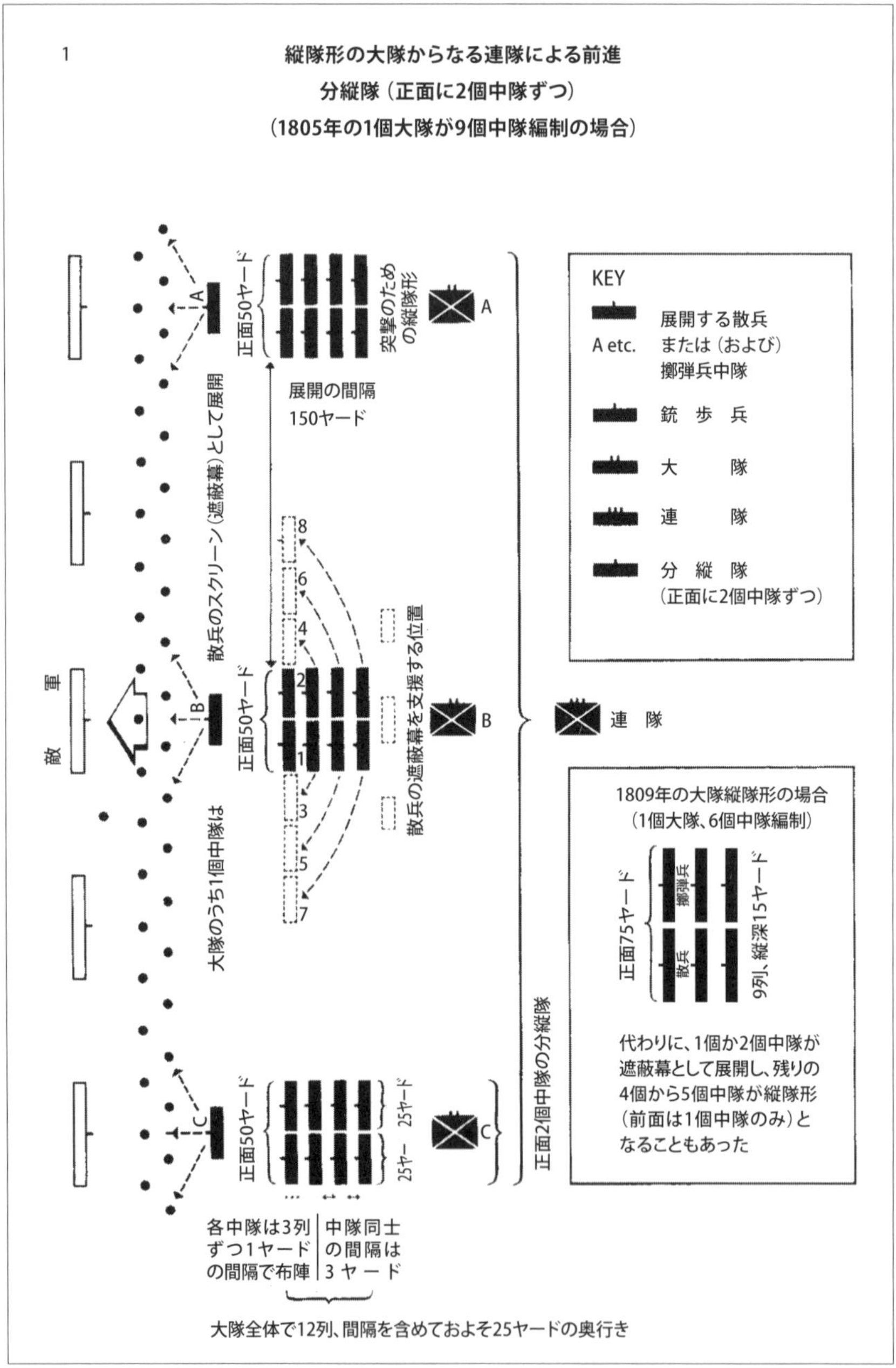

フランス軍の戦術隊形　分縦隊

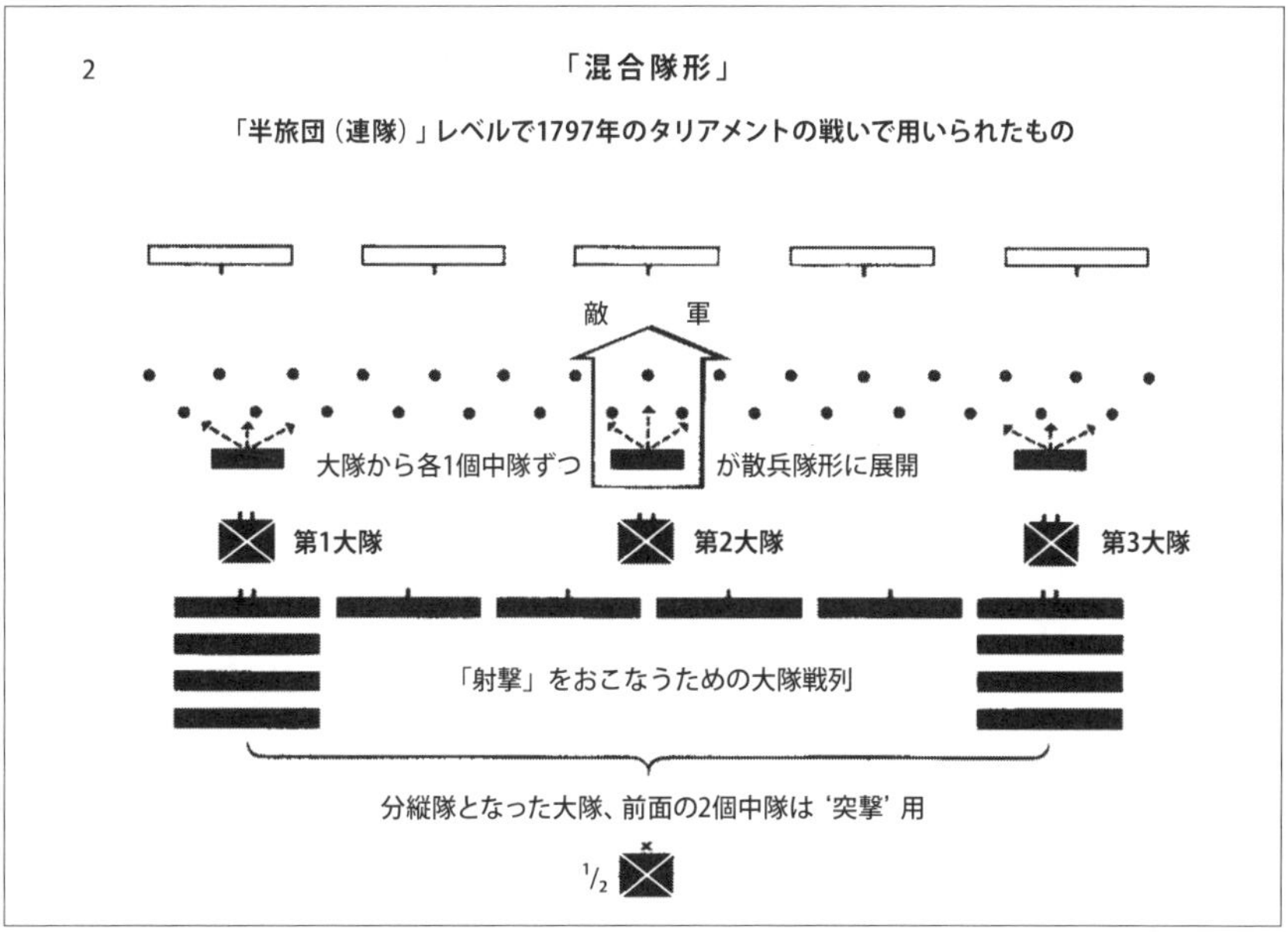

フランス軍の戦術隊形（続き）混合隊形

どんなに質の良いものでもマスケット銃は命中率の低い兵器だった。一八世紀も終わりに近づくと、プロイセン軍は、正確さの点でフランス軍とさして変わらないような、自国のマスケット銃の実験に取り組むようになった。布でしつらえた高さ六フィート・幅一〇〇フィートの標的を敵に見立てて、戦列歩兵一個大隊を射程距離に整列させ、一斉射撃を命じる。距離が二二五ヤードある場合には標的に当たる確立はわずか二五パーセント程度であった。一五〇ヤードでは四〇パーセント、七五ヤードでも六〇パーセントぐらいなのだ。つまりマスケット銃で死傷する数などとるに足らないものであり、ほとんどの兵士たちは大砲や「不慮の」弾丸を受けて、戦死したり負傷していたのである。

しかし、戦闘が文字通り「敵の白目が見える」ほどの至近距離（だいたい五〇ヤードぐらいか）で行われる場合には、銃撃によって大変な死傷者が出ることとなり、五〇パーセントかそれ以上の者たちが犠牲となった。それゆえ、アウステルリッツの戦いでは、第三六連隊が擲弾兵二三〇人中二二〇人を失っており、アウエルシュタットの戦い（一八〇六年）ではギュダンの師団（総計五〇〇〇人）のうち一二四人の将校と三五〇〇人の兵士たちが戦死もしくは負傷している。

このため、フランス軍の専門家の多くが、このような長時間の銃撃戦によって死傷者を出さないように、火薬や弾丸よ

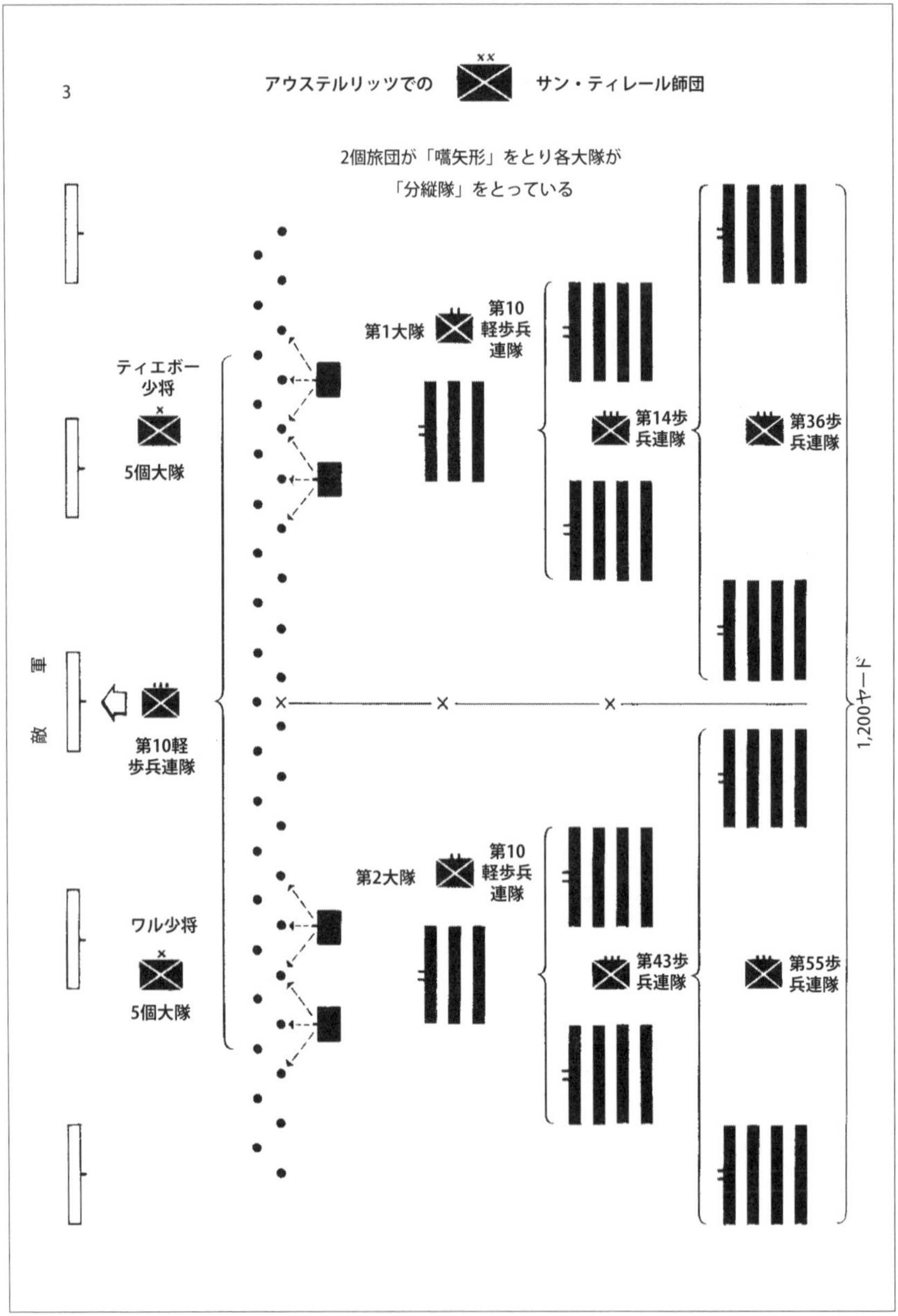

フランス軍の戦術隊形（続き）アウステルリッツでのサン・ティレール師団

りも銃剣による白兵戦を提唱したのも何ら不思議ではなかろう。フランス軍の歩兵はみな長さ一五インチの三角形のソケット式の剣が付いた銃剣を持っていた。しかし、このような携帯兵器の効力にしても疑わしかったのだ。ラレ軍医総監が命じた調査の結果、「刃物」による殺傷は物質的というよりは心理的なものだった。お互いに相手に接近して戦闘を演じたフランス軍とオーストリア軍の死傷者の状況を研究したラレは、銃剣によって死傷を負った者が五人しか発見できなかったのに対して、弾丸を受けて死傷に至った者の数が一一九人に達していることを発見した(21)。

つまり、一般的な法則として、銃剣で襲うことは、敵を旋回させて追い払う際に、実質的というよりは、脅威を与える程度のものだったのだ。しかしこれは利口な作戦だった。なにしろフランス軍の銃剣の質は劣悪だったのだから。一例を挙げてみれば、一七九八年のピラミッドの戦いの後で、フランス歩兵たちは豪奢な貴金属で身を包んだマムルークたちの死体をナイル川から取り出すために、銃剣をいとも簡単に折り曲げて釣針代わりにしてしまったのだから（第二〇章を参照）。銃剣などとてもあてにできる代物ではなかった。このため歩兵たちの多くが護身用に刀剣を携帯していたくらいだった。

シャルルヴィル式マスケット銃が主流を占めるなかで、ある種の兵士たちは施条式のカービン銃を小数装備していた。彼らのほとんどが散兵《ヴォルティジュール》中隊の将校もしくは下士官たちだった。小さなカービン銃は軽くて便利だったが、施条ゆえに銃腔が極度に狭いため、弾丸を詰め込むときには鉄槌を使わなければならなかった。フランスは、ライフルマスケットを軽歩兵に多数配備していたイギリスやプロイセンと比べても、この種の兵器には関心がなかったようだ。もうひとつ別のタイプの銃器としては、反乱やゲリラ戦などに備えてフランス軍歩兵が携帯していたラッパ銃《ブランダーバス》がある。これは鐘形の口をした銃で、包装されていない火薬をひと握り装塡し、すぐ手に入る硬いものなら何でも発射することができた。しかしそれでも、兵士たちのほとんど大多数が「一七七七年」式のマスケット銃を使っていたのである。

当初は、帝政期の歩兵戦術は、革命期のそれと寸分違わぬものだった。すなわち、それぞれの横隊について将校たちの多く（ナポレオン・ボナパルト自身も含めて）が任務を熟知していた。混合隊形《オーダー・ミックス》も縦列大隊による攻撃もごく普通に採用されていた。

散兵の群れ（時として連隊すべてがこの役割を担うこともある）は、銃剣を構えた攻撃銃隊の前進に先駆け敵隊列に散兵戦を仕掛ける。

攻撃縦隊の戦意が低い場合は味方の前進を促すため精鋭擲

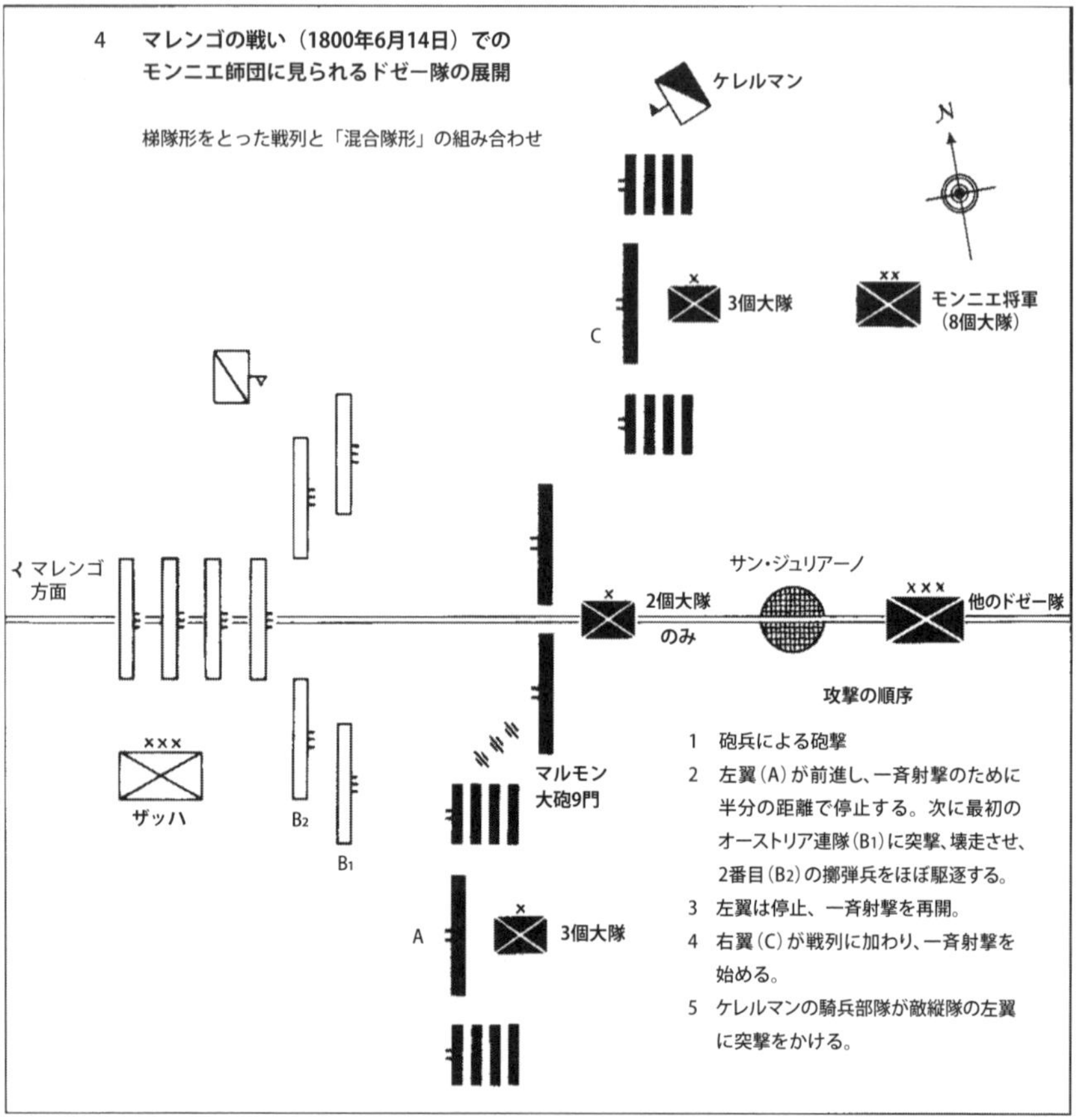

フランス軍の戦術隊形（続き）マレンゴにおけるドゼー隊の攻撃隊形

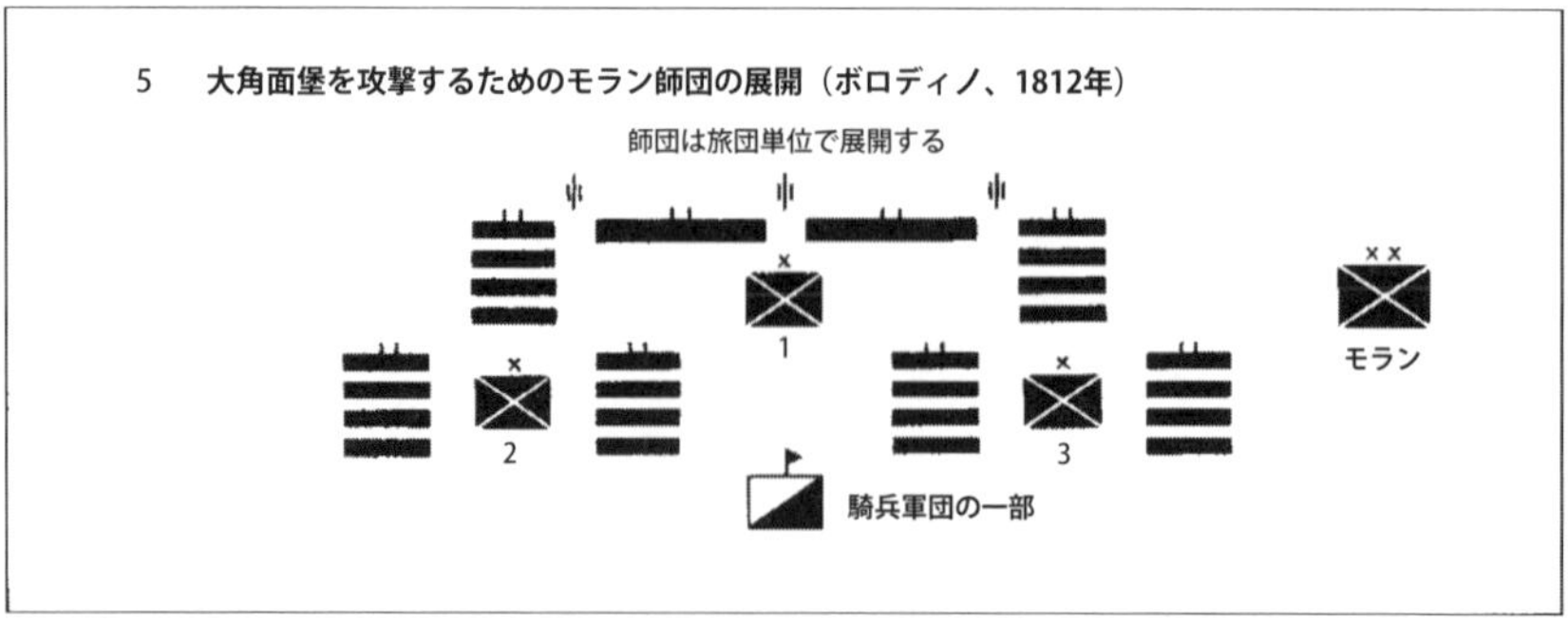

ボロディノにおけるモラン師団の隊形

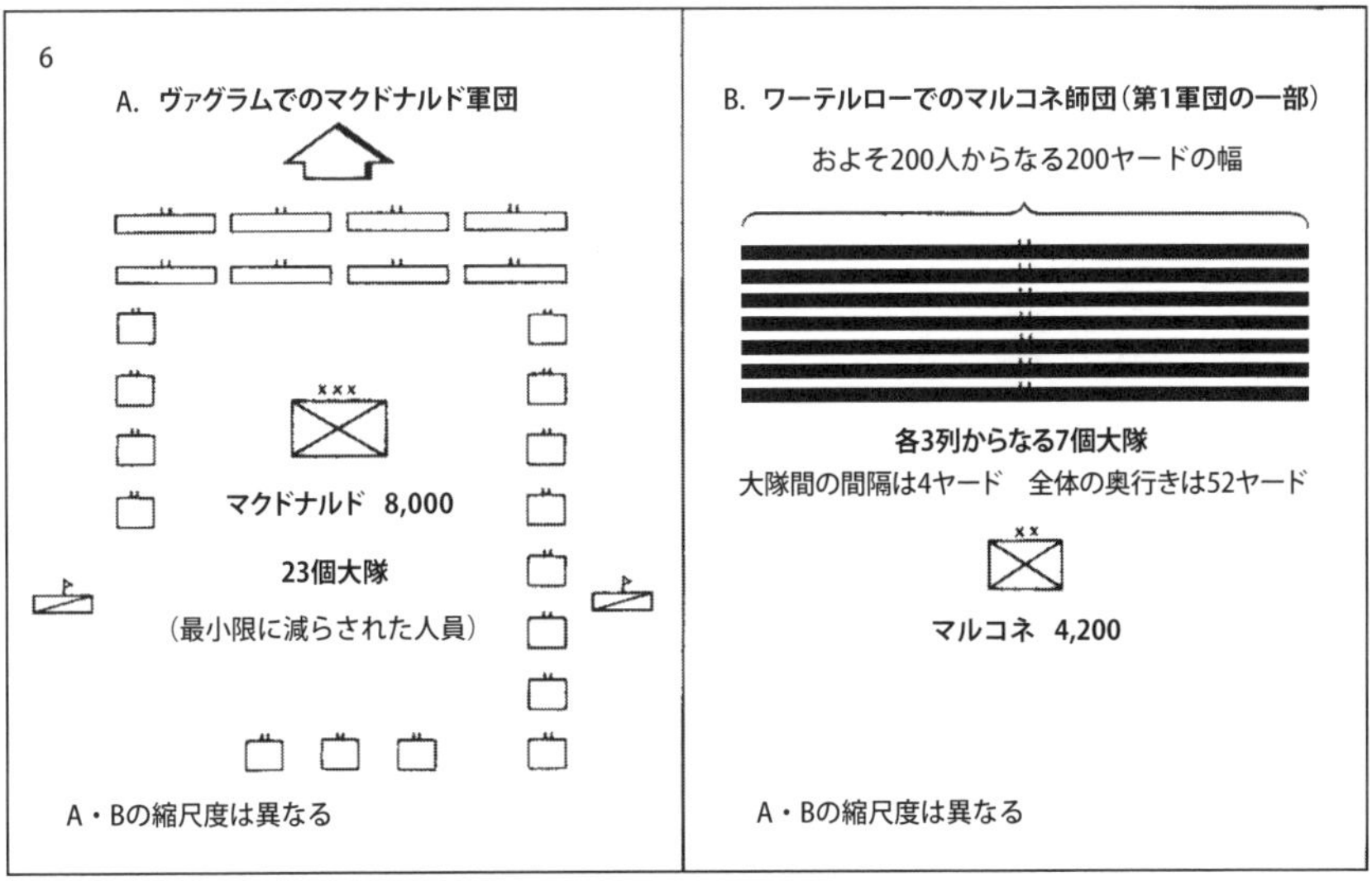

フランス軍の戦術隊形（続き）ヴァグラムおよびワーテルローで用いられた大縦隊

弾兵中隊が大隊の最後尾に配置される。

一方、攻撃縦隊の戦意が高い場合は擲弾兵中隊は大隊の右翼を先導した。通常、大隊は攻撃に際して「分隊縦列」（別の言葉で言えば前面の二個中隊：図を参照）を形成し、中隊のすべてが三列の横隊を組んでお互いに一ヤードぐらいずつの間隔をとった。攻撃の開始当初は、一個大隊の縦隊（四個の「分隊」もしくは八個中隊から成る）が前方五〇ヤード、縦深約二一ヤード（一二横隊）を担当する。後年になると、大隊はもう少し大きめの中隊六個編成に減少され、一個大隊の縦隊は三個「分隊」しかおかず、縦深が一五ヤード（九横隊）に縮まる一方で、正面の幅は七五ヤードにまで拡げられた。選抜歩兵中隊は、通常は残りの部隊の前面で一斉射撃を担っていたため、まっすぐ突き進む「縦隊形の分隊」はしばしば頼りにされていた。特に、狭いところを縦列行進しなければならないときなどは。

大規模攻撃が行われる場合は、縦隊を組むすべての大隊が横列もしくはL字形を形成する。個々の縦隊の間隔は少なくとも一五〇ヤードはとられた。この間隔は、射撃が必要なときには縦隊を横隊に隊形変換することができ、射撃を中断することなく退却するため散兵を展開する空間もつくれた。散兵《ヴォルティジュール》を使って敵の隊形を崩すことは実際に敵と接触を図るときまで続けなければならなかったので、この点が重要だ

7　1806年アウエルシュタットでモラン師団が示した戦闘下での柔軟な部隊展開

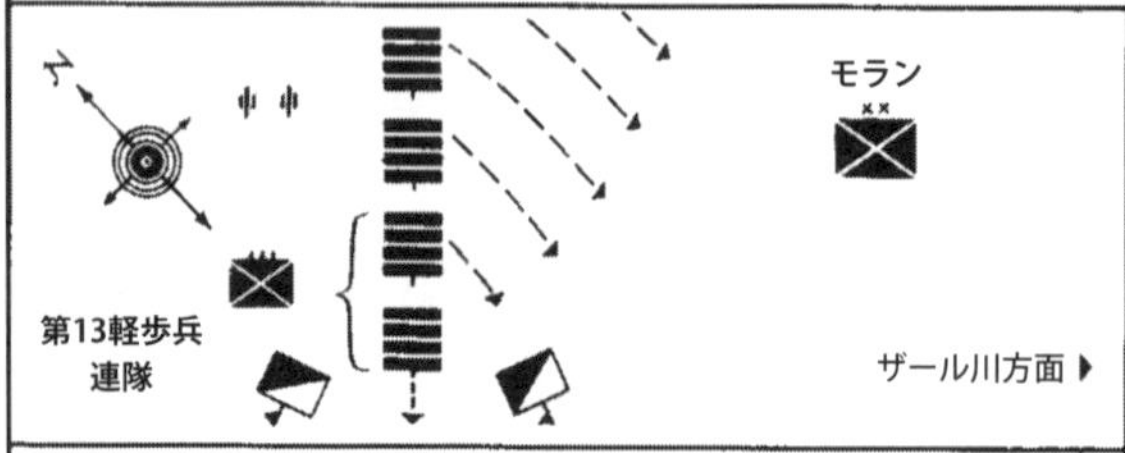

第1段階
接近して交戦に入る。
軽騎兵と第13軽歩兵連隊が支援。
敵砲兵が砲撃を開始するが、フランスの遮蔽部隊（騎兵と軽歩兵）が敵大軍を阻む。

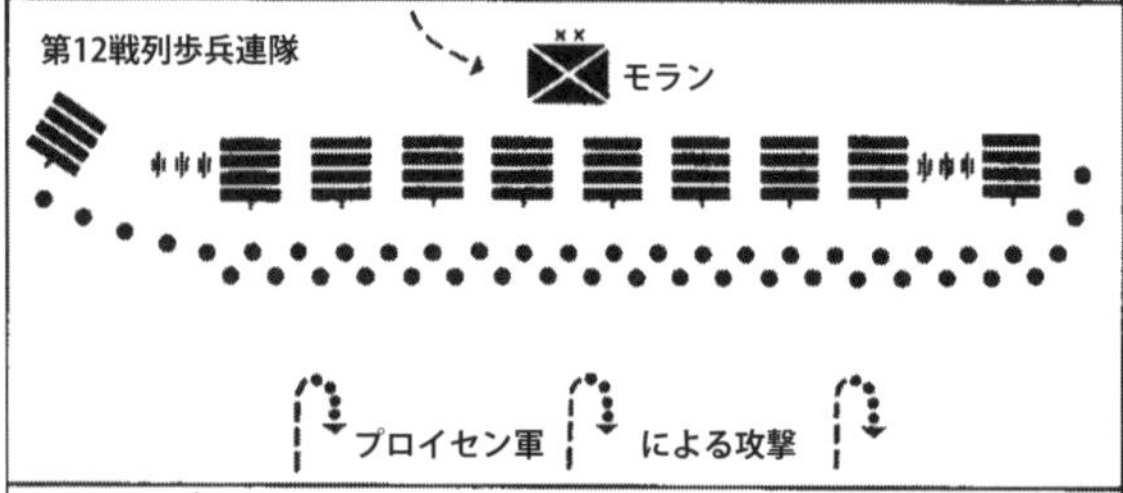

第2段階
師団は縦隊形の大隊に別れ、戦列に沿って展開。
大砲と軽歩兵は両翼に位置する。
プロイセン歩兵を追い払い、第12戦列歩兵連隊（ギュダン師団の最左翼にある一隊）を救援する。

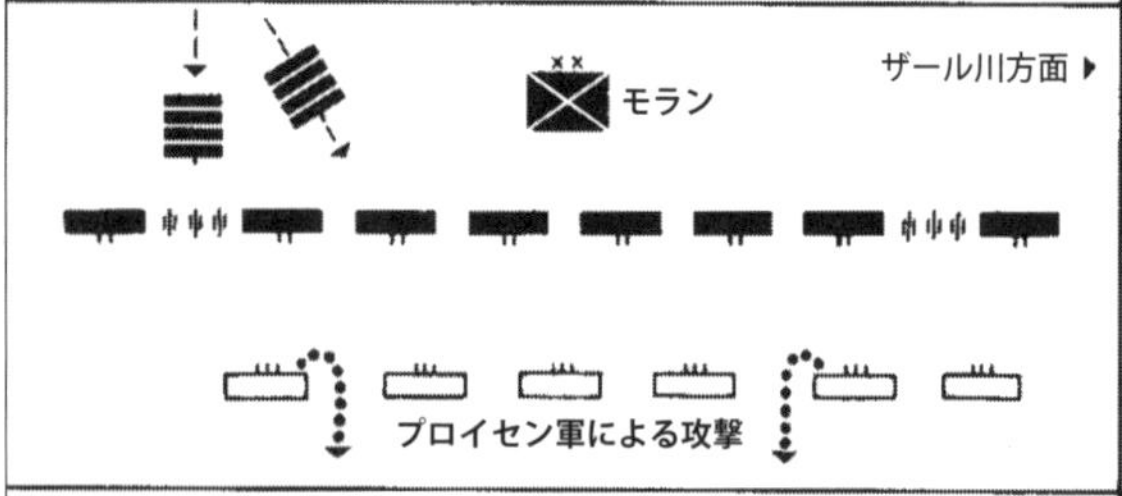

第3段階
師団は横隊形に展開し、ハッセンハウッセンの丘に位置するプロイセン軍に一斉射撃を浴びせる。

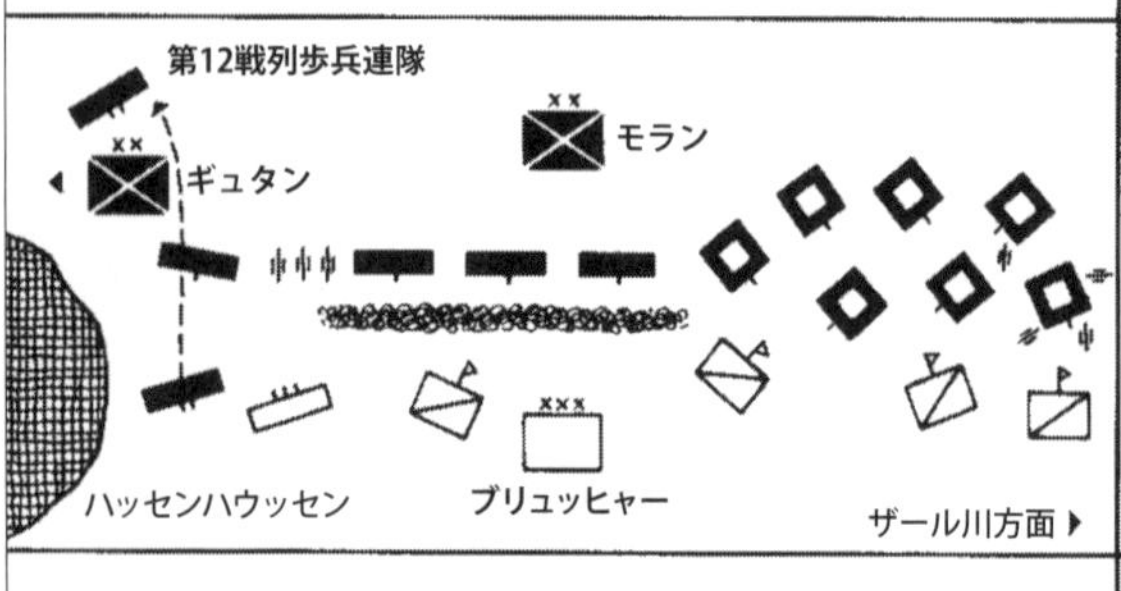

第4段階
プロイセン騎兵15,000の攻撃を受け、ハッセンハウッセン付近の大隊は展開したまま、壁や生垣を隠れ場所として利用。残りの7個大隊は方陣を組み、手前30歩の地点で敵騎兵を一斉に射撃。プロイセン軍は壊走する。

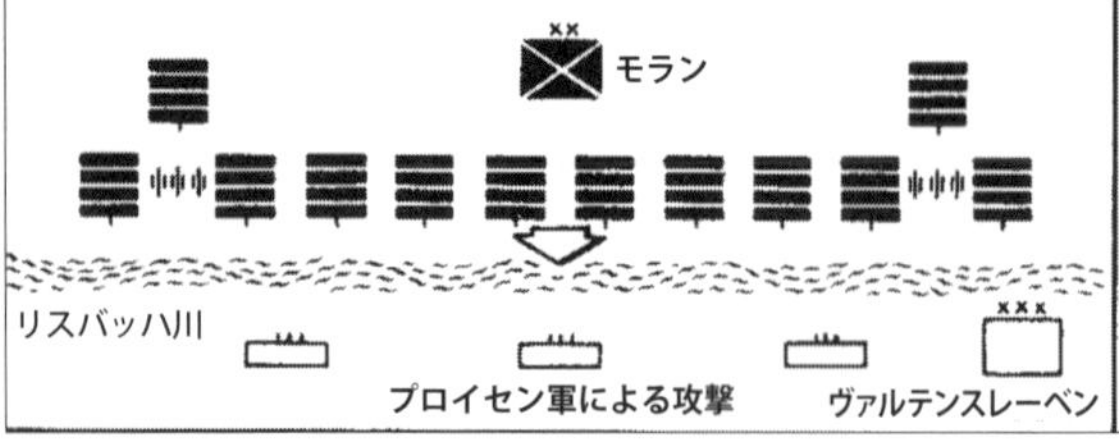

第5段階
師団は縦隊形の大隊として戦列を立て直し、前進を再開。敵歩兵を攻撃して川向こうに追い払う。

注：一定の縮尺ではない

フランス軍の戦術隊形（結び）アウエルシュタットでモラン師団が採用した一連の隊形

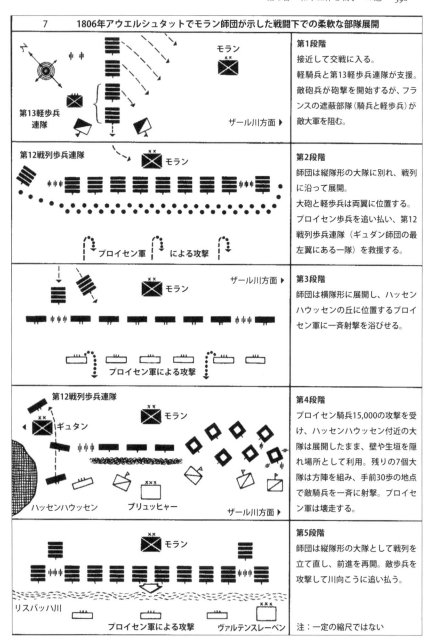

った。なにしろ攻撃縦隊に敵のマスケット銃が集中砲火を浴びせてくるのを防いで、最後の最後に攻撃をしかけるまで敵の銃撃を分散させなければならなかったのだから。

充分な数の部隊が揃っている場合には、フランス軍はしばしば大隊縦列を市松模様に二列の戦列に並べて、第二列は敵のマスケット銃の有効射程外になるように充分後方に配置して、騎兵と砲兵が前面もしくは側面へと進むことができるだけの間隔を置いた。このような戦術は極めて柔軟性に富んでおり、原理原則に縛られていたわけではなかった。各々の作戦が、それぞれの地形の特質や果たすべき任務の性質に応じて、独特に練り上げられていったのである。たとえば、アウステルリッツの戦いでサン・ティレール師団が散兵遮蔽幕の後方にあるプラッツェン高地を攻撃したときには、攻撃軸と並行して隣接する溝を利用できるようにするため二つの「嚆矢」形の旅団に編成して作戦を進めている。

戦術についてはほとんど口出しすることもなかったナポレオンも、混合隊形は明らかにお気に入りの隊形だった。この隊形は、快進撃を続けるとき、防衛戦を展開するとき、あるいは突然前線を変更するときなど、理想的に改造することができた。言い換えるならば、この隊形は最小限の時間でどのような戦法に討って出るのにも好都合だったのだ。ロシア歩兵の確固たる連帯と対峙した際に、混合隊形は様々なかたちで改造が進められた。ロシア歩兵といえば、最大限の火力をもって防衛に臨めるばかりか即座の攻撃にも出られるだけの充分な縦深を備えた旅団と結びついた師団で知られる。縦隊をとることの最大の利点は、機動性を高められるとともに、無限の柔軟性を備えていることだった。部隊を攻撃に回すこともできたし、方陣を組んで騎兵を撃退することもできたし（方陣は通常、お互いを支え合えるように形成されており、各々が一角を敵方向に向け、方陣間のスペースを猛烈な十字砲火で一掃することが可能だった。方陣の先頭部分は、ちょうど防波堤のようなかたちで、敵の騎兵隊をふたつの流れに分断してしまい、彼らがこれから「殺されることになる舞台」へと誘い込んだ）、混合隊形は最小限の時間で混乱することもなく守りの態勢に入ることとさえ可能だった。旧式の形式的な横隊を組んでいる場合だと、手まどるような隊列の確認に時間をとられることもなかった。混合隊形が持ち合わせていた柔軟な性質を最もよくあらわした事例は、アウエルシュタットの戦い（一八〇六年）のクライマックスでモラン師団が見せたものであろう。ほんのわずかな時間の間に、状況の変化に応じて五回も隊形が変えられたのであるが、その間、わずか一分たりともプロイセン軍に対する攻撃が弱められたことはなかったのである。

後年になると、フランス軍歩兵の質が低下してしまい、将軍たちは巨大な個々の方陣や縦隊に頼るようになっていった

（ヴァグラムの戦いの二日目にマクドナルドによって、ワーテルローの戦いの最初の攻撃の際にデルロンによって採用された）が、あまりに巨大な隊形をとっていると敵の砲兵や歩兵にとっては格好の標的とされてしまい、容易に動くことさえできなくなってしまう。

しかし、いかに完璧な大隊縦列のシステムでも失敗が見られ、最盛期でさえもフランス軍は堅固でしかもずる賢い敵につけ込まれてしまうような深刻な状況に陥ってしまったのである。進軍の最初の段階では、横列がどんどん広がって、個々の兵士たちにも充分なゆとりが生まれたが、縦隊が標的に近づくにつれて、逆の状態に陥ってしまうのだ。ギベールがかなり初期の段階で予見していたように、兵士たちは横列が乱れてしまうまでに密集し、ついには結束力など消えてしまう。ビュジョー将軍が、一列に編成された部隊に対しては、縦隊による攻撃は焦りすぎるきらいがあるという限界を、イベリア半島遠征の際の経験をもとに生き生きと描いている。

イギリス軍はだいたいにおいてよく考えて選ばれた場所に陣を取り、確実な命令のもとで、軍勢のほんの一部しか姿を見せていなかった。多くの場合、砲撃が最初に行われる。すぐに、我々［フランス軍］は相手の位置など確認もせず、敵が側面攻撃をしてくるか否かも検証せず、真っ正面から攻撃をしかける。イギリス軍の最前列からおよそ一〇〇〇ヤードほどのところまで来ると、フランス軍の兵士たちは興奮してお互いに駆け足になって行進する。こうなると縦隊まで混乱してきてしまう。対するイギリス軍は微動だにもしないで静かに整列したままで、まるで長い赤い壁［当時イギリス軍歩兵は赤色の軍服を着用していた］が立ちはだかっているようだ。この静けさが逆に我らの若い兵士たちを活気づけてしまう。フランス軍がさらに近づくにつれて、「皇帝万歳！　前へ進め！　銃剣で突撃！」との声がとどろく。軍帽《シャコー》がマスケットの銃口のうえに掲げられる。縦隊の行進速度は倍になり、隊列は乱れてしまう。フランス軍は大騒ぎをして前進し、銃撃も開始する。イギリス軍はそれでもまったく動かずに、武器も構えずに静かに立ったままだ。我々がわずか三〇〇ヤードぐらいのところにまで近づいても、まるでこれから起ころうとしている嵐を無視するかのようにじっとしている。対照性は明らかであろう。我々はみな心の奥底で、敵軍ははるか昔に銃を放ち、その銃弾がかなり長い間、空中にとどまってしまったかのような錯覚に陥った。我が軍の意気込みは冷え切ってしまった。不動という心情的なパワーは、何者にも左右されず（たとえ表面だけであっても）、大音響でぼうっとなった無秩序を抑え、我々の心を打ち負かしてしまった。とその瞬間に、イギリスの赤い壁は突然銃を構えだした。何とも表現できないような感慨が我らの兵士を釘付けにしてしまう。敵軍は銃撃を開始した。敵軍の確固たる一斉射撃が我らの横列を狙い撃ちにする。多くの兵士が殺され、我々は必死になって態勢を立て直そうと努力する。とそのとき、耳をつんざくほどの大音声が敵軍の沈黙を破ってとどろく。三度目の雄叫びとともに敵軍が近づいてきて、我々の敗走が始まるのだ(22)。

縦隊が最後の攻撃を加える前に横隊に編成されるのは自明の理であったが、数多くの重大な局面においてこれが忘れられ、不幸な結末を迎えることとなったのである。偉大な歴史家オマーンやフォーテスキューに代表される何人かの論者たちによれば、この編成上の失敗は計画的なものだった。フランス軍の司令官たちは部隊が未熟で複雑な展開など不可能だった革命期の伝統のなかで育っており、絶対的な圧迫と心理的な利点を活かして敵陣を突っ切る（縦隊を突進させて最も勇敢な心に脅威をしみ込ませるだけで充分だった）ために、敢えて縦隊のまま目標を攻撃させた。しかし、このような考え方は、コラン少佐やヒラリー・ベロックなどから激しい批判を受けることとなった。彼らによれば、フランス軍は縦隊のかたちで最後の一撃を加えるというへまをしでかしたのであって、計画などでは決してなかった。敵と実際に接触する前に横隊に編成し直すことの必要性は多くの現実の戦闘からも明らかであり、フランス軍の縦隊も慣習的にこの作戦を実行しようとしていたのであるが、最後の仕上げがなかなかに進まなかったというのである。

このシステムの欠陥の多くは、ウェリントンと戦っていたときに露呈した。彼はフランスの戦法を封じ込めるための完璧な方法を発見したのだ。兵士たちの大半を斜面の背後に隠しておくことで、彼は兵士たちをフランス軍の砲兵や散兵《ヴォルティジュール》による攻撃から護るだけでなく（ウェリントンはまた敵軍を寄せ付けないために丘陵部の前面に軽歩兵の大半を配置しておく習慣もあった）、フランス攻撃縦隊の指揮官たちの計算まで狂わしていたのだ。敵の正確な位置が把握できないため、フランス軍は頂上に着くまで縦隊のままにせざるを得なかったわけであるが、ときは既に遅かった。なぜなら、尾根の頂上のすぐ下には「静寂で荘厳な、控え銃の姿勢をとった、長い赤い壁が不気味に目前に迫っていた」のだから。

そして彼らはフランス軍が隊形を変えて戦闘に乗り出す前に、容赦なく一斉射撃を浴びせてきた。ときには三つの方角［正面と左右］から一ヶ所［縦隊の先頭］に集中砲火が浴びせられ、縦隊の先頭は消滅し、生き残った者たちはよろつきながら後退するか、少なくとも茫然自失にされてしまった(23)。

これこそまさにワーテルローの戦いの最終局面において、帝国親衛隊のいくつかの部隊に現実に起こった出来事であった。かの有名な擲弾兵たちは、誤った方角に沿って攻撃を繰り広げた後に、彼らが予期せぬ間に、ウェリントンが控える大隊に出くわし、すぐさま隊形を変えようとした試みも空しく、穴だらけにされてしまうほどの銃撃を三方面から受けたため、多くが殺されてしまうか、大慌てで逃げまどうかに終わってしまったのである。

とは言いながらも、フランス軍が一〇年間にわたる不敗伝説を打ち立てることができたのは、この混合隊形というシステムを導入したからに他ならないというのも偽らざる事実なのだ。フランス軍の歩兵が見せた流れるような動き、攻撃性、はずみ《エラン》、機動性は、オーストリア、プロイセン、スペイン、ロシア、そしてナポリの各陸軍に対して次々と勝利を収めていった。正確に適用されれば、横隊戦術を厳格に守る敵に対して戦術的な成功をおさめる秘策でありつづけた。これを誤って応用したり、ウェリントンのような戦術の天才、あるいは世に名高いイギリス軍の冷静さなどに出くわしてしまったときにだけ、このシステムは失敗に終わり、総崩れに陥ったのである。

歩兵から騎兵へと目を転じてみると、革命期のフランス騎兵の質はあまりにもひどく、ヨーロッパ各国の騎兵と対峙していくためにかなりの水準にまで鍛えられたことがわかっている。ナポレオンは合理的に騎兵を組織化し、騎兵の重要性を高く評価している。「騎兵は、戦闘の前にも最中にも、そして後にも重要なものなのだ(24)」と、彼は書き残したことがある。「ロイド将軍が大規模な騎兵隊の使い方について質問してきた。余はこう応えた。防衛戦を行う際には、敵と同じだけの騎兵を実質上持ち合わせていなければ、要塞や自然の障害物などいくらあっても勝つことはできない。もし戦闘に負ければ、貴兄は全軍を失うことになる(25)」。彼はまた、馬を用いた軍隊にとって必要な資質についても当を得た見解を示している。「騎兵には大胆さと実行力が必要だ。彼らは引っ込み思案と貪欲さに惑わされてはならない(26)」。ナポレオンは、勝利を収めるためには、スピード、衝撃、秩序、慎重な隊形の維持、そして予備軍を正確に使うことの組み合わせが重要だと見ていた。しかし、なかでも最も重要なものとして、彼が最初に挙げているのが規律だった。

ナポレオンが最初に取り組んだ改革は、重騎兵を戦列と軽騎兵から引き離したことであった。これ以前には区別などほとんどなかったのである。しかし、グランド・アルメにおいては、すべての種類の騎兵が注意深く分類され、それぞれの役割をあてがわれていた。優先順位の第一位は重騎兵だった。重騎兵にはふたつ種類があった。まず、軍隊にとっての中枢となる存在が胸甲騎兵《キュイラシエ》である。彼らは鉄製の兜、胸当て、背当てで身を固め、巨大な馬にまたがって、長いまっすぐな刀剣を振り回している。また、各々がひと組のピストル（後にはカービン銃）を携帯している。最終的にフランス軍の胸甲騎兵の総数は一四個連隊（もうひとつオランダ人の連隊も別にあった）に達し、各連隊が一〇四〇人の騎兵から成り、騎兵二個中隊から構成される大隊四個にそれぞれ振り分けられた。「重騎兵」のもうひとつが二個連隊から構成されるカービン銃騎兵《カラビニエ》だった。組織と武器は胸甲騎兵と同じであったが、一八〇九年以降に、鉄製の兜と胴鎧が導入されるや、胸甲騎兵とほとんど変わらないいでたちとなってしまった。ナポレオンは、重騎兵は独自の師団を形成すべきだと主張しており、胸甲騎兵もカービン銃騎兵もともに騎兵予備軍団として活躍した。彼らの役割は、会戦のときに発揮された。その巨大な大きさと重さのおかげで、彼らは騎乗する敵をなぎ倒し、砲撃によって突破口が開かれた敵軍の歩兵戦列に躍りかかった。彼らの活躍はまったく度肝を抜くほどの恐ろしいものであったが、行政的には大問題を抱えていた。これだけの基準に達するだけの補充人員と補充馬を見つけるのが大変だったのだ。

　戦列騎兵は二〇か三〇くらいの竜騎兵連隊から成っていた。一八世紀初頭の段階では、この部隊は歩兵が馬に乗っている程度のものであったが、グランド・アルメにおいては、彼らは刀剣類を携えて格闘する真の騎兵へと様変わりしていったが、馬を降りての役割もいまだに頼りにされていたのも事実である（特にスペインと帝政期後半の戦闘においては馬を調達することが難しくなってしまったので）。竜騎兵一個連隊にはだいたい一二〇〇人の騎兵がいたのだが（これが騎兵五個大隊に組織される）、一八一二年以降には、三個大隊は騎兵、二個大隊は歩兵となってしまった。彼らは刀剣、竜騎兵マスケット銃（シャルルヴィル式マスケット銃の小型版で銃剣の部分を除くとだいたい三七インチぐらいの長さ）、銃剣、ピストルを携帯し、真鍮製の兜をかぶるのがつねであった。

　彼らの役割は、数多く多岐に及んでいた。馬に乗っても、降りても役に立ったため、特に融通が利く部隊だったのだ。彼らはしばしば騎兵の前衛部隊を務め、グランド・アルメが行軍する際には側翼を警護した。また、連絡線を警護したり、襲撃や特別の任務にもついた。竜騎兵は、経験不足の新規徴集兵が大量に採用されたときに、一時その名声を落としたことがあったが、一八一三年までにはフランス軍を代表する騎兵にまで登りつめていった。

　数の面では最大、世評では最も威勢がいいとされるフランス軍騎兵の代表格が軽騎兵であろう。この冒険好きな部隊は、ご婦人方からは熱い視線を受け、最も派手で豪華な制服に身を包み、最も勇敢に活躍することを期待され、いつでも一番威張りちらし、虚勢を張り、高慢で、口がわるく、賭事や決闘（それほど正式なものではない）が大好きな連中だった。軽騎兵は主要な三種類に分かれ、それに付随するいくつもの分類がなされた。軽騎兵の中枢を占めたのが一〇から一三ほどの連隊から成る軽騎兵連隊《ユサール》で、彼らは目も眩むような制服を見せびらかしていた。これに一八一一年までには三〇個連隊にまで達していたもう少し地味な猟騎兵、そして槍騎兵が加わる。槍騎兵は当初はわずか二個連隊（ともにポーランドに起源をもつ）しかなく、一八〇九年までは近衛軽騎兵と呼ばれていた。この年になって、彼らの武器として槍が付け加えられたのである（この武器の真価が認められるようになったのはコサック兵と接触するようになってからのことである）。その後、ナポレオンはフランス竜騎兵とハンブルク竜騎兵の合計六個連隊を槍騎兵部隊に回し（一八一一年）、帝国親衛隊の騎兵にふたつの有名な連隊が付け加わることとなった。ポーランド槍騎兵連隊とオランダ槍騎兵連隊である。

彼らは、槍の他に、ピストルひと組とサーベルを携えていたが、槍を使いこなすためにはかなりの訓練と実地研修が必要だった。軽騎兵と猟騎兵は同じ武器を使用していた。サーベル、カービン銃、ピストルである。彼らはしばしば同じ部隊に編成されたが（彼らの連隊は一二〇〇から一八〇〇人ぐらいから成り立ち大隊にすると四個から八個ということになる）、騎乗散兵として馬の上から銃撃を行ったのは猟騎兵だけであった。主要な三種類の軽騎兵の他には、偵察騎兵連隊（一八一四年設立）が新鋭親衛隊に配属され、近衛憲兵部隊（一八〇一年設立）は、三〇〇人の選りすぐりの精鋭から成り、皇帝自身の護衛と、彼の指令を強化するためにいつでも全軍に配置されるという役割を担っていた。そして最後に、マムルークが挙げられる。彼らは一八〇三年から騎兵として採用されたが、オリエント風の衣装に身を包んで、三日月刀とラッパ銃に加え、ピストルと短剣を携帯し、やはり親衛隊の騎兵の一翼を担っていたのである（帝国親衛隊の猟騎兵隊とともに編成されていた）。

軽騎兵の役割は特に厳しいものであった。戦列騎兵に護衛されながら、彼らは多くの偵察をこなし、前衛・後衛・側翼の各部隊をつねに監視していなければならない。敵の主力部隊と接触した場合には、敵軍をその場に釘付けにして前へ進ませないように、間断なく攻撃をしかける。そして、味方が絶好の場所に陣取るまでできるだけ長く敵を引きつけておかなければならない。彼らは縦隊を瞬く間に戦列に換えていけるだけの訓練を積んでおり、戦列を変えたり、敵の側翼を攻撃するなど複雑な機動に備え、徹底的に練習していた。戦闘が終わってしまうや、軽騎兵は撤退する味方を守ったり、敵を徹底的に追いつめて二度と隊形を組めないように相手の士気を粉砕して、最大限の成功を収めようと努力した。「イエナの後は、軽騎兵たちは自らの勝利に乗じるようになっていった」とナポレオンは記している。このとき、フランスの軽騎兵たちはプロイセン軍をバルト海に追いやって、要塞も強大な都市も攻略し、何千という兵士を捕虜にしてしまったのである。「騎兵なくして、戦闘に結末などありえない[27]」がセント・ヘレナで前皇帝が下した結論だった。

竜騎兵（彼らには銃撃の役割も担わされていた）を別とすると、フランスの騎兵隊は総突撃で相手に打撃を与える行動を戦術の基盤に置いていた。彼らは注意深く段階ごとに先へ進んだ。騎兵大隊は、標的からの距離の三分の一ぐらいに達するまでは、急ぎ足（速歩《トロット》）で行軍した。その後はゆっくり馬を走らせて（駈歩《キャンター》）、敵から一五〇ヤードほどのところでは襲歩《ギャロップ》に変えた。そして、敵から五〇ヤードぐらいまで来ると、全速力《フル・スピード・チャージ》で馬を走らせたのである。騎兵隊を動かすには慎重な計算、啓発的な指導力、そして厳格な規律が必要であった。襲撃に乗り出すのが極度に早い場合には、馬は敵の射程距離に入ってしまう。こちらの興奮があまりにも高まって収拾がつかなくなってしまえば、部隊を立て直すのに時間がかかってしまい、敵からもいとも簡単に攻撃を受けてしまう。

さらに、この点が最も重要であるが、騎兵隊による攻撃を成功させるには、歩兵と砲兵からの協力が第一だった。騎兵にとっての最大の弱点は、方陣を組んで堅固な隊形にある歩兵部隊から狙われやすいことだった。このため各部隊間の協力と調整が何よりも重要な戦術となったわけである。この協力と調整が無視されてしまった最たる事例がワーテルローの戦いのときのフランス軍であろう。このとき、歩兵や砲兵からの援護が不充分であったケレルマンとミヨーの騎兵隊は、銃の端や銃剣を抱えた連合軍の方陣に手痛い敗北を喫して撃退されてしまった。

一九世紀半ばに流行したロマンティックな戦闘シーンを描いた絵画などによって普及された一般的なイメージからすると、「美しいサーベルを振りかざした」フランスのきらびやかな騎兵隊の将軍は、その不正確な絵画が描いている瞬間に現実にどのような行動をとっていようが、自分の大隊から数百ヤードも前を行って指揮を執っているように思われてしまう。ミュラ、グルシー、ラサールといった連中が、騎兵による攻撃の初期の段階においては、現実にそのような指揮を執っていたことは疑いの余地がない。彼らは、正確な方向に部隊を引き連れていくため、さらには個々の騎兵たちに勇士としての武勲を鼓舞するためにそうしていたのである。

しかし、一方で、将軍たちがこの華々しい指揮を長い時間は執れなかったのも事実なのだ。この蹄音鳴り響く騎兵大隊は徐行（常歩《ウォーク》）から速歩、駈歩《キャンター》から突撃《チャージ》へと移り変わるのが遅かったため、きらびやかに着飾った指揮官たちは（ほとんど誰にも気づかれていなかったが）しばし馬を止めて、敵陣への攻撃が近づいたときだけ部隊との距離を縮めて行軍したのである。敵の全軍とにらみ合うことなど将軍の責務ではなかった（見事な孤軍奮闘であったとしても、そのような無謀な行動が責務であるはずもないが）。決定的な衝撃を与えたり、マスケット銃による集中砲火が功を奏するまでは、指揮官たる元帥や将軍たちは、雄叫びを挙げて駆けめぐる騎兵隊の後方数百ヤードのところに位置していたのが真実であると著者は考える。さもなくば、「白兵戦」で負傷する高級将校の数は驚くほど多かったはずだし、より下位の将校たちが昇進を目指して「この栄誉ある生涯の波乱に満ちた一時《ひととき》」を謳歌することなどまったく嘘になってしまう！

しかし、ナポレオンと騎兵隊の指揮官たち（特にミュラ、ラサール、グルシー）はそれまで物笑いの種にされていたフランス騎兵隊を恐るべき殺人兵器に仕立て上げたのである。敵を遮蔽する勢力としての軽騎兵は、一八〇五年にグランド・アルメがラインからドナウへと大急ぎで行進したときには、それほどたいした価値を示さなかった。軽騎兵が急激に改善されたのが一八〇六年以降のことであり、これは数々の戦勝のおかげで連合軍側の上質な馬が数多くフランスの手に渡ったからである。重騎兵の最盛期は一八〇七年のアイラウの戦いであろう。イエナの戦いに続く追撃戦は、歴史的な傑作として高く評価されるに至った。

ご想像のとおり、ナポレオンの発想のもとで改良されたフランス砲兵部隊こそ、グランド・アルメにとって最も重要なものであった。「重大な戦闘は砲兵によって決まる[28]」と皇帝はウジェーヌ皇子に述べている。彼はフランス軍が充分な大砲を備えるためには骨身を惜しまずに努力したのだ。第一執政としての最初の課題のひとつが、兵器を運ぶ御者を民間の下請け業者から「軍人に換える」ことであり、このとき以来、砲兵の効率は大砲の数と同じぐらい急激に高まったのである。「御者を軍人に換えたことは、砲兵中隊の機動性と発砲速度にとって最良の効果を与えた」とマルモンも書き残している（帝政期における砲兵隊の改革を通じて、ほとんどすべての軍制改革に皇帝の指導のもとで責任を負ったのがマルモン元帥だった）[29]。

執政時代には、「人間の足で」大砲を運ぶ砲兵連隊が八個、「馬で」運ぶ中隊が六個（「足」と「馬」の違いは、前者が大砲の脇を行進するのに対して、後者は馬に乗るか砲車の前車に乗り込んでいた点である。騎馬砲兵の場合には全員が馬に乗ってかなりの機動性を有していた）、架橋工兵大隊が二個、新たな砲兵輸送大隊が八個で、総計二万八〇〇〇人だった。これが一八一三年までには、各々に二七個中隊（近代軍事用語では砲兵中隊《バッテリー》であり、通常は六つの大砲とふたつの曲射砲を備える）から成る九個連隊が「足で」大砲を運び、「馬で」運ぶ砲兵連隊は相変わらず六個だったが、六個もしくは七個中隊から各々が構成されるようになった。架橋工兵は三個大隊に増強された（総計で八四個中隊）。輸送部隊も八個大隊のままだったが、各大隊が一四個中隊から構成されるまでに拡大した。

これに新たに付け加えられたのが、帝国親衛隊砲兵三個連隊（「足で」運ぶのが二個、「馬で」運ぶのが一個）であり、親衛隊二個大隊が随行した。このときまでに「最前線」を担当する砲兵の数は八万にまで増強され、これに沿岸警備や駐屯部隊まで加えると、フランス軍の全砲兵は一〇万三〇〇〇人にも及んだ(30)。説明のうえでは砲兵の数がかなり増えたように聞こえるが、主要な編成部隊の相対的な安定性という側面から考えると、まったく新しい砲兵隊をつくったというよりは、既成の連隊に新たな中隊を付け加えたという程度に過ぎなかったのである（一八〇五年の大砲の数は以下のとおりである。重砲四五〇六、中及び軽砲七三六六、曲射砲八三二〇、臼砲一七四六）。

当然のことながら、フランス砲兵部隊は革命による粛清や亡命からほとんど影響を受けることはなかった。さらに、一八〇〇年までには、八年にもわたる実戦経験が蓄積されており、騎馬砲兵のエリートたちは一七九四年以来六個連隊を基本としていた。戦場の端で馬具を解いてそれから人力で大砲を所定の位置に引き込むという古いシステム（これだけの重労働をあてにならない民間の御者がやっていたのだ）は馬によって砲が引き込まれるようになった。最も腕の良い砲撃手は一分間あたり五発も撃ち込むことができたが、平均的には二回半ぐらいがいいほうだった。つまり六門のカノン砲をもつ一個中隊は一分間に少なくとも一五発の射撃が可能であった。あらかじめ統一された包装筒（装薬、詰め物、弾丸が包装されている）を使用したため、再装塡する際に時間を短縮できたし、発射した後、砲を初弾の発射位置まで戻さずにすぐに再装塡できる訓練も積んでいた。第二、第三以降の砲撃は最初のそれよりも短い時間で可能となった。というのは、移動時と発射時とでは砲身の位置が異なるため、初弾発射時はこれを切り替える際にはほんの少しだけ余分に時間がかかってしまうからだ。

アミアンの和約による平和の期間に、第一執政はすべての兵器を徹底的に分解検査させており、これは「革命暦第一三年のシステム」として知られるようになった。大砲の数は大幅に増強され、管理方法も全体的に簡素化されたが、最も重要な改革は大砲それ自体の型と口径に関して見られた。元々は、共和国軍の大砲（グリボーヴァル方式によって形作られた）

500　1800	用員 ■砲兵	用員 ⊠その他	用員 計	砲弾 弾薬箱 球弾	砲弾 弾薬車 球弾	砲弾 弾薬車 散弾	発射速度	所在（注2）
	8	7	15	9	48	20	毎分1発	砲兵予備軍および軍団砲兵（軍団毎に8門を要する1個中隊）
	8	5	13	15	62	20	毎分2発	師団砲兵
	5	3	8	18	100	50	毎分2〜3発	前衛部隊、師団砲兵および砲兵予備軍（騎馬砲兵）
 榴弾爆発の効果が及ぶ範囲：直径40m	8	5	13	4	49	11	毎分1発	師団砲兵および砲兵予備軍

12、8、および4ポンド砲の場合、跳弾砲撃を用い、ると最大射程が50〜75%伸びる。
理論的には、砲弾が地面を跳返る度に次の飛距離は半減（例えば600→300→150→75→37ヤードというように）する。

注2：ほとんどの大砲は8門の‘砲列’に組織される。多くの師団および砲兵予備軍（そして若干の軍団砲兵）では、6門の大砲と2門の曲射砲という比率が見られる。

口径および詳細		
12ポンド砲		
口径	=	121 mm
砲身長	=	7ft 7 ins
砲身重量	=	2,172 lbs
砲車重量	=	2,192 lbs
8ポンド砲		
口径	=	100 mm
砲身長	=	6ft 7 ins
砲身重量	=	1,286 lbs
砲車重量	=	1,851 lbs
4ポンド砲（注1）		
口径	=	84 mm
砲身長	=	5ft 3 ins
砲身重量	=	637 lbs
砲車重量	=	1,454 lbs
6インチ曲射砲		
口径	=	166 mm
砲身長	=	2ft 4 ins
砲身重量	=	701 lbs
砲車重量	=	1,895 lbs

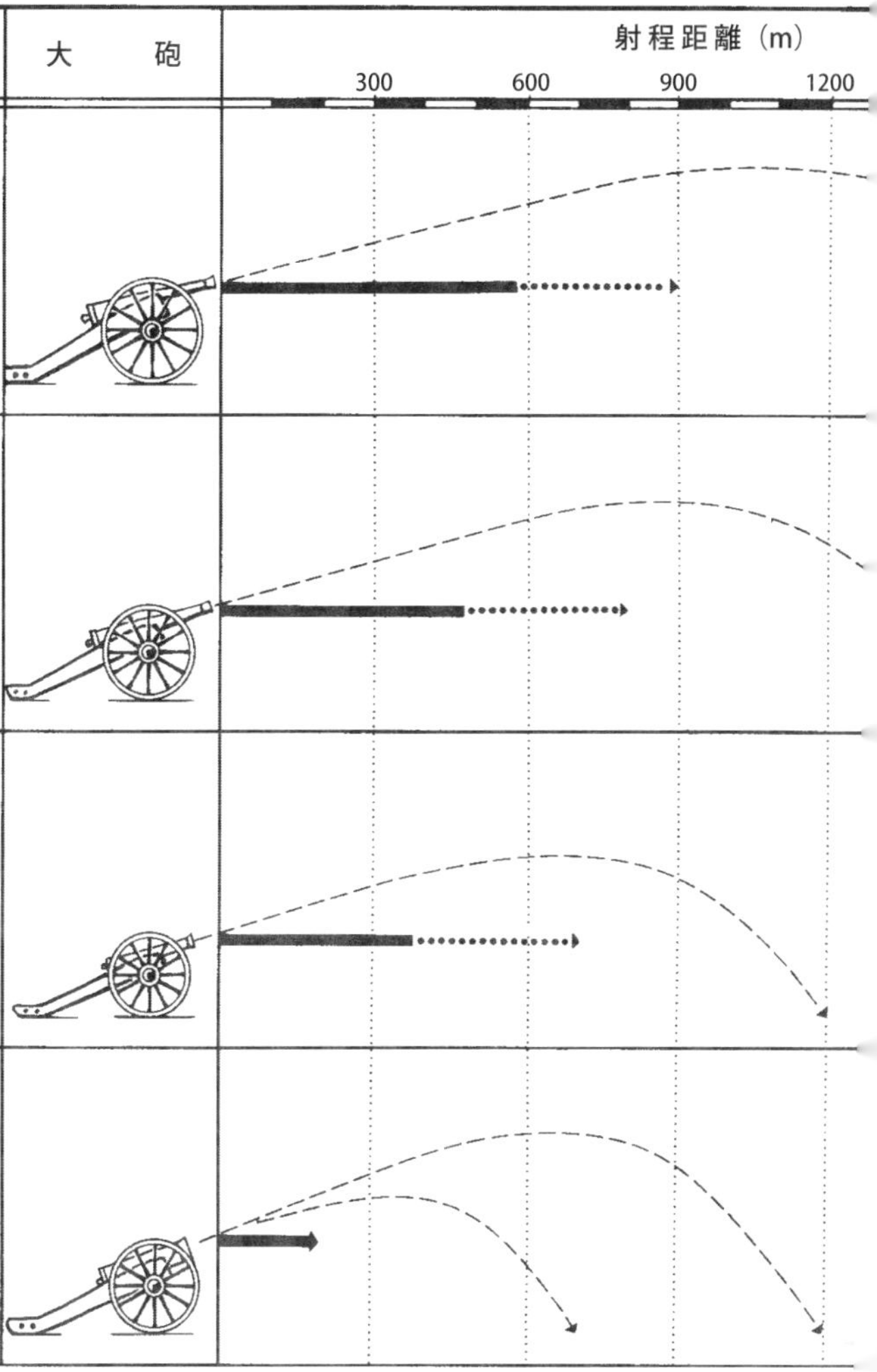

注1：　1803年以前と1809年以降；1804〜09年の期間には6ポンド砲が広く代用された。これは4ポンド砲に比べ、球弾の射程が約50m、散弾の射程は約30m長い。砲身の長さはおよそ5フィート、重さは850ポンドである。

KEY
- 球弾の有効射程
- 球弾の最大射程
- 散弾の射程
- 榴弾の射程（装填物は様々で信管か

グランド・アルメの砲兵部隊　射程、人員、砲弾、その他

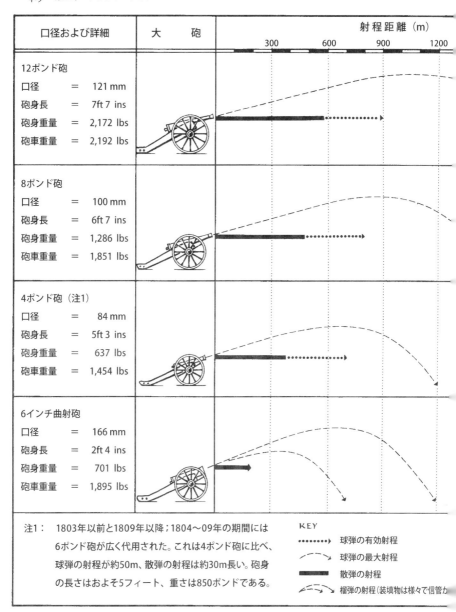

は、一二ポンド砲、八ポンド砲、四ポンド砲、そして六インチの曲射砲《ホイッツァー》からなっていた。第一執政が、この兵器を三つの重要な視点から変革した。

まず第一に、四ポンド砲（元来は各大隊に属する「連隊用」の大砲だった）をもっと大きな六ポンド砲に換えてしまった。この変革は、一七九四年から一八〇〇年までの間にフランス軍によって接収されたオーストリア軍とプロイセン軍の大砲の多くが六ポンド砲だったことに由来する。フランスは押収した武器や弾薬を利用できるようにして敵軍と砲の規格を共通化したのである。この変革はまた、それまでの連隊用の大砲を最終的に廃止して、歩兵たちの機動性や本来の職務にとって深刻な足手まといを負わせることなしに、巨大な大砲を大隊に与えていくことにもつながった。ナポレオンの第二の変革は、打撃力と戦場での射程距離をより大きくしていくために、八ポンド砲から一二ポンド砲へと主力を移していったことである。そして第三の変革が、衝撃力の少ない六インチのものに代えて、二四インチ曲射砲を採用したことだ。これらの異なった大砲のタイプに応じて様々な部隊構成が付随したのも注目に値しよう。八ポンド砲と六ポンド砲は親衛隊に随行する砲兵部隊の大半に属し、予備軍の各師団に置かれることが多かった。おそらく、この口径の大砲の五〇パーセント程度は予備砲兵部隊（その多くが騎馬砲兵中隊）に付属していたが。同様に、巨大な一二ポンド砲の多くが軍団または軍そのものの予備砲兵部隊に託されていた一方で、六インチならびに二四インチ曲射砲は師団砲兵隊の三分の一に配給されていた。それでもナポレオンはあまり多くの大砲を持つことはできず、彼が望んでいた数にはまだまだ到達できていなかったのだ。

一八〇九年以降になると、フランス軍は連隊用の大砲として四ポンド砲を使用していく方向へと事実上逆戻りしてしまったが、これは全般的に考えれば、時代に逆行する政策だった。なにしろ歩兵部隊の兵卒たちの質も年々悪化していたのだから。一八一三年までには、帝国とその軍隊の資質は明らかに衰退していたのに、ナポレオンは楽観的にも、一〇〇〇人につき五門の大砲を備えようと計画していた。この一〇〇〇人には、騎兵、銃兵、輸送部隊まで含められていたが。しかし、皇帝はこの程度の計画でさえも達成できなかった。大砲を最大限に集められた事例は、おそらくライプツィヒの戦いのときであろう。このときはフランス軍には六〇〇門の大砲が備えられていたが、これは三〇〇人につき一門、換言すれば一〇〇〇人につき三門の大砲ということになる。しかし、この戦いで連合軍側が備えていた大砲は九〇〇門に及んでいたのだ。

フランス軍は四種類の砲弾を使用していた。まず第一に、球状の砲弾で、大砲の穴によく合ったもの。第二に、キャニスター弾（ときとして散弾とも呼ばれる）で、マスケットの銃弾が沢山込められた錫製の入れ物に入っていた。キャニスター弾には三種類あった。六〇〇ヤードにも及ぶ長い飛距離の場合には、大きめの弾丸をより少なく錫製の容器に入れた（ときとして葡萄弾《グレープ・ショット》と呼ぶことがある）。もっと近い距離の場合には、小さめの発射体がいっぱい詰め込まれた（ときとしてラングリッジと呼ばれた）。そして「棒弾《バー・ショット》」と呼ばれるものがあり、固い鉄の棒の両端に錫製の入れ物が付けられ、マスケットの銃弾が沢山込められていた。第三に、破裂弾があった。これは主に曲射砲を使うときに用いられたが、球状の砲弾の中身がくり抜かれ、爆薬が大量に仕掛けられていて、導火線によって爆発した。第四に、かまどの特別製の焼き網で熱せられた赤熱弾があった。これを準備するには特別の装置が必要となったため、沿岸警備の砲兵中隊など、常設砲兵陣地でのみ用いられていた。この当時フランス軍で決して使われていなかった弾薬が榴散弾《シュラプネル》と呼ばれるものだった。これはイギリス軍によって使われ、かなりの破壊効果をもっていた。これもまた球状の砲弾の中身がくり抜かれており、なかには爆薬とマスケットの銃弾が混ぜて仕掛けられ、調節付きの導火線によって爆破できた。イギリス軍はまた、初歩的なロケット弾も開発していた（コングリーヴ大佐の発明による）が、まだまだ実用化には至っていなかった。とはいえ、町に火を放ったり、戦場で馬を駆り立てていくうえでは役に立った。

球弾は陣地や隊列を組んだ部隊めがけて放たれた。キャニスター弾は対人、破裂弾は建物が標的とされた。しかし何と言っても球弾が他のあらゆる砲弾よりも数多く発射された。砲撃の仕方には二種類あった。直接砲撃と跳弾砲撃（大雨や大雪の後でなければこちらのほうがより威力があった）である。跳弾砲撃の利点は、かなりの射程距離まで威力を示したことにある。しかも砲弾は大地に衝突したため（跳ね返りは落ちる度ごとに半分ずつ縮まっていったが）、岩や石や泥などの破片を辺り一面にまき散らし、兵士たちはより多く負傷するようになったのである（砲弾の飛距離については一六二～一六三頁の図を参照）。

ナポレオンが見通したとおり、砲兵隊は戦場で三つの役割を果たすことを期待された。第一に、戦闘が開始するや、師団および軍団の砲兵隊は歩兵たちの動きを援護するとともに、敵軍の拠点を粉々に打ち砕いて、敵軍の士気と抵抗能力を低下させる役割があった。そして第二に、敵軍の戦列に弱点を作って総攻撃をしかけやすくするために、砲兵予備軍の大半が（騎馬砲兵に率いられて駆け足で）前方へ急行し、手の空いている軍団ならびに師団の砲撃に援護されて、味方の大軍をなだれ込ませる突破口を開く目的で集中砲火を浴びせる役割があった。第三に、突撃（もしくは撤退）を段階的に実行していくために、騎馬砲兵は軽騎兵に随行して彼らを助け、戦列に隙間が生じないように命じられていた（イエナの戦い以後）。

砲兵隊の戦術は様々であった。しかし、一般的には、ナポレオンは多数の砲兵中隊を集結させ一〇〇門かそれ以上の砲で敵を粉砕する作戦に出ることが多かった。アイラウ、ヴァグラム、ボロディノ、そしてワーテルローという四つの会戦で、特に大量の砲兵隊が動員されている。「大砲は、他の兵器と同様に、何か決定的な勝利を収めたいときには、大量に集めなければならないものだ(31)」。

また、大砲それ自体も極めて大胆に使用されるようになった。攻撃開始とともに、軍団もしくは師団の砲兵隊は歩兵たちの前に乗り出して、敵の戦列から五〇〇ヤードぐらいのところで大砲と前車を切り離す。そして、平然とキャニスター弾で砲撃を始める。戦線が前方に移動すると、大砲を前車につなげて、砲兵隊も一緒に前進した。砲兵隊が最も攻撃的な姿勢を示した有名な事例は、セナルモン少将がロシア軍を直射距離で捉えるまでに目にもとまらぬ鮮やかなスピードで大砲を前進させたフリートラントの戦いのときであろう（第53章を参照）。同じように、ヴァグラムの戦いでは、ドルーオ将軍が危機的な状況のなかで親衛隊の大砲を自ら操って、見事な戦果を収めている。

ところが、フランス砲兵隊の威力は、天候によって大きく左右されてしまった。ワーテルローの戦いの前夜に雨が降っていなかったならば、連合軍側が出した死傷者の数は確実にもっと多かったことだろう。しかし現実には、モン＝サン＝ジャンに陣取るウェリントンの部隊に浴びせられた砲弾のほとんどが地面に埋もれてしまい、跳弾砲撃などできなかったのだ。

これまでに述べてきた事柄をまとめておくためにも、ナポレオンの戦術を実際の戦闘を思い浮かべながら要約してみよう。これから見ていくとおり、戦場で成功を収めていくための真の秘訣は、騎兵、歩兵、砲兵を、連続して攻撃をしかけていくために一致協力させ、お互いの活動を助け合っていくように慎重に協調させることにかかっていたのである。この軍隊内部での協力関係こそが勝利への道を約束していった。

まず最初に、敵の隊列めがけて徹底的な砲撃が続く。避難場所を探せない場合には、敵軍に恐怖が走り、抵抗する力も減退してしまう。この集中砲火の間隙をぬって、散兵《ヴォルティジュール》の大群がマスケット銃が届く射程距離まで前進し、敵の将校を狙撃するという不意の「いやがらせ」が待ち受けている。このあとは、重騎兵と歩兵によって一連の攻撃が行われる。ここで重要なのがタイミングと共同作業を慎重に図ることであろう。騎兵隊による最初の攻撃には敵軍の騎兵隊を粉砕して、敵の歩兵に方陣を作らせるという目的があった（敵陣に突破口を開くというよりは）。この間にフランス軍の歩兵たちは、縦隊を組んで敵の至近距離にまで前進する。味方の騎兵隊が帰ってくるときまでには、敵が線形の隊形を再び取り得ないようにするわけだ。正方形もしくは長方形の方陣を組んでいるままでは、どこか一方向を狙っての銃撃を行おうにもパワーが減退してしまう。この隙をついて、フランス軍縦隊は大した死傷者を出さずに、一気に敵に近づくことができる。こうなればしめたものだ。この攻撃が成功すれば、新たに集められたフランス歩兵隊は、次から次へと敵の戦列になだれ込み、彼らと行動を共にする騎馬砲兵たちは敵を直射できる距離から次々と砲撃を開始する。そして最後に、再編成がなった騎兵たちが再び突破口を開くために前進する。

このような戦法に直面して敵はどう切り抜けたのか？　ウェリントン率いるイギリス軍こそは、プロイセン、オーストリア、ロシアといった連合軍諸国に比べると、最も巧みに応戦することができた。最初の砲撃によって被る被害を最小限にするとともにフランス軍を混乱させる目的で、山の反斜面や隠れ場所になるような地形が頻繁に使われた。砲兵隊のみが尾根の頂に沿って配置された。イギリス砲兵隊は、敵の騎兵が近づいて来るや、球弾からキャニスター弾に換えて砲撃を続け、最後の最後になってようやくと持場を放棄して、最も近い方陣に持ち運びのできる機材を持って避難した。

一方、銃剣を抱えたイギリス歩兵の方陣に向かって次から次へと押し寄せてくるフランス騎兵は、波が岩に向かうように砕け散ってしまうのだ。フランス騎兵があわてて撤退するや、イギリス歩兵はすぐさま戦列を再編成し、迫りくるフランス歩兵隊に備えて戦闘態勢に入る。他方でイギリス騎兵隊が撤退するフランス騎兵をどこまでも追いかけていく。前進してくるフランス歩兵縦隊の先頭部にぴったりとくっついたイギリス軽歩兵部隊は、仲間のイギリス軍が態勢を立て直すための時間稼ぎに、ゆっくりと後退しながら戦いを交えた。やがて不気味な沈黙がイギリス軍の戦列に訪れる。フランス歩兵が大音声のもと息を切らしながら斜面をかけ昇ってくるや、イギリス歩兵部隊が無言で一列に並んでいるのに直面し、フランス兵たちの熱気は一気に冷え切ってしまった。敵が射程距離に入ると、イギリス軍は次から次へと一斉射撃を始め、フランス軍の縦隊を引き裂き、追いつめていった。その隙にウェリントンはフランス軍の側翼に面して新たな戦列を編成するように命じ、いつの間にかフランス軍は四方を取り囲まれているのである。

この驚異的な銃撃によって、フランス兵たちは肉体も精神もずたずたに引き裂かれ、イギリス軍の司令官はちょうどよいタイミングを見計らって、大音声のもとに銃剣で突撃するように命じ、フランス軍はあわてふためきながら撤退するよりしようがなかった。フランス軍が無駄な攻撃にうんざりしたときになって、ようやくとイギリス軍は攻撃に転じ、騎兵、歩兵、砲兵を一気に前進させて、敵は敗走し、勝利は決定づけられるのである。

ナポレオンの参謀システムと司令構造を検討する前に、グランド・アルメを陰から支えた様々な部隊についてざっと見ておくことにしよう。なかでも工兵は極めて重要な役割を演じていた。フォワ将軍が自著『軍隊の機構』で述べているように「工兵隊員は、耐久性のある砦を築き、攻撃と同時に砦を守り、陸軍に付いて戦争に出かける。この三つの任務に関する限り、我が国の工兵以上に技能と愛国心を備えたものなど、世界中にいないくらいだ。アレクサンドリア、アントワープ、ユリエール、さらに五〇〇におよぶ都市が築き上げられ、再興され、増強された。この偉業は、マレスコ、シャスルー、アクゾの各将軍たちのもとでヴォーバンの技術が退廃しなかったことを意味する。ヨーロッパ全土が我々の砦や塹壕で覆い尽くされたのだ(32)」

規模としては工兵部隊は小さいままだった。総計で一万人を超えたことはない。ただし、橋を架けるための随行員や他の疑似工兵的な作業を行う部隊は、砲兵隊の随行員として不可欠の存在であったことは覚えておくべきだろう。さらに、常勤する工兵七個大隊の仕事というのは、捕虜や連合軍の部隊によって結成された先駆的な工兵大隊によって補佐されていた。地図を作成する特別の任務は後年になってから開発され、かなりの数におよぶ臨時雇いの工兵将校が各総司令部に配属されていった。工兵部隊は現実の戦闘では戦う必要がなかったが、数々の戦火をかいくぐって立派な働きを示すことが多かった。

たとえば、一八〇九年に、アスペルン＝エスリンクの戦いやヴァグラムの戦いでドナウ川に橋を架け、守り、修理したのは工兵隊員たちだった。また、一八一二年に、ベレジナ川を渡るときに素早くいくつかの橋を架けて、グランド・アルメの生き残りたちをフランスへ帰還させるという輝かしい功績を示したのも間違いなく彼らだった（第73章を参照）。

前線と本部の間を行き来するメッセージや情報は、軍事通信部の責任のもとで伝えられていた。彼らはかなり高度な訓練を受けた工兵隊員から成る小さな組織だった。彼らの部隊は、帝国の大都市に隣接する一連の腕木信号署に配属され、前線とパリとの連絡をつないだ。条件が整っていれば、メッセージは一時間で一二〇マイルも伝えることができた。帝国軍の前線が進むにしたがって、皇帝直属の総司令部に直結した情報伝達機関が、最も近い腕木信号署に設置された。しかし、天気が悪いと（特に雪の日や霧が濃いときなど）、システム全体に支障が生じ、情報の伝達は大幅に遅れてしまった。このため、メッセージの大半は相変わらず馬で運ばれていたのであり、遠征中の皇帝とパリの大臣たちとの間をつなぐのは、馬や馬車を使った陸軍郵便局の仕事であった。

疾病や負傷に襲われた兵士たちの看護は、軍医将校や当番兵たちの仕事であり、連隊クラスに至るまで各部隊に配属されていた。本質的には、医療班の仕事は極めて原始的なレベルにとどまっていた。ただし、ラレ軍医総監の努力によって少しずつ改善がなされ、一八〇九年には馬を用いた救急車隊が組織されるに至った。とはいえ、包帯から外科手術用の器具に至るまで、あらゆる医療用具がつねに不足しており、看護体制にしても、軍団の司令官が誰なのかによって、かなり格差が見られた。各司令官が医療基金を管理していたからである。たとえば、ダヴーは失策を犯さないよう慎重だったが、マッセナは医療基金を「わずかな貯金」に充てていた。医療班は、戦列歩兵と同じ制服を着て武器を支給され、戦闘員と見なされていた。

兵站部は帝国陸軍のなかでも最も役立たずの部局のひとつだった。機動性と自己依存という考え方からも、「現地での食糧調達」と「戦争が戦争を滋養する」というモットーが何度となく繰り返されていた。元々は、物資の配給は民間の請負業者に託されていたのだが、彼らは詐欺を働いたり、効率も悪かったので、ナポレオンによって慎重に選ばれた監督者が後衛の物資供給地にひとりずつ配置されるシステムに換えられた。さらに一八〇九年には、物資供給のための部隊が九個大隊設立され、前線での物資供給、護衛隊の任務を請け負わされることとなった。一八一二年には、総計で二二の大隊を組むまでに増強されたが、彼らは良くて二流の働きしかできなかった。これは何も、兵站部将校や彼らの補佐官に志願してくる者が少なかったからではない。ヨーロッパのほとんどの道が劣悪な状能（とりわけニーメン川の東部とピレネー山脈の南側は最悪）で、グランド・アルメが素早く移動していくのに対して、大きすぎて扱いにくくゆっくりとしか動かない荷車では追いついていくのが困難だったのだ。

ナポレオンによる遠征の大半が物資の不足に悩まされ、四日から七日分ぐらいの小麦粉とビスケットしかなく、しかも敵が近くにいる場合には極めて深刻な問題となってしまった。そうした場合には、食糧を求めて探し回る兵士たちの態度も尋常ではなくなってしまったわけだ。一八一二年のロシア遠征の際には、広大な不毛の土地を何日もさまよわなければならず、皇帝は包括的な物資供給システムを即興で作り上げるために、荷車だけでなく川用の小型船隊を利用して、ダンツィヒやケーニヒスベルクから前線へと大量の物資を運ばせることにした。ところが、このような方法はすぐに破綻をきたし、モスクワに到着するまでには兵士たちは腹ぺこになってしまった。ロシアから撤退するときはさらに悪かった。兵士たちは食糧の不足というよりは、精神的にも衰弱していたのだ。グランド・アルメが撤退するほどに、後方（たとえばスモレンスクやヴィルナなど）からは充分な物資が届けられたが、彼らがそれを必要としていたところでは食べることもできず、いわば無駄にしてしまった格好となった。このため、兵站部にとって最大の懸案事項となったのは、物資を調達することよりも、むしろ現実に物資を配給したり管理する問題のほうだったのだ。

第33章　帝国総司令部

無線電信術が発明される以前の時代において、五〇万にもおよぶ大軍を管理・調整・指揮していくことなど、巨人ガルガンチュアのような難業であったに違いない。しかし、フランス帝国陸軍総司令部は、少なくとも合理的な効果をもたらせるだけの、複合的で多面性に富んだ組織を有していたのである。イエナの戦いという大変動の後にシャルンホルストやグナイゼナウによって再生されたプロイセンの参謀システムには及ぶべくもないが、それでも史上初めて包括的な参謀組織を形成したのがフランスだった。

ナポレオンの総司令部は、その巨大な軍隊を指揮するだけでなく、フランスさらには帝国全土を統治していくという責務まで負わされていた。このため、総司令部が様々な職務を備えた巨大な組織となってしまったとしても何ら不思議ではない。一八〇五年の時点でも、既に四〇〇人以上の将校と五〇〇〇人のスタッフから成り立っていたのが、一八一二年までには、三五〇〇人におよぶ将校と一万人のスタッフ（事務官や皇帝の護衛隊も含めて）にまで膨れ上がっていった。

それでは帝国総司令部はどのように組織されていったのか？　一八〇五年に設立された当初から、総司令部は三つの部局から成り立っており、各々がさらに細かい数多くの部局に分かれていたのである。第一の部局にして帝国総司令部にとって最も重要だったところが、帝国家政（皇室）もしくはメゾンと呼ばれたナポレオン自身の私的なスタッフから成る組織であった。第二の部局が、グランド・アルメの軍令部であり、ベルティエによって統括されていた。第三の部局が、陸軍物資総合補給部のスタッフであり、彼らはあらゆる種類の物資の調達、輸送、さらには配給に関係するすべての事柄を担当した。この三つの部局はつねに置かれており、後で述べるとおり、ひとつにまとめられていたが、重要な遠征を行う場合には、これら「三大部局《ビッグ・スリー》」の周辺に補助スタッフの全集団が集まり、「総司令部のメンバー」として正確に三つの部局に分かれて活動した。

たとえば、ナポレオンはしばしば帝国政府の主要閣僚たちを伴って戦場に入り、軍事問題だけでなく、外交や国内政治についても同時に目を配った。そのようなときには、一八一二年に見られたように、少なくとも国務大臣ひとりぐらいは皇帝直属のスタッフとして陸軍に随行したのである。外務大臣も自らのスタッフを引き連れて随行する重要な文官だった。そして、大蔵省もかなり大規模な派遣団を随行させるのが習わしだった。さらに、様々な司令部が帝国総司令部の近隣に陣取った。砲兵隊ならびに工兵隊の総司令官たちも相当数の随員を持ち続けた。親衛隊の各師団長たちもそれぞれに特別のスタッフを抱えていたが、これは帝国親衛隊それ自体が巨大で複合的な組織に変貌を遂げていたためであった（一八〇五年の時点ではまだ小さな師団程度のものだったのが、一八一二年までには小さな軍団程度の大きさになっていた）。それゆえ、一八一二年にヴィルナで総司令部すべてのスタッフを大がかりに確認する作業にベルティエが追われていたときに、ある目撃者がまるで戦闘に乗り出す軍団のパレードのようだと形容したとしても不思議ではなかろう。「ひとところに集まったすべてが総司令部に属していた。想像してみたまえ。おびただしい数の従者たちが、馬を引き、あらゆる種類の荷物を引きずって後に続くのだ。この総司令部が織りなすスペクタクルを見て誰もが何らかの感慨を抱くはずだ(33)」とド・フザンザックは伝えている。

もちろん、組織全体を一度に移動させたり、一ヶ所に集めたりするのは不可能であり、それぞれの部署がきっちりと決められたタイム・テーブルに沿って移動し、オフィスを立ち上げていったのだ。こうして一八一二年には、総司令部の参謀と各々の従者たちがひとつの場所を七日間かけて通過し、その間に権力が分散してしまうことも見られた。このため、陸軍物資総合補給部は前線からかなり離れた距離に司令部を後退させ、外務大臣はさらにその後ろへと引き下がっていた。一八一二年の時点で、陸軍物資総合補給部や外務大臣たちはモスクワよりヴィルナに近い場所にいたのである。

ナポレオンの大遠征がその内側に秘めていた活動を高く評価するならば、帝国総司令部が備えていたこの三大部局の組織の内側は、極めて注目に値するだろう。

メゾンはまさにフランス陸軍の中枢神経だった。メゾンの構成員と業務はその時々に応じて多岐にわたっており、ナポレオンの個人的な補佐役と参謀とを区別はできたのだが、実際にはメゾンではその別を明確にはできなかった。特定の主要人物たちは補佐官でもあり、参謀でもあったのだ。まず初めに、皇帝の身の回りの世話をする個人的な補佐役たちとその仕事ぶりについて説明してみよう。

宮廷でも戦場においても、最も主要な役割を果たしたのが次の三人である。彼らこそがナポレオンの右腕ともいうべき人物たちだった。まずは、ベルティエである。「背は小さいが、屈強で、いつも笑みを絶やさず、四六時中忙しい男」のベルティエは(34)、侍従武官次長、猟犬長官、陸軍大臣、そしてグランド・アルメの参謀長をひとりでこなしていた。ヌシャテル大公に叙せられたベルティエは、ナポレオンの側近中の側近であり、その職務は多岐にわたっていた。とはいえ、現実には、栄えある首席事務官程度の働きしか示さなかったのだが。次が、フリオール公爵こと、デュロックである。彼は皇帝の「一族」と臣下に関わるすべてを扱い、皇室の手許金を預かり、家政のあらゆる組織を監督し、皇帝と謁見を希望するすべての人間にとって媒介役であり、ときにはご主人様が欲求を満たしたいときに女性をお世話する係まで果たしていた、余人をもって代え難い宮内長官だった。デュロックは愉快でしかも有能だったために、彼が一八一三年のバウツェンの戦いで戦死すると、ナポレオンはひとしきり嘆いていたとされている。そして第三の男が、馬事総監を務めるヴィチェンツァ公爵ことコランクールである。彼は、馬の世話係、小姓、使者、皇帝の護衛に関わるすべてを統括した。コランクールは、皇帝が馬に乗るときには必ずお供をして、その辺りの簡単な調査をするために上着のボタンにつねに地図をくくりつけていた。「ヴィチェンツァ公爵は、身長五フィート八インチで、厳しくも高貴な感じを漂わせていた。正直で忠実でもあり、誰からも愛され、尊敬されていた。将官としても優れており、まさに軍人気質が板についていた」と、普段は辛口で知られているカステランでさえ記しているほどである(35)。おそらく、コランクールはナポレオンが最も信頼した臣下であったのだろうが、セント・ヘレナではこのかつてのご主人様は「愚鈍で、単に優れた馬の世話係でしかない」と彼を評している。とはいえ、コランクールの『回顧録』は、一八一二年から一四年にかけてを描いた最も貴重な資料であり、彼の教養の高さと皇帝への忠誠ぶりを示した逸品である。

以上の三巨頭の下にもっと軽量級の一団が控えていた。ひと握りの無所属の将軍たちが特別の任務のためにいつでも出動できるように待機していた。また、皇帝付きの公式な副官たち（その大半は偉大な功績を収めたまっとうな将軍たちだった）がおり、ムートン、ラップ、サヴァリが率いていた。彼らもまた特別の任務を託されていた。それは条約の交渉から鶏肉の調理に至るまで、言ってみれば、ありとあらゆる任務を託されていたのである。彼ら自身にも、各々の副官と従者が控えていた。さらに、かなりの数の伝令将校（一八〇六年には一二人）がおり、日常の情報交換を担当していた。彼らは有力な家柄に属する若い将校であることが多かった（なかでも帰国したエミグレの家系がよく見られたが）。

皇帝の身の回りの世話については、デュロックの管轄下において四人の従僕（最重要人物がコンスタンだった）と、皇帝個人の護衛にあたるマムルークのロスタムによって賄われていた。ロスタムは毎朝ご主人様がブーツを履くのを手伝い、夜には皇帝の寝室のドア越しに睡眠をとっていた。この他に、宮廷監督官（デュロックの副官）、官房長官、宮内官、侍従（二人）、内科医（四人）、外科医（五人）、主計官、小姓（四人：良家の若者が騎兵勤務に就くには年をとりすぎてしまったときに就く）、宮廷需品係将校（二人）、さらに数多くの執事、従僕、馬丁が付き従った。

しかし、メゾンのなかでも最も重要だったのは、ナポレオンの「内閣」、ヴァシェ大佐の言葉を借りれば、「知の聖域」ともいうべき機関であった(36)。「内閣官房長官」（クラルク将軍が長年務めた）は皇帝の私的なスタッフと作戦立案本部とを結ぶ公的な媒介役だった（この双方に属していたため）。このふたつの部局は、一八〇四年一〇月二二日の布告によって、皇室の直属となったが、その権限は皇帝の秘書役程度の域を出ていなかった。彼らは皇帝が次々と口にする言葉を口述筆記したり、求めに応じて様々な情報を集めたりすることを職務としていた。

皇帝としての日常業務に関してもっと直接的に携わっていた役職は秘書官（三人）だった。彼らは時折、「御用掛」とも呼ばれ、昼夜を問わずつねに呼び出されていた。秘書官の最も重要な役割は、やはり皇帝の命令を記録することであったが、皇帝と大臣たちとの間を直接結ぶ最も重要な媒介役となっていたのである。ブーリエンヌは一七九六年から一八〇二年まで首席秘書官を務めていたが、最終的には横領と窃盗により皇室から解雇されてしまった。「ヤツはマントルピースからダイヤモンドの小箱を失敬するぐらいのこそ泥だった(37)」と皇帝は後にセント・ヘレナで述懐している。ナポレオンは、役に立つと見込んでいる場合には、多少の落ち度も大目に見れるだけの度量を備えていたのだが、このブリエンヌ幼年学校時代からの友人の不品行も度が過ぎてしまい、最終的には私的なスタッフから外さざるを得なくなったのだ。このため、首席秘書官はメネヴァルに引き継がれ、ファンがこれを補佐することとなった（一八〇八年以降は）。

「知の聖域」を構成する最深の中枢は、皇帝の地勢図制作局のメンバーによって占められていた。地勢図制作局はバクレ・ダルブの管轄下に事実上は置かれていた。彼は一七九六年から一八一三年に至るまでのほとんどの期間をナポレオンに仕え、「色が浅黒く、ハンサムで、愉快で、教養も深く、有能にして優れた立案者だった」。バクレ・ダルブはナポレオンの副官のなかでも最も頼りにされていたと考えられる。彼は、ナポレオンが作戦を計画する際に、参謀が果たすべきあらゆる職務に責任を負っていたのだ。彼は地図の修正はもちろんのこと、各部隊の位置が色の異なったピンで示された、毎日の戦況を伝える大きな一覧表を作成することも任されていた。

この一覧表はナポレオンの執務室の中央にある巨大なテー

ブルの上につねに置かれており、バクレ・ダルブがこの表の作成に必要なすべての物を預かっていた。たとえば、伝令箱、野戦用の机、一日で行進できる平均的な距離をあらかじめ計ることのできるコンパスがひと組、そして何よりも欠かせなかったのが、戦場の詳細を記したカルネ*の束である。バクレ・ダルブは、皇帝が作戦を現実に遂行する際に、極めて重要な助手となってくれた。彼らは、ふたりして地図の上で腹這いになって、次々とピンを刺していったが、時折お互いの頭やお尻をぶつけ合っては、ブツブツと文句を言い合うような仲だった。バクレはまた、時間や距離に関する重要な計算についても全幅の信頼を寄せられていた。彼はとにかくこき使われていた。皇帝が遠征に出かけたとき、一日の最初と最後に命令を下すときには、必ず「ダルブを呼べ！」が待っていた。バクレはふたりの助手を付けることを許されたが、彼自身が最も重要な存在であったことには変わりがなく、最後には将軍にまで昇りつめたのであった。

ナポレオンが各部隊を訪問したり戦場で指揮を執るときには、必ず皇帝自らが選んだ「小」総司令部が随行したものである。主なメンバーは、参謀長、馬事総監、当直の元帥、副官二名、伝令将校二名、侍従一名、小姓一名（ナポレオンの望遠鏡を運ぶ）、護衛兵一名（地図とコンパスひと組の入った折りカバンを持つ）、ロスタム、馬丁、それに通訳将校だった。彼らの前には、伝令将校がさらに二名（将校一名と騎兵一二名を従えて）馬を走らせた。皇帝と彼らを護る主要部隊は、後衛部隊から一〇〇〇ヤードほど手前を走っていたが、通常は親衛隊の騎兵四個大隊（猟騎兵、槍騎兵、竜騎兵、擲弾騎兵より一個大隊ずつ）から成り、皇帝付き副官によって指揮されていた。短距離あるいは戦場を走る場合には、皇帝はよく訓練されたアラビア馬（最も有名なのがマレンゴである）を乗り回し、各部隊は皇帝と直属のお付きのために五頭の馬を予

---

*すべてのフランス軍部隊および敵軍の編成について細かく記してあるナポレオンの手帳。カルネは参謀によって毎日携帯され、二週間ごとに完璧に書き換えられた。カルネに書き記された軍事問題とは、以下のように整理されていた。各々の部隊が各頁に分けて記されており、それがまた各欄に細別されている。そこには司令官、参謀、上級将校たちの名前や、部隊の任務内容、兵站部の位置、負傷者のリスト、現在入院中の者のリスト、現在訓練中の兵士のリスト、さらに彼らの出身地まで書き記されていた。他の手帳には陸軍のすべての将校に関する記録が記されており、従軍期間、遠征経験、功績、勲章、昇級、給与といったあらゆることが記載されていた。カルネが示しているように、ナポレオンは極めて几帳面にして完璧主義者だったのだ。

備として用意しておかなければならなかった。皇帝は馬に乗るときに衣装にはこだわらず、格好いい姿でもなかったが、いざというときにはどんな難所でも素早く馬を走らせることができた。長旅になると、皇帝はカレッシュ（幌が前後に開く二輪馬車）か軽四輪馬車に乗り込み、馬事総監が一方の窓を、当直の元帥がもう一方の窓を固めた。

夜間の旅や本格的な大移動の場合には、皇帝は四～五人乗りの駅伝馬車に乗り換えた。これは折りたたみ式のベッド、机、特製書架、収納庫を備えた特注の乗り物であり、長旅の場合には動く総司令部となったわけだ。馬車の後部には巨大なランタンがぶらさげられ、特製の窓を通じて内部を明るく照らした。このため、夜でも充分に仕事が続けられたのである。

以上が、メゾンの構成員と組織である。もちろん、場合に応じて構成員は様々に変化した。時として大臣たちが直接に加わることもあった。また、別の専門家集団が関わることもあった。いずれにしろ、メゾンが作戦を立案する中枢であることには変わりがなく、いわばグランド・アルメの「原動力」となっていたのだ。しかし、メゾン全体を統括し、つねにそのメンバーであり続けたのは、ナポレオンそのひとであり、彼こそは疲れ知らずの主人、輝ける戦略家であった。メンバーはみな彼を助けたが、決定権と主導権を握っていたのは皇帝ただひとりであった。このようにひとりの人物に権力がすべて集中してしまうようなシステムは、皇室、参謀組織全体、さらにはフランス帝国全体にとって、強みであったと同時に、弱点までさらけ出してしまったのである。

メゾンから遠く離れた世界にいる陸軍の参謀たちを覗いてみると、彼らは驚くほどに複雑で統率のとれていない組織に属していた。彼らはベルティエによって統括されていたものの、各部局の仕事は大部分が重なり合っており、あまりにも多くの弱点や荒削りな面が見られた。ヌシャテル大公ことベルティエ率いる軍隊の参謀たちは三つの部局に分かれていた。参謀の私的なスタッフたち、参謀長会議、そして参謀本部それ自体である。この三つの部局の基本的な職務はほとんど同じであった。ナポレオンの命令を実行し、軍事行政に関わる細部を監督することだ。別に彼ら自身で作戦を考えたりすることはなかった。ナポレオン自身が決定し、計画を練り、管理していたのだから。参謀本部は命令の伝達とデータの準備を行う単なる道具にすぎず、それ以上の何者でもなかったのである。

参謀本部（私的スタッフと参謀長会議のスタッフを含む）は人材の豊富さ、物腰の優雅さ、メゾンからの有名な独立性およびメゾンに対する軽蔑の念を兼ね備えていた。ベルティエ個人が参謀間の役割分担、すべての人事、財政（M・デュフレームの助けを借りて）を管理しており、部隊の移動、作戦、砲兵ならびに工兵、捕虜の取り扱いに関わるナポレオンからの命令のすべてを管轄していた。この膨大な仕事を陰から支えていた本当の黒幕がM・サラモンだった。私的なスタッフは少数の将軍・大佐とより下位に属する副官たち（六人から一三人ぐらいの間で）によって構成されていた。外見上はベルティエの権威が「光り輝いて」いるかのようであったが、実際の仕事は参謀長会議の閣僚たちによって陰で取り仕切られていた。この一二人ほどの閣僚たちは召集好きな大公閣下によって統括される文官であり、かのサラモンによって補佐を受けていた。

常設されている参謀本部はふたつの部門に振り分けられていた。最高レベルの司令を実行に移す将校たちと、もっとレベルの低い「普通の仕事」をこなしていく将校たちとに。この組織の頂点には、参謀補佐官が三人就いていた。第一補佐官の仕事は、各軍団の参謀たちと密接な連絡を取り合い、後方の支援体制や兵站線を築くことであった。第二補佐官は宿営、行軍、兵舎に関わるすべての事柄を統括した。第三補佐官は陸軍地勢図制作局を監督し、各部隊の毎日の位置関係を記すとともに、視察や偵察を命じたり、測量も指導した。補佐官たちも様々な階級からなる副官や助手を各々に備えており、彼らは情報の伝達を託されていた。これ以外には、副官担当の少佐が三名、少佐一名、大尉七名、部隊長三名、地勢図作成用工兵六名、数多くの事務官、使者、従僕などが揃っていた（一八一三年の場合）。

通常の任務では、参謀本部は三つの部局に分かれていたが、お互いの機能はきちんと分担されておらず、かなり流動的に職務の重複が散見された。とはいえ、第一部局は一般に、作業の統括、毎日の指令の準備、暗号の作成・解読、情報・書簡の伝達、召集名簿・全記録・全書簡の保存を担当した。第二部局は、総司令部用の建物の物色、保安上の問題に関わるすべて、食糧の配給（陸軍貯蔵局総裁との協力に基づいて）、病院の設営を担当した。第三部局は、捕虜や脱走兵の監視、徴集兵の管理、軍事法規に関わるすべての問題を担当した。陸軍地勢図制作局は、この三つの部局とは別の機関と見なされ、事実上は四つめの部局を構成していたのだが、部局としての公式な承認は受けていなかった。

全体的に見れば、グランド・アルメのスタッフは、膨大な数のわりには大した組織は形成していなかった。組織は欠陥だらけで不必要に込み入っていた。機能がお互いに重なり合いすぎていたため、誤り、見落とし、怠慢が相次いだ。特に、近代の参謀システムと比較すると、あまりにも些細な行政ばかりに拘泥させられており、せっかくの人材があっても主導権を握れなかった。皇帝はこうどなりつけたことがある。「参謀本部の連中ときたら先がまったく見えんのだからな！」。

しかし、その責任はすべて彼自身にあったのだ。実際に、ナポレオンは危機に陥ったとしても、このように数だけ多くて複雑な参謀などなしに巧みに切り抜けることがしばしばあった。参謀本部にせいぜいできたことというのは、面倒で機械的な仕事から皇帝を解放する程度のことだったのだ。しかし、最悪の事態では、皇帝の指令を実行できず、破滅へと導いてしまうことが多かった。フランス参謀本部の仕事は陸軍軍事機構のなかでも概して弱いつながりしかもてず、ナポレオンの没落にとって少なからぬ役割を果たした。

それでは皇帝の一日とはどのようなものだったのか？　彼はかなり厳しく部下たちに仕事を割り当てる鬼監督のような人物だったが、彼以上に勤勉に仕事をこなす人間がいなかったことも事実である。彼は一日一八時間も休みなしで仕事を続け、余裕さえあればどんなに膨大な仕事でも一気に片づけてしまった。彼が起き出すのは真夜中を少し過ぎたくらいで、前日の夕刻に軍団の司令官から届けられた最新の報告書を読んだり、必要な返事を口述筆記させたり、命令の変更を検討したりして、夜明けの少し前に一時間だけ休眠をとるために奥へ引っ込む。朝六時頃までには既に着替えも終え、朝食をとり、その日の主な仕事が始まっている。

まず初めに、皇帝はバクレ・ダルブを呼んで次の作戦を検討する。次いで、皇帝と個人的に会いたがっている重要人物たちと次々と謁見《えっけん》する。これが終わると、執務室に入って机に着く。そこには山と積まれた書類が皇帝を待ち受けている。日常業務はあっという間に終了した。皇帝は報告書の隅に短いコメントを走り書きするか、秘書官のひとりに口述筆記をとらせるか、あるいは検討に値しない問題の場合には単に書類を床に投げ捨てるかのいずれかだった。さらなる口述筆記と謁見が続き、午前一〇時までには新しい書簡や伝令が届き、皇帝のサインを待ち望んだ。慌ただしく中身を読んだ後で、それぞれの書類の一番下のところに「N」というサインが走り書きされる。しかし、内容が極めて重要な場合には、書類は「明日まで保留。今晩相談すべし」と書かれた別の場所に置かれた(38)。

日常的な業務もやがて終わると、皇帝は馬を用意させて、例の「小総司令部」を伴って、いずれかの部隊を視察するか、軍団の総司令部を訪問した。皇帝は総司令官の重要な責務は見ることと見られることだという強い確信を抱いていた。彼が絶え間なく視察を行い、謁見を繰り返し、パレードを執り行うことで、兵士たちの士気は鼓舞され、勇気も湧いてきたのであった。このような場合には、皇帝にはある種の催眠術の能力が宿り、兵士たちを魔法にかけてしまったのだ。一兵卒に対してもきさくに話しかけていたため、皇帝は心底から愛されていた。不満を訴える者へのねぎらいの言葉、軍曹たちとの気ままな冗談、部隊で最も勇敢な働きを示した者を突然みんなの前で呼び出して勲章を与えるなどの行為は、どんなに醜い怪我を負ったり、あるいは戦死しようとも、皇帝のためにすべてを捧げようという気概を兵士たちに起こさせる契機を作ったのだ。

彼のやり方の多くは劇的で計画的だったが、それがまた功を奏していった。皇帝が視察に訪れれば必ず最後には「皇帝万歳！」の大合唱となり、兵士たちは皇帝から絶大な信頼を寄せられ、いま彼が何をしたいのか、その作戦を実行に移すためにいかに兵士たちに期待しているかをとうとうと説明し、彼らの士気を高めると同時に作戦成功の可能性まで一気に高めてしまったのである。実際の戦闘では、皇帝は指揮権を副官たちに託してしまい、ほとんど口を出すこともなかったが、何か決定的に重要な攻撃をしかけるときには率先して馬を走らせ、次のように叫んでいた。「第三八連隊か。余は知っておるぞ！　余をその村まで連れていってくれ。そちらの案内でな！」。彼が声高らかに褒め言葉を述べると、ひとは大変な栄誉に思ったものである。また反対に、不愉快なことがあっても、怒りを最小限に抑えていたため、選抜歩兵たちもほっと胸をなで下ろしたものだ。ナポレオンはまさに人心操作にかけては天才だった。

直属の副官や参謀たちに対しても、皇帝の言動はやはり同じような効き目をもっていた。ナポレオンは、将校たちの能力を最大限に引き出す方法として、神経を高ぶらせていつでも戦闘に入れる心の準備をさせる術を心得ていた。皇帝はいつもは公明正大な雰囲気を漂わせていたが、いつ爆発するか（よく計画的に怒ったものである）もわからず、またすぐ間近に深刻な危機が迫っていることへの脅威も悟られまいとしていた。彼はみなに対して公平に笑顔をふりまき、冗談も楽しんだ。特定の人物たちだけを可愛がるような真似はしなかった。皇帝はしばしば副官たちをお互いに張り合わせては、「分割して統治せよ」という方法を実践して見せていた。同様に、誰であろうとつねに皇帝の命令に即座に対応できることを望んでいた。彼はよく前触れなしに突然命令を下すことがあった。即刻任務につくなど当たり前だった。その際にいかなる弁明も許されなかった。総司令部の緊迫した雰囲気などお構いなしに、ナポレオンは誰であれ命令を発してから三〇分以内には出撃準備ができていることを望んでいた。ナポレオンから最も気に入られていたベルティエでさえも、ご主人様が次から次へと発する矢継ぎ早の命令、要求、さらに気まぐれに対しては、絶望にも近い感情を抱いていた。

一八一二年のある日のこと、この参謀長は涙を流しながらラス・カーズにこう語った。「仕事がきつくて死にそうだ」。

やるせないベルティエは「普通の一兵卒のほうが私よりよっぽど幸せだよ」と言って我が身を哀れんだとされている(39)。また別のときには、この不運なアレクサンドルはご主人様から突然喉もとを捕まれ、頭を石の壁にガンガン打ち付けられたこともあった。ナポレオンの癇癪は容易には治まらない代物だった。

一日の視察から戻ると、ナポレオンは再び机に着いて、最新の情報に目を通したり、さらなる命令書にサインをしながら、謁見を行い、返事が必要な場合には手紙を口述筆記させた。さらに情報を得たいときには、かの貴重なカルネ、サヴァリのスパイたちが集めてきた報告書、あるいはベルティエによって用意された梗概に頼ることとなった。秘書官たちは、部屋（あるいはテント）のなかをゆっくりと行ったり来たりしながら口述筆記をとらせるナポレオンの話すスピードがあまりにも速いので、汗をかきかき追いつくのがやっとという感じであった。皇帝は何の苦もなく、複雑な覚書や予定表を次々と作り上げていった。食事の時間はまったくいい加減だった。昼食は質素なものが視察の際に、馬に乗りながらかもしくは部隊の将校たちと簡単にとる程度だった。夕食の時間もまったく決まっていなかった。それにもかかわらず、皇帝は食べたいときにすぐに食事をとれるように命じていたため、皇帝付きの調理人たちは絶えず料理を準備したり処分したりに追われるはめとなった。デュロックがあそこまでケチでなかったなら、余った食べ物が多くの者たちを喜ばせたことであろうが、このしみったれの宮内長官のおかげで、鶏はすべてリストに載せられ数まできちんと数えられていた。皇帝はひとりで夕食をとることは滅多になかった。

彼は、通常はベルティエとともに、参謀長が留守ならコランクールかデュロックと夕食を共にした。重要人物が総司令部を訪れた場合には、皇帝と夕食を共にする機会が与えられた。執事たちは四六時中ナポレオンの側にいなければならなかった。なにしろ彼は食べるのが早く（平均して二〇分ぐらいですべて食べてしまった）いつも喋っていたのだ。彼は食が細く、酒もあまり嗜まなかったが、時折はお気に入りのシャンベルタンを一杯飲むことがあった。リラックスすることなどまずなかった。しかし、たまに皇帝は二一（ブラックジャック）やホイストなど大声を挙げてトランプで遊ぶことがあり、必死になってイカサマに興じたものである。おかげで皇帝はいつも勝っていた。皇帝や天才でさえも欠点はあるものなのだ。

普通の日であれば、バクレ・ダルブとの最後の打ち合わせが終了すると、皇帝は四～五時間の睡眠をとるために、夜の八時か九時頃には宿舎のベッドに引き下がった。そして、忠実なるロスタムが、ドア越しに皇帝を護りながら眠りにつくのである。そんなときでさえも、ヘトヘトになった側近たちは休まる暇もなかったのだ。皇帝の声が響いたら、すぐにでも秘書官か副官が馳せ参じて、口述筆記しなければならなかった。ほんの一瞬でも持場を離れていたら大変な災難が待ち受けていた。皇帝からのお呼びは昼夜を問わずかかっていたのである。このため、皇帝の側近たちが神経障害に陥るのも珍しくはなかった。天才に仕えることは、わくわくすると同時に、不断の努力が必要となった。

彼の活動を記録にとどめたものによれば、とにかく行動することが皇帝にとっての一番の特徴であり、それは戦場であろうとどこであろうと関係なかった。ジョゼフィーヌに宛てられた有名な手紙は、一八〇六年のイエナ戦役の際の危機的な状況下で口述筆記されたものであるが、皇帝の日常生活の典型的なひとこまを伝えてくれている。「余は今日はゲラにおる。最愛の妻よ、万事はうまくいっておるぞ。まさに余の望んだとおりだ。……健康状態も万全だ。遠征に出発する前よりも太ったかもしれん。しかし、一日に二〇から二五リューは移動している。馬に乗り、馬車に乗ってな。余は八時には下がり、真夜中に起き出す。余は時々、そちがまだ寝ていないのではないかと想像する。永遠に汝のもの[40]」。彼は宿舎の状態に特に気を使うようなことはなかった。立派な城に宿営することもあれば、潰れかかった小屋のなかで「膝まで泥に浸かって」寝ることもあった[41]。戦闘の前の晩には、彼はよく親衛隊に混じって野営することが多かった。その場合には、執事たちが五つの青と白のテントを用意した。それらは、控えの間、執務室、寝室、参謀本部室、将校の会食用のテントになっていた。より下位の将校たちは大きな焚き火の周りに競って集まった。そこは皇帝のテントのすぐ目の前だったのだ。

さて、グランド・アルメとそのスタッフ、さらには戦場で展開される作戦のすべてを見通し、すべてを命ずる天才の日常生活については詳細を明らかにした。次に、一八〇五年の戦役へと話を戻し、破壊的な活躍を示したフランスの戦争機構について見ていこう。

（1）J. Fouché, *Mémoires*, ed. by L. Madelin (Paris, 1945), Vol. I, pp. 215-17.
（2）General G. Gourgaud, *Journal* (Paris, 1899), Vol. II, pp. 324-25.
（3）La Marquise de Nadaillac, *Mémoires* (Paris, 1912), pp. 150-51.
（4）Fisher, *op. cit.*, p. 72.
（5）A. F. F. von Kotzebue, *Mes souvenirs de Paris en 1804* (The Hagu, 1805), pp. 38-39.

(6) J. A. Chaptal, *Mes souvenies de Napoléon* (Paris, 1893), p. 350.
(7) *Ibid*., p. 220.
(8) J. C. Bailleul *Examen critipue* (Paris, 1822), Vol. II, p. 413.
(9) M. Mollien, *Mémoires d'un ministre du trésor publique* (Paris, 1845), Vol. I, p. 413.
(10) Countess Potocka, *Mémoires* (Paris, 1897), p. 208.
(11) L. Madelin, *Le Consulat et l'Empire* (Paris, 1932), Vol. I, p. 230.
(12) Jomini, *op. cit*., Vol. I, pp. 311-12.
(13) C. Manceron, *Austerlitz* (Paris, 1962), p. 57.
(14) *Correspondence*, Vol. XI, No. 9058, p. 71.
(15) *Ibid*., No. 9130, p. 133.
(16) Jomini, *op. cit*., Vol. I, p. 312.
(17) F. N. Maude, *The Ulm Campaign* (London, 1912), p. 89.
(18) Napoleon I, *Maximes*, 5th ed. (Paris, 1874), No. XCII. 第三部の註（5）参。
(19) General Camon, *Quand et comment Napoléon a concu son système de bataille* (Paris, 1935), p. 274.
(20) *Correspondence*, Vol. XIX, No. 15678, p. 361.
(21) M. Reinhard, *Avec Bonaparte en Italie* (Paris, 1946), p.56 (脚注7).
(22) Marshal T. R. Bugeaud, *Apercus sur quelques dètails de la guerre* (Paris, 1846).
(23) R. S. *Quimby, The Background of Napoleonic Warfare* (New York, 1957), Ch. XIII を参照されたい。
(24) *Correspondence*, Vol. XXXI, p. 426 (註4).
(25) *Ibid*., p. 428 (註5).
(26) *Correspondence*, Vol. XXXI, p. 428.
(27) *Ibid*., p. 427.
(28) *Ibid*., Vol. XXXI, No. 20929, p. 458.
(29) Marmont, *op. cit*., French edn., Vol. V, p. 105.
(30) J. Ambert, *Esquisses de l'Aemée Française* (Brussels, 1840), pp. 213-14.
(31) *Correspondence*, Vol. XIX, No. 15358, p. 116.
(32) Ambert, *op. cit*., p. 231.
(33) General R. A. P. S. de Fézensac, *Souvenirs militaires* (Paris, 1863), p. 226.
(34) General Desaix, *Journal de Voyage de Général Desaix. . .* (Paris, 1797).
(35) General Catelanne, *Journal* (Paris, 1895), p. 93.
(36) Colonel A. Vachée, *Napoleon at Work* (London, 1914), p. 90.

(37) Gourgaud, *op. cit.*, Vol. I, p. 565.

(38) Las Cases, *Memoirs of the Emperor Napoleon* (London, 1836), p. 231.

(39) Baron C. F. Méneval, *Memoirs* (Paris, 1894), Vol. Ⅲ, p. 48.

(40) *Correspondence*, Vol. XII, No. 10992, p. 344.

(41) *Ibid.*, Vol. XIV, No. 11517, p. 120.

第7部　ラインからドナウへ

ナポレオンによる第三次対仏大同盟の破壊

序　アウステルリッツ前夜

「戴冠記念日だ！　皇帝陛下万歳！」。グランド・アルメの各部隊がそれぞれの野営のかがり火から総司令官に挨拶するために群れ集まり、部隊から部隊へと次々にその歓声が早朝の冷気を振るわせて響き渡った。それはいかなる将軍の心をも温めてくれる、兵士たちの信頼と愛情から自然に湧き出た意思表示であった。皇帝のゆくてを照らすため兵士たちが高く掲げた捻じり藁の燃え盛る松明の間を、皇帝は露営地から別の露営地へと歩を進めつつ明らかに感動の色を浮かべていた。「見ろ！　皇帝は本当にお幸せそうだ」と皇帝が通り過ぎるとき元第九六戦列歩兵連隊出身の親衛擲弾兵コワネ軍曹が叫んだ。「皇帝は非常に感動しているように見えた」と他の目撃者も記録している。そして『ありがとう』と言うかのごとく特徴のあるしぐさで手を振ったのである(1)」。一行が砲兵隊の露営地を通過するとき、皇帝は弾薬輸送車から充分に距離をとるように松明を掲げる者にぶっきらぼうに警告した。彼は総祝賀会に加えて花火の演出など見たくはなかったのだ。時々軍団の兵士たちの熱烈な思いは手に負えなくなる恐れがあったし、随従する参謀や副官たちは皇帝の周りを輪を描くようになって移動せざるを得なかった。

渓谷を隔てたプラッツェン高地では、ロシア軍の歩哨たちがフランス軍露営地の異常な活気について報告し、参謀会議がブラソヴィッツ村で緊急に召集され、フランス軍が夜襲をしかけてくるのか、これが意図的な撤収なのかについて討議された。しかし少しずつ騒ぎは静まっていき、午前二時半までには、テルニッツ近郊で過度に興奮した前哨の見張り兵が時折交互に射撃をする音を除いて、すべてが再び静まり返っていた。

皇帝がさらに二～三時間睡眠を取るため藁のベッドに横になったとき、「余の生涯の最も素晴らしい夕べであった(2)」と呟くのを聴いた者がいた。一八〇五年一二月二日の「三帝会戦」、またはこちらの方がより一般的に知られているであろうが「アウステルリッツの戦い」が始まる数時間前のことだった。霜で覆われたメーレンの戦場からはかなりの年月が経っているかのように思われるが、旗で覆われたお祭り気分のパリの街路からは、時間的に言えばちょうど一年が経過していた。

一八〇四年一二月二日、豪華に着飾ったナポレオンは歓呼する群集のなかをノートルダム大聖堂へと華麗な騎馬で行進し、そこでローマ法王ピウス七世、ボナパルト家の人々、そして新たに創設されたこの国の貴顕などが臨席するなかで、自らフランス皇帝の戴冠を行ったのだ。新設された帝国親衛隊のある「年老いた不平屋」が親衛隊用の黒い熊革帽から革命の徽章を取り外し、鷲の標章を付けたときに言ったことであるが、それは「共和制の質素な日々とは大違い」だった。しかし、一七九二年以来セーヌ川の橋の下を多くの水が流れたのであり［一七九二年以来いろいろなことがあったの意］、疑いもなく「丸刈り小僧（文字通りには「髪を短く刈った人」――親衛隊によってナポレオンにつけられたアダ名）」は地上のいかなる人物よりも王者たる栄誉にふさわしかった。

それから一二ヶ月後、皇帝と親衛擲弾兵たちは再び戦いをともにしたが、これ以上に対照的な雰囲気などなかったであろう。朝四時に第一ラッパが起床を告げた。その日はきた。グランド・アルメと総司令官にとって最高の試練の瞬間がきたのである。

しかし我々は、わくわく期待しつつも、この有名な戦闘の原因を探るために、ここで一八〇五年の最初の数ヶ月に帰らなければならない。

第34章　作戦計画と準備

一八〇五年の春夏を通じて連合国の各政府と参謀たちは、きたるべき攻勢（ヨーロッパを一七八九年以前の領土的な均衡へと戻すであろう、あるいは彼らがそうなると期待するものだが）についての計画の調整に多忙であった。多くの論議がなされた後、徐々に次のような作戦計画が姿を現した。帝国宮内法院は、オーストリアの国家的名声のためにも主たる帝国の戦争努力は北イタリアを舞台として行われるべきだと主張し、最終的にカール大公が九万五〇〇〇の兵員を割り当てられ、マントヴァ、ペスチエラさらにミラノを当初の目標としてアディジェ川を渡ることが命ぜられた。イタリアでの前進に関連してヨハン大公は二万三〇〇〇の軍勢でチロルを確保し、弟のカールとフェルディナントと連携して作戦を進めることとなった。特にフェルディナントは、参謀長ならびに軍師として有能な主計総監マックに支えられ、初動軍勢の七万の兵員をもってバイエルンに前進し、フランス軍と極めて熱心な協力関係にある選帝侯を脅しつけ、同時に東から接近して来るロシアのクトゥーゾフ軍とベニグセン軍を援護する命令を受けていた。

大公はロシアの二個軍団と合流後、シュヴァルツヴァルト、シュヴァーベン、フランケンを通ってストラスブールへと共同で猛攻をかけるため、指揮権を皇帝フランツに預けるつもりであった。ロシア皇帝《ツァーリ》は次のように約束していた。クトゥーゾフは三万五〇〇〇の兵員を連れ一〇月二〇日までにバイエルンの土を踏んでいるだろうし、続いてブックスヘウデン軍（四万）が到着するであろう。その間に、第三のロシア軍は約二万の兵力でベニグセン元帥の指揮下、なかなか手に負えない北方の反抗的なプロイセン軍に油断なく対処するため、ベーメンを通過してフランケンへ移動するであろう。こうした主要な処置に加え、オーストリア軍は独立した軍団を派遣し、ポンメルンにいるスウェーデン軍やナポリにいるイギリス軍と協力することを決定したが、これらはフランス軍の注意をそらして、彼らの戦力を浪費することを狙った純然たる補助攻勢と見なされていたのである。

この包括的な作戦計画は、ナポレオンにすぐさま利用されることになるような矛盾や露骨な過ちに満ちていた。一七九六年と一八〇〇年という苦い経験を参考にしながら、帝国宮内法院は、ナポレオンが必然的にもう一度イタリアに主要な努力を傾注するであろうとの前提に立ってすべての戦略を練り上げていた。フランス軍がいま現在英仏海峡の海岸沿いに配置されていることからも、そのような考えは除外されるべきであったのだが。第二の過ちは、オーストリア軍の暦とロシア軍の暦（彼らはまだ古代のユリウス暦によって期日を計算していた）に見られた一〇日間の相違をオーストリア軍の参謀が計算に入れていなかったという、言い訳のできないような失敗であった。そのため、結果としてクトゥーゾフ軍はオーストリア軍が定めていた期日までにイン川に到着などできなかったし、この誤算が連合軍の戦闘計画の均衡をすべて崩壊させることとなった（グレゴリオ暦はユリウス暦の一〇日先であった）。いずれにせよ、オーストリア軍は機の熟さないまま積極的に作戦に入る計画となってしまった。第三の過ちは、チロルにおけるオーストリア軍が純然たる連携役としては不必要なほど大きくなり過ぎてしまい、スイスに対して別個に攻撃をしかけることなどよりも、はるかに有効に使うことができたかもしれないこの立派な軍隊をかなり無駄にしてしまったのである。連合軍側の調整に見られたさらなる露骨な弱点とは、最高司令官同士が巧みに連係プレーを発揮できなかったことである。

　ロシア軍側では、クトゥーゾフは上官である皇帝《ツァーリ》からオーストリア皇帝またはフェルディナント大公によって発せられる指示には従うべきだが、他のオーストリアの将軍の命令には従わなくてよいと指示されていた。さらに活動不能に陥らせたのは、後に証明されるように、オーストリアのドイツ方面軍内部に設定された二重司令構造にあった。フェルディナント大公はドナウ戦域での名目的な総司令官であったが（彼が皇帝に対しこの指揮権を放棄するまでではあるが）、皇帝はマック将軍の能力により大きな信頼を置いており、フェルディナント大公には参謀総長の指揮に従うよう命じていたのである。この結果、こうした無秩序な混乱状態は、一八〇五年会戦の第一局面におけるいくつかの危機的な場面で見解と人格の激烈な衝突へとつながっていった。狐疑逡巡、分裂そして疑惑は、このような体制であれば容易に予想のつく結果であったし、またそれは致命的なものとなり得たのだ。

　イギリスへの攻撃の延期を最終的に決定してしまうや、ナポレオンはかねてからよく理解していた敵の戦力と有望な意図についての注意深い査定に基づき、新しい作戦計画の立案に入った。フランス軍は四方向から攻撃を受ける可能性があった。そのうち二方向は大した意味もないので考慮しないでよいであろう。すなわち、イギリス・スウェーデン両軍のポンメルンからハノーヴァへの攻撃、そして連合軍のナポリ上陸である。このふたつは戦争の主たる帰趨にあまり効果を及ぼさないであろうし、前者のような攻撃は、プロイセンにフランスと運命をともにすることを説得できる状態にもっていけるかも知れなかった。しかし、残るふたつの攻撃ラインは、潜在的にはより深刻な問題を抱えていた。あの有能なカール大公が北イタリアの占領支配に成功し、南フランスにさえも侵攻するかもしれなかった。そして第二に、これが最も危険であるが、ドナウ川の兵備が適切に配置されるならば、アルザスに対する脅威となりうるのであって、一度ロシア軍がやって来れば、この戦域での連合軍の戦力は驚くほど見事なものとなるであろう。

この戦略的問題に対する皇帝の解決法は、典型的なものであった。フランス軍がまず第一撃を加えて、ドナウ前線における先導権を握り、ロシア軍がその存在を感知せしめる前にフェルディナント軍やマック軍を除去するのに全神経を集中し、その後にアレクサンドル一世の軍勢に壊滅的打撃を与えるのである。だいたいの輪郭では、フランス軍の計画は一七九六年と一八〇〇年の戦略原案にいくらか似ていた。この両戦役の開始にあたっては、その時と同様、ボナパルト将軍はドナウ川が勝敗の鍵となる戦域になるだろうと予想したのであり、各々の場合において、よほどの事態が生じなければ二次的なイタリア戦線が主戦域にはならないと思われた。

帝国宮内法院は、フランス軍の便宜的な手段を計画的意図と混同し、この事実を評価し損ねたのであった。しかし、一八〇五年の時点ではついにナポレオンは、自分の部下たちにそれぞれ割り当てた役割を遂行するよう強制しうる立場にあったのだ。もはや彼の計画を危険にさらすモロー将軍などいない。比類のない効率の良さを誇る、統合されたフランス軍にはあらゆる命令を遂行する準備ができあがっていた。

概観すれば、皇帝の計画は至極明瞭であった。総員二一万は新しくグランド・アルメとしてまとめあげられ、最速、最短ルートであるドナウ川への道に沿って発進し、途中で二万五〇〇〇のバイエルン同盟軍が合流することになっていた。このグランド・アルメはライン川から南へ大きく弧を描いていたので、もしオーストリア軍が愚かにもミュラの陽動攻撃に挑発されて、シュヴァルツヴァルト方面に進軍し続けるのであれば、グランド・アルメはマック将軍の裸の軍団を包囲するであろう。最後はロシア軍の番である。そして一二月が終わる前までに第三次対仏大同盟のふたつの大国は、ピットが差し出した資金ぐらいでは記憶から消すことができないほどの教訓を味わうことになる。ドイツでの決定的な攻勢は他の三個のフランス軍によって支援される。マッセナ軍はイタリア戦域でカール大公を五万の軍勢によって拘束し、グヴィオン・サン・シールは二万の兵員でナポリへ進軍し、連合軍がこの遠い地域へ襲来するのを妨害する。その間、ブリューン将軍が三万の軍勢とブーローニュに残り、イギリス軍の侵入に備えることになる。

この一大計画を実現可能な作戦へと変容させるには、卓越した素質をもつ多くの参謀たちの働きが必要であった。ミュラとベルトランはチロルとマイン川の間の全域を慎重に偵察し、ナポレオンの作戦参謀長であるサヴァリはライン川とドナウ川流域の詳細な道路調査を行った。当然の手順として皇帝が分割コンパス一個を持って大きな地図の上に日々の進軍距離を区画し、熟慮して抜かりのない計画が姿を現していった。グランド・アルメの左翼はハノーヴァとユトレヒトから行動を起こし、ヴュルテンベルクで合流するはずであった。中央軍と右翼は（英仏海峡海岸からの軍団を含めて）マンハイム、シュピレ、ラウターブルク、ストラスブールとライン川中流に沿って集結することになった。全ての準備が完了したとき、軍は川を渡ることになる。ミュラ軍とその騎兵隊はマックの注意をそらすためシュヴァルツヴァルトへ強力な脅しをかけ、そのうちに七個軍団はプフォルツハイムからドナウヴェルトの町までを進軍ラインの軸とし、ドナウ川沿いの集合地点に向かってドイツを駆け抜けるであろう。この集結が安全に達成され、オジュローの第七軍団がブレストからライン川とドナウ上流の間の地域を支配占領するためにやって来れば、ナポレオンはこの広い川を渡り、新しい作戦司令部にするためアウクスブルク市街を占領し、マック軍の主要連絡線を切断するであろう。軍に行動を開始させる決定的な命令は帝国総司令部より八月二六日に発せられた。

この戦役の計画には、ロディ、バッサノ、アルコレ、ストラデッラの戦略の基礎となった基本的な計画の枠組みとも類似性が見られたが、この一大計画の規模は以前のいかなる作戦よりも計り知れないほど大きかった。ひと握りの数師団ではなく、七個軍団を下らぬ軍勢が携わるのだから。このような規模の作戦はかつて企てられたことさえなかった。

一七世紀の中頃、かの偉大なるテュレンヌ元帥が大胆な戦略行動を五万以上の兵員で行ったし、一七〇四年にはマルバラ公爵が総計四万の軍勢をオランダからドナウ川へ進軍させることに成功しているが、ナポレオンの計画は兵数でもその五倍以上であり、結果として乗り越えなければならないさらに大きな時間的、距離的な問題や計り知れないほど重要となった兵站上の困難まで内包していたのである。

そのような大胆な企てが成功する秘訣は軍団編成システムにあった。テュレンヌやマルバラの時代にあっては、兵力を通常に使用する際の最大編成形態は旅団であって、師団でさえもその姿を現したのは一八世紀の中頃であった。ナポレオンの計画を実行可能にしたのは、それまでの数個師団をあらゆる兵種を包含する軍団へとグループ化したことにあったのである。

軍団システムは、一八〇〇年のマレンゴの戦いで簡素化されたかたちで既にその価値を証明していたが、軍団システムが与えた利益は、史上初めて理論的にも大規模に検証された。一八〇五年、このシステムの完成で、ナポレオンは二二六個歩兵大隊、二三三個騎兵大隊、一六一個砲兵および工兵中隊、一一〇八名の幕僚、総計二一万五〇〇の兵員を、二万九五〇〇の軍馬（騎兵用）に加え、六四三〇頭の馬で引かせた三九六門の大砲（一二ポンド砲五八門、八ポンド砲一四六門、六ポンド砲五二門を含む）とともに二〇〇マイル以上の距離にわたって一三日間という驚異的な短時間で移動させることを可能にしたのであった。

この巨大な軍隊を構成する諸軍団は、スルトの四万一〇〇〇からオジュローの一万四〇〇〇にいたるまで彼らの委任された役割に応じ（戦場の保安維持を大幅に容易にする環境に応じ）兵員の規模は異なっていた。敵は特定の期日における軍団のおよその位置は知ることができるかもしれないが、情報そのものは様々な部隊の戦闘力について少しも示してはいない。さらに、ナポレオンには戦役中に主力部隊の編成を変更したり、必要な事態が発生すれば新しい軍団を作ることさえしてしまう習慣があり、それは、敵に情報を欺瞞することに役立ったのだ。

補給問題を緩和して中央ヨーロッパの道路の混雑を避けるため、各軍団（オジュロー指揮下の部隊を含めた七つの軍団、騎兵予備軍ひとつ、総予備軍団ひとつ。一八〇五年八月の編成については付録Dを参照）はそれぞれ独自のルートに沿って行軍し、特定の地域である期間に現地食糧調達を行うのは一つの部隊のみとした。しかし、それぞれの軍団が相互に支援し合えるように、一日か二日程度の距離で各々が行軍すべく充分注意して調整されていた。また各軍団は軽騎兵一個師団を保有して軍団の行動を防護していた。

このように軍団全体に弾力的な支援が与えられていたにもかかわらず、ライン川を渡り、積極的な作戦を展開する前に莫大な準備作業と管理上の調整を達成しなければならなかった。ミュラには二万二〇〇〇の兵員を様々な義務を負った騎兵予備軍に編成する仕事が与えられ、それには先導的な牽制攻撃と軍の連絡線の防護と敵軍の退却線の妨害が含まれるが、なかでも主力軍と敵との間の遮蔽が重要だった。マルモンは砲兵隊の指揮を任せられたが、多くは戦闘状態における予備軍の役割のみを果たすよう、ナポレオンから指示されていた。これらふたつの編成は最も重要な革新をなすものであり、戦役の眼前において重要な役割を果たす運命を担ったのである。

皇帝としては、スピードと奇襲こそが重要な条件であったから、兵站部隊の「随行者」を容赦なく削減した。革命軍は必要に迫られて「その土地の産物を得て生き抜く」ことに長い間慣れてきたが、いまや地方での徴発体制が兵站支援の特徴として確立されていた。グランド・アルメの補給輜重隊は大作戦が差し迫った場合にのみ、四日分のパンとさらに多くのビスケットを糧食として配給した。たとえそうであっても、四頭立て荷馬車三五〇〇両の規則的な馬糧補給業務を達成するには徴発によらざるを得なかった。ナポレオンは兵員の胃袋など気にしなかったにせよ、他の諸点においては全般的に問題のないよう適切に兵士を保護するように指示し、あらゆる兵士が二足の長靴と保温のための新しい外套を持って出発するよう、自ら主計将校の領域に介入して確認するほどであった。

北イタリアにいるマッセナ元帥に送られた命令は、皇帝が二次的な戦域に駐留しているフランス軍の活動に非常な重要性を置いていたことを疑問の余地なく示してくれている。オーストリアのイタリア方面軍をドナウ前線へのいかなる移動もできないほど熱心に戦いに従事させておく必要がある点を強調した後で、皇帝は一片の手堅い戦略的な助言を付け加えた。「余は貴官に勇敢なるイタリア方面軍を託すが、彼らを分割して戦わせてはならない。八万のオーストリア軍は整然と配置されているが、もし我が軍五万が集中していれば我が軍にはかなわんからな(3)」。

ナポレオンは当初、グランド・アルメが九月一七日にドイツ領域に入れることを希望していたが、この予測は楽観的過ぎたことが明らかになった。ナポレオンは兵員の最初の動きを隠すために、ブーローニュからの出発を九月三日まで延期した後、五日には彼を待ち受けている厄介な事態を解決するためにパリに到着した。第一に、財務担当者は全面的な財政危機を報告せざるを得なかった。いくつかの理由からも、過去一二ヶ月の税収は悲観すべきものであったし、既に賦課された高額の軍事費を補ったり新しい戦役のための必要経費を賄うだけの現金が国庫にほとんどなかったのである。国家財政が再び整序された状態に復帰するまで貴重な三週間が瞬く間に過ぎ去った。しかしナポレオンが直面していたのは財政問題だけではなかったのだ。グランド・アルメの兵員を充足させるため、二〇歳という法定の召集義務年齢を一年前倒しして、八万の徴集兵を召集する必要が明らかとなった。この処置は下層の民衆からも議会からも同じように一斉に反感をもたれたので、ナポレオンは議会に頼ることなく、「元老院令」という手段によって急いで必要な立法を通過させざるをえなかった。

そうこうするうちにライン川から皇帝に第一報が届いた。パリと前線を結ぶ極めて優れた腕木信号署のおかげで、彼は一三日マック将軍がイン川を渡河し、ミュンヘンに進軍中で

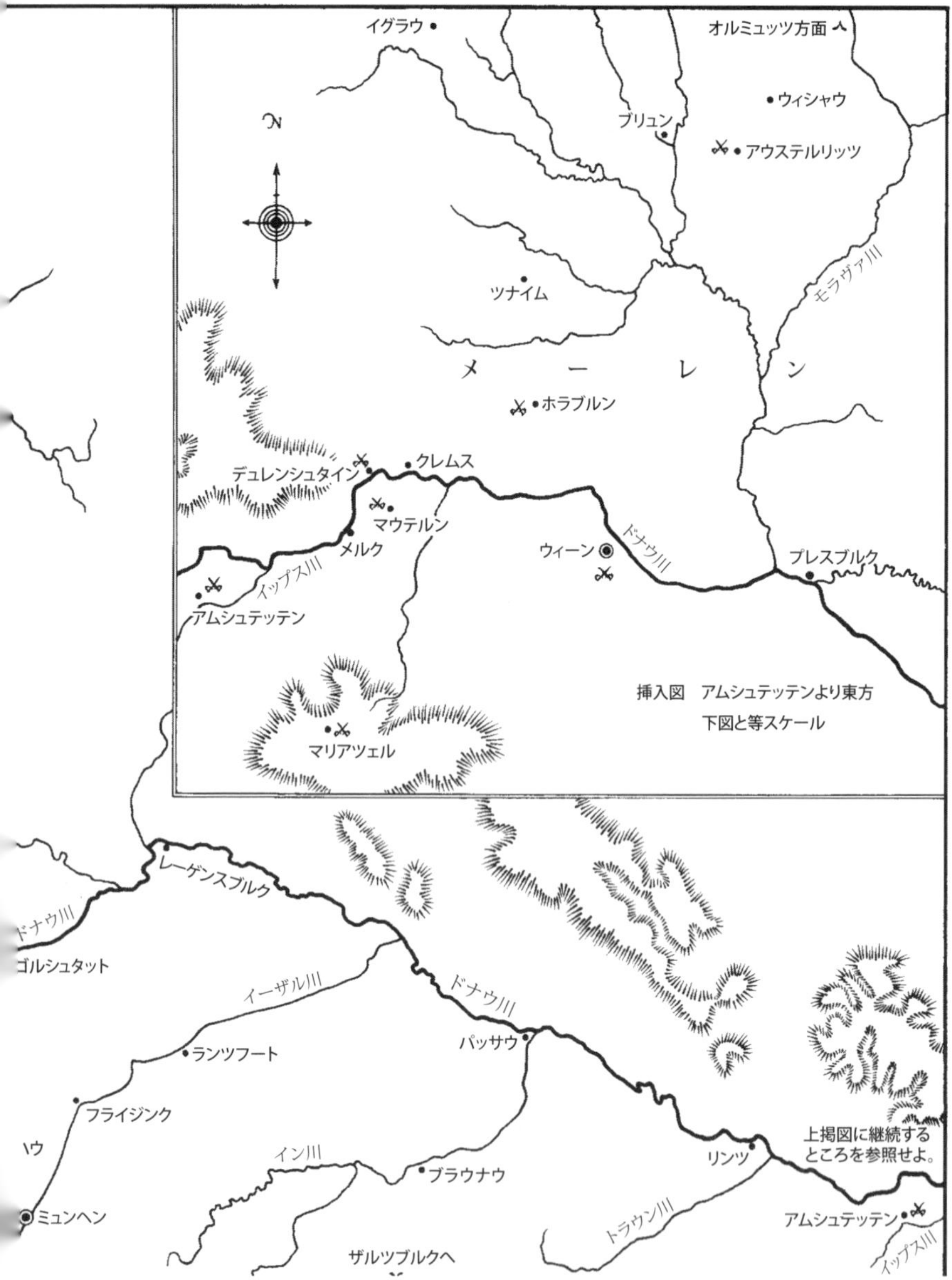
イグラウ
オルミュッツ方面
ウィシャウ
ブリュン
アウステルリッツ
ツナイム
モラヴァ川
メーレン
ホラブルン
デュレンシュタイン
クレムス
マウテルン
メルク
ウィーン
ドナウ川
プレスブルク
イップス川
アムシュテッテン
マリアツェル
挿入図　アムシュテッテンより東方
下図と等スケール
レーゲンスブルク
ドナウ川
ゴルシュタット
イーザル川
ドナウ川
パッサウ
ランツフート
フライジンク
ハウ
上掲図に継続する
ところを参照せよ。
イン川
ブラウナウ
リンツ
ミュンヘン
トラウン川
アムシュテッテン
イップス川
ザルツブルクへ

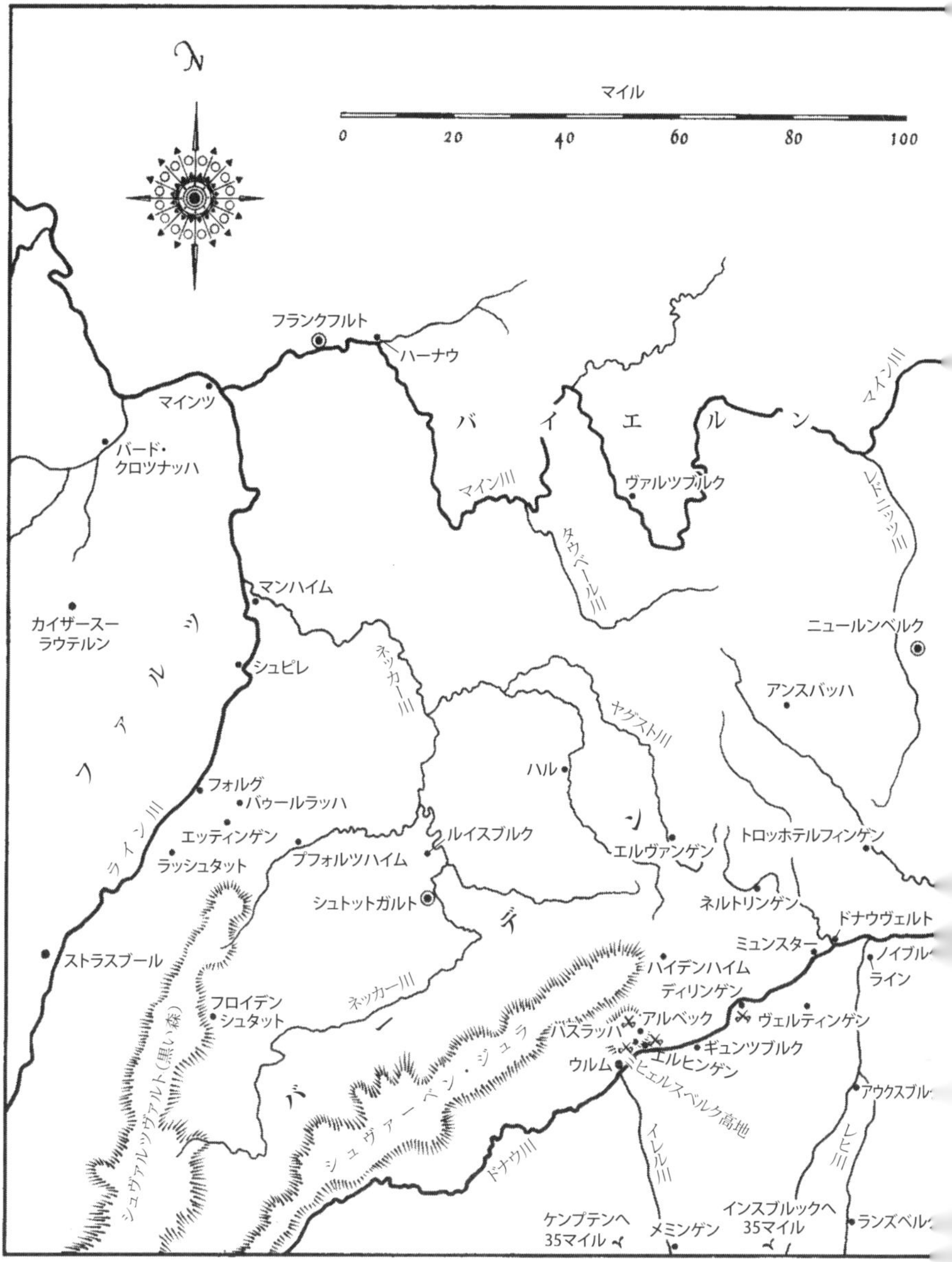
N
マイル
0 20 40 60 80 100
フランクフルト
ハーナウ
マインツ
バード・
クロツナッハ
バ イ エ ル ン
マイン川
ヴァルツブルク
タウベール川
レドニッツ川
マンハイム
カイザースー
ラウテルン
シュピレ
ネッカー川
ニュールンベルク
アンスバッハ
ヤグスト川
ハル
フ ァ ル ツ
フォルグ
バウールラッハ
エッティンゲン
ラッシュタット
プフォルツハイム
ルイスブルク
エルヴァンゲン
トロッホテルフィンゲン
ネルトリンゲン
シュトットガルト
ドナウヴェルト
ミュンスター
ストラスブール
ライン川
ハイデンハイム
ディリンゲン
ノイブル
ライン
フロイデン
シュタット
ネッカー川
アルベック
ヴェルティンゲン
ハスラッハ
ギュンツブルク
エルヒンゲン
ウルム
ミヒェルスベルク高地
バ ー デ ン
シュヴァーベン・ジュラ
シュヴァルツヴァルト（黒い森）
アウクスブル
レヒ川
イレル川
ドナウ川
ケンプテンへ
35マイル
メミンゲン
インスブルックへ
35マイル
ランズベル

ドナウ戦役（1805年）

あることを知ったのであった。一週間後、ミュラの斥候隊からの情報によれば、マック軍の一部が少なくともミュラ軍にウルムで遭遇はしたものの、なおロシア軍がやってくる兆しはないとのことであった。これらの知らせを受け取るや、ナポレオンは作戦を開始する瞬間が到来したと悟った。マック軍は用意されていた罠にまんまとはまってくれたのである。彼の後ろでドアをバタンと閉めることだけが残されていた。すぐに皇帝は、九月二四〜二五日の夜にライン川を渡河し広大な包囲行動を開始するよう軍団に命令した。ナポレオンは家族をパリに残し（皇后ジョゼフィーヌは旅行の最初の数日間は付き添った）彼の軍勢に合流すべく、急いで東方へ旅立った。彼は二五日にはナンシーに現れ、この公然たる作戦を自ら指揮管理するべく次の日にストラスブールに到着した。

第35章　戦略的な大勝利――ウルム

これより二四時間前、最初の軍団がライン川を渡り、直ちに陽動作戦が展開された。ランヌの第五軍団と、ミュラの騎兵予備軍の一部（両方合わせて総計四万）がバラゲイ・ディリエの竜騎兵師団の先導によりシュヴァルツヴァルトの隘路を大胆にも前進して、最初の目的地であるフロイデンシュタットへ向かった。意図したように、これらの陽動行動はオーストリアの軍勢をなお一層西方へと引き寄せ、安堵した皇帝は二七日タレイランに次のように書き送った。「あらゆることがここではうまく行っている。オーストリア軍はシュヴァルツヴァルトの隘路のなかにいる。神のご意志は彼らがそこにとどまることである！　余の唯一つの恐れはヤツらがあまりにも震え上がって逃げてしまうことだ。来たる二週間に多くの出来事が見られるであろう(4)」。

結果として心配の必要などほとんどなかった。マック軍は、フランス主力軍団が彼の後衛めがけて襲撃してきたので、催眠術をかけられたように立ち止まってしまった。マック軍は、フランス軍の巨大な動きを隠してくれるシュヴァルツヴァルトの木の生い茂った丘と東方に抜けるジュラ山脈のために、数日間にわたって自分に降りかかってくる災厄の規模についてまったくわかっていなかった。片やミュラの騎兵予備軍と軍団の軽騎兵師団は、両軍の間に遮断幕《スクリーン》を展開していた。

フランス軍の進軍は晴れあがった秋空という好条件のもと、ほとんど機械的な正確さで進行した。一〇月一日、ナポレオンはエッティンゲンに到着し、バーデン公爵に面会した。翌日、彼はルイスブルクへ向けて出発したが、そこで彼は同盟者ヴュルテンベルク選帝侯から援助の約束を得た。三日に軍の先導部隊はシュトットガルトとアンスバッハの間の線に到着したが、ランヌとディリエの両軍団は、より北方の軍団がドナウ川へ向かって急襲する際に旋回できるように、戦略的な側面と旋回軸を作るため、プフォルツハイムを通過しシュトットガルトでネイの第五軍団に合流すべく進軍中であった。連絡線は安全にシュトットガルトとシュピレからドゥルラッハへ向けて延び、ストラスブールへつながっていた。

行軍が比較的順調に進行できたのは、注意深い計画と参謀業務の勝利のおかげであった。梯団が急ぎ前進するにつれ、戦意は極度に高い状態が続き、兵士たちは「われらが皇帝が銃剣に代わる新しい兵器を我々の脚から作り出している」と冗談を言っていた。しかしあまりにも早くこの素晴らしい天候が崩れ、疲労が進み、糧秣を入手するのが困難になるにしたがい、陽気な当初の日々は意気消沈と空腹の落胆に取って代わられた。それにもかかわらず、落伍者は驚くほどわずかしかなかった。マルモンの第二軍団はヴュルツブルクまでに九名を失ったに過ぎなかった。三〇〇という数字が「普通の損耗」と言われていた時代にである。

日々の旅程の長さは計画全般の要請に応じて、一二キロから四〇キロの間を変動していたが、大半の部隊は一日平均三〇キロは進んだ。軍団は朝に四個から六個の梯団に編成され、日中の行軍が習慣的に正午までに終わり、午後は糧秣探しのために、また夕方と夜は休息のために自由とされた。この前進の特徴は、一七〇四年のマルバラ公爵の行軍調整に極めてよく似ていた。地方での食糧給源の公平な配分を保証するために、それぞれの部隊は露営および糧秣のためにだいたい二〇キロメートル四方が割り当てられていた。行軍においては、歩兵と騎兵は両路肩に沿って二列縦隊で前進したが、真ん中は重量のある装具、将軍の車両や大砲のために空けておいた。あらゆる旅団は各縦隊の先頭、中央部、後部で演奏するため三隊に分けられた楽隊を持っており、それぞれが交互に太鼓を叩いた。一時間に五分の停止が決められ、その間、軍楽隊員たちは演奏を始め、指定された一日の行軍の最後の三〇分は音楽による伴奏がなされた。兵力四〇〇〇の歩兵師団は道路の四キロを占め、各歩兵大隊の間は一〇〇ペース［約八三ヤード］の間隔を取り、騎兵連隊は道路の一〇〇〇ヤードを占めた。行軍速度は一時間に三マイルぐらいであったが、ほとんどトラブルもなく、毎日このペースが維持されていた。「不平屋《グロニャール》」たちの相当数の書簡がこの時代から現在に伝えられていて、軍隊内の生活について興味深い様子が描かれている。第一〇八戦列歩兵連隊所属のジャン・ピエール・ブレイズ伍長は、その当時書き記したノートをもとに数年後に書き直した説明で、彼の部隊の進軍状況を叙述している。

我々は共和暦一三年のフリュクティドール八日（一八〇五年八月二六日）皇帝の前を通り過ぎました（革命暦はまだ使用されており、一七九二年九月の第一共和政誕生から年数が計算された）。同日我々は二年間露営していた海岸を去り、ドイツで戦争をしに行こうとしていることを知って嬉しく思いました。兵員たちは、海岸での長い滞留の間非常に退屈していたので、これらの知らせは我々を大変喜ばせたことは確かであることと思います。いまや皇帝に指揮され、勝利へと邁進するであろうと確実に感じました。我々の軍団の第一師団は九日に出発し、一一日我々がそのあとを追って行くことになるでしょう。敵に会うこともなく、共和暦一四年ヴァンデミエール五日（一八〇五年九月二七日）に我々が渡河したライン川までの行軍については、貴方に語る価値のあることはありません。多分私が言うべきだったのは、我々が出発したとき、我々が一定期間の休養が認められるであろうアグノーに向かっていると思ったということです。我々は、マンハイムでライン川を渡るため、右岸の敵を残しました。そして四日、全員が弾包を持って出発し、できるだけ携帯するものを少なくするよう助言され、フランケンタールの兵站基地ですべての不要な個人所有物を残すよう命令されたのです。ライン渡河後、地元民のところに二度宿泊しただけです。我々の行軍が速かったため、補給が我々についてこれなくなりましたので、司令官ダヴー元帥のあらゆる努力にもかかわらず、しばしばパンが不足しました。そしていくらかのパンを受け取っても非常に悪くなっていて食用に適さなかったのです。……幸いにしてジャガイモの収穫時期でしたし、そのうえ我々のいるこの地域には沢山あったのです。我々は村人たちの収穫の希望を何度となく打ち砕いたことか！　我々は彼らから丸々一年にわたる農作業の成果を略奪してしまいました。しかしながら、あなたがどう言われようと、我々はそうせざるを得なかったのです。……(5)

一〇月二日、軍団は南へと旋回し始め、前線はアンスバッハ＝シュトットガルト線上の一二〇キロの幅から、インゴルシュタットとドナウヴェルトの間に位置するドナウ川に到着するまでに六〇キロへと絶えず狭められていった。その行動は蝶番で回転するドアに似ていた。一番外側は最遠距離を行軍することになったが、バイエルン分遣隊で強化されたベルナドットとマルモン両元帥の軍団が進軍し、特に前者は、スピードをあげるためにアンスバッハを通過することで、中立国であるプロイセン領を無頓着に侵害したのである。それは、当然ながら興味深い反響を生むことになる行為であった。スルトとダヴーは最大の軍団を率いて中央部を進軍し、右翼はネイ、ランヌ、帝国親衛隊、そしてミュラの騎兵予備軍で旋回軸を形成した。この重大な時期に天候が変わり、身を刺すように寒くなった。雨、みぞれ、そして雪さえも降り続いた。しかし、軍は六日までにネルトリンゲンの平原に予定通り到着した。ドナウ川の指定された渡河点、ミュンスター、ドナウヴェルト、ノイブルク、インゴルシュタットはいまや射程内であった。

この間、敵は何をしていたのか？　マック将軍はいまやこの広大な兵力の展開に気づいていたが、フェルディナント大公は事態を理解することができなかった。兎は蛇によって催

ウルムの機動（1805年9月25日〜10月21日）

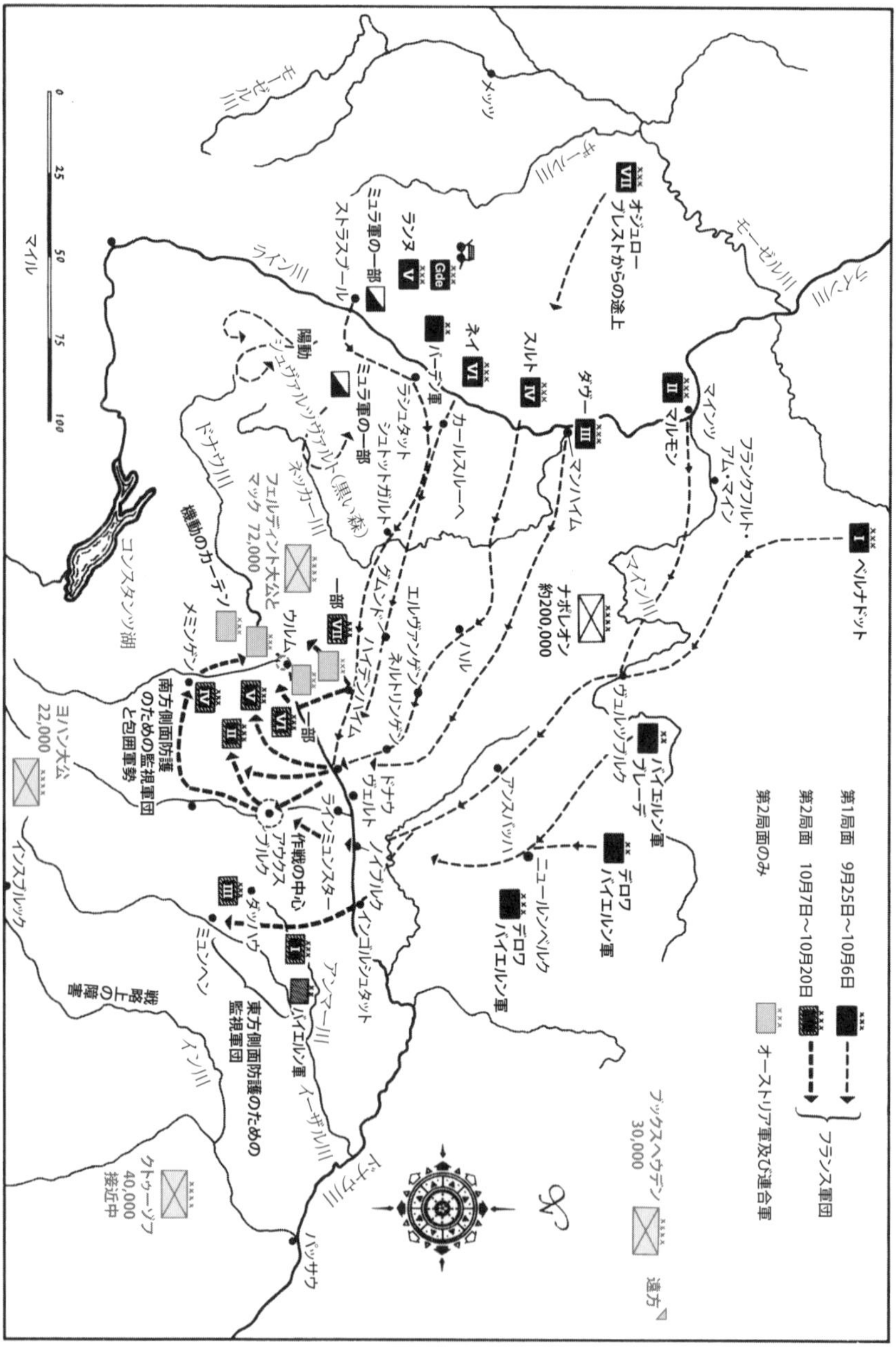

眠術をかけられたままであった。彼らはいくつもの行動方針が選択可能だった。ナポレオンがドナウ川に到着する前に、グランド・アルメの最南の一梯団に戦術的攻撃をしかけ、優勢なオーストリア騎兵隊を存分に使用して速攻を加え、フランス軍が支援を実現する前に撤収することができたかもしれなかった。そのような作戦方針はフランス軍の進撃度を緩めたであろう。最低でもオーストリア軍はドナウ川、レヒ川、イーザル川、イン川の渡河を防護する体制をとり、かつクトゥーゾフ軍がフランス軍の側面を攻撃にやってくる時間を与える遅延作戦を行う準備ができたかもしれないのである。しかし結果として、催眠術をかけられたオーストリアの将軍たちは、ウルムの東のギュンツブルク近郊にばらばらに散らばっている分遣隊を集合させる命令をしただけであった。

ナポレオンが安全のためにとった措置は極めて有効であったから、敵は何が発生しているのかほとんど正確には把握できなかった。作戦行動についてのあらゆる言説は、フランスの新聞から厳しく締め出されていたし、前線は情報の漏逸を妨げるべく遮断されていた。軍団の司令官たちでさえも、ひと揃えの命令書が敵手に入って作戦の全計画が暴露されないように、最小限の情報しか教えられていなかったほどである。なかんずく、全軍によって維持される行動速度に合わせたミュラの予備軍と軍団の騎兵師団の効果的な遮蔽幕のおかげで敵から情報を遮断できたのだ。

ドナウ川を視野におきながら、フランス軍団は渡河の位置に着いた。軍の半分はマック軍の連絡線を分断し、北から彼の軍の側面へ向かうため、レヒ川支流との接合点の東へ渡河することになっていたが、残りの軍は、オーストリア軍がレヒ川のいくつかの橋梁自体を使用できないようにするため合流点の西を渡った。一〇月六～七日夜、ヴァンダム将軍はドナウ川を渡河し、ミュラはミュンスターを占領した。引き続いての二四時間の間にスルト軍団はドナウヴェルトを通過し、ミュラは一個師団をライン［地名］でレヒ川の橋を占領するためドナウ川を渡河させた。同日、ダヴーはノイブルクに着いた。ナポレオンはいまやマック軍が東方へとあわてふためいて退却するであろうことを期待し、敵軍を各個撃破することを計画したのである。「敵軍に遭遇したとき、余の目的は全側面からの包囲となる(6)」と、一〇月三日に彼はスルトに書き送った。

こうして敵を罠にかけるために、あらゆる退却の道を塞がねばならなかった。いまやナポレオンがドナウ渡河の作戦中であるからには、マック将軍は三つの案のうちひとつを企てることができた。彼はチロルに引き返そうかとも思ったかも知れないが、そうすれば明らかにロシア軍の接近を援護する使命を放棄することを強いられるであろう。第二に、もしマックがかなり大胆であれば、フランス軍を渡河半ばで捕捉しようと、ドナウ川の北岸か南岸に沿って直接反撃をしかけ、彼らが渡河するごとに各個撃破させるか、また少なくとも自軍はウィーンへの帰路を切り開けるかもしれない。第三には、時間的な余裕を稼ぐため、連続した川のラインに沿って引き延ばし作戦を開始できるかもしれない。

ナポレオンは、マック軍がドナウ川の北岸に沿って退却しようとは考えていないと信じていた。というのは、かかる行動はウィーンへの道を敵にさらすこととなり、同時にオーストリア軍を彼らの南方の兵站基地から孤立させるであろうから。その結果、皇帝は同盟国によって提供された総計一万六〇〇〇のヘッセン軍、ヴュルテンベルク軍、バーデン軍によって保護される連絡線の安全保障を心配する理由はほとんどないと感じたのである。しかし、さらなる安全保障の措置として、主要な連絡線はシュピレからネルトリンゲンへ再び敷設され、騎兵二個師団（ディリエとブルシエの竜騎兵）と歩兵一個師団（ランヌ元帥の軍団から派遣されたガザン将軍指揮下）がしばらくの間は連絡線の増援に割り当てられたが、これらの軍勢はドナウ川左岸に沿って移動しているネイの軍団が容易に支援しうる距離の範囲内にあった。

マック軍が利用できる残りの道を閉塞する措置を考えつくのには、ほとんど時間などかからなかった。皇帝はアウクスブルクに作戦司令部を設置するように命じ、軍団をこの周りに緻密に編み込まれた蜘蛛の巣状に展開させた。スルトの第四軍団は主要なオーストリア軍兵站基地を占領し、イレル川をさかのぼるチロル方面への退路を塞ぐためランズベルクへ向かい、それから西方のメミンゲンへの道をたどった。ウルムからギュンツブルクを通り、アウクスブルクへの主要道路を占拠するため、ナポレオンはミュラとランヌをネイと連携させるようドナウ川の左岸に沿って派遣した。東方からのロシア軍による介入の可能性への保険として（この段階ではナポレオンはクトゥーゾフ軍の正確な所在地に関する情報を持ち合わせていなかった）、ベルナドットとダヴーは、ロシア軍が多数の兵力で出現した場合、防衛位置として利用可能なイーザル川やレヒ川に沿って、ミュンヘンの周りに「安全保障地帯」を設定することが命じられたのである。最後に蜘蛛の巣の中心に蜘蛛が座った。皇帝は、親衛隊とマルモン軍団を戦略的予備軍として皇帝総司令部の近くに保持した。この計画は予想しうるあらゆる結果を考慮して準備されたものであった。全軍団は少なくとも近隣二個軍団（ネイだけは例外として）を四八時間以内で支援できる距離にあったし、そのためいかなる脅威が発生した場所にも集結できた。同時にこの網はマック将軍の前に広げられており、彼の軍がそのなかに飛び込もうと、その場に立ち止まろうと、容易な逃げ道などなかった。

ナポレオンは明らかに自らの業績を誇り、一〇月七日の軍広報にもそれが反映された。「敵は戦闘配置につき、我が軍の侵入を阻止するため計画したシュヴァルツヴァルトの通路に前進してきた。敵は急いでイレル川、メミンゲン、ウルムを要塞化した。しかし、その地域を駆け回っている我が軍の巡察隊は、敵が計画を放棄したことや、我々の行動が予想だにもしなかったほど新奇なものであったため、彼らが深刻な脅威を感じているようであることまで確証した。この偉大にしてかつ広大な作戦行動において、シュヴァルツヴァルトの山々、ドナウ川渓谷へと流れる並行したいくつもの河川、さらにチロルの通路によっていつも側面から脅かされる作戦の不便さをみな回避しつつ、わずか数日で我々はバイエルンに到着したのである。その上、我々は敵の後尾から数日の行軍距離に位置したので、彼らには完全な災厄を避ける時間が全くなかったのだ。……(7)」

実際には、マック将軍はこのとき誤った楽観主義に拘泥させられていたのである。あるオーストリアのスパイが、フランス軍の連絡線上の村落で昼食時の会話にイギリス軍によるブーローニュへの侵攻の噂が語られていたのをふと耳にした、と報告した。この根拠のない一片の雑談がオーストリアの将軍のお気に召すところとなり、ドナウの戦況全体により有望な光を投げかけたかのように思われたのであった。「もし敵がウルムを確保したいのであれば、ウルムの市街自体がほとんどすべて左岸に位置しているから、確かに右岸から接近することはない。もし敵がこの作戦に兵力を投入するつもりならば、敵は両岸に少なくとも同数の兵力配置が要求されたのである。……しかし敵は実際には左岸から全兵力を撤退してしまった。……そして南にある何本かの道路で接近したのである。これは前進よりはむしろ撤退であるとの印象を与えた。というのも、ライン川へ撤退を望みウルムが敵に占領されることを知っているレヒ川の軍に他の作戦はあり得なかったであろう。信頼できる証人シュタインヘル男爵がふと耳にした会話についての情報が報告されたとき、目の前に見える事実に基づいて形成された私の見解と極めて一致していたので、この情報は正しいと受けとめたのである(8)」。この間違った確信に基づいて作戦を開始したマックは、彼の兵員に対してフランス軍はいまやライン川へ向け完全撤退中であり、三梯団で移動していることを発表し、指揮下の各部隊に対して敵軍を追撃、蹂躙する急襲部隊の出撃準備を命令した。犠牲となる獲物はまんまと罠にはまったのだ。

マックは実際に愚者の楽園にいた。その翌日、ウルムへ向かうフランス軍の行動は速やかに進行した。ミュラとランヌはネイと密接に提携して前進し、ディリンゲンの橋のたもとで集結した。この戦役の最初の激しい小競り合いは八日にヴェルティンゲンで発生した。前衛部隊の竜騎兵が、オーストリア軍の歩兵九個大隊と騎兵一個大隊と衝突したのである。日没までにミュラとランヌは二〇〇〇人の捕虜を捕らえ、事実上敵軍を撃滅した。進軍軸の南方においては、スルトがランズベルクへ向けかなり前進しつつあり、東方ではダヴーがダッハウに着き、一一日の夕方までにベルナドットはミュンヘンの六マイル内に入った。ナポレオンはアウクスブルクにとどまって、クトゥーゾフ軍に関する情報を待ち、反対側面でのマック軍との衝突について毎時間の知らせを期待していた。一一日に、皇帝はウルムへ移動する軍勢の指揮権を一時的に与えたミュラに手紙を書き送っているが、その中で皇帝は軍勢の集中を維持する重要性を強調していた。「敵軍は苦悩しているだろうが戦うであろう」とナポレオンは、マック軍の現在の兵力は四万と推定しながら予言した。「貴官の予備軍とネイおよびランヌの軍団はあわせて約五～六万になるだろうが、敵軍を撃滅するため六時間以内の範囲で再統合できるように、可能な限り接近して進軍することが絶対に必要である(9)」。彼はさらにロシア軍がイーザル川に到達する前に、全速力でマック軍を崩壊させるよう部下に熱心に主張した。

彼のメッセージが準備され発送されたまさにその日、ドナウ川の北岸でデュポン将軍の師団がほとんど全滅するような危機が発生した。皇帝の命令を期待しながらミュラは南岸に沿ってウルムへと急ぎ移動し、兵力を一生懸命集中させつつも、マック軍がまだ全軍前線にいると信じ、主力軍を再統合させるためにネイに彼の三個師団のうちの二個を連れて川を渡り移動することを命じたのであった。ネイはいくらか不安を抱きながらも同意した。というのも、自分の師団長であるデュポンが、近接支援としてバラゲイ・ディリエの竜騎兵四〇〇〇しか持たぬまま、北岸の危険地帯に残されると彼は悟ったからである。

この疑念は充分に根拠があることが証明された。驚いたことに、その同じ日にデュポンが突然、ミヒェルスベルク高地の東で二万五〇〇〇のオーストリア軍（うち一万を下らぬ騎兵がいる）に遭遇したのである。ミュラにはわからなかったのであるが、マックはヴェルティンゲンの戦闘の結果に非常にがっかりしたので、全軍をウルムとその先の露営地へ引っ込めて、彼が当初八日に命令していた南岸に沿ってギュンツブルクに仮の進軍するという計画を放棄していた。それゆえ、オーストリア軍がフランス軍の連絡線を分断しようとドナウ川北岸を東向きに進軍したため、デュポンは絶望的な戦闘に巻きこまれてしまったのである。敵軍騎兵のほうが優れていたため退却は不可能であった。そこでデュポンはフランス軍の最善の伝統に則って攻撃を命じた。フランス軍の兵士四〇

○○が、アルベックの村落周辺で数において圧倒的に優勢な敵と一日中戦いぬいたのであった（時にはハスラッハの戦いとしても知られる）。そして夕闇が迫ったので、デュポンはブレンツへ退却できることとなった。そうこうするうちに、オーストリア軍は翌日の突破策を新しく練り直すためウルムに引き揚げた。マックとフェルディナントは、ともかくも戦術的勝利を獲得する最良の機会を逸したのであった。つまり、彼らがレーゲンスブルクに進軍してクトゥーゾフ率いるロシア軍と待望の合流を成し遂げれば、ナポレオンの連絡線を脅かすと共に、川の北岸沿いの退却路を確保できるはずだった。

この事件の反響は、デュポン師団のはるか彼方にまで広がっていた。ネイは部下を孤立させたことで厳しい非難にさらされたが、少なくとも上官からの命令であると弁解できた。その結果に対してはミュラに最大の非難が加えられねばならない。ネイは指示された行動の当否について一一日の朝にミュラに抗議したが、公然と次のような言葉で退けられてしまった。「私は敵前において作成されたこの案以外のいかなる作戦案も知らぬ」。この事件以来、二人の元帥の関係に激しい憎悪がつきまとっていくことになる。皇帝はこの事件を聞いて、確かに非難されるべき責任がミュラにあるとしたが、それは単にミュラがこれから受けることとなる嵐のような非難の最初にすぎなかったのだ。

たとえミュラの誤った作戦が西部での戦況について多少の危惧を抱かせたにしても、ナポレオンは東部戦線の側面における兵力配置については安心感をもっていた。ベルナドットは一二日、クトゥーゾフ軍がまだ一八〇マイル先にいることを報告し、これによってナポレオンがマック軍に全力を向けることが可能になった。ここにおいて、皇帝は一四日にイレール川近くでの戦闘を計画し、軍団に対してその地点に集合する命令を発したのであった。

この計画は、カスティリョーネとマレンゴというふたつの戦闘の概観に酷似している。スルトはこれ以前の戦闘で、セリュリエやドゼーそれぞれによって演じられた側面包囲の役割のためランズベルクから前進するはずであったが、ナポレオンは直接圧力をかける軍勢を編成するため、アウクスブルクから親衛隊とダヴーの軍団をミュラ、ランヌ、ネイの各軍団に合流させたのである。オーストリア軍は殲滅されるはずであった。「一兵たりとも逃れられるはずはない(10)」と皇帝は書いた。部隊は西方に間断なく移動していった。皇帝の行列は、すぐに軍旗をひるがえしたダヴーの梯団の後尾に追いつき、疲弊した兵士たちを元気づけるためナポレオンは道路を移動しつつ、交互にそれぞれの部隊に演説し、これから進めようとしている計画を説明して、兵士たちに彼の自信のほどを伝えた。

それは人心操縦のために計算され尽くした行為であり、戦意高揚と規律の回復という望ましい効果までもっていた。双方ともに改善されなければならなかった。セギュールは次のように記述している。「ギュンツブルクからプファッヘンホッフェンに至るまで、軍は最悪の無秩序の様相を呈していたことは認めなければならない。鼠であふれた道路には、泥濘にはまった我が軍のアルザス型四輪荷馬車、途方にくれた御者たち、空腹と疲労で死につつある倒れた馬が散らばっていた。我が軍の兵士たちは原野をあわてふためいて右往左往して駆け回り、ある者は食べ物を探し、他の者は実弾を使って原野にいっぱいいる鳥獣の獲物を撃っていた。この射撃と弾丸のうなりを聞いたならば、誰でも自分が前哨地点にいて、非常な危険を冒していると思ったかも知れない(11)」。

一三日の朝までに皇帝はウルムの近郊にいた。ナポレオンは、ドナウ川北岸の敵軍の戦力についてデュポンとネイから第一報としての説明を受けると、イレール川でしかけられた戦闘は決して起こらないであろうと思った。彼はマック軍の反撃を全面的に誤算していたが、かの独特な柔軟性に富んだ判断力で、時を移さず新しい処置を命令した。ミュラとネイはすぐに川を北上し、デュポンの救援に駆けつけることを指示され、一四日にはいくつかの戦闘が発生した。ネイはエルヒンゲンでドナウ川を渡河すべく移動したが、橋は一部壊され九〇〇〇のオーストリア軍が防衛陣を張っていた。ネイは激しい敵の射撃を受けつつ橋の修理作業を自ら監督し、市街を急襲すべく兵たちの前進を指揮し、襲撃中に敵の二個連隊を捕虜にするという偉大な武勇を発揮したのである。この功績の当然の結果として、ネイ元帥はエルヒンゲン公爵という称号を得たのであった。

同日、アルベックの戦闘が再燃したが、ミュラは彼の軍団を指揮してネイが修復した橋を渡り、間一髪でデュポン師団に合流してヴェルネック将軍の軍団による新たな攻撃を撃退し、ともにオーストリア軍を北方ハイデンハイムの方向へ追い払った。かくして一四日の夜の帳が下りるころまでに、このふたつの軍団はミヒェルスベルクの野営地の反対側に集結した。マック軍はいまや完全な危地に立たされ、もはや北岸に沿っての全面退却のいかなる機会も失われていた。マルモンと親衛隊は川の南でほとんどウルムのそばにおり、スルトは（敵がチロルへと脱出するあらゆる道を封鎖するため）メミンゲンからイレール川の西岸を行軍していたのである。

この戦況悪化は、既にオーストリア軍の総司令部で激烈な論争を引き起こしていた。マックはいかなる犠牲を払ってでも軍を集中したままにしておくことに賛成であったが、フェルディナント大公は、乱暴にも有名無実な参謀総長の意見を踏みにじり、ウルムから騎兵隊の即時撤退を命令したのであった。当然の成り行きとして約六〇〇〇の部隊が大公に伴われて脱出したが、ミュラの追撃による極めて凶暴な殺戮にあい、ハイデンハイムでヴェルネックの部隊と合流に成功したのはわずか一一個の騎兵大隊だけであった。この部隊もまた長くは生き延びられなかった。一九日、ヴェルネック将軍はトロッホテルフィンゲンで八〇〇〇の兵員とともに降伏せざるを得なかったのである。ミュラはまた総計五〇〇両の車両をもつオーストリア軍の軍需品置き場を占領したが、この成功に触発されたかのようにミュラはノイシュタットを襲撃し、一万二〇〇〇人以上のオーストリア軍を武装解除した。ここには七名の将軍、二〇〇名の将校、軍資金の金庫や一二〇門の大砲が含まれていた。

ドナウ川においては事態がほとんど最高潮に達していた。一〇月一五日、ネイ元帥はミヒェルスベルクの防衛陣を猛攻したが、ナポレオンはその翌日ウルムの市街そのものに砲撃を開始するよう砲兵隊に命令した。しかし、マック将軍には戦う余地などほとんどなかった。アルベックの戦闘以来、彼の守備隊の戦意はだんだんと低くなり、彼の軍をこの希望なき状況から解き放つのに間に合うように、ロシア軍の救援が到着することを期待して八日間の休戦を申し込む決心をしたのであった。ナポレオンは最初五日間の戦闘停止を認める用意をしているに過ぎなかったが、最後には皇帝の使者、ド・セギュールが一七日にマック将軍と協定に署名した。それによれば、オーストリア軍は二五日までにいかなる救援も具体化されなければ、同日中に降伏に合意することになっていた。マックはこの譲歩を外交的勝利と考えたが、皇帝はクトゥーゾフ軍がまだ一〇〇マイル以上先にいてそのため救援距離外であることを知っていたのだ（そしてマックは知らなかった）。

マックには少しずつ自分の立場がまったく絶望的であることが見えてきた。破滅のひき金となった最後の小さな出来事は、ハイデンハイムとネレスハイムでの降伏という知らせだった。オーストリア軍司令官はついに観念し、予定より五日も早い一〇月二〇日に白旗を掲げたのである。彼の守備隊のうち約一万は逃げおおせたが、その翌日、残留者たちは降伏を見届けるため巨大な半円形で直立している「グランド・アルメ」の監視下、ミヒェルスベルク高地の麓で自分たちの武器を積み上げるため、隊伍を整えて歩いた。皇帝は巨大なかがり火に背を向けながら（上着の裾を焦がしつつ）立っていた。そのとき二万五〇〇〇のオーストリア歩兵と二〇〇〇の騎兵が列を作って彼の前を通過したが、そのなかにあのオーストリアの将軍がいた。

興味深い話がひとつある。それによると、この将軍は次のような言葉で自らを自分の征服者に紹介したというのである。「陛下、私が不幸なマック将軍でございます」。しかしド・セギュールは、この言葉は実はオーストリア軍司令官を見たことのない、あるフランス軍の下級将校に向けて語られたものであると主張している。やがて皇帝は、目の前を行進していくオーストリアの敗軍のために便宜を図ったイギリスの陰謀と腐敗した金に対して、休みなき攻撃演説を続けた。イギリスはまだ彼の計画のなかで大きな役割を果たしていた。皇帝がウルムの降伏を受諾したまさにその同じ日、あの大海戦がトラファルガー沖で進行中であり、一〇月二一日の夕暮れまでにヴィルヌーヴ提督のフランス＝スペイン連合艦隊は実質的には跡形もなく消えてしまっていたのだ。ナポレオンはヨーロッパ大陸の主人公になる途上であったかもしれなかったが、彼の最も決定的な仇敵はこの日以来、海洋で争うものなき主人公となり、イギリスの海岸は侵略の脅威にさらされることはなくなった。

それにもかかわらず、ナポレオンはドナウ川で偉大な戦勝を達成した。そしてその勝利は六週間後、さらに偉大なる戦勝が見られたおかげで見劣りさせられることとなったけれども、ウルムの降伏の重大性は認められなければならない。八日のグランド・アルメの広報はこの成功を次のように評価した。「三万の兵員、そのうちの二〇〇〇の騎兵は、六〇門の大砲と四〇本の軍旗とともに勝利者の手に落ちたのである。……戦争開始以来、捕捉した捕虜の数は六万、軍旗は八〇本と評価されるが、大砲と軍用行李を積んだ輜重車両は明細を記録していない。……このように完全かつ犠牲の少ない勝利はいまだかつてなかった(12)」。ブレストから新しく到着した第七軍団を率いたオジュロー元帥は、イレール川沿いにあるケンプトンの南でイエラキク将軍の師団を撃破することによって勝利の最終仕上げをなすこととなった。この戦役がわずか二六日間に過ぎなかったこと（背後への機動というナポレオンの戦略システムの勝利）を回想するとまさに驚異的な戦績であった。マックは、ナポレオンがドナウ川に到着した瞬間から戦略的に敗北していたのである。後方に強力な敵を発見した結果としての戦意の低下は、餌食とされる兵員を麻痺させるのに決定的な役割を果たしたが、また一方でオーストリア軍の指揮システムの欠陥と彼らの同盟軍たるロシア軍の接近に関する誤算が、この悲劇的な結末を実際に不可避なものにしたのであった。

第36章　神聖ロシア帝国の戦士たち

マック軍を難なく調理し、戦役の第一目的は達成されたので、ナポレオンはいまや接近しつつあるクトゥーゾフ軍に全勢力を傾ける自由を得た。「我々はこんなところで立ち止まってはいられない」と皇帝はウルムから書き送っている。なるほどフランス軍にドナウ川上流でぐずぐずしている余裕などあり得なかった。二万二〇〇〇のオーストリア軍と連携するため、一〇月二三日にブラウナウに到着したクトゥーゾフ軍三万六〇〇〇以外にも、考慮しなければならない四つ以上の敵軍がいたのである。ブックスヘウデンは三万の部隊をもって既にメーレンに来ていた。ベニグセンは別の部隊を率いてほとんどオーストリアの北の国境に接近しようとしていた。ヨハン大公はまだチロルで約二万の部隊を擁していたが、兄のフェルディナントはベーメンでマック指揮下の少数の残存兵（恐らく八〇〇〇）を呼び集めていた。最後に、カール大公は第二のカルディエロの戦いをマッセナと引き分けに終えた後、アルプスとウィーンへゆっくりと撤退しつつあると信じられていた。既に戦場に来ているこれらの敵軍に加えて、プロイセンまでとうとう連合軍に自国の運命を託する様子だった。アレクサンドル皇帝は一〇月二五日にベルリンでフリードリヒ・ヴィルヘルム三世を訪問し、ポツダム協定への署名を引き伸ばして時を稼いでいたこの君主を説得したのである。これにより、プロイセンは遅くとも一二月初旬までに戦争における「武装調停」を企図すると約束した。ベルナドットのアンスバッハでの無礼な背反がこの政策変更の最も直接的な原因であったが、プロイセン軍はまだ待ちの戦術に全力を挙げていた。

実質的にはこのことは、既に疲弊しているグランド・アルメに敵対する作戦に恐らく二〇万以上の部隊がすぐにも利用できるかもしれないということを意味した。かくして一二週間足らずで四〇万の兵士たちがドナウ川に集結するかもしれないため、ナポレオンはまず第一に確実に敵を分裂したままにさせ、比較的有利な状況下でひとつずつ処理できるようにすることが絶対に重要であった。

皇帝は自軍の側面を攻撃されないためにも、オーストリアの心臓部へ向けて移動し、ウィーンを占領することに決定した。それによってロシア軍とオーストリア軍を首都の防衛に再結集せざるを得なくし、その結果フランス軍の勝利をさらに決定的にする機会をつくることを望んだのである。この新しい計画にはかなりの行政的な再編と敏速な部隊の移動が要求された。アウクスブルクは新しい本拠地に指定され、軍の病院と兵站物資集積所となり、新たにミュンヘンが作戦司令部となった。この新しい基地とウルムの守備隊の保全はオジュロー元帥に委任され、彼はフォルアールブルク方面における敵を追い散らす目的で、その方面に限定された作戦を開始する命令を受けた。ネイとバイエルン軍は、ヨハン大公軍の行動を監視する目的でインスブルックへ送られ、ベーメンとプロイセン方向の側面を防護するため、インゴルシュタット、レーゲンスブルク、そしてパッサウに強力な守備隊が置かれた。フランス軍の側面防御と同時に、クトゥーゾフ軍の連絡線に対し潜在的脅威を与えるドナウ川南岸における作戦のために、モルティエ将軍の下で四個師団が新しい軍団（第八軍団）へと編成された。川舟の小型船隊は、モルティエと南岸の部隊の連携と補給活動を容易にするため、親衛海兵隊《マラン・ド・ガルド》のロスタンジュ艦長のもとでこれまた編成された。

軍がイーザル川をランツフート、フライジンク、ミュンヘンで渡河したときは天候が最悪であり、「不平屋《グロニャール》」を含めた多くの兵たちは吹きまくるみぞれに悲しく陰気な顔をしていた。軍団が前進するにつれ、次第に増えていくロシア軍に遭遇し、多くの小戦闘が展開された。それにもかかわらず、クトゥーゾフ軍は退却を続け、背後に残す使用可能なすべての橋を焼却して行った。このような状況ではあったが、ミュラ、ランヌ、スルトの各軍団は二四時間以内にイン川に到着し、渡河点での工兵隊による敏速な修復作業は見事なまでに遂行された。

ところが、クトゥーゾフはたとえそれによってオーストリア皇帝が首都を失うにせよ、ドナウ川南岸における主戦闘を避ける決定をしたので、退却に成功しつつあったのである。かねて予期されたように、この問題に関して連合軍の司令官たちの間に相当な意見の対立が見られたものの、クトゥーゾフは、サン・ポルテン近郊での最後の絶望的な戦闘のためにカール大公軍に合流するとか、あるいは大公たちとチロルで合流して、ナポレオン軍の側面を脅かすことを可能にする遅延作戦を行う（これはウィーンの陥落を遅らせたかも知れなかった）といった発想に対しては頑強に拒否した。そのため、クトゥーゾフは川筋に沿って追い詰められる代わりに、メルヴェルトやデ・シュトイエルのオーストリア軍団を有無も言わさずに引き連れて、クレムスへと川の渓谷を退却し続けたのであった。

とはいえ、万一ロシア軍司令官が考えを変えてしまったら、ミュラとランヌは危険にさらされるので、ナポレオンは時を移さず追撃強化のためダヴー軍団を派遣し、他方ではマルモンがウィーンとイタリアの前線を連結する道路を分断するためレオーベンへ移動した。

アルプスの南で発生した諸々の事件については、ここで語っておいたほうがいいだろう。兵数において二対一という優位に立っていたのに、主力による攻勢をしかけるべきだとする帝国宮内法院の執拗な指針を無視してしまったことで、カール大公は呆気なく攻撃の主導権をマッセナに譲り渡したのである。一〇月一七日までに、マッセナはアディジェ川を渡り、ヴェローナと鍵となる橋を占領した。この大胆な「挑発的な行動」があってさえも大公軍は前進せず、むしろ「イタリア征服よりも自身の保全に精一杯だったため」カルディエロの強固な守備位置へと退却を継続してしまった。ウルムの惨劇というニュースが、攻撃的な行動によって自軍をさらに危険な目には遭わせたくないという気にさせたのであったが、一〇月二九日、あの血気盛んなマッセナがオーストリアの塹壕を攻撃したとき（第二のカルディエロの戦闘）、フランス軍は立ち往生させられてしまった。

しかし、オーストリア軍はせっかく勝利をつかみかけていたのに、カールは一一月一日には退却を再開し、フランス軍の追撃を押し戻すため、ブレンタ、ピアヴ、タリアメント、さらにはイソンゾの川岸に沿って戦う遅延作戦を継続することで満足していた。オーストリア軍はヴェネチアの強力な守備隊に大きな信頼を置いており、彼らがフランス軍の側面にマッセナの連絡線を断ち切られるほどの脅威を与えることを望んでいた。しかしこれはあまりにも楽観的な考えであった。この勇猛果敢な元帥は脅威に対してぐずぐずなどしていなかったのだ。要塞を包囲するためナポリから新たに呼び寄せたサン・シールの軍団を使用して、マッセナは冬の困難な天候にもかかわらず思うままに追撃を継続した。

マッセナはナポレオンの命令を文字通りに遂行していたが、まさに敵将が示した欠点（彼はこの戦役で明らかに面目を失っていた）によってでも少なからず助けられたのである。カールは嘆かわしくも「かつての名声を維持する」のに失敗し(13)、北イタリアへ猛攻撃をしかけようとしていたオーストリア全軍の計画は大きく揺らいでしまった。ところが、この大公の頑固な行動はナポレオンをかなり憂慮させることになった。特に、ヨハン大公軍がブレンナー峠を越えた後、カリンツィアで彼の兄の軍に合流することに成功した時である。それはグランド・アルメの左側面に対して脅威となる可能性があり、ウィーン攻撃に向けられたすべての作戦を危険に陥れることもありえたのだ。レオーベンへ向けられたマルモン軍団はこの介入を撃退するか、あるいは少なくとも危険に関するすべての情報をナポレオンに提供することを企図していたのである。

一〇月二八日に、ナポレオンはミュンヘンを発ち、前衛部隊の後を追った。八日後、ミュラはイプス川のアムシュテッテンでクトゥーゾフの後衛軍と激烈な交戦に巻き込まれたのである。このガスコーニュ人は大いなる「はずみ」をもって攻撃に乗り出し、それによって無理やりクトゥーゾフ軍を転回させて戦わせることになろうと信じていた。事実、この狡猾なロシアの老将にとってのひとつの目的が、自軍とフランス軍の間にドナウ川を置いて、オルミュッツ近郊でブックスヘウデン将軍との連結を可能ならしめることにあるので、この追撃者を攪乱し、マウテルンとクレムスの橋へ向けての最終的移動を隠すため、彼の軍が南岸に停止を意図しているという印象を故意に与えようとしていたのだ。

一一月八日、ダヴー軍団はマリア・ツェルでメルヴェルトのオーストリア軍に強烈な痛撃を加えたが、クトゥーゾフは軍を転回して追撃者を分裂させてやろうとする誘惑にかられて、元々の目的から逸脱するようなへまはしなかった。ドナウ渡河は支障なく継続され、九日までに完了したが、その日に橋は破壊されたのであった。ロシア軍はナポレオンの最初の罠をまんまと逃れてしまった。

その間に、ミュラ（敵の主力軍の所在と意図に関して完全に欺かれたのであるが）は、クトゥーゾフ軍を悩ますこともなく、または破壊されたいくつもの橋梁を再構築することさえ企てもせず、ウィーンへと押し寄せた。ウィーンという、この光輝きながらも、軍事的価値とはまったく無関係な戦利品が、いまやミュラの唯一の関心事となっていた。おかげでクトゥーゾフ軍は脱出できたし、モルティエの孤立した軍団は、分断されずに済んだクトゥーゾフ軍と北岸で対峙したため、厳しい危険に陥ったのであった。

ナポレオンがこの性急な行動を聞いたのは九月九日にリンツにいたときだったが、彼が激怒したのは言うまでもないだろう。新たに厳しく叱責する書簡が、強情で手に負えないミュラへと直ちに運ばれることとなった。「余は貴官の進軍のやり方など承認できん。貴官は余の命令にまったく注意も払わず、まるで茫然としたばか者のようにやり続けているのだ。ロシア軍はウィーンなど防衛しないで、全軍がクレムスでドナウ川を越えて退却してしまった。この異常な状況によって、貴官はさらなる指示がなければ作戦行動などとれないことを理解すべきであったのだ(14)」。

その翌日、トラファルガーのニュースが届いたことで、皇帝の気分はさらに悪くなるばかりであった。彼は自分の将軍たちと提督たちの双方に裏切られたか、または少なくとも彼らの愚鈍さによって傷つけられたかのように思われた。それにもかかわらず、皇帝は、戦役のこの段階において強情なミュラをより厳密に管理しなかったことで個人的に責任を負わされなければならない。要するに彼は、ミュラにあまりにも勝手な行動をとらせていたのであった。

一一日、モルティエ軍団のガザン師団がデュレンシュタインで四万のロシア軍と出くわしたとき、かのガスコーニュ出身の元帥が思慮の足りない行動を起こした結果が、完全なる衝撃として徹底的なかたちで襲いかかってきた。モルティエ本人がわずか五〇〇〇の兵員と一〇門の大砲でこの過酷な戦況を何とか切り抜けようとしたので、絶望的な戦闘が展開されることになった。この戦闘の結果に彼は非常に悲観的になり、砲兵中隊を南岸へ脱出させるため三艘の川舟に乗せた（少なくとも大砲は持ち出すべきなのだ）。莫大な兵数の優劣差にもかかわらず、勇敢なフランス歩兵隊は日暮れまでロシア軍を防ぐことができた。モルティエは必死になって、包囲しているロシア軍を突破する最終的な企てを計画したが、ここで一条の光を投げ込んでくれたのが、軍団の師団長であるかの勇敢なるデュポン（ハスラッハの同じような交戦での英雄）だった。この新たな戦力に直面し、ロシア軍は戦闘を中止して背後に四〇〇〇の死傷者を残して去ったのである。ガザンの師団は三〇〇〇の兵を失い、生き残った兵は興奮のあまり、恐ろしい行動に出た。彼らは負傷したロシア兵を容赦なく襲い、勝敗が決する前からすでに両軍に目をつけられていたデュレンシュタインの不幸な村落を略奪したのである。翌日、傷ついた多くのロシア兵の死体が、気まぐれにワイン樽のなかに浸された状態で発見された。

ガザンが六〇パーセントの死傷率で脱出できたのは幸運であった。というのは、もし彼の師団が全滅してしまったなら（デュポンの時宜を得た到着がなかったならば、そういうことも充分あり得たかもしれないのだが）、フランス軍のウルムでの戦勝の価値を大きく損ねることになっただろう。実際には、かけがえのない貴重な二日間が失われ、とりわけクトゥーゾフ軍が既にブックスヘウデンの軍団にかなり接近しているときに、ナポレオンには時間のもつ重要性がよくわかっていた。それにもかかわらず、フランス皇帝は代替計画を編み出す名人であり、この損失を取り戻しクトゥーゾフがブックスヘウデンと合流する前に彼を捕捉する、即席の「ホラブルンへの機動」を既に考案してしまっていた。ミュラはオーストリアの首都への道を進み続けるよう命じられた。皇帝は書簡に書いた。「もし貴官がウィーンの橋を無傷で占領する幸運を得るならば、機を失わず貴官の騎兵隊の一部とシュシェ師団の擲弾兵とともにドナウを渡河せよ。ルグランとヴァンダムの師団には貴官を追尾するよう命令せよ。すべてうまくいけば、ロシア軍はこの機動のために捕捉されるであろう。余は自ら明日、貴官に合流するため出発するつもりである(15)」。ランヌとスルトは、彼らの目標がクレムスとオルミュッツの道路の接合点であることから、直ちに橋頭堡を通過して追随するであろう。この間にモルティエに支援されたベルナドットはメルクでドナウを渡河し、軍団をクトゥーゾフ軍の背後に置き、包囲網を完成するはずだった。

最初はすべてがうまくいった。一一月一二日、ミュラ軍はオーストリアの首都に到着し、ドナウ川の南岸に布陣した。オーストリア軍はウィーンが解放都市であることを宣言したので、占領は無抵抗のうちに完了した。五〇〇門の大砲と一〇万挺のマスケット銃が、莫大な量の弾薬とともにフランス軍の手に落ちたのである。これらの「タナボタ式の」獲物は、フランス軍団が彼らの補給を担当する輜重隊よりはるかに前進していたため一層歓迎された。しかし、ミュラが重要な橋梁に接近したとき、強力なオーストリア守備隊が占領しているることが判明し、彼らが橋を破壊する準備も充分整えていることも明らかとなった。それにもかかわらず、ハッタリと大胆さを見せつけて、ミュラとランヌは勝利を収めた。ウディノの擲弾兵たちが目標である橋梁に匍匐《ほふく》して接近するのに合わせ、二人の元帥と副官たちはきらびやかな軍服を着て前進し、静かに橋へと歩を進めた。そこから離れたところで警戒線を張っているオーストリア軽騎兵隊は、抵抗をしようなどとは考えもせず、ただただこの光景を眺めることしかできなかった。元帥一行は不安の気配すら見せずに橋への道を進み、彼らの前で抗議するオーストリア軍砲兵下士官を押しのけ、さらに遠くの堤の上で瞠目している部隊を前に、「休戦！休戦！」と叫びつつ橋を渡った。

司令官であるアウエルスペルク伯爵と交渉が開始され、「擲弾兵の」縦隊が橋に突入するまで守備隊はためらい続けたのであるが、その間元帥たちはオーストリア軍の砲兵たちの間を跳び回り、まったく人格の力だけで砲火を開くことを妨げた。そのときすべては終わっていたのである。擲弾兵たちは大砲の間で瞠目しているオーストリア兵たちをそれぞれの砲から引き離し、一兵も失わずに橋を獲得できたのだ。それは素晴らしい業績であったし、皇帝がこれを聞いたとき、躊躇することなくミュラの以前の過誤を許し、再び愛顧を抱くこととなった。

この好調な滑り出しにもかかわらず、「ホラブルンへの機動」は新たなる失望に終わった。ランヌとスルトは最大の「はずみ」をもってウィーンから北方へと騎兵を先頭に前進したが、ベルナドットはメルクで絶望的なまでに遅れてしまい、一五日に川を越えて何とか進軍することに成功したに過ぎなかった。このことは包囲計画にとって致命的であった。クトゥーゾフ軍はツナイムの市街を通過し、この行動を隠すためホラブルンに六〇〇〇の部隊とともにバグラチオンを置き、集合地点へと撤退を継続する好機が与えられたのである。ベルナドットがとうとうドナウ川を渡ったまさにその同じ日、ミュラは自軍の騎兵隊とウディノの擲弾兵たちだけを連れてはるかに突出していたが、ホラブルンの外側にいる守備隊と激突した。最初の戦闘は決着のつかないものであったが、ミュラは自ら、クトゥーゾフの密使である狡猾なヴィンツィンゲローデ将軍による、条件付きの休戦を受け入れる話し合いに入った。両軍は戦闘の停止で合意し、交戦再開を意図する場合には六時間前に明確な予告を出す約束をしたのである。この取り決めの知らせがその日の夕方皇帝に届いたとき、彼は我を忘れるほど激怒して、次のように書き送った。「余は不満を表す言葉を失ってしまった。貴官は余の前衛部隊の司令官に過ぎず、余の命令なく休戦を取り決める権限などない。貴官はこの戦役すべての利益を投げ棄てたのだ。即刻休戦を破棄し、敵を攻撃せよ！　前進せよ！　ロシア軍を粉砕せよ！……オーストリア軍はウィーンの橋の上ではだまされたが、今度は貴官がロシア皇帝《ツァーリ》の幕僚に馬鹿にされたのだ(16)」。あらゆる言葉の節々《ふしぶし》に皇帝の心からの憤激が鳴り響いている。

この新たなる譴責《けんせき》に苦悩しながら、心を静めたミュラはすぐさまバグラチオンに激烈な攻撃をしかけ、二〇〇〇の死傷者を出したが、ロシア軍の司令官は成功裡にその使命を達成し、彼の指揮下の残存兵を時を移さず救出したのである。皇帝はすぐ激しい追撃に入った。一七日にはツナイム（引き続いての事件で重要な役割を演じる宿命を負っている）が占領された。しかしいまや、クトゥーゾフ軍がアレクサンドル皇帝とブックスヘウデンの増援軍に合流するのを妨げるには、あまりにも遅すぎたのであった。このときまでにフランス軍の疲労と消耗は危険な度合いにまで達しており、一一月二三日に皇帝はブリュンを占領後、作戦停止を命令し、兵員たちに必要とされる充分な休息を与えざるをえなかった。グランド・アルメは八週間にわたって休みなく攻勢をかけてきたが、その勢いとエネルギーはいまや尽き果てたため、主導権は連合軍側に移ったかのごとくに思われた。

しばらくの間、フランス軍の外観は明らかに実力低下を見せていて、部隊は案山子《かかし》のようにみすぼらしい様相を呈していた。オーストリアの古参兵がザルツブルクから急行するフランス軍縦隊を次のように描写している。「いまや彼らの多くは農民のシャツや羊の皮の上着かまたは野獣の皮をまとっており、ある者は奇妙な格好で車に乗り、ラードやハムの長い帯を持ち、ベルトの周りに肉の塊をぶら下げているのが見られる。他の者は行軍しているが、みなパンの塊やワインのビンを持ってうろつき廻っている。しかし、窮乏にもかかわらず……ヴェネチアの紙幣でパイプに火をつけている始末なのだ(17)」。無知な「不平屋《グロニャール》」たちは、価値のないアシニャや為替についての長年の経験からも、紙幣に対して生まれながらの不信感を抱いており、交換価値のある幾千ターレルの紙幣を焼いてしまったわけだ。

攻勢の停止とともに、フランス軍は今時戦役における最大の危機に直面していた。ナポレオンは一連の複雑な内部問題にも直面した。いまや総計九万の兵員を誇るロシア軍とオーストリア軍は、北方のポーランドやシュレージェンへと伸びる安全な連絡線を有し、オルミュッツに向けて強力な守備位置を占めていた。

他方グランド・アルメは延びきった連絡線の極限にあり、移動してくるプロイセン軍が近い将来しかけてくる攻撃に対しても無防備だった。万一、ロシア軍が退却を続けるならば、いまいましい決定がなされなければならないであろう。もしフランス軍が追撃を継続すれば、プロイセン軍と同様、ベニグセンが軍の側面を攻撃する位置を占め、連絡線にさらに大きな緊張が生じるであろう。別の選択肢として、グランド・アルメが無期限に現在の場所に居座るならば、将来的には輝かしき展望などほとんどあり得ないであろう。カールとヨハンの両大公は既にドナウ川戦域に通じているアルプス山中におり、当然の成り行きとしてナポレオンはふたつの巨大な敵軍の狭間に身を置いていると言ってよかった。

一方にはロシア軍とプロイセン軍、他方にはイタリアとチロルから九万のオーストリア軍がいる。おそらく最も理にかなったコースは、少なくともウルムまで再び戻ることにあろうが、これは戦略的な敗北を認めたことを意味するであろうし、略奪され荒廃したオーストリアやバイエルンでは、軍隊の生存のために補給などほとんどできないであろう。あらゆる側面から見ても、勇気づけられるような展望はまずなかった。フランス軍は戦略および兵站の観点からも間延びしすぎており、ウルムからインスブルックやグラーツを経て、ウィーンとその先まで広がる巨大なアーチ状になっていた。軍団はお互いに辛うじて支援し合える距離内にいたが、連合軍の主力軍に対面してウィーンとホラブルン周辺に集まっている軍団だけは例外であった。兵士たちは疲労困憊し、飢えていたし、既にマルモンはカール大公が近日中にも彼に接触するであろうこと、チロルにいるオーストリア軍は無視できないことなどをグラーツとレオーベンから報告していたのである。あまりに広がりすぎたグランド・アルメの南側面は致命的に危険な様相を呈し、北側面にしても同様に危険にさらされていた。

皇帝がこの難題に対して出した答えは、いつものように大胆にして度肝を抜くようなものだった。このディレンマを脱する唯一の確実な方法は、オルミュッツにいる連合軍を、ウィーンの北にいるフランス軍主力に対して無謀な攻撃をしかけるようにしむけることであった。大戦闘と大勝利のみがすべての問題を解決しうるのだ。一一月一四日の早々に、ナポレオンはかかる戦闘を可能にする予備的な命令を発しつつあった。

マルモンは、できるだけ長く決戦を避けるため現地点での防衛に専念するよう厳しく指示された。カール軍が二四日か二五日以前に大挙してレオーベンにやって来ることはほとんどできないであろうし、その頃までにダヴーの第三軍団とモルティエの第八軍団が、必要であるならば、マルモンの支援距離の範囲内に位置することができるだろう、とナポレオンは計算していた。皇帝は、軍の南側面が当面のところ適度に安全が保障されているのに満足し、次にオルミュッツの軍を罠にかける計略を考案することに全力を傾けたのであった。一一月二一日までにこの計画が彼の心のなかではっきりと姿を現した。軍隊の三分の一、すなわちスルトとランヌの軍団はミュラとともに、敵の注意を引くためにブリュンとヴィシャウへ前進し、アウステルリッツと近郊のプラッツェン高地を占領し、オルミュッツ街道へと軽騎兵の一個旅団を発進させる。これらの軍勢は約五万三〇〇〇となる。そしてナポレオンは、連合軍八万九〇〇〇が彼らにおよそ兵力で二対一の優位差をもって戦闘に突入してくるであろうと信じたのである。一度敵がこの餌に噛みつくやいなや、ナポレオンは近くにいるベルナドットとダヴーの軍団をそれぞれイグラウとウィーンから強行軍で呼び寄せ、彼の軍勢を七万五〇〇〇の戦力へと引き上げ、敵が誇る優位差をより理想的な比率へと引き下げてくれるであろう。

二五日までに予備的な動きは完了し、すべては敵の反応にかかっていた。数日の間は、これほどまでに分散しているフランス軍を捕捉できるという幸運が信じられず、連合軍はためらっていた。そこでナポレオンはさらなる餌をしかけることにした。オーストリア皇帝が二七日に（カール大公が南方面からドナウ川流域へと入る時間が与えられることを希望して）休戦を申し出てきたときも、ナポレオンは熱心に同意する素振りを見せた。かの偉大なる悪賢さによって、彼は自分たちが軍事的に劣弱であるという外観を見せつけたのだ。鋭く機知のあるサヴァリが、ナポレオンはこの段階では戦闘を避けたいと望んでいるという曖昧なメッセージを連合軍本部に届けるよう派遣されたが、同時に敵の優勢な戦意と配備を調べる秘密の指示も与えられていたのだ。サヴァリは帰任するやいなや、連合軍の協議がまだ分裂していると報告した。オーストリア皇帝は明らかに慎重な方法に賛成であった（なにしろ彼は一番負け続けていたので）が、彼の軍団は連合軍の五分の一を構成しているに過ぎないため、その助言はほとんど重んじられることはなかった。ロシア軍に関してもクトゥーゾフはこれまた躊躇していたが、皇帝《ツァーリ》の側近やオーストリア軍参謀総長は即時作戦に乗り出すべきだと主張し、アレクサンドルの意見を左右しているように見えた。若いロシアの副官たちは、休戦を考慮することにナポレオンが同意するのはフランスが劣弱であることの確実な証拠であるし、集結した連合軍としては、この地域の食糧補給量が急速に減退しつつあるので、どうあってもオルミュッツの周辺にこれ以上長く滞留はできない、と間断なく指摘していた。

　ナポレオンは、力の限りあらゆる手段によってフランス軍の弱さの幻影を創りあげる決心を固めており、いまやフランス軍の右側面への攻撃を企ててくるであろう位置に敵を導き込むことに同じぐらい関心があった。皇帝は二七日に、敵の第一縦隊がためらいながらもオルミュッツから西方に移動していることを知り、敵をアウステルリッツとプラッツェン高地を占領しようという気持に誘い込むために、できる限り混乱の様相を示しながらこの双方の地点を放棄するよう、翌日スルトに命じた。その翌日、ナポレオンは形式的にアレクサンドルとの個人的面会を要求し、ロシア皇帝《ツァーリ》の参謀のなかでも最も極端な煽動者であるドルゴロウキー伯爵の来訪を受けた。この場面はさらなる欺瞞に満ちた演出であった。

　ナポレオンは会見の間つねに気後れを（狼狽とさえ言える）感じさせるようなあらゆる演出を試み、若い特命全権大使に会うために前哨地点にまで赴くことまで含めてやってのけたのである。「最初のご挨拶をした後、ロシアの武官は政治的問題についての討議を要求した。彼は想像しがたいほどの無礼な態度で法律をまくしたてたのである。……彼はひと言でいえばイギリスにこびへつらう青二才の提灯持ちであった［ナポレオンはこの生意気な島国野郎についての強迫観念から長い間抜け出すことができなかった］。皇帝は辛うじて憤激を抑えていた。そしてロシア皇帝に強力な影響を及ぼすこの若者は、フランス軍は破滅の前夜にあるとの考えで頭をいっぱいにして帰っていったのである[18]」。その隙に、ベルナドットとダヴーには、ブリュンの北東にいる皇帝軍に合流するため全速力で進軍せよという命令が運ばれていた。

　獲物は餌に食いついてしまった。いまや右側面でついに戦うときがきた。決定打とならないような勝利ではフランスのディレンマを解決しえないのだ。全面的な勝利こそが、グランド・アルメを戦略的な困難から解き放つのに不可欠であった。相手に対して優越した状況下であったならば、ナポレオンは敵を出し抜いて、敵の連絡線を分断するという徹底的な勝利の必要条件にあらゆる神経を集中させていたことだろう。しかし、現在の状況では、フランス軍は連合軍の包囲を企てるだけの充分な兵力がなかったため、皇帝は敵が後方をガラ空きにするような戦略を考案しなければならなかった。もし敵がフランス軍の右翼に対し軍の大半を集中してくれば、これは実現するであろう。その卓越した計略によって、ナポレオンは敵を惨敗へと導いたのである。プラッツェンの有利な守備位置からスルトが抜けめのない撤退を果たしたことで、敵軍にはフランス軍の側面を突き、グランド・アルメとウィーンの間に布陣する好機が到来したかのように見えた。

かくしてナポレオンは、退却路を確保していないよう見せかけることによって連合軍自体がむき出しになるように導いたのである。実際にはフランス軍はブリュンに作戦の第二司令部を置いており、最悪の事態が生じた場合には北西へと撤退し、プロイセン軍が介入できないくらい遠くにいる限りにおいては、プラハの周辺でフェルディナント大公軍の残党を一掃するつもりだった。

他方、連合軍にはこのような第二の退却路がなかった。もしヴィシャウ＝オルミュッツ間の連絡線が分断されてしまったら、連合軍の守備位置は極めて危険になるであろう。ナポレオンは用心深い撤退計画の最終局面において、一一月三〇日にヴィシャウ近郊からミュラの騎兵隊を呼び戻し、後衛にわざとパニックと完全なる混乱を巻き起こすように命令した。オーストリアの前衛部隊が注意深く彼らの後を追撃したが、ヴィシャウが戦闘もなく彼らの手に落ちたとき、連合軍の将軍たちは、もしナポレオンが立ち止まって戦い続けるほど愚かであるなら、彼をウィーンから切り離すことに最大の努力をすると決定したのである。

「これらの陽動作戦にはすべて効果が見られた。ロシア軍を指揮していたせっかちな若造どもはごく普通の推測さえできなかった。もはや単にフランス軍と戦うという問題ではなく、側翼を旋回させて叩きつぶすという機動の問題であったのだ(19)」。

ナポレオンが示した戦略の最高傑作により、神聖ロシア帝国とオーストリア帝国の兵士たちがまさに彼の手中に収まろうとしていた。ナポレオンは、その間（実は一一月二一日）に、過信しすぎていた追撃者どもを転回させ、分裂させるであろう場所に落ち着いていた。ド・セギュールは記録している。

ヴィシャウから戻るや、彼はブリュンから約二リュー半ほど行ったザントンの近くの街道（道のそばに小さな塚、ぶっきらぼうに先端を切り取った一種の円錐丘がある）で立ち止まり、敵側の傾斜を急にするためにその麓に穴を開けて掘るよう命じた。それから彼は南方に向きを変え、北から南西へ流れる、堤防で固められた二本の川の間にある高地に入った。

皇帝はゆっくりとそして黙ってこの新しく見出した土地の上を行き、最も高い地点で止まり、主にプラッツェンのほうを眺めていた。彼は注意深くその土地のすべての特徴を検討し、この査察の間に我々に振り向いて言った。「諸君、この土地を注意深く調べてみたまえ。ここは戦場になろうとしている。諸君にはここで役割を果たしてもらう」。この高地が数日後、確かにアウステルリッツの戦いの戦場となった(20)。

第37章　三帝会戦——アウステルリッツ

戦場の北限はブリュンからオルミュッツへの街道を見渡せるザントンの七〇〇フィートの小丘が目印となり、街道は南方へとつながっている。この道路は二本の河流、ゴルトバッハ川とその分流であるボーゼニッツァアー川を越えて走っているが、後者は険しくかつ渓谷を南に流れてプントヴィッツの村落で前者と合流している。この村はラパンズ（またはシュラッパニッツ）、イルシコヴィッツ（ギルシュコヴィッツ）と三角形を形成しており、それらを今日ブライテスフェルトとして知られる隆起した丘陵地帯が取り囲み、ツーランという八五〇フィートの高地へとつながっている。この高地の背後から西方にはベロヴィッツの村落がある。プントヴィッツからゴルトバッハ川が合流して唯一の流れとなって南に曲がり、次第に渓谷の幅が広がり、湿地帯の多い平地や、戦闘が行われた当時にはあったがその後消失してしまった数多くの小さな湖や池を通過して、コベルニッツ、ゾコルニッツ、そしてテルニッツへ向かっている。ゴルトバッハ川の西に長く低い尾根が連なり、東ではプラッツェン村とその背後に台地が広がっている。海抜九〇〇から一〇〇〇フィートぐらいの高さである。ふたつのくぼみが河流から高地へと連なり、この有利な地形の北と東の方面にブラゾヴィッツとクレノヴィッツの村落がそれぞれ存在し、南方面にはアウエスト・マルクト（アウゲット）の市街区域がある。アウステルリッツの町はプラッツェン高地の東三マイルのリッタヴァ川の堤の上に位置する。

この地形を詳細に査察した後で、皇帝は戦闘計画を練り上げた。彼は、ゴルトバッハ川と近傍の村落を分離する境界となるプラッツェン高地を、何の抵抗もせずに敵に占領させる決心をした。その方面に敵の攻撃主力を誘い込むために、ダヴーの軍団ですぐに補強できるようにしてではあるが、フランス軍戦線の右翼を意図的に手薄にしておこうとしたのである。フランス軍の大半はツーラン山の背後の気づかれない場所に隠されることとなった。絶好のタイミングでこの軍勢はプラッツェン高地へ向けて放たれて、敵の弱体化した中央部を突き破り、敵の後部に襲いかかるであろう。その間、北の側面はミュラの強力な騎兵に支援されたザントンの守備隊によって保持されるであろう。プラッツェンで旋回して、敵は自身の退却路を無防備な状態にしてしまうことが期待された。

一一月二九日、フランス軍は先導位置から手の届くほどの場所に達していた。ザントンの防衛は、シュシェと小カファレリの各師団で構成されるランヌ軍団に任された。野戦堡塁がこの台地の周りに設けられ、八門の大砲を擁する砲兵中隊が位置に着いた。第五軍団の右には、ミュラの騎兵予備軍が二四門の軽砲駐車場とともに露営した。この主要街道の南で気づかれぬ場所に、帝国親衛隊とウディノ将軍の擲弾兵たちが四〇門以上の砲列に沿って布陣し、彼らの左翼と後背には、いまだ戦場への途上にあるベルナドットの第一軍団のためのスペースがあらかじめ確保されていたのである。フランス軍右側面は意図的に拡げられ、スルトの第四軍団に守られることになった。ヴァンダムとサン・ティレールの師団はプントヴィッツの近郊に集結しており、ルグランの師団はコベルニッツ、ゾコルニッツ、テルニッツの各村落の守備隊に分けられていた。当然の手順として、弱体のままにされたフランス軍戦線の最南端は、ウィーンの方角からやってくるダヴーの騎兵隊と、引き続いて到着するフリアンとギュダンの各師団によって、継続的に強化されるであろう。

このように事態は一二月一日までは平穏であったが、この日ついに敵は北東から姿を現した。最初のロシア軍梯団は道路の北にあるゴルトバッハ高地を占領したが、午後までに中央部と左翼の部隊はプラッツェン高地へと展開しつつあるのが見られた。夕方までに八万五四〇〇の連合軍が二七八門の大砲を備えて戦場に到着し、ロシア皇帝とオーストリア皇帝がクレノヴィッツの村落に連合軍総司令部を設置した。さらに五〇〇〇人におよぶロシア軍の増援がオルミュッツから来る予定となっていた。ゴルトバッハの細流の向こう側では、ナポレオンが六万六八〇〇の兵員と一三九門の大砲を配備し、ベルナドットの軍団がちょうど到着したが、ダヴー軍団の到着の兆しはなかった。

一二月一日の午後を通じ、クレノヴィッツ村で激しい論戦が続けられていた。連合軍総司令部の各々の派閥が自分たちの提案を実現させようと躍起になっており、最終計画の作成を平凡で退屈なものにしてしまった。あまりに早く老けすぎていた感のあるオーストリア皇帝フランツは、彼の軍が受けた大損害によって既に気落ちし、自信まで失っており、慎重な作戦を主張し続けていた。狡猾で老獪なクトゥーゾフも同じであったが、彼はあまり熱心には自説を押し通さなかった。若く才幹のあるロシア皇帝《ツァーリ》はとうとうドルゴロウキー、リーヴェン、ヴォルコンスキーそしてストロガノフを含む彼の副官たちの助言に賛成し、オーストリア参謀総長で「ウィーン本部の老兵」と呼ばれたヴァイロテールは、自分のご主人様である皇帝が唱える慎重策には与せず、即時の行動を提唱する性急な意見を支持してしまった。

主力部隊の最初の行動は午後遅くに開始されたが、連合軍司令官たちが詳細な命令を受領するため召集されたのは翌日午前一時を過ぎていた。ランゲロン将軍は後学のためにその光景を記録している。「我々全員が集まったとき、ヴァイロテール将軍が到着し、大きなテーブルの上に巨大な、そして非常に正確なブリュンとアウステルリッツ周辺の地図を広げ、大声で、そして彼自身の優れた能力と我々の無能力を徹底的に示すような満足げな態度で、我々にその作戦計画を読み上げた。本当に彼は、若い学生たちに教科書を読んで聞かせる大学教師のようであった。我々が着いたとき、座って半ば目を閉じていたクトゥーゾフは、我々が立ち去る前にとうとうぐっすり眠ってしまっていた」。ランゲロンは、全将軍のうちでドクトロフのみが注意深く地図を検討していたと指摘している(21)。

ヴァイロテールの全般的な意図は、ゴルトバッハ川をテルニッツとゾコルニッツ両村の間のところで強行渡河することによって、フランス軍の右側面を攻撃することにあり、その後フランス軍がブリュンの安全を確保するために逃避するのを包囲する目的で、北へ急ぐことにあった。キーンマイヤーの騎兵隊は初動の段階でこの攻撃に同行するであろうが、ゴルトバッハ渡河の足場ができあがるやいなや、オーストリア軍はグロス・ライゲルンの町近くでブリュン＝ウィーン街道を分断するため西方に攻撃し、その地域からさらなるフランス軍の増援が到着する可能性をなくすはずであった。その間に、第二の攻撃がオルミュッツ＝ブリュン街道の中心線を下ったところでナポレオン軍の左側面に加えられるであろう。連合軍が南方で決定的な行動をとっている間、そこに駐留しているフランス軍を縛りつけるという意図があった。

この計画には連合軍八万五四〇〇の兵員を七つに小分けすることが含まれていた。ブックスヘウデンの全面指揮下で、フランス軍右翼に対する主力攻撃に五万九三〇〇を下らぬ軍勢が割り当てられた。キーンマイヤーの騎兵によって先導され、第一梯団のドクトロフ将軍率いる一万三六〇〇は、ゴルトバッハを合同で渡河するためにランゲロン軍に合流する目的で北へ旋回する前に、テルニッツ占領によって戦闘を開始する。その頃までにランゲロンの梯団（一万一七〇〇）は、既に右方にいたプルツビゼウスキーの第三梯団の支援によってゾコルニッツ村を急襲しているであろう。いったんこの川を渡り切ってしまえば、これら三軍はコベルニッツ近くの湖の北側で集合し、そのときまでにおそらくプントヴィッツからトゥーラスまで延びている新しい前線を保持しているフランス軍中央部に対し、決定的な攻撃をかけるであろう。戦闘のこの段階において、コロヴラトのオーストリア軍とミロラドヴィッチのロシア軍、総計二万三九〇〇で構成する連合軍第四梯団がプラッツェン高地から直進の後、プントヴィッツを起点とするフランス戦線の「継ぎ目」に対し正面攻撃をしかける。

　この主力攻撃の間を通じてバグラチオンの一万三〇〇〇の歩兵隊はフランス軍左翼に押し寄せ、ザントンの丘を占領しようと努めることになる。一方、リヒテンシュタインの四六〇〇の騎兵隊は右翼と中央部を連結する。中央軍の背後の予備軍として、コンスタンティン大公がクレノヴィッツの北でロシア帝国近衛兵八五〇〇の精鋭を指揮することになる。こうした作戦によってナポレオンの没落を成し遂げることができる、と自信をもって期待されたのであった。

　しかしながら、居眠りしている将軍たちとまだ早朝だから大丈夫という過信とが結びついて、一二月二日の勝敗を決するよう運命づけられたこの計画におけるひとつの大きな誤謬が既に生じていたのである。この連合軍の主力攻撃の大きさが必然的に軍団の中央部を露出させ、フランス軍の攻撃を許してしまう。ミロラドヴィッチとコロヴラトの梯団の一部のみが、戦闘の間この地域を防衛するのに役立つが、このことはたぶんフランス軍の反撃を招くであろう。ヴァイロテール軍の計画に対するこうした反論は、実際に会議でランゲロン将軍によって提唱されていたが、計画の危険性など現実的ではなく、仮想上のものであるという意見が眠気の中で大勢を占めてしまった。連合軍総司令部は、ナポレオンが既に半分以上敗北していると考えたのであった。

　もしそうでなければ、連合軍が戦場に接近するときに非常な不便に悩まされていたのに、なぜ一二月一日にフランス軍は作戦を強行しなかったのか？　なぜナポレオンは戦闘に有利なプラッツェン高地の支配を呆気なく放棄してしまったのか？　こうした考えからも、少なくともヴァイロテールは、中央部が脆弱であることなど無視でき、いずれにしてもコンスタンティン大公の予備軍がプラッツェン高地に対するいかなるフランス軍の攻撃に対処するのにも役立つであろう、と確信していたのだ。これが致命的誤算となり、ナポレオンの慎重な欺瞞計画が完璧に作動し始めた。餌は飲み込まれ、釣り針はしっかりと喰い込まれた。不運な出来事を除いては、アウステルリッツの結果は事実上決まったのだ。

　一二月一日を通じて、フランス皇帝は敵の動きを詳細に報告させていた。その日の大半は、各部隊の査察と彼らの武装が整っているかを確かめることに費されたが、午後遅くキーンマイヤー、ランゲロン、ドクトロフの各部隊がフランス軍右翼に直面する指定通りの場所に出現し、アウエスト村への敵の大移動が報告された。歓喜したナポレオンは、その瞬間から彼の望んだとおりの計画に沿って敵が行動をしていると確信したのである。「明日の夕方までにこの軍隊は余のものになっているであろう(22)」。彼は確信をもって出発した。

ひとつだけ心配があった。ダヴーが未着のままであることであった。しかしこの部下は右翼で自らの役割を果たすため遅れないで到着するであろうと確信していた。この信頼は裏切られなかった。というのはその夕方遅く彼はダヴーの先導部隊であるフリアン師団（六〇〇〇の兵力）がルグランの哨戒隊に遭遇し、ゴルトバッハ川から数マイルの範囲にあるグロス・ライゲルンでその夜、露営するであろうという知らせを受け取ったためである。

われわれの証人であるブレイズ伍長はこの部隊に勤務しており、彼の師団がウィーンから五五時間で八〇マイルを強行軍した興味深い説明を残しているが、それはフランス歩兵隊が達成しえた業績を例証している。

我々は夜の九時に宿営していた村落を出発した。午前二時まで行軍して森で停止した。そこでいくつかの灯火をつけ五時まで眠りまた道へ戻った。その日は終日行軍したが、再び森のなかで露営した。夕方六時に、我々は九時にまた出発しなければならないと知らされ、待ち望んでいたスープを準備する時間さえなかったのである。その結果、我々は出発の時刻まで眠ることにした。出発前ウィーンで三日分のパンを糧食として携帯してきたので、不足はなかったが、それしか食べられなかった。そしてそこから出発して、連隊が停止した午前五時まで行軍した。……遠征開始以来、我々の幸福に対してつねに関心を寄せてくれていた大佐が大量のワインを与えてくれた。これが活力を呼び起こし、我々を行軍の続行にふさわしい状態に戻してくれた。将校たちは兵員の大部分がそれぞれの中隊に再集合したとき、再び出発したが、大佐は落伍兵を呼び集めるひとりの将校を後に残した。とうとう我々は夕方七時にある村落に到着し、そこで竜騎兵の一師団に沿って露営したのであった。……我々がかかる長い行軍の後、その夜を睡眠にあてたかどうかご想像にお任せしたい！(23)

午後八時三〇分、主戦場へと戻った皇帝は、翌日の第一指令を発した。六万五〇〇〇の軍勢は、ザントン丘陵の背後で二本の小川によって作られている角地に集合することになった。最右翼ではスルト軍団のルグラン師団が、第三軍団が支援にやってくるまで、あらゆる犠牲を払ってでも予想されるオーストリア軍主力攻撃を押し返すことになった。その反対の側面では、ランヌがミュラの騎兵予備軍を右手に置いてザントン丘陵とその周辺を防衛する責任を負った。ベルナドットの第一軍団はブラゾヴィッツへの攻撃をしかけられるよう

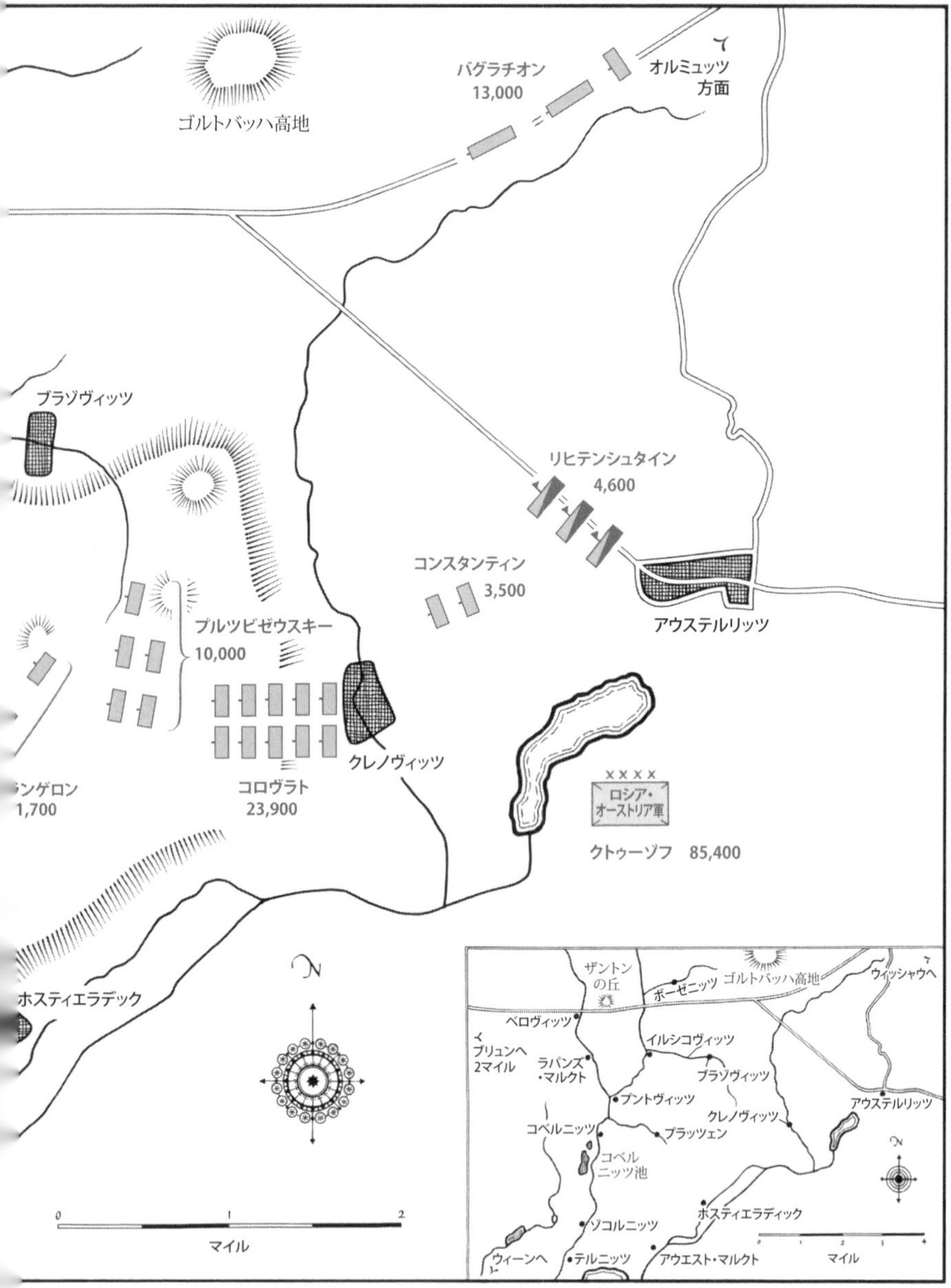
ゴルトバッハ高地
バグラチオン
13,000
オルミュッツ
方面
ブラゾヴィッツ
リヒテンシュタイン
4,600
コンスタンティン
3,500
プルツビゼウスキー
10,000
アウステルリッツ
クレノヴィッツ
ンゲロン
1,700
コロヴラト
23,900
ロシア・
オーストリア軍
クトゥーゾフ　85,400
ホスティエラデック
0
1
2
マイル
ザントン
の丘
ボーゼニッツ
ゴルトバッハ高地
ウィッシャウへ
ベロヴィッツ
ブリュンへ
2マイル
ラパンズ
・マルクト
イルシコヴィッツ
ブラゾヴィッツ
プントヴィッツ
アウステルリッツ
クレノヴィッツ
コベルニッツ
プラッツェン
コベル
ニッツ池
ホスティエラディック
ゾコルニッツ
ウィーンへ
テルニッツ
アウエスト・マルクト
マイル

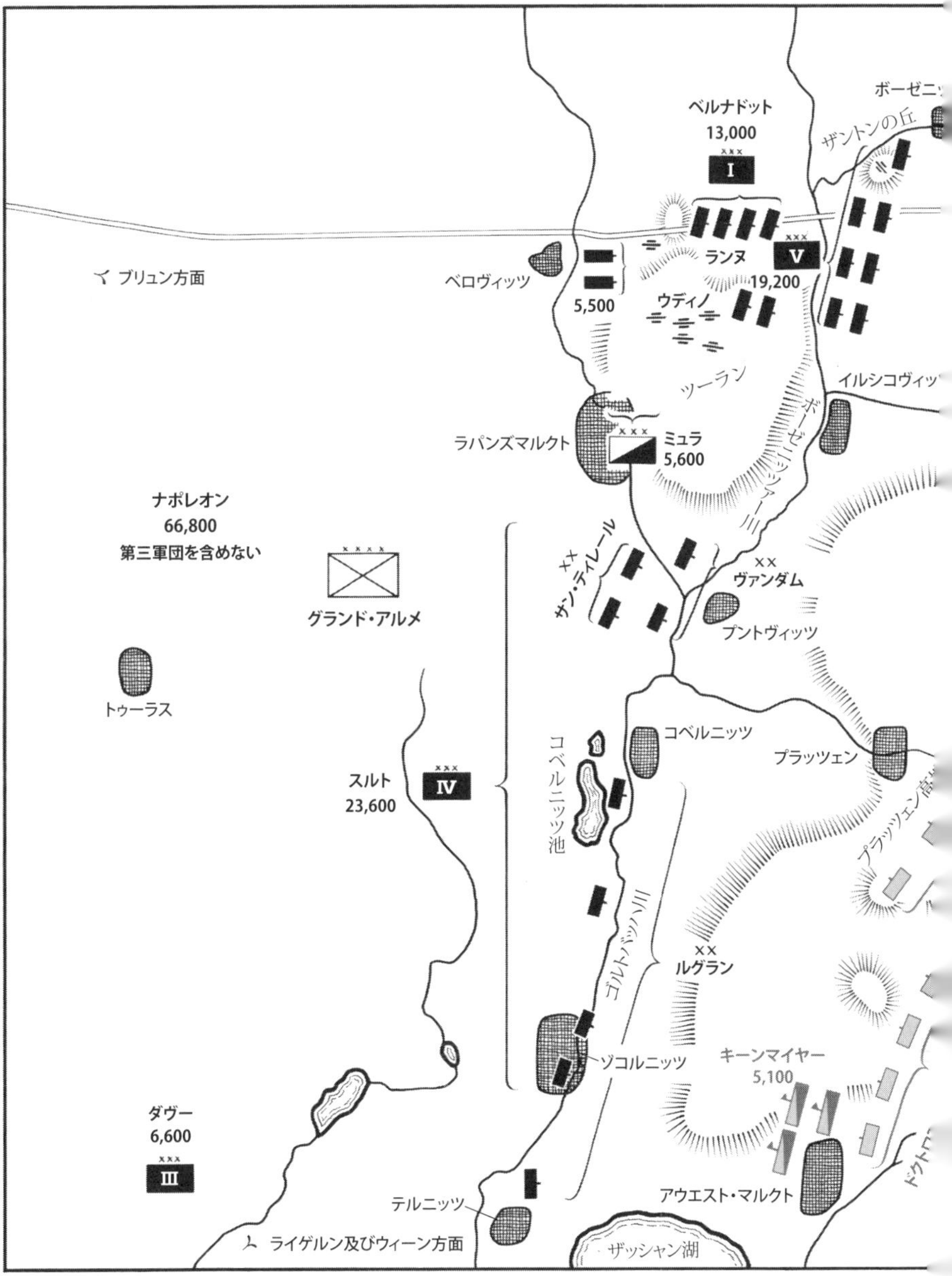

アウステルリッツの戦闘（1805年12月2日）全般的戦況、前夜遅くの時点

に、ザントンの背後に移動してイルシコヴィッツとプントヴィッツの村落の間で再度隊形を整えることになる。これらの村落の間では三つの大部隊が連合軍右翼を相手に充分渡り合えるであろう。そこでフランス軍主力攻撃はスルト軍団の二個師団でなされる。朝七時三〇分までにヴァンダムとサン・ティレールの部隊は敵の側面へと行動するかのごとくゴルトバッハ川の向こう岸に隊列を整えることになったが、信号が出されたら彼らの仕事はプラッツェン高地を急襲し、連合軍の中央部分を撃破することであった。

帝国親衛隊とウディノの擲弾兵たちは、緊急事態において南側面を強化するために、また（さらに重要だが）予定された敵包囲行動においてプラッツェン高地の占領を完遂するのに役立つよう、予備軍として保持されることになっていた。

兵員を発奮させるために、「その日の訓令」が発せられたが、その一部は次のとおりであった。

我々の占領している守備位置は手強いものである。ロシア軍が我々の砲兵陣地に前進して来るうちに、余は敵の側面を攻撃するであろう（『モニトゥール』と『書簡集』ではこの最後の部分は以下のように書かれている。「そしてロシア軍が我が方の右翼に向かって前進してくれれば彼らの側面は裸になろう」。これはナポレオンの取り巻きが事実に「合わせて」広報を改ざんしたわかりやすい一例である）。兵士諸君、余は自ら諸君らの大隊を指揮するであろう。もし諸君がいつも発揮しているあの勇敢さで敵の隊列に無秩序と混乱をもたらしてくれるならば、余は遠くから眺めているつもりだが、もし一瞬たりとも勝利が不確かとなれば、諸君にこの皇帝が最前線で身をさらしているところを見せるであろう。……

誰も負傷兵を搬送するとの口実のもとに戦列を離れてはいけないことを銘記せよ。我々の祖国を強烈に憎悪し、イギリスに金で雇われた従僕たちを制圧することこそが決定的に必要である、との考えを全員が肝に銘じなければならない。……(24)

この燃えるような訓令は、疑いもなく各兵員の勇気に鋭い刃を刻み込んだ。彼らは総司令官と一体であることを感じた。皇帝が兵士たちの信頼を確保したことが戦意を新たに高揚させたのである。

皇帝の訓令は発せられた。彼は、ジャガイモをタマネギと一緒に炒めたお気に入りの戦場食を士官たちとともに食べた。彼は上機嫌であって、元気よくエジプトや東方の魅惑について語ったり、パリの上空に彗星が出現したとの報告があったがそれは明日の勝利の前兆であろう、などと雑談したりした。

短い休憩の後、彼は司令部となっている粗末な小屋を出て、さらなる査察の巡回に出発し、しばしば敵の露営の火が本物であるかを見分けるべく夕闇に眸を留めたりしたが、アウエスト村の周辺から南には、ほっとさせてくれるだけの大量の火が点在しているのが見えた。疲れてはいるもののダヴー元帥の歓迎すべき到着があり、彼の騎兵隊と前衛部隊が翌朝八時までに位置に着くであろうし、引き続き残りの歩兵隊が到着するであろうとの報告も届いた。安堵した皇帝は、あの有名なかがり火の行列をして、歓呼する兵士たちに護衛されて露営に帰った。

その夜は比較的静かに過ぎていった。オーストリアの軽騎兵が哨戒中にゾコルニッツの郊外に着いたとき、小競り合いが一件発生したが、彼らはすぐに追い払われてしまった。翌朝早い時刻に作戦参謀長のサヴァリが、アウエスト近郊の敵の戦力は少なくとも一個軍団だという知らせを前線の偵察隊から持ち帰ってきた。皇帝はこれらの知らせを聞いて奮起し、スルト元帥は緊急会議に呼び寄せられた。地図を熱心に検討した後、午前三時に皇帝は、彼の当初の訓令にいくつか若干の変更を加えることを命じたが、それは根本的な変更というよりはむしろ強調する部分が変化した程度だった。

推測ではあるが、南方面に敵の戦力が向いてくれたおかげで、連合軍右翼と中央部が弱体化しつつあるのを最大限利用するため、プラッツェン高地への攻撃が少し北へずらされたのである。ヴァンダムとサン・ティレールはプントヴィッツから攻撃することになった。さらなる命令により、ダヴーの軍団が大挙して到着するまでの危機的な時間帯において、右翼軍強化のため四〇〇〇の兵員も追加された。それから皇帝は、参謀が忙しそうに新しい命令を発信している間に藁のベッドへと帰っていった。

第一陣は午前四時に起こされ、割り当てられた位置へと移動するにつれてすぐに深い朝霧に覆われていた。この霧は、ゴルトバッハ川の向こう側の土手で先制攻撃のため編成中の連合軍各部隊に相当な混乱をひき起し、この混乱が戦闘の最初の一時間においてフランス軍に極めて有利に働くことになった。とはいえ、午前七時にテルニッツの周辺で激しい攻撃が展開され、キーンマイヤーの前衛部隊がルグランの守備隊と衝突した。

最初はすべてがフランス軍に有利に運んだが、少し経つとドクトロフの強力な梯団の大部分が霧のなかから姿を現し、午前八時までに第三戦列歩兵連隊一二〇〇の生き残りが村落から撤退させられたが、彼らの撤退はダヴーの猟歩兵と軽騎兵に援護された。一方、北方面ではランゲロン軍とプルツビゼウスキー軍がゾコルニッツの村落を急襲中であった。一握りのポー狙撃兵大隊《テュライユール・デ・ポー》［イタリア人で編成された軽歩兵部隊］を

アウステルリッツの戦闘（1805年12月2日）連合軍とフランス軍の計画

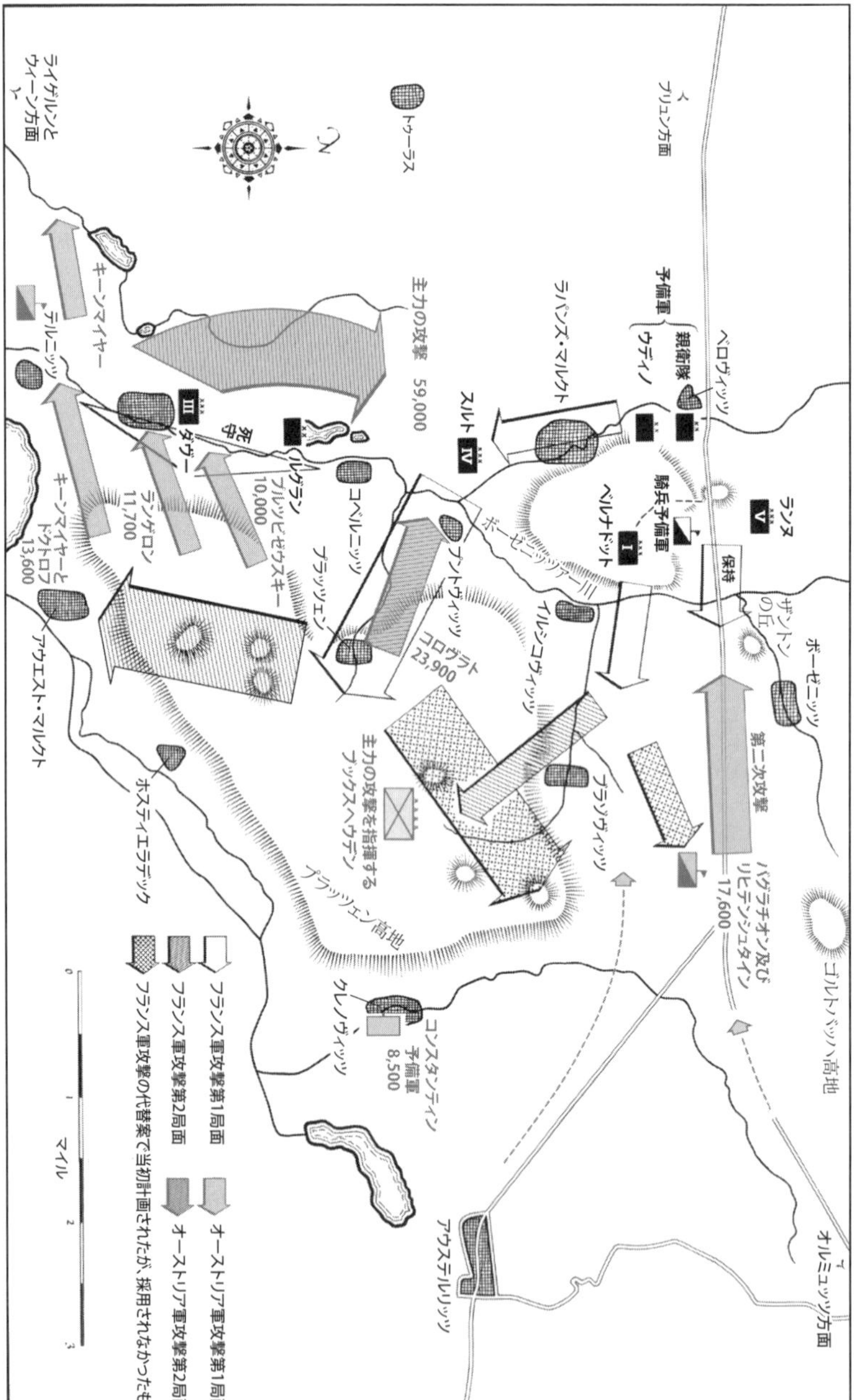

率いるマンジェロン将軍は、最初の攻撃に反撃し、メルル将軍の第二六軽歩兵旅団によって増強されたおかげで、守備隊は一八〇〇の兵力と六門の大砲をもつことになった。しかし午前八時三〇分までに三〇門を下らぬ敵の大砲が戦列に加わり、連合軍八〇〇〇によって攻撃が再開され、防衛側には手に負えなくなってしまった。今度はゾコルニッツが敵の手に落ちた。しかし、テルニッツのはるか後方でダヴー元帥がウドレ旅団とともに反撃を開始しつつあった。そのなかに靴ずれを起こしているブレイズ伍長がいた。

攻撃命令が下される前にダヴー元帥（敵弾が我々をとらえ始めても立ち去ることがなかった）は、我々にマリア・ツェルの行動を思い出させた。ウドレ将軍は我々の先頭に立ち、我々は戦闘命令で大胆に前進し、越えるにはあまりにも大きい掘割に来て停止させられた。そこでウドレ将軍は大佐に左の方の離れたところの橋を渡って移動するよう命令した。この行動は我々の破滅の原因となったのである。というのは兵士たちがおごりたかぶっている敵の歩兵隊と取っ組み合いたいと熱望していたので、将軍のこの賢明な策にもかかわらず、隊列を乱してしまったのである。激しい銃火の下で我々の戦闘隊形を再編成しようと努めたとき、その日の特徴となった濃い煙と霧のなかで我々をバイエルン軍と間違えたオーストリア軍の軽騎兵が、我々の多くを負傷させ四人の将校を含む一六〇人を捕虜にした(25)。

午前八時四五分までに村は再びフランス軍の手に落ちたが、この再占領はつかの間に過ぎなかった。戦闘が紛糾するなかで第二六軽歩兵旅団がゾコルニッツから退却したときに、第一〇八連隊が彼らに射撃を浴びせてしまう不運が起こり、この事件により防衛側は軍勢を結集し損ねた。こうして九時までに敵がこの両村をほぼ完全に制圧した。

連合軍はあらゆる条件において、その日最初の勝利の栄誉を確保したかのように見えたけれども、実は戦闘はフランス軍に有利に展開したのである。八時頃、霧が晴れつつあり、プラッツェン高地でロシア軍の梯団が「奔流のように」南へ移動しているのが明らかになった。ナポレオンが望んだように、連合軍の中央部が弱体化しつつあった。ほとんど四万にもおよぶ連合軍がフランス軍右翼に向かって集結し、さらに多くがその途上にあった。いまや的確な瞬間においてフランス軍が反撃のタイミングをつかめるかどうかに勝敗の命運がかかっていたと言ってよい。サン・ティレールとヴァンダムの師団はゴルトバッハ渡河の指定された出発線にいて、渓谷に滞留していた霧によって彼らの存在は好都合にも敵から隠されていた。戦闘に欠かせない「はずみ」を確保するためにも、兵員は三倍の水割りの酒の配給で精神的にも強化されたのであった。

「プラッツェン高地の頂上にまで貴官の師団を移動させるのに、どれくらいの時間がかかるかな？」と皇帝はスルトに訊いた。「二〇分以内です、陛下。と申しますのは、軍団が霧と露営の火の煙で隠された渓谷の麓に隠れているからです」との答えであった。「それならもう一五分ほど待つとしよう(26)」。ナポレオンは双眼鏡で敵のさらに二個梯団（コロヴラトとミロラドヴィッチ）が南へと絶え間なく移動しているのを見ていた。彼らが行程を充分移動したと判断するや、皇帝が言葉を発した。命令がかすれた声で叫ばれ、鼓笛隊が「突撃」の合図を打ち鳴らし、二個師団が前進し、部隊がそれまで護られていた霞から姿を現すにつれて、陽光が銃剣の隊列に沿ってきらめいた。まさに九時であった。

右翼では、サン・ティレール将軍が目的地であるプラッツェン村そのものへ急行したが、ほとんど抵抗に遭遇しなかったし、フランス軍は驚くほど速く村落を越えて台地の頂きに押し寄せたのである。左翼では、ヴァンダム将軍がシュターレ・ヴィノブラディの山頂に向かって前進したが、彼はそれほど幸運とはいえず、イルシコヴィッツ村を固く守る敵軍を抜くのに手間取ってしまった。

最初、連合軍は中央部へのこの突然の脅威によって驚愕させられた。クトゥーゾフ元帥と彼の参謀たちはミロラドヴィッチ軍の南方向への梯団に随伴していたが、彼らがゾコルニッツへの途上でプラッツェン高地の頂きに着いたとき、突然この危険を理解したのである。クトゥーゾフは彼の身近に部隊を停止させ、取り急ぎ行軍の方向を反転させたが、この急襲の前にただ二個歩兵大隊のみがプラッツェン村に到着したに過ぎなかった。

この介入があまりに遅かったので、フランス軍の進撃の潮流をふさぎ止めることができず、午前九時三〇分までに連合軍は後方に浮き足立ち、フランス軍はプラッツェン高地への道を難なく進軍したのである。

遠く北方面においては、フランス軍左翼がまた新たなる作戦開始の途上にあった。これまでのところ、彼らはバグラチオンの軍勢とほとんど一発の弾も撃ち合っていなかったが、いまやナポレオンはベルナドットに、スルトによる攻撃の支援のためブラゾヴィッツへ移動するよう命じていた。最初この進撃は順調に進んだが、午前九時三〇分ロシア帝国近衛兵の二個歩兵大隊が村の再占領に成功した。三〇分後、フランス軍左翼全軍が敵軍との激烈な争闘のなかに封じ込められた。ミュラの騎兵隊とランヌ指揮下の一個梯団が、バグラチオンの歩兵隊とリヒテンシュタインの騎兵大隊を釘付けにするため前進した。騎兵の大群がカファレリの師団に駆け寄ってきたが、ケレルマンの軽騎兵によって莫大な損害を被って撃退させられた。一対一〇の戦力差をものともせず、フランス騎兵は馬を降り、敵の隊列を怯えさせるようなカービン銃の射撃を注ぎ込んだ。これに突撃が加わり、リヒテンシュタインの攻撃はその勢いを喪失した。それにもかかわらず、ランヌはまだ苦闘中であった。バグラチオンの大砲三〇門が戦慄すべき死傷者を生み出し続け、カファレリの兵員四〇〇が三分間で全滅されてしまったからである。

この戦域での短い小康状態は、連合軍騎兵隊の突撃とともに破られた。しかし、それはさほど長くは続かなかった。バグラチオン軍がすぐにザントン丘陵に向けて新しい攻撃をしかけてきたが、第一七戦列歩兵連隊はしっかり持場を死守したのである。さらに少し後、ランヌが白兵戦でブラゾヴィッツを再度急襲し、五〇〇の捕虜と五門の大砲を得た。

今度はミュラの出番であった。バグラチオンとクトゥーゾフ両軍の間にくさびを打ち込む機会は巧みにおとずれた。三〇〇〇のフランス騎兵隊は前進を開始したが、バグラチオンがフランス軍の計略に気づき、使えるだけのあらゆる騎兵大隊を戦闘に投入したので、二倍の騎数によってすぐに反撃されてしまった。カファレリの師団がブラゾヴィッツから押し出してくるにしたがい、四〇の騎兵大隊がその側面を攻撃したが、この頑健な歩兵隊は正面の向きを変え、ミュラがオトポルとナンスティの胸甲騎兵隊を予備軍から呼び寄せられるまで、三回の敵襲を撃退した。これらの堂々たる戦士たちは馬毛の兜の前立てを高く打ち上げ、胴鎧を煌かせて敵の射撃による甚大な死傷に耐えつつも、連合軍騎兵の左側面に突入すべく、四〇〇ヤードの幅に広がって全力疾走で前進した。その衝撃の音響たるや戦闘の騒音を超えて戦場の隅々まで聞こえたほどであった。五分間のあいだ勝敗の行方はわからなかったが、ついに連合軍の騎兵が重圧のもとに敗れた。リヒテンシュタインは彼の弱体化しつつある騎兵隊の一部を呼び集めることに成功し、追撃に分散してしまったフランス軍に反撃したが、この動きは、フランス胸甲騎兵隊の第二連隊が到着して現場に姿を現すと望みなき混乱に投げ込まれた。

その間に最左翼においては、ランヌの歩兵隊がバグラチオンの各師団に向かって頑強に前進していた。前進速度はゆっくりであったが、これは第五軍団の構成員が相対的に未経験な徴集兵の比率が高かったためであった。それにもかかわらず、彼らは堂々と立派に任務を果たした。シュシェ将軍は報告書で書いている。「戦闘の間、歩兵隊は砲撃を最大の冷静さでやり過ごしました。皇帝の命令は忠実に遂行され、おそらく戦争開始以来初めて負傷者の大部分が野戦病院へ足を引きずって行きました(27)」。左翼においてこうした努力の結晶が見られたため、バグラチオン軍は事実上正午までに残りの連合軍から切り離され、ランヌ軍は敵右翼を孤立させるという皇帝の指示を実行したのである。

プラッツェン高地を最初に占領することは、中央部における戦闘を開始するに過ぎなかったし、フランス軍がその地域の占領を確実にする前に、数多くの危機が克服されなければならなかった。午前一〇時の直後、サン・ティレールの師団は厳しい試練を経験した。フランス軍が既にコロヴラトの軍勢と前面で、カメンスコイの予備軍とは左面で激しく交戦していた丁度その時に、彼らは反転してきたランゲロン梯団の後衛旅団から、右側面を突然攻撃されたのである。三方面から同時に攻撃され、疲労したフランス軍は動揺し始めたが、サン・ティレールの決断力と勇気は兵員を呼び集め危機に対応したのである。

敵の総攻撃を待つのではなく、白兵戦による捨てばちの突撃で兵士を前進させ、短い休止期間を稼いだのであった。これがスルトに軍団の予備砲兵から一二ポンド砲六門を緊急配備させる時間を与え、元帥自身が前線に来てこれらの砲撃を監督した。激烈な戦いがその後に続いた。大砲が咆哮しマスケット銃がパチパチ音を立てた。しかしランゲロンの戦列に大きな裂け目が生じ、一一時までに最悪の危機が去った。サン・ティレールの左では、ヴァンダム将軍がコロヴラト指揮下の二五〇〇の軍勢およびミロラドヴィッチ指揮下の九個歩兵大隊と激しく交戦させられていたが、正午までに敵はこの戦区でも同じように退却しつつあった。こうしてプラッツェン高地は、その東端を除いて確実にスルトの占領するところとなった。

はるか離れたフランス軍右翼の方では、戦況が二転三転する厳しい戦闘が午前中いっぱい進行していた。テルニッツとゾコルニッツの陥落後、皇帝はいくらかこの戦区が心配になり、午前九時半直後に南側面強化の命令を持たせて、予備軍からウディノ将軍の擲弾兵隊を派遣した。しかし、結局はスルトのプラッツェン高地への攻撃が功を奏するや、この地域における戦況も急速に改善したのであった。左翼にいる連合軍の梯団が新しい戦況に照らして命令を待つ間、小康状態が訪れた。そしてクトゥーゾフが中央部を強化するため第二および第三梯団の一部を撤退させようと企てたとき、第四軍団の騎兵隊が後退する連合軍に対して数度にわたる突撃をかけるという重要な役割を演じた。

結果として、敵の動きはかなり妨害、または遅滞させられたのである。三つのルートをとったフランス連隊は、この隙に彼らが失った村落の西に新しい戦線を設定する時間的余裕を得たし、一〇時までに彼らはグロス・ライゲルンからフリアン将軍の消耗した師団（ダヴー軍団の一部）が到着することで強化された。戦闘中の戦線に対して貴重な兵力が付け加えられたことで、ゾコルニッツに対する戦闘は再開され、ロシェ少将は二個連隊でこの村を急襲し、二本の軍旗と六門の砲を捕獲した。第四八連隊をこの村の防衛に残し、ロシェは第一一一連隊を前進させ、大胆にもゴルトバッハ川の東岸にあるゾコルニッツ城に猛攻をかけようとした。

しかし、彼がこの目標に到着する前に、ランゲロンはゾコルニッツに執拗な反撃をしかけ、実際には第四八連隊を一掃したので、フリアンはこの新しい脅威に対処するため第一一一連隊を呼び戻す以外の選択肢がなかったのである。午前の残り時間は、八〇〇〇のフランス歩兵隊と二八〇〇の騎兵隊が三万五〇〇〇の連合軍を苦悶に満ちた消耗戦の末撃退した。ゾコルニッツの大半は再びロシア軍の手に取り返されたが、頑固なロシェは市街の南端を決して手放さなかったし、フランス軍の戦線は保持された。

そのため、正午までに戦闘はナポレオンに決定的に有利に進行していた。左翼において、ベルナドットの多少の支援もあって、ランヌとミュラは連合軍右翼のバグラチオンを包囲し孤立させた。中央部では、スルトが敵陣のど真ん中にあるプラッツェン高地を制圧していた。右翼において、ダヴーは中央部と連携しているウディノの擲弾兵たちによって後方を支援されつつ、潮のような連合軍の前進をほぼ堰き止めた。フランス軍の勝利は実質的に確保されたが、戦勝の範囲についてはまだ疑問があった。

連合軍戦線の完全崩壊、もしくは少なくともむき出しになっている左側面の包囲と壊滅のときが近づきつつあった。第一にとった動きとして、ナポレオンはバグラチオン軍への攻撃からベルナドット軍団を外し、強力な「決戦部隊」を作るべくゴルトバッハ左岸へと帝国親衛隊を移動させた。皇帝の帝国総司令部はまたプラッツェン高地へと移動した。戦勝決定の努力はその目的がブックスヘウデン軍を包囲することにあるとし、ナポレオンはフランス軍中央部の全兵力を右翼に傾注せよとの命令を発した。このときまでにフランス軍の勝利にとっての唯一の深刻な障害は、堅固な密集隊形をとるロシア帝国近衛兵（騎兵と歩兵からなる）だけとなっており、彼らは連合軍中央に開けられた空隙を埋めるべく、待機していた場所から威風堂々と前進してきた。

午後一時直後、コンスタンティン大公［原文のフェルディナント大公は誤り］は疲労し火薬にまみれたヴァンダム将軍の部隊を攻撃するため、かかるエリート部隊の無傷の四個大隊を投入した。この襲撃の成功において不運だったのは、三〇〇〇のロシア軍が午前中なんらの作戦にも参加できなかったことに激昂し、フランス軍との衝突にあまりにも熱狂してしまい、三〇〇ヤードの距離から銃剣をかざして全力で突撃してきたのである。

アウステルリッツの戦闘（1805年12月2日）フランス軍最終攻撃　午後2時30分

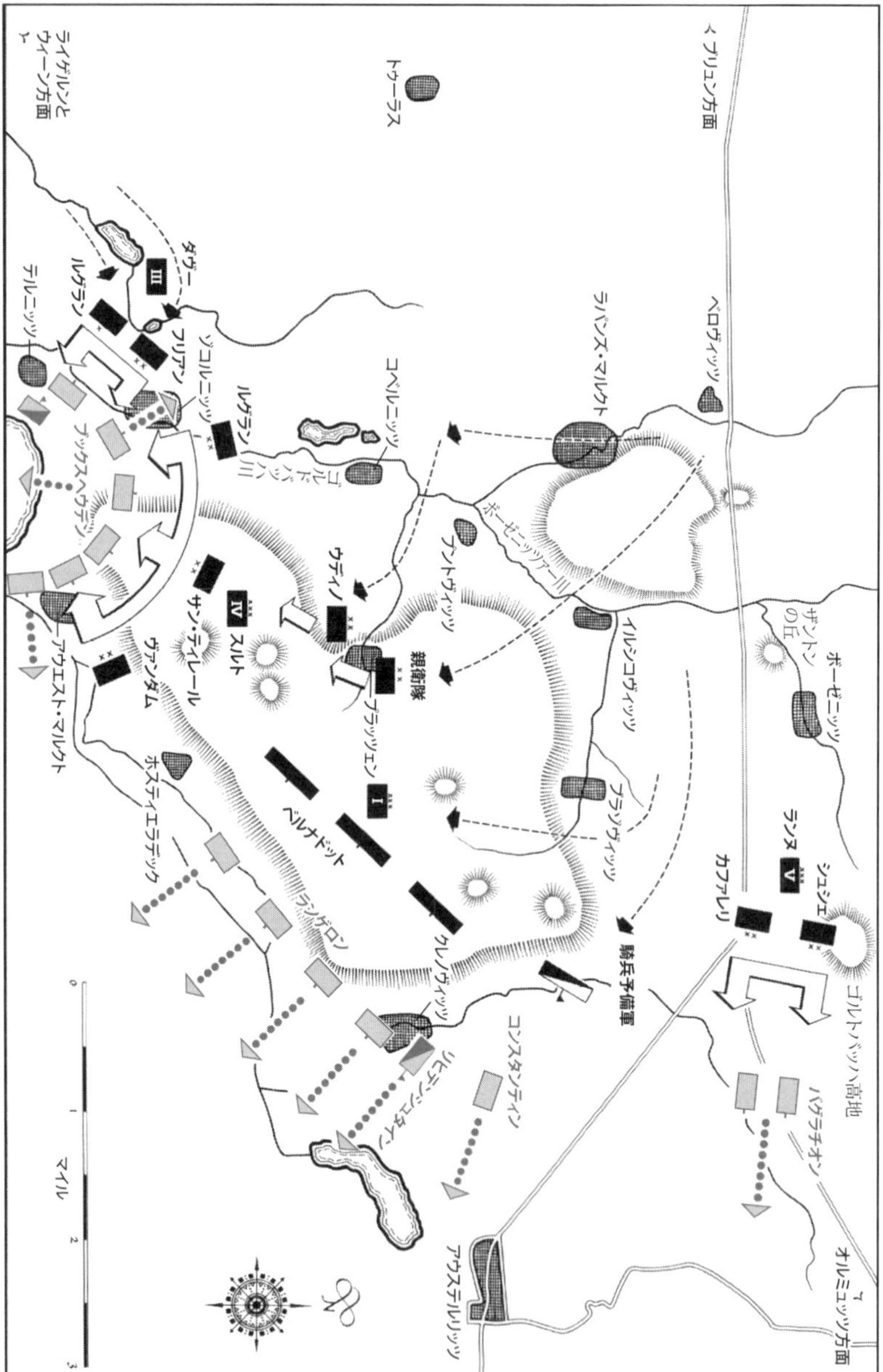

そのため彼らが目的地に到着したときには兵員の大半が激しい息切れをしていた。それにもかかわらず、ロシア近衛兵は難なくフランス軍前線を突破して、第二陣の集中砲火によってようやく停止させられた。その勢いは一時的に弱まったので、ロシア近衛兵は再編成のため整然とクレノヴィッツへ帰投した。

この瞬間、ヴァンダムは彼の右翼に兵力を傾注するよう命令をナポレオンから受け取ったが、これを実行すれば彼の軍は必然的に左側面と後部が無防備となってしまう。この好機をコンスタンティン大公は見過ごさなかった。すぐにも近衛騎兵隊の一五個大隊がヴァンダムに襲いかかり、ロシア擲弾兵が正面攻撃を再開してこれを支援したのであった。

非常に厳しい重圧のもとで、ヴァンダム将軍は称賛されるような冷静さを保ち、彼の軍のむき出しとなった側面を防衛すべく直ちに第四戦列歩兵連隊と第二四軽歩兵連隊の二個大隊を移動させた。ロシア軍の攻撃が非常に勢い盛んであったので、ド・セギュールによれば「左翼にいるヴァンダムの二個大隊は圧倒されてしまった！　なるほど大隊のひとつは、鷲の軍旗と武器の大部分を失った後には立ち上がって全速力で逃げるのみであった。第四戦列歩兵連隊に属する歩兵大隊は我々もナポレオンも無視して逃げだした。それを捕まえようとする我々の企てはすべて無駄に終わったのだ。この不幸な味方たちは恐怖で完全に狂っており、誰にも耳を傾けようとしなかった。かくして戦場と皇帝を見捨てたことに対する我々の非難に応えて、いまだかつてないほどの速さで逃げつつも、彼らはいつもの癖で『皇帝万歳！』と叫んでいた(28)」。

フランス軍にとって幸運であったのは、連合軍にはこの成功を確実にするいかなる予備軍も手元になかったことである。ナポレオンの最初の反応は、帝国親衛隊の騎兵隊をベシェールに付けて送り出すことであった。この最初の二個大隊はロシア軍の近衛兵たちによって撃退されたが、反撃の第二波、騎馬砲兵に支援された擲弾騎兵の三個大隊はかなりよく働いた。いまやこの戦いには、ベルナドット元帥が中央部での危機的な状況を察知して自ら先導して派遣したドルーエ将軍の師団が加わっていたのである。この増強軍の出現が戦況を安定させ、これを聞いてナポレオンは「とどめの一撃」を与えるため、親衛隊の猟騎兵二個大隊とマムルークの一個大隊とともに、上級副官であるラップ将軍を送り出した。

疲労していたロシア軍はこの新たなる攻撃の衝撃に抵抗することができず、一〇分以内に五〇〇の擲弾兵が戦死し、貴族出身の近衛騎士二〇〇人（ツァーリの個人的護衛）が指揮官であるレプニン公爵とともに捕虜となった。これらの捕虜が戦勝に湧くなかを皇帝のところに連れてこられたとき、皇帝は「ペテルスブルグの貴婦人たちがお嘆きになることであろう」と語った。その間に、ロシア近衛兵の生存者たちはベルナドットの部隊によって激しく追撃されて、クレノヴィッツへと退却した。この撃退をもって連合軍の中央部は壊滅してしまった。午後二時直後のことだった。事態はナポレオンが当初期待したようなコースを正確にはたどらなかったものの、最後の仕上げを行う瞬間がおとずれていたのであった。

ナポレオンは急いで新しい命令を発した。親衛隊、ウディノの擲弾兵、そして戦闘に疲れたスルトの師団は、プラッツェン高地の占領はベルナドット軍団に任された。ブックスヘウデン軍を北と東から包囲するため南へ旋回することとなったが、一方ダヴー軍団は西から攻撃した。午後二時三〇分までに、ブックスヘウデンは自軍が決定的に危機的な状況にあることがわかった。自軍の両翼はいまや友軍から孤立させられ、クトゥーゾフからも皇帝《ツァーリ》からもいかなる命令も来なくなった。ヴァンダムはすぐにアウエストを占領し、ダヴーの師団は防御から攻撃に転じつつあり、もう一度ゾコルニッツとテルニッツの村落へと容赦なく前進を続けていた。

ロシア軍の元帥が、退路をフランス軍が塞ぐ前に軍勢の半分を東方へ引かせ、残りの軍勢にゴルトバッハ川の西岸を北へと血路を開くよう命令を発したが、あまりにも遅かった。ヴァンダムは東方へ向かった梯団を捕捉、釘付けにし、北へ押し寄せた軍勢はサン・ティレールとダヴー元帥の連結作戦によってすぐに停止させられたのである。消耗と莫大な死傷。ブレイズ伍長の部隊のみで四人の大尉、ふたりの中尉、七〇人の兵員が戦死し、さらに一二名の将校が負傷、そして大佐は三頭の軍馬を彼の下で死なせていた。

長い一日の後、フランス軍の気分は予想されたように陰鬱であった。サン・ティレールの師団のティボー将軍は記録している。「戦闘の最後の時間に至るまで、我々は一名の捕虜も持たなかった。いかなる危険も冒すことはなかったろう。何ものにも固執することはありえなかった。そしてただひとりの生きた敵をも我々の後方に残すことはなかった」。ダヴーの命令は単に「ひとりも逃すな」であった。

三時までに、ロシア軍は南方の凍結した湖や沼地に追い返された。プルツビゼウスキーの師団は武装解除され、ランゲロンの師団も半分は捕虜となった。東へ退却したブックスヘウデンの梯団はアウエストから出撃したヴァンダムによって二分され、元帥は彼の梯団の先頭とともにアウステルリッツへ脱出できたに過ぎなかった。湖を背に完全に孤立したドクトロフ将軍は「逃げられるものは逃げよ」と命じ、五〇〇〇の兵員は個々の安全を求めて散開したのであった。多数の兵員は氷結した湖を越えて逃げようと努力したが、ナポレオンは二五門の大砲で氷を砲撃することを命じ、不注意にも大急ぎで馬を走らせる敵軍の砲兵隊の重量に、砲弾の効果が加えられて、氷の表面に亀裂と破壊が生じ、数千の不運な兵士が凍りつく湖水に投げ込まれたのであった。後にフランス軍広報は、二万にもおよぶ兵員が全滅したと主張したが、もちろんこの数字は大きな誇張である。このとき五〇〇〇の連合軍が湖の近くにいたに過ぎず、溺死したのは二〇〇〇人ぐらいであろう（ある専門家はこの数字を二〇〇としている）。しかしながら、戦闘後にザッシャン湖の水中から三八門の大砲と一三〇頭の軍馬が回収されたのは確かである。

　敗北が、無情にも連合軍の中央部と左翼の大惨事へと発展したので、バグラチオン元帥は軍のなかでも比較的無傷な自分の一翼を離脱させるときがきたと判断した。北方面の戦闘は午前中の早い段階では激烈であった。ある一時点では、ロシア軍がシュシェの徴集兵たちを最左翼でほとんど圧倒していたが、ランヌは軍団の残りをもってバグラチオンの中央と左翼を攻撃し、戦況を回復させることができた。

　午後三時までにバグラチオンは退却しはじめ、午後四時三〇分までに北側面ですべての砲火は鳴りを潜めた。フランス軍はあまりにも疲れていてバグラチオン軍を充分に蹂躙できなかったし、次の四〇時間以内でバグラチオンは戦場から六〇キロの距離外に首尾よく逃亡したのであった。

　夕方五時に全軍撃ち方止めのラッパが戦場のすべてに響き渡った。死傷者数の算定という身の毛のよだつような作業が始まった。おそらく一万一〇〇〇のロシア兵と四〇〇〇のオーストリア兵が戦場に倒れ、一八〇門の大砲と五〇本の国旗、軍旗とともに、一万二〇〇〇の連合軍兵士が捕虜となったと思われる。かくしてオーストリア＝ロシア軍は約二万七〇〇〇（当初の実質戦力の三分の一）の損失となった。フランス軍の損失は比較的に軽微で一三〇五の戦死者、六九四〇の戦傷者を出し、五七三人以上が捕虜となった。

　ナポレオンは決定的勝利をつかみ、彼はこの戦役を凱歌のあがる決定打へと持ち込んだのであった。第三次対仏大同盟はいまや崩壊の瀬戸際にあった。戦闘の翌日、ロシア皇帝《ツァーリ》と彼の軍隊がハンガリーとポーランドへ退却する一方、オーストリア皇帝は休戦を求めることになった。メーレンでの大勝利という報は、悲嘆に暮れたフランスの最大の宿敵ウィリアム・ピットの死を早めることとなった。

　しかしこれらは戦いの後に起こったことであって、歓喜しつつも疲労困憊したナポレオンは次のように彼の妻で皇后のジョゼフィーヌに書いた。「余はふたりの皇帝によって指揮されたオーストリア＝ロシア連合軍を撃ち破った。余は少し疲れた。余は八日間そして同じ数の氷つく夜を屋外で露営したのである。明日、余はカウニッツ公爵の城で休むことができ、そこで二時間か三時間は睡眠をとることができよう。ロシア軍は敗北したのみならず、撃滅されたのである。余はそなたとともにある。ナポレオン(29)」。

第38章　成功の秘訣

一八〇五年の戦役が残した教訓は数多くあり、かつ有意義である。初めてナポレオンは、フランスの戦争事業全体について明白に支配権を握っていたのであり、ヨーロッパはいわゆる「ナポレオン戦役」の極意を知るようになった。この年にはまた、荒れ狂いかつ血塗られたそれから先の一〇年間、ヨーロッパ各国の軍隊に対する鞭となる宿命を背負ったグランド・アルメの創設と初めての戦争経験があった。それは疑いもなくこの時代の最高度に発達した戦争道具であったし、アウステルリッツ以後、数多くの将来の敵対者に恐怖を叩き込む令名を確立した。

ナポレオン自らレドレルへの手紙に書いているように、「我々にはかつてイタリア、ライン、オランダの各方面軍があったのであって、ひとつのフランス軍は存在しなかった。いまやそれが存在しており、我々はそれを現実の戦闘において見るであろう(30)」。あらゆる戦線が、ひとりの全知全能の指揮官によってひとつの最終目標へ向かって指揮されたのである。全面的な戦略計画では、アディジェ川におけるマッセナも、またはナポリでのサン・シールも、ドナウ川へ向かって進軍する軍団と同じ役割を担ったのである。意思決定の際、極めて多くの負担がナポレオンの双肩にかかる指揮権集中システムは、時には過剰に皇帝の命令に依存することになり、よって間違いを引き起こすことにもなった。たとえば、ミュラがクトゥーゾフ軍の追撃中に、彼の指揮から抜け落ちたときのように。しかし少なくとも一七九六年や一八〇〇年のときのように、彼の命令に真っ向から挑戦し無視できるだけの威信を備えた同僚も競争者もいなかった。

ライン川からドナウ川までのこの大胆かつ圧倒的な戦略的移動は、ナポレオンの「戦役開始の原則」を実際の作戦において示してくれた貴重な事例となった。まず作戦ラインはひとつだけであり、軍は広い横幅で前進したものの、中軸は概ねマンハイムからドナウヴェルトまでつながる線上にあった。第二に、ナポレオンはいかなるときも、作戦の目標は敵の主力軍であるべきだと考えていた。一八〇五年に、マック将軍指揮下のオーストリア第二軍をまず最初に襲撃してこの原則をわずかに破ったものの、皇帝は、ドナウ川が真に危機的な戦線であること、またオーストリア軍がイタリア戦線を優先してカール大公のより強大な軍隊をそこに駐留させてしまい、戦略的にも大きな過ちを犯していることを充分に理解していたので、この作戦も正当化されるのである。

本題に関するナポレオンの第三の格言は、敵の側面または後方への行軍が望ましいという点である。ドナウ川への行軍は、まさにこの考え方を申し分なく示した実例である。第四に、ナポレオンは敵の戦略的側面の方向を変えてしまう重要性を常に強調している。この点は、今回の戦役を通じて困難を伴う問題を提起していた。というのも、マック軍がウルムからウィーン（東方）へとつながる主要な連絡線に加えて、南方のチロルやヨハン大公軍へと延びる第二の連絡線まで備えていたからである。ところが、ナポレオンはドナウ渡河の後、両方の退却路を封鎖してしまい、餌食となる敵を孤立させたのだ。最後に皇帝は自軍の連絡線が安全に確保されていることを確かめていた。

これらの連絡線は、もしマック軍がドナウ川を北岸へと渡河したならば、もしロシア軍が東方から予定よりも早く到着していたならば、あるいはもしプロイセンが北方から戦争に介入することを決定していたならば、危険に陥っていたことだろう。ナポレオンは注意深くこれらすべての可能性を検討し、かかる事態を回避できるように、数多くの細やかな予防措置を講じていたのだ。予備軍の露営地や要塞化された都市がライン川に沿って建設され、相当数の部隊が彼の後方地域を防衛すべく派遣されていたし（これは必然的に自身の戦闘力を削減はしたけれども）、前線に近いアウクスブルク、ミュンヘン、ウィーン、そしてブリュンのような確固たる「作戦の中心地」を完璧に利用したのである。

今回の戦役はまた、ナポレオンが騎兵を巧みに使用したことでも有名である。最初の移動の成功はスピードと奇襲に大きく依存しており、この双方の条件はミュラの騎兵予備軍によって満たされた。騎兵予備軍は数多くの重要な機能を果たしたが、その機動性をフルに活用して、シュヴァルツヴァルトでは陽動を仕掛け、マック将軍にフランス軍が来襲する方向を完全に悟らせないようにした。

また彼らは詳細な偵察を実施しグランド・アルメの側面と後方の安全を確保し、なかんずく軍の前進行動を覆い隠すカーテンまたは遮断幕《スクリーン》の役割を果たしてくれた。そして敵の至近距離において、騎兵隊は追撃（ミュラ軍によるトッホテルフィンゲンやヌレンブルクへの猛攻など）や軽度の戦闘（ヴェルティンゲンにおけるように）といった付加的な役割をも果たしたのであった。ミュラは、様々な戦闘の重大な局面において、戦役全体の成功が危機に瀕してしまうようないくつかの破滅的な過ちを犯した。たとえば、彼がクトゥーゾフ軍をドナウ川の北岸へと脱出させてしまったときのように。それにもかかわらず、ナポレオンは騎兵司令官でありかつ義弟でもあるという負い目を意識して、ミュラの欠点と過ちを大目に見たのである。

もしマックがウルムで捕虜になったことが、ナポレオンの戦略の勝利であったとすれば、アウステルリッツで見られたさらに印象に残る戦勝は、彼の戦術的な判断力と直感的な天分の証しであった。後年、ナポレオンは彼の成功の秘訣が戦略にあったと説明しようとしている。「アウステルリッツの勝利は、メーレン遠征計画における当然の帰結に過ぎなかった。戦争のような難しい技巧においては、戦役のシステムがしばしば戦闘計画を暴露してしまうものである。経験豊かな軍人のみがこのことを理解できるのだ(31)」。

最初の弾丸が発射される前に敵は事実上半ば撃破されており、またそのエピソード全体が、だましのテクニックを巧みに使用することで、注意深くしかけられた罠に敵を誘い込んだみごとな一例になっているのは確かである。しかし、皇帝が発揮した戦術的な熟練と彼の兵員が示した忍耐と勇気の資質によってこの日の勝利がもたらされたことも、また忘れてはならない。

ナポレオンの偉大さと敵の愚かさを比較しておくこともまた一興であろう。地形の特性を認識していたフランス皇帝はまことに賢明にも、軍団の大部分をいかなる方向からの攻撃にも対応できるように中央位置に集中させていた。他方、連合軍は統合されていなかった。ヴァイロテールの計画のもと、オーストリア＝ロシア連合軍は事実上は三つの翼（そのうちの二翼は激しい攻撃に耐えられるほど強力ではなく、第三翼はどちらかと言えば過剰に装備されていた）に分けられていた。これまでの軍事史は、主力攻撃のために充分な軍勢を集結させるのに失敗して敗北した戦例で埋めつくされているが、アウステルリッツは過剰配備が危険をもたらした非常に稀な事例を提供してくれている。ブックスヘウデン率いる一翼の五万四〇〇〇は、戦闘の初期の段階においてつねにお互いの邪魔になっていた。霧はなんの役にも立たなかったのだ。そしてこの混乱こそが、ルグランの勇敢な師団の継続的な防衛を助けたのであった。この結果、主力攻撃が節約できるはずのあらゆる有用な兵士たちを吸収してしまい、予期せざる危機に対応できる組織化された予備軍を連合軍から奪ってしまったのである。

ロシア帝国近衛兵は、その比類なき勇敢さにもかかわらず、帝国親衛隊の騎兵やベルナドットの軍団に支援されたスルト部隊の合同攻撃に対抗するのに充分ではなかった。戦闘で危機に直面するまでこれらの編成を保留しておくことによって、ナポレオンは敵が耐えられないくらいの衝撃をもった「決戦部隊」を身に備えていたのである。同じように、ナポレオンは左翼に広がっていた様々な問題を抑制するため、機動性のある予備軍としてミュラの騎兵隊を独自に使用した。

たとえブックスヘウデン軍の攻撃がゴルトバッハ川を渡り、その近隣の村落を蹂躙することに成功したとしても、連合軍の戦闘計画の第二局面が成功裡に達成しえたかどうかには多くの疑問がある。もし北へ旋回しても、ブックスヘウデンの縦隊はあっという間にトゥーラスの森という障害物に直面したであろうし、一方でキーンマイヤーの騎兵隊は、ダヴーの軍団を塞ぎ止めて、緩慢に進軍してくるロシア軍左翼の後方または側面を攻撃するのを妨害することはほとんどできなかったであろう。さらにまた、連合軍はこの局面において左翼と中央部との連携にいかなる調整も見られなかったし、ゴルトバッハ川によって隔てられていたため、連合軍の戦線中央部に対するフランス軍の反撃になお危険な状態でさらされることになっただろう。

全体的に見て、連合軍の戦略計画は過信と誤算に基づいていた。ナポレオンが故意に敵に性急さをたきつけたという事実は、連合軍を襲った悲劇的な結末に対する司令官たちの責任をいかなる意味においても軽くするものではない。

アウステルリッツが教える最後の教訓は、反撃または戦術的攻勢が防御の真の鍵であったということである。戦略的にはナポレオンが疑いもなく守勢に立たされていたが、このことは戦線のすべてにおいて戦術的な主導権を（一度罠が作動するやいなや）再び勝ち取るという思いを絶えず抱かせてくれたのである。かくして明白な敗北という死地から圧倒的な勝利をつかみとったのであった。

一八〇五年の事件が示した政治的意義は、これからの一〇年間にわたるヨーロッパの将来にとってさらに重要であった。この戦役や戦闘は、フランス第一帝国とグランド・アルメが生き残るための厳しい試練を示していた。「帝国」の発足が宣言されて以来、わずか一八ヶ月が、また戴冠式から数えてもまだ一年が経過したに過ぎなかった。ヨーロッパ政治という情け容赦のない現実世界において、ナポレオンが新たに築き上げた尊厳が、第三次対仏大同盟に属する各国で王冠を戴く首領たちによって代表される既得権保有者たちの策謀をくぐり抜けて生き延びていくためには、軍隊の力で国際的な承認を勝ち取らねばならなかった。厳然たる事実として、ナポレオンは自分の勝利が与えた衝撃に驚かされたのであった。戦闘の翌日、彼は他ならぬオーストリア皇帝自らが和平を懇願するために彼を待っていたときに、ようやくその偉大さを切実に感じたのである。ナポレオンは、この劇的な対面を一二月四日付の手紙でタレイランに報告した。

ドイツ［オーストリア］の皇帝が会見を求めたので余は

これを認めた。会見は午後二時から四時まで続いた。余は貴下にお会いするときに、彼について余が考えたことを話そう。彼は即時和平を締結したがっていた。彼は余の気持ちに訴えようとした。余は自制心を保った。この種の葛藤というヤツは貴下には難しいことではなかろうがな。彼は余に休戦を要請し、余は容認してやった。……戦闘は事態を変えたこと、連合国はより厳しい条件を覚悟しなければならないこと、なかんずく余を放逐しようとたくらんで総攻撃をしかけてきたその日に、余に対して交渉をもちかけようなどというヤツらの態度には我慢ならんことをオーストリアの民に伝えよ(32)。

交渉の代表者を次なる戦闘の直前に交換しようと要請したのは、他ならぬナポレオンのほうなのだから、これは少し言い過ぎであろう。しかし皇帝は有利な状況から(いかに不謹慎であろうとも)最大限の利益を搾り取る、コルシカ生まれらしい狡猾さを失わなかった。

相当な論議の後、プレスブルク条約が一二月二六日に署名された。その条件は厳しいものであった。オーストリアはヴェネチアを割譲し、イタリアの新王国を膨張させることが強制され、チロル、ヴォラルブルク、そして他のアルプスの諸地域は、フランスの忠実な同盟者であるバイエルンの統治者に授与され、シュヴァーベンはヴュルテンベルク公爵に与えられた。

オーストリアが敗北し、ロシアは撃退され、プロイセンは協定からの離脱を強要されていたために、ウィリアム・ピットの第三次対仏大同盟はオーストリア・ロシアと同じ運命をたどることが予想された。希望が新たに粉砕されてしまったことは、この病弱なイギリス首相の身体にさらなる負担をかけてしまった。そしてわずか数週間後にウィリアム・ピットは急死してしまう(一八〇六年一月)。

チャールズ・ジェームズ・フォックスを指導者とする新しい内閣(短命ではあったけれど)のもとですぐに英仏交渉が再開されたが、このフランス最大の敵は挑戦的な立場を崩さなかった。イギリスはトラファルガー以来、フランスに対する敵対心を無難に維持できたのである。アウステルリッツの戦いの最中も、その後になっても、ナポレオンはこの「不実なアルビオン」に対し繰り返し敵意に満ちた言葉を注いだ。アウステルリッツの後、勝利を布告する広報においてさえも彼は反英宣伝の手を緩めなかった。「ここで流されたすべての血が、そしてこれらすべての不運が、その原因を作り上げた不実の島国野郎の上に降りかかるように！　ロンドンの卑劣な寡頭政治の独裁者どもに人民の嘆きが降りかかるように(33)」。

この騒々しい宣伝にもかかわらず、勝利を布告する広報は真実のみを語っていた。「兵士諸君！　余は諸君を満足に思う」。皇帝は、勝利を実現した人々に度量の大きさを示す余裕を持ちえたのだ。二〇〇万にのぼるフラン金貨が高級将校たちの間で分配された。そしてナポレオンは戦死者の寡婦に充分な年金を提供した。孤児となった子供たちは形式的には皇帝個人に養子縁組され、彼らは自分たちの洗礼名に「ナポレオン」を加えることが許された。アウステルリッツの記憶は、永久に忘れられることなく人々の心に刻まれることになった。

(1) Manceron, *op. cit.*, p. 215.
(2) *Ibid.*, p. 215.
(3) *Correspondence*, Vol. XI, No. 9286, p. 259.
(4) *Ibid.*, No. 9270, p. 250.
(5) E. Fairon and H. Heusse, *Lettres des grognards* (Paris, 1936), p. 98.
(6) *Correspondence*, Vol. XI, No. 9325, p. 282.
(7) *Ibid.*, No. 9348, p. 296.
(8) Maude, *op. cit.*, p. 193.
(9) *Correspondence*, Vol. XI, No. 9364, p. 308.
(10) *Ibid.*, No. 9374, p. 318.
(11) General de Ségur, *Histoire et Mémoires* (Paris, 1837), p. 180.
(12) *Correspondence*, Vol. XI, No. 9404, p. 342.
(13) F. M. Kircheisen, *Napoleon* (London, 1931), p. 328.
(14) *Correspondence*, Vol. XI, No. 9470, p. 392.
(15) *Ibid.*, No. 9472, p. 394.
(16) *Ibid.*, No. 9497, p. 415.
(17) Manceron, *op. cit.*, p. 129 より引用。
(18) *Correspondence*, Vol. XI, No. 9541, p. 447.
(19) *Ibid.*, p. 447.
(20) De Ségur, *op. cit.*, p. 279.
(21) Thiers, *op. cit.*, Vol. V, p. 159.
(22) *Correspondence*, Vol. XI, No. 9541, p. 448.
(23) Fairon, *op. cit.*, pp. 104-05.
(24) *Correspondence*, Vol. XI, No. 9533, pp. 440-41.
(25) Fairon, *op. cit.*, p. 105.
(26) *Correspondence*, Vol. XII, No. 10032, p. 235.
(27) General L. G. Sucher (Manceron, *op. cit.*, p. 254 より引用).
(28) De Ségur, *op. cit.*, p. 252.
(29) Letter to Josephine (Manceron, *op. cit.*, p. 305 より引用).

（30）Manceron, *op. cit.*, p. 74（Thiers の引用）.
（31）*Correspondence*, Vol. XII, No. 10032, p. 230.
（32）*Ibid.*, Vol. XI, No. 9542, p. 453.
（33）*Ibid.*, No. 9541, p. 453.

第8部　ロスバッハの復讐　一八〇六年対プロイセン戦役

第39章　ホーエンツォレルン家という名の偽善者

「余をウィーンで待つようにハウグヴィッツ氏に伝えておけ[1]」と、ナポレオンはアウステルリッツの戦いの直後にタレイラン外相に書いた、この無愛想な一文は極めて重要な意味をもっていたのだ。第三次対仏大同盟が一二月二日に突然思いがけないかたちで瓦壊し、ヨーロッパ各国の多くの政治家たちが動揺をきたした。なかでもプロイセンの外交使節ほど窮地に陥った者もいないだろう。一一月の末に国王からウィーンに派遣されたとき、ハウグヴィッツはうわべでは交戦中の両国に対する調停を申し出ると偽って、実は最後通牒を突きつける役割を担っていたのである。フリードリヒ・ヴィルヘルム三世はフランス帝国の一掃に参加することを決意していた。たとえそれによってナポレオンに差し迫っている崩壊の瞬間に、裏口から戦争に参加することになったとしても。

　ベルリンでは、プロイセン近衛兵の若い勇士たちがフランス大使館の前の階段でこれ見よがしにサーベルを研いでいた。しかし結局、ハウグヴィッツはメッセージをナポレオンに届けることができなかったのである。彼は一一月二八日にブリュンで長い謁見《えっけん》を許されたが、皇帝は故意に会話の大半を仕切ってしまった。そして気づいたときには、ハウグヴィッツは使節としての本題を持ち出す前に退席させられ、ウィーン滞在中のタレイランによる、魅力的だがむしろ無意味なご機嫌とりを受けていたのである。プロイセンの全権大使はこれにむしろ安堵していた。というのは、彼自身の個人的な考えでは、たとえ一一月の時点で、ナポレオンがロシアとオーストリアの軍隊によって確実で壊滅的な敗北に直面しているように思われたとしても、厳格な中立のほうが戦争にふけることよりも自国の利益を増進するであろうと確信していたからである。

　一八〇五年一二月二日の大変動ともいうべき出来事は、国際的なそして戦略上の状況を完全に逆転させてしまった。オーストリアが打ち負かされて講和を求め、ロシア皇帝《ツァーリ》の軍隊はポーランドに浮き足立って戻っていくという状態で、プロイセンはフランスに宣戦するわけにはいかなくなった。老獪なハウグヴィッツは、急いで自分の国の国王からの丁重な挨拶を戦勝者に申し述べた。ナポレオンはこの即興の虚勢にだまされることはなかった。彼は、ずっと以前から自身の情報源を通じてプロイセンが出した最初のメッセージの真意を悟っており、彼が皮肉たっぷりに語ったように、大仰な祝辞は［オーストリア皇帝に宛てるはずだったものを］彼宛てに少し前に変えられたものだったからである。優柔不断なフリードリヒ・ヴィルヘルムに対する軽蔑もあらわに、皇帝はハウグヴィッツへの面会を一二月一五日までわざと拒否し、この哀れな外交官を来る日も来る日もウィーンにある帝国総司令部の待合室で無為に過ごさせておいた。ついに謁見が許されたとき、オーストリアとの間で続けられていた和平交渉での調停役を引き受けようとしたプロイセン側からの遠回しな申し出を皇帝はきっぱりと拒絶し、代わりにプロイセンのかつての同盟国（イギリス）に対抗するために、すぐにも同盟条約を結ぶことを無情にも要求してきたのである。

ナポレオンは、自分がフリードリヒ・ヴィルヘルムを不利な立場に追い込んでいるとわかっていたが、交渉での立場をいささかも譲る気はなかった。先の戦争に敵軍側について参加しようと野心を抱いたプロイセンには、土地と人命と汚名をもって償ってもらう。ジャッカル［下劣な手下］は猛獣たちに見捨てられ、いまや彼のなすがままであるように思われた。

プロイセンという黒鷲の大地に対するナポレオンの態度は、賞賛と軽蔑が奇妙に入り交じったものであった。一方で、彼はフリードリヒ大王の軍事的な才能に対して最大の敬意を表しており、大王の軍事行動を細かく研究し、フリードリヒの天賦の才能が創り上げた軍隊に対する若干の敬意をいまだに持ち続けていた。それと同時に、彼はプロイセンの現在の政府などまったく評価しておらず、自分は損害を受けることなくフリードリヒの後継者たちを脅すことができると信じていたのだ。

ナポレオンはフリードリヒ・ヴィルヘルムについて、道徳心の欠けた人間として軽蔑していたものの、ドイツ諸国に残っているオーストリアの影響力に対してバランスをとってくれる力として、まだ有用な担保となるかもしれないと見ていたのである。一八〇六年の早い時期に、皇帝はフランスの要求がどれだけ法外なものになろうとも、プロイセンは敢えて戦争という手段に訴えてこないだろうと確信をもっていた。その前年、ベルナドットの軍団がドナウ川への途上でプロイセンのアンスバッハを通って厚かましく破壊的に行進した際にも積極的な軍事行動がほとんどなかったし、ハウグヴィッツが一二月に見え透いた方向転換を行ったことは、この確信を裏づけているように思われた。ホーエンツォレルン家のこの取り柄のない子孫は、前々から欲しがっているハノーヴァを手に入れるためなら何でもするであろうということもナポレオンはわかっていた。このえさは一八〇五年を通じて、プロイセンの鼻先にぶら下げられ、画期的な外交成果をもたらしたのだった。

しかし、アウステルリッツの戦いの後になると、「鞭」のほうが「飴」よりもはるかに目立ってくる。ハウグヴィッツ（ナポレオンから間断なく発せられる激しい罵倒によって精神的に極度の衰弱状態に追い込まれていた）との情け容赦のない会談において、彼はこのプロイセンの公使に対し、フランスとの「友好」条約を受け入れるよう強要した。しかしそれは相当の代償を支払っての友好関係だった。皇帝のお気に入りの従者たちにふさわしい飛び領地を与えるために、プロイセンはいくつかの最上等の領地を引き渡すよう要求された。クレーフェンの宗主権はベルクと併合されて、ひとつの大公国としてミュラに与えられることになった。このガスコーニュ男はドナウ川沿いで一〇月と一一月初旬にとんでもないへまをしでかしていたのだから、本来ならばそのような好意を受けるに値しなかったのではあるが、彼はなんと言っても皇帝の義理の弟であるし、彼の妻（ナポレオンの妹カロリーヌ）は社会的な栄達を求めることに不愉快になるくらいに固執していたのである。

同様に、バイロイト近郊での二～三のとるにたらない境界線の変更と引き替えに、アンスバッハはドイツにおけるあの忠実な盟友バイエルンのものになった。ヌシャテルは勤勉なるベルティエに授与されることになり、ヴェーゼルはフランスに併合された。これらの領土の引き渡しに加えて、プロイセンの現存する外交上の同盟条約はすべて無効が宣言され、フランスとの一方的で排他的な条約に置き換えられることになった。プロイセンは、ナポレオンが希望する提案であれば何でも、特にイギリスに対抗する経済的手段をもとらなければならなくなった。フリードリヒ・ヴィルヘルムは即座に現在の宰相でフランスを極度に嫌っているフォン・ハルデンベルクを解任することにした。これらの強要された譲歩の代わりに、プロイセンはハノーヴァを手に入れることになったのだ。皇帝は、この明らかに寛大な措置によって、最終的にロンドンとベルリンは分裂し、プロイセンの外交上の孤立と屈辱が完成されるだろうと抜け目なく計算していたのだった。

これらは厳しい条件であったが、不運なハウグヴィッツはなんら効果的な対抗策をも申し出ることはできなかった。プロイセンの南の国境地帯には勝利者であるグランド・アルメが鎮座し、彼自身の主君の軍隊の大部分がいまだ動員されていない状態では、空威張りをする余裕などなかったのである。ナポレオンは、前の秋にポツダムでロシアと締結された「裏切りの」協定についてすべて自分は知っており、プロイセンがイギリス政府と目下続けている交渉についても知っているのだ、という事実を秘密にしなかった。フランスのサーベルは鞘の中で不気味にカタカタ音を立て、ハウグヴィッツに逃げ道はなかったのである。

一二月一五日にウィーン協定に正式に頭文字《イニシャル》が署名され、フリードリヒ・ヴィルヘルムの承認を求めてただちに送り出された。ナポレオンからの添え手紙がこの重大な公文書につけられていた。それは次のように書かれていた。「陛下、余の兄弟よ、余はハウグヴィッツ氏に会いました。余は彼と、余の考えや計画について長い間話をしました。彼は余の気持ちを理解してくれたようです。彼は余の心が率直なままにあることがわかったのです。……余は、彼が陛下に何も隠し立てしないよう心から望んでおります。そしてもし陛下に何か不満なことがおありだとしても、余が単に政治上の重要人物と取引をしていただけであれば、余の心がかくも深く動かされることはなかっただろうということを、陛下はご理解下さることと余は自負しております(2)」。これが、不運なハウグヴィッツが受けさせられた、真の「洗脳」を説明するひとつの方法であったのだ。

予想されたとおり、プロイセン政府は時間稼ぎをして取り消しのきかない決定の瞬間を遅らせようとした。フリードリヒ・ヴィルヘルムは、覚悟することを潔しとせず、そのとき交渉の再開を求めた。ベルリンは数週間あちこちへと見苦しくもがき、ついに哀れにも次のことを主張した。

プロイセンがナポレオンの気前のよい贈り物を受けとるためには、イギリスのジョージ三世がハノーヴァの譲渡に同意しなければならないだろうと。しかし、皇帝は頑固だった。彼は、イギリスとプロイセンの反目を深めるために、北ドイツの商港と河川をイギリス貿易に対して即時に閉鎖し、イギリス製品を押収するように要求した。仰天したプロイセンは再び躊躇し、皇帝の忍耐にも限界が見えてきた。二月七日にジョゼフに手紙を書いて、ナポレオンは不満を述べている。「我々はまだ問題を解決していない。プロイセン王室は極めて不誠実で愚かでもある(3)」。ついに、ハウグヴィッツは問題を避けられなくなった。署名か即時の宣戦かの容赦のない二者択一に直面して、彼は二月一五日に協定の主要な草案に賛成し、脅されたベルリンは九日後にその条項に対する正式な賛意を伝えてきた。ナポレオンは素晴らしい外交上の勝利を達成したのだ。彼は一撃で、潜在的な敵の名誉を傷つけ、もうひとつ別の敵（イギリス）の孤立を深めさせたのである。プロイセンの威信がそれほどまでに低められたことは一度もなかった。歴史家であるペトルは、その協定の効果を印象的な言葉で描いている。

この一件におけるプロイセンの振る舞いほど、臆病さを示すものはあり得なかっただろう。当時のイギリスの外相フォックスが述べたように、他の国々はフランスに譲歩をすることを強いられたけれども、プロイセンのように勝利者の不正と貪欲の代行者となるまでに堕落した国はなかったのだ。この期間のプロイセンの政策全体は、ヨーロッパの他の国には明白に二枚舌として写った。……ナポレオンはプロイセンを出し抜き、この国を同盟国にとっての軽蔑の対象となるように仕向けることに完全に成功していたのだ(４)。

プロイセンの鷲は、はげ鷲［貪欲な人］の特徴の多くを呈していたのだ。

プロイセンに対するナポレオンの政策の意味を正しく評価するためには、ヨーロッパ全体に対する彼の野望をここで考察する必要がある。ナポレオンは飽くなき野望によって次々と戦争に駆り立てられていた、と示唆する歴史家もあるが、少なくともアウステルリッツの戦いの直後に彼が没頭していたのは、生き残った敵たちとある種の和解を結ぼうとすることであった、というほうがより正しい議論となりうる。皇帝が戦争を終結させたがっていたのは、いつものように差し迫った内政的理由があったからだ。フランスの民衆は、一八〇五年のグランド・アルメの功績を歓喜をもって迎えたし、軍隊での勤務は早死へのパスポートであるというようにはまだ広く考えられていなかったものの、戦争はフランス経済に憂慮すべき影響を及ぼしていた。一八〇五年の戦役の費用を捻出する財源を確保するためにナポレオンがどれだけ苦労したか、ということが思い出されるであろう。

それ以来、彼が前線にいて不在である間に、財政事情はますます悪化していた。兄ジョゼフは、皇帝の代行者として残されていたが、財政に厳しい監視の目を向け続けておらず、その結果、一二月までに政府は破産状態に直面していたのだ。当時の社会混乱を示すひとつの事件が残っている。多額の公債が大蔵省から紛失したという情報が漏れたとき、人々は次々と銀行に殺到し、数千人を破産させてしまった。ナポレオンは一八〇六年の一月の終わりまでドイツに残っていたが、彼の時間の多くは、フランスの状況に秩序を取り戻そうと努力するなかで、おびただしい量の手紙を口述することに費やされた。それは簡単な仕事ではなかった。大蔵大臣のバルベ＝マルボワでさえ、着服の疑いで停職にされねばならなかったのである。もちろん、様々な法典に関しての多くの仕事も懸案のままになっていたので、好都合ではあるが即時の平和を得ることにナポレオンが熱心だったのは驚くにあたらない。しかしそこにも問題があった。根本的な問題を抱えていると考えられる和平条項は、彼の実際の敵と潜在的な敵にとっては受け入れ難いものに思われたからである。

一八〇六年の三月にパリへ実際に戻ると、彼は九月まで首都の近辺から動くことはなかった。国内情勢がひどく切迫していたからであった。こうした激務にもかかわらず、ナポレオンは直ちに最近獲得した領土を組織しなおした。北イタリアの大部分は既に自由にできたので、皇帝はナポリを征服するために、軍隊とともにジョゼフとマッセナをすぐに派遣し、やがて兄をその国の王にした。しかし、フランスの支配はどこでも歓迎されたわけではなかった。パルマでの激しい反乱は徹底的に鎮圧されなければならなかったし、いくつかの地域では戒厳令までしかれた。イタリア半島でフランスの権力が増大したことのひとつの帰結が、教皇権との関係がさらに悪化したことである。政教条約《コンコルダ》時代の協力的な精神は急速に消えつつあった。教皇の立場に関してのナポレオンの見解は、ヴァチカンにおけるフランスの代表であった、彼の叔父フェシュ枢機卿への手紙からの抜粋で示されている。「教皇にとって、余はシャルルマーニュである。……それゆえ余はしかるべき扱いを受けられるものと思う。もし彼らが余に良くしてくれるのであれば、余はうわべの態度を何も変えるつもりはない。そうでなければ余は教皇を単なるローマの司教に格下げするつもりだ(5)」。

イタリアでは大きな鞭を振り回したかったけれども、アウステルリッツ後のロシアとの関係においては、ナポレオンは皇帝《ツァーリ》と折り合いをつけることに極めて熱心であった。サヴァリ将軍が戦いの後でアレクサンドルと会談しており、大陸軍公報第三一号によれば、すべてのロシア人の皇帝《ツァーリ》は勝者を喜ばせるような言葉で次のように語ったとされている。「余は立ち去るつもりだと君の主君に伝えてくれ。そして彼に伝えてくれ。彼は昨日奇跡を成し遂げたのだと。その戦闘によって余の彼に対する賞賛の念は増したと。彼は天によって運命づけられている人間なのだと。我が軍が彼の軍隊に匹敵するようなものになるには一〇〇年はかかるだろうと(6)」。これはナポレオンが高く評価できる（そしてたぶんでっちあげの）言い方であった。皇帝は神聖ロシアと純粋に和解ができるであろうとますます確信するようになった。この推論について彼はタレイランと激しく対立した。タレイランは、ロシアがフランスにとってヨーロッパでも最も危険な敵になるものと確信していたのである。ナポレオンは外相の忠告を無視して、自分自身の印象に従った。そしてついにロシアの大使であるドウブリル伯爵によって準備協定に頭文字《イニシャル》が署名された。九月にロシア皇帝《ツァーリ》がこの仮協定を批准することを拒否し、プロイセンを支援して軍隊を移動転進させ始めたとき、ナポレオンには不意のショックとなったのである。確かにそれに続く年月は、タレイランの憂慮こそがまったく正しいもので、ご主人様の計算は基本的な前提においてひどい間違いであったことを示すのである。

しかし、ナポレオンの外交活動のほとんどは、ほどなくドイツの再編成に集中した。最も賢い方策は、プロイセンとロシアの両方に対する平衡力としてオーストリアのご機嫌をとることであろう、というタレイランが申し出た忠告はまたしても無視された。プレスブルク条約の条項は、既にオーストリアを二流国の地位に格下げしており、一八〇六年の前半にフランス皇帝はウィーンからさらに譲歩をもぎとろうと計画していた。神聖ローマ帝国は長い間、単なる時代遅れのかたちだけのものであって、一八〇六年までにドイツ諸国の王侯貴族たちに対するオーストリアの指導権は単なるお飾りとなっていたが、フランスの安全のためにも、その古くさい権威の最後の痕跡まですぐに破壊しなければならなかったのだ。一八〇六年七月一二日に、神聖ローマ帝国は消滅した［正式な消滅は八月六日］。そして一ヶ月後、フランツ二世は自分の称号を単なる「オーストリア皇帝」へと従順にも訂正してしまった。その権力の真空状態を埋めるために、ナポレオンはライン同盟を生み出した（七月二五日）。それはバイエルン、ヴュルテンベルク、バーデン、ヘッセン゠ダルムシュタットや、ライン川に沿ったより小さい公国から成っていた。すべての国が帝国フランスの指導権を承認した。

これは決して新しい発想ではなかったし、実際、オーストリアの廃位を償うために計画されたというわけではなかった。一五〇年以上も昔にマザラン枢機卿［一六〇二〜一六六一。フランスの宰相でルイ一四世の後見役だった］が短期間のライン連盟を結成していたし、近年でも総裁政府が、うまく行かなかったとはいえ幅広く同様の方針に沿って試みていた。一八〇六年にできた政治的な組織の背後に見られた目的のほとんどは、昔の試みの目的とほとんど一致していた。

すなわち、ドイツの情勢に対するフランスの影響力を強化すること、将来の戦いにヒトとカネの出所を用意すること、ライン川の東に有用な橋頭堡（もし必要が生じれば軍隊を送り出すことができる）を確保することであるが、何よりもまずフランスとヨーロッパの中央や東方の強国との間に防御用の緩衝地帯を作ることであった。これらの伝統的な目的に、一八〇六年にはもうひとつの目的が付け加えられていた。ナポレオンは、ライン川国境地方の「常識外れの劣った種族たち」にナポレオン的な行政と法の恩恵（実際のものと期待されるもの）を広めるということに関心があったのである。しかし、その方針は直ちにプロイセンからの反対にあった。

一八〇五年からナポレオンはフランス人であることをやめ、徐々にヨーロッパの政治家になった、と言われてきたのは的を射ている。ナポレオンはフランスの国境からさらにもっと離れた所へと軍隊を率い、兵士の不足を埋めるための徴兵制をさらにもっと執拗に厳しく要求するようになったのであるから、すぐにフランスの人々は、自分たちの最高の国益がかなえられているのかと懐疑し始めるであろう。想像上の「新しいヨーロッパにとっての秩序」を追求して、ナポレオンは既にオーストリア人の心のなかに深く大きな敵意を育んでもいたのである。この憎しみは、その後数年間、実際の炎を生むことなく、心の奥底でくすぶる運命にあった。しかし将来的には、ナポレオンのドイツに対する野望の直接的な結果として、灰色のドナウ川の岸沿いにより費用のかかる軍事行動を起こす必要が出てくることになったのである。

　しかし、一八〇六年にはナポレオンのゆくてを阻むことができるものは何もないようであったし、自分の新しいヨーロッパの基礎を造る、という彼の計画は急速に進行した。この「戦争を追いかける人」が始めた事業を続行するために外交と結婚の条約が利用された。典型的なコルシカの流儀で、ナポレオンは「一家」、つまり一族以外にはほとんど誰も信用できないと確信していた。彼はまた、兄弟姉妹、義理の兄弟、そして元帥府の選び抜かれたエリートたちと自分の繁栄を分け合うことが兄弟としての義務だと考えていたようである。その結果として、一八〇六年の早い時期に、ゴータ年鑑［ヨーロッパの王族や貴族の系譜などを記した本］にかなりの変化が起こった。

　兄のジョゼフは、既に述べておいたように、ナポリの王位を与えられた。すぐに続いてルイが王位の階段を昇り、オランダ国王にされた。バイエルンの忠実な選帝侯は自分の国が王国に格上げされたのを知り、彼の娘オーガスタは、ナポレオンに信頼されている義理の息子でイタリアの新しい副王ウジェーヌ・ボーアルネと結婚した。ジェローム・ボナパルトは、彼自身の好みと教会法の両方に反して（彼は既にあるアメリカの女性の夫であったからだが）、ヴュルテンベルクのカトリーヌと電撃結婚した。ミュラとベルティエは既に言及した公国を受け取った。イタリアの公爵領は選ばれた元帥や大臣たちにばらまかれた。実際にヨーロッパはナポレオン的な色彩を急速に帯びてきていたのだ。その一族の三名が既に君主であり、近い将来さらにふたつの王国（スペインとヴェストファーレン）が一族のものになるのであり、ミュラとベルナドットは各々予定の時間がくれば自分たち自身の王冠を受け取ることになっていた。当然、ヨーロッパの古く格式のある一族たちからは、新しい王朝の創立に対するかなりの抵抗があったが、ナポレオンに対する最も厳しい批評家は、彼自身の一族の女性たちだったのだ。彼の姉妹は、序列に関しての嫉妬や口論で彼の人生の災いとなったし、一方でマダム・メール（つまり皇太后）は、子や孫のほうが自分より優位を占めることに頑強に反対した。皇帝の心配事のうちで親戚に関わるものは決して小さくはなかったのである。

たとえヨーロッパ大陸の大部分がコルシカ人の意志の支配の下に急速に置かれつつあったとしても、古来からの頑強な敵であるイギリスは相変わらず怯えることなどなかった。ナポレオンからすれば、この「不実のアルビオン」の頑固で理不尽な抵抗は、粘り強さにおいても揺らいでいないように思われた。真の大敵であるピットはいまやこの世にいなかったが、彼の後継者たちは和解などほとんど急いでいないように思われた。

実は、イギリスの代表たちとの交渉がランスで一時再開されたのだが、まったく進捗などなく、チャールズ・ジェームズ・フォックスというかつては親仏的でさえあったこのイギリスの外相のような政治家でさえも、態度を変えることはなかったのである。トラファルガーの戦い以来、イギリスへの直接的な侵略の可能性は明らかに薄まっており、ナポレオンはこの「小売商人どもの国」を滅ぼすか、少なくともイギリス政府を正気に返らせるために他の手段に訴えた。イギリスの商品をヨーロッパ大陸から排除するという経済封鎖がそれである。この方針は以前に試みられたことがあり、一八〇六年一一月のベルリン勅令後にははるかに拡大されることになったのだが、その年のもっと早い段階において、対イギリス貿易を排除したいというフランスの欲望が、ロシアに対する一時的な関心、オランダ王国の創立、そしてプロイセンに対する情け容赦のない痛めつけの裏にある、隠されたひとつの要因になっていたのである。

当初からその方針は充分な成果が得られなかった。至る所で不人気なばかりか、当のフランスの商人によってさえつねにかいくぐられていたのである。そこでナポレオンは、イギリスと妥協するための最後の手段を試してみた。もし強制即時の成果をほとんど示していないのであれば、賄賂こそが奇跡を起こすかもしれなかった。一八〇六年七月、ナポレオンは全面的な講和の一部としてハノーヴァを、それ以前の選帝侯であったジョージ三世に返すことを突然申し出てきたのである。この申し出はイギリスでは何の影響も与えなかった。イギリスの政治家たちは、むしろ長い間ハノーヴァ家の相続財産を重荷と見なしてきていたのだ。しかし、ヨーロッパ大陸のある部分（とりわけプロイセン）ではかなりの反発が即時に激しくわき起こった。イギリスに対してハノーヴァを差し出したのは間違いであることがわかった。しかもわずか二～三ヶ月以内に、その問題は、ナポレオンがつねに避けたがっていた出来事、つまり別の苦しい戦争へとヨーロッパを追い込むことになったのである。

第40章　戦争計画

ヨーロッパの変わり行く様相は、ベルリンから不安をもって監視されてきた。一方で、オーストリアに与えられた屈辱は、ベルリンでもある種の満足をもって眺められた。他方で、ハプスブルク家を犠牲にしてフランス権力が増大することは、当然北ドイツの国々に対するプロイセンの野望を将来脅かすものになると思われた。一八〇六年も進むにつれて、フランスの方針に対するプロイセンの幻滅は着実に大きくなっていった。フランスとの同盟締結と経済制裁は、プロイセンに対するイギリスの即時の宣戦布告につながった。そして七〇〇隻ものドイツの船舶が、イギリスの港で直ちに拘留された。これはプロイセンの商船隊に対する強烈な一撃となり、一方でイギリスとの貿易関係のすべてが公式に決裂したことで大きな貿易会社の多くは破産の危機に瀕してしまった。

同時に、ドイツの他の場所ではドイツ民族主義の最初の勢力が、たとえ当初は無意識のうちではあったにしろ、自己を主張し始め、秘密結社や他の愛国的な機関まで生まれてきたのである。慎重なプロパガンダがドイツの理想を賞賛し、特に中産階級の間に熱烈なナショナリズムを浸透させた。フランス支配の重圧や、自分たちの政府が受けた最近の屈辱が庶民に徐々に認識されるようになり、運動の広まりに勢いを加えた。まったく奇妙なことではあるが、ナポレオンはドイツの支配者たち自身よりも前にこれらの国粋主義的な勢力に気づいていたのだった。無慈悲な態度を誇示することによってその新しい運動を脅そうと見当違いに試みて、皇帝は新しくヌシャテル大公となったベルティエに次のように命令した。

通称パルムと呼ばれているある本屋を逮捕するために、中立的な地域に急襲をかけろというものであった。この不運な人物が犯したたったひとつの「犯罪」は、フランス軍が破壊活動文書と見なしたある国粋主義的なパンフレットを配布したことであった。後日、パルムはブラウナウから誘拐され、裁判にかけられ、銃殺された。一八〇四年にアンギャン公を殺害したときと同じように、この不正な行為は激しい抗議の嵐をかき立ててしまい、この処罰によって押しつぶされる予定だった思想が、必然的により広く普及することになってしまった。

ドイツ・リベラリズムの萌芽期の勢力が、フランスの独裁的な権力を公然と乱用した、これらの行為によって目覚めさせられたのだとすれば、プロイセンにおける頑固な保守勢力は、自分たちの国の屈辱についてほとんど同じぐらいに憤激した。軍隊（その軍事的理想は強烈に保守的であったかもしれないが）も自らをプロイセン人の誇りの宝庫と考えており、ご主人様の頭上に振り下ろされた侮辱を片時たりとも忘れることはなかった。愛国的な上級士官の一団が、ブランシュヴァイク公爵とホーエンローエ公爵に率いられ、美しく好戦的な王妃の周りにすぐに集まり、フリードリヒ・ヴィルヘルムと取り巻きの大臣たちに対して宣戦への圧力が徐々に強く加えられるようになってきた。自分たちだけであれば、王も彼の新しい宰相ハウグヴィッツも平穏な生活を求めてどんなフランスの行為も大目に見る覚悟があったかもしれないが、宮廷の新しい一団は急速に影響力を増していたのだ。

当然、ナポレオンはいまにも起ころうとしている変化にすぐに気づいた。これによって彼は、プロイセンの指揮のもとで北ドイツ連合を結成することを妨害しないと宣言することで、遅ればせながらプロイセンのご機嫌を取るようになった。しかし、この申し出が届いたのは少々遅すぎた。フランスの権力が目に余るほど増大したことによって引き起こされた敵意を止めることはできず、揺れ動くフリードリヒ・ヴィルヘルム三世はその新しい嵐に屈服し始めたのだ。中立主義を唱えるハウグヴィッツは解任され、再び偏愛されるようになった愛国主義者ハルデンベルクが外交の実権を握った。そのようなときに、ナポレオンがジョージ三世にハノーヴァを返すという、裏切りの申し出が発覚したのだ。このことは国王にとってさえ耐えられない屈辱だった。一八〇六年八月七日、プロイセン政府は秘かに対仏戦争を決意した。ナポレオンはプロイセンをあまりにも刺激してしまったのだ。そしてフリードリヒ大王によって創設された軍隊は、彼らが受けた侮辱の復讐をしようと重々しく覚悟をした。

ナポレオンは九月までプロイセンの決意には気がつかなかった。進行中の事態についての予兆がパリに届けられたときでさえ、プロイセンがグランド・アルメに一騎打ちで挑みかかるほど向こう見ずになるとは、彼は依然信じようとしなかった。当時、フランス軍は南ドイツに少なくとも一六万の部隊を置き、彼らはラインからドナウまでとマイン川に沿った広大な領域に宿営させられていたが、軍司令部はミュンヘンにあった。前線の六つの軍団に加えて、騎兵三万二〇〇〇があり、その多くは捕らえられたオーストリアの馬に新たに乗っていた。そして三〇〇門以上の大砲、一万三〇〇〇のバイエルンや他の盟友たちの補助部隊があった。しかし、数の上での強みよりも重要だったのは、この重大な局面でのフランス軍の比類なき士気である。

彼らの軍服はぼろぼろであったが、ウルムとアウステリッツの勝利者たちはみな、訓練のピークにある熟練した兵士であって、訓練を受けていない徴集兵を高い割合で含んでいたのは、ガザン将軍とデュポン将軍の師団だけであった。兵士に対する平時の訓練にはいささか不充分な点が多々あったにしろ、戦場での彼らの業績はいつも優れたものであった。射撃訓練が明らかに不足していたにもかかわらず、歩兵は柔軟で敏速で頭が良かった。騎兵はかってないほど装備が整っており、猛烈な勇気と比類なき熱意をもっていた。偵察、遮蔽、追撃という任務に向けての騎兵の訓練はかなり進んでいた。ナポレオンは、戦場における騎兵の戦闘の水準をいまだ全面的に信用してはいなかったのだが。砲兵隊の兵士たちも絶頂期にあり、彼らの技術や射撃の腕はある種の装備（砲架や前車など）の不足を大いに補った。全兵種の将校たちが、若いながらも経験豊富で、自らの能力と皇帝の才能の両方に自信をもっていたのだ。概して言えば、一八〇六年のグランド・アルメはおそらくナポレオンがかつて指揮したなかで最も完成され、最も良く訓練された軍隊であっただろう。

自分の軍隊を信頼していたにもかかわらず、ナポレオンは高名なプロイセン軍の軍事的に優れた技量を見くびってはいなかった。しかし実は、プロイセンに敵なしという堂々とした見せかけの下に、深刻な欠陥が存在していたのだ。プロイセン軍は、その規模においては目をみはるものであり、動員に関しては約二五万四〇〇〇もの兵を理論上は利用できた（かなりの傭兵も含む）が、この総計は一八〇六年の八月には一七万一〇〇〇の実働兵力にまで削減されていた。それはおびただしい数の守備隊が派遣されたこと（それらのうちの多くは不必要であった）や、プロイセンの官僚が利用できる予備役人員を全員は出動させなかったことによっていた。

しかし何よりもプロイセン軍は、その発想の面において絶望的に時代遅れであった。すべてはフリードリヒ大王の時代に関係づけられ、この偉大なる君主の教えから逸脱することは許されなかった。厳しい訓練の伝統は、自動人形つまり「歩くマスケット銃」の集団を生みだしていた。戦術的に見て「プロイセン軍は時代遅れの珍品(7)」であって、もっと昔の時代なら当然だった、肩と肩を並べて厳格な直線状の隊形を描く軍事訓練に、何の疑いも抱かずに固執していた。正確さはスピードや柔軟性よりもはるかに望ましいものと見なされた。兵站車両は莫大な数になり、一二マイルの距離が一日の行軍距離であると考えられていた。軍需品倉庫や物資集積所に置かれた食糧や軍需品に完全に頼り切っていたことは、機動性を最小限に縮小してしまうさらなる弱点であった。「遅いが確実」というのが原則であった。

実際、過去に対する礼賛は並外れた程度にまで進められ、プロイセン軍の戦闘部門でこれを逃れたところはなかった。歩兵は勇敢で良く訓練されていたのであるが、彼らのマスケット銃はヨーロッパでも最悪の代物で、大部分は一七五四年型であった。一方、過剰な統制が、進取の精神をくじく、形式化された戦術へとつながってしまっていた。騎兵は大胆で勇ましかった。もっとも編成や役割においては極度に保守的だったのであるが。砲兵隊は、規模は大きかったが拙劣に扱われ、しばしば誤用された。しかし、軍の士気は非常に高かった。努力を要さずに優位に立てるという感情が全兵卒に広まったが、クラウゼヴィッツが言ったように、「見事な外観の裏で、すべてに白かびが生えていたのだ」。

プロイセン軍の最も重大な弱点は、兵士や彼らの武器にではなく、指揮にあった。フリードリヒ大王は、彼に匹敵するような軍事上の後継者を残さなかった。一九世紀の最初の何年かまでに、プロイセンの最高司令部は七〇歳代の人々の老人クラブにまで堕落してしまっていたのである。国王（ちなみに彼を軍人と見なす者などひとりもいなかったが）のもとで、理論上、七年戦争で戦った七一歳のブランシュヴァイク公爵が主要な指揮をとっていた。首席王室顧問であるフオン・モレンドルフは八二歳とさらに年上であった。彼はフリードリヒのもとで素晴らしい成功を欲しいままにしたが、過去三〇年間は安全で用心深い方策を勧めることによって、名声を維持することにのみ汲々としていたのである。もっと下級の将軍たちにしてもそれほど若くはなかった。実際、ブリュッヒャー（その一団のなかで最も有能な人物）にしても既に六四歳だった。ホーエンローエ公とシュメッタウ将軍は六〇歳と比較的「若者」の部類に属していた。前者はいくらか軍事的才能をもっていたものの、無分別でせっかちな決定をしがちで想像力に乏しかった。一方、後者は現場に戻ることを主張する退役戦士であった。当時、これらの人物たちがプロイセン軍の活動に対して責任があったのだが、彼らの高齢、様々な経験、幾分劣った能力のおかげで、断固とした統率や、まとまりのある指揮をとることなど実質的に不可能となった。

もしこの時期のプロイセン軍が初歩的な参謀システムを持っていたならば、これらの不利な点のうちいくつかは克服できたかもしれなかった。しかし、まだ本当の参謀部は存在しなかったし、三人もの人物が参謀長の責務を共同で担っていた。プフル将軍、シャルンホルスト将軍、そして「プロイセンの奇才」マッセンバッハ大佐である。彼らの考えはしばしば一致せず、自分たちの個人的な野望のためにお互いによく正面衝突した。

このように前途多難のなか、「最高戦争会議（参謀の活動を遂行する組織）」は、主な機能が監査業務であったにもかかわらず、ナポレオン戦争の現実にほとんど通用しないような軍事行動についての机上の空論を量産したのである。これらの人々のもとで初歩的な指揮系統さえ存在していなかったのだ。軍団の司令部はなく、師団の参謀さえ充分に組織されていなかった。それゆえ総司令部から出される指令は信じがたいような細部にまでわたらなければならず、下級の司令官たちの側に遅延や誤解、混乱が起こる余地をたっぷり残したのであり、将軍たちはしばしば自分の連隊長に、じかに戦闘概況を説明し、指令を与えることが必要だと感じていた。そのような指揮下の軍隊は、見事に調整され冷酷なまでに能率的なナポレオンの戦争マシーンにはほとんど比べるべくもなかった。それでも八月初めに会議を開き始めたのは、これらのプロイセンの将軍たちであった。その意図は、「コルシカの人喰い鬼」と彼の過度に賞賛されている軍隊をこれを最後に滅亡させるであろうと、彼らが独断的に期待する戦略を選ぶことであった。予測されえたことであるが、まさに会議が開始されたときから彼らの意見は分かれた。

八月の間にプロイセンの評議会と無数にいる顧問たちはただ一点において一致していた。ナポレオンは「防御的な配置を取り、ザーレ川上流またはフランケンのザーレ川の背後、あるいはまさにマイン川に面した場所で攻撃のため待機するだろう(8)」、したがってプロイセン軍はできるだけ早く攻撃態勢を取るべきであるというのだ。ナポレオンのこれ以前の軍事行動を一顧しただけでも、このプロイセンの基本的な想定が誤っていることを証明したであろう。さらに、ねらいはよかったにもかかわらず、九月の終わりになるまで明確な行動をとろうという試みもなされなかった。その間、嫉妬深い上級将校同士の相反する要求が戦闘隊形に及ぶ話でまとまりかけていたときですら、プロイセン軍の慣習の複雑さがすべての努力を水の泡にしてしまったのだ。

結局、三つの野戦軍が登場した。第一軍は、ブランシュヴァイク公本人によって指揮される約七万人の部隊で、九月二五日までにベルリンとマグデブルクあたりの元々の場所からライプツィヒとナウムブルクの間にある予備の集結区域に移動していた。第二軍は、狡猾なホーエンローエに指揮されており、最初は総計五万人ほどであったが、二万のザクセン人を強制的に編入したため兵力が増大し、最高司令官の部隊に匹敵するまでとなった。九月の終わりまでにこの七万の兵士はドレスデン近郊に集結した。最後の軍は総勢三万で、ミュルハウゼンとゲッティンゲンにそれぞれ駐屯させられ、リュッヘル将軍とブリュッヒャー将軍の間で分割された。総計約一七万一〇〇〇の実働兵力のうち、三万五〇〇〇は騎兵であり、一万五〇〇〇以上が砲兵であった。この砲兵隊にはプロイセン軍の車両のうち、三〇〇門の重砲と二五〇門の「歩兵砲」(三もしくは六ポンド砲)が帯同していた。

ブランシュヴァイクが戦役の計画を決めるために、第一回の正式な軍事会議を召集したときに、プロイセンの軍隊は、完全に集結したり即時の協力行動の準備をとることもほとんどできなかった。大まかに言って、三つの可能な行動方針が浮上した。最も賢明な計画は、東方からロシアの援軍（五万の兵力が既にブーク川に面したブジェシュチに集まっていた）が到着するのを待つことであっただろう。しかし、これ以前の戦闘で見られたロシア軍の不法行為という苦い思い出がこの方針をとらせなかった。ロシア軍は習慣的に、友好国であれ敵国であれ略奪を行ったからである。とはいえ、もしナポレオンがまず攻撃をしかけてくるならば、プロイセンは空間を時間と交換して、ベニグセンが彼らを援助するまで、チューリンゲンの森を通り抜ける一連の後退戦術をとり、エルベ川沿いさらにはオーデル川河岸にさえ至ることができるのである。

シャルンホルスト（ブリュッヒャーの参謀長）だけはこの計画を提案するほど大胆であった。しかし一般の意見は彼に反対だった。そのような持久策は、フリードリヒ大王の後継者たちの目にはほとんど魅力のないものであった。そのような時間稼ぎの方針をとれば、首都の保全に加え、彼らの軍の神聖なる名誉まで深刻な危機にさらされるであろうと考えたのである。代替策として、もしもより大胆な計画が要求されるならば、たぶんプロイセン軍はチューリンゲンの森の北方にあるエアフルトかホーフのあたりに集結し、そこでグランド・アルメの側面に回り込むという布陣をとったかもしれない。しかしこれまた再び、この計画はあまりにも守勢にまわっているきらいがあり、後になって実際にこのような戦略をとる運命にあったとはいえ、九月下旬の段階ではこの可能性は真剣に考えられてはいなかったのである。

三番目の可能性は、表面上は最も魅力的に思われた。つまり、エアフルトを通ってヴュルツブルクへ、そこからさらにシュツットガルトへと、集結した軍による全面攻撃を仕掛ける。これで宿営地で分散しているフランス軍を捕らえるか、または少なくともライン川やフランスとの軍の連絡線を脅かすことが期待された。この計画は、第一回の軍事会議でブランシュヴァイクによって提案された。しかし、彼は嫉妬深いホーエンローエの抗議を無視できるほど決断力に富んではいなかった。ホーエンローエはホーフやバンベルクに向かうもっと東寄りの移動を主張していた。詳細においてこの後者の計画は明らかに無謀なものであり、ナウムブルクの付近に小さな予備軍しか残さずに、九〇マイルの前線に沿って軍を三つに分割することを含んでいた。しかし、無能なマッセンバッハによって提案された、より無謀な計画はそれをしのぐものだった。マッセンバッハは、おそらく目標の定まらないシュレージェン軍の「軍事パレード」（ホーフを通ってドナウ川へと進み、そこからザクセンに引き返すという）を支持していたのである。フリードリヒ・ヴィルヘレムが仲裁し、皆の意にかなうように、ブランシュヴァイクとホーエンローエ双方の計画の主要な部分だけ同時に実行するよう命じるまで、その論争は続いたのである。

実は、こんな実行不可能な妥協など誰も喜ばなかった。しかし、軍の評議会が二七日、ブランシュヴァイクの元の計画に結局従うことに決めたとき、それでもなお最初の命令は発令されていた。プロイセンの古びた軍事マシーンの錆びた植込歯車が逆回転させられたとき、混乱とためらいが蔓延していた。しかしそれでもまだ、プロイセンの計画は最終的に決定されていなかった。エアフルトへ向かう新たな行軍が始まるまでに、ブランシュヴァイクはグランド・アルメが既に転々と移動していることを知らせる情報を受け取っていた。そしてもう一度彼は、プロイセンの動きを再考するために会議を招集した。フランスの連絡線の正確な位置を解明しようとして、ミュフリンク大尉が一〇月五日に迅速な偵察に出された。三日後、彼は集められた将軍たちに次のように報告した。

ナポレオンは既にヴュルツブルクからバンベルクの地域を出発し、まるでザクセンへの侵略を意図しているかのようにバイロイトとコーブルクへ向かって前進しているというのだ。この知らせは、全ての問題を振り出しに戻させるに充分だった。猛烈な論争が再びプロイセンの司令部で激しく続き、より貴重な時間が会議のテーブルの周りで失われたのだ。新しい状況を考慮しての唯一の賢明な方針はザーレ川の防衛線を保つことだという者もあったし、軍全体がライプツィヒを守るために集結したほうがいいという者もあった。しかしエルベ川まで退却すべきという者はなかった。「我々が何をすべきかは、私にはよくわかっている」とシャルンホルストは嘆いた。「我々が何をすることになるかは、神のみぞ知ることなのだ(9)」。

ついに途方に暮れたブランシュヴァイクは、新しい指示を出した。「敵を打ち負かすべく、敵全軍の進軍方向に対して斜めかつ迅速に移動する(10)」ために、ザーレ川の西に軍隊を集め、それからナポレオンの側面を脅かすようにと指示を出したのである。軽砲兵によって支えられた騎兵の二部隊は、フランスの連絡線を脅かすために南のノイシュタットやヒルドブルクハウゼンへと向かい、同時にヴァイマール公の師団がマイニンゲンで支援することになった。ブランシュヴァイク自身の野戦軍の残りは、エアフルトへゆっくりと前進し（九日までに到着できる）、その後ブランケンハインへと進む予定であった。ホーエンローエは九日にホッホドルフに集結して、ザーレ川左岸のルドルシュタットのあたりで陣取るよう命令された。タウエンツィーンの偵察部隊の小さな派遣隊のみがホーフの近くに残される予定であった。リュッヘルはフランス軍の後方地域に対して脅威を増すためにフルダに向けて派遣隊を送ることになっており、一方、彼の本隊は、ゴータとエアフルトの間にいるブランシュヴァイクの軍と連絡を取るためにアイゼナハから移動を開始した。ヴュルテンベルクのオイゲン率いる予備軍（一万三〇〇〇）は、マグデブルクからハレへと出動を命じられ、もし必要が生じれば、ライプツィヒかナウムブルクのどちらかでブランシュヴァイク軍に再び加わる準備ができていた。

一般的に言って、フランス軍が全面的に主導権を握っているということを明らかに認めていたのではあるが、これはかなりしっかりした計画であった。さらに、それは正式に認可する派遣隊の数について極めて詳しい反面、ホーエンローエをして、計画の根本的意図が（ブランシュヴァイクではなく）自身の考える最良のものと解釈させるほど、漠然とした性格をも帯びていた。ヴュルツブルクでの総進軍という最高司令官の計画が取りやめられたことに得意になって、ホーエンローエとマッセンバッハは、ザーレ川右岸における全面的集結という自分たち自身の計画が暗黙のうちに是認されたのだと結論づけた。そして彼らはブランシュヴァイクに事前の許可を求めることもなく、直ちにタウエンハイム麾下のザクセン師団をアウマとシュライツに、さらにルードヴィヒ・フェルディナント王子率いる別軍をザールフェルトに進ませた。その結果、これらの部隊は接近してくるグランド・アルメのまさに進路に置かれたのであった。

プロイセンという敵対者たちがひとつの行動方針からもうひとつの行動方針へと揺れ動いている間に、ナポレオンは着実に自分自身の準備を完了させていた。フランス軍が事態の推移についてはっきりとした内報をいくらかでも得る前に、プロイセンは動員競争において一ヶ月リードしていたはずなのだが、九月の時点でさえも皇帝は殊勝な慎重さをもって行動した。早い段階でのプロイセンの動きは非常に理解しがたく思われたので、彼はより深い意味を疑った。たぶん新しい同盟が秘かに形成されているに違いない。たぶんイギリスはフランスの海岸を急襲する準備をし、フランスの主力部隊の注意を引き付けるためにプロイセンをおとりにして使っているのだ。そしてたぶんオーストリアは、いったんフランス軍が中央ドイツに深入りするようになってしまったら、フランスとの新しい戦闘に入るという計画をしているのだ、等々。

提案されたフランスとの条約をロシア皇帝《ツァーリ》が予想に反して拒否し、この知らせは九月三日にパリで受け取られていたが、それが新しい国際的な陰謀があるのではないかという皇帝の疑念を強めることとなった。それゆえ、ナポレオンは時節を待ち、敵対者たちがそのやり口の少なくとも一部を暴露するのを待って、予防措置をとるだけにとどめておいた。九月五日に、一八〇六年の割り当て分である五万人の徴集兵を召集し、また三万人の予備兵を呼び戻し兵役に就かせる、という布告が公表された。そして同じ日に、ドイツにいる現総参謀長ベルティエに命令が送られ「危険を冒してでも、バンベルクからベルリンへの道を詳細に偵察するために工兵将校を送るように(11)」と指示を与えた。さらにベルティエは、最終の命令を受領して八日以内に、バンベルクで第四、第六、第七軍団を集める用意をすることになった。九日にナポレオンは、戦争勃発の場合には、作戦ラインはおそらくライン川とマイン川を利用してストラスブールからマンハイム、マインツ、ヴュルツブルクに及ぶであろう、とこの元帥に伝えた(12)。

プロイセンの行動、特にその主力部隊が「プロイセンのライン川」である広大なエルベ川の西に集結しつつあるという兆しは、皇帝を驚かせ続けた。ナポレオンに距離と時間を置いて対峙するほうがフリードリヒ・ヴィルヘルムの利益になることはあまりにも明白だったので、こんなに早くかつ目の前で集結するということは、より広い軍事的陰謀があるということか、あるいはまったくの狂気からしか説明できなかったのだ。「プロイセンは非常におかしな動きを取り続けている」と彼は一〇日にベルティエに打ち明けた。「彼らに教訓を与えることが必要だ。余の馬車は明日パリを発ち、親衛隊が二〜三日後にそれに続くだろう。……引き続きプロイセン軍が冷静さを失っているという知らせが届いたら、余は直接ヴュルツブルクかバンベルクに向かうつもりである(13)」。自分の目的地に関して疑念をもっていたことは、ナポレオンがまだどちらの方向をとるべきなのかについて決して確信をもてなかったことを意味している。もし敵がマイン川上流を行軍するつもりなら、前者はより良い集結地点であるだろう。もしプロイセン軍が躊躇し続けるのなら、ドレスデン、ライプツィヒ、ベルリン方向への最良の道がバンベルクを通って伸びており、それは敵に退却し首都を防衛する戦闘を受け入れるように強いる手段となるだろう。さらに数日間にわたってナポレオンは軍隊の集結場所を指示することをためらっていたが、九月一五日に、ついにバンベルクのほうを選ぶ決定が下された。

九月一八日にナポレオンは、プロイセン軍がザクセンへ移動したことと、ザクセンの二個師団がホーエンローエ軍に強制的に編入されたことについてより多くの詳細を知った。彼はこの行動をフランスに対する宣戦布告に等しいものと見なした。待機する時間は明らかに過ぎ去ったのだ。長い戦役(万一それが必要であるとなれば)のための準備すべてはいまやほ

対プロイセン戦役 (1806年)

ぼ完了しており、彼のゆくてを阻むものなど何もないであろう。皇帝はオーストリアの介入はありそうにないということを九月一九日までには再確認したように思われる。その日にプロイセンに対するフランスの準備のペースが目立って速まったからである。軍隊全体が完全な戦時体制に置かれ、帝国親衛隊は、接収された四輪駅馬車や特別な荷馬車に乗り、舗道をガタガタと音を立てて走ってマインツへと向かわされた。彼らはたった一週間余りで五五〇キロも旅したのである。しかし、親衛隊の歩兵は、すべての行程を乗り物に頼って進んだわけではなかった。親衛隊の士官候補生であるアンシオームは、家族への手紙で述べた。「我々はいくつかの村を徒歩で行軍し、村の遠いはずれで荷馬車のなかへ戻った(14)」。マインツへの行進は二七日に完了した。

一八日から一九日にかけて、ナポレオンは汗をかきながら働いている秘書官たちに一〇二通もの命令書や手紙を口述筆記させた。そのなかには有名な「グランド・アルメ集結のための全般的配置」という、その戦役全体の基礎を形作る長々とした文書もあった。このなかで、グランド・アルメの構成部分を動員するための三つの重大な日付が与えられた。

オジュローの第七軍団は、一〇月二日までに都市の外にある宿営地からフランクフルトに到着している予定になっていた。ベルナドットの第一軍団はニュルンベルクでいつでも行軍できるようになっており、ネイの第六軍団はイレ川とドナウ川上流の宿営からアンスバッハに集結している予定であった。その翌日（一〇月三日）にはダヴーの第三軍団がネルトリンゲンからバンベルクへ移動し、そこで（ミュンヘンからの）軍司令部に合流することになっていた。ルフェーヴルの第五軍団は、マイン川下流からケーニヒスホーフェンにおり、砲兵と輜重車両はヴュルツブルクへ到着している予定になっていた。四日までにスルトの第四軍団はイン川の流域からかなりの行軍をした後、アンベルクに到着している予定であった(15)。

この公文書は九月二〇日に急送され、四日後にミュンヘンに到着した。フランスの安全を守るべくさらなる手段をとった後（それは以下に論じられることになるが）、二四日の晩遅くにナポレオン自身はジョゼフィーヌと外相のタレイランを伴ってマインツに向かう途上にあった。

この日までに、皇帝の意図した計画のアウトラインは、細部はまだはっきりしていなかったものの、かなり明瞭に彼の頭のなかにあった。この戦役の最も重要な目的は、ロシアの援助が現場に届く前に強力なプロイセン軍を見つけ出し破壊することであるべきだ、という結論に達していた。ベルリンに対する猛攻撃はプロイセンに戦う気を起こさせる確実な方法であるだろうが、ライン川とマイン川双方の河川系はフランスが支配していたので、フランス軍は三つの接近方法を利用することができた。各方法は、地勢や天候、フランス軍の現在の位置、敵とその潜在能力の最近の位置、そしてもちろん時間と距離の問題という観点から注意深く熟考されねばならなかった。

まず第一に、ライン川に面したヴェーゼルのあたりに集結させられた軍が、ベルリンへ直接進出するのに適した立場にあるだろう。横断するのが困難かと思われる河川が途中に連続してあることを別にすれば、大きな自然の障害物には遭遇しないであろう。しかし、他の考慮すべき事柄がこの行動方針を不可能なものとした。中央ドイツにおけるグランド・アルメの現在の位置はヴェーゼルから遠く隔たっていた。それをライン川中流に移動させれば、必然的にかなりの時間を浪費し、攻撃作戦の開始を遅らせてしまうことになる。これはプロイセンに息をつく暇をさらに与えるであろうし、ロシア軍が東から現れることをたぶん許すことになる。そして既に一年の終わりに近づきつつある時期であることを考慮すると、不便な冬の戦役へとつながってしまう。また、そのような動きによってオーストリアは完全に監視のない状態のままで放置されるだろうし、一方でプロイセン軍は、彼らが北ドイツ平野で打ち負かされたとしても、ベルリンや彼らの兵站部、そして前進するロシア軍へ向かって自然な退却路に沿って退ける位置にあるであろう。結果として、ヴェーゼルからの「直接接近」には推奨できる部分がほとんどなかったのである。

第二に、フランス軍はライン川とマイン川の合流点にあるマインツの付近に集結し、そこからフランクフルト、フルダ、エアフルトを通過してベルリンへ向かって進軍してもよい。この地域はグランド・アルメの宿営により近いけれども、このルートの地理的な問題は気力をくじくようなものであった。フルダ峡谷のおかげで一部の進軍はある程度楽ではあろうが、その行程の大部分は明らかに山の多い地域を通って行くことになるだろう。それはエアフルト周辺のより開けた平野に遭遇する前の、広大で道の悪いチューリンゲンの森で頂点に達するのである。そしてまたしてもプロイセン軍は、自分たちの補給品や援軍を得るために東へと撤退してしまうであろう。

これらの考慮すべき事柄があったため、第三の可能な行動方針が最も良い結果を約束した。フランス軍は、すぐ近くのバンベルクからバイロイト近辺に迅速に集結した後、北に進軍してより楽に進めるフランケンの森を突き抜けてライプツィヒあるいはドレスデンに向かい、それからベルリンへと進むことも可能であろう。地勢はとりわけ好都合だというわけではない。フランケンの森はかなり樹木が密生した丘陵の多い所で、北へ向かう良道は三つしかなく、横の輸送路はまったくなかった。多数の水の障害物にも遭遇しなければならず、それは広大なエルベ川で頂点に達する。もっとも、いくつかの谷が都合の良いことにエルベ川の進路と平行に広がっているであろうが。しかし、埋め合わせとなる事柄が難点よりも明らかに勝っていた。軍の現在の配置を考えれば、その集結地域が三つのなかで断然都合の良いものであった。

防備を固めた代わりとなる作戦基地を主な連絡線に沿ってマインツ、ヴュルツブルク、マンハイム、そしてバンベルクに建設することも可能であり、また南のウルムに下り、そこからドナウ川上流に沿って西方のシュヴァルツヴァルトやストラスブールへと続く、もう一つの連絡線を築くこともできた――これは大いに、フランス軍の進軍の裏でプロイセン軍がマイン川に攻撃を加えるという潜在的な危険を未然に防いでくれる。これらの戦略的な利点に加え、フランス軍はウィーンを威圧できるほどオーストリア領の近くにとどまることになるだろう。

最後に、最も重要なことであるが、この進軍経路は三つの川（ザーレ川、エルスタ川、ムルデ川）のどれでも戦略的な防壁として使用することができ、こうして与えられた保護のおかげで、プロイセン軍に対する決定的な「背後への機動」が可能になるであろう。バイロイトからベルリンへ向けての迅速な移動を行えば、一挙にプロイセンの連絡線を脅かし、彼らの野戦部隊を側面包囲し、フランス軍をフリードリヒ・ヴィルヘルムとロシア軍との間にある有利な中心地点につけ、プロイセン軍の基地と首都を危険にさらすことになるであろう。もし困惑したプロイセンが持場を離れなければ、ウルムの顚末が繰り返されることになるかもしれないが、そのような危機迫る状況は、ブランシュヴァイクと彼の副官たちを慌ただしい退却に追い込むには充分すぎるほどのものであって、六つある川の経路のどれにおいても、敵を少しずつ片付けるための格好の条件をナポレオンに与えてくれる。

プロイセン軍は自身の連絡線に極端に敏感なことでよく知られており、これ以外の行動方針ではプロイセン軍の士気にはそこまで響かなかったし、またナポレオン流の完勝を呼ぶ好機も与えてはくれなかった。ナポレオンは、運命を決する戦闘はエルベ川で起こるであろうと予想していた。彼には、敵がこの川の西側で危地に立たされるほど愚かであろうとは考えられなかったからである。しかし九月二九日、敵の大部はいまだにエアフルト地域に集められているということが情報部の報告によって明らかにされ、ブランシュヴァイクはナポレオンの最も楽観的な期待のとおりに動いているようであった。ドレスデンとライプツィヒの間の地域は、その状況にとっての戦略的な重要地点であった。この優れた主要陣地を奪取し、フリードリヒの後継者たちをロシア皇帝《ツァーリ》の部下たちから引き離すために、無駄にできる時間はなかったのである。

九月三〇日、オランダ国王である弟のルイに手紙を書いて、ナポレオンは自分の目論見をすべて打ち明けた。「余の狙いは、全兵力を最右翼に集結させ、ライン川とバンベルクの間の地域には一兵も残さず、二〇万の軍勢を同一の戦場に投入することである。万一、敵が軍をマインツとバンベルクの間へ押し出しても、余は窮することなどない。余の連絡線は小さな要塞であるフォルクハイム、さらにヴュルツブルクに配置されているのだからな。……どのようなことが現実に起こるのかは正確にはわからん。なにしろ敵は、余の左翼はライン川、右翼はベーメンにあるものと信じ、作戦ラインは最前線と平行に延びていると考え、余の左翼の側面を回って背後を突くことに大きな利点を見出すかもしれないのだから。その場合、余は必ず敵をライン川へ追い落としてしまうつもりである」。二番目の手紙で皇帝は次のように続けている。「最初の手紙に書いた意見はすべて予防的性質のものである。余の最初の行軍はプロイセン王国の心臓部を脅かし、我が軍の展開は極めて堂々とした迅速なものになるであろうから、おそらくヴェストファーレンにいる全軍がマグデブルクに退却し、首都を防衛するために強行軍で合流するであろう(16)」。

この同じ文書は、戦役の初期にナポレオンが弟に委ねていた重要な役割を再び強調している。それより二週間前、彼はルイにその役割を略述した覚え書きを送っていた。「おまえの軍隊を急いで動員させよ。彼ら［プロイセン軍］をあざむき、おまえの国の国境地帯を守るためにすべての利用できる軍を再結集させよ。その間に余は自分の軍隊とともにプロイセンの中心になだれ込み、直接にベルリンへ行軍する。これはすべて秘密にしておくように(17)」。四日後（九月一九日）、別の手紙でオランダが果たすべき役割が詳しく述べられた。「余の狙いはおまえの側から攻撃することではないので、おまえには敵を脅かす目的で一〇月一日に戦闘を開始してもらいたい。不測の事態が起きた場合、ヴェーゼルとライン川の城壁が避難所としておまえの役に立つだろう(18)」。

オランダにいる部隊の右翼を守るとともに、ライン川にある自分の後方兵站部を保護するために、ナポレオンは二〇日、マインツで第八軍団を結成するように、とモルティエ元帥に指示した。これらの方策は、三つの望ましい目的を達成するためにとられた。

第一にナポレオンは、バンベルク周辺において最終的なフランス軍の準備が完了する間、ミュンスターとフランクフルトに対して探りを入れていたルイの機動力のある梯団が、プロイセンの注意を北と西に引きつける役割を果たすことを望んでいた。第二に皇帝は、大規模なプロイセン軍がフランスの国土を侵略するいかなる危険をも未然に防ぎたいと願っていたのである。何が起ころうとも、たとえグランド・アルメが打ち負かされてドナウ川の方へ退却を強いられたとしても、ルイとモルティエが協力してライン川の戦線を守れるだけの強さを備えているべきだと感じていたのだ。第三に、もしプロイセン軍がバンベルクとマインツの間にある真空地帯に入ったならば、ルイとモルティエはナポレオンが敵を背後から殴りつけるための鉄床となってくれる。また中央ドイツで勝利が得られた場合にはライン川にいるフランス軍は前進し、カッセルを占領することができる。このようにして防備、陽動、そして追撃の必要条件がすべて注意深く調和させられていた。

ナポレオンは三〇日の手紙で続けて書いている。「余はただ一〇月一二日までおまえの軍が敵を混乱させる陽動の役割を果たしてくれるのを期待している。……一〇月一二日とは余の計画が真の姿を現すことになる日である」。この手紙の最後の部分では、ナポレオンがルイの役割を最高に重要なものであると見なしていたことが明らかにされている。「おまえを少しでも妨害するものがあるのではと余は心配だ。それによって余の方策は混乱させられるかもしれず、またそのような事態は、余の王国の北部全体を混沌におとしめてしまうかもしれない。逆に、余に何が起ころうとも、おまえがライン川の裏側にいるとわかっている限りは、余はより自由に行動できるのだ(19)」。

他に起こりうるふたつの不測の事態に対する警戒も必要だった。既に述べたように、九月までにナポレオンは、オーストリアの脅威はほとんど幻想であると賢明にも確信しており、フランス・プロイセン間の問題に関わり合うつもりはないというシェーンブルン宮殿の断言を額面通り受けとめる覚悟があった。とはいえ彼は、イタリアのウジェーヌ・ボーアルネ軍を補強し、臨戦態勢に置かれるように気を配った。イギリス軍がフランスの海岸地帯やハノーヴァへと不意に侵入する可能性も考慮された。

しかし皇帝は、地方守備隊（ブリューン将軍麾下の一万六〇〇〇）を国民衛兵と憲兵《ジャンダルムリー》で増強することで、こうした上陸侵攻を遅らせられると確信していた。その間にルイがオランダから対策を講じ、一方、ケレルマンはパリから八〇〇〇強の中央予備軍と、諸県から二〇〇〇の騎兵を引き連れて沿岸に赴ける、というわけである。

これらの計画や準備は、関連づけて考えてみれば、ナポレオンの最も重要な行動原理のひとつを実証しているのである。つまり「戦争術全体は、迅速で大胆な攻撃が後に続く、よく考えられた非常に慎重な防衛から成り立っているものだ(20)」。

攻撃態勢をとる時期は明らかにすぐそこまで来ていた。一〇月二日、ナポレオンはヴュルツブルクに到着し、グランド・アルメの指揮を直接ベルティエから引き継いだが、いつものようにベルティエはその責任から放免されて大変安堵していた。依然正式な宣戦布告はなかったが、それはさほど遠くない話であった。実際、挑戦状がすでに帝国司令部へ届く途上にあったのである。ナポレオンがパリを出発したまさにその日、プロイセン政府は長らく待ち望まれていた最後通牒を発した。フリードリヒ・ヴィルヘルムは、フランス軍すべてがライン川を越えて即時退却し、プロイセンの保護下での北ドイツ同盟の結成をフランスが邪魔しないという保証を与え、ヴェーゼルを即時返還し、他の未解決の問題を処理するための会議を召集するようにと要求した。遅くとも一〇月八日までに肯定的な返事がベルリンに到着することが求められた。この最後の条項は、おそらく故意の侮辱であったのだろう。最後通牒は一〇月二日にパリに届けられたばかりで、期日に間に合わせるのであれば、二四時間以内に返事を送ることが必要となった。実際、フランス外務大臣によって送付された文書は、バンベルクにいるナポレオンに七日にようやく到着した。彼の返答は型どおりのものであった。フランスの事実上の返事とは、翌日の夜明けに行われるプロイセンへの侵略となった。皮肉な偶然によって、彼が書いた返事は一四日（イエナとアウエルシュタットでの決戦の最中である）になってようやっとフリードリヒ・ヴィルヘルムの手に渡ったのだから。

第41章　方形布陣《バタイヨン・カレ》

一〇月の第一週が終わるまで、戦役の初動の段階、つまりフランケンの森の通過に対する準備はみな整った。一〇月の最初の四日間で、各軍団は前方にある四ヶ所の集結地（クロナッハ、フォルクハイム、ヴュルツブルク、シュヴァインフルト）へと移動し、約三七平方マイルの地域に集結していた。五日にナポレオンはスルトに対して詳細な命令を送り、フランス軍の前面に立ちはだかる自然の障害を横断する計画を示した。

　余はヴュルツブルク、フォルクハイム、クロナッハを占領し、武装化し、補給地としたが、さらに余の全軍を三個梯団でザクセンに展開することを企てる。貴官は右梯団の先頭に立ち、貴官の軍団の後方に半日の行軍日程でネイ元帥の軍団が、そして彼の軍団の後方に一日の行軍日程で一万のバイエルン軍が続き、総計五万以上の兵員を構成する。ベルナドット元帥は中央部の梯団を指揮し、ダヴー元帥の軍団、騎兵予備軍の大部分、そして親衛隊が続き、総計七万以上の兵員からなる。彼はクロナッハ、レーベンシュタイン、シュライツの道から前進するであろう。第五軍団（ルフェーヴルが帝国親衛隊のポストに復帰したので、一〇月五日からランヌ元帥の指揮下にあった）は左梯団の先頭に立ち、その後方にオジュロー元帥の軍団がくる。この左翼はコーブルク、グラフェンタール、ザールフェルトを通って進軍し、兵員四万を擁する。貴官がホーフに到着する日には、残りの軍は同一線上に並んでそれぞれの目的地に到着しているだろう。余は中央部の梯団と行軍をともにする。

　これほど大きな数的優位を誇る軍勢が、非常に狭い空間に集まっているとあれば、余が好機を逃すまいと決心し、敵がどこに立ちはだかっていようと二倍もの兵力で叩けるということが、貴官にはおわかりだろう。……

　もし敵が三万を超えない軍勢で貴官に対峙するならば、ネイ元帥と協調し攻撃すべきである。……貴官がホーフに着くや、最初に配慮することは、レーベンシュタイン、エーベルスドルフ、シュライツの間に連絡線を開設することだ。……

　本日入ってきた知らせからすると、もし敵が何らかの行動を起こすとすれば、余の左翼梯団に対してであろうと思

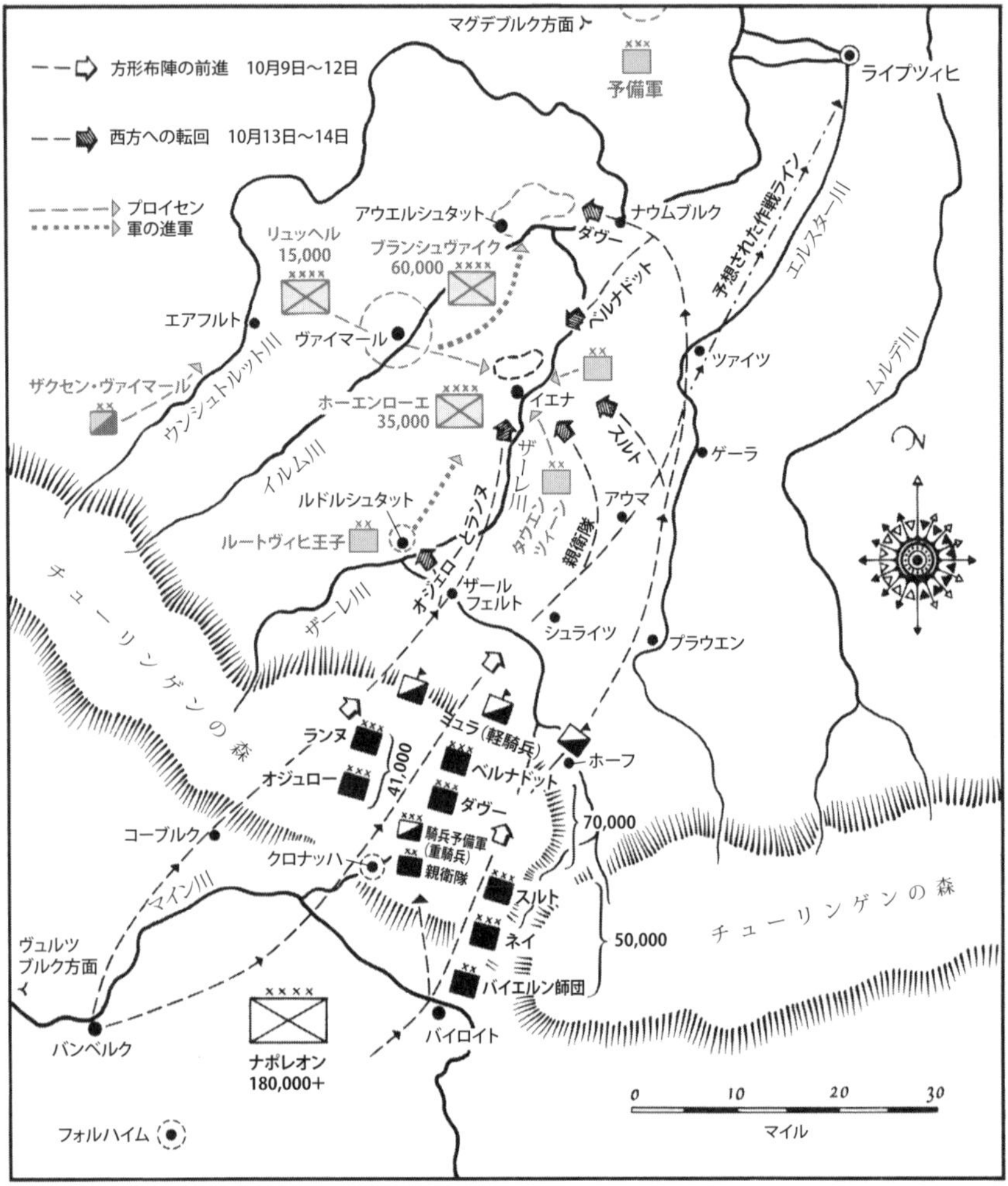

イエナ会戦　対戦中の方形布陣

われる。敵の軍勢の大半はエアフルト近郊にいるように思われる。……

余は貴官に、何度も手紙を書いて、ドレスデン方面から知りえたすべてを通報し続けることを真剣に要求する。

貴官は、二〇万の兵力からなる方形布陣でこの地域を動き廻るのを善しとするだろう。それでも、それには多くの技巧とある種の成り行きが必要なのだが(21)。

この文書から明らかにされたナポレオンの軍勢の配置は、まさに称賛されるものである。グランド・アルメを約一八万の兵員からなる「方形布陣」に編成することにより、いかなる方角からの敵の攻撃にも対応できることになる。それぞれの梯団の構成部分は、たとえ梯団間の側面の連携が、森林を通り抜けている間に事実上弱まってしまおうとも、相互に支援し合える距離のなかにあった。ひょっとするとプロイセン軍は、各梯団の先頭が森の向こう側に到着するのを待ち構え、姿を現した途端にそれぞれを各個撃破しようと望んでいるかもしれない。ナポレオンはこう予期していたが、彼は自分のどの梯団も敵の兵力が三万以下であれば、それほどの危険もなく対処できると確信していたのである。もし彼らがより強力な敵に向かい合えば、皇帝が敵の後方に手の空いている梯団を移動させる間、元帥たちは（必要に迫られれば陣地を引き渡すことさえもして）防衛戦を戦えという命令を受けていた。

敵が西から攻撃してくれば、第五、第七軍団は前衛となり、敵を釘付けする任務を帯びる。一方で第一、第三軍団は無防備の側面に回り、さらに第四、第六軍団は予備軍として残される。同じような組み合わせが他の方位からの攻撃にも対応すべく工夫されていた。戦略的全方位防衛に関するナポレオンの熟達をこれほどよく示すものは少ない。敵の正確な位置についての彼の知識は漠然としたままであったから、ナポレオンがこの明確な楔型編成を採用したのは実際的だった。軍隊を三個梯団に分割することで、森林の横断に少なくとも四日は節約できた。軍編成の柔軟性は、後ほどイエナの戦いの直前、グランド・アルメが予期されていたよりも二日早い、かつ違った方向での戦闘のために突然集結することを要求されたとき、証明されたのである。

一〇月八日朝、最初の陽光が差し込んだとき、この三個梯団が行動を開始し、ザクセンの境界線を越えた。先導を務めるのはミュラ自身が率いる軽騎兵諸大隊で、彼らはザールフェルト、ザールブルク、そしてレーベンシュタインの間の道路を偵察し、敵軍の正確な所在を発見する責務を負った。この日はプロイセン軍の哨戒兵をミュラが押し返した際に、騎兵同士の小競り合いがいくつか見られたものの、薄暮までに三個梯団のそれぞれの先頭が指定された停止地点、すなわちコーブルク、レーベンシュタイン、ミュンヒベルクに到着した。最初の交戦は翌日に見られ、ベルナドットとミュラがシュライツで、六〇〇〇のプロイセン兵と三〇〇〇のザクセン兵で構成されるタウエンツィーン麾下の軍勢と遭遇した。竜騎兵二個師団と第一軍団の歩兵に支援された軽騎兵二個旅団（ラサールとミヨーに指揮された）が、正体を現したこの敵分遣隊をすぐに一掃し、ゲーラへの道路を開放したのである。他の場所でもフランス軍の進軍は速やかに続けられ、日暮れまでに左翼梯団のランヌ軍団と右翼梯団のスルト軍団はそれぞれ早くもザールフェルトとホーフに接近した。このときまでにナポレオンは、左翼梯団の先導部隊が翌日強力な敵軍に遭遇するであろうと確信し、ランヌにザールフェルトでの戦闘の準備をするよう警告し、交戦する前にオジュロー軍を待つべきであると付け加えたのである。

その間、プロイセン軍の幕営ではいつものように紛糾が頂点に達していた。アウマの近郊で混乱に陥った自分の部下、つまりタウエンツィーンの失策という知らせにより、ホーエンローエは彼の支援のため、ザーレ川を越えて全軍を前進させる準備をした。九日と一〇日の夜の間にルートヴィヒ・フェルディナント王子が、ザールフェルトから先のグラフェンタールへと数多くの敵の露営火が連なることを報告してきた。そこで彼の上官は、渡河の用意のためにルドルシュタットとカーラの間に即時プロイセン軍を集結させるべきだとの確信を強めた。不幸にしてルートヴィヒ王子に対するホーエンローエの命令が曖昧だったため、結果としてルートヴィヒ王子は、その使命がザールフェルトの細道を保持し、かつホーエンローエが彼の主力軍をアウマへと移動させる間（タウエンツィーンを支援するため）、さらにはブランシュヴァイクが王子軍の左翼の空白地帯を埋める目的で彼の軍隊を連れて来る間、時間稼ぎをすることであると勘違いしてしまった。

その結果、ブランシュヴァイク軍は躊躇しつつエアフルト近郊にとどまっていたため、ルートヴィヒ王子はだんだんと孤立していったのだ。翌朝までに、ホーエンローエも、提案したザーレ渡河の是非について考え直してしまった。事実、ブランシュヴァイクは無遠慮にも移動を禁じてしまっており、したがって彼も前進を撤回したのであった。この新しい命令は一〇日午前一一時に不運なルートヴィヒに届いたに過ぎない。彼はいまや、ルドルシュタットを堅持してランヌ軍団の攻撃を耐えしのぐよう指示されていた。しかしそれはあまりに遅かった。午前一〇時以来、既にザールフェルトでは交戦状態に突入していたのである。

ルートヴィヒ王子は、自分の任務がホーエンローエのアウマ進撃を覆い隠すと同時に、予想されるランヌ軍団の介入に対してブランシュヴァイクのルドルシュタット進軍を保護することにもあると堅く信じて努めてきたが、午前七時、プロイセン歩兵四個大隊およびザクセン歩兵六個大隊、騎兵一〇個大隊、そして四四門の大砲（総計八三〇〇ほどの兵員）で構成する彼の軍を、グラフェンタールへと続く細道からの出口を押さえるため、ザーレ川の左岸に布陣すべく移動したのであった。ランヌの先頭師団（シュシェ）は丘陵から姿を現したとき銃撃を浴びたが、ランヌは、たとえオジュロー軍団が後方で遅れていて近接支援できる距離にいなくても、即時攻撃を命ずるのに躊躇はなかった。

ランヌは、散兵による遮蔽幕の中、歩兵一個大隊と軽騎兵隊を前進させると同時に、シュシェに彼の残余の歩兵部隊を森で覆われた丘陵を通過して西方へ移動させ、ルートヴィヒ王子軍の側面を包囲するように求める命令を発した。午前一一時までにルートヴィヒはこの脅威に気づき、彼の右翼を強化する措置を講じ、同時に中央部をボイリッツ村を占領するため前進させることにした。午前の残りの時間を通じて、熾烈な戦いがこの地域とクロエステンの周辺で繰り広げられたが、午後一時頃にはフランス軍が優勢になり始めた。

ルートヴィヒ王子は自軍が次第に混乱していくのを阻止するのに躍起となり、中央部で自ら騎兵五個大隊を指揮したが、白兵戦になり第一〇軽騎兵連隊の主計将校ギュアンデによって殺されてしまった。こうして、もしかするとプロイセンで最良であったかもしれない軍人が戦死したのである。

ルートヴィヒ王子の戦死でこの作戦は失敗に終わった。ザクセン軍とプロイセン軍の歩兵の残兵は最善を尽くして脱出すべく、ザーレ川へと逃亡した。フランス軍は一七二人の死傷者を出したものの、約一八〇〇人の捕虜と三三門の大砲を手中にし、この数の半分以上に匹敵する戦死者を敵軍に与えたのである。この戦闘は戦役における初めての重要事件となり、その結果はプロイセン軍の戦意に深刻な打撃を与えたのであった。ルートヴィヒは一万四〇〇〇のフランス部隊に直面し、勝算は五分五分だったが、彼の戦死と軍団の事実上の殲滅という知らせは、プロイセン軍司令部において最大の驚愕をもって受け取られた。

前日のシュライツでの戦闘の知らせに加え、フランス軍はライプツィヒへと突破しつつあり、プロイセン軍の連絡線を脅かしているように思われた。フリードリヒ・ヴィルヘルムとブランシュヴァイクがヴァイマールで軍の再結集を決定する一方、ホーエンローエはイエナへの通り道となるカーラへと時を失せず退却した。プロイセン軍は至る所で均衡《バランス》を失っており、二一日にイエナでザクセン部隊に発生した不必要なパニックは、彼らの戦意の低さを証明するものであった。

フランス軍司令部はまだ詳細な敵の位置を知らなかった。右翼梯団からスルトが、プラウエンのプロイセン守備隊が北方へと完全撤退したとの情報を送ってきたが、この報告の後でナポレオンはまず、ライプツィヒへの接近を防いでタウエンツィーンを支援するため、敵全軍はゲーラの町周辺に集結するだろうと確信した。「しかし、わが方が集結できる前に、敵が集結できるかどうか疑わしいと余は思う(22)」。結果としてグランド・アルメは、まっさきにゲーラに到着し、集結場所に向かうプロイセン軍団を一個一個捕捉することを期待して、北方への進軍を継続した。皇帝はブランシュヴァイク軍が北方へ退却するであろうという基本的想定においては正しかったのであるが、結局のところ敵の最終到達点についての計算は誤っていた。もちろん、もし九日のホーエンローエの計画が達成されていたならば、ナポレオンの想定はすべてにおいて適正であったろう。しかし、このひとつの特別な事件に見られたように、プロイセン軍の決断力の欠如と指揮系統の乱れとがフランス軍を誤導することに貢献してしまったのである。

敵の位置は一一日には少しは明らかとなった。シュライツとザールフェルトでの戦闘に関する報告を厳密に分析した結果、またミュラの騎兵偵察隊がゲーラには敵軍がいないと報告してきた事実からも、敵主力軍は当初予想したような北東方面ではなく、まだ北方あるいは西方のさらに遠くに位置しているように思われた。ライプツィヒの入口に至るまでのさらなる騎兵の調査によっても、エルスター川には敵軍勢の影形もないことがわかった。その夜、敵はザーレ川の東岸へも渡河しなかったとランヌが左翼から報告してきた。

この情報に基づいて、ナポレオンは以下のように結論づけた。すなわち、結局プロイセン軍はライプツィヒを結ぶ彼らの連絡線を守るための退却をしておらず、その主力は西のはるか彼方になお位置しているのだと。ブランシュヴァイクはいまやエアフルト近郊で戦闘に挑むであろうとの確信を彼は次第に強めていった。

そこで一二日の行動のために発せられた命令とは、左方向へ旋回して敵軍に対面すること、またエルベ川へと突進しようとする敵の企ての機先を制することだった。アウマはきたるべき行動のための新たな作戦の中心地に指定されたが、ベルティエは主計総監ヴィルマンジーに対し、「貴官が現在道路上にある小麦とパンのすべてをアウマへ運び、我が軍の『中央部』となるよう定めたこの町に倉庫を造営すべきだ、というのが皇帝のお望みである。直ちに病院も建てるよう命令を発せよ(23)」と書き送っている。

ミュラと騎兵予備軍の大部分がライプツィヒとナウムブルクの間で敵の輸送隊や伝令を探し続けている間に、ダヴーの軍団はナウムブルクに急襲をかけることが命ぜられた。ベルナドットは最終目的としてゲーラからツァイツおよびコーゼンへ移動するはずであった。然るべき位置に至れば、ふたつの軍団はランヌとオジュローを支援できる位置に置かれる。この両元帥は、ザーレ川の渡河地点であるイエナとカーラに向かう命令を受け、いまや軍の中から新たな前衛部隊を編成していたのである。

しかし、なおナポレオンは敵の意図を完全に見抜いていると思っていたわけではなく、そのためスルトは北方または東方での敵の活動の兆しがないか監視するためゲーラ近郊にとどまるよう命じられた。「余は完全に敵を包囲した」と皇帝は書いている。「しかし余は敵が企てるかもしれないことに対策を講じなければならない(24)」。スルト軍はイエナの支援にすぐには駆けつけられない距離にいたが、右翼梯団の最後尾にある軍団（ネイ元帥）もミッテル＝プレミッツに向けヴァイダを出発し、ランヌ軍の位置から数リューにあるローダという中間地点へと移動することになっていた。

このときのナポレオンの遠大な意図とは、一四日にザーレ川を渡ってヴァイマールへと進み、一六日にブランシュヴァイク軍をエアフルト近郊（その予想される位置）で攻撃することにあったようだ。彼は、プロイセンの司令官が次のふたつのうちいずれかを企てると踏んでいたのである。すなわち、ナポレオンがエアフルトへ行く前に応戦する（その場合、フランス軍の第五、第七および第六軍団が正面で敵を釘付けるうちに、第一軍団と第三軍団が北から敵の左側面と後方に対し突進するであろう）か、あるいはハレ（プロイセンの予備軍がまだ置かれている場所）方面からマグデブルク、そして相対的に安全なエルベ川の右岸へと退却するかのいずれかである。この二番目の可能性に対処するため、グランド・アルメの主力軍はイエナを通過して敵を激しく追跡し、一方、ダヴーとベルナドットは敵をエルベ川に向かわせず、結果として戦闘を強いるようにさせる。当然ながら、これらの計算で万事対処可能と確信しつつ、ナポレオンは午後八時に司令部とともにゲーラに到着した。そして翌日の作戦行動への暫定命令を発し、司令官たちから最新の戦況報告を受け取るために起床するまで、四時間ほど眠るためにすぐに床についた。

一〇日の戦闘以来、プロイセン前衛はザーレ川の戦線へと後退していた。ホーエンローエは一一日カーラを通過し、そのあとイエナに入った。彼が一二日にイエナを脱出したので、残されたザクセン軍は、ランヌ軍団の前衛部隊が南方に姿を現したときパニックに陥り、兵員たちが統制に服するまでしばらく時間がかかった。その間に、フリードリヒ・ヴィルヘルムとブランシュヴァイクは、ヴァイマールへと前進し、エルベ川と彼らとの連絡を憂慮した。

一二日遅くにプロイセン軍司令部は、フランス軍がナウムブルクを占領したことが確かであると知ったがこれはウンシュトルット川の進路が封鎖されようとしていることを意味するように思われた。これは恐るべき事態であり、フリードリヒ・ヴィルヘルムは翌朝、軍事会議を再度招集する命令を発した。憂慮した将軍たちは一三日の朝早くに参集した。少数の将軍はイエナ近郊で交戦するのに賛成の意を表したが、最終的に同意が得られたのはアウエルシュタット、コーゼン峠、フライブルク、メルセブルクを通過してライプツィヒへと即時退却し、ルート上にあるハレの予備軍を吸収し、脅かされているエルベ川との連絡線を保護するという案であった。いまやナポレオンと真っ向から対決することなどほとんど考えられなかった。九月までの頑迷な自信が、一〇月にはパニックに襲われたような警戒心に取って代わられてしまった。現在ではブランシュヴァイクの唯一つの希望は、いかなる犠牲を払ってでも大規模な戦闘だけは回避することにあった。プロイセン主力軍の側面防御を果たすために、ホーエンローエはイエナとヴァイマールの中間に位置するカッペレンドルフの村を占領するよう指示された。ヴァイマールに駐屯しているリュッヘルは彼の支援を行う。そして主力軍がアウエルシュタットを離れた後、ホーエンローエは殿軍《しんがり》の役目を終え、北に退却するというのである。これらの命令は一三日午前一〇時に発効した。

他方で、ナポレオンはゲーラで彼の部下たちからの最新のニュースを待っていた。彼はまだ一六日まで戦闘を予期していなかったから、一三日の予備的命令は既に朝早い時間に発せられていた。この命令によってベルナドットはナウムブルクで第三軍団と合流し、かつネイ軍団はローダへ移動し、残りの軍団は現在位置にとどめ、そこで休息したり、落伍兵を駆り集めたり、再び糧食を給することが指示された。

ところが午前九時頃、皇帝に新しい行動を緊急に促すニュースが三つの場所から届いたのであった。北方のミュラからの報告によれば、諜報員が敵の大軍がフルダ＝エアフルト＝ナウムブルクの道路に沿って進軍しているのを目撃し、またプロイセン国王と王妃は確かに一一日にはエアフルトにいたのだが、一方で架橋車両が一二日中にヴァイッセンフェルスから北東へ移動するのが見られたという。次に（ナウムブルクから）ダヴーが、捕虜、脱走兵や民間人から拾い集めた情報によれば、敵はヴァイマールとエアフルトの間に大勢おり、国王は実際一一日にエアフルトにいたが、ナウムブルクとライプツィヒの間ではいかなる敵部隊も見られなかったという趣旨の報告を送ってきた。第三にオジュローが、当初イエナにいた敵軍はその後ヴアイマールを通過し、敵主力軍がなお駐兵しているエアフルトへ移動したことをカーラから報告してきた。イエナそのものの近くであるザーレ川岸に駐留していたランヌからは、まだいかなる知らせも到着していなかったが、ナポレオンは、いまや敵が何をしようとしているかを見抜いたと思った。「とうとうベールがはがされた」と彼は九時直後ミュラに書き送った。「敵はマグデブルクへ撤退を始めている。ドルンブルクにいるベルナドットの軍団とともに速やかに移動せよ」。彼にはかなり前から敵が主にどこにいるかがわかっていたが、ようやく今、敵の将来の意図を見通したと確かに感じたのであった。

しかし皇帝は、プロイセン軍が考えを変えたり、撤退をやめたり、交戦に応じるかどうかまだ確定できなかった。「余は、敵がイエナでランヌ元帥を攻撃するかまたは撤退するかのいずれかであろうと思う。もし敵がランヌを攻撃するならば、ドルンブルクにいる貴官は彼を助けることができるであろう。午後二時には余はイエナに到着していよう(25)」。

皇帝は、ザーレ川に沿ったダヴーとランヌとの間のギャップを埋めるよう軽騎兵と第一軍団に命令したのに加え、ネイにローダへの進軍を急ぐよう要請し、また重騎兵にはアウマから、スルト軍団のサン・ティレール師団にはゲーラから同じ場所に集結することを指示した。スルトが指揮する残りの軍は、ライプツィヒへ警戒の目を注ぎ続けるため北東のコストリッツへと移動し、他方オジュローは第八軍団とともに大急ぎでカーラからイエナへ進軍した。ナポレオン自身も、自ら何が起こっているのかを見るためにイエナへの道に沿って出発した。いつものようにスピードが基本方針であった。

遠征の緊張が既に彼に影響を与え始めていた。長い毎日の行軍がかなり疲労の原因となっていた。ゲーラを出る直前にジョゼフィーヌに書いた短信に述べている。「余は一日に二〇～二五リュー（約六〇マイルから七五マイル）を進軍している(26)」。

彼がイエナに接近しつつあったとき、午後三時に馬を走らせた使者が到着した。彼が持参していたのは、いままで何も知らせてこなかったランヌが、イエナの町の北から同日の朝に書いた状況報告であった。その報告は一万二〇〇〇から一万五〇〇〇の敵軍がイエナの北に位置していること、その辺りの情報では二万から二万五〇〇〇以上がなおイエナとヴァイマールの間にいると示唆していた。これが本当に事実なのかどうか確かめるため偵察隊が送り出された。メッセージの最後はこう結ばれていた。「小官はヴァイマールへと我が軍団を前進させることが、陛下の御意志であるかどうかを伺いたいと存じます。陛下が小官に対し、どこか別の目的地をお考えになっているのであれば、小官は自分の責任において、かかる作戦行動を敢えて命令することは致しません」。

ナポレオンがこの知らせを読んでいるとき、既に遠くからマスケット銃の射撃音が聞こえていた。いまや敵が大挙して一三日の夕刻かその翌日にはランヌを攻撃する準備をしていることは確かであるようだった。皇帝は鞍上からその日三回目の一連の命令を発した。敵の主力軍（兵力およそ五万）がヴァイマールとエアフルトの間に位置しているのが新たに明らかとなったことで、（たとえこれが当初の予定より二日も早まるにせよ）即時の戦闘は不可避となった。この新しい戦況に照らし、もしダヴー軍団が南方から射撃音を聞いたならば、「敵軍の左翼を急襲するため」同夜ナウムブルクから西へと機動することになった。ベルナドットは、もしランヌが攻撃されたならば、支援のため直ちにザーレ川を越えて移動する指示を受け、ドルンブルクへ行軍を継続することとなった。大砲の射撃音が聞こえなかった場合には、これらの軍団はともにザーレを渡河する前に翌日の命令を待つことになった。ミュラの騎兵隊はドルンブルクへの前進をさらに押し進めることになったが、スルトとネイはその軍団すべてをイエナへ急行させることになり、ルフェーヴルは親衛隊の歩兵隊を連れて、遅滞なくイエナの先のランヌの司令部で皇帝と再合流することになったのである。

皇帝はイエナを乗馬で通り過ぎ、四時頃ラントグラフェンベルク高地にあるランヌ元帥の前線司令部で彼と再会した。皇帝は、第五軍団がその朝早く濃い霧に隠されてイエナに到着し、町を占領するのにほとんど困難に遭遇しなかったことを知った。そのときシュシェの師団が遅滞なくザーレ川を渡り、ラントグラフェンベルクに登ると、その先でタウエンツィーンの前衛軍と遭遇したがフランス軍はこれら前進してくる小部隊をルッツェローダとクロスヴィッツの村落に追い払った。そしてランヌは彼の正面にいる敵が総計四万以上であると査定したが、ザーレ川の西に足場を確保する決心をしていた。ナポレオンは部下の戦況判断に同意し、自分がプロイセン主力軍に直面していると信じて（それは後に間違いであることが判明した）、夕闇が軍の行動を隠すようになるや、ラントグラフェンベルクの橋頭堡を強化するため、第五軍団の残りと親衛隊にイエナから出動することを命令したのであった。

ナポレオンは、敵が台地の向こう側で戦闘すると決めているものと確信し、二万五〇〇〇の兵員で構成する現在の戦力（第五軍団と親衛隊）が翌日まで前線の守備位置をしっかり守るだろうと算定した。一四日午前一〇時までに、第七軍団（一万六五〇〇）およびサン・ティレール師団（九〇〇〇）が戦力を五万五〇〇にまで引き上げるため現場に現れるであろう。また正午までにスルト軍団の残り（一万八〇〇〇）、ネイ軍団（一万五〇〇〇）、そして騎兵予備軍の重騎兵（七〇〇〇）が、グランド・アルメを総計九万五〇〇の大軍にするためローダから到着しているはずであった。さらに午後四時までに第一軍団（二万）、第三軍団（二万七〇〇〇）がミュラの軽騎兵隊八〇〇〇とともに北方から戦場付近に到着するはずであった。

かくして二四時間以内に、ナポレオンは決定的な地点において一四万五五〇〇の兵員を集結する立場にあった。「方形布陣」システムが備えている柔軟な連動の卓越性について、これ以上の好例はない。

とはいえ、こうした戦力増強が可能とはいえども、もし一三日午後にプロイセン軍が大挙して攻撃をしかけてくれば、起こりうる当面の問題を解決できなかったし、また川を背にしてラントグラフェンベルクにとどまるというナポレオンの決定は、計算されたリスクに基づくものだった。特に彼は、ブランシュヴァイク軍の大半が自分の前方にいると信じていたのである。たとえプロイセン軍右翼のみがラントグラフェンベルクに事実上対面していたとしても、フランス軍の守備位置に対する危険は充分現実性を帯びていた。実際シュシェの師団があの朝に丘に向かって移動した時点で、ホーエンローエはまさに攻撃を命じようとするところであった。

一方、このときマッセンバッハはプロイセン軍司令部に呼び出され、ウンシュトルット川を越えてライプツィヒへと向かう予定通りの退却命令を受けていた。彼が戻ったとき、ホーエンローエの軍隊が前進しようとしているのを見た。しかし彼は嫌がる上官に、プロイセン軍右翼はいまや他の軍の行動を援護するため守備に徹するという最終命令を受けているから、ランヌ軍へのいかなる攻撃も新たな計画に違反するであろうと説得した。それで攻撃は取り消され、部隊はそれぞれの陣地に帰ったのである。

これはナポレオンにとって幸運であった。というのは、もしプロイセン軍右翼が一三日に大挙してラントグラフェンベルクを占領していたら、翌日の決戦で成功を収める見込みなどどこかに吹き飛んでいただろうから。

フランス軍にはヴィンドノーレン（ラントグラフェンベルクの最高峰）をできるだけしっかりと確保することが至上命令であったが、これは砲兵中隊を眺望のきく山頂に置かなければなしえないことであり、相当な問題を生じさせた。イエナからそこに至るには一本の狭い道しかなく、すぐさま一〇〇台以上の車両が丘の麓において大渋滞を引き起こしてしまったからである。夜のとばりが落ちるや、ナポレオンはいつもの活力をもってこの問題に取り組んだ。この作業は最初、皇帝自らカンテラを手に監督した。当時オジュローの参謀であった若い将校のマルボ男爵によれば、「彼は直ちに工兵隊と砲兵隊の車両から四〇〇〇の工事道具を送り、全大隊に一時間交替で通路を拡幅しかつ平衡化する作業をすること、また作業を終えた者はラントグラフェンベルクに静かに登って隊形を組み、他の者がその持場を受け継ぐことを命じた。彼らは作業中、松明で照らされたが、この照明の光は向こうにあるイエナのまばゆい光によって敵の目からは隠されていた

(27)」。この作業はほとんど夜間いっぱいにわたって継続され、夜明けまでに二万五〇〇〇を下らぬ兵が四二門の大砲とともに山頂に着いていた。

ナポレオンは最初の車両が通路を登って行くのを見た後で、山頂に登って帝国親衛隊四〇〇〇の兵員で形作る方陣の真ん中に彼のテントを張ることを命じた。コワネによれば、親衛擲弾兵たちはアルコールの摂取量を増やすため、イエナを通過するための待ち時間を最大限利用した。「兵隊はそれぞれ三本のビンを持っていた。二本は熊皮の軍帽に一本はポケットに、そしてさらに数パイントもの酒［一パイントは〇・五七リットル］を飲み干していた(28)」。

ナポレオンは、平原の彼方に燃える無数の敵の露営火を観察した後で、一〇時過ぎに腰を下ろし、彼自身の幕営灯火の光で翌日のための命令書を記述した。彼が見通していたとおり、戦闘はふたつの別個の局面をもち、おそらく二日間継続するであろう。最初の仕事は現在の橋頭堡の揺るぎない支配を確保することであり、グランド・アルメの主力（第五、第六、第七、第四軍団、騎兵予備軍そして親衛隊）がザーレ川西岸に展開できるように、高地へとその支配地域を拡大することにあった。このためにランヌ軍は一四日午前六時に攻撃をしかけ、ルッツェローダの村落からクロスヴィッツへとつながる戦線を確保するはずであった。そのようにして獲得した占領地域を次に広げるタイミングは、集結中のオジュロー、ネイ、スルトの軍団が実際に何時に到着するかにかかっていた。

一三日夜半までに、既に戦闘に投入できる部隊は以下のとおりであった。ランヌの第五軍団と親衛隊は既にラントグラフェンベルクにいたし、オジュローの第七軍団は南の方の近隣渓谷にいてカーラから急ぎ接近してきた。スルト軍団の騎兵と先頭師団（サン・ティレール）は既にイエナを通過していた。ネイ元帥の前衛部隊はイエナの郊外にいたが、第六軍団の残りは重騎兵とともにローダへの道路に沿って梯状に続いていた。

一方、第四軍団の残りはゲーラからの路上にあった。もしこれらの様々な部隊がいつでも作戦に加われるようであれば、次のような役割を任されることになる。ネイは中央部におけるランヌの最初の突入を支援し、拡大させる。オジュローはタウエンツィーンの右側面に回るため、左方にあるミュールバッハ川の渓谷を上り、ミュールタール高地の南斜面に沿って前進する。スルトはプロイセン軍の左翼に回るため、途中でクロスヴィッツの森を通過し、ツヴァーテン近郊からロートインゲンの村落へ移動する。親衛隊とミュラの騎兵予備軍はラントグラフェンベルクで予備軍を編成する(29)。これらの集結した軍勢に助けられれば、たとえ周囲の状況により個別に戦うはめに陥っても、ナポレオンはタウエンツィーン軍を撃破または押し戻し、彼の計画の第二局面で要求される機動に必要な場所を確保できるであろうという自信をもったのである。

高地を確保すれば、問題はプロイセン全軍を打ち負かすこと、そしてできれば撃滅することであろう。ナポレオンはまだ自分がブランシュヴァイクのほとんど全軍と対峙していること、そしてその結果として自分の計画の第二局面が決定的なものになり得ることを確信していた。たとえプロイセン軍がこっそりと前進し、コーゼンに向けて総攻撃をしようとも、ナポレオンがイエナを通って敵軍の後方に移動できるまで、第一および第三軍団は敵を釘付けするに充分な強さをもっているであろう。もし周囲の戦況が許すならば、ナポレオンは一五日まで戦闘の決定的局面を延期することを選んだであろうが、それは敵の（イエナまたは他の選択肢としてコーゼンに対する）反撃と第一、第三軍団の動きに大きく依拠していたように思われる。

ナポレオンの意図は、ダヴーとベルナドット（ドルンブルクを通過して移動するミュラの騎兵隊とともに）両方がアポルダの市街へとザーレ川を越えて移動し、それから、イエナの方向からの軍団によって既に激しい戦闘を強いられ、当惑しているプロイセン軍の側面または後方に、姿を現わすというものだった。これらの二個軍団が合流して行動するか、またはそれぞれのルートをとるかは、一三〜一四日夜のベルナドット軍団の位置にかかっているだろう。いまやベルナドットは午後三時に、ナウムブルクから南方のドルンブルク（そこでザーレを渡河することが実際的だった）へ移動し、ザーレ川に沿ってフランス軍戦線を完成し、グランド・アルメの両翼を結ぶことが命ぜられたが、ナポレオンはこの命令に彼が従ったかどうかを正確に知らなかったのである。その結果、ダヴーに対しナウムブルクからアポルダへの移動を指示する、一三日午後一〇時に書かれた命令の中には、以下の文章が含まれていた。「もしポンテ・コルヴォ大公（ベルナドット）がまだ貴官とともにいるのならば、貴官はともに前進することができる。だが皇帝は、ドルンブルクの指定した位置に彼がいることを願っている(30)」。ベルナドットは翌日、この最後の文が少し曖昧だったことにより、自分の疑わしい行動は正当化されると言い張ることになる。しかし彼は、ほとんど軍法会議で銃殺刑送りになるようなことをしでかしていたのだ。

もちろん、ナポレオンにしても計画段階ではひどい誤解のもとに作業を進めていた。プロイセンの各軍を順番に処理できるであろうとの彼の基本的な仮定は間違っていた。というのも、一三日夜遅くブランシュヴァイク軍の大部分（約六万）がウンプフェルシュタットからアウエルシュタット（すなわちイエナ地域からは遠く離れている）への道路に沿って強行軍を続けていたからだ。確かにこの軍勢の前衛部隊（シュメッタウ師団）は、ナポレオンがベルティエに命令したときに、ほぼアウエルシュタットに到着していた。換言すれば、敵はナポレオンに悟られないように戦力をふたつの軍に分割しており、双方の軍が一四日の早くにフランス軍の異なった部分に接触する可能性があったのだ。ダヴーはすぐに彼の正面に大規模な敵の行動があることに気づき、早いうちに皇帝の司令部へ報告したが、このことが自身の軍勢がイエナの北方でプロイセン軍の主力と戦うであろうという皇帝の信念を揺るがしたようには見えなかった。

　同じように、皇帝はダヴーがさほど大きな困難なしにアポルダに到着するだろうと確信していた。もちろん、実際ナポレオンが観察した露営火はホーエンローエ軍の火に過ぎなかった。すなわち、ホルツェンドルフ将軍の兵員五〇〇〇はドルンブルク方面にキャンプを張り、タウエンツィーンの八〇〇〇はクロスヴィッツ＝ルッツェローダ地域におり、残りの約二万五〇〇〇の兵員はフィアツェンハイリゲンの南と西に野営した。近接しているプロイセン軍の最後はリュッヘル麾下（約一万五〇〇〇）で、まだ西のヴァイマールの近郊であった。もしナポレオンが敵の位置と意図について深刻な誤解をしていたとしても、それはホーエンローエとて同じであった。彼はグランド・アルメの大軍に対峙しているとは露知らず、ラントグラフェンベルクのフランス部隊は単なる側衛であって、北方のライプツィヒとドレスデンに向けて前進を続ける主力を（ナウムブルクの側衛部隊とともに）守っているに過ぎない、と考えていた。事実、双方の司令官は一四日になって初めて真実を知って驚くことになる。

第42章　イエナ＝アウエルシュタット

一〇ヶ月ほど前のアウステルリッツでの朝のように、戦場は当初深い霧に包まれており、皇帝の最終的な偵察をかなり妨げ、いくつかの準備行動を停滞させていた。それにもかかわらず、暁までに約四万六〇〇〇の部隊と七〇門の大砲が集結してラントグラフェンベルク山頂の位置に着き、近隣の渓谷を前進して作戦行動に移ろうとしていた。『一塊』という言葉がこれ以上的確だったことはなかった」とマルボは詳しく説明している。「というのは、各連隊の兵士たちの胸が、実際に目の前にいる兵士たちの背に接触していたが、極めて良く訓練されていたので、この暗闇のなか狭い台地に四万以上の兵員が詰め込まれていたにもかかわらず、混乱は全く見られなかったし、敵は大砲の射程距離のたった半分の所にいたけれども、彼らは何も気づいていないようだったのだから[31]」。

彼らは、そのときは知らなかったのだが、一二〇門の大砲で装備された約三万八〇〇〇のプロイセン軍に対面していたのである。しかしフランス軍は、敵よりもはるかに集結していたし、その指揮官たちはあらゆる点で優越しており、兵員の戦意は比較にならないほど高かったのである。ナポレオンはいつもの習慣にしたがって、できるだけ多くの主要部隊を訪問しては、兵士たちがこれから直面しなければならない状況について説明したが、このことがまた兵士たちの勇気と決断力に強い拍車をかけるのに役立った。それに比べてプロイセン軍の戦線内部の状況は非常に異なっており、二日前の驚愕とパニックの後、多くの部隊はいまだなお健全な精神状態を回復していなかった。中央部のいくつかの小銃大隊は、落伍と逃亡により完全な定員を五〇パーセントも下回っていたのである。全員が空腹であり惨めであった。

有名なイエナの会戦ははっきりとした四段階に分かれる。第一段階は朝六時から一〇時までである。その間にランヌ、スルト、オジュローは、タウエンツィーンの前衛部隊を追い払うことと、いまや全速力でイエナへと向かって進軍してきているであろう増援軍の便宜をはかるため、ザーレ川西岸の橋頭堡を拡充することに関わっていた。最初の攻撃はランヌの二個師団、つまり右翼のシュシェと左翼のガザンによって担われ、二八門の大砲で援護された。先頭の梯団がタウエンツィーンの大隊と接触したとき、荒々しいが混乱した兵士たちの戦闘が霧のなかで展開された。砲兵隊はほとんど至近距離で撃ち合ったが、甚大な損害にもかかわらず、すぐにシュシェはクロスヴィッツを占領し、彼の軽歩兵隊は進路に立ちはだかるすべての敵を敗走させた。ガザンのコスペダ方面での戦闘はこれほど首尾よくいかなかった。彼の主力部隊は撃退されてしまったが、しかし激烈かつ的確な砲撃によって、プロイセン軍の反撃も同様にほとんど効力が失われ、追い払われたのである。事態はタウエンツィーンにとってそれほど悪く進行してはいなかったものの、混乱した彼は、森林地帯に散兵《スカーミッシャー》の大群を残すのみで、前線にある村落からもまたルッツェローダからも即時撤退を命じ、フィアツェンハイリゲンの村落の近郊にいるザクセン予備軍のほうへと退却した。フランス軍は彼のきびすに肉薄するほど猛追したが、彼らの「はずみ」は、タウエンツィーンが激しい反撃の際に呼び集めに成功した五〇〇〇の兵員を送り出してきたとき、少し衰え始めたのである。

　これは注目に値する成功であった。フランス軍は浮き足立って退却し（ただ騎兵一個大隊のみがその地にとどまった）、短時間の間に自軍が半分ずつに分裂しているのが彼ら自身にもわかったが、一方はクリッペンドルフにあるフィアツェンハイリゲンの北東へ、残りは南方イッセルシュタットの森のなかに避難場所を見つけた。フランス軍にとって幸運にも、プロイセン軍は機会をうまく利用しようとせず、急停止ののちに反転して、西方さらに遠くのクラインロムシュタットへと向かっていったのである。この驚くべき行動は、ランヌの両側面で作戦を展開しているフランス軍勢の進撃によって一部説明される。

　右翼のスルトの主力師団はロブシュタットから出撃し、ツヴェッツェンを通り前方の森のなかに強行した。そこでスルト軍団は、ドルンブルクの近郊から戦場へ移動中であったホルツェンドルフ将軍の部隊と激しい遭遇戦となった。その間に、はるか先の反対側面ではオジュローの第二師団が、ミュールバッハまたはミュールタールの渓谷を彼方のフロムベルク山へと着々と前進していた。これはイエナからヴァイマールに至る自然な接近路であり、タウエンツィーンは少なくとも南側面に回り込まれるという差し迫った危険を恐れ、死傷数の規模について不安を感じつつ、ホーエンローエの主力軍に向かって落ち延びたのであった。

　かくして一〇時前には、ナポレオンの主要部隊は、グランド・アルメの展開に要する地域を占領した。これは敵の不必要な撤退によるところが大きかった。皇帝が立てた大計画の第一段階は安全に成し遂げられ、彼は新しい部隊を戦線に来着させるため中央部と左翼に休息を命じた。

しかし、フランス軍右翼では、スルトがホルツェンドルフの五〇〇〇の兵員との激戦に巻き込まれており、他の戦区ではは一時的に戦闘活動を休止しようにも、こちらの戦場ではそうもいかなかった。午前一〇時直後にプロイセン軍の散兵《スカーミッシャー》たちがサン・ティレールの師団を攻撃したが、師団の大半は斜行隊形に編成され、側面に騎兵隊と二二門の大砲を持ち、いつでも総攻撃に移れるようになっていた。サン・ティレールにとって幸運だったのは、彼の部隊がロートイーゲン近くの反斜面の背後に隠されていたことであり、ホルツェンドルフが事の成り行きを知る前に、その左翼に対してフランス部隊が死角から出現してきたのである。短時間後に、プロイセン軍はネルクヴィッツ近くの小川を越えて退却していた。この行動は当初プロイセン騎兵隊によってうまく援護されていたが、ついにスルトの騎兵たちが軽歩兵隊や槍騎兵たちを突破し、梯団のひとつに襲いかかり、事実上それを撃滅した。四〇〇の捕虜、六門の大砲そして二本の軍旗がこの作戦の戦利品であった。

ホルツェンドルフは余力をふりしぼり、動揺している兵士たちをネルクヴィッツの村落の後ろに呼び集めたが、もう一度フランス軍が彼の左翼に回り込み、それから騎兵隊で正面から突撃した。プロイセン軍の士気はこれに耐えきれず、ホルツェンドルフの部隊はすぐに敗残兵の一軍と化し、残った大砲の多くを捨て、アポルダ方向に落ち延びたのであった。彼らの将軍は騎兵隊と砲兵一個中隊を、北方へ逃亡した歩兵隊の後を追う前に呼び集めることに成功し、直ちにそれらにホーエンローエの前衛部隊へ合流することを命じた。

もしサン・ティレールに敵を追撃することが許されたならば、その災難はより深刻なものとなったかも知れなかったが、中央部に新しい危機が生じ、スルトはホーエンローエ軍の左翼を攻撃するため自軍の兵員を呼び戻さねばならなかったのだ。

午前九時までには、ホーエンローエ公もフランス側衛部隊による単なる局部攻撃以上のものに自分が直面していることに気づくようになっていた。パニックに陥ったタウエンツィーン軍の到着は、見事なまでに問題を切実に自覚させ、公はすぐに一人の副官をヴァイマールに急行させ、リュッヘルに即時支援を要請するメッセージを送った。彼はこれをなし遂げた後、タウエンツィーンに残存兵を後方に下がらせ、そこで再編成と弾薬補給を行わせるよう指示した。

その間ザクセンの三個旅団は、ヴァイマール街道に沿って隊列を組み、あらゆる犠牲を払っても敵を近づけさせないよう命ぜられていた。次にホーエンローエは、プロイセン歩兵の大部分とさらなるザクセン一個旅団を招集し、フランス軍と高地の支配を争うため、東方にグレーヴェルト将軍を送り

イエナ＝アウエルシュタットの戦い（1806年10月14日）ナポレオンの計画

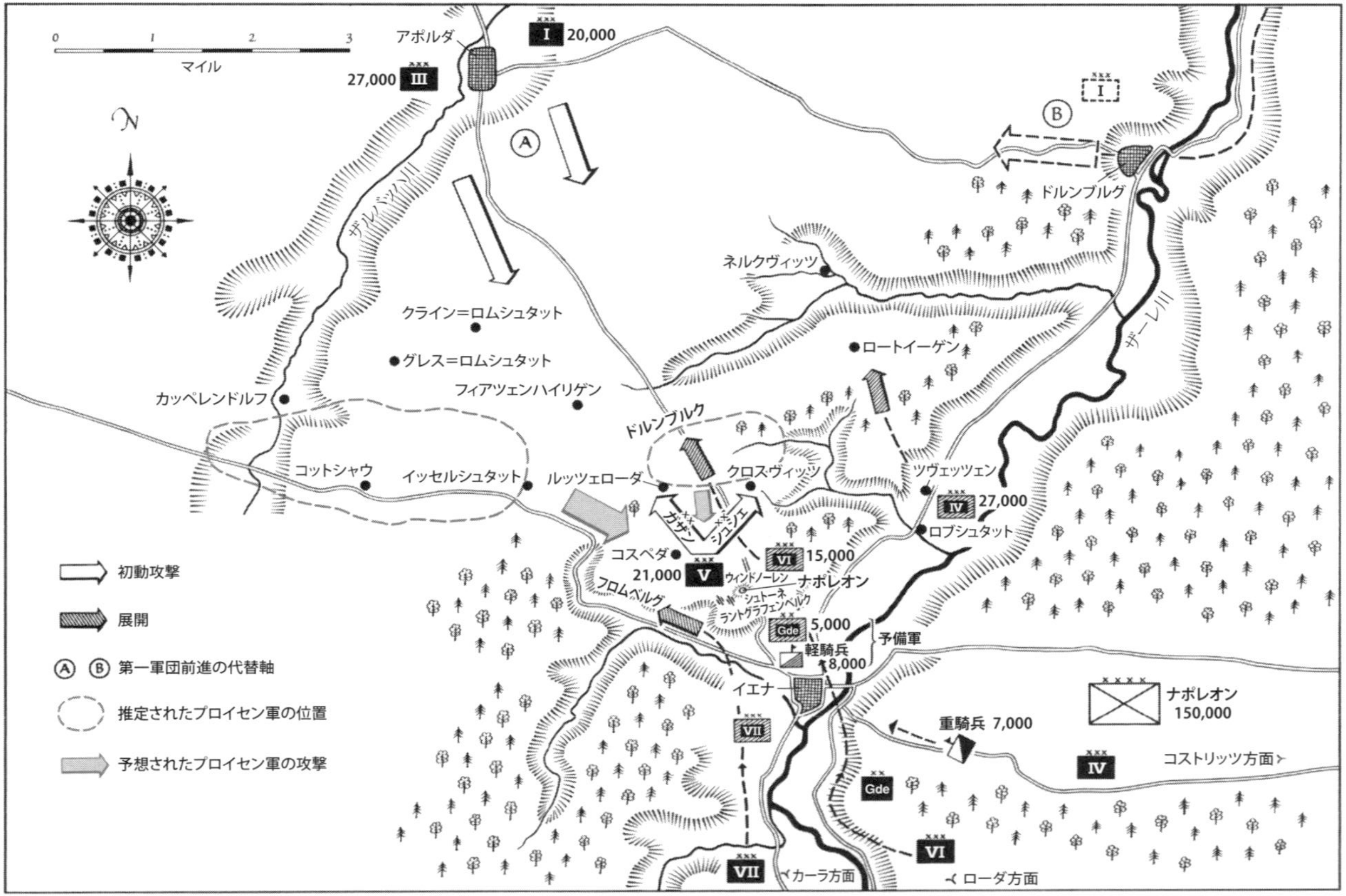

いた。イエナの戦闘の第三局面はまさに開かれようとして出した。

プロイセン軍梯団は、むしろ個々別々のかたちで戦場に到着した。先頭にはミュールバッハ川の西岸へと進軍したザクセンの一個師団、次いで騎兵隊と騎馬砲兵隊、そしてグレーヴェルトのプロイセン部隊が後尾を担当した。しかし午前一時までには、歩兵一一個大隊がランヌの軍団に対面する戦線上に展開した。ザクセン師団が右翼で支援し、プロイセン騎兵部隊の編成が急速に進められたが、そのとき突然予期しなかった戦闘がフィアツェンハイリゲン村の南で勃発した。これはこらえ性のないフランス軍の新参者の仕業であって、すぐにそれは軽騎兵の二個連隊と歩兵五個大隊で構成されるネイ元帥の前衛部隊であることが判明した。

ネイは、自分の軍団の残りが姿を現すのを待ちつつ、イエナ近郊で数時間イライラした後、自分の責務を忘れてせっかちにも敵を捕捉しようとした。そして彼は、いかなる命令も受けないままに真っ先に戦闘に突入し、朝霧の残りが漂っているためあらゆる人の目から覆い隠されたまま、ランヌの左翼とオジュローの右翼の狭間で交戦状態に入ったのである。一対二の兵力差などものともせず、ネイ軍団は強力なプロイセン軍の砲列へと直進した。

最初は、幸運は彼の大胆さに味方した。彼の接近でプロイセン軍戦線の右手が崩壊した。フランス軍は、敵の砲手たちを大砲から追い払い、そして第四五プロイセン騎兵大隊に一時的だが退却を強いるという手柄を立てた。この敵部隊は、フィアツェンハイリゲン周辺にいるランヌの部隊にまさに攻撃をしかけようとしていたのである。しかし、ネイの成功はつかの間であった。彼の急激な前進は必然的に莫大な死傷者を生むこととなり、敵の騎兵がその奇襲から立ち直り、反撃に移るや、ネイはその猛襲に抵抗するため方陣を形成することを強いられた。

さらに悪いことには、彼の前進の勢いによって、彼は両翼のランヌやオジュローの支援距離を越えてしまっており、その結果、彼は味方から突出してしまったのである。

ネイにとって幸運にも、皇帝はこのときまでに何が発生したかを理解していた。そしてこの大惨事から命令に服さなかった部下を助けるために、軍における騎兵予備軍のすべてに相当する騎兵二個連隊（ミュラはいまだ戦場に着いていなかった）を連れて全速力で急行することをベルトランに命じた。同時にランヌは村落を通過して押し進み、孤立したネイとの連絡を回復することを命ぜられ、他方オジュローはネイの後方に第二戦線を形成することを急いだ。これらの行動は、ネイに加えられていた圧力を和らげることには成功したが、しかしその他の点ではほとんど上首尾にはいかなかった。

ランヌ部隊はフィアツェンハイリゲンから飛び出すと、グレーヴェルトの戦列（いまや斜行戦術《オブリーク》をとっていた）に直行し、「あたかもパレードをするがごとく」に敵に対決すべく前進した。双方の側で激しい損失を出したものの、結局フランス軍は撃退され、ランヌ軍団の散兵《スカーミッシャー》たちは村落へと退却し、ネイもイッセルシュタットとその近隣の森を放棄させられることでこの一件は終ったのである。サヴァリ将軍は意地悪く、牛を角でつかもうとする［勇敢に難局にあたる］ネイに対するナポレオンの反感を記述した。「皇帝はネイ元帥の頑固さを非常に不快に思っていた。彼はネイにこの問題について数語を発したのみであった。しかし微妙な心遣いをもって(32)」。

いまやその日の危機が到来していた。ホーエンローエは、午前中にプロイセン軍が失った土地を回復する機会をたっぷりと与えられていたにもかかわらず、不幸なことに神経が衰弱してしまっていた。彼の参謀はフィアツェンハイリゲンを急襲して、有利な立場を活かすことを提案したが、彼はむしろ、全く無防備になっている村の近辺でグレーヴェルトの部隊を停止させ、そこでヴァイマールからのリュッヘル軍団の到着を待つことに決めたのである。マッセンバッハが、この増強を急がせるためにヴァイマールへの道を駆け下ったが、グレーヴェルトをとどめるというこの決定は、ホーエンローエが犯した致命的な過ちであった。

マウデ大佐の有名な言葉のなかに次のようにある。「いまや軍事史上最も異常で哀れむべき事件のひとつが続いて起こった。この約二万の兵力を有する壮大な歩兵隊の戦列は、丸二時間にわたって野原に立ち尽くし、無慈悲の状態つまりフランス散兵《スカーミッシャー》からの銃撃にさらされたのだ。フランス軍は生垣の後に隠れていたので、いかなる反撃も喰らわなかった。中隊の前面では、所々で単独の兵士が装填・射撃を繰り返すのみで、彼らの仲間はみな回りで横たわって死んでいるか、死ぬ途中であった(33)」。とはいえ、プロイセン軍の曲射砲は、多くのフランス軍の大砲を無力化するのに成功し、幾台かの弾薬車の爆発で莫大な死傷者が出ていたのであった。

一時的にこの戦区に行き詰まり状態が生じたが、ランヌは敵左翼に対して正面および側面から同時に攻撃をしかけてすぐに戦況の打開を企てた。ホーエンローエは直ちに自軍の左翼を引き下げて防御隊形をとらせた。しかしフランス軍の攻撃の圧力はプロイセン軍を押し戻し、この状況は、ついに到着したばかりのザクセン騎兵大隊がタイムリーな反撃を企てるまで続いた。それにより立場が逆転して、ランヌの兵士は相当な混乱状態で元々の村落へと追い返されてしまったのである。ここでもホーエンローエは追撃を行わずにさらなる成功をつかみ損ねたが、今回の場合、その理由は以前より根拠のあるものだった。

つまり彼の右翼において、ネイの歩兵隊とランヌ部隊の一部が、イッセルシュタットの森を通過してもう一度前進し、ヴァイマール街道に姿を現して、そこにいたザクセン三個旅団をプロイセン軍の中央部から切断してしまったのだ。他方で、遠くイエナ方向には、新しく到着したフランス軍諸部隊の黒いかたまりが前線へと移動している光景がプロイセン軍司令官には見えたのである。かかる状況では、いかなる前進もこの上なく軽率に見え、ホーエンローエは右翼と中央軍との裂け目を埋めるために、彼の最後の予備軍を呼び寄せる仕事に全精力を傾けた。結果として、午後一時までにプロイセン軍団の全部隊が（タウエンツィーンの大損害を受けた師団は唯一の例外であるが）戦線に投入され、いまやホーエンローエは予備軍を形成するはずのリュッヘル軍が到着するのを不安げに待つ状態となった。不幸なことに、リュッヘルは道路上で深刻な遅滞に陥り、三マイル進むのに二時間もかかってしまった。いまや彼が午後二時あるいは三時前に到着できる見込みはなかったのである。

その間に、グランド・アルメの召集された諸部隊がザーレ川を渡河するにつれ、フランス軍の圧力は弛むことなく増大していった。午後一二時三〇分までにナポレオンは、既に乱戦に巻き込まれている五万四〇〇〇に加えて、予備に四万二〇〇〇（スルトとネイ指揮下の主力軍とミュラの騎兵隊）をもっていた。全てのプロイセン軍戦線に対する総攻撃が発令された。フランス軍右翼においては、サン・ティレール師団が再度ホルツェンドルフの残存兵たちと組み合い、左翼ではオジュロー軍団が、シュネッケ（ヴァイマール＝イエナ間の主要街道が通過する狭くかつ曲がりくねった峠道）でザクセン軍を捕捉する。ひとたび両側面での交戦が首尾よく進行すれば、中央ではネイとランヌが正面攻撃を行い、ミュラに支援されることになった。

オジュローは午前一一時三〇分に戦闘に入ったが、サン・ティレール師団は午後一時に位置に着いたに過ぎなかった。そこで、直ちにナポレオンは中央軍による総進撃の信号を送った。

親衛隊のエリート部隊は、何とも口惜しいことに、この前進行動への参加が許されなかった。「……帝国親衛隊の歩兵たちは苦虫を噛みつぶしながらも、他の全員が交戦しているのをただ突っ立って見守るだけであった。誰かが『前進』と言うのが聞こえた。『あれは何だ？』と皇帝が尋ねた。『髭の生えていない若造など余の指揮ぶりを見ていればよいのだ。全力を傾けての決戦を三〇回ほど指揮した経験を積んでから余に助言するのだな！』。我慢しきれずに勇気を見せびらかしたのはまさに親衛隊士官候補生《ヴェリテ》であった[34]」。ナポレオンは、親衛隊を戦闘に関わらせることには明かに気乗り薄だっ

イエナ=アウエルシュタットの戦い（1806年10月14日）イエナの戦いにおける主要局面

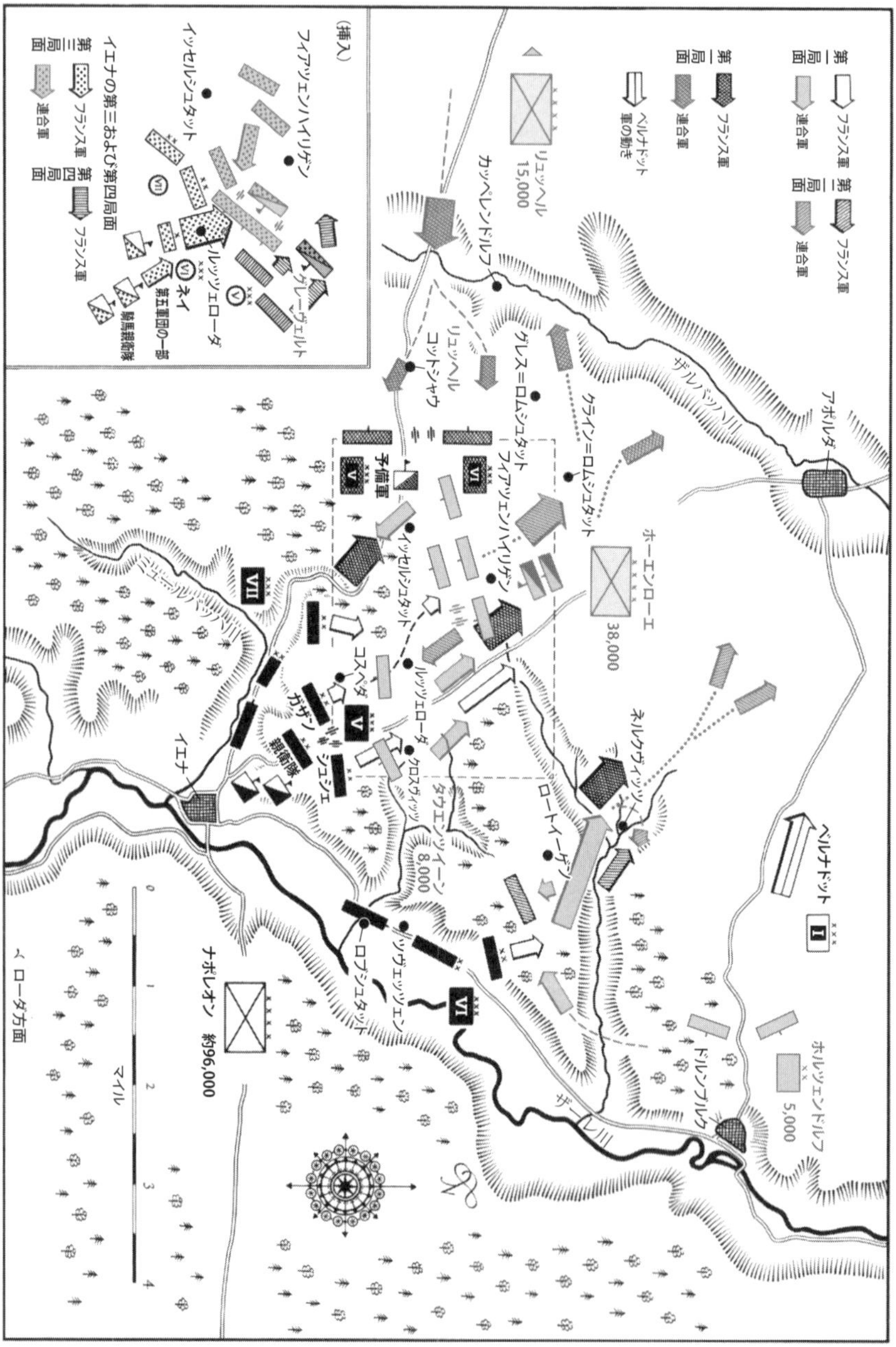

た。それは、これから九年後にワーテルローの戦場で勝利の最後のチャンスを失わせてしまうことになる、ひとつの傾向であった。

プロイセン騎兵隊と砲兵隊の一部が、来たるべき猛攻撃に応戦するべく、いくぶん無分別にも前進してきたが、激しい戦意に燃えるフランス軍はこれらの障害物を一呑みにし、プロイセン軍の主力戦線に生じた裂け目へと突入した。それは決定的な瞬間であった。プロイセン軍の射撃は緩み始め、ホーエンローエもついに観念し、グレスおよびクライン＝ロムシュタットへの総退却を命じた。部隊に交戦を止めさせることは決して容易な作業ではなかった。というのは、ランヌが全速力で砲兵隊を引き寄せて、退却する梯団に対して迷惑千万な砲撃を加えたからである。それにもかかわらず、最初は撤退が整然と遂行された。

しかしミュラの騎兵隊が電光石火やってきたとき、たちまちパニックが拡がり始め、プロイセン軍の退却は急速に潰走と化したのであった。一部は人と馬との奔流となって西方ヴァイマールへ逃亡し、彼らが何回かミュラのサーベルを逃れられたのは、ヴィンケル大佐によって指揮された、たった一個のザクセン擲弾兵大隊の英雄的な作戦によるところが大きかった。彼らは方陣を作り、同胞の一部の脱出を援護しつつ、整然と退却した。ホーエンローエ軍の他の部分は北方へと向かったが、こちらはもっと幸運であった。タウエンツィーン師団がグレス＝ロムシュタットの近くで敵の追撃を押しとどめることができたからである。とはいえ、この先を急いだ梯団は、情け容赦のないフランス軍によって二五〇〇人が捕虜となり、一六門の大砲と八本の軍旗を失った。

フランス軍は大きな勝利をつかんだように見えたが、まだまだ戦いには続きがあった。ヴァイマールへの道すがら、逃亡者たちはカッペレンドルフの近くで遅刻してやってきたリュッヘル軍一万五〇〇〇に突然行き会ったのである。主戦場に現れなかったことは、この敗戦の惨事に関して大いに責められるべきであった。現状では、彼の最も賢明な策はザルバッハ川の戦線に沿って防御態勢をとり、そこで同胞の退却を援護することだった。しかし、これは彼の趣味には合わなかった。そのかわり、彼は兵士たちをコットシャウとグレス＝ロムシュタットの中間に展開させた。彼の前面にランヌとネイの歩兵からなる青コート［軽歩兵の軍服］の大群が現れたことにより、プロイセン軍の守備位置は支えきれなくなり、退却命令が発せられた。

これは最初のうち、プロイセン軍騎兵大隊やザクセンの騎兵隊に援護されたので順調に進行したが、ナポレオンの命で駆けつけた一握りの砲兵隊による一斉射撃と、その後のフランス歩兵による襲撃のため、援護部隊の結束は打ち破られた。

今度はミュラの胸甲騎兵の出番となった。一隊また一隊と、プロイセン歩兵はたちまち屍山血河《しざんけつが》を築かされ、今度はリュッヘル軍の敗残兵がヴァイマール街道を流れ下っていった。フランス軍は、五本の国旗や軍旗に加え四〇〇〇人以上の捕虜を得た。

これはイエナでのオーストリア軍の組織的抵抗の終了を意味した。午後三時までには勝利は完全なものとなった。散り散りになった分遣隊をなおかき集める必要があったが、四時までにミュラによる追撃が始まっており、一時間後にこのガスコーニュの熱血漢は見下したようにサーベルの代わりに乗馬鞭を振るいつつ、ヴァイマールの市街へと騎り込んだ。

アポルダへの道路上では、タウエンツィーンがスルトの目と鼻の先で整然と撤退を続けていたが、他の場所で生存兵たちを助けたのは冬の夜が早く訪れてくれることだけであった。フランス軍が五〇〇〇の損失に対し、敵には二万五〇〇〇を下らぬ死傷者（一万五〇〇〇の捕虜を含む）を負わせた。ナポレオンは、翌日その数がさらに大きく増えるものと信じた。彼が命じたとおり、ダヴーとベルナドットがアポルダに移動中で、プロイセン軍生存兵の少なくとも半分が退却する線を直接横切るものと考えていた。

皇帝はゆっくりとラントグラフェンベルクにある当初の露営地へと戻り、負傷者の手当てを行うため主要な戦場で歩みを止めた。彼がイエナの「宿屋」にある司令部に帰り着くまでにはたそがれとなっており、そこには三〇本の捕獲した敵の軍旗が飾られていた。彼はダヴーの参謀であるトブリアン大尉が待っているのを見た。最初、皇帝はその大尉が持ってきた知らせをほとんど信じることができなかった。ダヴーは一〇マイル離れたアウエルシュタットでプロイセン主力軍と戦い、これを撃破したというのである。「貴官の元帥は酔っ払ってものが二重に見えているに違いない」と皇帝はその使者にいくらか無愛想に噛み付いた。ところが、少しずつ彼は事態を理解するようになっていった。事実、皇帝（九万六〇〇〇の兵員を擁する）はプロイセン軍の側面軍合計五万五〇〇〇と交戦したに過ぎなかったが、他方ダヴー（部下でありしかも二万六〇〇〇の兵員しかない）はブランシュヴァイクの主力軍との決死の戦いに直面していたのであった。ナポレオンは自分の計算（これに基づいて彼は骨を折ってきたのだ）が大きくはずれていたことを容易に認めなかったが、翌日ダヴーに対して惜しみなき賛辞を与えた。しかしベルナドットには何が起こったか？　その回答は翌日まで待たなければなるまい。ナポレオンは非常に疲れていたので、翌日の命令を書き取らせている間に眠ってしまった。その司令官からの合図により、帝国親衛隊は疲労困憊した皇帝の四方に静かに陣取って、夜通しで彼の睡眠を護衛した。そこから一〇マイル離れた場所では、多数の死傷者を出したものの勝ち誇ったダヴー軍団の生存者たちが、これまた疲労困憊の眠りをともにしたのであった。

イエナと同じ日に戦われたアウエルシュタットの補完的な戦闘は、絶望的な激戦でもあった。翌日発行された大陸軍公報第五号において、ナポレオンは部下に対して賛辞を与えた。「我が軍の右翼において、ダヴー元帥の軍団は奇跡を成し遂げたのである。彼はコーゼンを通って押し出してくるはずであった敵軍の大半を、包囲するのみならず、三リュー以上にわたって押し返し、撃破した。この元帥は武人の第一の素質である卓越した勇気、堅固なる性格を発揮したのだ(35)」。

この惜しみなき賞讃の声明は事実を述べているにすぎない。それは、皇帝はダヴーに対する負い目を常に完全には認めたくなかったのだ、と述べている歴史家たちの主張を否定する証明に役立つはずである。

第三軍団および第一軍団に対する皇帝の命令を受け取ってすぐに（一四日午前四時）、ダヴー元帥は彼の同僚であるベルナドットに一枚の写しを送付して、彼自身の軍団二万七〇〇〇に対し、ナウムブルクからアポルダへと命令された前進を準備させ始めた。濃い霧のために彼の正面にいるプロイセン軍がどの程度の数なのかについて正確な知識はほとんど持ち合わせていなかったが、彼は相当巨大な敵軍の動きが西の方へ続いていることに気づいていたし、プロイセン軍の捕虜たちも彼らがブランシュヴァイクの主力軍に属していたことを漏らしていた。この動きは退却するブランシュヴァイク軍六万の諸隊によるものだったのだ。

一三日の夜遅くに、霧のせいで狭い道路に沿って物凄い渋滞が続いていたため、これらの部隊は砲兵一六個中隊と総計二三〇門の大砲とともにアウエルシュタットの近郊で露営するよう命じられた。この重大局面において、プロイセン軍の騎兵偵察隊が何人かのフランス軍捕虜を連れてきたが、彼らは尋問されて、ダヴーの前衛が既にコーゼンの間道を支配下に置いていることを漏らしたのである。フライブルクへの道を強行突破するためこれらの部隊に奇襲をかける代わりに（相手方は歩兵一個半大隊と騎兵二個大隊を数えるだけであった）、慎重なブランシュヴァイクは、とりわけナポレオン自身がナウムブルクにいると信じていたため、いかなる作戦をも避けるように決定し、翌日近隣にあるハッセンハウッセン高地の西側（シュメッタウの騎兵と歩兵がこの動きを援護するため配置されるであろう場所）へ、縦列で進軍することを命令した。

一四日の早朝、ひどい霧が立ち込めた夜明けを迎えたとき、事態はそのままであった。しかしダヴーの部隊は午前四時過ぎからずっと行動中であった。ダヴー自らが同行するギュダン将軍の師団に先導されて、第三軍団はハッセンハウッセンの村落を難なく通過した。ちょうどそのとき、道路探索をしていたバーク大佐の前哨騎兵が、突然ペッペル村の近くでプロイセン軍の騎兵四個大隊と砲兵一個中隊と出くわしたのである。いまや七時を回り、ギュダンは前進を続ける前に歩兵隊に方陣を作る予防措置をすぐに講じた。ハッセンハウッセンを過ぎたときに霧が一時的に消え、約一〇〇〇ヤード離れた場所にプロイセン軍の騎兵隊が姿を現したので、ギュダンは時を失せず射撃を開始した。これが即座にプロイセン軍の大砲を無力化し、騎兵隊をあわてて逃走させた。そしてギュダンはリスバッハの小川沿いへと押し寄せたが、そこでフリアンとモランの後続師団がやって来るのを待つことにして、部隊に停止を命じた。実際には、フリアン将軍は八時にコーゼンの橋を渡ったに過ぎず、一方モランはまだはるかに遠い所にいたのである。このことは、ギュダンの部隊が増援部隊の到着まで相当長い時間孤立していなければならないであろうことを意味したのであった。

そのうちに報復をねらうプロイセンの軍勢がリスバッハ川に次々と集結しつつあった。その第二および第三師団の東進は、北へ移動中の輸送隊とひどく縺《もつ》れ合ってしまったが、プロイセン国王やブランシュヴァイクに伴われたシュメッタウ将軍の師団は午前八時までに位置に着き、ブリュッヒャーの騎兵一二個大隊はシュピールベルクの側面部に配備された。この重大局面においてギュダン師団は歩兵九個大隊、二四門の大砲、さらに騎兵一六個大隊に直面していたのだ。

戦闘は双方の軽歩兵による小競り合いで開始され、その間に両主力が展開を完了したが、兵数で凌駕されていたギュダンにとって幸運なことに、プロイセン軍の攻撃の際の協調が絶望的なほどうまくいかなかったのである。プロイセン軍の歩兵隊が位置に着く前に、短気なブリュッヒャーは早まって自分の騎兵大隊を戦闘に突入させたので、ギュダン師団の方陣は右翼に繰り返された突撃を難なくはねかえし、最終的に彼らをエッカルツベルクへと追い払い、再編成と立て直しを余儀なくさせたのである。

プロイセン軍主力の攻撃は、ヴァルテンスレーベンが戦線に来着するのを待つため、さらに遅滞させられ、その結果として発生した戦闘の休止は、ちょうどフリアンの師団をギュダンの師団の右に、シュピールベルクへと向けて、午前九時三〇分頃に展開させることを可能にしてしまった。この歓迎すべき増援部隊とともに、軍団の軽騎兵旅団と軍団砲兵隊の一二ポンド砲が到着した。これらはハッセンハウッセンの北にいる砲兵一個中隊に合流した。たちまちダヴーは、敵の目的がフライブルクへの主要道路を開くため彼の右側面を攻撃することにあると理解し、そこで彼はギュダンの師団をハッセンベルクから呼び戻して村の北に再展開させ、一個連隊未満の兵だけを南に残した。

シュメッタウとヴァルテンスレーベンは午前九時四十五分にとうとう攻撃に乗り出し、オラニエ公爵の師団が彼らの背後に姿を見せ始めた。プロイセン歩兵隊は様々な運命に遭遇した。シュメッタウの兵はフランス両師団の十字砲火で大半が戦死したが、南で孤立していた連隊を攻撃したヴァルテンスレーベンは、すぐに敵を敗走させてダヴーの左翼へ深刻な脅威を生み出していたのであった。ダヴーは時を移さずハッセンハウッセンの背後に兵を呼び集め、村を再度占領するためギュダンの第二戦列からの二個連隊を自ら指揮した。

この動きは一時的にはプロイセン軍の前進を停止できたが、本当に停止させるにはフランス予備軍の最後の一兵に至るまでを投入する必要があった。というのも、モランはまだ東方三マイル離れた場所にいたし、ベルナドットはダヴーの救援の訴えに対してわざと耳を貸さなかったからである。

ダヴーにとって幸いにも、プロイセン軍は南側面において優位を活かすのに（いつものとおり）ぐずぐずしていた。彼らは敵の無防備な側面へと回り込む代わりに、村に対する四回の実りなき直接攻撃に貴重な兵員と時間を浪費していた。この重大局面においてブランシュヴァイク公爵は致命傷を負ってしまった。攻撃のために擲弾兵連隊を前に出したときに両眼を銃弾が貫通したのだ。またシュメッタウも負傷し「戦闘不能」になり、このことによってプロイセン兵の間で動揺が拡がっていく。フリードリヒ・ヴィルヘルム三世は新しい総司令官を指名もせず、また自ら指揮もしなかった。彼が信頼していた顧問のモルレンドルフ老元帥さえも捕虜になってしまった。軍上層部の指揮の消失とともに、戦いは無秩序の殺し合いと化し、プロイセン軍にとっては最悪の事態となった。このとき三〇個大隊ものプロイセン騎兵が無防備なフランス軍の側面に集結していたが、彼らは作戦行動をとるにはあまりにも狭隘な空間に閉じ込められ、結果として前線全体に沿ってある種の均衡状態が続いた。

いまや双方の軍が同時に増援を受けていた。午前一一時にオラニエ公爵がプロイセン側にようやく姿を現わしたが、一方、フランス軍でもモラン将軍がコーゼンから進軍してきた。しかしながら、新しい軍勢が展開するラインは大きく異なっていた。フランス軍の新手が全員ダヴーの左側面に位置するよう指示されたのに対し、オラニエ公は部隊を分割し、プロイセン軍の各側面強化のためそれぞれ一個旅団を送り込むことになった。もし彼が自分の師団全体を敵の一翼にぶつけていたら、おそらく戦闘の均衡状態はプロイセン軍の有利へと傾いていただろう。

実際は、モランはハッセンハウッセンの南に対する騎兵隊の攻撃を撃退するのにちょうど間に合った。この行動は、プ

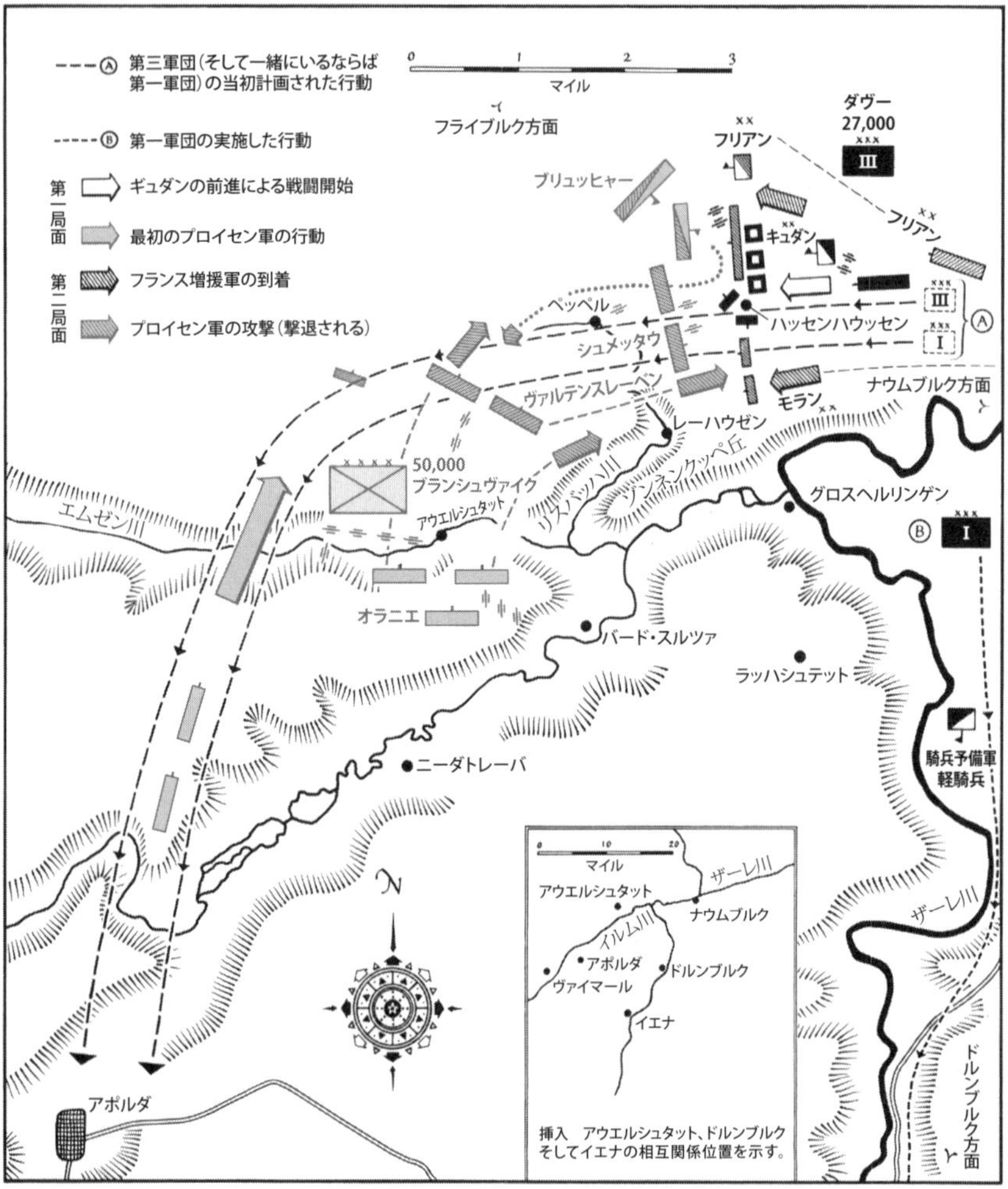

イエナ=アウエルシュタットの戦い（1806年10月14日）イエナの戦いにおける主要局面

ロイセン軍が騎兵による砲兵隊の援護を怠った（全般にわたる指揮の欠如の明らかな徴候）という事実によってより容易になったのであり、その直後、フランス軍左翼は村からザーレ川までの全域に安心して乗り出してきたのであった（第6部の一覧表を参照）。

しかし、モラン師団はすぐに反撃に出た。プロイセン騎兵を撃退し蹴散らした後、直ちに前進し、ヴァルテンスレーベンの部隊を蹂躙し、オラニエの旅団による反撃を撃破し、かくしてプロイセン軍右翼を撃滅したのである。この瞬間、ダヴーの勝利は確実となった。プロイセン軍は、なお予備としてまだ戦闘に参加していない歩兵一四個大隊、騎兵五個大隊、そして砲兵三個中隊を所持していたが、フリードリヒ・ヴィルヘルム三世は、彼の側面を強化するためそれらに交戦させることを拒絶した。彼はなお、ナポレオンとじかに対戦していると堅く信じており、そしてその思い込みによって催眠術にかけられたようになって、一貫性のある計画を立てられなかったのである。

彼のためらいは、圧倒的な兵数の優位をもって戦局を挽回するといういかなるチャンスをも打ちくだいてしまった。ダヴーの三個師団が威嚇的な三日月型編成でプロイセン軍を圧倒し、左右の先端が積極的に前進した。たちまち多数のプロイセン軍は狭い渓谷に押し込まれ、お互いに体が触れ合うような至近距離での死闘が繰り広げられた。

後にダヴーは、日記で敵軍に賛辞を捧げている。「我々はピストルの射程内におり、砲撃が彼らの隊伍に割れ目を築いたが、それは直ちに結び合わされた。第六一連隊［オーストリア］の全行程は、彼らが残した勇敢な兵士たちによって、大地の上に標されたのである(36)」。数のうえではより強力であったプロイセン軍の砲兵隊が、フランス軍に甚大な死傷者を生む原因となったが、モランは情け容赦なく、イン川とリスバッハ川に挟まれた土地の上を前進するよう兵士たちを駆り立てたのであった。この動きはプロイセン騎兵の大群による突撃で休止させられたが、モランは冷静にそれらを撃退した。彼の歩兵方陣は援護のない騎兵隊の攻撃に対し難攻不落であり、すぐに気落ちしていたプロイセン軍はアウエルシュタットへと押し戻され、フランス軍は前進を再開してレーハウゼンを占領した。

その間に、右翼のフリアン師団はペッペル村を保持するため凄惨な戦闘に従事していたが、結果として再びフランス軍が優位となり、一〇〇〇名の捕虜が彼らの手に落ちた。フリードリヒ・ヴィルヘルムは自軍の両側面が崩壊し、包囲される危機に瀕しているのを見て、まだ手付かずでいると信じていたホーエンローエとリュッヘルに合流しようと考え、全軍に即時撤退を命令せざるを得なかった。最後の鉄槌が下ったのは、モランが自分の師団の砲兵隊にゾンネンクッペの丘陵からヴァルテンスレーベンの師団の側面と後部を圧迫するように命じたときであった。

一二時三〇分までに、誇り高きプロイセン軍は西へそして北へと流れ去った。ブリュッヒャーは同胞に休息時間を与えようと、フランス軍の進路に後衛軍を配置したが、ギュダンが正面攻撃に出るとともに、フリアンとモランが敵のそれぞれの側面に回り込むと、この残軍は大あわてで逃げていった。追撃は午後四時半まで続き、ダヴーはエッカルツベルクの山頂で疲労困憊した歩兵隊を停止させざるを得なくなった。彼の騎兵三個連隊と歩兵一個大隊（終日コーゼン橋を護衛していた）は、南方へ多数の敵を猛追するよう命令を受け、敵を悩ませ続けたが、彼らは逃亡するプロイセン軍に壊滅的損害を与えるほど強力ではなかった。とはいえ、ダヴーは既に一万のプロイセン兵を戦死させ、一一五門の大砲とともに、さらに三〇〇〇人の捕虜を捕らえていたのである。

支払った代償は確かに軽くはなかった。第三軍団、特にギュダンの師団は有効戦力の四〇パーセント以上を失い、多大なる被害を被っていた。全体的には、アウエルシュタットの戦場では二五八人の将校と六七九四人の兵士たちが戦死または負傷した。この大虐殺から逃れることができた部隊が、第三軍団の第一師団に所属していた第一砲兵大隊であった。砲手のひとりでガスパール・ルヴァという名の男が、少し後に家族に手紙を送っている。「我々の中隊は幸運であった。我が軍団には非常に大きな被害が出たが、ありがたいことに、我々はひとりも失わなかった(37)」。この戦いは、たとえ血潮にまみれていたにしても、歴史に残る一大事件であった。

もしナポレオンが、ダヴーの偉大な業績に対して惜しみない賞讃を与えたのが、単に彼を公正に評価しただけだとしても、最大の怒りを第一軍団の司令官に対してぶつけたのはもっともなことであった。ベルナドット軍団の誰ひとりとして終日一発の弾さえも撃たなかったのは、ポンテ・コルヴォ大公が見せた単なる無能と想像力の欠如か、または（もっとありそうだが）まったくの職業上の嫉妬心によるところが大きい。ベルナドットは間違いなく、午後一〇時に発信され、ダヴー元帥によって彼へと回送されたベルティエの命令書の写しを受け取っていた。それは、もし第一軍団が（以前に指示されていた）ドルンブルクにまだ到着していないのであれば、ダヴーとともに移動することを命じていた。この命令を受け取ったとき、ベルナドットはなおナウムブルクにいた（後に素直に認めているように）にもかかわらず、彼はその命令の内容（さらにダヴーから繰り返し出される救援の訴え）を無視することを選んだのだ。

ベルナドットの主張によれば、ドルンブルクへ移動せよとのナポレオンの命令を、彼は文字通り（しかしほとんど真意に反して）履行しようとしていたという。しかしこの戦略さえもいい加減に実行されていた。第一軍団はドルンブルクに到着するのに午前中いっぱいかかり（そこに着いたのは午前一一時頃）、そのうえアポルダまでの八マイルをさらに五時間も費やし、到着したときまでにはイエナの戦闘は終わっていた。ナポレオンがこの不可解な行動について弁明を要求したとき、ベルナドットは彼が行軍で遭遇した様々な困難（大部分は実在しないもの）を述べ立てて自らを正当化しようと努めた。皇帝は一〇月二三日、確固としてこれに答えた。「余の厳命により、貴下はランヌ元帥がイエナにおり、ダヴーがナウムブルクに到着したその同じ日に……ドルンブルクにいるべきであった。貴下がこれらの命令を遂行していなかった場合に備えて、余は夜のうちに伝えておいた。つまり、この命令が到着したときなおナウムブルクにいるのであれば、貴下はダヴー元帥とともに進軍し、彼を支援すべきとな。この命令が着いたとき貴下はナウムブルクにいたのである。命令は貴下に通達されていた。それにもかかわらず、貴下はドルンブルクへ向かうという間違った行軍を遂行することを選び、その結果貴下は戦闘にも参加せず、ダヴー元帥を敵軍主力の攻撃にさらしたのである(38)」。

この違法行為はまさに極刑に値した。マルボが記しているように、「軍隊はベルナドットが厳しく罰せられると予想していた(39)」。セント・ヘレナにおいてナポレオンは、自分は実際に元帥の軍法会議を開く命令に署名したが、思い直してそれを破棄したことを明らかにしている。おそらくベルナドットが兄ジョゼフの義妹であるデジレ・クラリ（数年前までは若きボナパルトの花嫁になるはずであった）と結婚していたという事実が、この心変わりの原因であったのだろう。皇帝はベルナドットが自分の罪の大きさを理解し、いくらかは償う気持ちになるだろうと考えた。サヴァリによれば、ナポレオンはこう述べている。「この事件は非常に憎むべきものであり、もし余が彼を軍法会議に送れば、銃殺を命じるにも等しいだろう。余はそれを彼に話さないほうがよいが、彼のふるまいについての私の考えを彼にわからせるよう気をつけよう。それについては余が彼と言葉を交わさないような、不名誉な行為を自分がしでかしたと認識するだけの廉恥心を、彼はもっていると思う(40)」。将来の様々な事件によって、この寛容な態度が間違っていたことが証明された。

スウェーデンの王太子として野心的なベルナドットは、ご主人様を見捨てて、多数のものが結局はまねる背信行為において手本を示すことになったのである。この典型的なガスコーニュ男のベルナドットは、決して自分の過失を認めなかったが、彼が一一月一〇日にブーリエンヌに話したときに、何気なく彼の本心を明らかにした。「私はダヴーから命令のようなものを受け取って、自尊心を傷つけられたと感じてしまったかもしれない。しかし私は私の義務を果たしたのだ(41)」。

もしベルナドットがダヴーに伴ってナウムブルクで川を渡り、彼に期待されたことを達成したならば。あるいは第三軍団の騎兵（これは嘆かわしいほど弱く、勝利を充分には確立できなかった）を支援するため単に彼の騎兵師団だけでも送っていたら。あるいはベルナドットがアポルダに三時間早く到着して、イエナの戦場から流れだす逃走兵たちを捕らえるのに間に合っていたならば。これらの場合、アウエルシュタットの戦闘の結果はどのようになったかを推測することは興味深いが、しかし無駄である。仮にナポレオンとダヴーによる共同勝利の完璧さが、ベルナドットの非協力的な態度や嫉妬心によって深刻な影響を受けていたとしても、これが合わさった勝利の規模を大幅に減ずるものではなかったのだから。この一日が経過する間に、少なくとも三つの野戦軍がほとんど回復できないほどに粉砕され、二万五〇〇〇を超える捕虜、二〇〇門の大砲そして六〇本の国旗や軍旗が勝利者の手に落ちたのだ。ホーエンローエ、ブランシュヴァイクそしてリュッヘルのかつての誇り高き軍団の敗残兵たちは、様々な道沿いに集まり、アポルダの西へと向かった（そこで起こった大混乱が想像されよう）。秩序に似たものがいくらか回復し、マグデブルクへ向かっての退却が、臆病なフリードリヒ・ヴィルヘルム三世によって命令されたのはようやく一六日になってからである。

国王は、運命の皮肉によって、まさにアウエルシュタットの戦場において、先のプロイセン軍の最後通牒に対するナポレオンの文書回答をようやく受け取っていたのである。ナポレオンはいみじくも「イエナの戦闘はロスバッハの侮辱［一七五七年一一月五日にプロイセンのフリードリヒ大王がフランス・オーストリア連合軍を敗った戦いのこと］を拭い去った(42)」と主張できたのだ。

イエナ＝アウエルシュタットの戦闘に続いた追撃の規模と冷酷さはたびたび記述されてきたし、それは勝利を拡げる方法の古典的な事例を提供している。部隊の疲労と、ダヴーやベルナドットに発生したことがはっきりしなかったこと、そしてプロイセンの大軍がまだ近くに戦闘可能な状態で残っていると考えたことから、ナポレオンは翌朝（一五日）午前五時まで全面追撃の命令発令を遅らせた。ミュラはもちろん既に敵をヴァイマールまで圧迫していたし、ベルナドットはアポルダ近郊あたりにいたが、逃走する敵に直接の圧力を加えることは、戦闘に続く最初の一二時間の間にはほとんど不可能であって、それはプロイセン軍にさらなる短時間の生命を与えることになった。

ナポレオンは一四日にアウエルシュタットで発生したことについて、また敵の主力軍がたどっている方向について考えをまとめると、グランド・アルメを早急な行動に移した。計画では、エルベ川の渡河地点を押さえ、ベルリンまたはオーデル川へ続くプロイセン軍の退却線を分断するため、第二の軍をハレとデッサウ経由で敵の側面に廻って突き進ませる間に、直接の正面攻撃をかける軍勢を使用することが描かれていた。正面攻撃の役割は、ミュラ、スルト、ネイといった比較的無傷な軍団に任せられたが、敵の包囲に充てられた軍団（ベルナドット、ランヌ、ダヴー、オジュロー）のうち、三個軍団は一四日を通じて非常に激しく交戦し、継続的な休養期間が必要であったので、当初の包囲行動は、あの不名誉を一身に背負ったポンテ・コルヴォ大公にのみ任されなければならなかった。同時に、ルイとモルティエ両軍団にはヘッセへと進軍する命令が送られた。

ミュラは西方へと押し寄せ、一六日にエアフルトに着いて九〇〇〇から一万四〇〇〇の捕虜（専門家によって数字が異なる）を捕らえたが、その間にブリュッヒャーはクラインとラサールが指揮する騎兵隊から辛うじて逃れることができた。翌日、ベルナドットの先頭師団（デュポン将軍に指揮された）が一七マイルの強行軍の後、ハレでヴュルテンベルク公爵率いるプロイセン予備軍に遭遇した。この戦闘の結果、プロイセン軍のほとんど半分が崩壊し、ヴュルテンベルクは当初の一万一三五〇の歩兵、一六七五の騎兵、三八門の大砲のうち、総計五〇〇〇の兵員と一一門の大砲を失ったのである。ベルナドット自身の損失は八〇〇であった。こうしてプロイセン軍の最後の生き残りが敗走させられた。

一八日に皇帝はマインツへの連絡線の回復を命じ、ヴュルツブルクとフォルツハイムを通る古い迂回ルートは放棄され、代わりにフランクフルト、アイゼナハ、ゴータを通りエアフルトへとつながる一〇行程一六〇マイルの新システムが作られた。このときまでにはあらゆる軍団が積極的に追撃に従事し、二〇日にはエルベの大河が広大な前線となった。

この頃、フリードリヒ・ヴィルヘルム三世は自軍を捨ててオーデル川に向けて出発し、ホーエンローエに対してマグデブルクで分散した軍隊をかき集めてある種の野戦軍に再編成するという、あまり望ましくない仕事を残したのである。もしヴュルテンベルクがこの都市へ移動して、ハレで戦闘する代わりに新しい軍隊に中核部を提供していたならば、ホーエンローエの努力はより良き成功に逢着したかも知れなかった。しかし、この状況下でナポレオンの前進しつつある軍勢とプロイセン軍との間隔が急速に縮小していることによって、ホーエンローエは、オーデル河畔のシュテッティンへ進み、そこでロシア皇帝《ツァーリ》から送られていると思われる援軍と合流する気になった。プロイセン砲兵隊の大口径砲をもっていたブリュッヒャー部隊も、ブランシュヴァイクの市街を通過する自軍の退却線に沿ってさらに西方へと向かっていた。

驚き途方に暮れたプロイセン軍最高司令部がこれらの決定をしている間に、ナポレオンは元帥たちにエルベ川を渡河するよう強く要求した。ダヴー軍団がヴィッテンベルクで最初に渡河を敢行した。朝九時、プロイセン後衛部隊が橋梁の爆破を企てたが、これはその地方の一般住民の助けにより妨害され、午後三時までに彼の全軍団がエルベ川を渡ったのである。西方一五マイルの地点では、ランヌ軍団が焼けた橋を修復する仕事に懸命となっていたが、暮夜までに軍団騎兵隊、歩兵二個大隊そして何門かの軽砲が安全に渡河した。さらにもっと左方ではベルナドットが（皇帝の短気によって厳しく叱られていた）、バルビでエルベ川に浮橋を架けるためのボートを見つけようと必死だった。こうして二二日の明け方までにスルト軍団、ネイ、さらにミュラがマグデブルクに接近しているうちに、ナポレオンはふたつの橋頭堡を確保していた。プロイセン軍は当分の間は逃げおおせていたが、いまやベルリンの占領を阻止し得る術など何もなかった。

ところが、フランス軍において規律が乱れてしまったために、憂慮すべき事態が生じた。二一日にスルトは「軍団のなかに存在する無規律が破滅をもたらすのを止めるための厳酷な措置を講ずるよう強制された。……指揮官の命令は軽視され、将校たちの生命はしばしば危険にさらされ、最悪のものとしては、フランス軍が到着するとともに現地から提供された資源や食糧が消失している(43)」。厳しい処罰がこれらの不法行為を阻止するために宣言されたが、まるで蛭のように軍隊に吸い付いていた随行者、商人、洗濯女といった類の連中にも適用された。

ところが、この嘆かわしいまでの無秩序も、前進速度を弛めることはなかった。ホーエンローエには自軍を再編成するいかなる機会も与えられなかった。ベルリンはいまや皇帝の真っ先の目的地であり、彼の希望はホーエンローエがベルリンの防衛戦をしかけてくることであった。グランド・アルメはローテナウ、ツィーザール、そしてポツダムを通過して突進し、ネイはマグデブルクの城塞を攻囲するために残された。

ナポレオンはポツダムにとどまり、彼がつねづねその指揮能力に対し最高の敬意を表していたごく少数の将帥のひとり、フリードリヒ大王の墓を訪れた。「彼は最初は急いで歩いていた」と、この参詣行脚に同行したド・セギュールは記録している。「しかし、寺院に近づくにつれて彼は歩調を調整した。そして彼が尊敬してきた偉大なる大王の遺体に近づくにつれて、歩調はさらにゆっくりとなり、より規則正しくなった。記念堂のドアが開かれ、彼は厳粛で瞑想的な態度で入り口に止まった。……彼はそこで身動きもせず、何も言わずにほとんど一〇分間たたずんでいた(44)」。

　しかし、ナポレオンがこの軍人としての父祖に対していかに強い賞讃の気持ちをもっていても、彼はフリードリヒ大王の剣、将軍の肩章、黒鷲勲章の大綬、その他の戦利品を「ロスバッハの悲劇的な結末から逃れたフランスの廃兵院にいる人々の慰めのために(45)」没収することをやめはしなかったのである。

　一〇月二四日の夕刻までに、フランス軍前衛部隊がベルリン郊外に到着し、翌朝ダヴー元帥が彼の軍団を指揮してプロイセンの首都を通過する栄誉が与えられた。二日後、ナポレオンは自らハッツフェルト公爵からベルリン市の鍵を受け取ったが、儀式の直後にスパイ行為のかどで公爵は逮捕され、妻の惨めな懇願によってようやく命が助けられた。その証拠は実際に決定的なものではなかったが、ナポレオンは現在そして将来の観察者たちのためにも、王者に相応しい寛大な行為の堂々たる見せ場を作るのに躊躇しなかった。

　数日後オジュローの軍団が首都に着いた。マルボ男爵は、プロイセンの軍隊を辱める目的でとられた処置について意義深い逸話を記録している。彼は、ベルリンにおいて宣戦布告に先立つ愛国主義の高まりを目撃していたが、しかしいくぶんの同情をもってその雰囲気の変化を記述したのであった。

「私がほんの少し前に輝かしき首都ベルリンを去って、今回帰ってきての第一印象は、敗北、侵略、親類や友人の喪失によって、気落ちしてしまった愛国的民衆に対する一種の同情であった。しかし、武装解除され捕虜になった貴族近衛部隊の入城はこれとは異なった感情をもたらした。かつてフランス大使館の戸口の上がり段でサーベルを研いでいた若い将校たちは、いまやひどく惨めであった。彼らは自分たちの昔の威張り歩きの証人であった住民たちが見ているところをパレードさせられることを嫌って、ベルリンを通るのでなく、迂回するよう懇願していた。まさにこの理由から、皇帝は大使館が建っている街路を通って彼らを護送するよう指示したのである。このちょっとした復讐は、貴族近衛部隊に対しほとんど好意などもっておらず、国王を戦争へと追い込んだことで彼らを告発しているベルリン市民から反発を受けることはなかった(46)」。

　ナポレオンは市民たちに印象づけるような華々しい観兵式を何回も挙行するよう主張したが、彼は生き残っているプロイセン軍の残党を追撃することもすぐに続けさせた。フランス軍が直面している最大の危険は、ロシア軍介入の可能性であり、東側面を防御するため、皇帝はオーデル川の戦線を確保することを決定した。第四軍団は既にグローガウへのルート上にあったし、エルベ渡河以来そうであったが、いまやダヴーはまたベルリンから東へ進軍し、キュストリンとフランクフルト・アン・デア・オーデルを占領する命令を受け取った。そのうち第一、第五軍団そして騎兵予備軍が北方へと殺到し、ホーエンローエ軍と連合軍の殲滅とシュテッティンの占領を達成するはずであった。

飢餓と執拗な攻撃で苦しめられたプロイセン軍は、オラニエンブルクを通って、プレンズラウとその先にあるオーデル河畔のシュテッティンの避難所へと全速力で退却中であった。彼らのすぐ後にはベルナドット、ランヌ、そしてミュラが肉迫していた。ホーエンローエは、シュテッティンに辿り着けるほどの出足のよさと安全を得ることができず、一連の災厄は二八日のプレンズラウで頂点に達したのである。プロイセン将軍の狼狽は非常に大きかったので、彼は、いまやフランス軍一〇万が包囲しているというミュラのこけ脅しをよく確かめもせず受け入れ、またマッセンバッハが唱えていたこれ以上の抵抗は希望が持てないという助言をさっさと採用してしまった。一万のプロイセン兵と六四門の大砲がフランス軍の手に落ち、翌日には四〇〇〇の騎兵隊（なお馬を持っていたのはたった半数であった）が、ミヨー将軍率いるわずか七〇〇のフランス騎兵に、パーゼヴァルクで呆気なく降伏してしまったのである。

同日（二九日）ラサール将軍がシュテッティンの市門に現れ、そこでフォン・ロンベルク総督が時を失せず交渉を開始した。さらに非難されるべきは、シュテッティンを押さえている城塞司令官のインゲルスレーベンという大佐であって、彼はフリードリヒ・ヴィルヘルム国王に対し、この城塞を放棄するくらいならむしろ死を選ぶなどと偉そうなことを言っておきながら、フランス軍にたった一発の弾も撃つことがなかったのである。この裏切り者は、ラサールが難なく防御施設へと川を横断できるよう、オーデル川をボートで送迎さえしたのだ。このようにしてさらに五〇〇〇人のプロイセン兵が捕虜となった。

空中分解してしまったプロイセンの軍事マシーンのなかで、いまだ戦場にいて攻撃を受けていない大きなものは、ブリュッヒャーとヴァイマール公爵に指揮されている部隊だけであった。前者は既に述べたように、エルベ川の戦線を放棄した後、味方と異なったコースをとってザンダウへと向かい、ヴァイマール軍と連携してフランス軍の背後を襲うつもりだった。しかし、望んだ合流はブリュッヒャーがストレリッツの北の地点に到着するまでなされなかったし、その頃までに彼は計画を変更していた。彼の新しい目的地はデンマークのリューベック港であり、そこで彼の兵員（いまやヴァイマールの分遣隊まで含めて総計二万二〇〇〇）とともにイギリスへと船で渡ることを目論んでいたのである。彼のすぐ後にはベルナドットがわずか一万二〇〇〇で迫ってくるだけだったし、スルト軍団は一日かそこらで続いていたが、ブリュッヒャーは勝算が十分で彼の追撃者を個々に打破する機会があったにもかかわらず、一一月五日には兵士たちを中立地帯リューベックの城内に閉じ込めることを選択した。

ところが、彼にはそこの防備を固める時間が与えられなかった。フランスの先頭部隊がブリュッヒャーとほぼ同時にリューベックに入っており、五日が過ぎる前にシャルンホルスト将軍と一万の兵員が降伏を余儀なくされたのであった。ブリュッヒャーは隣のラトカウへと一万の兵員を脱出させることに成功したものの、この上なく貴重な参謀長を失ったことに非常に落胆し、翌日彼もまたフランス軍に降伏したのであった。

ベルナドットの手に落ちた付加的な賞品は、連合しているプロイセン軍支援のために国王グスタフ四世によって送り込まれ、新たに到着したのはスウェーデンの師団であった。マルボの言葉では、「元帥のマナーは、機嫌の良いときには極めて魅力的であったことを私は認めざるを得ないが、彼はこれらの見知らぬ人々から育ちが良いと見られることをとりわけ望んでいた(47)」。

あらゆる配慮がメーナー伯爵と彼の将校たちに惜しみなく与えられた。そして後日、この巧妙な礼儀正しさにより、恩を感じたメーナーと彼の同僚たちの尽力で、ベルナドットはついに北ヨーロッパにおける王座を獲得したのである。しかしながら、同じ礼法をもってしても、フランス兵士たちがリューベック市民に対して恐るべき殺戮を犯すことを阻止できなかったのである。

一一月六日、リューベックの南の一〇〇マイル以上離れたところで、マグデブルクの防衛者であるフォン・クライスト将軍がネイ元帥の包囲軍と交渉を開始し、四日のうちに二万二〇〇〇以上の捕虜、六〇〇門の大砲と莫大な量の補給品がグランド・アルメの戦利品に書き加えられた。イエナの戦いはこうして本当に終わったのである。遠くライン川の側面においては、モルティエ軍団が前進してハンブルクを占領した。プロイセン軍は二万五〇〇〇の死傷者に加えて、捕虜となった一四万の兵員を失い、二〇〇〇門以上の大砲を引き渡したが、少数の生存兵たちはロシア軍に合流するためオーデル川を越えることに成功した。プロイセン軍を壊滅し、それとともにその不敗の神話を破るのにわずか三三日しかかからなかったのだ。戦役全体は、たった七週間続いただけだった。なるほど、ナポレオン戦争の「電撃作戦」が再び演じられたのであった。

第43章　勝利の分析

この決定的なフランスの成功に関するどんな分析も、まずは主だった敵の相対的な専門能力を検討することから始めなければならない。ひとつの国の軍隊がこれ以上素早く決定的に無力な状態に追い込まれたことは、歴史上ほとんどなかったのである。フリードリヒ大王の偉大な伝統と名高い技術は、後継者たちにとって致命的なものとなってしまった。自己満足は近代化に関するすべての計画の拒否につながり、過剰な自信はナポレオンに対抗するのに必要とされる手段に対する完全な誤解に帰着した。統一された指揮系統や明白な軍事方針の欠如は、プロイセン軍の最高司令部の混乱や優柔不断を引き起こす原因となった、お互いに矛盾する大量の計画立案につながった。栄光ある過去の伝統に夢中になっていたため、プロイセンの戦士たちは、戦争の現実はロスバッハとロイテン以来の四〇年間で見る影もなく変化してしまったことを、苦い経験を通して教えられなければならなかったのである。彼らに対抗していたのはたったひとりの男の意志であり、その男には、自分の軍隊に対する完全な支配力と自分の敵たちの打倒を達成する方法に関する明瞭な観念があったのだ。彼の手足となったのは、ヨーロッパで最も能率が良く、最も実力を示した軍隊であり、それは一八〇五年の大勝利のおかげで既に士気が高く、証明された能力をもつ若者たちによって率いられていた。

フランス軍は自信過剰という欠点をもっていなかったのだ。ナポレオン自身が長い戦闘のために準備をしていたうえ、兵卒たちは元来、彼の用心深い態度をまねていた。第一〇八連隊のジャン・ピエール・ブレイズは記録している。「我々は、実際に引き受けるよう要求されたものよりも厳しい戦役に直面している、と全員が確信していた。それが起こったとき、我々がプロイセンとオーストリアとを区別する相違点に気づくのにわずか二〜三日しかかからなかった(48)」。

この戦役のふたつの異なった段階、つまり一〇月一四日の二重会戦へとつながる事態、そしてその後一一月まで続いた勝利の拡大は、ナポレオンの軍人としての経歴のなかで最も興味深い期間のひとつを形作ったのである。彼は最初の期間において、ライン川とフランスを防衛するための賢明な安全対策をとった後、ぐずぐずして躊躇している敵を手玉に取っていることに私たちは気づかされる。たとえフランスの情報部がそれ自体プロイセン軍の動きの複雑さに混乱させられており、皇帝が敵の居場所についてほとんど正確な情報がない状態で実質的に「わからない場所へ」前進することを強いられていても、そうだったのである。もちろん、「方形布陣」システムはそのような不確かな状況に対処するのに理想的だった。それはどちら側から攻撃してくる敵に対しても対処できるからである。

プロイセン軍の正確な所在について、比較的充分な情報をナポレオンが受け取ったのは一〇月一三日になってからであった。しかし、ナポレオンは自分の敵の時代遅れになった兵站能力を最大限に活用し、彼らを選択肢のない状況に追い込んでいたのであり、そのときまでに彼はプロイセン軍にはふたつの行動方針しかとれないと判断していた。ここにおいてさえ、彼は予想した日程よりまるまる二日も早く（彼は一六日にヴァイマールで戦うと予想していた）全面戦闘に突入した。そしてイエナの戦いを通じて彼は、自分がプロイセンの主力軍と交戦しているという思い違いをし続けていたが、実は彼は、全体的にフランス軍が二〇パーセント以上も優勢な状態で敵側面軍とのみ戦っていたのである。

こうした誤解の原因は、ナポレオン側の直接的な間違いというよりも、むしろ「戦場の霧《フォッグ・オブ・ウォー》」と、ザーレ川の後方におけるプロイセン軍の側面の位置（クラウゼヴィッツが「歴史上最も賞賛される」と呼んだものである）がもつ強みにあったと考えてよい。しかしこの事例において私たちは、かなりの期間彼が暗闇を手探りしていたのがわかる。そしてこれは、彼が始めた戦役のなかでは珍しいことであった。それでも、すべての可能なプロイセンの行動方針は、真実が明らかになるまで、ひとつずつ巧みに排除されたのである。

イエナでの戦闘に見られたもうひとつの重要な教訓は、プロイセン軍の多頭の「ヒドラ［ギリシャ神話に登場する九頭の大蛇。頭を一つ切り落とすと代わりに二つ頭が生えてきた］」による混乱した指揮と、フランス側の完全に中央集権化されている指揮との対照である。同時に、ナポレオン的な指揮システムのもつ本質的な弱みが、ベルナドットの遅延行為によって充分に立証された。ご主人様は同時にあらゆる場所にいることはできず、結果として、第一軍団はイエナの戦いにもアウエルシュタットの戦いにもまったく貢献することなく、一四日をまるまる無駄にすることになってしまった。もしどちらかの戦闘において、運がフランス軍に向かなかったならば、ポンテ・コルヴォ大公の振る舞いはおそらく大変な災いとなっていたであろう。実際にその振る舞いのおかげで、さらにより広範囲かつ即時の成果が得られる大勝利の機会が失われてしまったのである。

同様に、ネイがイエナの戦いにおいて猪突したことは、ナポレオンがいつでも自分の部下たちを完全に支配していたわけではないということを示してくれる、複雑なもうひとつの特徴であった。逆に主導権、勇気、そして正確な判断を、他の二人の元帥が示したという顕著な実例もあった。アウエルシュタットにおける危機的状況に処したダヴーの見事な手腕は、当然この戦役全体のうちでも最も名高いものである。しかし、一三日の午前中遅くに行われたランヌによるラントグラフェンベルクの占領と、彼が前方に発見したものに関する迅速な報告も、極めて尊敬に値するものである。

司令官たちは別にして、両軍の兵士たちは戦場において勇敢に振る舞った。ザールフェルトでの戦闘の後、ザクセンの召集兵が過度に臆病であったのは確かだが、彼らは「強制的に集められた」盟友であったので、プロイセンの同盟者たちのような高い水準に達するよう期待することはできなかった。それでもなお、イエナから北へ向かう退却の間に見られた、タウエンツィーンの首尾よい援護行動は見事であった。特に、その同じ朝に彼の部隊は手荒に扱われたのであるから。個々人による英雄的行為の事例などは枚挙に遑《いとま》がない。もちろん、グランド・アルメは士気と戦意の両方に関して最高の状態にあった。もっとも戦場外での記録はそれほど立派なものではなかったのだが。広範囲にわたる略奪や無分別な破壊が好き勝手に行われており、それはフランス第一帝国の戦士たちというよりも、アッティラの大軍かチンギス・ハーンの蛮族と呼ぶほうがふさわしい特徴なのである。

イエナの戦いにおけるナポレオンの用兵自体は、三つのことで注目に値する。第一に、決断力と巧妙さである。それによって、一三日の夜の間に彼は自分の計画を新しい周囲の状況に適応させ、四八門の大砲は言うまでもなく、四万人の兵をザーレ川越しに集結させたのである。第二に、彼の計画の柔軟性である。それによって彼の軍隊は、第一の段階が予定より数時間早く終わってしまい、兵力の増強が計画したとおり正確には進まなかったという事実にもかかわらず、作戦の第二部を直ちに進めることができたのである。第三に、砲兵隊の使用法である。プロイセン軍退却の第一段階において、リュッヘル軍団が反撃するため不意に前進したとき、砲兵隊は軍の最前線に押し出されていた。そしてしばらくの間、ほんの一握りの大砲がプロイセン軍を寄せつけず、やがて汗だくになった歩兵隊が到着して、フランス戦列の切れ目を埋めたのである。この先のナポレオン戦争において、このような大砲の使用が頻繁に見られることになる。

逆に失敗した点として、彼がネイの阻止に間に合わなかったこと（彼は自分の部下を最高の技術で救い出すことに成功したが）と、状況に対する誤った評価が彼の予測につきまとったこと（一八〇〇年に起こったマレンゴでの戦いの直前の日々にそうであったように）がある。別の批判（それは後日に関するものだが）は、彼がダヴーに充分な報償を与えなかったというものであった。しかしそのときには、大陸軍公報が明らかにしているように、ダヴーに惜しみない賛辞と報償を与え、後日彼はアウエルシュタット公爵に叙せられているのである。とはいえ、ナポレオンはダヴーを本当はまったく好きではなかったというのは、人間としては理解できるが、皮肉なことである。たぶんダヴーはあまりにも成功しすぎてしまい、潜在的なライヴァルと思われたのだ。

今回の戦役での追撃段階は非常に興味深い。ベルナドットはミュラとともに行った情け容赦のない追撃によって、先の背任行為を部分的に埋め合わせることができた。そして「ナポレオン流の勝利追求」の決定的な意味が、仰天したヨーロッパに対して説得力をもって示された。プロイセン軍側では、悲劇的な結末に対処しようとしたとき、ホーエンローエと他の部下たちの欠点が多方面にわたる無能ぶり（それは人がほとんど臆病さと言うかもしれないものだが）として再び暴露された。ブリュッヒャーだけが抵抗や攻撃的精神のようなものをとにかく表した。これほどまでに士気が完璧に打ち砕かれた軍隊はいまだかつてなかった。プロイセン軍における事前の士気高揚は、やがて起こる壊滅的結果で過度の自信だったことが判明し、むしろ明らかに不利な材料になってしまった――こうした教訓をおそらく指し示していよう。「高く上昇すればするほど、落下はより激しい」とことわざは語ってくれる。そして「継続するために成功する必要はない(49)」というウィレム沈黙公［ネーデルラント独立戦争の英雄でオランダ共和国初代総督ウィレム一世の別称］の気が利いているが抑制された見解は、この時期におけるプロイセンの軍事機構の哲学には明らかに欠けていたのだ。

結果としてナポレオンは、ザクセンにおいて元から軍事行動を行っている総計一六万のうちに一二万五〇〇〇ものプロイセン軍をしとめることができたのである。そして、どこか別の場所に位置しているさらに三万五〇〇〇のプロイセン兵とザクセン兵のうち、この段階でロシア軍と連合するためにオーデル川を渡ることに成功した者などひとりもいなかった。

しかし、最後にひとつだけ要点が説明されなければならない。フランス軍によって勝ち取られた途方もなく大きな軍事的勝利は、そもそもこの戦争がめざしていた政治的な目的を充分には達成できなかった。ベルリンの占領やプロイセン軍の事実上の破壊は平和をもたらすことはなかった。フリードリヒ・ヴィルヘルムは、なるほど一〇月一五日から先のことについて何も話す必要はないが、彼は頼みにならない人物であって、プロイセンの実務に関する本当の指揮は、彼の美しく意志の強い妻ルイーゼ王妃と宰相のハルデンベルクの手に移っていた。これらの愛国者たちはより妥協を許さない性質であって、サンクト・ペテルスブルクからロシアの援助が依然利用できるという保証を受け取ると、戦闘を続行する構えを見せていた。

このようにしてナポレオンは、アウステルリッツで勝ち取られたような「ノックアウト」型の勝利を得ることを妨害され、プロイセンが運命を受け入れるよう強要されて皇帝とひとつの合意に達するまで、さらに六ヶ月間におよぶ厳しい冬の戦役がまだ待ち受けていたのである。

（1）*Correspondence de Napoléon Premier*（Paris, 1858）, Vol. XI, No. 9542, p. 454.
（2）*Ibid.*, No. 9577, pp. 481-82.
（3）*Ibid.*, Vol. XII. No. 9733, p. 20.
（4）F. L. Petre, *Napoleon's Conquest of Prussia*（London, 1907）, p. 8.
（5）*Correspondence*, Vol. XI, No. 9656, pp. 528-29.
（6）*Ibid.*, No. 9546, pp. 457-61.
（7）J. F. C. Fuller, *The Decisive Battles of the Western World*（London, 1955）, Vol. II, p. 418.
（8）T. A. Dodge, *Napoleon*（New York, 1904）, Vol. II, p. 357.
（9）General Counr C. von Lettow-Vorbeck, *Der Krieg von* 780-7（Berlin, 1892）, p. 163.
（10）J. Colin, *Les grandes batailles de l'historie*（Paris, 1915）, p. 104.
（11）*Correspondence*. Vol. XIII, No. 10744, p. 150.
（12）*Ibid.*, No. 10756, p. 160.
（13）*Ibid.*, No. 10757, p. 162.
（14）H. Lachouque and A. Brown, *The Anatomy of Glory*（New York, 1961）, p. 75.
（15）*Correspondence*, Vol. XIII, No. 10818, p. 217.
（16）*Ibid.*, No. 10920, pp. 292-96.
（17）*Ibid.*, No. 10792, pp. 193-94.
（18）*Ibid.*, No. 815, p. 213.
（19）*Ibid.*, No. 10920, p. 296.
（20）*Ibid.*, No. 10558, p. 10.
（21）*Ibid.*, No. 10941, pp. 309-10.
（22）*Ibid.*, No. 10977, p. 334.
（23）General H. Camon, *La guerre Napoléonienne-Précis des campagnes*（Paris, 1925）Vol. I, p. 174.
（24）Colin, *op. cit.*, p. 107.
（25）*Correspondence*, Vol.XIII, No. 11000, p. 348.

（26）*Ibid.*, No. 1922, p. 344.
（27）Baron M. de Marbot, *Mémoires*（Paris, 1891）, Vol. I, p. 297,
（28）Captain J. R. Coignet, *The Notebooks of Captain Coignet*, ed. by J. Fortescue（London, 1929）, p. 132.
（29）*Correspondence*, Vol. XIII, No. 11004, p. 350.
（30）General H. Bonal, *La Manoeuvre d'Iéna*（Paris, 1904）, p. 421.
（31）Marbot, *op. cit.* Vol.I, pp. 297-98.
（32）ラップ将軍の試算（Bourienne, *op. cit.*, Vol. II, p. 384より）.
（33）F. N. Maude, *The Jena Campaign, 1806*（London, 1909）, p. 156.
（34）Lachouque and Brown, *op. cit.*, p. 79.
（35）*Correspondence*, Vol. XIII, No. 11009, p. 357.
（36）Colin, *op. cit.*, p. 110.
（37）E. Fairon and H. Heusse, *Lettres des grognards*（paris, 1936）, p. 91.
（38）*Correspondence*, Vol. XIII, No. 11060, pp. 393-94.
（39）Marbot, *op. cit.*, Vol. I, p. 303.
（40）M. de Bourienne, *Memoirs of Napoleon Bonaparte*（London, 1836）, Vol. II, p. 374より引用。
（41）*Ibid.*, p. 374.
（42）*Correspondence*, Vol. XIII, No. 11009, p. 357.
（43）Petre. *op. cit.*, p. 223.
（44）De Ségur, *op. cit.*, pp. 302–03.
（45）*Correspondence*, Vol. XIII, No. 11094, p. 420.
（46）Marbot, *op. cit.*, Vol. I, p. 234.
（47）*Ibid.*, pp. 238-39.
（48）Fairon, *op. cit.*, p. 107.
（49）C. V. Wedgwood, *William the Silent*（London, 1944）, p. 132.

第9部　冬の戦争

東プロイセンおよびポーランドにおける戦役一八〇六年一〇月～一八〇七年二月

第44章　ワルシャワへの進撃

ナポレオンの一撃によって、プロイセンの軍事力は失われてしまった。イエナ＝アウエルシュタットにおいてフランス軍が勝利したという思いがけない知らせに、ヨーロッパ諸国の政府は驚愕の余り息をのんだ。フリードリヒ大王が作り上げたプロイセン軍が、たった一日の戦闘で大敗北を喫し、それに続く追撃戦により事実上壊滅させられたという知らせは、およそ信じ難いものであり、またナポレオンがオーデル川以西の全ヨーロッパをいまや事実上支配下に置いているという事実は、さらに受け入れがたかったのである。それらは新生グランド・アルメが初めてライン川を渡ってドナウ川方面に進軍して以来、一三ヶ月目の出来事であり、そのわずかな期間に、ドイツの二大強国オーストリアとプロイセンの軍隊および政府が没落し、ロシア帝国の軍隊が大打撃を受け、フランス国境は事実上三五〇マイル東方に移動したのである。

しかし、こうした軍事的勝利の報に対して、フランス国内の反応は明らかに冷淡であった。皇帝ナポレオンと彼の臣民となったフランス国民の間の「蜜月」は急速に冷めつつあり、人的損害や経済的混乱といった長引く戦争がもたらす痛みが、明確に意識されるようになっていった。アウステルリッツ戦勝の報に接した時、パリの町は祝勝気分に沸き立ったが、イエナ戦勝の知らせは、はるかに冷淡に受けとめられた。

偉大なフランスの歴史家ルイ・マドランは次のように述べている。一八〇六年終わりまでに「和平を望む国民的機運は高まり、戦勝の名誉による満足感をはるかに凌駕する勢いであった。人々はこのような全面的勝利に気を良くしたナポレオンは、きっとロシアに無理難題を押し付けることだろう、と予想すらした『雪山』ロシアに対する長い困難な新たな戦いがほぼ確実にやってくるという展望に皆は憂いに沈んでいた。元老院はベルリンに代表団を送る決定を下したが、これはナポレオンに対する祝勝が目的ではなく、むしろ、和平の締結を説得するためであった。ナポレオンは代表団を極めて冷淡にあしらった。彼には和平を結ぶ用意はあったが、それにはロシアが彼とともに『イギリスの暴政』と進んで戦う態度を示すことが前提だったのである(1)」。

難問はそこにあった。ナポレオンは、プロイセンに対する大勝利によって真に国際的な認知が得られたわけではなく、また全面講和の可能性が広がったわけでもないことを充分承知していた。イギリス国民は依然として敵意をあらわにしており、プロイセンも頑強に和平を拒んでいた。ロシア皇帝はプロイセン国王フリードリヒ・ヴィルヘルム（いまや逃亡して、家族とともにケーニヒスベルクの砦にいた）に対して、対仏戦の継続を約束していた。

また、オーストリアが再軍備を行っているという憂慮すべき報告もあった。イギリスが財力と海軍力で援護すると同時に、ロシアがポーランドを抜けて正面攻撃を起こし、オーストリアが反乱を起こしてフランス軍の南側面を衝くという可能性は、看過できない脅威となっていた。ここ数ヶ月間、ナポレオンとタレイランはあらゆる努力を惜しまなかった。彼らはこのような危険を減じてそれを処理しやすいものにし、巧みな外交上および経済的な圧力をかけて、危険の種を少しでも取り除こうとした。このように当面、フランスは本質的に守勢に回っていたのである。

オーストリアに関しては、ナポレオンの心配は結局は杞憂に終わった。オーストリアの再軍備は少なくとも部分的なものにとどまり、それもフランス軍が再びドナウ地域を攻撃し、オーストリアの中立を脅かす計画を立てているという憂慮に触発されたものだったことが明らかとなったのである。サヴァリ将軍はこれを評して、「まるでわれわれが冬とモスクワの連中に対処できないといわんばかりに、オーストリアは自国の山あいをわれわれが通過すると考えている様子だった（2）」と述べている。ナポレオンがウィーン政府に求めたことは、中立継続の保証であり、オーストリアは最終的にこれを受け入れた。プロイセンを犠牲にしてハプスブルク家にシュレージェンの一部を返還するという申し出は、ナポレオンの発言に偽りがなかったことを示している。

一方、イタリア駐留フランス軍の増強は、オーストリアの戦略家たちに対して、ドイツあるいはポーランドで敵対行動に出た場合でも、アルプスの国境線を守備する八万のフランス軍部隊が存在するという無言の圧力を与えることとなった。さらに、再編されたオーストリア軍には、軍隊として地ならしをする時間が与えられておらず、カール大公は主君に対して、軍事行動を思いとどまり好機の到来を待つよう進言していた。それでもなお一八〇七年に至るまで、ナポレオンは南方側面を憂慮し続けた。オーストリアはフランス軍に深刻な混乱を引き起こしうる位置にあった。しかし結局、オーストリアは一八〇五年のプロイセンと極めて類似した役割を演じることになったのであり、脅威が現実のものになることは決してなかったのである。

「小売店主どもの国」イギリスは、これとはまったく異なった問題となっていた。フランス軍はイギリスがフランスやオランダを侵略する可能性について、必要以上に懸念することがなかった。一七九三年と一七九九年の急襲は小規模だったため、一八〇六年の段階でフランス国内に配置された各連隊の第三および予備大隊の総勢四万に加え、国民衛兵や徴集兵三万の戦力で、このような上陸攻撃を充分に牽制・撃退できるとナポレオンは確信していたのである。

他方、彼はイギリスこそ、明らかにこれまでの対仏大同盟の首謀者にして中心的存在であると考えていた。しかしナポレオンはこの問題に直接的に対処できる手段をほとんどもっていなかった。トラファルガーの海戦以来、制海権はイギリス海軍の掌中にあり、「不実のアルビオン」は実質上、軍事的圧力を寄せ付けなかったからである。しかし、ひとつだけ攻撃の方法があった。イギリスは貿易への攻撃に対しては無防備だったのである。ナポレオンはイギリスのこの「アキレス腱」に対する攻撃を拡大しようとした。

一八〇六年一一月二一日、ナポレオンはベルリンで勅令を発し、フランスの勢力圏にあるすべての海岸線および港からイギリス貿易を締め出すよう命じたのである。――「イギリス諸島は封鎖状態にあることを宣言する。イギリス諸島とのいかなる交易、通信もこれを禁じる」と。ヨーロッパのあらゆるイギリス資産は凍結され、フランス領にいるすべてのイギリス人は抑留されることとなった。このような政策は決して今に始まったことではない。革命時代のフランス諸政府は経済戦争という考えを発展させ、執政政府や初期帝政時代に見られたように、貿易制裁が課せられて様々な実効を挙げていた。しかし、いわゆる「大陸封鎖」がフランスの戦略的、国際的政策の正式かつ主要な側面を担うようになった時期こそ、一八〇六年一一月であった。その目的はヨーロッパの市場から締め出すことにより、イギリスの産業を破壊し、イギリス民衆のあいだで経済危機や社会不安を増大させることにあった。このような圧力によってイギリス政府が屈服するだろうと期待されていたのである。

後に明らかになるように、大陸封鎖令はぶざまで、完全ともいえる失敗に終わった。確かにイギリス経済はある程度の打撃を蒙った。しかし、封鎖令が完璧に作動しない限り、この命令は真の危険にはなり得なかったのだ。ナポレオンの腹心の部下たちでさえ、初めからこんな規定など守らなかった。マッセナは、こっそりとイタリアの商人たちに対イギリス貿易を非公式に許可しその権利を売りつけることで、膨大な財産をさらに増やしていった。フーシェはブーリエンヌに「フランスの商店へ卸売をする大勢のフランス人は、マンチェスターでイギリスの工業製品を仕入れている(3)」と書き送っている。かつてナポレオンの秘書官だったブーリエンヌはそれほど危惧を抱いていなかった。彼自身いわゆる「闇取引」

に盛んに手を染めていたからである。ハンブルク駐在のフランス公使であったブーリエンヌは、目前に迫った冬季作戦に用いる軍需物資としてマント五万着を生産するよう命令を受けていた。「私はハンブルクと協定を結び、ベルリンの勅令に反して、同市に対して布地および皮革をイギリスから調達する許可を与えた。もし大陸封鎖およびイギリス製品に関する愚かしい実行不可能な大量の勅令を守ったならば、我が軍は寒さで壊滅してしまうかもしれない(4)」。

オランダ国王ルイ・ボナパルトは、この点で最も悪質な違反者であったろう。彼はオランダ国民による広範囲の規制逃れを黙認したのである。激昂した兄ナポレオンは次のように叱責した。「オランダ人を締め付けろ。オランダ人を締め付けろ。お前は人気取りを優先し過ぎている。……善良である前に、支配者でなければならない(5)」。しかし叱責など無駄であった。大陸は相変わらずイギリス製品で満ち溢れていた。事実、一八一二年にモスクワへと進軍した兵士の多くは、ノーザンプトン製のブーツと、ランカシャとヨークシャ産の布地でできた厚地の外套を着ていたのだ。

イギリスに対する措置がほとんど効果を示さなかったばかりか、ベルリン勅令は急速に第一帝政の凋落を招く重大な要因となっていった。ドイツやポーランドの占領地の安全を確保すると同時に、ロシアやバルト諸国に大陸封鎖を受け入れさせるためにも、ナポレオンはある程度大きな犠牲を払ってでも、アイラウやフリートラントの戦役を遂行せざるを得ないと感じていた。一八〇八年のスペイン侵攻や四年後のロシア侵攻を行った動機も、イギリス製品が流出している代替市場を封鎖するという点で同じ意図に基いていたのである。フランスをさらに犠牲の大きい戦争に巻き込んだことに加え、大陸封鎖による経済的制裁は、逆にナポレオンを悩ませることになった。

イギリスによる報復的な枢密院令（一八〇七年一月）により、フランスおよびその同盟国が封鎖状態に置かれ、中立国の商船が特定の商品をフランスの港に降ろすことが禁じられ、違反した場合、積荷は没収、関係船舶は捕獲物審検所で売却されることが定められた。この命令はフランスの勅令よりもはるかに大きな効果をもたらした。コーヒー、綿、蔗糖などの日常品がパリでさえ実質上、手に入らなくなった。イギリスによる厳しい封鎖はナポレオンを大いに苛立たせ、彼とその衛星国との関係を悪化させた。

しかし、イギリスの政策に欠点がなかったわけではない。中立諸国はイギリス海軍の艦船による強制的な規制を忌み嫌い、やがて「捜索権」をめぐる不和から一八一二年の米英戦争へと発展する。このように両陣営それぞれが、経済制裁という政策をあくまでも維持しつづけたことで高い代償を支払っていた。しかし最終的に、重圧に押し潰されたのはフランスのほうだった。一八一二年になるまで表には出なかったものの、ベルリン勅令で明示された目的は一八〇六年の段階で既に完全に失敗していた。イギリスはナポレオンの虚勢にまったく脅かされることがなく、「自分を牡牛の大きさにまで誇張しようとする蛙」を破滅に追い込む決意をさらに強めたのである。おそらく、ベルリン勅令はナポレオンの経歴がその真の絶頂期を過ぎ、破滅に向かって坂を転がり始める瞬間を象徴的に示していたと思われる。

ロシア皇帝アレクサンドルを説得して現状を受け入れさせるという外交上の試みも、同じく徒労に終わった。ナポレオンがロシア軍の打破に考えを切り替えた際にも、いくらかの躊躇がなかったわけではなかった。労苦の大きさを承知していたからであり、作戦計画を練り上げるのに、しばらく時間を要したからである。ベルリン占領と同時に、彼は漠然と「遅かれ早かれ、我が軍はロシア軍と交戦し、打ち勝つ必要がある」と主張したが、後に一〇月になって、ロシア側の動きや意図に関する情報が集まるにしたがって、ナポレオンは自軍がその年の冬営地に入ってしまう前に、ヴィスチュラ川を越えて進軍することが望ましいと考えるようになった。フランス軍がこの大河に沿って東岸に宿営するならば、諸軍団はシュレージェン地方の残る要塞に対して既に行われている作戦を援護する好位置につくことになり、同時にダンツィヒ、コシャリン、シュトラールズントのようなバルト海沿岸の主要な港湾都市に対する包囲計画を援護することができるはずであった。さらに、背後にオーデル川と流域の要塞が控えることで、万一、ポーランドの戦況が不利に傾いても、軍は退却路や二次防衛戦線を確保することが可能であった。

ロシア側の正確な意図を把握するため、ナポレオンは一一月五日、ダヴーに先発してボーモン将軍率いる師団の竜騎兵二五〇〇とともにポズナニまで偵察するよう命じた。同時に南側面においては、ジェローム・ボナパルトはシュレージェンのグロガウを奪取するよう命令された。これが実行される間、一一月九日、新たに重大な情報がナポレオンの司令部に届けられた。

少なくとも五万六〇〇〇のロシア軍が一〇月後半にグロドノを発し、西方に向かっているというのだ。このままいけば一〇月末までにはプロイセン最東端の国境線に達している可能性が充分あった。また、一一月半ばまでには、ヴィスチュラ川に面した極めて重要な地点であるトルンの近郊に到着すると当然考えられた。二日後ダヴーは、ポズナニ付近に敵の姿は見えず、現在設営準備中——との報告を行った。こうした情報に基いて、ナポレオンはついに決心を固めた。ロシア軍の正確な位置やオーストリアの真意はいまだ明らかにはなっていなかった。しかし、一八〇七年春に決定的な攻撃を開始するのに最も都合の良い冬営地を確保することは、確かにナポレオンの利益にかなっていた。

ヴィスチュラ川でロシア軍司令官ベニグセン将軍の機先を制し、ワルシャワ近郊のレストック将軍率いるプロイセン軍との合流を阻止しようとするならば、ナポレオンは直ちに前進し、なるべく早い時期にトルンおよびポーランドの首都ワルシャワを占領しなければならなかったのである。ヴィスチュラ川の西岸に到達したならば、それまでに手に入った情報と照らし合わせて、これ以上進軍するのが得策か否かを判断することができるとの見込みだった。必要ならば、反転してオーストリアに対処することも可能なはずであった。

こうした展望に基づいて命令が出された。可能な限り早い時期にロシア軍の配置に関する情報を手に入れることを目的として、騎兵部隊の遮蔽幕《スクリーン》の背後で横に大きく広がりつつ最初の進軍が行われることとなった。ダヴー、ランヌ、オジュロー、ジェロームの指揮する各軍団を含む八万の戦力が一時的にミュラの指揮下に入り、この任務にあたることとなった。北方では、第五軍団と第七軍団がそれぞれシュテッティンとベルリンを発し、トルンをめざした。

一方、中央ではダヴー率いる第三軍団が、ポズナニを越えてワルシャワに向かった。南方では、ジェローム指揮下の軍団（第九軍団）がオーストリアの介入に備えて（こうした可能性はいまや低いと思われたが）、南方側面の安全を確保するため、グロガウを出発してカリシュに向かった。最右翼では、ヴァンダム将軍率いる師団がブレスラウに向かい、機会があればシュレージェン地方の諸要塞を奪取する予定になっていた。最北方の側面は一一日、モルティエの第八軍団に任され、ルイ・ボナパルトはオランダ守備のために後方に赴く命令を受けた。ナポレオン自身は当面ベルリンにとどまり、後方地域での部隊編成にあたり、フランス軍の残りの軍団がブリュッヒャー軍の追撃から帰還した際に、第二波として適当な街道を経由して前線に送り出すつもりであった。すなわち、ベルナドットとネイの軍団をトルンに、スルトの軍団（彼自身が指揮する部隊に加えてベシェールの第二騎兵予備軍を構成する騎兵四個師団）をワルシャワ方面に進軍させる予定だったのである。

ナポレオンによるポーランド侵攻の決定は純粋な軍事的要請によるものではなく、強い政治的動機も働いていた。過去三五年間、ポーランドという不幸な国は、ロシア、プロイセン、オーストリアという強大で貪欲な隣国によって三度も分割の憂き目を見てきた。ナポレオンは自身がいまや「解放者」を演じる立場にあり、またかつてのポーランド王国を再建することにより、東欧に親仏の同盟国を得るとともに、フランス軍におよそ五万名の部隊増強を図ることができるであろうことをよく承知していた。ここでもまた、彼の動機は完全に日和見的であった。

ナポレオンは心底からポーランド国民の宿願に対して同情していたわけではない。彼はあるとき次のように叫んだ。「ポーランドか！　全くもってお気の毒様。しかし分割を許したのは彼ら自身なのだ。彼らは既にひとつの国民ではない。彼らには国民という意識がない。貴族が多過ぎ、国民は少な過ぎる。ポーランドは死骸であり、何とか手を施せる間にそこに命を吹き込まなければならない。余はまず彼らのなかから士官と兵卒を組織しよう。そうなれば次のごとくだ。余がプロイセンの分割分を取ることにする。ポズナニもワルシャワも手に入れよう。ただし、クラクーフ、ガリッィア地方、ヴィルナには手をつけまい(6)」。

実際、ポーランドを扱うには注意が必要であった。配慮のない行動は、オーストリアを刺激して即座に敵対行動をとらせてしまう可能性があり、また同様にロシア皇帝の感情を刺激して、将来的な交渉による解決の可能性を危うくすることもナポレオンの望むところではなかった。このため、彼は慎重に政治的独立を保障することを避け、ポーランド国民に宗主国に対する反乱をたきつけようとはしなかった。ワルシャワを手中に収めると、ナポレオンは既にプロイセンから奪っていた六つの県を統合して、自治的な政治機構を組織し、その上に七名のポーランド貴族からなる評議会を設置したのである。その他についてナポレオンは極めて慎重であった。彼はあるときブーリエンヌに次のように打ち明けた。「ポーランドを独立させたいのは山々だが、難しい問題だ。オーストリア、ロシア、プロイセンはみな利益に与っており、一度マッチに火が点いたら、大火事がどこまで続くか分からない。……この問題の解決はあらゆるものの支配者に委ねるしかない。すなわち時間だ(7)」。

その間、フランス軍はポーランド奥深くに進軍しつつあり、いかなる抵抗にも遭遇しなかった。一一月一八日までに、ダヴーはワルシャワへの途上の中間に、オジュローはブロンベルク付近にあり、ジェロームはカリシュに接近していた。遮蔽幕《スクリーン》をつくる騎兵部隊は、レストック将軍とおよそ一万五〇〇〇のプロイセン軍（フリードリヒ・ヴィルヘルム国王のプロイセンに残った最後の戦力）がトルンを占拠していると報告してきた。まもなくランヌがそこに達する予定であった。

しかし、ロシア軍の姿はまったくなかった。実際、二七日になって初めて、ミュラはワルシャワのすぐ西方でロシア軍コサック部隊と短時間小競り合いを行い、その後大規模な敵軍と最初に接触したと報告したのである。

しかし、ベニグセン将軍はまったく町を防衛しようとしなかった。彼は自軍をヴィスチュラ川の右岸にまで引き揚げさせ、プラガに架かる橋を焼き捨てた後、用心深くプルトゥスクへの退却を開始した。こうしてミュラは二八日、いかなる反撃にも遭遇せずにワルシャワを手中に収めた。数週間後、ナポレオンは同地でミュラに合流した。「丸刈り小僧」は馬に乗って到着した。彼の乗り物が数マイル手前の沼沢地で壊れたためであった。このことからも、ポーランドの街道がいかにひどい状況にあったかを理解することができる。

ベニグセンやレストックの偵察部隊を撃退するといった活動的な時期に続いて、短い戦略的な休止期間が与えられた。残りの軍が進軍してくるまでの安全な行軍のための限界地点はワルシャワであり、兵站部や病院等を建設して、ここを作戦の中心地にする必要があったのである。それに各部隊は確実に疲労していた。八月以来、少しの休息もなかったのである。「不平屋《グロニャール》（この時期ナポレオンが考え出した言葉だが）」と呼ばれた古参兵たちは休養期間を要求していた。ナポレオンは喜んで当面の休止を検討した。

ヴィスチュラ川に沿って展開したフランス軍の前線はかなり短く、バルト海沿岸とオーストリア国境を結ぶ二四〇キロしかなかった。ワルシャワと近郊のモドリンを制圧していることで、ナポレオンは戦略的に有利な位置にいた。というのも、この地域で、ナレフ川、ブーク川、ウクラ川がヴィスチュラ川に合流しており、来春に向けいくつかの作戦ラインを可能にしていたからだ。また、ワルシャワとトルンの間の地域は、ロシア軍が万一ポーランド北部の沼沢地を通って攻撃をしかけてきた（つまりワルシャワを基地としてフランス軍の背後に移動してきた）場合、迅速に軍を集結するのに適していた。ただし、一二月一日の時点で、ロシア軍がこのような行動に出る差し迫った危険性はないように思われた。ベニグセンはコサック部隊の遮蔽幕《スクリーン》に隠されてヴィスチュラ川から退却を開始し、接近中のブックスヘウデン軍との合流地点であるオストロレンカの東方約三〇マイル地点に進んでいた。

四日後、レストックの撤退によりトルンがフランス軍の手に落ちた。ナポレオンはいまだ有利な位置を確保することに腐心していた。六日ポズナニからのミュラ宛の手紙のなかで、彼は次のように述べている。「ヴィスチュラ川とブーク川に架かる橋が修復されたかどうかの報告を待っている。このふたつの渡河地点は、余にとって極めて重要な問題だ。ワルシャワ付近への我が軍の部隊集結の成否はそれらにかかっているからだ(8)」。さらに言えば、敵軍が向こう見ずにもヴィスチュラ川下流域に攻撃をしかけた場合、（橋の確保によって）フランス軍がロシア軍の側面および背後に襲いかかることを妨げる地形上の障害はまったくなくなるのである。

第45章　兵員と物資

これまでは主として防衛準備の話に紙幅を費やしてきたが、ここでは両軍の状況と最も重要な将軍たちについて検証しておこう。イエナ戦役の直後、ナポレオンはドイツにおいて二〇万以上の兵力を指揮していた。兵員数で言えば、歩兵戦力が当然ながら最も多かった。グランド・アルメは歩兵六一個連隊を保有していた。その大部分は三個大隊から成り、そのうち二個は前線に配備され、残る一個は後方フランスにあった。しかし、一八個連隊については四個大隊で編成され、そのうち三個大隊が前線に従軍していた。つまり歩兵中隊は総勢で一四〇〇あることになり、それぞれの中隊は一二三名の兵士により構成されているため、ナポレオンの指揮下には一七万二〇〇〇人の歩兵がいたことになる。

騎兵戦力は竜騎兵および胸甲騎兵の二四個連隊、猟騎兵一八個連隊、軽騎兵九個連隊から成り、各連隊は四個大隊により構成されていた。すなわち二〇四個大隊、兵員数にして三万六〇〇〇人におよんでいた。騎兵部隊は、プロイセンからの軍馬の大量徴発により、かつてないほど良い装備をしていた。

しかしながら、ナポレオンはかかる堂々たる軍備に完全には満足していたわけではなかった。ロシアの大軍相手に厳しく長期にわたる戦役が予想され、それに直面したナポレオンは各歩兵中隊の兵員戦力を一四〇に増やし、各騎兵連隊に五つめの大隊を追加する計画を立てていた(9)。必要とされる割増の二万三〇〇〇人の歩兵部隊および一万の騎兵を徴集するため、あらゆる種類の措置が講じられた。徴集を見越しておいた事前策によって、訓練を受けた一八〇六年度徴集兵の最初の一隊が既に軍に到着しつつあった。しかし、対プロイセン戦役での損害を埋め合わせ、連絡線の守備隊を捻出し、さらに部隊編成における増員計画を実行するには、彼らだけではあきらかに不充分だった。

そこでナポレオンは躊躇なく、今度は一八〇七年度徴集兵の召集を前倒しで行い、必要兵力の埋め合わせをしようとした。ただし、これら新徴集兵八万人は翌年夏にならないと軍に編入することができなかった。同盟国や中立国もまた、さらに兵員を供出するよう要求された。スイスでは新兵徴集が行われ、オランダとスペインはそれぞれ二万と一万五〇〇〇の増員を求められた。騎兵の訓練は歩兵の場合より長くかかるため、必然的に時間差が生じる。それを埋めるため、一一月四日の命令で、イタリア方面軍から騎兵八個連隊が移動させられた。しかし、これだけの手段を講じてもまだ不充分であり、目標が達せられることはなかった。

こうした巨大な軍への物資の供給と配分は、さらに頭の痛い問題となっていた。フランス軍はやがて新たに占領したドイツの各地方を犠牲にして、必要物を調達するようになった。繁栄していたハンザ同盟諸都市からは膨大な資金の徴発が行われ、特にハンブルクは大きな損害を被った。プロイセンおよびその同盟国から一億六〇〇〇万フランが徴発され、グランド・アルメの物資供給や財源に充てられた。最終的にはドイツから徴発された資金の総額は五億六〇〇〇万フランにのぼった。イギリス商品および資産の没収等による収入によって、資金総額はさらに増加した。

しかし、貨幣ばかりでなく、物資の需要もまた膨大であった。こうした需要がいかに膨大であったかを示す一例を挙げよう。フランス軍の軍需物資として、靴六〇万足、ゲートル三万七三八六組が最終的にドイツの財源によって得られたのである(10)。このように大規模な必要物資の徴発に加えて、ベルリン勅令の規制のため、中欧および北欧で第一帝政の人気が高まるはずなどなかった。

しかし、こうした措置をもってしても、低下しつつあるフランス軍の士気はほとんど改善されなかった。プロイセンを短期間で占領した当初の活気はやがて失われ、その代わりに軍内に疲労、落胆、郷愁が広まった。ラップ将軍が述べているように「我が軍の兵士は以前ほど満足していない。彼らはヴィスチュラ川を渡ることに大きな嫌悪を示した。悲惨、冬期、悪天候のため、彼らはこのポーランドという国を極端に嫌っていた(11)」。実際、ポーランドで作戦行動をとる際の自然条件の悪さこそ、軍の規律が大幅に低下し、略奪の頻度が急速に上昇した主な原因であった。

ポーランドの舗装されていない街道は一〇月の豪雨によってまず泥沼と化し、次に何マイルも続く凍った深い轍となった。またこの豪雨によって一一月半ばにはひどい霧が立ちこめた。デュロック将軍の乗った大型四輪馬車が街道で転倒し、将軍は鎖骨を折ってしまった。ハンブルクで安楽に過ごしていたブーリエンヌは「私が受け取った手紙はすべて、ただただ街道の悲惨な状態についての不平の連続であった(12)」と記録している。

ナポレオンは部下たちの士気を取り戻そうとして、兵卒全員に対してかなりの額の特別給与を支払い、支給品の量を二倍にし、各兵士に新しいシャツ一着と寝袋、また騎兵には長靴を一足、歩兵には靴を三足支給する命令を下した。たしかに、一足先に現れた「サンタクロース」は歓迎されたには違いなかったが、兵士たちは依然として不平を漏らし続けた。食糧は不足しており、ポーランド語など「クレバ」、「ニームド」、「ヴォタ」、「サナ」(「パンはないか?」、「何もない」、「水はないか」、「取りに行こう」)の四つの言葉を覚えていれば充分だと皮肉まじりに語り合っていた。

その間、ロシア軍はどうしていたのか。ロシア帝国軍に関するより詳しい記述は後に譲る(第68章を参照)として、最も顕著な側面をいくつかここで紹介しておこう。一八〇六年の段階で、即座に従軍可能なロシア軍戦力は一八のいわゆる師団に分割されており、各師団は理論上、歩兵六個連隊(全部で一八個大隊に分けられる)と騎兵二〇個大隊(重騎兵一〇と軽騎兵一〇)と大砲八二門で構成されていた。これらの師団は一八〇六年の晩秋には次のようにポーランド戦線に配備されていた。

ベニグセン将軍が率いる軍は第二、第三、第四、第六師団で構成されており(一九世紀のドイツの権威フォン・ヘフナーによると)歩兵総数は四万九〇〇〇、正規騎兵一万一〇〇〇、コサック兵四〇〇〇、砲兵二七〇〇に大砲二七六門、工兵九〇〇であった。ただし、デュマはこの軍の実際の兵員数は五万五〇〇〇以上に達すると考えていた。二番目の軍はブックスヘウデン元師が率いており、第五、第七、第八、第一四師団によって構成されており、歩兵三万九〇〇〇、騎兵およそ七〇〇〇、砲兵一二〇〇と大砲二一六門であり、戦闘員は四万六〇〇〇とされている。一八〇六年から一八〇七年にかけての戦役の当初、これら両軍は、老練なカメンスコイの総指揮下にあった。彼は一一月後半に約九万の兵力を展開することができたのである。残りの正規軍は次のように配置されていた。

ロシア近衛部隊(第一師団としても知られる)はコンスタンティン大公の指揮下にあり、いまだサンクト・ペテルスブルクにあった。ミケルソン将軍率いる五個師団はモルダヴィアでトルコ軍と対峙していた(そのうち二個師団は結局、一八〇七年一月に移動してベニグセン軍に編入されることになる)。残りの軍(四個師団)はアパラクシム伯爵の指揮下、ロシア国内にとどまっており、当時創設中の予備軍の核となっていた。

ロシア軍各兵科の基本的な特徴は以下のとおりである。歩兵は強靭で勇敢だったが、まったく教養がなく、粗末な軍服を着て、武装も貧弱で、ほとんど給金をもらっていなかった。しかしロシア軍騎兵は良い装備をしており、フランス騎兵にほぼ劣らず優秀であった。一方、コサック兵は槍と剣で武装しており、適切な指揮を受けたならば、一対一で戦ってフランス軽騎兵に勝ることが多かった。ロシア砲兵もまた非常に優れており、多くの大砲を装備していたし(アイラウの戦いでは兵士一〇〇〇人につき大砲が六門あった)、牽引チームはよく組織されており、砲手も極めて熟練していた。

しかし、ロシア帝国の士官たちはあまり優秀ではなかった。歩兵士官と他の兵科の士官の間には深い社会的な溝があり、また専門部隊に対して理論的な訓練を受けた士官が明らかに不足していた。さらに、家系によって士官になっていた者たちは怠惰で賭け事を好んだ。軍務に就いているなかで優秀な軍人は、たいてい外国出身者であった。しかし、ロシア軍の最大の弱点はその管理体制にあった。

幕僚の組織化が進んでおらず、官僚的形式主義に陥っていたのだ。補給任務に関しても、購入資金がなく、前線に食糧や軍需品を輸送、貯蔵する手段を欠いており、絶望的な状態であった。このため、ロシア軍は可能な限り現地調達に依存しており、調達が済んだ時点で新たに牧草地へと進軍して行ったのである。覚えておきたいことだが、主にこうした理由から、一八〇五年にアウステルリッツにおいて性急にナポレオン軍を攻撃する決定が下されることになったのだ。

ロシア軍には優秀な指揮官も不足していた。ベニグセン伯爵は六一歳で、ハノーヴァ出身の軍人であり、一七七三年にロシア軍に加わった。彼は有能な騎兵隊指揮官ではあったが、大した戦略的発想の持主ではなかった。加えて、彼の前線司令官としての力量も限られていた。その結果、彼の計画はほとんど実を結ばなかった。ブックスヘウデン元帥は既にアウステルリッツの戦いで登場したが、彼は鈍感で想像力がなく、個人的には勇猛であったがあまり知力のない軍人であった。このふたりの関係は相互の個人的な羨望感に彩られており、彼らの軍事的成功にも影を落としていた。彼らの名目上の上官に当たるカメンスコイ元帥は七五歳という老将であり、かつてかの偉大なスヴォーロフの下で代理副官を務めたものの、軽率で決断力のない人物で、気性が激しく、その高い地位に相応しい人物とはいえなかった。実際、彼は一八〇七年にベニグセンに地位を明け渡している。より若い将軍のなかにあって、バグラチオン公とバルクライ・ド・トーリィは高い潜在能力を秘めていた。

一方、コサック部隊の指揮官であった強靱なプラトフは、ウクライナやコーカサス出身の荒くれ戦士たちにほとんど神秘的な影響力を発揮していた。これらの少数は別として、この時点のポーランドにおいて、ロシア軍をより強力に率いることができる有能な軍人はほとんどいなかったのである。

第46章　ナレフ河畔における機動作戦

一二月第一週の終わりの時点で、ロシア軍がより攻撃的な方針をとると考えられる決定的兆候はいまだまったく見られなかった。ナポレオンの手元には八万の部隊があって、さらにそれ以上の軍勢が合流しつつあり、彼はどのような情勢にも対応することができると理をもって確信していたのである。一二月一三日、ナポレオンはこう判断していた、ベニグセンがナレフ川とパスレンカ川（さらにはウクラ川）との間に布陣して、ブーク川とバルト海にはさまれた地域をフランス軍が支配するのを妨ぎ、レストック率いるプロイセン軍と連絡を保ち、そこでロシアからの増援の到来を待とうとする公算が最も高い、と。事態がこのように推移した場合、ナポレオンはネイ、スルト、ベルナドットを派遣して、トルン経由でロシア軍右翼に回り込ませ、現在ラウテンブルク近郊を少々ためらいがちに迷走しているプロイセン軍との連絡線を遮断する計画を立てていた。

彼は直ちにポズナニを発ち、ワルシャワに向かった。しかし翌日、ミュラの騎兵偵察部隊から、敵軍はプルトゥスクを撤退中との報告が入った。この行動は、ロシア軍がまもなくフランス軍歩兵部隊の行軍範囲の外に出てしまうことを意味していた。感嘆すべき柔軟性と決断力をもって、ナポレオンは当初三個軍団に与える予定であった任務を全騎兵戦力をもって遂行するようにと命令した。ミュラは、配下の騎兵をベシェール率いる騎兵部隊や軍団の軽騎兵旅団と合流させ、三万の騎兵と軽砲三〇門の部隊を組織して、直ちにプルトゥスクとケーニヒスベルク間の街道を遮断し、敵の前衛部隊と交戦するよう命ぜられた。こうした命令が発せられてまもなく、一五日に新たな情報が届いた。ベニグセンがブックスヘウデンの増援を受けてプルトゥスクの北方にあることは明らかとなったのである。しかしフランス軍にはまだ、敵軍が退却するように見えた。

ナポレオンはこうした予測から、全面的な「背後への機動」をとり、ナレフ川方面に急襲を行ってロシア軍の補給路を断とうとした。作戦計画は次のとおりである。

ミュラの騎兵部隊による遮蔽幕《スクリーン》の先導により、第四、第七、第三、第五軍団がヴィスチュラ川から北方に赴き、ウクラ川付近のシュショチンからブーク川に面するセロツクにわたる戦線を進軍し、その後にプルトゥスクを奪取することになった。プルトゥスクはロシア軍連絡線がナレフ川を渡る地点であった。同時に、トルンを発した第六および第一軍団は一部の騎兵部隊の援護を受け、ビェジュンからソルダウ、ムラヴァと進軍し、ロシア軍の北方退却路を遮断し、レストックの部隊との合流を阻止する予定であった。スルトの軍団はグランド・アルメの両翼を結びつける任務を受けていた。ナポレオンは、これによって一二月二一日か二二日に大規模な戦闘が行われると確言していたのである。

今回、ナポレオンの予言は当たらなかった。増援を受けたロシア軍は退却を続けるどころか、実際はプルトゥスクの再制圧のために進軍を始めており、主力部隊はこの町の南西に、偵察部隊はウクラ川まで進んでいた。結果として、ウクラ川を渡ろうとしたフランス軍は数ヶ所で激しい攻撃に見舞われた。最初の遅れが生じ、進軍が再開されたのは一二月二二日になってからであった。その日、ダヴーは血路を開いてようやくチャルノヴォでナレフ川を渡ったのである。両軍の死傷者は一四〇〇名にのぼった。二三日午前一時、ナポレオンは陣頭で作戦指揮を行うためにワルシャワを発った。午前九時までに、ナポレオンはランヌの軍団とともにナレフ河畔にあった。この日、軍主力はブーク川およびヴィスチュラ川北岸にまで橋頭堡を拡大している。

一方、遠く北西ではベルナドット軍団の一部がビェジュンでプロイセン軍団の一部と激しい戦闘を行った。二四日、カメンスコイ軍主力はナシェルスクの近郊にあって、敵部隊との入り乱れた小競り合いと小戦闘でその日を終えた。しかし、二四日のクリスマス・イヴに、ナポレオンはロシアの司令官が北方のシュトレシェゴツィン方面に退却中との情報を得た。今回の行軍には新たな命令が必要であった。ダヴーは、ナシェルスクからプルトゥスクに向かうランヌを援護するために、直接シュトレシェゴツィンに進軍するよう命じられた。第七軍団はノフェムテシュトを通ってシェンスクに達し、ロシア軍の進軍路を阻むよう指令を受け、第四軍団はウクラ川を渡ってその援護に回るよう命じられたのである。

二六日、ナレフ川右岸でプルトゥスクの戦いが行われたが、決定的な結果はもたらされなかった。ランヌは、自ら指揮する二個師団とダヴー軍団に属する一個師団（第三軍団の参謀長ドルタンヌ将軍麾下）の総勢約二万五〇〇〇で、兵士数約三万五〇〇〇、大砲四〇門のロシア軍と交戦した。一二月三〇日の公報には、かなり大袈裟に次のように書かれている。「ベニグセン率いる全軍は夜間にそこに集結していた(13)」。その後、両翼を前に上げた三隊列を編成し、プルトゥスクを左手に、モスチンを右手に見る位置に布陣していたというのである。これは勝ち目のない戦いであった。ランヌは午後に

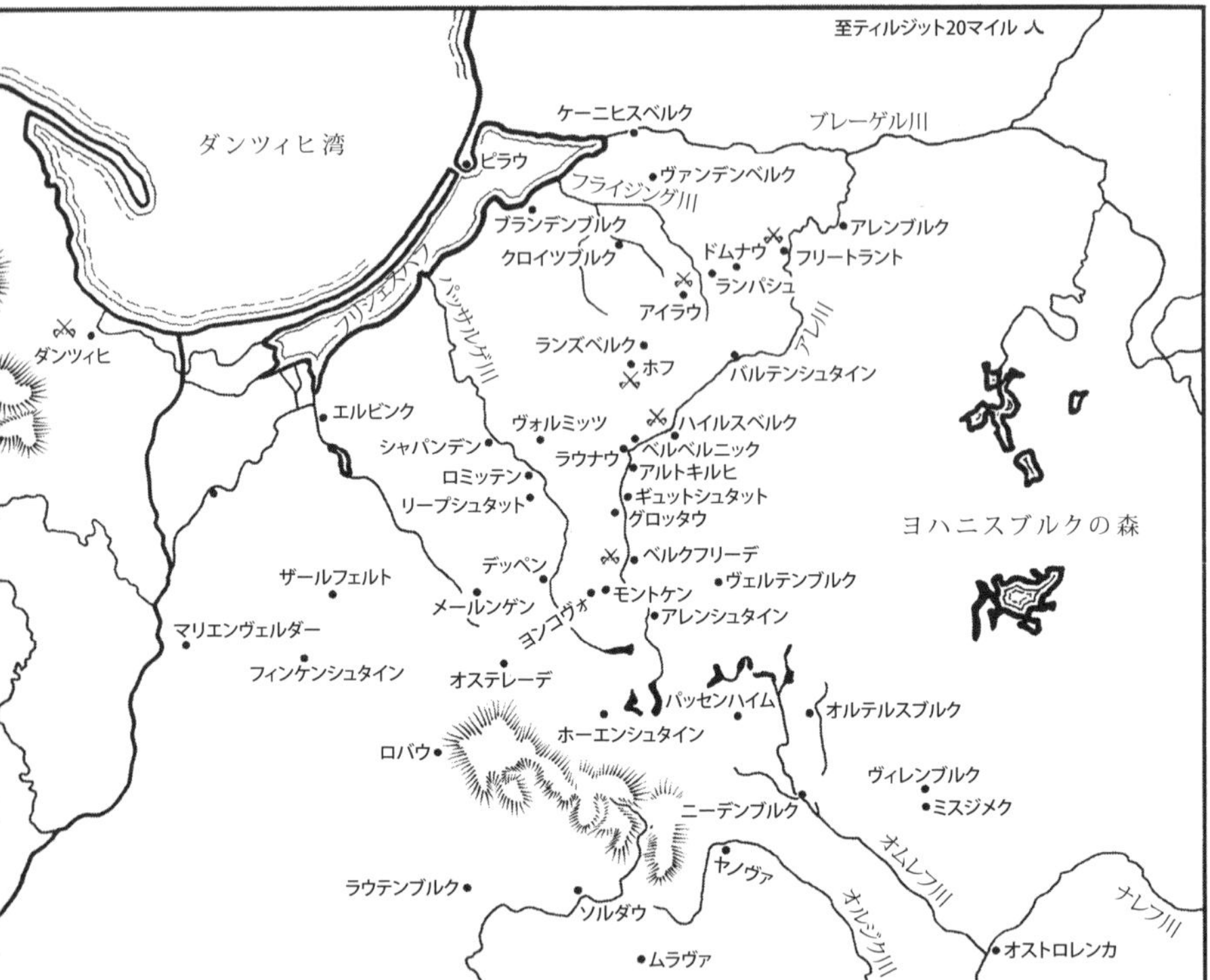
至ティルジット20マイル
ケーニヒスベルク
ブレーゲル川
ダンツィヒ湾
ピラウ
ヴァンデンベルク
フライジング川
ブランデンブルク
アレンブルク
クロイツブルク
ドムナウ
フリートラント
ランパシュ
アイラウ
パッサルゲ川
アレ川
ダンツィヒ
ランズベルク
ホフ
バルテンシュタイン
エルビンク
ヴォルミッツ
ハイルスベルク
シャパンデン
ラウナウ
ベルベルニック
ロミッテン
アルトキルヒ
リープシュタット
ギュットシュタット
グロッタウ
ヨハニスブルクの森
ベルクフリーデ
デッペン
ザールフェルト
ヴェルテンブルク
メールンゲン
モントケン
ヨンコヴォ
アレンシュタイン
マリエンヴェルダー
フィンケンシュタイン
オステレーデ
パッセンハイム
オルテルスブルク
ホーエンシュタイン
ロバウ
ヴィレンブルク
ミスジメク
ニーデンブルク
オムレフ川
ヤノヴァ
ラウテンブルク
ソルダウ
オルジツ川
ナレフ川
オストロレンカ
ムラヴァ
プリャスニツ
トルン
至グロドノ
85マイル
ビェジュン
ウクラ川
ルージャン
マコフ
ゴリミン
プロク
モスチン
プルトゥスク
シェンスク
シュショチン
シュトレシェゴツィン
ノフェムテシュト
ヴィスチュラ川
ブーク川
プラスク
プロニスク
ナシェルスク
セロツク
チャルノヴォ
モドリン
プラガ
オーストリア領
ポーランド
[ガリツィア]
ワルシャワ

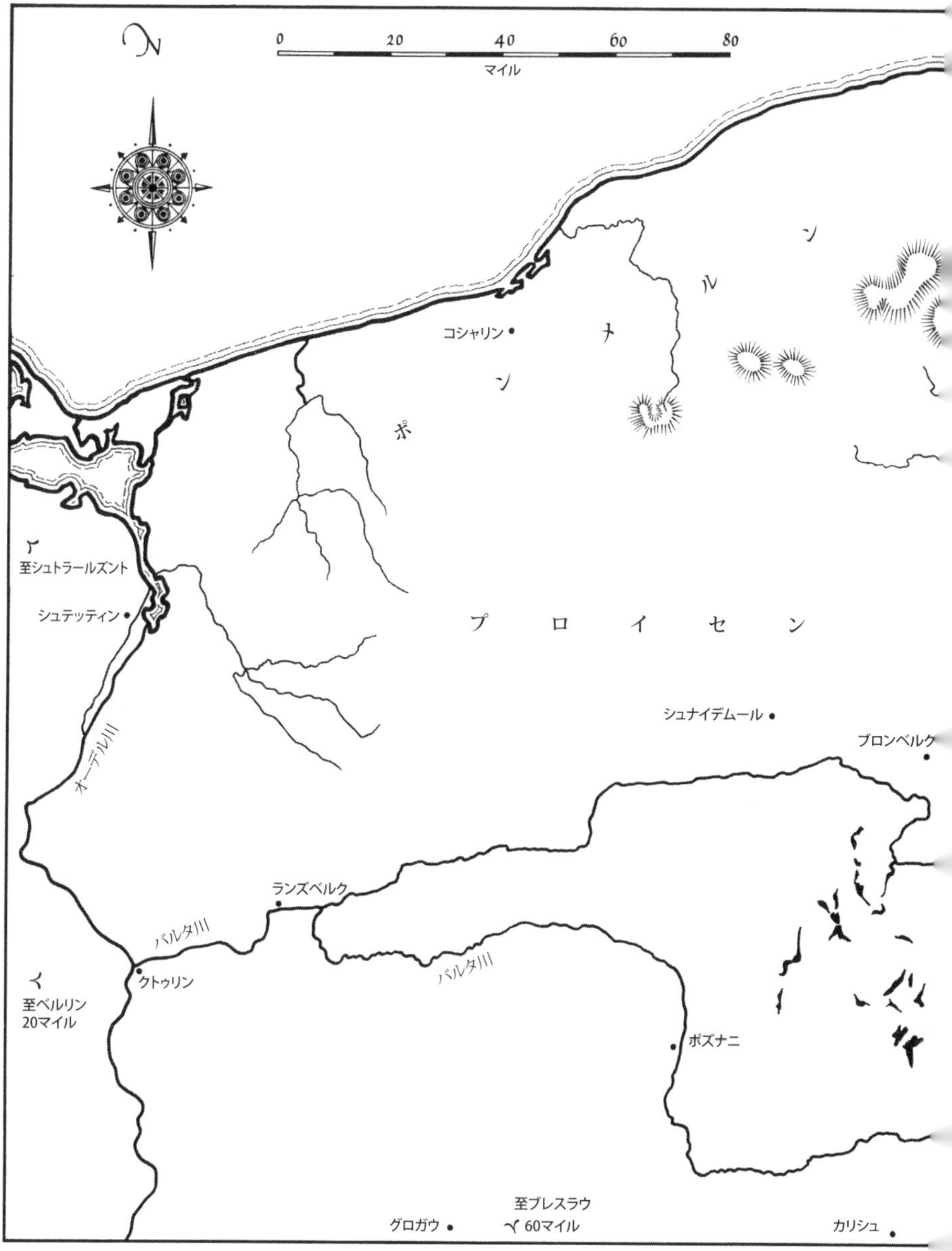
N
0 20 40 60 80
マイル
ポ　ン　メ　ル　ン
コシャリン
至シュトラールズント
シュテッティン
プ　ロ　イ　セ　ン
シュナイデムール
ブロンベルク
オーデル川
ランズベルク
バルタ川
バルタ川
クトゥリン
至ベルリン
20マイル
ポズナニ
至ブレスラウ
60マイル
グロガウ
カリシュ

ポーランド戦役

何とかプルトゥスクを奪取したが、ベニグセン軍の密集した歩兵部隊は右翼をバルクライ・ド・トーリィが、左翼をバガヴートが指揮しており、その圧力によってランヌがプルトゥスクを維持できないことは明らかだった。しかし午後三時、ベニグセンはギュダン将軍の率いる師団がランヌの応援のため進軍してくるのに気がつき、戦闘が割に合わないと判断した。その夜、ロシア軍は再びプルトゥスク撤退を開始し、ナレフ川の両岸を退却してオストロレンカに向かったのである。ナポレオンが意図した「決戦」は結局、予定よりも四日遅れて、引き分けに終わった。決定的勝敗がつかなかったのは、ひとつはダヴーがうまくランヌを援護できなかったためであり、もうひとつはベニグセンが全面的な消耗戦を望まなかったからである。

同日、別の激しい戦闘がプルトゥスクの北西一二マイルのゴリミンで発生した。そこでダヴーとオジュローの部隊三万八二〇〇はブックスヘウデン軍に属するガリツィン公爵とドクトロフ将軍率いる前衛部隊と戦闘を行ったが、勝敗はつかなかった。数の多さで予想されるとおり、その日はフランス軍優勢のうちに終わった。しかしマルボは、任務を遂行するロシア歩兵部隊の強固な闘志と不動の決意を示すようなある出来事に言及している。オジュローがゴリミン村をある方向から攻撃し、ダヴーが逆の方面からロシア軍のプルトゥスクとの連絡を脅かした際、ガリッィンはダヴーに対して兵力を集中するよう命じた。マルボの記録は以下のようである。「我が軍の兵士たちはわずか二五歩の距離から発砲したが、敵軍は戦闘に応じることなく（オジュローの前線を横切って）進軍を続けた。なぜなら、応戦すれば停止せざるを得なくなるからであり、たとえ一瞬たりとも失うことはできないほど時間が貴重だったからである。各師団、各連隊は我が軍の一斉射撃の下、一言も発せず、一瞬たりとも歩速を緩めることなく、このように縦隊で行軍した。ゴリミンの通りには死傷者の山ができた。しかし、呻き声ひとつ聞こえなかった。彼らは音を立てることを禁じられていたのだ！[14]」。双方に約一〇〇〇人の損失が出た。そして結局、ガリツィンは脱出に成功した。天候が非常に悪く、フランス軍の追撃部隊が進軍できなかったのである。

こうした戦闘は実際に敵軍を窮地に陥れることができなかったにせよ、少なくともカメンスコイに全軍退却の命令を下させる要因となった。二七日までに、フランス軍の追撃が再開された。北西方面では、ロシア軍の退却路を脅かそうと、ベルナドットとベシェールの騎兵部隊が遠方のオストロレンカをめざしていた。

一方、ネイはニーデンブルクに退却中のプロイセン軍を攻撃し、ロシア軍との合流を徹底的に阻止した。中央では、ミュラの騎兵部隊がブックスヘウデン軍をマコフの橋に追いやった。右翼では、ランヌが三個師団の先頭に立ち、ナレフ川右岸までベニグセンを追撃した。ロシア軍司令官カメンスコイは後方司令部が設置されたルージャンに向かっていた。しかし、フランス軍全体が追撃に夢中となり、ナポレオンは自軍部隊が展開し過ぎるのを許してしまった。彼はロシア軍がマコフで向きを変え、戦闘を行うと思い込んでいたのである。ようやく追撃を停止し、広く散開した自軍の諸軍団に全軍集結命令を下したのは、ルージャンの町を前にした二八日になってであった。しかし、カメンスコイの指揮する諸部隊はオストロレンカ以遠の方向をめざして、北東へとひたすら退却を続けた。

この時点で、劣悪な自然条件によって、追撃の続行は事実上不可能となりつつあった。不安定な天候のため、立て続けに濃霧が発生し、暴雨が来れば立ちどころに凍土が溶けた。大地はぬかるんだ泥になったかと思えば、あるときは半解けの雪、またあるときは硬い凍土となって、フランス軍の追撃を阻んだ。ナポレオンは二九日付の陸軍大臣宛書簡のなかで「悪路と悪天候により冬営に入ることにする(15)」と語っている。

逃げるロシア軍を捉えて撃破するというナポレオンの最初の試みはこうして終わった。「ナレフ川流域の機動」はナポレオンの最良の作戦とは言い難い。彼はある程度の戦略的成功を収め、ロシア軍に恐怖心を与えたものの（事実、カメンスコイ将軍はこのような激しい戦役を遂行するには齢をとりすぎていると判断し、直ちに司令官の職を辞した）、決定的戦果を得ることはできなかった。クリスマスを境にして、フランス軍の補給は困難を極め、食糧や防寒具も決定的に不足していた。さらに重大なことは、軍団相互の距離を援護可能なように保つという自らの原則を、ナポレオン自身が破ってしまったことである。こうして決戦を行う機会は失われてしまった。さらに、ロシア軍の所在、戦力、退却線の方向に関する計算ミスも、彼の行動を妨げる要因になっていた。

しかし何よりも、フランス皇帝の野心を挫いたのは泥であった。ナポレオンはそれまで、このような泥に出会ったことがなかった。ナポレオンが試みた電撃作戦は、肝心の速度を失い失敗したのである。こうした相対的な失敗は結果として、フランス軍全体のさらなる士気の低下をもたらし、軍律違反は驚くべき数に達した。ナポレオンの計算によれば、二八日に部下の四〇パーセントが部隊を離れ、略奪行為を行った。明らかに進軍を中止して再軍備を行い、計画を練り直す時期にきていた。

兵卒たちは作戦行動の中止を大きな感謝の念で迎えた。彼らは数ヶ月間このときを待っていたのだ。ヴィスチュラ川の河岸やプルトゥスクにいくつもの軍団兵站部が建設され、様々な部隊が、慎重に割り当てられた地域に野営するよう配置された。ベルナドット率いる第一軍団の大半は当初、オステレーデとロバウの間に置かれ、ネイの軍団はムラヴァとニーデンブルクの間、騎兵予備軍の軽騎兵師団はオストロレンカ監視のため、オルジク川とオムレフ川の間の農村地帯に配置された。残りの軍の大部分はワルシャワの北方に配置され、司令部、親衛隊、第五軍団はワルシャワ市内の営舎が割り当てられた。第七軍団はプロニスク近郊、第四軍団はマコフおよびゴリミン近郊、第三軍団はブロク近郊に宿営した。トルン、モドリン、プラガ、プルトゥスク、セロツクのヴィスチュラ川あるいはナレフ川の上には強大な橋頭堡が建設された。数多くの集合地域が慎重に選ばれたが、その目的は明らかに、非常事態に際して可能な限り速やかに戦闘位置に着くためであった。ただし、冬期を丸ごと無為に過ごすことはできない。ナポレオンはヴィクトール将軍（プロイセンの遊撃部隊に捕えられたため、まもなく一月二三日にルフェーヴルが代わってその任に就くことになる）に命じて、二万五〇〇〇からなる新軍団（第一〇）を組織させ、この兵力でダンツィヒ攻囲を開始させた。ベルナドットはこの作戦を支援し、軍団による制圧地域がエルビンクやマリエンヴェルダーにまで到達するよう命じられた(16)。

その他の部隊に対しては、「敵に行動を起こさせることを意図したあらゆる進軍の回避」が厳格に命じられた。最北に位置する軍団がやや展開しすぎではあったが、これらの配置は慎重に選ばれたものであり、各軍団はどの軍団に対する脅威にも速やかに対応することができた。前もって整備された集合地域、後方貯蔵施設、ヴィスチュラ川上の橋頭堡の強化、ワルシャワ経由とトルン経由の代替連絡路の整備が、あらゆる可能な事態に対処するために計画されたのである。

第47章　ワルシャワでの幕間劇

ナポレオンはできるだけ早期のロシア軍との決着を望んではいたが、かといってポーランドの首都ワルシャワでしばしの時を過ごすのを決して嫌ってはいなかった。ロヴィゴ公爵ことサヴァリは次のように回想している。「我々のワルシャワにおける休止は実に楽しいものであった。劇場を除けば、ワルシャワにはパリで見られるあらゆる享楽があった。すぐに皇帝陛下は、遠く離れたジョゼフィーヌや夫婦の逸楽に代わるものを見つけ出した。彼の心に深い印象を刻み込んだ大いなる魅惑をもった女性が現れたのである」。サヴァリの記述は如才なく次のように続いている。「陛下は彼女に対して熱烈な恋情を抱き、彼女も心から陛下を愛した(17)」。

美しいマリー・ヴァレフスカ伯爵夫人はナポレオンが熱烈な感情を抱いた最後の女性であり、こうして始まった関係は時の試練を超え、少なくとも夫人の側では続いていった。ナポレオンがエルバ島に流され、ほとんどすべての者に見捨てられた際にも、健気にも夫人は密かにナポレオンのもとを訪れている。

まもなく遠くマインツにいたジョゼフィーヌは、風の便りに何か差し迫ったことが起きていることを知り、ワルシャワに会いに来たいと言い出し、夫ナポレオンを何度も悩ませた。ナポレオンは現在の魅惑的な情事が妨げられることを望まず、何かと口実を設けてはことごとく妻をごまかした。一月二日、彼はジョゼフィーヌに「お前の気持ちはわかるが、公務に従いなさい。ワルシャワはマインツからは遠過ぎる……お前がパリに戻ってくれることを望んでいる。パリはお前を必要としているのだ」と書き送っている。さらに八日付の手紙でも再び同じ理由が述べられている。距離、街道の状態の悪さ、天候、皇妃の公務である。浮気者のナポレオンは手紙を「パリがお前を呼んでいる。パリへ行きなさい。これが私の望みだ(18)」という言葉で結び、次のような見えすいた不誠実な追伸を書き加えている。「私はお前以上につらいのだ。お前と一緒にこの冬の長い夜を過ごせたらどんなに幸せだろうか(19)」。この嘘つきめが！

しかし、愛の巣の愉悦にすべての時間を費やすことは許されなかった。当面大きな軍事作戦は予定されていなかったものの、外交策略を駆使することは可能であった。ロシア皇帝を悩ませ、ロシア軍の注意をそらせようと決意したナポレオンは、トルコ、ペルシャと謀って、ロシアに宣戦布告するよう両国に働きかけようとしていた。こうした外交努力は少し前からすでに始められていた。ナポレオンは一二月一日にポズナニからトルコ皇帝《スルタン》セリムに送った手紙のなかで、彼を次のように煽動している。「反乱を起こした大公《ホスポダール》ども（ヴァラキアのロシア人植民者のこと）を駆逐せよ。……剣にかけてもセルビア人たちに譲歩してはならない。……ホチンへ進撃せよ、ロシアなど恐れるな(20)」。

　ナポレオンは一月初めにも、スルタンに次のような手紙を書いている。「偉大にして信義の厚い我が友へ。トルコ帝国がかつての栄華を取り戻す好機が到来した。今や一刻の猶予もない。貴国の国境は侵されている。貴国の忠実なる臣民を頼りとし、彼らにとって極めて大切なものを守られよ。ロシア軍は貴国の都市、モスク、イスラーム国としての名声を破壊しようとしている。……武運を祈る。親愛にして最良の友、ナポレオンより(21)」。直ちに有能なセバスティアーニ大佐が使節の代表としてトルコ政府に赴き、努力は実を結んだ。一二月末、トルコ政府はロシアに宣戦布告する決定を下し、まもなくホチン付近やバルカン半島で激しい戦闘が開始された。トルコのスルタンはさらに一歩を踏み出し、一月二九日イギリスとも交戦するに至った。すぐに大規模なロシア軍部隊がトルコ軍に対峙すべく方向を変えていった。

　このようなフランスの戦略的な成功は、感情に訴えた大言壮語だけでいつまでも長続きさせることなどできなかった。一八〇七年四月、ナポレオンはより虚飾の少ない表現でウジェーヌに次のように命じている。「ローリストン将軍に金銀の懐中時計二五個を送り、トルコ政府への贈り物とせよ(22)」。フランス外交の継続的かつ円滑な運営を保証するためには多少の潤滑油が必要だったのである。

　皇帝アレクサンドルとペルシャ帝国を敵対させるために、同様の策略が用いられた。一月一七日にペルシャ皇帝《シャー》に送った手紙のなかで、ナポレオンは共通の敵であるロシアをグルジアにおいて攻撃するよう要請した。彼は次のように書いている。「運命の女神が、我らが敵アレクサンドルに目隠しの包帯をかけた。彼は既に東部および西部方面で極めて苦境に立たされており、トルコ政府に対して宣戦布告している。疑いもなく、余の征服を可能にし、貴殿の栄光を見守るのと同じ目に見えぬ力が、我ら三つの強大な帝国に対する無茶な戦争を敵国ロシアに負わせているのであり、それにより敵国ロシアは破滅に陥る運命にあるのだ。我ら三国がともに手を携え、永続的な同盟を結ぼうではないか(23)」。

　ガルダンヌ将軍が代表使節として派遣され、ペルシャに永続的援助を約束した。ブーリエンヌによれば「ナポレオンはペルシャ皇帝に、選抜を受け経験豊かな士官に率いられた歩兵部隊四〇〇〇人、マスケット銃一万丁、大砲五〇門を送ることを決定した」。結局のところ、こうした援助はほとんど行われることはなかった。ブーリエンヌはこうした申し出に隠されたもうひとつの動機を指摘している。「アジアにおけるイギリス領のまさに中心部において、イギリスに打撃を与えるという野望である(24)」。オリエントの魅力と並んで、ペルシャ、さらに可能であればインドにおけるイギリスの商業利害に手痛い打撃を与えるという野望が、つねにナポレオンの脳裏をよぎっていたのである。しかし、「諸事情により皇帝の計画は彼が望んだとおりの成果をもたらさなかった」。少なくともトルコは一八〇七年末までに、ロシアと交戦したことを深く後悔することになるのだった。

第48章　失敗に終わった罠　ヨンコヴォ

一八〇七年一月末頃、ワルシャワに突然届いた重大な情報により、オリエントにおける策略はナポレオンの頭から消し飛んでしまった。その情報とは、ベニグセンが第六軍団および第一軍団の小部隊に対して奇襲を準備しているというものであった。こうした突然の脅威に直面し、ベルナドットは二五日、首尾よく歩兵九個大隊と騎兵一一個大隊をメールンゲンに集結し、その日のうちにロシア軍前衛部隊を余裕をもって撃退した（死傷者は双方とも二〜三〇〇〇名であった）。しかし、ロシア軍は六万三〇〇〇人、さらにプロイセン軍は一万三〇〇〇人と見積もられたため、ベルナドットは南方のオステレーデまで退却することを決定した。同地は前もって集合地域に指定されており、ネイ部隊と緊密な連絡をとる予定であった。ナポレオンもこれには少々驚き、一月二七日、全軍に宿営を出て攻撃に備えるよう命じた。

ナポレオンは確かと思われる情報から、ロシア軍が望ましからざる突然の行動を引き起こした責任は、第六軍団の司令官［ネイ］にあるとの結論に達した。春までいかなる前方への進軍も決して行ってはならないというナポレオンの命令は公然と破られていたのである、ネイ元帥は一月二日に自軍を率いてニーデンブルクの宿営地域を発し、許可なくアレンシュタインを取り巻くポーランド湖沼地方に侵入し、ハイルスベルク近郊にまで達し、一七日に再び南方に戻っていたのだ。

こうした行動の背景には、食糧の供給不足があったと推測される。この時期、元帥同士の関係は急速に悪化しており、互いに輸送部隊を横取りして自分のために使うという行動が横行していたのである。この点で、ネイは「加害者よりも被害者」であり、仕方なく移動して食糧や冬期用の飼料を捜索したのだ。自分の命令がかくも恣意的にないがしろにされたことに激昂したナポレオンは、前進して敵の動きを誘ってしまったネイを罰した。

ベニグセンが最終的に進軍を決定した要因のなかにはネイの軽率な前進もわずかながら挙げられるかもしれないが、それとは違ったまた別の理由があった。現状の不都合に対して、ネイを唯一のスケープ・ゴートとしたナポレオンの行動は正当ではなかった。事実、ナポレオンにこそ罪があったのだ。彼はつねにこのロシア軍の将軍の「計画立案」能力を過小評価してきたからである。ベニグセンは、ポーランド北部を通って予想外かつ季節外れな攻撃をしかけることによって次のことを期待していた。すなわち、宿営に散らばった弱体で広範囲のフランス軍左翼を奇襲して、前方に押し出し、ヴィスチュラ川の戦線に攻め込み、春季作戦のために有利な場所に布陣し、結果としてフランス軍に圧力をかけてオーデル川の向こうまで後退させるという計画である。こうした計画は一月二日ノヴゴロドで開かれたロシア軍事評議会で提起された。八日後、ベニグセンはポーランド戦線の総指揮を執っていたカメンスコイに代わって、その後任に指名され、自由に自分の計画案を実行できる立場に立った。一月一四日までにロシアの各師団（総兵力七万五〇〇〇）はヨハニスブルクの森の北辺を回り込み、ミュラ騎兵隊のどこか緩慢な遮蔽幕《スクリーン》から行軍を隠すために、広大な面積に及ぶ森を利用しつつ西進した。フランス軍は完全に不意を衝かれた。ベルナドットにとって幸運だったことに、ロシア梯団は図らずも、第一軍団の居場所に到達する前に、彷徨するネイ軍団の一部の部隊に二三日、うっかり遭遇してしまった。この一一時間先んじた予兆により、猛攻を受ける前にわずかながらも警戒態勢に移行することができたのである。

　ナポレオンはいつもの活力をもって、すぐさま新たな状況を検討し、対処の策を考え出した。ロシア軍がさらに西進した場合、ベニグセンの左側面と後方がフランス軍からの攻撃にさらされることになる。こうした展望に基き、ナポレオンはワルシャワを作戦の中心地に、トルンを旋回軸として行動をとる決定を下した。目的を達するため、彼はアレンシュタインに向けて全軍進撃を命じた。ダヴーとスルトとオジュローはアレ川に沿って行軍し、騎兵予備軍と親衛隊はヴィレンブルクを経由することになった。予想されるエッセン将軍率いるロシア軍別働部隊の攻撃からワルシャワを守るため、第五軍団はより東寄りのブロク方面に向かうことになった。その間、ヴィスチュラ川下流域では、ルフェーヴル将軍がダンツィヒ攻囲の準備を放棄し、メナール将軍の一万の部隊の援護を受けてトルンまで退却する命令を受けた。メナール将軍はトルンに連絡将校を残し「敵の各軍団を孤立させるべくフランス軍がすべて出撃した時点で、ルフェーヴルに事態を報告させる(25)」ことにした。ベニグセンがさらに罠深く行軍を続けることを確実にするため、ベルナドットはオステレーデを抜けて退却を続けておとりとして行動するよう命じられ、ネイはフランス軍左翼部隊と主力部隊との連絡をとる位置につくことになった。一月二八日ミュラに送られた手紙には、作戦および運営の詳細に関するナポレオンの気遣いを見て取ることができる。

幕僚が貴官に移動命令を送っていることであろう。余は二月一日に攻撃を開始する計画を立てている。ただしその日、我が軍はわずかな行軍しか行わない。

ランヌ元帥はエッセンと交戦するためにブロクに向かっている。ダヴー元帥はミスジメクへ、スルト元帥はヴィレンブルクへ、オジュロー元帥はニーデンブルクとヤノヴァの方角へ向かっている。ネイとポンテ＝コルヴォ大公は、両部隊がそれまでに退却していないならば、それぞれホーヘンシュタインとオステレーデへ向かう予定である。敵軍によって両軍が退却させせられたとしても余は驚かない。貴官はそのことをしっかり覚えておくように。

余の計画はこうだ。オトポル、クライン、ミヨーらが率いる諸師団と貴官の軽騎兵三個旅団は三一日の夜にヴィレンブルク付近に集結する。

いかなる行軍も敵に知られてはならない。余は明日プリャスニツにいる。親衛隊の全部隊は三〇日夕刻までにその地に集結する。ベッケル将軍の竜騎兵師団はランヌ元帥とともに行軍を続ける予定。グルシーとサユクの師団は然るべき場所にいるだろう。しかし、彼らを思いどおりに召集できるよう、彼らの正確な位置を知らせて欲しい。スルト元帥にもこのことを話し、敵軍の位置や動き、プルトゥスクからミスジメクにかけての地元資源に関して彼が気づいたことを知らせて欲しい。極めて重要なことだが、すべての行動はいささかの混乱もなく遂行されなければならない。ミスジメク、ヴィレンブルクやその向こうにジャガイモがあったら知らせよ(26)。

この計画が成功した場合、ロシア軍の中央は突破され、二分されたベニグセン軍は分かれ道の多い間道沿いに駆逐されるはずだった。

しかし「はつか鼠や人間」［スコットランドの詩人ロバート・バーンズの詩の一節で使われた言い回し］が入念に練った計画でも時には的中しないことがある。進行中の作戦をロシア軍に悟られないことの重要性について繰り返し念を押したにもかかわらず、敵軍にはやがてナポレオンの計画がバレてしまう。運命のいたずらにより、ベルナドット元帥への命令書の写し一部が（心労の溜まったベルティエにより）目にとまった最初の士官に託された。この人物はたまたま、陸軍士官学校を卒業したばかりで新たに任命された若い新人士官であったのだ。彼は初めて自分の部隊に配属される途中であった。この士官はポーランドに関する知識をまったく持ち合わせておらず、やがて絶望的にも行方不明になったとしても不思議ではない。不運なことに彼はラウテンブルク付近を移動中のコサック部隊に捕えられ、持っていた重要公文書を処分する暇さえなかったのである。またたく間に、これらの文書はみなロシア前衛部隊を指揮するバグラチオンの目にとまり、ナポレオンの命令が実施された二月一日にはベニグセン自身の机上に置かれていた。

このような不運のおかげで、ナポレオンがアレンシュタイン近郊で大勝利を収める機会は決定的に失われた。実際、冬期戦役全体の成果がこれによって損なわれることになったのである。驚いたベニグセンは、ようやく自分がいかに部下たちを破滅へと導こうとしていたかを悟った。ジョミニの記録にあるように「彼の注意はベルナドットに釘付けになっていた。……彼はやみくもに破滅へと突き進んでいた(27)」のである。ロシア軍は直ちに進軍を止め、すぐさま一列隊形をとり、ナポレオンの脅威に対処する準備として即座にイェンケンドルフ（ヨンコヴォ）に集結するよう新たに命令された。こうしてロシア司令部がいまや完全にナポレオンの意図を把握していたのに対し、ベルナドット元帥は当然のことながらまったく情報を得ていなかった。コサック偵察部隊が命令の写しを運ぶフランス軍の伝令をさらに七人も捕獲したからである。事実、第一軍団には二月三日になるまでいかなる命令も届けられていなかった。こうして連絡が途絶えた結果として、ベルナドットがアイラウの血みどろの大会戦に二日も遅参することになったのだ。

ナポレオンは自らの計画が既に崩れていることに気づかず、部下の指揮官たちに前進するよう駆り立て続けた。二月一日、命令どおりミュラの騎兵部隊はアレンシュタイン方面で慎重な偵察行動を行った。一方、スルトとダヴーはそれぞれパッセンハイムとオルテルスブルクに向けて出発した。同日、希望に満ちたナポレオンはカンバセレスに次のように書き送っている。「余は本日、ワルシャワから六〇マイル離れたヴィレンブルクにおり、敵に向けて進軍中である。敵が直ちに退却しない限り、背後に決定的な攻撃をしかけるつもりである(28)」。

二日、ミュラはアレンシュタイン郊外におり、ナポレオンによれば、そこで少なくとも一万五〇〇〇のロシア軍を発見しているはずであった。もし敵軍がそれ以上であった場合、ミュラはスルトの援護を受けながら全力を尽くして敵を釘付けにし、同日中にダヴーとオジュローが、続いて親衛隊とネイの部隊が援護に到着するのを待つ手筈になっていた。ナポレオンはこうして、二月三日か四日までに四万以上の自軍をアレンシュタインに集結させられるはずであった。ところが、ミュラがその日（二日）遅くに届けた報告によれば、アレンシュタインには敵軍がまったくいないという。いささか驚いたナポレオンは、攻撃進路をギュットシュタット方面に移し、同地でアレ川に架かる橋を封鎖するとともに、見たところまだ制圧されていないアレンシュタインの橋を監視するよう命じた。ミュラとスルトは左翼をネイに守られてギュットシュタット方面に直接進軍し、オジュローと親衛隊はアレンシュタインに接近することとなったのである。その間、フリアン将軍の師団（ダヴー軍団の一部）は直ちにヴェルテンブルクに向かうこととなった。

ナポレオンは敵軍の所在地と意図に関してまったく見当がつかない状態で、フランスの各軍団の位置さえもはっきりと把握していなかった。三日の朝六時にミュラに当てた手紙の中で彼は次のように述べている。

あらゆる状況から考えるに、敵軍はギュットシュタットに集結するように思われる。我が軍が敵の左側面に回りこむことができるとは到底思えない。ネイ元帥が貴官の左翼を援護する。彼がホーエンシュタインに到着したという知らせは受けていないが、きっと到着したはずだ。

しかし、ネイがホーエンシュタインにいない場合、貴官は極めて慎重に進軍しなければならない。敵軍が万一メールンゲンとリープシュタットに、あるいはオステレーデからアレンシュタインに向かった場合、貴官は非常に危険な状況に陥る可能性があるからだ。

メールンゲン、オステレーデ、リープシュタット方面に派遣した士官や偵察部隊の人数を知らせてくれ。さすれば、アレンシュタインが現実に安全かどうか確認できるだろう(29)。

彼は部下の無防備な側面が敵の攻撃にさらされることを嫌った。真冬の戦役にともなうひとつの問題は、ポーランドの水路の状況であった。寒気が厳しい場合、河川が夜間に防護壁あるいは困難な障害ではなくなる可能性があった。ナポレオンは「アレ川とパッサルゲ川が凍結して容易に渡れるかどうか(30)」の情報をつねに欲していた。

ナポレオンは最新の報告を検討し、敵軍が退却をしようとしているが、脱出を成功させるためにアレンシュタインかギュットシュタットの近郊にとどまって後方を守る戦闘を行うだろうという確信を徐々に強めていった。「まさにこの時点まで、敵軍は厳しい圧力を受けている。敵が、我が軍の作戦行動をどうにか読み取っており、逃亡を望んでいることはいまや明らかである。敵軍に情報が漏れているようだ。地元の噂によれば、敵軍は攻撃に脅威を感じ、それを避けるために各所で退却中とのことだ(31)」と、ナポレオンはタレイランに書き送っている。しかしその数分前にナポレオンはダヴーに次のように警告していた。「戦闘は間近なようだ。敵軍が自軍を集結させるために、手元の三、四万の兵力で本日戦闘を行う可能性がある(32)」。

ナポレオンの最後の推測は正しかった。ただし、正確に彼が予想した地点ではなかったが。同日午前遅くアレンシュタインに向かう馬上で、ナポレオンは敵軍が市の北方約七マイル、左翼はモントケン村、中央はヨンコヴォ近郊のリープシュタット街道上に整列していることを知った。ナポレオンの反応は素早かった。敵軍が退却して攻撃射程から外れるのを阻止するために、直ぐに攻撃しなければならない（フランス軍の多くはいまだ戦場から離れた場所にあったが）。ことによるとまだ決定的な勝利が得られ、作戦（あるいは対ロシア戦そのもの）が大勝利のうちに終わり、その後の憂いがなくなるかもしれないのである。

しかし、一八〇七年二月三日のヨンコヴォにおける短いが激しい戦闘の結果、こうした甘い期待は崩れ去ることになった。その時点まで、帝国親衛隊の一部と騎兵予備軍を除き、ナポレオンの手元にはわずか歩兵五個師団（スルト軍団所属の三個師団とネイ軍団所属の二個師団）しかなかった。オジュロー軍団と親衛隊は途上にあったがまだ到着していなかった。それにもかかわらず、計画は普段通りに立てられた。ミュラはネイに所属する部隊とルグラン率いる師団全体の指揮を執り、敵を釘付けにする正面攻撃（足止めまたは消耗戦）を担当した。

一方、スルトは自軍団の残りの師団（ルヴァルとルグラン）とグルシーの騎兵部隊を率いて敵軍の側面を衝き、ベルクフリーデに架かる橋を占拠してケーニヒスベルクへの退却路を断ち、北に通じる主要街道を横切って展開することになった。しかし、この作戦に従えば、そこに駐留するロシア軍一二個大隊と一戦交えなければならなかったのである。

当初、事態はすべて順調に進んだ。ギュイヨー将軍により率いられたスルトの騎兵部隊の一部は首尾良くアレ川に沿ってギュットシュタットに到着し、ロシア軍集積所から膨大な量の物資を奪取して捕虜一六〇〇名を捕獲した。しかし、午後三時になるまで、フランス軍砲兵隊による主戦場への砲撃を開始することはできなかった。それよりも早い時間帯でありながら、正面攻撃はかなりの成功を収め、ネイ、サン・ティレール、ミュラはそれぞれの目標地点を占拠した。不運なことに、二月という冬の早い日暮れがやがて迫り、日没前には実際に戦闘を行っているのは諸々のフランス軍梯団のうち先頭部のみとなった。しかも、オジュローがいまだ到着して戦列に加わっていないため、ナポレオンは「決戦部隊」を編成できなかった。ベルクフリーデの橋を越えて側面包囲作戦をとるスルトの行動も、同様に日没の影響を受けた。アレ川は完全に凍結していたが、氷上に数フィートの軟らかい雪が積もっていたため、堅固に防御された橋を経由して渡河するしかないことが判明した。しかし第四戦列連隊と第二四軽歩兵連隊は、第二八戦列連隊所属の一個大隊の援護を受けて、白兵戦によって橋を奪取し、敵軍を駆逐して大砲四門を手に入れることに成功した。ところが再結集したロシア軍が今度はスルト部隊を押し返したため、スルトは日没の直前に実際上戦闘が終了することになってから、ようやく橋を奪回して西岸に小規模な橋頭堡を築いたのであった。

　ナポレオンは敵軍が陣地にとどまった場合、翌日には決定的勝利を得ることができると確信していた。オジュローはついに帝国親衛隊とともに到着し、ダヴー率いる各師団は急ぎ接近中で、翌朝未明にはスルト部隊と合流して包囲行動を成功させる予定であった。しかし、敵軍は思惑通りには行動しなかった。二月三日から四日にかけての寒さの厳しい夜の間に、ベニグセンは次々と自軍の梯団を退却させてランズベルクへと向かわせたのである。夜が明けてみると陣地は空っぽになっていた。ラサールの軽騎兵部隊が原野を駆けめぐったが時既に遅く、ロシア騎兵部隊やコサック部隊の小規模な分遣隊を見つけただけであった。鳥は既に飛び立ち、獲物と狩人の間には六リュー（二九キロ）という大きな距離がついてしまった。罠は失敗に終わったのである。

　こうしてアレ川流域の機動は拍子抜けに終わった。ロシア軍にとってはまさに「危機一髪」であった。しかし、ナポレオンの戦闘計画に先立つ三日前に貴重な情報を手にしたおかげで、一月のベニグセンの無謀な進軍は代償を支払わずに済んだのである。三日の夕刻、ロシア軍が生き残るか壊滅するかは、ベルクフリーデでスルトが率いる諸師団と対峙していた部隊にかかっていた。ロシア軍は凍てつく夜になって安全が確保されるまで、フランス軍を辛うじて押し止めていた。フランス軍の兵士は目についた差掛け小屋や牛小屋などのなかで身を寄せ合って暖をとった。

　一方、ロシア軍部隊はシベリアのステップ地帯での長年の過酷な経験から寒気に比較的慣れていたので、首尾よく脱出できたのだ。こうして四日の曇った夜明けになって、ナポレオンは計画していた決定的勝利をぎりぎりの線で逃したという苦々しい事実を認めざるを得なかった。しかし、大失敗を言い繕うため、五日に出された大陸軍公報ではこう述べさせた。「今回の行軍で、ロシア軍の連絡線の大部分は断たれた。ギュットシュタットやリープシュタットの集積所、アレ川流域の物資倉庫の一部が我が軍の軽騎兵部隊の手に渡った[33]」。これは実際に、凍え、飢えかけたフランス軍兵士にとっていくらかの慰めとなった。しかし、彼らが未来に待ち受けている苦しみを予見できなかったのは幸いと言うべきか。フランス軍の追撃梯団は白い息に包まれてデッペンに向かって急いでいた。街道の先にはアイラウの荒野が広がっていたのである。

第49章　アイラウの戦い

二月五日、ベニグセン追撃にはずみがつき始めた。というのも、ミュラとスルトがランズベルクへ、ダヴーがハイルスベルクへ向かい（かの地の橋を押えよとの指令による）、さらにベニグセンとレストックとを分離させたままにするという任務を与えられたネイがヴォルミッツ（オルムタ）へと進軍したためである。翌日、ミュラとスルトがホフでロシア軍後衛隊に追いつき、間髪をいれぬ攻撃で五門の大砲と二〇〇〇人の兵を手に入れたが、フランス軍も二二〇〇人の兵を失った。これは局地的な小ぜりあいで、ロシア軍が再び退却を始めて夜のうちにアイラウに到達するまでに長くはかからなかった。アイラウでは、ベニグセンが進軍を止めて追撃軍の迎撃態勢に入っていた。二日間にわたる恐るべき戦いがまさに始まろうとしていたのだ。

ドッジの言葉によると「アイラウという土地は非常に変化に富む。随所に木が数本ずつ立っており、丘の合間をぬって小川が流れ、ところどころで池になっている。この池が凍りついて雪で覆われていたため、騎兵隊も含めた軍勢は、足下に何があるかを知らぬままに、その上を歩いたのである。アイラウからロテネンに続く丘の上のフランス軍陣地は、クライン＝サウスガルテンの丘を除けば、ロシア軍を見渡せる場所にあった(34)」。

ナポレオンの行った大規模な戦いのうちでも、アイラウの戦いほど疑念と不確実性に包まれているものはない。事実、この戦いについては、神話や宣伝が解き難く絡み合っており、ほとんどすべての局面について、数多くの専門家が矛盾する解釈を唱えているのである。この戦いがほとんど信じられないような悪天候のなかで繰り広げられた大虐殺であったという点においては全員の意見が一致しているが、その他の点においては、合意に達しているとは言えまい。とはいえ、お互いに食い違う多くの証拠から、この戦いのおおまかな輪郭を明らかにして、現実に起こった出来事についてかなり正確な描写を行うことは決して不可能ではない。

ナポレオンは敵が窮地に陥ったのを耳にして満足していたが、フランス軍団の全体的な位置は直ちに戦闘を始めるには望ましい状態にはなかった。ヨンコヴォでの戦い以来、フランス軍は相当に散開しすぎており、戦場において要求される集中の点で大きな問題があった。アイラウに最初に到着したのは、スルトとミュラの軍勢であった（七日午後二時頃）。そして午後のうちに、オジュローと親衛隊が合流した。こうして、日が暮れるまでの間に、ナポレオンは四万五〇〇〇の兵力を至近距離内に確保し、さらにネイ率いる一万四五〇〇以上（分遣隊を除く）が、北に数マイル離れたところでレストック軍の接近を阻んでいた。

また、ダヴーの軍団（一万五一〇〇人）は全速力でバルテンシュタインからこちらへ向かっている最中であった。しかしネイは、翌朝八時まで明確な撤収命令を受け取ることはなかった。他方、ベニグセン将軍は既におよそ六万七〇〇〇の勇敢なロシア兵に戦闘隊形をとらせており、レストック配下の九〇〇〇のプロイセン兵が翌日到着するという望みをもっていたのである。砲兵隊に関しては、フランス軍の大砲が二〇〇門であるのに対し、ロシア軍は四六〇門と、はっきりと優位に立っていた。

これらの事実から、アイラウの戦いに関する第一の大論争――すなわちナポレオンが七日に戦闘を開始する予定であったかどうか（実際に開戦は七日であった）――についての手がかりを得ることができる。「フランス側の公式記録」によると、皇帝が意図的にアイラウへ攻撃を命令したのは、ここが敵の支配下にあることをきらい、厳しい夜に備えて自軍が駐屯する場所を得るためであり、戦力を誇示することによってベニグセンの動きを封じ、再び夜陰に乗じて敵軍が逃亡を試みないようにするためであった。この見方は、多くの歴史家や同時代人から激しい反論を受けた。彼らの説によれば、ナポレオンは直属の部下であるミュラとスルトの過失により、七日の戦闘で無益な殺戮を犯してしまったというわけだ。この考えを支持する一派によると、これほど兵力に差がある不利な状況での交戦は、ナポレオンが熟考したうえでの行動ではなかったという。別の場所にいる軍団（ネイとダヴー）の到着までには時間がかかるうえ、ベルナドットが左翼へ移ってレストック軍の接近を遮断する任務を（ネイから）引き継ぐのもまだだったからである。この説を唱える初期の情報提供者であるマルボ男爵が、このことを裏付ける重要な証言をしている。

彼は一八〇七年に新たに大尉に昇格し、オジュローの幕僚として仕えていた。彼は当時弱冠二四歳で、ロマンティックな冒険を好む血気盛んな若者であったことは確かだが、この点に関して後に彼の語った出来事は真実らしく思われる。もっとも彼の回想の他の部分が、事実に正確に基づいているかどうかはかなり疑わしいのだが。

「元帥（オジュロー）は高原に登って皇帝に拝謁した。ナポレオンがオジュローにこう言うのが聞こえた。『彼らのなかには今夜アイラウを強襲したいと言う者もいるが、余は夜戦を好まぬ。それに、ダヴーが右翼、ネイが左翼に合流するまでは、本隊をあまり前進させたくないと思う。ゆえに余はこの高地で彼らの到着を明日まで待つつもりである。ここなら、砲兵隊によって守られているし、歩兵隊のためにも素晴らしい陣地だ。ネイとダヴーが戦列に加わったなら、そのとき同時に敵方に向かって進軍できるだろう(35)』」。マルボの意見によれば、アイラウに対する攻撃が計画的であったという説は「極めて大きな間違い」だったのである。

それからマルボは目の前で起こった出来事を次のように伝えている。皇帝に個人的に仕える従者たちが、主人の手荷物や炊事道具などを携えてアイラウに到着したが、彼らはナポレオンがツィーゲルホフ（戦いの後、「ナポレオン尾根」と改名された）付近で夜を明かすように決めたことも、ロシア軍前哨戦列がアイラウのほんの数ヤード向こうに迫っていることも警戒せずにいたらしい。彼らが皇帝の身の回りの荷物を忙しく解いているとき、「敵の偵察隊による攻撃を受けた。皇帝の財産をつねに護衛している親衛隊分遣隊の援護がなければ、危うく捕虜にされるところであった。発砲音を聞いて、町へ通じる門に配置されていたスルトは、ナポレオンの荷物を救うために駆けつけたが、そのときロシア軍は既に略奪を始めていた。敵の将軍たちは、フランス軍がアイラウを占拠しようとしていると考え、援軍を送った。その結果、血なまぐさい戦闘が街角で行われることになったのである……」。

現代風な言い方をすれば、前哨での小競り合いが大きな戦いへと「エスカレート」したのである。戦闘は二時を過ぎてまもなく開始され、すっかり暗くなるまで八時間も激しく続いた。スルトとミュラは次々に自軍の兵を戦いに投入した。最も猛烈な戦闘は、墓地を中心とする一帯で集中して展開された。数回にわたって両陣営が主導権を奪い合った末に、フランス軍がついにこの地区を、そして同時にアイラウを掌握した。ベニグセンが自軍を撤退させるまでに、両軍ともおよそ四〇〇〇人の死傷者を出し、動揺したロシア軍はバルクライ・ド・トーリィの援護部隊の隙間をぬって、アイラウの向こうの尾根づたいに退却した。砲撃がやむと、フランス軍は野営の場所を決めた。

公式記録によると「ルグラン師団は町の前に陣取り、サン・ティレール師団はその右に、オジュロー元帥の軍団はその左に場所を取った。ダヴー元帥の軍団はアイラウを側面から包囲するため（そしてもし敵が位置を変えなければ、敵の左側から襲いかかるため）、前日から方向転換している最中であった。ネイ元帥は敵の右側へ回るために行軍中であった（当然ながら実際は、ネイはまだこの時、何の命令も受けていなかった）。フランス軍は以上のような布陣で夜を明かしたのである[36]」。

日没からの数時間は、今回の戦役における経験のうちで最も悲惨かつ不快なものであった。ペトレによると、夜明け前の気温は零下三〇度であったという。フランス軍のなかにはアイラウや近郊の村で幸運にも屋根の下で夜明かしできたものもいた。なるほど、何らかの避難所を確保したいという兵士の熱意ゆえに、前夜の（アイラウをめぐる）攻防があれだけ熾烈を極めたものになったという側面もある程度は考えられるだろう。しかし、その他の兵士たちやとりわけロシア軍全員は、野外で夜を明かした。どちらの陣営も食糧不足であった。ロシア軍の兵站部は救い難いまでに組織されていなかったが、より入念に準備していたはずのフランス軍でさえも、食糧供給システムは完全に麻痺していた。道が部隊や大砲で塞がれ、輸送車両が前進できなかったためである。この夜は忘れられないほど辛い夜であった。もっともその思い出も、生存者にとっては、翌日体験することになる恐怖によってまもなくかすんでしまうのだが。

夜が明けて八日になっても、兵士たちの辛苦はほとんど和らぐことはなかった。それにほぼ絶え間ない吹雪のために敵軍の布陣を見分けることさえ困難であった。結局、西側の丘の上に位置していたフランス軍と平行して、ロシア軍がアイラウの東方およそ一二〇〇ヤードのところにある尾根に陣取っていることが判明した。両軍の司令官が指揮していた兵士の数については大いに意見が分かれるところであるが、フランス軍が六万三〇〇〇から九万人、ロシア軍が六万から九万人と見積もられている。正確なことはわからないが、ダヴーとネイが戦力に合流してから（実際には、ネイの第六軍団の大部分が戦場に到着したのは戦いが終わってからであった）は、ナポレオンは七万五〇〇〇の兵士を掌握していたという可能性がある（二～三〇〇〇人の落伍者を含めても）。

一方、ロシア軍の兵力は、レストック到着後には、当初の六万七〇〇〇からおそらく七万六〇〇〇に増強されていた。このため全体の兵数から言えば、両軍にほとんど差はなかった。しかし、ロシア軍の砲兵隊ははるかに強力であった。ナポレオンは、別の場所にいた部下たちが到着して兵力差を埋めるまで、すなわちこの八日の朝の時点ではあらゆる点に関して極めて不利な状況にあったといってよい。

こうした状況はナポレオンが採用した計略や戦闘隊形に大きな影響を与えた。スルト配下の各師団は（二個師団はフランス軍の左翼に一個師団は右翼に）、ロシアの大軍に最大の被害を与え、とりわけ少なくともダヴーが遠く敵軍の遠翼に対する攻撃を実行するまでの間、ロシア側からの猛攻開始を遅延させるという指令を受けていた。彼らは使用可能な大砲をすべて使い、相手を引きとめておくための辛い足止め攻撃の役割を引き受けることになっていたのだ。ダヴーの役割は、ロシア軍をアレ川から東に孤立させ、敵の北方ケーニヒスベルクへの退却路を塞ぎ、（可能ならば）ベニグセン軍の生き残りをフリシェス・ハフへと追いやることであった。オジュローとミュラは「決戦部隊」を組み、ロシア軍左翼に対する重要な局面に役割を果たすことになった。帝国親衛隊は、いつも通り待機を命じられていた。またナポレオンは、ネイがちょうど良い時機に北方から到着し、ロシア軍に対する包囲網を完成させ、ケーニヒスベルクへの退却路を断ってくれることを望んでいた。

こうして意図された両翼包囲は、仮に完全なかたちで実現していれば、ハンニバルのカンネーにおける戦功にも比肩しうるものになっていたはずだった。フランス軍は次のような布陣で展開した。

スルト軍団のふたつの師団はアイラウの北方すぐのところに配置された。左方のルヴァルは風車《ヴィントミル》のある丘に陣取り、ルグランはその右方にいた。サン・ティレール師団はアイラウから一〇〇〇ヤードほど南に離れたロテネン付近に置かれた。長さ四キロ以上に広がっていたフランス軍の北側面と南側面はそれぞれ、ラサールとミヨーの率いる騎兵隊に託された。オジュローは、ミュラの騎兵予備軍の残りの兵を右に従えて、自軍のふたつの師団をアイラウとロテネンの中間に配置するよう命じられた。帝国親衛隊は、そのすぐ後方、アイラウの南側に配置された。この「精鋭軍団」が通常よりはるかに前線に近いところで陣を布いたのはこの一度限りのことであった。これは、ナポレオンが兵数において敵に劣っていることを案じていたという実質的な証拠となる。ゆえに、ナポレオンが大切な親衛隊を敵から丸見えの場所に配置する決断を下したのは、フランス軍の戦力をあからさまに示すことで敵に動揺を与え、こちらの現状を隠したいと思っていたからに他ならない。

時折激しい吹雪が舞うなか、その合間をぬって、ロシア軍隊形の黒々とした輪郭が白い風景に映えて明らかになってきた。ベニグセンは軍を大きく四つに分割していた。彼の右方には、スルトとラサールに相対するかたちでチュチコフの師団が置かれ、シュロディッテン地区まで広がっていた。中央には、エッセン将軍とザッケン将軍がロシア軍最大の部隊を指揮しており、それぞれ六〇から七〇門の大砲を具えるふたつの強力な砲列を前線に配備していた。左方には、トルストイ将軍とカメンスコイ将軍（この戦役で先に出てきたカメンスコイ元帥の息子）の率いる予備師団が配置された。フランス軍の場合と同様、戦列の両端は騎兵隊によって護られていた。それから中央の予備軍として、ベニグセンは経験豊富なドク

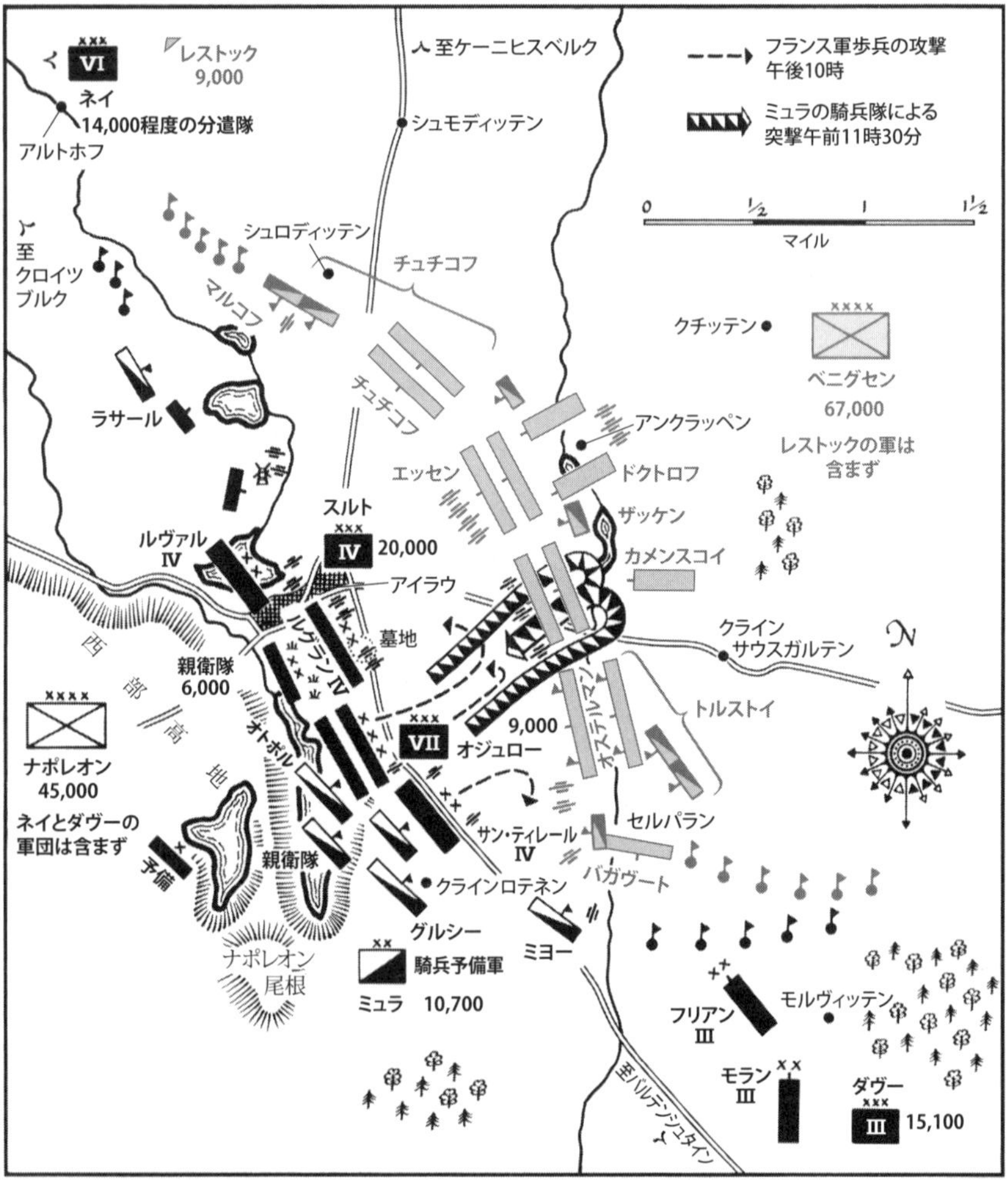

アイラウの戦い（1807年2月8日）午前の戦闘

トロフと六〇門以上の大砲を具えるふたつの師団を置いた。その多くは騎馬砲兵隊に属していた。総司令部はこの予備軍のすぐ後方、アンクラッペン村に設置された。ロシア軍の大砲はその他の前線にも展開されていた。

八日に最初に発砲したのはどちらの陣営であったのかということに関しては、いくばくかの疑念が残るが、朝八時にアイラウに球弾《ラウンド・ショット》の雨を降らせて、戦端を開いたのはどうやらロシア側であったようだ。降りしきる雪によって砲撃音は大幅に弱まっていたが、フランス側の砲手たちはすぐさま反撃を始め、まもなく本格的な砲撃が展開された。ロシア軍は総発砲数においてフランス軍に優っていたにもかかわらず、総じて受けた被害はより大きかったように思われる。

というのも、フランス軍の隊形は必要に迫られてより広く散開しており、結果として、密集したロシア軍よりも標的がしぼりにくかったためである。その上、ナポレオン軍のなかにはアイラウやロテネンの民家を盾にしている部隊もあった。しかし、九時頃にはどちらの街もロシア軍の臼砲によって戦火に巻き込まれており、一面に広がる薄闇に、たなびく黒煙が加わっていた。

砲撃開始から半時間後、ナポレオンはスルトとラサールに、ロシア軍の右翼に対する威嚇工作を命じた。ベニグセンの注意を（ロシア軍の）左翼からそらしておいて、そこへ充分な時間をかけて大きな打撃を与えようというのである。既にフリアン将軍の師団（ダヴーの第三軍団先頭）は南から戦場に接近しつつあった。しかし猛攻のためのすべての準備が整うまでには、まだいくらか時間がかかることは明らかであった。そこで、スルト率いる師団が大きな叫び声を上げながら六〇〇ヤードほど前進した。ナポレオンの望んだとおり、これはチュチコフの忍耐を超えるものであった。九時ごろ、ロシア軍右翼は雪崩を打って凍りついた沼地や湖を越えて前進し、ルヴァル師団に襲いかかった。必死の戦いが展開され、スルト軍団のほとんどはアイラウへ退却を余儀なくされたが、風車《ヴィントミル》のある丘はフランス軍が占拠したままであった。同時に、ロシア軍騎兵隊はさらに遠くのフリアン（縦隊を展開する最中であった）に対して激しい攻撃を開始したのである。

軍隊の両側面における状況は、ナポレオンの意向とは遠くかけ離れていた。彼は、スルトの軍勢がこれほど早く粉砕されてしまうとは考えていなかったし、フリアン師団がトルストイの騎兵隊から目をつけられるのが、これほど早い時期になると予見してはいなかったのだ。この時点でナポレオンがとるべき行動はふたつあった。ロシア軍左翼に対して直ちに反撃してフリアンにかかっている圧力を弱め、早期決戦に持ちこむ。あるいは第四軍団とラサールに後退を命じ、ネイやダヴー軍団の残兵たちが戦力に加わる時間を確保するために、いわば場所を譲る代わりに時間を稼ぐという道もあった。しばし、戦場には小休止がおとずれた。その間、両軍の砲兵中隊はお互いに張り合って（雪のために）音の弱い砲撃を再開していた。そして、皇帝の心は決まった。彼は、ベニグセンがチュチコフに命じて、兵力に劣るスルトの軍勢に対して新たな攻撃を始め、アイラウそのものを狙おうとしており、他方でフランス軍左翼を後退させて新たな戦列を作る時間はないと考えた。そこで「決戦部隊」の一部であるオジュローの軍団に命じて、遅滞なくトルストイの陣地に対して前進し、動きを牽制させようとした。サン・ティレール師団は、さらにダヴーの展開しつつある梯団（このときまでにモラン師団がフリアンの背後で視界に入ってきつつあった）と連絡がつくように、オジュローの右側に位置することになった。ダヴー軍団はまだ完全には姿をあらわしていなかったので、オジュローとサン・ティレールがロシア軍左翼に対して攻撃を開始したのは、やや時期尚早だったかもしれない。しかしこの行動によってスルトとフリアンの負担を軽くし、軍全体がアイラウの周りを旋回して、しかる後に圧倒的な戦力でベニグセンの左翼に攻撃をしかけることが、ナポレオンの望みであった。

病に罹っていながら勇猛なオジュローは、異議をはさむこともなく、三角帽の下にスカーフを巻きつけて、側近に支えられながら使命を果たすべく出発した。彼の側近には、マルボ大尉も含まれていた。第七軍団（約九〇〇〇の兵力）は、荒れ狂う吹雪のなかを速やかに出発した。不運なことに、この軍団の司令官オジュローは極めて体調が悪かった。前日彼は、軍の指揮を誰かに譲る許可をナポレオンに求めていたほどである。しかし、もう一日だけその地位に留まってほしいと説得されていたのだ。おそらく体調も原因のひとつであったのだろうが、オジュローは前進には不適切な隊形を選択した。

激しい吹雪という気象条件においては、ふたつの師団は密集梯団で前進すべきであった。この隊形であれば、お互いの連携を保ちつつ進むことができたはずである。しかし実際には、各師団の先頭旅団は散開して前進し、次の旅団は少し離れて方陣を形作っていた。正確な方向の感覚がまもなく失われてしまったのも当然である。そして右側にいたサン・ティレール部隊との連絡もやはりつかなくなってしまった。その結果として、オジュロー部隊はトルストイ師団という本来の目的地からそれ、ザッケン陣営の中央へと真っ直ぐに進んでいった。そこには、七〇門の大砲を擁するロシア砲兵隊が彼らを待ち受けていたのである。

フランス軍は知らず知らずのうちに破滅へと突き進んでいた。目標をよく見定めることのできないフランスの砲兵隊からも砲撃を受けてしまった。午前一〇時を少し回ったところで、ロシア軍は砲撃を始めた。オジュロー部隊は情け容赦なく至近距離から砲弾を撃ち込まれ、数多くの死傷者が出た。一方、サン・ティレール師団はトルストイ陣営に到着したが、もちろん自分たちだけで防御線突破を成し遂げられるほど強力ではなかった。

午前一〇時三〇分頃には、ナポレオンの運命は決定的に危険な状況にあった。彼の左側では、スルトがいまだにチュチコフによって厳しく攻め立てられ、元の出発地点まで戻ってきていた。中央では、オジュロー軍団が実質上消滅してしまっていた。サン・ティレールはやはり立ち往生していた。遠く離れた場所では、ふたつの大きな歩兵縦隊が多数の騎兵中隊から援護を受けて、ロシア軍の予備軍からオジュロー隊の生存者の方角に近づいてきているのが見えたかもしれない。また、さらなるロシア騎兵隊の大群は、孤立したサン・ティレール隊のほうへ向かっていた。こうしてナポレオン本隊に剣呑かつ危険な隙間が現れかけていた。フランス軍の攻撃はすべて失敗に終わっていた。戦いの主導権を握っているのも、有利に戦いを進めているのも、明らかにまだベニグセンのほうであった。

数分が経って、状況はさらに悪化した。ドクトロフの歩兵予備軍が銃剣で、統制を失ったオジュロー隊に攻撃をかけ、ひとつの隊を除いてアイラウの墓地へと退却させた。ここでオジュローは生存者を集めて部隊の再編成に最善を尽くした。マルボによれば、生存者は合計してもおよそ二～三〇〇〇人程度であったという。「誰もいない場所」のただなかに、ひとつだけ連隊が踏みとどまっていた。この第一四戦列歩兵連隊は敵の大群に包囲されつつも、小さな丘の上に方陣を組んだのである。この勇敢な連隊がこの場所にとどまるならば、全滅させられてしまうのは時間の問題だということは誰の目にも明らかであった。オジュローは、この連隊を指揮する少佐に対し、直ちに退却するよう命じるために、副官を次々に送ったが、どの使者もひとりまたひとりと途中で命を落とした。「次の将校を呼べ！」とオジュローは叫び、とうとうマルボの順番になった。マルボは前任者たちよりも巧みに敵をかわし、孤立した連隊のところへたどり着くことに成功した。しかし彼らの位置は既に救いようのない状態であった。「私にはこの連隊を救う方法が見当たらない」と隊長は言った。「皇帝のもとに戻り、第一四戦列歩兵連隊からの別れを告げてくれ。我々は皇帝の命令を誠実に守り通した。皇帝から戴いた鷲の旗をお返ししてもらいたい、我々はこの旗を守ることがもはやできぬ。我々の最期の瞬間に、この旗が敵の手に渡ってしまうのを見るのはあまりに恐ろしい(37)」。そしてこの勇敢な将校は、金色の鷲が描かれた旗を運びやすいように旗竿から取り外そうとしたが、マルボがこの貴重な荷を運び去る前に、マルボ自身も「血気にはやった」ロシア歩兵隊に囲まれ、まもなく深傷を負って倒れた。その直後に第一四戦列歩兵連隊は攻撃を受けて、連隊長代理の最も恐れていたことが現実となってしまった。王冠を戴いた鷲の旗は勝ち誇ったロシア兵に持ち去られたのである。しかし、この連隊の一部は（おそらく半分程度が）どうにか逃げおおせた。マルボの生々しい体験談はこの出来事を余さず伝えている。

この恐ろしいドラマが結末を迎えている頃、四〇〇〇から六〇〇〇人程度の兵力を擁する別のロシアの歩兵梯団がアイラウの街路に侵入し、しかも一時は皇帝と幕僚のいる場所にまで近づいてきた。彼らは教会の鐘楼を本部として使用していたのである。まさに、自身の身辺警護隊の献身的な活躍によって、ナポレオンは戦死するかあるいは捕虜になる危険をからくも免れたのである。警護隊員たちはロシア軍に体当りし、躊躇なく自分の命を犠牲にした。おかげでしばらくの時間を稼ぎ、帝国親衛隊に属するふたつの大隊が町の向こうから続々と救援に駆けつけることができたのである。

この種の慌ただしい行脚はフランス軍中央部の弱点と危険性を証明するものであった。ナポレオンはこの状況を回復するために、極端な手段に頼らなければならなかった。大切にされていた親衛隊を別にすると、まだ戦闘可能な兵士の数はミュラの騎兵予備軍一万七〇〇だけであった。彼らは、ばらばらになったフランス軍本隊と入れ代わり、周囲のロシア縦隊に突撃するよう命じられた（午前一一時三〇分頃）。

威勢のいいミュラにとって、これほど好みに合うことはなかった。まばゆい装具をつけた八〇の騎兵中隊は、速やかに二五〇〇ヤードの道のりを前進した。この攻撃は歴史的にも最も偉大な騎兵隊による突撃のひとつに数えられるものである。猟騎兵から成る六つの騎兵中隊の先頭に立つのはダールマン、それにミュラと騎兵予備軍、そして当然ながらベシェールと騎馬親衛隊が後に続いた。グルシー、オトポル、クラインおよびミヨーの率いる騎兵たちがかわるがわる前に出た。まず、ミュラの率いる部隊がアイラウから撤退しつつあるロシア軍のわずかな残兵をかわして前進し、それから隊はふたつに分割された。片方はサン・ティレール師団を攻撃しているロシア騎兵隊の側面へ突入し、もう一方は第一四戦列連隊の死者が眠る最期の場所を取り囲む敵の軍勢を蹴散らして道を開いていった。それからもこの荒れ狂う突撃の勢いは収まらなかった。前進した騎兵隊の両翼はザッケン隊中央の密集した軍勢に攻め込み、彼らをバラバラに粉砕した後、ロシア軍の背後において再び一列縦隊となった。それからオジュロー隊に大きな被害を与えた砲手たちを攻撃するため、混乱したロシア軍のただなかを突っ切っていま来た道を引き返した。驚いたロシア軍が戦線を立て直そうとしている時、危機を脱していたナポレオンは親衛隊の騎兵に対して、前進してもっとロシア軍を混乱させ、疲れてはいるが意気揚々としたミュラの騎兵中隊が安全に後退する援護を行うようにと命じた。「こん畜生、頭を上げよ！」と親衛隊の擲弾騎兵のルピック大佐は、炸裂する敵弾を避けるため時折頭を低くしながら出番を待っている兵士たちに向かって叫んだ。「たかが小さな弾丸ではないか。クソではない！」(38)。「大型ブーツ［親衛擲弾騎兵の渾名］」の背後からは、マムルーク騎兵と猟騎兵から成る六つの騎兵中隊が突撃した。ほどなく彼らの任務は成功に終わったが、その代償として多くの死傷者も出た。

一五〇〇〇人の兵を失いはしたが、ミュラのおかげでナポレオンは中央部で一時休息を取ることができた。またすべてのダヴー軍団も到着した。フランス軍の騎兵たちは、同じくオジュローやサン・ティレール、さらに間接的にはスルト部隊に襲いかかっていた攻撃をも撃退した。より重要だったのは、この攻撃が勇壮な効果をあげたことから、疲れきっていたフランス軍の歩兵隊の士気が上がったこと、またフランス軍中央部の真の弱みをベニグセンに悟られずに済んだことである。正午となり、ロシアの将軍ベニグセンは、アイラウを掌握してフランス軍の前線を崩壊させるという大勝利を得るための最良の機会を既に逸していた。ナポレオンが騎兵隊に感謝を寄せたのも当然であった。

フランス軍の騎兵隊は、グランド・アルメの歴史上おそらく初めて、見事な鍛錬を積み、実戦において並ぶもののない強大な戦力として誰もが認める地位を不動のものとしたのである。「白兵戦の兵種」（フランス騎兵隊）が突如このような栄光を手にした背景には、極めて重要な要因があった。というのも、彼らは前回の戦役の際に、プロイセン軍から素晴らしい軍馬を徴発して手に入れていたからである。ロシア軍の痩せ馬はプロイセンの軍馬とは比べものにならなかった。

フランス軍はいまや戦いの最大の危機を乗り切ったが、まだこの日の戦闘は続いていた。ナポレオンは中央におけるミュラの勝利を利用して親衛隊の大隊を投入するべきであった、という説もあるが、彼はそうしようとはしなかった。プロイセン軍のレストックが追っ手のネイを逃れ、追撃軍に先んじて戦場に到着するかも知れないことをナポレオンは危惧していたのだ。そしてこの不測の事態への対応策として、ナポレオンは親衛隊を疲弊させないようにする必要があると感じでいたのである。しかし、だからといって、フランス軍が何もしないでいたわけではない。ダヴーはいつでも戦闘に入れる態勢にあったので、午後一時ナポレオンはトルストイ軍の無防備な側面を遠巻きに包囲するために、ダヴーを（左側にサン・ティレールを伴って）出発させた。戦線の他の場所では、ミュラとオジュロー部隊の生き残りが中央部を占拠するよう命令された。疲弊しきったスルトの師団は、現在地にとどまり前方に進まないように命令された。午後の間ずっと南側面では激しい戦闘が繰り広げられた。ゆっくりと、しかし確実に、ダヴーはロシア軍を追い詰め、ベニグセンの戦線がヘアピン状に彎曲するほどであった。午後三時三〇分頃、ロシア軍戦線はまさに崩壊寸前の状態にあったが、そのとき、脅威にさらされたロシア軍に土壇場で現れたのは、他でもないレストック率いるプロイセン軍であった。

かくして、ナポレオンが正午に憂慮していたことが、残念ながら現実となってしまった。レストックはまさしくネイの手を逃れおおせたのである。ネイがナポレオンからの召還指令を（使者が発ったのは午前八時だった）受け取ったのは午後二時であった。元帥は、既に自陣営の南方で大規模な激戦が行われていることをまったく知らなかった。というのも降りしきる雪と逆方向から吹く風のために、大砲の砲弾音はネイの耳に届かなかったからである。

一方、レストックは、ベニグセンからの召還指令をそれより早く受け取っており、強行軍および後衛による巧みな戦闘のおかげで、プロイセン軍はアルトホフからシュロディッテンを経由して午後一時少し過ぎに戦場に到着した。そして短い休息を取った後、プロイセン軍はベニグセンの疲れ切った戦線の背後を通過し、午後四時少し過ぎにはクチッテン付近でダヴー軍の無防備な側面に攻撃を加えた。レストックは、戦場から逃げ出そうとしていたロシア軍の落伍兵たちを多数集めて、本来九〇〇〇人だった自軍を拡大していた。カメンスコイ将軍とバガヴート将軍は、機会をとらえてさらに軍勢を集結させ、プロイセン軍右翼において援護攻撃に乗り出そうとしていた。新たな決意が神聖なるロシアの戦士たちの胸にみなぎったのである。

こうして第三軍団は、獲得した地歩を次々と放棄することを余儀なくされた。戦いの運命は再びロシア側の有利に傾いたように思われた。次第に深まる夕闇のなかで、フランス軍の運命を有利に導くことのできる唯一の人物、つまりネイが到着する兆しがないかと、ナポレオンは北方向により一層熱心に目を凝らしていたのである。

夕方七時、ついに第六軍団の最初の軍勢がアルトホフに現れた。遅れはしたが、まさに待望の到着であった。戦場へと向かうネイの行軍は、午後の間ずっとレストックの後衛隊によってひどく妨害されていたのだった。しかし戦闘開始から一一時間後にして、ようやくネイ率いる一万四五〇〇の軍勢の大部分が戦いの舞台に上ろうとしていた。ネイは休むことなく速やかに前進し、午後八時頃、シュロディッテン村をチュチコフから奪い取ろうとしたが、結局ロシア軍がこの村を取り戻し、ネイは後退してスルト軍団の左方に位置を占めた。

時宜を得たこの援軍のおかげで、今度はフランス軍の兵士たちの士気が高揚する番であった。一〇時までにはロシア軍の反撃も停止状態に陥り、戦場全体が行き詰まり状態となっていた。一四時間も続いた戦闘は、勝敗が決まらないままであった。もっとも、フランス軍もロシア軍も精鋭の兵士たちは命を落としていた。あるいは、負傷しているものは、血まみれの雪の上で凍死を待つばかりの状態だったのだ。

ナポレオンにとっては幸運なことに、この状態に先に我慢できなくなったのは敵軍の方であった。この夜一一時、ベニグセンはアンクラッペンにおいて今後とるべき方策を決定するため軍事会議を開いた。数名の将軍は退却せず翌朝に戦闘を再開するよう嘆願したが、ベニグセンは既に長時間戦いの指揮を執っており、彼の忍耐は限界に達していた。比較的疲れのないネイの軍勢が到着したことが最後の決め手となった。ロシア軍総司令官ベニグセンは、部下たちの助言を聞き入れず、戦場を去ることを決意したのだ。真夜中から、ロシア軍の縦隊はコサック騎兵の後衛隊に護衛されて撤収し始めた。午前三時になってようやく、スルトの前哨兵たちが寒さに震えながらこの行動に気づいたが、直ちに追撃にかかるということは問題にもならなかった。フランス軍は、もはや一ヤードたりとも動ける状態ではなかったのである。

アイラウの凄絶な戦いはこうして勝敗が定まらないままに幕を閉じた。受けた被害や損失は恐ろしいほどであった。ナポレオンはグランド・アルメが一九〇〇人の死者と五七〇〇人の負傷者を出したと主張したが、これは見えすいた情報操作であり「大陸軍公報のように嘘をつく」という皮肉な言い回しを地でいくものでしかなかった。最も楽観的なフランス人評論家でさえも、フランス軍の死者は一万人に達すると見ているが、それでも相当控えめな数字と思われる。ロシア軍の砲弾や刀剣、銃剣による損失程度は計り知れないものであった。実際のところ、死傷者数は二万五〇〇〇人、すなわち三人にひとりの割合であろう。ロシア軍の損失はむしろもっと少なかった。おそらくロシア軍は一万五〇〇〇の兵士を失ったが、その数にはプロイセン兵も一部含まれている。にもかかわらず、アイラウの戦いはこの数年で最も流血の多かった戦いとされ、ナポレオンは宣伝組織を意のままにできる立場にあったにもかかわらず、この勝負をフランス側の勝利に仕立て上げるのに相当に苦労したのだ。とはいえ、フランス軍は無残に荒らされた戦場に取り残され、ベニグセンによるこの冬の攻勢は（決定的ではないにせよ）撃退されて終わったと考えるのが正確であろう。

もちろんナポレオン自身の胸中では、経験したばかりのこの打撃の大きさを計算違いするはずもなかった。彼は翌日スルトにこう漏らしている。「元帥よ、ロシア軍が我々に与え

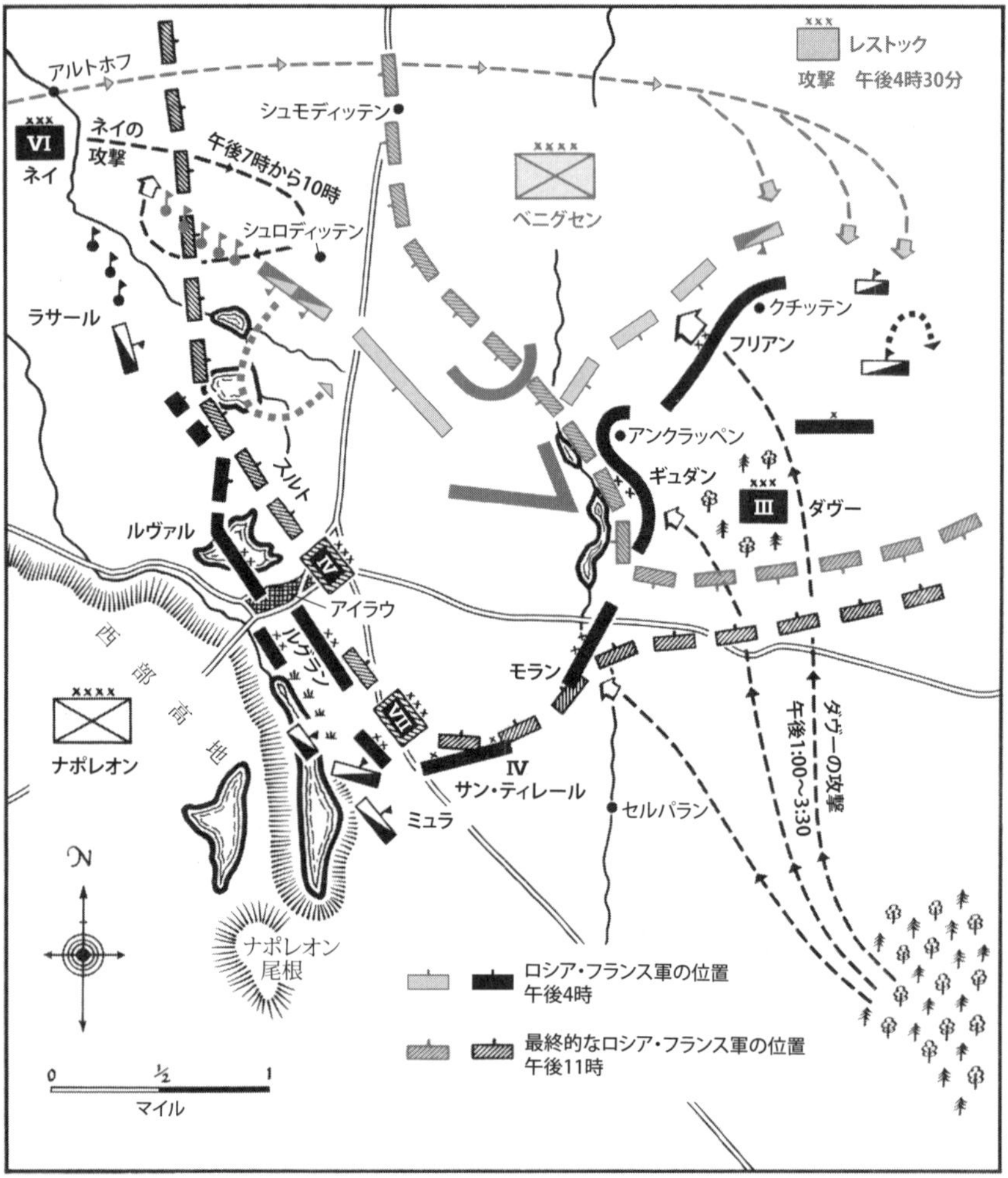

アイラウの戦い（1807年2月8日）午後の戦闘

た害は甚大なものだった」。それに対し、勇敢なヴェテラン軍人はこう答えた。「我々も敵に被害を与えました。我々の砲弾はそれほどやわなものではありません[39]」。ナポレオン軍の兵士たちもやはり、自分たちが辛うじて助かったということはわかっていた。「ロシア兵たちがああして退却してくれて本当に良かった[40]」とスルトの副官のひとりだったサン・シャマンは書き残している。やはりこの戦いの生き残りであるパスキエによれば、戦いの結末は翌早朝になるまで伝えられなかった。「この日の戦いの結果がまったくわからなかったので、まだ暗いうちに両軍とも退却が指示された。最前列の部隊とともに夜を明かしたダヴー元帥は、私に直後この話を教えてくれた某に対して、次のように打ち明けたという。

すなわち、監視所からやってきたひとりの将校が敵の陣地から大きな物音が聞こえると伝えに来たとき、彼はまさに後退を始めようとするところだったのである。元帥が地面に耳をつけると、はっきりと騎兵や大砲の移動する物音が聞こえた。音はだんだん遠ざかっていった。……敵が完全に退却しているということはもはや疑うべくもなかったのだ[41]」。この知らせは、直ちに皇帝へと伝えられた。そこでナポレオンはその場にとどまることに決めたのである。

しかし威厳を保つために、ナポレオンは戦いの結果を正確に公表しないことにした。「皇帝は、この出来事について、万人が自らと同じような見方を取るようにするために、非常に心を砕いた」とブーリエンヌは記している。この元秘書官は命令通り、ハンザ同盟各都市に対してアイラウの戦いについての「公式」報告書を二〇〇〇部も配布した[42]。

二月二八日にオステレーデからフーシェに送った手紙の中で、皇帝はあからさまにこう書いている。「以下の報告書を非公式な方法でばらまいて欲しい。しかし、この報告書は真実である。まずサロンにこれを広め、それから文書にする。ロシア軍は非常に弱体化しているということを。そしてロシア軍が講和を求めているという文書を作るのだ[43]」。「しかし、この報告書は真実である」という言葉は、非常に意味深い。ナポレオンが、自分自身ででっちあげた喧伝《プロパガンダ》を信じ始めるときがきていたのであろうか。この特徴は、一八一二年以降に顕著となっていったのであるが、おそらくこのときから既にナポレオンの判断を歪め始めていたのかもしれない。ひとつ確実なことは、皇帝がまもなくベルナドット（イエナにおいて悪役を演じた）を「その日の疑わしい勝利」のためのスケープ・ゴートに仕立て上げようとしたことである。実際には、ベルナドットはまったく戦いの場面に関与していなかったのだが、彼がオトポル将軍からそのようにする直接命令を受けたとするナポレオンの主張は少々物議を醸すものであった。ブーリエンヌさえ、この主張を額面通りには受け取らなかったし、オトポルはどうやら都合のいいことに、その日のうちに命を落としてしまった。ベルナドットがイエナ゠アウエルシュタットの戦いにおける行動を厳しく譴責されていたとしても、今回に関しては無実であったことはほぼ確実である。しかし、ポンテ・コルヴォ大公は新たな非難に対して当然ながら激しく立腹した。これが遠因となって、五年後に大公が（スウェーデンの王太子として）ナポレオンの敵対陣営と運命をともにする決定を下すに至ったことは疑いない。

しばらくの間は、積極的に戦いを再開する機会はほぼなかった。軍隊は疲れ果て、反抗的になっていた。非常に意味深いことに、ナポレオンが二月九日に兵士たちの前に姿を見せたとき、従来の「皇帝万歳！」の声よりも、「平和万歳！」や「パンと平和を！」という叫びのほうが頻繁に聞かれたのである。これらのスローガンは、ナポレオン帝国の最盛期よりもむしろ、一七九六年初めの頃を思い出させるものであった。こうした士気の低下を反映して、罪のないポーランドの農民たちに対する略奪や残虐行為がいつものごとく増加した。しかもやがて突然に雪どけが訪れて、事態はさらに複雑化した。

小川は川に、川は急流になり、湖は海に変わり、他の場所もみなほとんど通行不可能な泥の絨毯と化してしまった。しかし体面を保つために、フランス軍は武威を示す必要があった。ルフェーヴル元帥は、すぐさまダンツィヒの完全包囲を継続する命令を下され、ダヴーはフリートラントに突進して二六〇〇人のロシア騎兵隊を撃退し、充分に勝利を満喫した。また、サヴァリの第五軍団は一五日にオストロレンカでエッセン軍を打ち破り、同様に勝利を味わった。しかし実際には、グランド・アルメの大部分は二月二三日までには冬営に戻っていた。冬営は、いずれきたるべきダンツィヒ包囲を援護できる場所に設営されていた。第一軍団は再び左方に位置し、第四軍団が中央に、第三軍団が右方を占めた。各部隊とも、一辺が八リューから一〇リューぐらいある長方形の範囲に置かれていた。野営地の主戦線よりも前方にあるギュットシュタットには、第六軍団が配置された。第六軍団は、アイラウで受けた損害が最も少なかったのである。皇帝の司令部、親衛隊、騎兵予備軍はオステレーデおよびその周辺に設営した。各陣営は扇形に広がり、オステレーデの町はその要に位置していた。ワルシャワの守備は第五軍団に再び委ねられた。

こうした布陣で、フランス軍は受けた傷を癒しながら、春の訪れを待っていた。連絡線はトルンを通じて確保されていたし、集積所には四〇日分の食糧が貯蔵されていた。この再編成の結果として、ロシア軍はアイラウを奪還し、凍りついた大量の死体を取り返すことができたのである。

第50章　結論　初めての挫折

アイラウの戦役がもたらした教訓をどのように総括すればよいだろうか。教訓は膨大かつ極めて重要であり、ナポレオンが最終的に没落する原因のいくつかを内包している。暴れん坊と呼ばれたナポレオンは初めての挫折を経験し、彼の計画や作戦が完全無欠でも適切でもなく、一貫していないことがヨーロッパ諸国にいよいよ明らかになった。輝かしい戦略や的確な状況判断、相当な戦術的技量によって、フランス軍はオーストリア、プロイセン両軍を撃破した。しかし、アウステルリッツで敗北を喫した三国のうちロシアは世界に向けて、ナポレオンが無敵ではなく、「鬼」の鎧には隙があること、つまり戦略的に完全に包囲されつつあったとしても、撃破されることを恐れず戦場の只中にあって闘争心と信念を失わない決然とした意志を持った相手には、フランス軍もまたつけ入るすきを与えてしまうことをも、証明して見せたのである。

次に、この戦役および戦闘においてナポレオンが司令官として非難されるべき主要な点を挙げてみよう。

当初のワルシャワおよびトルンに向けた進軍作戦は、グランド・アルメにとってかなりの成功を収めた。しかし、続く作戦のうちいくつかは、あまり優れたものとは言えず、大して成功もしなかった。ただし、一月末のナポレオンの計画は恐らく最良のもののなかに数えられよう。しかしプルトゥスクとゴリミンでの決着のつかない戦闘や、さらに残念な結果となったヨンコヴォやベルクフリーデにおける戦闘によって、戦術的作戦計画の効果や着想が少なくとも一時的に衰えたことがわかる。泥沼になったり硬い凍土になったりと、困難な気象条件に見舞われたことと、ポーランドには状態の良い街道がまったくなかったことが、多くの悔いを残す結果の原因となっている。そしてもちろん、一月末のナポレオンの命令がすべてロシア軍に筒抜けになっていたことで、予測できない困難に見舞われたのだ。

しかし、フランス軍の軍事機構において、作戦遂行上の機能が全体的に低下していたことを示す明らかな証拠もあった。元帥たちはしばしば命令に従わず、互いのいさかいがさらに激しさを増していた。兵卒の規律も、ナポレオンが直接指揮を執っていたにもかかわらず高まることはなく、かなり危険な状況になっていた。フランス本国の国民もナポレオンの征服計画に次第に批判的、かつ非協力的になった。官僚たちはベルリン勅令の条項を口では遵守すると言いながらも、他方では大陸封鎖令への大規模な規制逃れを後押しして莫大な不正利得を得た。これらのことはフランスの軍事的努力の全体的な凋落傾向を示しており、ナポレオンの輝かしい天才的な戦略計画をもってしても、かかる傾向に歯止めのかからないことが明らかとなったのである。

アイラウの戦い直前の状況は、一八〇六年の最後の数ヶ月とほぼ同じ経過をたどった。ヨンコヴォの後のフランス軍によるベニグセン追撃の指揮は特にひどいものであった。諸軍団は大きな弧を描いて互いに散在していたが、そのうち数個軍団は、隣軍団と一日あるいは多くとも二日以内の援護距離を保つというナポレオンの基本方針を破った。フォン・シュリーフェンは特にヨンコヴォ通過後のフランス軍の行動を批判している。彼によれば、ロシア軍の背後にそのまま向かう恒例の「直接攻撃」軍に戦力を割かず、主力部隊はダヴーと同じ経路をとり、集結してベニグゼンのケーニヒベルクとの連絡路を遮断すればよかったのである。こうした行動をとっていれば、ナポレオンは手元の全軍団を掌握し、スルトとネイがロシア軍右翼に、ダヴーが左翼に、親衛隊とオジュローが中央を攻撃し、さらにミュラが背後を襲うというように、真のカンネーの決戦［紀元前二一八年のローマとカルタゴの第二ポエニ戦争における決戦］を戦うことができたはずである。「しかしナポレオンの計画は違った」のだ。

戦略的に見て、計算ミス、悪天候、不運により両軍の作戦は失敗に終わった。ベルナドットを孤立させ撃滅するというベニグセンの計画は、不意にネイに遭遇するという思いがけない事態により成功せず、これによりおそらくフランス軍の両元帥は救われることとなった。ロシア軍中央を突破してふたつに分断された両翼をニーメン川とヴィスチュラ川に追い立てるというナポレオンの素晴らしい計画も、その後の四八時間に関する貴重な情報をロシア軍司令部にご丁寧にも伝えてしまうという通信上の事故が原因で崩壊してしまった。しかし、こうした警告にもかかわらず、ベニグセンはヨンコヴォに集結してケーニヒスベルクとの連絡を断たれる危機にさらされることとなった。安全なリープシュタットまで行軍し、同地でナポレオンに大きな脅威を与えられたはずだったのにである。ロシア軍がその後のヨンコヴォの戦いで敗北を免れたのは幸運であった。

フランスの側から見た場合、アイラウの戦いはまったくの失策であった。前述したように、初日の行動はナポレオンの決定なしに行われた。このため、彼のずさんな部下の管理方法に批判の目を向ける必要がある。事実、連繋のとれない町への長引く攻撃を「決定」し、戦闘に引きずり込まれていいったのはスルトとミュラなのである。もしロシア軍が七日の夕刻にもっと激しく反撃したならば、フランス軍全体は極めて危険な状況に陥っていたにちがいない。戦場の外にいるフランスの各軍団は、早くても翌正午まで戦場に集結できなかったからだ。

今回は、ナポレオンは「罪びとではなく、むしろ被害者」であったとしても、ネイに夜を徹してランズベルクから来るよう命じなかった過失に対して、ほとんど、あるいはいかなる言い訳も通用しない。必要な命令が八日午前八時ではなく七日夜に出されていたならば、ネイは容易にレストックよりも先にアイラウに到着していたであろう。ネイが戦場から遠くにいたにもかかわらず、ナポレオンは翌朝、ダヴーすらまだ到着していなかったというのに、早まって戦闘を開始してしまったのである。

このため、後に分かるように、ナポレオンは八日朝に予定していたよりも二万五〇〇〇人も少ない戦力で総攻撃をしかけていたのである。一方、敵軍戦力は九〇〇〇人足りないだけであった。結果的に、ナポレオンは午前中を通して決定的な兵力不足に陥り、それにより少なくとも一度はほとんど壊滅的被害がもたらされた。初期段階におけるスルト指揮下の二個師団によるチュチコフへの攻撃開始が、おそらく危機を急速に増大させた直接の原因であろう。なぜなら、この攻撃によって比較的受身であったチュチコフ部隊が大規模な報復に転じたからである。ナポレオンはその後、さらに大規模な手段に訴えて、軍団を次々と壊滅的状況から救い出さねばならなかった。まずナポレオンは右翼および左翼に対する圧力を軽減させる目的で、オジュローとサン・ティレールに時期尚早の改撃を開始させた。こうした作戦の結果、第七軍団が壊滅すると、ナポレオンはフランス軍中央の劣勢を補うため、切り札としてミュラの騎兵予備軍を呼び寄せる決定を下した。このときもしミュラと彼の部下たちが見せた素晴らしい戦闘能力がなかったならば、このような捨て身の措置は流血の大敗北に終わっていたことであろう。この勝利をもってしても、ナポレオン軍の中央が四時間にもわたって極めて危険な状況にあった事実を覆い隠すことはできない。

彼が午前一一時頃、ロシア軍に捕われかけたことがそのことを如実に示している。そして、ダヴーが戦力に加わって初めて、敗北の差し迫った危機から逃れることができたのである。大規模な反撃のときがきた時には、フランス軍は既にあまりにも疲弊しており、効果を上げることが不可能であった。確かに、サン・ティレールはダヴー配下の三個師団とともに前進したが、オジュロー軍団はどこにいたのか。騎兵予備軍はどうだったのか。彼らは（左翼にある）戦列の継ぎ目に充てられていたのであり、攻撃をしかけることができる状況になかったことは事実である。まだ比較的被害を受けていない唯一の部隊は、もちろん親衛隊の歩兵部隊であったが、ナポレオンはレストックに備えて何らかの部隊を残しておくべきと判断し、彼らを戦線には投入せず、それゆえ勝機を逸してしまったのだ。

この戦いの経過に関するある研究が示しているとおり、ナポレオンとフランス軍は全体的に、その優れた戦闘能力（ミュラを除く）によってではなく、むしろ敵軍の誤りによって救われたという確信が強まっている。ベニグセンはおそらく七日午後に、極めて弱体であったナポレオン軍を打ち破る機会を逃した。しかし彼にはフランス軍のアイラウ攻撃が実際にいかに軽率なものであったかを知る術がなかった。翌日、ロシア軍司令官はオジュロー部隊が撃退された時点で生じたフランス軍中央の崩壊につけ込むことをせず、確実な勝機を逸したのである。彼が躊躇したことで、ナポレオンは対処策を講じ、あるいは中央部の弱さを隠す充分な時間を稼ぐことができた。

さらにベニグセンは、ダヴーが戦場に到着した際にスルトへの攻撃を中止したが、それに続く戦局でロシア軍右翼をほとんど使わなかった。疲弊したフランス軍左翼に対して大規模な攻撃をしかけていれば、たとえ午後四時過ぎであっても、第六軍団が戦場に到着する前にかなり大きな勝利をつかむことができたはずだったのだが。

しかし結局、レストックとネイの到着が遅れたため、勝敗はつかなかった。レストックは到着が遅すぎて、ロシア軍左翼を「補塡する」以上のことができなかった。ネイも実際には、フランス軍の士気を上げ、ロシア軍が戦場にとどまって九日に戦闘中止の決定をさせただけであった。ロシア軍が戦場にとどまって九日に再び戦闘を行うべきであったか否かは専門家の間で意見が分かれるところであるが、結局のところ、ベニグセンの退却決定は正しかったように思われる。八日夜、ナポレオンには比較的損害を受けていない二個軍団があり（親衛隊と第六軍団）、全体の兵力数でわずかに上回っていた。

一方、ベニグセンの全部隊は日中激しい打撃を受けていた。今回は充分とみなし、ロシア軍は後退したのである。戦闘の結果、ナポレオン軍の足止めに成功したことは、この時点での類例のない戦果であり、ロシア軍は敗北を喫することなく撤退することができたのである。ジョミニが皮肉を交えて述べているように、「ミュラは翌日、彼（ベニグセン）に付いていった」。イエナの戦勝に続く猛スピードの追撃とは比べようもなかった。かたちばかりの追撃がフランス軍にできる精一杯だったのである。

しかしながら、今回、ロシア軍と戦うに際して天候がナポレオンにとって結局は大きな味方になった。七日夜、ロシア軍は東部高地のまったくの野外で厳しい夜を過ごさねばならなかった。一方、かなりの割合のフランス軍はアイラウやロテネンで粗末な隠れ家を見つけた。さらに、厳しい寒気により、ロシア軍は主な陣地の周囲にいつもの野戦堡塁を作ることができなかった。土が軟らかく、ロシア軍中央に塹壕を掘ることができたならば、ミュラの有名な突撃の結果もまったく違っていたであろう。

他方、フランス第七軍団の壊滅も少なからず天候によるものであった。こうした理由が積み重なって、アイラウの戦いは決着のつかない戦闘、ナポレオンにとっての最初の挫折として歴史に刻まれることとなったのであろう。このような結果に対する代償は、特にフランス軍の側であまりにも高くついた。九日に戦場を駆けめぐったネイの辛辣な台詞にあるとおりである。「何という大虐殺であろう！　しかも決着がついていないとは[44]」。

（1）L. Madelin, *Le Consulat et l'Empire* (Paris, 1932), Vol. I, p. 307.
（2）General A. J. M. R. Savary, *Mémoires sur l'Empire* (Paris, 1828), Vol. III, p. 2.
（3）M. de Bourienne, *Memoirs of Napoleon Bonaparte* (London, 1836), Vol. III, p. 7.
（4）*Ibid.*, Vol. II, p. 14.
（5）*Correspondence*, Vol. XIV, No. 11379, p. 28.
（6）Baron S. J. de Coneau, *Souvenirs des guerres d'Allernagne* (London, 1900), p. 281.
（7）Bourienne, *op. cit.*, Vol. II. p. 3.
（8）*Correspondence*, Vol. XIV, No. 11399, pp. 39-40.
（9）*Ibid.*, Nos. 11478 and 11544, pp. 93 and 134.
（10）Conte M. Dumas, *Précis de événements militaries* (Paris, 1826), Vol. XIX, p. 490.
（11）General J. Rapp, *Mémoires écrit par lui-même* (Paris, 1823), p. 118.
（12）Bourienne, *op. cit.*, Vol. II, p. 3.
（13）*Correspondence*, Vol. XIV, No. 11521, pp. 121-23.
（14）Marbot, *op. cit.*, Vol. I, p. 327.
（15）*Correspondence*, Vol. XIV, No. 11520, p. 131.
（16）F. L. Petre, *Napoleon's Campaign in Poland, 1806-7* (London, 1901), p. 128,
（17）General A. J. M. R. Savary, *op. cit.*, Vol. II, p. 9.
（18）*Correspondence*, Vol. XIV, No. 11543, p. 133.
（19）*Ibid.* No. 11581, p. 162.
（20）*Ibid.*, No. 11338, pp. 4-5.
（21）*Ibid.*, No. 11533, p. 129.

（22）*Ibid.*, Vol. XV, No. 12293, p. 23.
（23）*Ibid.*, Vol. XIV, No. 11651, pp. 207-08.
（24）Bourienne, *op. cit.*, Vol. II, 12-13.
（25）*Correspondence*, Vol. XIV, No. 11715, pp. 249-50.
（26）*Ibid.*, No. 11709, p. 245.
（27）Jomini, *op. cit.*, Vol. II, p. 355.
（28）*Correspondence*, Vol. XIV, No. 11750, p. 270.
（29）*Ibid.*, No. 11772. p. 280.
（30）*Ibid.*, No. 11770, P. 279.
（31）*Ibid.*, No. 11777, p. 283.
（32）*Ibid.*, No. 11773, p. 281.
（33）*Ibid.*, No. 11780, pp. 284-87.
（34）T. A. Dodge, *Napoleon*（New York, 1904）, Vol. II, pp. 477-78.
（35）Marbot, *op. cit.*, Vol. I, p. 335.
（36）*Correspondence*, Vol. XIV, No. 11796, pp. 293-96.
（37）Marbot, *op. cit.*, Vol. I, p. 348.
（38）Lachouque and Brown, *op. cit.*, p. 88.
（39）MacDonell, *op. cit.*, pp. 146-47.
（40）Comte O. de St. Chamans, *Mémoires*（Paris, 1896）, pp. 57-61.
（41）Chancellor E. D. Pasquier, *Histoire de mon Temps*（Paris, 1893）, Vol. I, pp. 301-02（脚注）.
（42）Bourienne, *op. cit.*, Vol. II, p. 17.
（43）*Correspondence*, Vol. XIV, No. 11899, p. 348.
（44）De Fézensac, *Souvenirs militaires*（Paris, 1863）, p. 149.

第10部　春の再起

対ロシア戦の再開からフリートラントの戦いおよびティルジット条約まで

第51章　建て直し

兵舎では疲れきったグランド・アルメの兵士たちが感謝しながら休息をとり、貯蔵庫に蓄えられた四〇日分の食糧を消費している間にも、ナポレオンは依然として極めて活動的であった。アイラウの戦いで受けた甚大な損害が彼の方針にある影響を及ぼしたのかもしれない。彼が突如、はるか後方のドイツとフランスの安全を気遣い始めたからだ。もし二月初めにフランス軍がロシア軍の圧力に屈していたならば、フランスの影響圏の周縁および中心を守りとおすだけの予備戦力など皆無に等しかった、という思いが彼の脳裏をよぎったのかもしれない。確かに、オーストリアとプロイセンの占領地域は監視しておく必要があった。安全を守る手段として、また将来、前線の戦力と配置転換することを見越して、ナポレオンは急遽、ドイツに監視軍を創設したのである。

最も大きな課題は新部隊に編入すべき新兵を見つけ出すことであった。フランスの駐屯地にはもはや訓練を終えた兵士が残っておらず、守備隊任務は同盟軍部隊が受け持っていた。そこで、イタリア方面から大規模な召集が行われ、新たなイタリア人部隊が定員を満たすために編入された。スペインからも一万五〇〇〇の兵員が割り当てられ、一八〇八年度徴集兵の一部は日程よりも一八ヶ月早くフランスの訓練所に参集するよう命令された。この種の措置により、一〇万もの軍隊が新たに生まれた。ナポレオンの弟ジェロームがシュレージェンでこの軍の右翼を、ブリュン元帥がドイツ中央で最重要の六万人の指揮を、モルティエ元帥はポンメルンの左翼を任された。

こうした行政上の活動の大部分は三月から四月にかけて行われ、アイラウの戦いで主力軍が受けた被害の穴を埋める努力がなされた。兵卒の欠員の一部は新たに訓練された一八〇七年度徴集兵で埋められた。彼らは前年に召集され、今やかなりの人数が前線に到着しつつあった。しかし、大打撃を受けたオジュローの第七軍団を再建することはもはや不可能だった。二～三〇〇〇名の生存兵は、この不運な部隊が正式に解体されると、別の部隊に転属されていった。多くの者はこれを不幸の前兆と受け取った。

一八〇五年にグランド・アルメが編成されて以来、最初の大部隊の解体だったのである。オジュロー自身には、延び延びになっていた病気療養休暇が与えられた。新たな軍団は前線に配置され、五二歳の歴戦の勇者ルフェーヴルが指揮を任されることになった。この新しいタイプの軍団の創設は先行きに翳を落とすもので、また人員を維持する負担の増加をも物語っていた。この軍団はポーランドの二個師団が核となって、ポズナニから来たザクセンの部隊、バーデンからの召集兵、イタリアの二個師団で編成され、この二万七〇〇〇人（三〇〇〇の騎兵部隊を含む）の戦力に含まれる唯一のフランス部隊はメナールの師団だけであり、それはいまだ西方からの行軍途上であった。

　グランド・アルメの外見は変容し始めていた。軍の構成は徐々に、純粋なフランス人のみから、多様な国民によって構成されるようになっていく。しかし、こうした措置により、四月末までには総勢六〇万人に近い兵力を得ることに成功したのである。ポーランドにいたグランド・アルメに加えて、ブリュンの監視軍がドイツに駐留し（双方合わせて約三〇万）、イタリア方面軍とダルマツィアにいたマルモンの軍団が合わせて七万二〇〇〇人強、さらに五万二〇〇〇人がナポリ方面軍に属していた。残りの兵員はイギリスからの侵攻の可能性に備えてフランス北海岸からオランダにかけての海岸線を守備するか、欧州全域に散在する無数の駐屯都市や集積所で任務に就いていた。

　ナポレオンは、ワルシャワ戦線において巧みに行動できる経験豊かな信頼できる部下が必要だと感じ、マッセナを召喚し軍に加えた。歴戦の勇士であり、リヴォリの功労者であった彼は、ポー川渓谷の愉悦とポーランドの凍土との交換条件は割に合わないと落胆の色をあらわにしながら、陽光の降り注ぐイタリアの地を後にした。また彼は、オストロレンカに到着した際に託された命令にも、特別喜ぶことはなかった。ナポレオンは彼に比較的平穏な右翼の指揮を執るよう要請したのだ。マッセナ元帥は「では陛下、私が指揮するのは、しょせんグランド・アルメ後方の監視軍団ではないですか(1)」と不平を漏らした。とはいえ、ロシア軍左翼あるいは神出鬼没のコサック部隊による新たな攻撃からワルシャワ地域の安全を守ることは重要な問題であり、マッセナのような有能な軍人の能力に充分見合う任務だったのである。

　ナポレオンは冬営の間、作戦をまったく行わずに過ごすつもりなどなかった。ナポレオンの広大な戦略計画は休止を余儀なくされたが、ハンザ同盟都市のなかでも最大規模のダンツィヒの巨大要塞と港を奪取することで、この期間を有効に使おうと決心していた。ダンツィヒが敵軍につねに占拠され、特にバルト海が「ロシアの湖」であることによって、ナポレオンの北ドイツとの連絡は脅かされていた。

　またイギリス海軍が海域に大規模な艦隊を配している現在、

海上経由で守備隊に大規模な増援が行われる可能性が極めて高かった。さらに、この豊かなハンザ同盟都市の倉庫はトウモロコシ、油、ブランデー、飼料で満ちており、グランド・アルメは戦力維持のため、こうした多量の物資を切望し、また必要としていた。それゆえ早くも二月一八日、ルフェーヴル元帥は包囲準備を本格的に再開するように指令を受けた（以前、ベニグセンの進撃によりルフェーヴルはトルンの守備に呼び戻され、包囲は中断されていた）。

　比較的平凡なルフェーヴルと彼の混成部隊が、この任務のために選ばれたことにはいくつかの理由があった。第一に新たな第一〇軍団を構成している寄せ集め部隊は、通常の最前線の任務よりも、そのような任務の方が適していた。第二に、皇帝の網羅的な心の中では、政治的な動機があったかもしれない。彼はフランスの新しい貴族階級を創設しようと考えており、それがフランス国内で無理なく受け入れられるよう、勇ましいルフェーヴル（失脚したモローの後、革命後期の最も尊敬される共和派の軍人）が、新しい公爵のリストに含まれる重要性があったのである。しかしながらそのような昇進を正当化するためには、ルフェーヴルが何らかの軍功をあげておくことが必要であった。彼にダンツィヒ包囲作戦の指揮をとらせることは、まさにその目的に合致した完璧な任命であるように思われたのである。

　しかし、歴史家マクドネルが述べているように、「ルフェーヴルはやり手ではなかった（2）」。彼の兵士は三月一一日までにプロイセン軍前哨部隊を駆逐しつつあったが、四月二四日まで主要な防御施設に対する攻撃位置に重火砲が取り付けられていなかった。ただしこのことでルフェーヴルの軍人としての資質を過小評価すべきではない。なぜなら、守備部隊指揮官カルクロイト将軍には歩兵部隊一万四四〇〇人、騎兵部隊一六〇〇人、大砲三〇三門、曲射砲二〇門、臼砲二六門と備蓄庫満杯の物資があったからである。加えて、ダンツィヒの防衛はよく準備されており、多くの低湿地や水路のため、中心部への接近路は複雑であった。ルフェーヴルはまた、共和政の理想に燃えた「政治的な」軍人でもなかった。もしもそうであったならば、そうした信念は彼の軍事任務と軋轢を生じかねなかっただろう。彼は以前、新たにフランス軍によって「解放」されたフランケン地方の小さな町の住人に対し、次のように言った。「我々は君たちに自由と平等をもたらすためにやって来た。しかしだからといって有頂天になってはならない。私の許可なく最初に動く者は容赦なく撃つ（3）」。こんな台詞は馬鹿では言えないものだ。

　それにもかかわらず、ダンツィヒに対する準備行動には膨大な時間を要した。完全包囲は三月一八日に始まったが、最初の対壕《パラレル》は四月二日になるまで完成しなかった。要塞の外側ラインを押さえていたハーゲルスベルクという名の稜堡が攻撃目標と定められた。しかし、凍土のため、つるはしやスコップなどの塹壕掘削器具ではなかなか歯が立たなかった。解氷が進むにつれて作業速度も進み、四月一一日から一四日の間に二番目の対壕が掘られた。守備部隊は一三日と二六日に出撃したが、塹壕のなかでの激しい戦闘の末、いずれも押し戻されてしまう。二九日までには、三番目つまり最後の対壕が主要塞からマスケット銃が届く範囲内に準備され、カルクロイトにより鼓舞されたさらなる襲撃も失敗に終わった。猛攻と降伏の瞬間が間近と思われた。前方の塹壕も延長されて最後の進入路まで達していた。しかし一一日後、カメンスコイ将軍率いる八〇〇〇の増援部隊を載せたロシア艦隊が、イギリス海軍の分艦隊とともにダンツィヒ港沖に現れたのである。そして、ヴィスチュラ川河口西岸に位置し、プロイセン軍が死守するノイファールヴァッセル前哨要塞に部隊を降ろし始めたのである。

ルフェーヴルにとって幸運だったのは、ロシア軍の新手はホルム島(ノイファールヴァッセルとダンツィヒの間に位置する)が既にフランス軍の手に渡っているのを知って動揺してくれたことだ。カメンスコイは四日間にわたって攻撃開始を躊躇し、上陸地点付近にとどまった。この遅れのおかげで、ランヌは一二日、先頭の師団とともに包囲位置に到達し、軍団の残りの部隊も二日後には到着した。ついに五月一五日、ロシア軍は四列縦隊で前進し、包囲網を突破してダンツィヒに入城しようとした。攻撃はフリシェ・ネールンク低地を守るシュラム将軍とガルダンヌ将軍の部隊に対して行われた。両部隊は重要なホルム島への進入路を交代で守備していた。シュラムはランヌとウディノが到着して最初の増援を行うまで、勇敢に守った。激しい戦闘の後、ロシア部隊は一五〇〇人の死傷者を残して退却した。かくしてロシア軍によるダンツィヒ救援の試みは失敗し、数日も経たずに、カメンスコイの部隊はすごすごと再び船に戻っていったのである。

もしロシアの救援部隊が前進して北から攻撃を加えたのと同時に、カルクロイトが決然と出撃をしていたならば、結果は違っていただろう。しかし、守備部隊は他の局面では鉄壁の防御を誇っていたにもかかわらず、こうした唯一の好機に手腕を振るわなかったのである。機会《チャンス》は永遠に失われてしまった。

しかし、五月二〇日に再び出撃を行ったことからも明らかなように、守備隊は依然としてかなりの戦闘を行った。この出撃では塹壕内の前日の作業を破壊するのに成功したが、結局、ダンツィヒに撃退されてしまった。しかし翌日、モルティエ元帥の第八軍団がコーブルクから到着し、ルフェーヴルとランヌの部隊にさらなる増援を行った。カルクロイトはい

ダンツィヒ攻囲戦とロシア軍による救援の試み

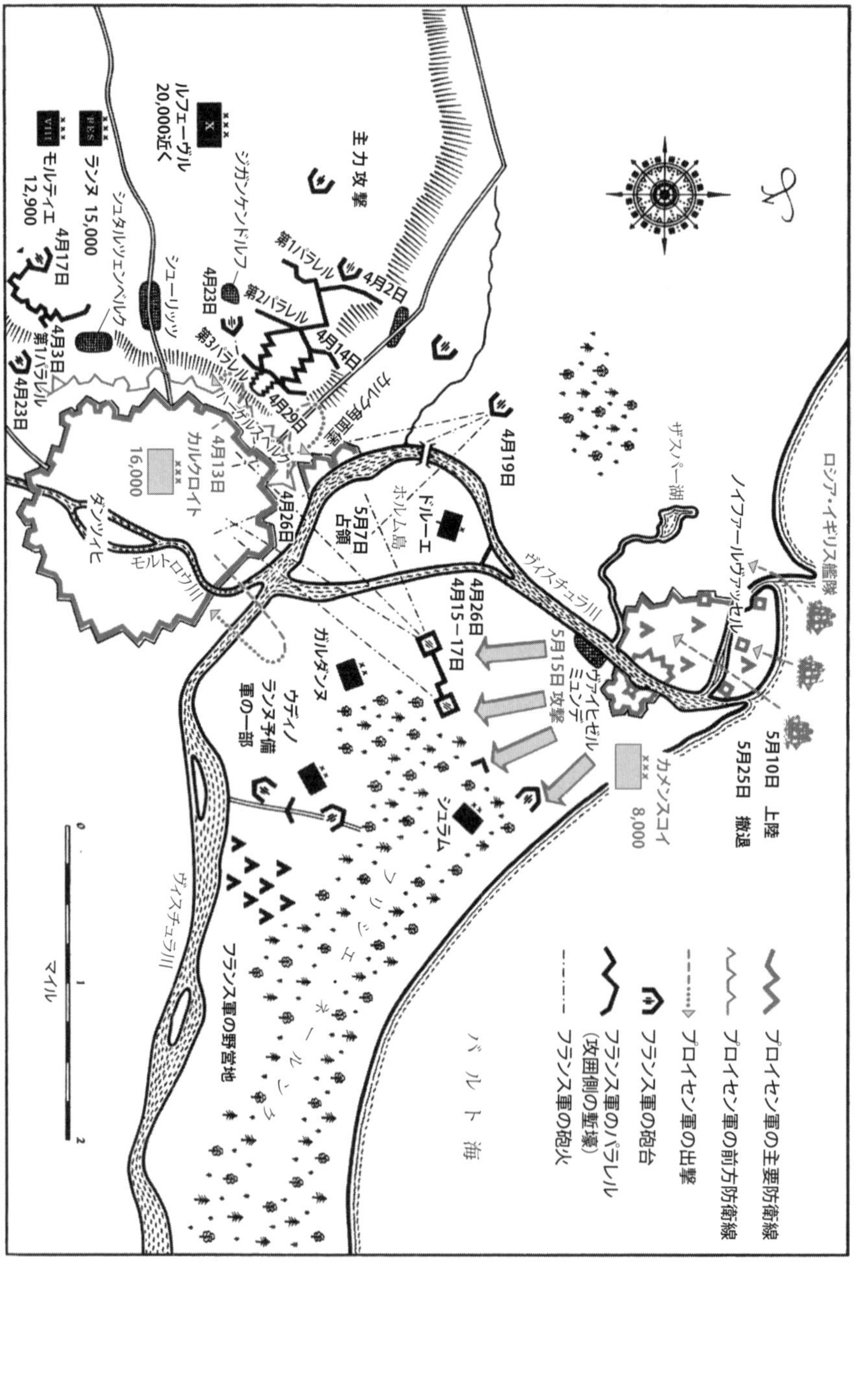

まや窮地に陥った。ハーゲルスベルクの稜堡はいつでも猛攻にさらされる状況にあり、陥落は実質的に避けられなかった。守備部隊が抵抗を継続した場合、直ちにフランス軍砲兵部隊が配置につき、ダンツィヒを火の海にするはずであった。カルクロイトは現実主義者であった。彼は最初の猛攻が始まる前に交渉を行うほうが有利な条件を得られることを承知していた。このためルフェーヴルが二二日に休戦旗の下、最後の軍使を送り出した際、交渉に応じたのである。フランス軍の条件は寛大なものであった。春の戦役が開始されており、ナポレオンはこれ以上遅れることなくダンツィヒを占領したかったし、抵抗を続けるダンツィヒを後方に残すこともできず、かと言って三軍団を包囲に当たらせ続ける余裕もなかったからである。守備部隊は戦争の最大の栄誉を与えられた。

二七日、カルクロイトは太鼓をたたき、銃剣を捧げ持ち、軍旗をはためかした部下たちを引き連れて、ピラウ近郊のプロイセン軍前哨基地に退却したのである。守備部隊は、一二ヶ月間フランスおよびその同盟国に対して戦闘を行わないことに正式に同意した。その後二日以内に、残った前哨も降伏した。記念すべき包囲戦は終結した。翌年、老練なルフェーヴルは晴れて「元帥、ダンツィヒ公爵」となった。ナポレオンは三〇日にダンツィヒを視察し、ラップ将軍を総督に任命した。

第52章　ハイルスベルクの戦い

主戦線において、それまでの二ヶ月間がまったく平穏に過ぎ去っていたわけではない。三月中に、大規模なロシア部隊がエルビンク近郊に進軍しているという報告があり、ナポレオンは何らかの警戒措置を取るべきと考えていた。四月一二日、帝国軍司令部はフィンケンシュタインに戻された。時が経つにつれて、ダンツィヒ守備隊への圧力を軽減する目的で、ロシア軍が奇襲攻撃をしかけてくる可能性が着実に高まってきた。五月初め、ナポレオンは軍に対して宿営を解き、一月の奇襲攻撃の二の舞を踏まないように、パッサルゲ川とアレ川を隠れ蓑にして行軍するよう命じた。

しかし、こうした行動は実際には敵に漏れており、ロシア軍はパッサルゲ川とナレフ川のラインに沿って一連の小規模で単発的な攻撃を繰り返した。これは、間近に迫ったカメンスコイ軍のダンツィヒ近郊への上陸から、フランス軍の注意をそらすことを目的としていた。だが、結局は効果がなかった。五月一四日には主戦線におけるあらゆる活動が再び中止された。この時点までに、ポーランドのフランス軍は二二万人を数え、ベニグセンのほうはわずか一一万五〇〇〇人ほどであった。その内訳は主に歩兵正規部隊八万七〇〇〇人、騎兵部隊一万一〇〇〇人、コサック部隊八〇〇〇人であった。

それにもかかわらず、六月五日にまたしても最初の明確な動きを見せたのはロシア軍であり、シュパンデンとロミッテンでそれぞれ第一軍団と第四軍団の橋頭堡を攻撃するために、諸梯団がハイルスベルクを経由して移動した。フランス軍はそこでの猛攻を撃退することに成功したが、これらの作戦がフランス軍司令部を混乱させるための単なる陽動であるということが、すぐさま明らかになった。二、三日して、南方に急行したロシア軍はデッペンの向かい側に再び現れ、大挙して前哨であるネイ陣営に激しく襲いかかった。この新しい脅威を迎え撃つために、ナポレオンはダヴーの軍団をオステレーデまで移動させ、動員できるすべての予備軍をメールンゲンに集結させるよう命令した。結局のところ、フランスの四つの軍団(第一、第三、第四、第六軍団)が戦闘に加わり、ロシア軍はすぐに退去していった。五日における有名な負傷者といえばポンテ＝コルヴォ大公であろう。彼はマスケット銃に撃たれ頭部を負傷した。そのため、第一軍団の指揮は一時的にヴィクトール将軍にゆだねられたのである。

ナポレオンは依然として、ベニグセンの意図がまったくつかめなかった。確実であった唯一の事実は、ケーニヒスベルクがロシアの作戦の中心地だったことである。そこでナポレオンは、ベニグセンとこの基地との連絡を遮断しようと決意した。しかし、敵軍の全体的な意図や反撃の可能性は依然未知の領域であった。ナポレオンはダヴーに尋ねた。


敵軍はどう出るだろうか。我が軍がデッペンとリープシュタットを手放さない間に、敵軍はアレンシュタインに向けて進軍を続けるだろうか。そうなれば、相当な変事が発生することになる。

我が軍の騎兵および歩兵予備軍はみな、ザールフェルトとメールンゲンの間に集中している。余は一時間以内に自らザールフェルトに赴くので、夜の間に二～三度その可能性があるかどうか連絡してくれないか。

アレンシュタインには何も残してはならない。全員マリエンヴェルダーに引き上げさせなければならない。余の作戦ラインはマリエンヴェルダーからマリエンブルク、さらにダンツィヒとを結ぶ予定であるから。敵軍は、我が軍の作戦ラインがまだトルンを基点にしていると思って進軍している。

貴兄はオステレーデにおいて地の利を得るであろうから、敵軍がそちらに進んだ場合、そこで持ちこたえることができるだろう。貴兄は我が軍の最右翼だ。敵軍がその地で貴兄に攻撃をしかけるまで、余は貴兄の部隊を軸にして戦線を旋回させるつもりだ。可能な限り時間を稼いでくれ。貴兄の軍団の勇気、貴兄の堅実さを頼りにしている。さらに、貴兄の部隊の火力や強力な布陣にも期待しているぞ(4)。


翌日（六月六日）、帝国総司令部はベニグセンを欺く戦略を採ることにした。一月下旬、通信文が不用意に敵の手に落ちたことでナポレオンの計画に大混乱が生じたのだが、これが思い起こされて、再びコサック部隊が情報を手中に収めてくれるよう、今回は偽の公文書が作られていた。この文書はネイに宛てたもので、ダヴーが四万の兵力でロシア軍の後方地域を攻撃しようとしていることを伝えるものであった。事実、ナポレオンの攻撃目標はアレ川に面したハイルスベルクの塹壕を掘りめぐらしたロシア軍宿営地であった。ふたりの士官が、進むべき経路の全体的な概要を言い含められた後、この文書の写しを手に送り出された。ロシア軍に疑念を生じさせないため、もちろん彼らには捕えられるよう期待されていることなど明かされるはずもなかった。しかし、彼らのたどる経路が敵軍の占拠地から極めて近いところに設定されていたため、彼らが計画を察する手掛りがなかったとは言えない。使者は奇跡的に任務遂行に成功し、文書を携えてネイの司令部にたどり着いた。士官のひとりが任務遂行に成功したという知らせを返してくると、ナポレオンは大きく落胆の色を見せた。しかし、二人目の使者は期待されていたとおりの任務を完璧に果たしたのである。

七日の朝、ナポレオンはベニグセンの意図に関して、依然としてあまり情報を得ていなかった。彼はベルナドットに「敵が何をしようとしているのかまだわからない。すべては大規模な攻撃が差し迫っていることを暗示しているのみだ。……敵軍を見つけ、完全に撃破する決戦をしかけてみようと思う(5)」と書き送っている。

八日、彼は敵の攻勢は三日前の戦闘で潰えたと計算し、自軍に反撃体制をとるよう命令した。いまやロシア軍が退却中であることは明らかであった。彼らがケーニヒスベルクの安全地帯に退却する前に、直ちに打撃を与える必要があった。その日に捕えたロシア軍の捕虜の証言により、ベニグセンが集結をはかってギュットシュタットに退却中であるというナポレオンの考えは強められた。ナポレオンはスルトに対して「余は明日ギュットシュタットに進撃するであろう(6)」と明かした。事実、九日彼はネイ、ダヴー、ランヌ、帝国親衛隊、騎兵予備軍を率いてギュットシュタットへの途上にあった。

しかし、町の周辺に到達したとき、後衛部隊を除き、敵軍の形跡はほとんどなかった。実は、ベニグセンは元々、その日にギュットシュタットで戦闘を挑むつもりであり、彼が指揮する師団のほとんどを参集させていたのだが、昼近くになってこの場所に不満をもち、考えを変え、引き続きハイルスベルクにまで退却を命じたのであった。この間、ナポレオンの部隊は東プロイセンの初夏の暑さのなか、ギュットシュタットに向けて容赦なく行軍していた。スルト軍団はメールンゲンを発ち、すぐにカメンスコイの指揮する退却軍との戦闘に巻き込まれたが、少々の遅れで済んだ。

同様に、ミュラの騎兵部隊はグロッタウでバグラチオンと遭遇した。バグラチオンは窮余の策として、ギュットシュタットからの友軍の退却を守るために戻っていたのだった。短い戦闘の末、バグラチオンは再び大急ぎで退却した。しかし、プラトフ率いるコサック部隊が勇敢にアレ川を渡ってバグラチオンの退却を援護し、後にした橋を焼き落とすことに成功した。日没までに、ネイ、ミュラ、そして親衛隊がギュットシュタットを占領した。ダヴーは町を越えて、アレ川の左岸を押さえていた。モルティエは全速力で接近中であり、スルトの軍団はアルトキルヒ付近に宿営していた。しかし、ロシア軍は去った後であった。

ナポレオンはいまや、ベニグセンとケーニヒスベルクの連絡を遮断し、わずかに残るプロイセン軍から彼を引き離す決意をさらに固めていた。夜の間に、ミュラ、スルト、ランヌ、ネイとサヴァリの擲弾兵隊、あわせて五万人に直接ハイルスベルクに行軍することが命じられた。一方、ダヴーとモルティエの各軍団はロシア軍の右側面に対して包囲攻撃を準備した。帝国親衛隊はいつもどおり予備軍とされた。はるか北方では、いまや第一軍団の指揮を執るヴィクトール将軍がパッサルゲ川下流でプロイセン軍を阻み、そのままケーニヒスベルクまで押し返す予定であった。

ナポレオンと彼の部下が汗をかきつつ行軍中の梯団に合流しようと馬を駆っている際、彼は突如、街道を左に外れて一帯を見渡せる丘の頂上に駆け上がった。次の叙述はド・ノルヴァンの手になるもので、作戦の真っ最中に活動するナポレオンの姿を簡潔に示している。

丘の頂上にあたる広い平らな台地に到着すると、皇帝は手綱を引き、地面に跳び下りて叫んだ。「ベルティエ、地図をよこせ」。すぐに馬事総監［コランクール］は地図一式を後生大事に運ぶ幕僚に合図し、箱を開けてそれを総参謀長に手渡した。ベルティエは帽子も被らず、巨大な地図を芝草の上に広げた。皇帝は膝足立ちになって地図の上を進み、次に四つん這いになり、最後には寝転がって鉛筆で地図に書き込みをした。皇帝は半時間もの間黙りこくって、こうした体勢のままだった。彼の前には直立不動のまま合図や命令を待つお偉方たちがいた。彼らは北国の夏のきらめく陽光のなか、帽子も被らずにいたのだ(7)。

地図を熱心に研究するこうした賞賛すべき姿勢にもかかわらず、六月一〇日のハイルスベルクの戦いは、フランス軍側の敗北、ロシア軍側の戦術的勝利に終わった。アレ川を挟んだ高地は、いずれの側も塹壕で囲まれた角面堡により堅く守られており、とりわけベニグセンは彼の率いる九個師団を最も地の利の良い地点に引き上げさせていた。ミュラが最初に戦場に現れた。当初、彼は町の外側に位置するラウナウ村からロシア軍の前哨部隊を駆逐して勝利を収めた。兵士たちはベヴェルニク村まで馬を進めた。しかしそこで、彼は見事に並べられたロシア軍の砲台に足止めされ、小村を攻め落とすにはスルトの歩兵部隊と大砲の到着を待たねばならなかった。午後三時三〇分に彼らが到着するや、ミュラは不用意な行軍によりバグラチオンとウヴァロフ率いる騎兵の大群から激しい攻撃を受けた。ミュラはこの間、機嫌を損ねて周囲にあたり散らした。しかし、自慢の騎兵予備軍の兵士たちがまもなく全面戦闘に突入し、そしてサヴァリ将軍が［中堅親衛隊の］銃歩兵《フュジリエ》二個連隊と一二門の大砲を擁してタイミング良く到着したおかげで、ようやく難を逃れることができたのである。

にもかかわらず、ミュラは謝意を示すことなく、救ってくれたサヴァリをあからさまに罵り、臆病者呼ばわりした。

今度はロシア軍騎馬部隊が退却すると、バグラチオンの右側面が無防備になった。しかし、コンスタンティン大公が危険を察し、巧みに大砲をアレ川の右岸に展開して、スルトの前衛師団がシュプイバッハ川を渡る時点で一斉射撃を浴びせかけたのである。こうして彼は危険を避けることができた。午後遅くから夕方にかけて、スルトが兵士を駆り立ててアレ川左岸のロシア軍の角面堡に度々攻撃をしかけ、戦闘はますます激化した。完全な消耗戦と化したが、兵数と地の利に勝るロシア軍側の優勢は明らかだった。ナポレオンは部下たちを激励したが、午後遅くになるとロシア軍の強大な圧力に押されて、フランス軍の戦線全体がシュプイバッハ川を横切り後退を始めた。そのときランヌの先頭師団が左方向に現れた。フランス軍はこの時点で行動を中止し、撃退された事実を受け入れるべきであったのだが、突進する新手の考えは別であった。皇帝ナポレオンの目の前で敗北に近い劣勢をはね返して勝利をもぎ取ろうと必死になっていたランヌは、兵士を前進させて午後一〇時に激しい夜間戦闘を行い、手痛い打撃を受けた。この無謀な行動により、二二八四名もの死傷者が出た。その夜、砲声が鳴り止んだのは、実に午後一一時になってからだったのである。

フランス軍は夜明けを待つ間、損害を計算した。ランヌ軍団の死傷者に加えて、スルト軍団は八二八六人の死傷者を出しており、フランス軍は何の戦果も挙げられないまま、一万人以上の被害を受けたことが判明した。ロシア軍はおそらく八〇〇〇の損失で、主要陣地を死守することに成功した。夜陰に紛れて、軍隊に随行する民間人や地元の農民たちが荒果てた戦場に群がり、略奪品目当てに死傷者の衣服を剥いだ。陽光がこれらのハイエナのような者たちが残した哀れな残骸をあらわにすると、「互いの暗黙の了解で、フランス軍兵士とロシア軍兵士が平和裏に死人の原野に参集し、死者を埋め、負傷者を運び去っていった(8)」。

そのとき、両軍とも戦闘再開の準備をしていた。しかし、ロシア砲兵が激しい砲撃を行っただけで、それ以上の行動は起こらなかった。ナポレオンは直接攻撃よりも機動作戦によって、ベニグセンが自ら有利な陣地を放棄するよう仕向けることができると決断した。もっとも、かようなことは前日に決断すべきであったのだが。モルティエとダヴーから一日中たえず圧力を受けたことから、ベニグセンは六月一一日の夜間に、フランス軍の脅威に曝された連絡路を守るため、物資や負傷者を丘の中腹の角面堡に置き去りにしたまま、バルテンシュタインに向けて退却を開始した。

厚顔無恥なナポレオン贔屓《びいき》の宣伝者たちは、ハイルスベルクの戦いがフランス軍の大勝利であったと主張しようとしてきた。確かに、アイラウの戦いのように、フランス軍は戦闘後、結果的に戦場を確保した。しかし、ベニグセンとケーニヒスベルクの間を遮断するという作戦目的は完全な失敗に終わったのである。この場合、ナポレオンの戦術は、数的優勢に立ち、塹壕を掘って堅く守った敵軍に対して大規模な正面攻撃を繰り返したことに示されるように、まったく洗練さを欠いている。また、六月一〇日の出来事は、ナポレオンの直属の部下たちの間に暗い影を落とし始めていたライヴァル関係や不和を解消するきっかけにはならなかった。サヴァリ将軍は、午後の戦闘におけるミュラの不遜で侮辱的な行為に対して自らの胸中を包み隠さず、ついには「彼には勇気はもうあまり要らないから、もっと常識をもった人間であって欲しかった(9)」とまで言っていたのである。ランヌはそれに輪をかけてあけすけな発言をした。ナポレオンは義理の弟ミュラに対する批判を上から押さえつけたが、彼らの言葉を忘れはしなかった。フリートラントの後、ナポレオンはこの華々しいガスコーニュ男の最新の試みである並外れたデザインの軍服を、サーカスの馬乗りフランコーニの服のようだと言って、彼の高慢な鼻をくじいた。虚栄心の強いミュラの急所をこれほどうまく突いた叱責はなかっただろう。

六月一二日午前四時、フランス軍は敵が退去した後のハイルスベルク高地を確保した。いまやナポレオンは、退却中のベニグセンがアレ川のはるか下流で、再び左岸に渡河するであろうと計算した。そして、ラトゥール＝モブール将軍の竜騎兵師団と軽歩兵二個旅団のみを右岸に沿って向かわせた。一方、残りの軍は大急ぎでアイラウに向かい、再びロシア軍とケーニヒスベルクの間を遮断しようとした。翌日早く、ナポレオンは偵察隊の報告から、ロシア軍がドムナウ近郊で全軍再編成と集結を行う前に、フリートラントが渡河地点となると結論を下した。彼は一一時三〇分、スルトへの手紙のなかでこの確信を示している。「いままで敵の動きはまったく漠然としていたが、いまや種々の情報で彼らがドムナウに集結すると確信している(10)」。

ドムナウの町はハイルスベルクの北方二〇マイルに位置しており、フリートラントとランズベルク＝ケーニヒスベルク街道の分岐点に当たる。ケーニヒスベルクまでの距離は一五マイル。ケーニヒスベルクはフリシェス湾の東端に位置する要塞都市で、一八〇七年六月にはホーエンツォレルン家最後の砦であり、またベニグセン将軍の現在の作戦基地となっていた。ナポレオンの意図としては、ミュラとスルトが強行軍で直接ケーニヒスベルクに向かい、ベニグセン軍をレストック将軍率いるプロイセン守備部隊から引き離し、その後可能であれば、即座に同市を「強襲」するはずであった。右翼にはダヴー元帥があたり、並行して二次的戦力として支援を行い、同時にドムナウに直接行軍している主力軍との連携をはかる予定であった。ダヴーはまた、万一、ベニグセン率いるロシア軍が反転してドムナウで戦闘をしかけてくる場合、敵軍の右側面に回り込む任務を帯びていた。いまやナポレオンは殲滅戦以外のものは目標としていなかった。そしてここでランヌの軍団を分離してランパシュ経由で東方面フリートラントに赴かせ、アレ川に架かる橋を守り、ベニグセンのもうひとつの東方面の退却路を塞いだのである。

「アイラウでの一三日付」のミュラに宛てた公文書には、ナポレオンの思考の道筋が明確に示されている。

ランヌ元帥の軍団はランパシュに向かっているが、彼の騎兵部隊はドムナウに向かっている。ダヴー元帥はヴィッテンベルクに向かっている。スルト元帥はクロイツブルクに向けてここを今朝一〇時に出立した。第一軍団はランズベルクに到着している。ネイとモルティエの両元帥はアイラウに到着しようとしている。貴兄の偵察部隊を前方に派遣せよ。ケーニヒスベルクに入る道を発見したら、その任務をスルト元帥に任せよ。余は我が軍の最左翼がその場所を占領するのが望ましいと考えているからだ。貴兄はスルト元帥に、直ちにケーニヒスベルクに向かうよう命じるのだ。もしこうした事態になれば、ダヴー元帥が可能な限り近くに接近してくるだろう。

敵軍が万一、ドムナウに本日到着するようなことがあっても、貴兄はやはりスルト元帥をケーニヒスベルクに向かわせ、同時にダヴー元帥を、ドムナウとフリートラントの間で、敵の前衛を阻むことができる位置に配置せよ。スルト元帥に文書を送り、敵軍がドムナウに進軍を強行する場合、彼がブランデンブルクを占拠していることは極めて重要であることを伝えよ。これによって、余の左手に伸びる連絡路を脅かされる心配がなくなるからだ。

「散兵《ヴォルティジュール》」が何中隊か必要ならば、できるだけ早くダヴー元帥、スルト元帥、ランヌ元帥と連絡をとること(11)。

しかし、一三日は敵に関する確実な情報が得られないままに過ぎ去ろうとしていた。ランヌの騎兵隊指揮官は、ドムナウにベニグセンの影はまったくないと報告し、ナポレオンはこの断片的情報から、敵軍がいまだフリートラントに到着していないと推論を下した。彼のその時点での計算によれば、ベニグセンはケーニヒスベルクに直行するのではなく、アレ川右岸下流のプレーゲル川方面から、この大都市に東進するはずであった。

ナポレオンは実のところ、大きな計算間違いを犯していた。再び敵を侮っていたのである。ベニグセンはフリートラントに向けて進軍するランヌの軍団が他の軍と離れてほぼ孤立していることを把握しており、大規模な援軍が進軍してくる前に、猛攻をかけてランヌ軍団を殲滅しようとしていた。ランヌを危険にさらしたばかりでなく、ナポレオンはその他の軍団を展開しすぎるという愚を犯していた。ミュラとスルトとダヴーをケーニヒスベルクに送り出すことにより、彼は残りの軍をふたつに割いていたのである。要塞の守備隊を現在約五万人と仮定し、ケーニヒスベルク陥落を期して、彼は六万の部隊を主力軍から切り離したのであった。実際、守備隊は二万五〇〇〇のみであり、こうしてナポレオンは（ケーニヒスベルク攻囲の）戦力を節約することなく、軍の集結を乱してしまったのだ。

ナポレオンの計算に何らかの誤りがあったことを示す情報を司令部が受け取ったのは、一三日の夜九時頃であった。ランヌ指揮下の軽騎兵師団付の参謀将校が疲れ果てた様子で到着し、ナポレオンに対して、最終的にフリートラント近郊に敵軍が大規模に展開しているという情報を伝えた。それがベニグセンの全軍なのか、単なる分遣隊なのかを判断する必要があった。

ナポレオンはランヌに次のように書き送った。

我が参謀将校がしばらく前にこちらに到着した。しかし、フリートラントの一帯に布陣しているのが敵の全軍なのか一部分なのか判断するのに充分な情報を得ることはできなかった。ともかく、グルシーの師団が既に向かっており、彼が貴兄のもとに到着したら直ちに、貴兄の指揮下にある騎兵部隊の指揮権を執ることになる。モルティエ元帥も貴兄の部隊の援軍として、騎兵部隊を派遣して自身の軍団とともに行軍しようとしている。余の受ける情報によっては、ネイ元帥を午前一時に貴兄の援軍に向かわせるかもしれない。（しかし、ナポレオンはまだケーニヒスベルクを奪取する可能性に固執しており、あらゆる他の作戦に対して二次的な重要性しか認めていない。この文書はさらに次のように続く）ベルク大公はケーニヒスベルクの入口にいる。レストック将軍への激しい砲撃が聞こえているかもしれない。スルト元帥はクロイツブルクで敵軍の後衛部隊を撃破している。銃撃と砲撃は半時間でやんだので、我々は後衛部隊が突破されたものと考えている。ミュラは、歩兵部隊を率いてケーニヒスベルクに進軍する前に、ドムナウが敵軍に占拠されているかどうかの情報を待っている。

ダヴー元帥はフライシング川の両岸に位置している。いつでも詳しい情報が欲しい。貴兄が捕えた捕虜から情報を聞き出し、敵軍が全軍集結していないと確信した場合、フリートラントを攻撃して、この重要地点を制圧しておいて欲しい。必要であれば、第一軍団が午前一〇時前にドムナウに到着するだろう。二時間毎に余に文書を送ってくること。捕虜の尋問調書をこちらに送ること。貴兄がフリートラントに着いたら、多くの情報とともに地元の行政担当者をこちらによこすこと(12)。

一時間後には、ナポレオンは再び注意を北方に向けた。彼はスルトに「余は貴兄が翌日昼までにケーニヒスベルクに入城しているものと期待している(13)」と書き送り、翌日午前三時には再びミュラに対して次のように念を押している。「一分でも早く町を制圧しなければならない。騎兵諸部隊が街道沿いに目標に向かって進軍し、激しく敵を追撃することが極めて重要である。スルト元帥や、状況によっては、ダヴー元帥の全部隊を率いてもよい。ただし、ダヴー元帥の部隊を用いるのは本当に必要な場合だけにせよ(14)」。

第53章　フリートラントの戦い

この間にも、フランス軍とロシア軍は互いに反対方向からフリートラントに集結しつつあった。午後六時には、ガリツィンの騎兵中隊が、ドムナウ方向の町周辺からランヌの偵察騎兵を撃退し、郊外にあるポステーネンの村を占領した。二時間後、ベニグセン自身が到着、翌日にランヌ軍団の撃滅を企図して、三本の浮き橋の建造を命じた。これによって到着しつつあった彼の師団が直接アレ川〔原文のザーレ川は誤り〕を渡れるようになった。部隊の移動は夜通し続き、一四日の明け方（午前三時半頃）までには、およそ一万人のロシア兵が左岸に展開しており、さらに多くの密集梯団が橋頭堡に向けて急行していた。この間に、ランヌは撃退された騎兵部隊の援護をデュファン率いる旅団とウディノ率いる擲弾兵に命じ、これらの部隊はポステーネンの再制圧に成功した。

ちょうどそのとき、グルシーが騎兵の援軍の第一陣とともに到着した。これによって戦場におけるフランス軍兵力は歩兵隊九〇〇〇、騎兵隊三〇〇〇となった。しかし、最初の戦闘は、ロシア軍砲兵隊によってすでに日の出の少し前に事実上始められていたと言えよう。

フリートラントの町は、蛇行したアレ川の左岸に位置し、ドムナウからは約一五マイル、ケーニヒスベルクからは南西およそ三〇マイルの距離があった。町の西には三つの村が弓形をなしている。最も北に位置するのがハインリッヒスドルフで、ケーニヒスベルク方面の主要街道上にあった。ふたつめの村はフリートラントの西方二マイルに位置している――既に言及したポステーネンの小村である。三つめはゾルトラッハという村で、フリートラントから一マイル南方に位置している。しかし町からは、蛇行を繰り返すアレ川の流れにより幾重にも隔てられていた。ミルストリームという名で知られる小川がポステーネンを通り、フリートラント方面に流れ、同町の北郊外にある大きな湖に注いでいる。アレ川西岸の一般的な地勢は、穏やかに起伏する牧草地と点在する雑木林といったものであったが、数マイル先では平野はふたつの広大な森に遮られていた。ミルストリームの北に位置するボトカイムの森と、その南にあるゾルトラッハの森である。

その日の戦闘における最初の攻防は、ポステーネンとハインリッヒスドルフの占拠をめぐって行われた。結果、ランヌはポステーネンを制圧し続けることに成功した。一方、ハインリッヒスドルフの外側ではグルシーが苦戦したが、最終的には陣地を維持することができた。この状況は午前九時まで続き、この時点でフランス軍は歩兵九〇〇〇に騎兵八〇〇〇、それに対して四万五〇〇〇を下らないロシア軍が対岸に布陣していた。ランヌの戦略は明白であった。彼の任務は、はるかに大規模なベニグセン軍を釘付けにし、できる限り多くの敵軍にアレ川を渡らせておき、一方でナポレオンおよびフランス軍主力部隊の到着を待つというものであった。幸運なことに、ベニグセンは各師団を平野に配置することに多くの時間を費やしており、午前中は散発的な戦闘しか行わなかった。

ベニグセンは歩兵六個師団を二手に分け、四個師団をミルストリームの北方、二個師団をミル川の南方に送った。両部隊間の連絡を容易にするため、小川には何本かの木橋が架けられた。コサック部隊はダンブラウの森の周辺に位置しており、北側面を守備していた。一方、左翼軍としては、選抜された三〇〇〇名の軽歩兵部隊がゾルトラッハの森を守備し、同名の町の近郊に配置された歩兵、騎兵、砲兵がこれを支援した。左翼の指揮はバグラチオン将軍、コログリボフ将軍に任され、右翼はゴルチャコフ将軍に任せられた。およそ午前九時三〇分にはモルティエ軍団の先頭師団が到着し、戦場における ランヌ隊の戦力は三万五〇〇〇、午前一〇時には四万になった。

正午少し過ぎ、ナポレオンとその幕僚が戦場に到着し、戦闘指揮をランヌから引き継いだ。彼らの背後には、アイラウ近郊からやってきた増援部隊の長い隊列が近づきつつあったのである。ポステーネン近郊から小型望遠鏡でベニグセン軍の配置を視察した参謀将校たちは、前方にいるのがロシアの全軍であるのかどうかを見極めようとした。しかし、その日に決戦を行うべきか、翌日まで待つべきかをめぐって意見が分かれた。しばらくは、後者の作戦がとられるものと思われた。数時間後、ベルティエはミュラに次のように書き送っている。「午前三時以来、ここでの砲撃は激しさを増している。敵は戦闘に全軍を投入しているように思われる……皇帝陛下は貴殿が既にケーニヒスベルクを制圧しており、胸甲騎兵二個連隊とダヴー元帥率いる軍団とともに貴殿がフリートラントに向けて進軍中であるものと期待しておられる。戦闘が明日まで長引く可能性があるからだ。午前一時までにこちらに到着するようにしてもらいたい。敵の大部隊がこちらに集結していることに陛下が満足されるならば、陛下が（今日のところは）砲撃だけで満足し、貴殿の到着を待つ可能性もある。スルトとダヴーの両元帥にも、この文章のうち彼に関係のある部分を伝えてほしい(15)」。

幕僚たちの一致した意見は、六月一五日まで決戦を引き延ばすのが得策、というものであった。なぜなら、ミュラとダヴーがその時点までに、部隊を引きつれて合流し、フランス軍は圧倒的に優位に立つと考えられていたからであった。ところがナポレオンはそこまでの確信を抱いていなかった。彼の鋭い観察力と戦術的な洞察力は敵軍の配置のなかに既に欠点を見いだしていたのである。ベニグセン軍は敵の攻撃を招く非常に危うい位置についていた。アレ川を跨ぐ橋が四つあったとはいえ、川を背にしたロシア軍の展開は誤りであった。そのうえ、ロシア軍の戦線がミルストリームと湖によって完全に二分されていたため、その両翼が互いに支援して各方面に効果的な作戦行動を行うことは、どのように考えても極めて困難だったのである。部下の幕僚たちが延期策の利点を列挙しているのを聞き流し、ナポレオンは次のように叫んだ。「いや違う！　このような過ちを犯した敵軍を攻撃する機会は二度とないだろう(16)」。またとない好機がめぐってきているという確信は、午後になって間欠的に砲撃がなされる間にいよいよ大きくなった。

午後四時までに帝国親衛隊と第一軍団の残りは位置についていた。ナポレオンはいまや決定的な勝利を得るのに充分な兵力がある（八万近く）と判断した。彼の目標は、アレ川の直角の蛇行によってできた地峡を横断して展開するロシア軍を撃破することにあった。フランス軍にとって有利なことに、この川に囲まれた狭い地域はミルストリームによってさらに二分されていたのである。

ロシア軍の戦線はミルストリームの両岸に四マイルにわたって展開していたが、南岸の兵力は北岸のそれに比べると決定的に少なかった。このため、南岸のロシア軍が最初の攻撃目標となった。ナポレオンはこれ以上砲撃で時間を浪費することなく、即座に戦闘を開始することを決意した。ネイ軍団が猛攻の先陣をきり、敵軍左翼の撃破を狙い、アレ川を渡ってロシア軍の背後に突進する間に少なくとも橋をふたつ破壊することとなった。これが成功すれば、敵軍は完全に戦意を失うはずであるし、敵軍のかなりの部分が北方のケーニヒスベルクに向けて退却することに成功した場合でも、接近するミュラとダヴーの「機動部隊」の手中に陥るはずであった。

午後五時、司令部は「ポステーネン近郊の野営地より」と書かれた次のような最終命令を発令した。

ネイ元帥はポステーネンとゾルトラッハの間の右翼に位置して、ウディノ将軍の現在の陣地を支援せよ。ランヌ元帥は中央を守備し、陣地をハインリッヒスドルフからポステーネン近くまで敷いておくこと。ウディノの擲弾兵隊は現在、ランヌ元帥の右翼を担っているが、わずかに左方向に進んで敵軍の注意を引き付けること。ランヌ元帥は自軍団師団の間隔を出来るだけつめ、それによって二つの戦列を作るように。軍の左翼はモルティエ元帥が指揮し、ハインリッヒスドルフとケーニヒスベルクへの街道を守備しながらロシア軍の右翼と対峙せよ。モルティエ元帥は決して前進してはならない。前進するのは我が軍の右翼であり、左翼は枢軸として機能する。

デスパーニュ将軍の騎兵部隊とグルシー将軍の竜騎兵部隊は、左翼の騎兵部隊とともに、我が軍右翼の猛攻による圧力で敵軍が退却の必要性を感じた際に、これに対して最大限の損害を与えるよう行動すること。

ヴィクトール将軍と帝国親衛隊（騎兵も歩兵も）は予備軍となり、グルンホフ、ボトカイム、そしてポステーネンの裏側に布陣すること。

ラウセイエ率いる竜騎兵師団はヴィクトール将軍の指揮下に入り、ラトゥール＝モブール率いる竜騎兵部隊はネイ元帥に従うこと。ナンスティ将軍の重騎兵師団はランヌ元帥の命令に従い、中央の予備軍団に属する騎兵部隊と並んで戦闘を行うこと。

余は予備軍とともにいる。

進軍はつねに右翼軍が行うこと。行動開始はネイ元帥に任される。ネイ元帥は余の命令を待つこと。

敵軍に対する右翼の進撃が開始されるや、全戦線の大砲は、右翼による攻撃を援護するのに最も有用と思われる方向に砲撃を倍加して行うこと(17)。

その日のはじめから、ナポレオンは楽観的な気分を示していた。マルボはランヌから送られた伝令のひとりで、ナポレオンに先述した午前の戦闘に関する進捗状況を伝えた。「皇帝陛下は喜びを振りまいていた。彼は私を傍らに呼び寄せ、馬を並べて前方へと疾駆している間、私は出発前に戦場で何が起きていたかを説明した。私が話し終えた後、皇帝陛下は微笑みながら尋ねてきた。『君は記憶力がいいほうかね？』。『程々でございます』。『そうか、それでは今日、六月一四日は何の記念日かね』。『マレンゴの戦いの日です』。『そのとおり。マレンゴの戦いの日だ。オーストリア軍を打ち破ったように、ロシア軍をも打ち負かして見せるぞ！』と陛下は答えた」。

「皇帝はこのことをよく悟っていたため、梯団を追い越すたびごとに、無数の歓呼をあげて彼を迎える兵士たちに対して、『今日は良い日だ。マレンゴの戦いの記念日だぞ』と繰り返し叫んだ(18)」。

ちょうど午後五時三〇分、それまで戦場を取り巻いていた小康状態は、短い間隔で数回行われたフランス軍大砲二〇門の一斉射撃によって破られた。これはナポレオンからネイ元帥への合図であった。ベニグセンは、フランス部隊がゾルトラッハの森から出て、彼の左翼に向かって来るのを見て大いに驚愕した。その日再び戦闘を行うには余りに時間が遅いと彼は考えていたからである。事実、フランス軍の攻撃はそのぎりぎりの時間に行われた。ロシア軍総司令官は現在の布陣が危険であることを既に察知しており、自軍をアレ川の右岸に退却させるよう命令を出している最中であった。しかし、フランス軍の新たな攻撃によってこれらの命令は取り消さねばならなくなった。

フランス軍の攻撃の先陣をきってマルシャン将軍率いる師団が進軍し、ゾルトラッハの森から飛び出して、フリートラントの町の時計台めがけてまっすぐに進んだ。彼らの構える銃剣が夕方の陽光にきらめいた。すぐ左をビッソンの部隊が進軍していた。後にはラトゥール＝モブールの率いる騎兵部隊が続いた。彼らの前方ではロシアの守備部隊の残兵が逃走し、マルシャンはわずかに右にそれて、この不運な逃走者たちをアレ川まで追い込んだ。この動きを見て、ベニグセンは反攻の好機を得たと思った。彼は直ちに、一群のコサック部隊に続いてコログリボフの正規騎兵数個連隊を召集し、フランスのふたつの師団の間に空いた隙間に突撃をかけた。しかし、この攻撃は失敗に終わった。このステップ地帯の騎士たち（コサック部隊）に当るべく、ラトゥール＝モブールの騎兵師団が進み出たからである。三方からの攻撃にさらされ、ロシアの騎兵部隊は混乱して退却した。フランス軍は再び進軍を始めた。

このとき、ナポレオンはヴィクトールの予備軍団に命じて、アイラウ街道の右手を進軍するよう命じた。この行動によって、ネイ率いる数個師団が救われる結果になった。ネイは前方に突進したとき、アレ川の対岸に展開しているロシア第一四予備師団の大砲によって、激しく正確な一斉射撃にさらされることとなった。こうした砲弾や破裂弾の雨にネイの部隊がうろたえているのを見てとるや、ベニグセンは新たな騎兵部隊にミルストリームを越えさせ、ビッソン部隊の左側面に突撃をかけさせた。フランス軍の攻撃は揺らぎ始めた。しかし、この危機的な状況において、ヴィクトール軍団の先頭を行くデュポン将軍の師団が、アイラウ方面の森から右回りしてロシア軍騎兵部隊の側面に激しく襲いかかった。ラトゥール＝モブールの騎兵部隊の援護もあってこの反撃は見事に成功し、ロシアの騎兵大隊は（アレ川の蛇行でできた）半島の付け根に展開していた自軍歩兵の方向に退却を余儀なくされ、混乱の輪を広げてしまったのである。

徐々に混乱の度合いを強めるベニグセン率いるロシア軍兵士は、後退してますます狭い地域に密集するにしたがって、フランス軍砲兵のまたとない恰好の標的となった。ヴィクトールは最大の好機をつかみ、三〇門以上の大砲を自軍団の先頭に進めた。有能な指揮官セナルモンに率いられた砲兵たちは、敵弾が飛び散るなか、大胆にも大砲を前方へと引っ張っていった。最初一六〇〇ヤードだった射程距離は急速に六〇〇ペース（約五〇〇ヤード）に縮められ、そこでいったん大砲は停止して、密集したロシア軍を木端微塵にする一斉砲撃を浴びせかけた。しばらくした後、砲兵隊はロシア軍前線から三〇〇ヤード、さらには一五〇ヤードの距離にまで接近し、刻一刻と死体の山が築かれていった。最終的に、汗だくの砲兵たちはベニグセンの歩兵部隊から六〇ペース（約五〇ヤード）の距離まで接近した。

こうした至近距離でフランス軍から放たれたキャニスター弾によって、敵軍は手ひどい被害を被った。すべての中隊が数秒の後には血に染まった死者の山となっていった。残ったロシア軍騎兵部隊が、この許し難い死をまき散らす砲兵隊を撃滅しようとしたが、巧みに射程を合わされた一斉砲撃により人馬は地面にたたきつけられ、結局は仲間の歩兵隊と同じ運命をたどったのである。

その間に、ベニグセンは自軍左翼に対する激しい圧力を軽減しようと、ゴルチャコフにランヌ、モルティエ、グルーシーの部隊を攻撃させていた。しかし、この作戦は望みどおりの効果をもたらさなかった。フランス軍左翼および中央の部隊は冷静に自陣を守り、大量のロシア軍部隊をミルストリームの北に簡単に釘付けにしてしまった。ベニグセンは小川の南に部隊を投入すべきだったのである。ナポレオンは親衛隊の騎兵と銃歩兵旅団（サヴァリ麾下）を用いてゴルチャコフを巧みに翻弄した。ノルヴァンの記録によれば、「我々は猟歩兵やポーランド兵とともに左方面に行くよう命じられた。しかし、我々が戦闘に入るとすぐに、退却命令が下されて我々は皇帝の傍らに戻った。こうした示威行動はコサック兵の一群に悩まされていたモルティエ軍団から彼らを引き離すのに充分だった。コサックたちは直ちに姿を消したのである(19)」。

ネイ元帥はいまや再び隊形を整えた師団の先頭にいた。それらは、公報の仰々しい言葉を借りるならば、「グランド・アルメの優れた軍団のなかでさえも、つねに鑑とされる部隊の模範」を示した。ベニグセンは、敗色濃厚のなかで、次にネイの右側面への白兵突撃を開始した。しかし、その結果は数千のロシア兵をアレ川で溺死させることにしかつながらなかった。

同じ頃、デュポンは師団を当初の進軍軸に戻し、ミルストリームの北岸に渡って頑強なロシア軍中央の側面および背後を攻撃した。その後すぐに、ネイは血路を開いてフリートラント近郊にまで達した。そこの谷間で、ベニグセンは最後の切り札をきった。ロシア帝国近衛部隊に前進を命じたのである。ノルヴァンは続けて言う。「とうとう私はこの壮大なドラマの最後の恐ろしい場面に遭遇した。……わがネイ軍団とデュポン師団の戦列歩兵は、ロシア帝国近衛部隊との白兵戦に突入したのである。敵部隊は完全に北欧の巨人によって組織された部隊であった。……偉大なる敵軍の最後の頼みの綱。しかし、結局は小人が巨人に勝利して終わった[20]」。程なく戦場はロシア近衛兵の死骸で埋め尽された。彼らの多くは胸に傷を受けていた。幾分誇張気味のノルヴァンの記述によれば「彼らの胸は我が軍兵士の銃剣が届く一番高いところにあった」。

午後八時三〇分までに、ネイは実質上フリートラントを制圧していた。町の通りは死者や瀕死者があふれ、郊外の民家は退却するロシア軍によって放火され、戦場に一面の煙を漂わせていた。退去間際の放火という行為の代償は、自業自得のかたちで現れた。火の手は浮橋に燃え移り、多くのロシア兵は退路を断たれたのである。かくして、アレ川はさらに多くの不運な兵士たちの終焉の地となった。

ミルストリームの北では、ランヌ陣へのロシア軍の一連の決死の攻撃も、ウディノやヴェルディエの手勢によって撃退された。次にゴルチャコフの騎兵部隊による攻撃が行われたが、彼の歩兵の若干名がフリートラントへの退路を切り開いたものの、フランス軍の怒濤の進軍を阻むことはできなかった。ベニグセンは、兵士を退却させ、戦闘を打ち切らない限り、完全な大敗北を喫するはずであった。四つあった橋のうち三つが破壊され、周囲は一面の荒野と化していた。しかし、しばらくしていずれかのロシア軍部隊がフリートラントの北方、クロシェネン村の向こう側に渡河できる浅瀬を発見し、このことが結果的にベニグセン軍を救うこととなった。兵士ばかりでなく、大砲をも渡せたために、ロシア軍は大規模な砲兵部隊とともにアレ川右岸に展開できたのであり、この砲兵部隊によって、算《さん》を乱したロシア軍兵士の退却を援護することができたのである。

ナポレオンにとって、いまや最左翼に集結していた騎兵四〇個大隊を投入し、勝利を大捷《たいしょう》へと導く瞬間が訪れていた。しかし、グルシーとデスパーニュはわずかロシア騎兵二五個大隊と対峙していたにもかかわらず、不可解なことにこの機に決起しようとしなかった。蛮勇を誇るミュラであったならば、このような好機を逃すはずはなかっただろう。しかし、好機は過ぎ去った。ミュラの最も辛辣な批判者でさえ、この決定的機会における彼の不在を嘆いた。そしてナポレオンは、無傷の親衛隊と第一軍団のうち残りの二個師団を投入することは適当ではないと考えた。

夜がおとずれ、戦闘は中断された。追撃戦は午後一一時まで継続され、この遅い時刻になってようやく砲声が鳴りやんだ。夜間にフランス軍はアレ川を渡り、数時間の休息をとった。

フリートラントの戦いは終わった。フランス軍側の死傷者数およそ八〇〇〇に対して、ロシア軍側の死傷者数は一万八〇〇〇から二万（ベニグセン軍全体のおよそ三〇パーセント）であり、大砲八〇門もフランス軍の手に落ちた。ナポレオンは過去六ヶ月間得ることができなかった決定的勝利をとうとう手にすることができたのである。ロシア兵の捕虜は驚くほど少なかった。大部分は捕縛よりも死を選んだのである。

皇帝《ツァーリ》アレクサンドルが休戦を求める決心をするまで、さらに四日間作戦が継続された。一五日、ベニグセンはアレンブルクで残存する師団の再結集を図ったが、フランス軍騎兵部隊が引き続いてアレ川左岸を北上して、ロシア軍とケーニヒスベルクとの連絡を遮断した。翌日、スルト元帥はとうとうケーニヒスベルクの大要塞と、その膨大かつ貴重な貯蔵物資を奪取し、戦役の成果はついに確定した。一九日までに、ミュラの騎兵部隊はティルジット近郊のニーメン川まで達した。同日、全ロシア人の皇帝《ツァーリ》からの使者であるロバノフ公爵がナポレオンの司令部に到着した。六月二三日、四週間の休戦協定が発効し、ナポレオン軍は神聖ロシアのまさに入口で勝利を迎えたのである。これはフランス軍がかつて到達した最東端地点であった。

当然のことながらナポレオンはこの戦果を喜んだ。六月一五日、皇后ジョゼフィーヌへ宛てた手紙のなかで、彼は「愛する我が息子たちは、マレンゴの戦いの記念日をそれに相応しく祝ってくれた。フリートラントの戦いは我が国民にとって、それと同じように名高く、かつ栄光に満ちたものとなろう。……マレンゴやアウステルリッツやイエナの勝利と肩を並べる大勝利だ(21)」と伝えている。

この言葉は正しいかもしれない。しかし、戦闘に至るまでの作戦行動は、ウルムやイエナのときに比べると、それほど優れてはいなかった。第一に、戦役の主導権を握ったのはまたもやロシア軍であり、ナポレオン軍は初期の段階でロシア軍の行動にある程度合わせざるをえなかったのである。ナポレオンの見解によれば、五月初旬にダンツィヒ解放を企図したカメンスコイの部隊を支援するために、本隊を決然と進軍させなかったことで、ベニグセンは最大の勝機を逸したことになっている。しかし実際のところ、フランス軍は、ロシア軍が限界まで進軍するのを待ち、その後に正面から攻撃をしかけるとともに、同時にベルナドットを用いてレストック部隊とカメンスコイ部隊をパッサルゲ川下流に釘付けにすることで、ケーニヒスベルクへの退路を遮断するだけで良かったのである。ナポレオンはハイルスベルク・フリートラント方面かギュットシュタット・ビショフシュタイン方面のいずれかに進撃することができた。いずれの経路を選んでもベニグセンは結果的に戦闘を強いられたことであろう。ナポレオンは後の選択肢を選ばなかった。

なぜなら、そうした作戦を採るとダンツィヒとの連絡が危険にさらされるばかりか、ペトレによれば、このようなあからさまな行軍をすると、ベニグセンが恐れをなして退却する可能性があったからだ。しかし、ハイルスベルクで勝利を逃した後、軍を三つに分割したことは、疑いの余地なく重大な戦略ミスであった。もし一四日と翌日朝にベニグセンがこの好機をもう少しうまく利用していたら、ランヌの軍団は深刻な損害を被っていたかもしれない。一方、もしミュラが戦闘に参加すべく時間内に呼び戻されていたら、ロシア軍に対してはるかに大きな破壊を与えることができたにちがいない。そしてもちろん、ランヌ軍団を攻撃するためにアレ川を渡ったことで、ベニグセンはナポレオンに決戦の機会を与えてしまった点も指摘しておかねばなるまい。ナポレオンはそのような行動を完全には予期しておらず、ゆえに戦闘状況を作り出せる保障は当面なかったのである。これに先立つハイルスベルクとドムナウへの機動は、最優先目標を達成するうえで全くの徒労に終わった。しかし結局、ロシア軍はナポレオンの術中にはまってしまう。

さらに言えば、ベニグセンは戦闘の直前の四八時間にわたって兵士を疲労させすぎていたために、戦闘を勝利に導く機会を逸してしまった。ロシア軍兵士は数週間も作戦行動にこき使われた挙句、ハイルスベルクからフリートラントまでの三四マイルを短時間で踏破するよう命じられていたのである。こうして彼らが消耗していたことで、ベニグセンは一四日午前、数量的には絶対的に有利であったにもかかわらず、間欠的な効果のない戦闘しか行えなかったと推測される。時間と好機とを致命的に浪費してしまったわけだ。

もちろん、ひとたび敵軍が大失敗を犯すや、ナポレオンはすかさず好機を最大限に利用した。しかし、彼が当初のランヌによる報告の重要性を充分に理解し、状況に応じてあらゆる措置を講じたのは一四日午前になってからのことなのだ。一八〇六年の場合と同様、この戦役でも多くの局面で情報の入手が満足に行われていない状態がつきまとった。ナポレオンが戦闘開始を翌日まで延ばさず、一四日夕刻に行ったことで戦闘結果は予想できた。もちろん、この決断は極めて重要であり、軍の集結が完了することを第一に考える大半の幕僚たちの助言に反し、このような作戦を命じたことはナポレオンの非常に大きな功績である。

こうした状況把握はナポレオンの優れた戦術的洞察力を立証している。彼は二個軍団と騎兵部隊の一部を欠いていても、必ずしも死活的な問題とはならないことを理解していたのだ。

ベニグセンは絶望的なまでに不利な布陣場所を選んでしまったため、戦闘が午後五時三〇分に開始された時点で、ロシア軍が勝利する可能性は実際にはほとんどなかった。この意味で、彼はナポレオンに易々と勝利を差し出してしまったのである。大きな川を背後にし、ミルストリームによって戦線がふたつの別々の戦域に分割されてしまったことで、事態は絶望的かつ複雑なものとなってしまった。もちろんベニグセンはこれに気づいたが、アレ川の対岸に戻るには既に手遅れとなっていた。午前中においてベニグセンが自軍のもつ弱みを把握していなかったことは、守備とおとりという二重の任務を完璧にこなしたランヌ元帥に大いに味方した。このときのランヌの功績は、アウエルシュタットにおけるダヴー元帥のそれに匹敵する。ナポレオンは時おり部下に足を引っ張られることもあったが、部下から大いに救われることもたびたびあったのだ。

ランヌが任務を果たした後、ナポレオンはベニグセンの誤りを巧みに利用した。右翼から主たる攻撃をしかけること。フランス軍の中央および左翼の前進を引き止めること。親衛隊の騎兵を用いてこれらの戦域に対して敵軍が企てる攻撃に対処させたこと。こうした賢明な決断は、ナポレオンの偉大な戦術家としての姿を浮き彫りにしている。しかし、重ねて言うが、ナポレオンは部下の戦術的技能に大いに助けられていた。ネイは巧みに攻撃を行った。またネイが前進を阻まれ危機的な状況にあったときに、彼を助けるために独断で移動し、この危機的瞬間に戦況をフランス軍に有利に導いたデュポン将軍には賛辞の言葉しか見あたらない。ヴィクトール将軍が自軍団の砲兵部隊を積極的に用いたことも大きな賞賛に値する。かかる大胆な手段によって、ベニグセンはあらゆる主導権を失い、大敗北を避けるために次々と応急手段に訴えざるを得ず、それでも配下は大敗北を喫したのであった。

他方、最左翼のフランス軍騎兵部隊が、退却中のベニグセン梯団に「とどめの一撃」を加えなかったことは、まったくの失策という言葉に尽きる。しかしながら、ペトレはこのような見逃し行為のなかに、政治的配慮が隠されていると考えている。彼の議論によれば、ナポレオンは午後八時三〇分には、ベニグセン軍がニーメン川を渡ってロシア領に退却するまで、グランド・アルメと再び対峙できないであろうことを承知していた。しかし、ナポレオンは、ロシア軍を完全に破壊した場合、アレクサンドルの戦争継続の意思を固めてしまい、目下の問題を解決する機会を失う危険性があると計算していた。ナポレオンにはロシア侵略を試みるつもりなどまったくなかった。フランス軍の兵士は、二度ほどの短い休息を取ったほかは、ほぼ一〇ヶ月間も従軍してきており、かなりの回復期間がいまや必要であった。そのうえ、ナポレオンは長期間にわたって首都パリから離れており、これ以上の不在が国内に政治危機を招きかねないことを承知していた。このため、彼はアレクサンドルの休戦要求を大きな喜びと安堵で受け入れたのであり、直ちに手段を講じて、対プロイセン、対ロシア戦争を勝利のうちに締めくくる包括的な和平交渉を準備したのである。

第54章　皇帝同士の会見

「ティルジットの会見は近代史上の頂点をなす瞬間のひとつであり、ニーメン川の水面は栄光の絶頂にあるナポレオンの姿を映しだしていた(22)」とブーリエンヌは熱狂的に語った。この点については異論もあろうが、ナポレオンの彗星のごとき経歴が、一八〇七年六月二五日から七月九日の間に（少なくとも表面的には）絶頂期を迎えたことは確かであるといってよい。この記念すべき瞬間に関する政治上、外交上の派生的問題をすべて検討することは、本論の趣旨に反する。しかし、まったく触れないというわけにもいかないだろう。

最初の会見に関しては、サヴァリ将軍、後のロヴィゴ公爵が自らの覚え書のなかで興味深い報告を残している。

皇帝ナポレオンは行動全般にわたって寛大さを示していたが、彼は川の中ほどに浮く大きな浮き台を建設するよう命じ、その上に外壁のしっかりした、優雅な装飾の施された建物を建てた。建物には両側にふたつの入口があり、両方とも控えの間へとつながっていた。工事の出来映えは、パリでも目にすることのできない程のものだった。屋根の上にはふたつの風見鶏があり、ひとつはロシアの鷲、もうひとつはフランスの鷲を表していた。外則のふたつの入口の上にも両国の象徴たる鷲の姿があった。

浮き台はちょうど川の中ほどにあり、広間に通じるふたつの入口は、両側の岸に向いていた。

ふたりの皇帝が川の両岸に現れ、同時に船に乗り込んだ。しかし、皇帝ナポレオンのボートは上等で、水上警備兵が乗り組んでいたため、先に浮き台に到着した。ナポレオンは内部に入り、反対側の扉を開け、浮き台の端に立って、彼のように優秀な漕ぎ手を持たずに到着が遅れた皇帝アレクサンドルを出迎えた。

二人の皇帝はこの上もなく友好的に出会った。少なくとも外見上は……(23)。

記録によれば、この晴れの場に臨んだロシア皇帝の最初の言葉は「私は陛下と同様、英国人が嫌いです」であり、それに対するナポレオンの答えは「それならば、和平は既に成立したようなものです(24)」というものであった。

ふたりの君主の最初の会見は、いわゆる近代における「首脳会談」の最初の事例のひとつであり、六月二五日に、およそ一時間半にわたって話し合いがもたれた。注目すべきは、この最初の会談にプロイセン国王が参加を許されなかったことである。ブーリエンヌによれば、「かの不運な君主は、ルイーゼ王妃を伴って、町の向こうの水車小屋に身を潜めていた。それが彼の唯一の居場所であった(25)」。

最初の会談の直後に、ナポレオンは外務大臣に宛てて、次のような覚え書を送った。「余はニーメン川の中ほどにある立派な旗が掲げられた浮き台の上で、つい先程ロシアの皇帝との会談を果たした。ロシア皇帝は明日にはプロイセン国王を余に紹介して、こちらに滞在する予定だ。それゆえ、余はティルジットを中立地帯とした。できるだけ早くこちらに来て欲しい(26)」。

翌日、ふたりの皇帝は町の施設を二分しようとしていた。これはナポレオンの寛大さの表れであり、大幅な譲歩でもあった。手続きが進む間、流されやすいロシア皇帝の心に良い印象を植え付けて、彼を取り込むために、ナポレオンが感情を押し殺していたことは確実である。条約の原案のあらゆる細目が厳密に討議された。少なくとも会議場の外では、昔の敵同士の緊迫した交渉というよりも、友好的な両国首脳間の公式訪問というような外見的様相を見せていた。

しかしながら、儀礼と華美の下では、鉄拳が見え隠れしていた。ナポレオンはあらゆる機会に、ロシア皇帝および彼の「不運な、いとこ」プロイセン国王フリードリヒ・ヴィルヘルムに勝利を収めた自分の軍隊を見せつけていた。サヴァリが続いて次のように述べている。「その日、皇帝アレクサンドルがティルジットに入城し、全軍が武装のままだった。帝国親衛隊は、上陸地点から皇帝ナポレオンの司令部まで、あるいはそこから皇帝アレクサンドルの司令部まで、三人の幅からなる二つの隊列をつくった。アレクサンドルが岸に一歩をしるした瞬間に一〇〇門の大砲が祝砲を轟かし、その場には彼を出迎えようと皇帝ナポレオンが待っていた。ナポレオンは自分の司令部からアレクサンドルに寝室用の家具を贈るという配慮まで示した。品目の中には、皇帝自身のキャンプ用ベッドがあった。これを見せられたアレクサンドルは、贈り物に大変喜んでいる様子だった」。しかし、彼が実際にこのベッドで寝たかどうかの記録はない。

すべての関係者にとって疲労困憊の二週間であったに違いない。政治家たちが議場のテーブルの周りで議論を戦わせていないときには、ナポレオンは彼ら特別な客人を次から次へと閲兵式に連れ出した。六月二七日午後四時、彼らは親衛隊の歩兵部隊による行進を目にした。翌日、ダヴーの軍団が巧みな動きを披露し、ナポレオンを喜ばせた。二九日、再びダヴーがパレード場で視察を受けた。三〇日には親衛隊の砲兵部隊、七月一日には親衛隊の騎兵部隊が力量を示す番となった。このように来る日も来る日も閲兵は続いた。

閉ざされた扉の向こう側では、厳しい交渉が行われていた。事実上の唯一の被害者は、不運なプロイセンであった。ナポレオンが既に承知していたように、フリードリヒ・ヴィルヘルムは恫喝に屈しやすい人物であった。しかしすぐに、プロイセン王妃が夫よりも確固とした性格の持主であることがわかった。彼女は涙や媚などあらゆる女性特有の手練手管を用いて、外見上石のように硬い意志をもったフランス皇帝から譲歩を引き出そうとした。

当初、ジョゼフィーヌに当てた手紙のなかで、ナポレオンのプロイセン王妃に関する言及は無愛想なものでしかなかった。七月六日、彼は単に「本日、美しいプロイセン王妃と会食の予定」と記しただけだったのである。七日、彼はもう少し開放的になり「昨日プロイセン王妃と会食をした。余は彼女の夫であるプロイセン国王に、これ以上譲歩しないよう自分を抑えなければならなかった。余は愛想よく振る舞ったが、自分の方針は守り抜いた。王妃は非常に好感のもてる女性だ」と述べている。八日までにナポレオンはルイーゼ王妃の魅力にさらに惹きつけられ、次第に動揺し始めていた。「プロイセン王妃は実に魅力的だ。彼女は余に色気あふれるまなざしを送ってくる。しかし抜かるまい。余の行動いかんによって万事の運命は決まるのだ。色事にうつつを抜かした代償は余りにも高い(27)」。

このような色仕掛けはプロイセンに何ももたらさなかった。ナポレオンは頑として譲歩しなかったし、美しい嘆願者が対仏戦争を開始するにあたって演じた役割を忘れたり、許してやることなど決してなかった。王妃は特に、エルベ河畔のマグデブルク要塞の支配権の保持を強く願っていたが、ナポレオンはこれを認めようとはしなかった。プロイセンは考えられるあらゆる場面で公然と屈辱を与えられた。プロイセンの代表使節団はロシアと同じ日に和平条約を締結することさえ許されなかった。ロシア皇帝との条約は七月七日に発効し、二日後に批准された。プロイセンとの条約は七日発効、批准は一二日になってからであった。日程が故意にずらされたのは誰の目にも明らかであった。

ロシアとの公式な条約の最後には、両皇帝間の友愛や、いま再び互いに平和を見いだしたことの喜びが謳われており、創造的な協力関係の可能性に力点が置かれ、こうした関係の存在がいまや可能であると考えられていた。実際の重要事項は秘密条文のなかに含まれていた。冷淡にもトルコの国益を無視し、ナポレオンは第一条で、ロシアが欧州におけるトルコ領を思いのままに所有することに同意したのである。このような「白紙委任」に対して、フランスが得た代償は、イオニア諸島とダルマツィア沿岸の割譲のみであった。ロシアはさらに、アジアに領土を拡大できるものとされ、さらにフィンランドまでアレクサンドルの取り分とされた。各々がコンスタンティノープルまたはロンドンと和平交渉をする際には、両国は互いに調停者として行動することが約束された。しかしアレクサンドルは、包括的和平が成立しなかった場合には、対英大陸封鎖に参加し、自国の影響力を駆使してデンマークやスウェーデンまで付き従わせることに同意した。ロシア皇帝はさらに、フランスがイギリス領ジブラルタルを奪取するのを援助するため、ロシア海軍を派遣することまで約定した。もちろん、これはジョージ三世に対する宣戦布告に等しいものであった。

後のスペイン国王ジョゼフの側近ミオ＝ド＝メリト伯爵によれば、第二条で「スペインのブルボン家とポルトガルのブラガンサ家は王位から追われ、ボナパルト家の皇子が両王位を継承する(28)」ことで両皇帝は合意したという。ポルトガルからイギリス製品を締め出す必要性は確かに言及されているが、このことが実際にあったかどうかは疑わしい。しかし、後の出来事と照らし合わせて言及するだけの価値はあるだろう。ともかく、両皇帝は欧州大陸を東と西の影響圏に分割することで合意したと思われ、こうした和平が両者間で結ばれた可能性は大きい。

プロイセンに対する条項ははるかに過酷であった。ナポレオンは、許したわずかな譲歩を、あたかもロシア皇帝のたっての依頼に応じて辛うじて与えられる寛大な措置であるかのように提示した。プロイセンの領土分割と屈従は直ちに世界に知れ渡った。フランスは結局、エルベ川右岸のマグデブルク公領（マグデブルク要塞は含まれない）とシュレージェン、ブランデンブルク、東プロイセンの大半、そしてポンメルンの領有を認め、これらの返還でプロイセンの境界線は一七七二年当時に戻ることとなった。しかし、このように表面的な寛大さが誇示されたこととは裏腹に、他のプロイセン領はほとんど奪い取られた。

ヘッセン・カッセルやエルベ川西岸のすべてのプロイセン領は、ナポレオンの弟ジエロームが王位につく新興のヴェストファーレン王国に編入された。ポーランドにおけるプロイセン領はすべてザクセン国王が治めるワルシャワ大公国に編入された（このことはヤン・ソビェスキの生まれ変わりを自認するミュラに大きな失望を与えた）。唯一の例外はビアリストックという小地方で、ロシア領に編入された。ダンツィヒは自由都市として宣言がなされたが、フランス守備隊が引き続き占領を継続した。ナポレオンは膨大な戦争賠償金の支払を要求し、それが完了するまでの間、フランス部隊がプロイセン領を占領し続けるものとされた。
最後にフリードリヒ・ヴィルヘルムはナポリ、オランダ、ヴェストファーレンのボナパルト家の王国を正式に承認するとともに、ライン連邦の存続を受諾し、（再度また）大陸封鎖体制への参加に同意した。プロイセンはこうして実質的に分割され、フランスはますます勢力を伸ばすこととなった。いやむしろ、ボナパルト家やそのかつての同盟者たちの野望が達せられたと言うべきだろう。

ナポレオンはティルジットを七月九日夕刻六時に発ち、ケーニヒスベルク、フランス方面に向かった。彼はロシア皇帝を思惑通りに操ったと確信しており、欧州の将来には良い前兆になっていると考えていた。同時代の批評家は、外見上の友好がそれほど永続的なものとは考えていなかった。メッテルニヒ公爵は同年一一月（ロシアの有力者トルストイ伯爵との長い会談を終えて）、テュイルリとサンクト・ペテルスブルクの両政府間の緊密な友好関係は一時的なものと思われる、とウィーンに書き送っている。時の経過とともに、この予想が正しいことが明らかとなっていった。実際、ナポレオンは既にあの妄想癖にとりつかれ始めており、それはやがて彼の判断を狂わせ、生涯最大の失敗へと導くのである。欧州全域に及ぶ（イベリア半島は除く）大陸システムは取り返しのつかない状況にあった。ロシアはしばらくの間は友好を示してくれようが、プロイセン中立化のやり方は、単に同国を和解不能な、つまり結果として危険な敵にしただけかもしれなかった。

同様にナポレオンは、同年の初めにあれほど苦労して締結したトルコとの同盟を、何ら良心の呵責なしに破棄する態度を示した。ティルジットを去る前、彼はタレイランに命じてコンスタンティノープル駐在フランス大使セバスティアーニに、「トルコ政府に対する私の政策は不安定で、変わりつつある[29]」と警告させた。これは穏やかな説明である。他方では、トルコ皇帝セリムの暗殺により、コンスタンティノープルにおけるフランスの立場は既に悪化し始めていた。

しかしながら、ナポレオンの国際的地位が、実際の中身においてやがて彼の失墜へとつながる多くの重大な欠陥を抱えていたにせよ、外見的には彼の偉業は疑いもなく壮大なものであった。いまや彼の影響はピレネー山脈からニーメン川まで切れ目なく続き、彼がヨーロッパ大陸から脅し取り、騙し取った権力により、近い将来も堂々とした支配を続けることに疑いの余地はなかった。配下の兵士たちはアイラウの敗戦から立ち直り、軍事的名声を取り戻していた。

とはいえ、軍隊でも憂慮すべき兆候が明らかになりつつあった。ライヴァル関係が元帥たちの間の人間関係を引き裂いており、「分割し支配せよ」というマキャヴェリ的方針を追求するナポレオンは、時にはほとんど公然と利益や人格の衝突を奨励したのだが、こうした対立は、統合された軍隊組織の一員として部下が能力を発揮することを、著しく阻害する結果となってしまった。さらに、このような不和は神聖なる司令部の内部にまで及び、兵卒たちは次第に軍参謀たちに幻滅を抱き始めていた。彼らは軍隊組織以外の「コネのある」若い貴族たちから採用される傾向があった。これら任官者の軍事的資質は、たとえあるとしても、ほとんど証明されていなかった。騎兵部隊と歩兵部隊の間の軋轢も、軍隊全体に拡大していた。帝国親衛隊でさえ、既得権益を守るために策をこらし、排他的な「親衛騎士団《ジャンダルムリ・デ・ロードナンス》」（ナポレオンが一八〇六年に無分別にも創設した「新参者」からなる貴族的な護衛隊［実際、王政時代の旧貴族出身者で構成。一八〇七年に解隊された］）の解隊を求めて騒ぎを起こした。グランド・アルメ全体を眺めると、決定的に多国籍な様相を見せ始めていた。

フランス国内では、徴兵制という血税の増加に反対する声はますます大きく、辛辣になっていき、死に体である大陸システムは各地で嫌悪の的となった。これら山積する困難な問題の最たるものは、大陸におけるほんの小さな不満の火をも煽り立てて炎にしようとする、イギリス政府および国民の冷酷な敵意の存在である。このように、多くの歴史家にとって、ティルジットの和約はナポレオンの経歴の最高水位を記録するものではあったが、一八〇七年中頃における現実の彼の立場は、見かけほど強力なものではなかったといってよい。ナポレオンが望むと望まざるとにかかわらず、将来的には、さらにより大きな戦争が待っていたのであり、これらの戦争によってやがて破局がもたらされるのである。再建されたシャルルマーニュ（カール大帝）の新帝国は、不安定な土台の上に成り立っていたのだ。

（1）A. Massena, *Mémoires* (Paris, 1848), vol.V, p. 316.
（2）MacDonell, *op. cit.*, p. 146.
（3）*Ibid.*, pp. 146-47.
（4）*Correspondence*. Vol. XV, No. 12741, p. 321.
（5）*Ibid.*, No. 12743, pp. 322-23.
（6）*Ibid.*, No. 12744, p. 323.
（7）J. de Norvins, *Souvenirs d'une histoire de Napoléon* (Paris, 1897), Vol. Ⅲ, p. 190.
（8）Petre, *op. cit.*, p. 296.
（9）Savary, *op. cit.*, Vol. Ⅲ, p. 83.
（10）*Correspondence*. Vol. XV, No. 12750, p. 331.
（11）*Ibid.*, No. 12749, p. 330.
（12）*Ibid.*, No. 12753, pp. 332-33.
（13）*Ibid.*, No. 12754, p. 333.

（14）*Ibid.*, No. 12755, p. 334.
（15）Dumas, *op. cit.*, Vol. XIX, p. 327.
（16）General H. Camon, *La guerre Napoléonienne-Précis des campagnes*（Paris, 1925）, Vol. I, p. 234.
（17）*Correspondence*, Vol. XV, No. 12756, pp. 334-35.
（18）Marbot, *op. cit.*, Vol. I, p. 364.
（19）Norvins, *op. cit.*, Vol. III, pp. 204-05.
（20）*Ibid.*, p. 205.
（21）*Correspondence*, Vol. XV, No. 12758, pp. 335-36.
（22）Bourienne, *op. cit.*, Vol. II, p. 18.
（23）*Ibid.*, p. 18（脚注）. ロヴィゴ公爵の言葉を引用。
（24）Petre, *op. cit.*, p. 337 より引用。
（25）Bourienne, *op. cit.*, Vol. II, p. 18.
（26）*Correspondence*, Vol. XV, No. 12826, p. 372.
（27）*Ibid.*, No. 12875, pp. 395-96.
（28）D. A. Bingham, *Selection from the Letters and Despatches of Napoleon*（London, 1884）, Vol. II, p. 319.
（29）*Correspondence*, Vol. XV, No. 12866, p. 404.

<著　者>

デイヴィッド・ジェフリ・チャンドラー（David Geoffrey Chandler,1934 ～ 2004）

1934 年イギリス生まれ。オックスフォード大学キーブル・コレッジ卒業。1960 年～ 94 年サンドハースト王立陸軍士官学校戦史部教官（1980 ～ 94 年主任教官）。
イギリス軍事史学会名誉会長、王立歴史学協会・王立地理学協会各会員、国際ナポレオン協会学術顧問を歴任。著書に『Marlborough as Military Commander』（1973）、『Battles and Battlescenes of World War Two』（1979）、編著に『Dictionary of the Napoleonic Wars』（1979）、『The Oxford Illustrated History of the British Army』（1995）など多数。18 ～ 20 世紀のヨーロッパ軍事史の造詣が深く、その功績で 1991 年オックスフォード大学より名誉博士号（D.Lit）を授与される。海外での評価も高く、国際軍事史学会副会長、オハイオ州立大学・ヴァージニア軍事研究所、アメリカ海兵隊大学校で客員教授を務めた。2004 年 11 月死去。デイリー・テレグラフの追悼記事では本書『ナポレオン戦争』について、「この分野の研究者は大勢いるが今後この本を越えるものは出てこないだろう」と絶賛した。

<訳　者>

君塚 直隆（きみづか・なおたか）

1967 年東京都生まれ。上智大学大学院文学研究科史学専攻博士後期課程修了。関東学院大学国際文化学部教授。博士（史学）。専攻は近代イギリス政治外交史。著書に『近代ヨーロッパ国際政治史』（有斐閣、2010 年）、『立憲君主制の現在』（新潮選書、2018 年）、『エリザベス女王』（中公新書、2020 年）、『君主制とはなんだろうか』（ちくまプリマー新書、2024 年）、『イギリス国王とは、なにか――名誉革命』（NHK 出版、2024 年）などがある。

糸多 郁子（いとだ・いくこ）

1964 年東京都生まれ。津田塾大学大学院文学研究科博士後期課程満期退学。桜美林大学リベラルアーツ学群教授。専攻は近現代イギリス文学・文化。著書に『D・H・ロレンスの新理論』（共著、国書刊行会、1999 年）、『イギリス小説の愉しみ』（共著、音羽書房鶴見書店、2009 年）、『第二次世界大戦後のイギリス小説――ベケットからウィンターソンまで』（共著、中央大学出版部、2013 年）、『食文化からイギリスを知るための 55 章』（共著、明石書店、2023 年）、訳書にトマス・ハーディ『人生の小さな皮肉』（共訳、大阪教育図書、2002 年）などがある。

竹村 厚士（たけむら・あつし）

1966 年神奈川県生まれ。武蔵野大学教養教育センター研究員、神奈川工科大学非常勤講師。専攻はフランスおよびヨーロッパ近代軍事史。著作に「『狭義の軍事史』から『広義の軍事史』へ――RMA からみたフランス革命～ナポレオン戦争」、阪口修平、丸畠宏太編著『近代ヨーロッパの探求：軍隊』（ミネルヴァ書房、2009 年、所収）、「『セギュール規則』の検討――アンシャン・レジームのフランス軍における改革と反動」、阪口修平編著『歴史と軍隊：軍事史の新しい地平』（創元社、2010 年、所収）、P・ドイル著『データでみる第二次世界大戦――軍事力、経済力』、兵器、戦闘、犠牲者』、（監訳、柊風社、2014 年）、『近現代軍事戦略家事典――マキャヴェリからクラウゼヴィッツ、リデル・ハートまで』（共著、原書房、2023 年）などがある。

竹本 知行（たけもと・ともゆき）

1972 年山口県生まれ。同志社大学大学院法学研究科政治学専攻博士後期課程修了。安田女子大学教授。博士（政治学）。専攻は日本政治史。著書に『幕末維新の西洋兵学と近代軍制――大村益次郎とその継承者――』（思文閣出版、2014 年）、『大村益次郎――全国を以て一大刀と為す――』（ミネルヴァ書房、2022 年）などがある。

ナポレオン戦争《せんそう》　上

2024年9月10日　初版第1刷印刷
2024年9月20日　初版第1刷発行

著　者　デイヴィッド・ジェフリ・チャンドラー
訳　者　君塚直隆／糸多郁子／竹村厚士／竹本知行
発行者　佐藤今朝夫
発行所　株式会社国書刊行会
〒174-0056 東京都板橋区志村1-13-15
TEL.03-5970-7421　FAX.03-5970-7427
https://www.kokusho.co.jp

編集協力　佐藤俊之
装幀　Into the Blue
印刷　株式会社シナノパブリッシングプレス
製本　株式会社ブックアート

ISBN978-4-336-07608-3

Published by arrangement with the original publisher, Scribner, a Division of Simon & Schuster, Inc., through Japan UNI Agency, Inc., Tokyo

本書は『ナポレオン戦争―欧州大戦と近代の原点―』（全5巻、2002年～2003年、信山社）を、訳文修正のうえ上下巻に再構成した。